刘大年年谱

A Chronology of Liu Danian's Life

黄仁国　编著

人 民 出 版 社

国家社科基金后期资助项目
出版说明

　　后期资助项目是国家社科基金项目主要类别之一，旨在鼓励广大人文社会科学工作者潜心治学，扎实研究，多出优秀成果，进一步发挥国家社科基金在繁荣发展哲学社会科学中的示范引导作用。后期资助项目主要资助已基本完成且尚未出版的人文社会科学基础研究的优秀学术成果，以资助学术专著为主，也资助少量学术价值较高的资料汇编和学术含量较高的工具书。为扩大后期资助项目的学术影响，促进成果转化，全国哲学社会科学规划办公室按照"统一设计、统一标识、统一版式、形成系列"的总体要求，组织出版国家社科基金后期资助项目成果。

全国哲学社会科学规划办公室

2014 年 7 月

序

黄仁国教授编撰完成《刘大年年谱》，值得祝贺！

刘大年先生过世已经 17 年了。史学界一直在记住他。

当刘大年先生逝世 10 周年的时候，周秋光、黄仁国著《刘大年传》在岳麓书社出版（2009 年）。2010 年 2 月，中国史学会和中国社会科学院近代史研究所联合举办了"学者与战士——刘大年先生逝世十周年追思会"。2014 年 6 月，中国社会科学院近代史研究所和曲阜师范大学在山东省曲阜市联合主办了"马克思主义史学理论与刘大年史学思想"学术研讨会。会后，《近代史研究》2015 年第 1 期发表一组"纪念马克思主义史学家刘大年先生诞辰一百周年"文章。2015 年 8 月，由中国社会科学院学部主席团、中国社会科学院历史学部、中国社会科学院近代史研究所和湖北人民出版社共同主办纪念刘大年先生诞辰 100 周年学术座谈会。中国社会科学院院长、党组书记、学部主席团主席王伟光出席开幕式并作《学会用马克思主义指导史学研究》的讲话。另外，由我牵头，几位学者共同编辑的《刘大年全集》在 2016 年年底出版。

刘大年先生是抗大出身的历史学家。1949 年新中国成立前夕，他在《人民日报》连载《美国侵华简史》，此后几经修改补充，1954 年在人民出版社出版《美国侵华史》，在国内外产生重大影响。这部书的出版是对新中国成立的一份厚礼，从此奠定了他在学术界的地位。20 世纪 50 年代初，他担任中国科学院编译局副局长、近代史研究所副所长、中国科学院学术秘书，协助郭沫若院长、范文澜所长从事学术组织工作。从中国科学院建立到他去世，在大部分时间里（"文革"时期除外），他几乎都是中国学术界特别是中国史学界的领军人物，为中国学术发展特别是中国史学发展起到了极为重要的作用。据我所知，不少学者都有这样的评价。在学术领域，他有大量著述探讨史学理论，对史学研究具有指导意义；他还参与创建了中国近代史学科体系建设。他长期主持中国史学会、中国孙中山研究会和中国抗日战争史学会工作，为开拓中国历史学的国际学术联系殚精竭虑。

刘大年是一位具有深厚国学基础的学者，他又服膺于马克思主义，服膺于历史唯物主义。他的学术论著体现了中国学者的学术气派。在我国史学界建立文化自信、理论自信，建立中国学者的学术气派和话语体系方面，作出了巨大贡献。

为这样一位学术界的领军人物做年谱是很值得的。他的一生经历可以成为后辈学者学习、研究的对象,这对于推动中国学术特别是史学的发展是有帮助的。黄仁国教授从学生时代起,就跟随他的老师关注这位湘籍先贤,为了为刘大年传记搜集资料,在刘大年先生生前就当面采访,获得了许多第一手资料。在刘大年传记写作和出版以后又继续搜集资料,采访多位与刘大年先生接触较多的学者。在我主持《刘大年全集》的工作中,他承担了编辑任务,为全集编写了约10万字的年谱。正是在这个基础上,几经修改补充完成了这部60余万字的年谱。我以为,黄仁国是做刘大年年谱最合适的作者。

我曾看过黄仁国几个文本的刘大年年谱,提过若干修订补充建议,多蒙他采纳。这个成果得到了国家社科基金后期评审专家的重视,获得国家社科基金资助。出版在即,作者要我写几句话,谨作介绍如上,如能得到读者批评指正,则是作者之幸,学术之幸。

张海鹏

2016 年 12 月 23 日

说　明

　　刘大年(1915—1999年)是新中国史学界第一代领导人之一,是改革开放后中国马克思主义史学的一面旗帜。他早年投身抗日民族解放战争,从事新民主主义革命的宣传教育工作;新中国成立后长期在中国科学院从事党政工作和史学研究,参加了20世纪五六十年代中共中央高层规划和发展哲学社会科学特别是历史学的许多重大活动;70年代中期开始担任全国人大常委,并以中国社会科学院近代史研究所为家,先后负责恢复中国史学会、筹建孙中山研究学会和创办中国抗日战争史学会。他为20世纪下半叶中国哲学社会科学的发展,特别是历史学的奠基、发展和繁荣作出了卓越的贡献。他的学术成果、丰富经验和爱国情怀,是学界的宝贵精神财富。

　　《刘大年年谱》是记载刘大年生平活动和学术思想主要线索的编年体著作。它以历史唯物主义为指导,以准确性、全面性、资料性、学术性和传记性相统一为原则,以刘大年本人的书信、日记、笔记、未刊文稿、公开发表作品以及其他可信的文献资料为依据,通过访谈、调研和考证,汲取相关学术研究成果,实事求是地展示刘大年的人生轨迹,特别是其学术组织、对外交流、社会活动和思想发展历程,反映他将马克思主义与中国传统文化相结合并直面现实的学术品格,表现其思想方法、工作作风与待人之道。

　　为了在有限的篇幅中展示最丰富的内容,对20世纪中与谱主刘大年有关的重大国内外"时事"适当采录,对与谱主一起活动的人物适当提到,存疑的材料不用,为节省篇幅,绝大多数资料来源出处省略或只在第一次出现时注明。

　　具体编撰时,采用以下体例:

　　一、按年、月、日纪事,兼采用纪事本末体,一些具体日子考订不清的以旬、月、季、半年、年度等为条目单位。

　　二、记述谱主的活动,一般省略主语。记述集体活动或背景时,为叙事方便,不省略"刘大年"主语。

　　三、连续性比较强的活动,如参观考察等,按日记述时,一般承前省略集体主语。

　　四、年谱中出现的人名,一般有必要的身份简介;反复出现的人名,在职务没有发生变化时,一般不重复提及其职务。

　　五、谱主写信一般使用"给……写信"或"致函……"。其他人给谱主写信，写给谱主个人的，使用"来信"；写给包括谱主在内的几个人的，使用"给……写信"，并注明包括谱主在内的所有收信人称呼。所有信件日期均为写信时信件上注明的日期。信件一般介绍主要内容。

　　六、谱主题词和诗词全录；文章除录发表时间和刊物，一般也做必要的内容介绍；著作介绍主要内容。

　　七、为方便读者了解相关情况，一些地方做了必要的脚注。

目　录

1915 年（1 岁）

8 月

8 日　生于湖南省华容县东乡三封市熊家桥附近的凤形院子，即现在的三封寺镇金盆村雪窝山。谱名宅礼，幼名撝谦。撝谦，发挥谦德的意思，出自《易经·上经》之"谦卦第十五"："六四，无不利，撝谦。""象曰：无不利，撝谦，不违则也。"后改名为大年。刘家祖上世代务农，到曾祖父刘文杰时才成为小康之家。父亲刘凤翥是家乡有名的知识分子，曾师从当时华容县知名的老秀才蔡瑞芝，在私塾打下较好的国学根基；又向往新学，考上岳州府乙种师范，自取新名为"自强"。母亲姓蔡，华容县三封寺镇柿树村人，太平天国时会王蔡元吉①之后。有兄弟姐妹 4 人，居长。大弟刘子藩，1917 年生；二弟刘国钧，1919 年生。弟妹均在原籍。

本年 1 月 18 日，日本驻华公使日置益向袁世凯提出"二十一条"，要求北京政府承认日本继承德国在山东的一切特权，并企图把中国的政治、军事、财政及领土完全置于日本控制之下，把整个中国变为日本的殖民地。5 月 9 日，袁世凯不顾全国人民的反对，基本接受日本提出的要求，全国各地掀起抵制日货的高潮。此后数年，在湖南华容也不时兴起抵制日货的运动，刘大年记事时起，便对此印象极为深刻。到了晚年，还不时回忆起那时的孩童看到有穿日本产的衣服的人就跑过去把那人的衣服弄脏的情景。

---

①　蔡元吉，即蔡元隆，字巽伯，又名仲清。刘大年撰《蔡元吉事略》载："同治二年十二月投降清军，改名蔡元吉。蔡作战勇敢，为李秀成所喜，招为女婿。(《朋僚函稿》卷四，一五页)""太平天国癸开十三年，蔡被封为'会王'。""同治二年十二月，蔡向清已革宁绍台道道员张景渠乞降，为张所接受(沈兆元《随军目睹武功纪略》)。""清封'猛勇巴图鲁'。"后解甲归田，在家乡设义渡，建石桥，修书院，捐资修华容文庙。岳阳市志人物卷《蔡元吉》及郭清彬撰《太平天国"会王"蔡元隆》(载《老年人》2006 年第 9 期第 36 页) 称东王杨秀清招蔡元吉为婿，取材于家谱。家谱所载存疑。杨秀清在天京事变中全家被杀，当时其子尚幼，相关记载亦未提及杨秀清是否有女儿。

1921 年（7 岁）

上半年

开始上私塾，接受传统教育。

下半年

父亲师范毕业，任金窝祠堂小学校长。随父亲上小学，接受新式教育。

1922 年（8 岁）

因父亲不再担任小学校长，又上私塾，并接受父亲的教育，学习写古体诗。

1924 年（10 岁）

春

何长工返回湖南老家从事革命活动，在华容县立高等小学堂的基础上创办新华学校，校址在县城西门的一个旧文庙，任校长。新华学校很重视学生的思想品德教育，经常组织学生开展社会调查活动，很受当地群众欢迎。

年底

全家搬到华容县县城北门外，住在国民党县党部对面。

1925 年（11 岁）

年初

到县城第一小学堂就学。课余时间经常去新华学校。

3 月

孙中山逝世后，何长工在华容县城主持隆重的追悼大会。参加大会的除新华学校等学校师生外，还有附近群众近千人。大家换成白衣白帽，会上齐唱"悼歌"："专制除，共和成。复汉业，民国兴。最可敬，孙先生，为祖国，为人民。除列强，保和平；功未竟，身先殒。精神不死，浩气长存。"会后举行游行。

1929 年（15 岁）

父亲患肺结核病逝世，家境从此开始衰落。

中共在湘鄂西建立若干小块革命根据地。加入湘鄂西苏区华容县少年先锋队，任秘书和总队长，直至 1931 年春天。

1930 年（16 岁）

4 月

包括华容县在内的鄂西五县联县政府成立。

11 月

华容县建立苏维埃政权。担任乡苏维埃政府文书,直至 1931 年春天。

1931 年（17 岁）

2—3 月

红军撤出湘鄂西苏区,国民党军队占领这一带。跟随一个亲戚逃避至岳阳,有几个月的时间靠替别人帮工如推磨、挑水等维持生活。

下半年

秋天,回到家乡。到县城上县立师范附设的补习班,补习算术、英语约半年。

1932 年（18 岁）

本年上半年至 1935 年,除本年下半年中断外,一直在华容县城万圣堂程姓大地主家上高级私塾"爨学",师从蔡瑞芝学习"四书五经"等儒家经典和《资治通鉴》等史书。在程家对看报纸产生兴趣,从最初只着重看与读书有关的内容,到后来先看时事新闻,养成了解时事的习惯。同时,增加了对共产党的向往之情,因为程老先生特别推崇其同学——共产党员朱婴,常说朱婴是"做大事的人","是想改造世界的人"。

1936 年（22 岁）

春

考上长沙孔道中学高中插班生，又以优异成绩考取长沙湖南国学专修学校第三期。入湖南国学专修学校学习。该校校长是湖南省主席何键。学校开设的课程有经史哲文，如文字学、今古文源流、宋元学案、史学等。经学讲《尚书》今古文异同、乾嘉学派等，哲学讲《宋元学案》。部分教师由湖南大学教授兼任，其中不乏湖南知名的"老师宿儒"。由于学校是官办学校，官方领导人常去讲课。何键给学生演讲《大学》章句，国民党湖南省省党部执行委员陈大榕主讲《党义》，南京国民政府司法院院长居正也到校演讲。对官方领导人所讲三民主义和"党义"等内容没有兴趣，只专注于国学中的学术流派和学术争论。

6 月

在广东主政的陈济棠联合广西的李宗仁、白崇禧，以抗日为名，发动反蒋的"两广事变"。7 日，桂军总参谋长李品仙代表"抗日救国西南联军"来湘促何键反蒋。8 日，桂军第十五军军长夏威带兵入湘，前锋抵永州。粤军第二军军长张达带兵北进，先头部队抵郴州。9 日，蒋介石开始派大兵团云集湖南。由于"两广事变"，长沙国学专修学校提前放假。

8 月

通过程老先生作保，从熟人那里借 80 块钱，准备到长沙继续学习。到长沙后听到湖南国学专修学校停办的消息，即到武汉，接着又到江西星子县。当时有个本家名叫刘公武，在庐山蒋介石的军校里当教官。持族人刘巨楼写的介绍信找到刘公武。刘公武了解刘大年学历和经历后，第二天便告无事可找。在江西待了一周后回到武昌，与以前"辍学"同学、在武汉上高中的魏鑫一起住学生公寓。在武昌逗留 20 多天，既不能上学，也找不到合适的工作。

9月

再次回到家乡，打算潜心读书，从书中寻找家国出路。在住房背靠的雪窝山上建一书房，取名“鸡鸣阁”。希望做个旧式的能考证训诂名物的经学家，以“保存国粹”。家乡流传有其《鸡鸣阁序》[①] 四六文一篇，2007年岳阳市博物馆熊培庚手书件为：“世事苍狗，人生白驹。马齿徒增，鸡鸣不已。慨学海之难填，智下精卫；借深林之一枝，计祖鷦鷯。爰卜蜗居，用遂鸠拙。室本磬悬，不有鼠牙之穿；心同匏系，更无雀角之入。惟是萤牕多奇，猱升匪易。虽则羝羊触藩，钻之靡坚；其如按图索骥，忽焉在后。矧乃妖梦化蝶，庄周之邪说并起；当路斩蛇，孙叔之高义不闻。江流趋下，难闻麟笔；袜线无长，空叹牛刀。故惟志蠹鱼以永日，即当惜阴之虑；技雕虫而自好，聊深面壁之功。画虎必成，其惟谁敢？刻鹄不失，勉以自期！”

12月

和私塾同学刘浴生一起到南京。因在船上感冒，一到南京便生大病。没钱住院，住在当地湖南会馆慢慢调养，病愈时已经临近春节。因盘缠花尽，借刘浴生仅有的几块钱，由南京返回武昌，之后返回家乡。

1937年（23岁）

3月

月底 再次来到武汉，依旧住在武昌粮道街一处学生公寓。粮道街南面是蛇山，有张之洞门生所建抱冰堂，抱冰堂附近有图书馆和报刊阅览室。工作不好找，就在图书馆或阅览室里自学。通过看书读报，对近代中国的情况熟悉了不少，对时事也有了更多的感知。

① 据刘大年1996年5月18日口述录音回忆，家乡流传的四六文《鸡鸣阁序》可能是真的。本书诗词全部引自张海鹏、黄仁国编《刘大年诗集》（湖北人民出版社2015年7月出版），诗词内容一般不再作解释。

夏

路经蛇山陈友谅墓，作《过陈友谅墓》诗一首，对蒋介石的"攘外必先安内"政策颇有微词："紫荆山上孝陵园，碣石崔巍车马喧。黄鹄矶畔汉帝墓，杞棘荒坏无人过。我来凭吊读遗碑，老乌哑哑相和吹。碑上淋漓云何事，似叹英雄不得志。鄱阳一战功未成，泰山鸿毛从此分。吁嗟乎！垓下若教刘邦死，如今楚帝称项羽。"元朝末年"大汉"政权的缔造者——大汉皇帝陈友谅墓在武汉长江大桥引桥南侧，即"黄鹄矶畔"。

7 月

7 日　卢沟桥事变。几日后，事变的消息传到武昌，在黄鹤楼前目睹义愤填膺的人群久久不愿散去的场景，激动不已。连续三日，黄鹤楼前人山人海，民众希望奋起抗日，民族精神空前高涨。

本月　在汉口大剧院观看上海剧作家顾无为编的话剧《卢沟落日》。"卢沟晓月"是著名的燕京八景之一，剧作家改"晓月"为"落日"，意含中日战争的结局是中国必胜，日本必败，日本的太阳将在卢沟桥坠落下去。

8 月

月初　再次回到华容，"明显感到中国的抗战要打起来了"。原来在北方或上海活动的一些知名人士相继回乡。与程老先生的儿子程稚香同去看望曾任国民党山东省政府民政厅秘书、回乡后被推为华容参议会议长的贺冕①，并拜他为师。在贺家住了近半年，学习古体诗，直到 1937 年年底。其间，曾针对城乡出现的各种招兵乱象，仿杜甫"三吏""三别"，写 6 首揭露社会黑暗的诗给贺冕看，被贺冕劝告不要拿给别人看，以免惹麻烦。

---

①　贺冕与清末民初宋诗派代表人物陈三立（陈寅恪父亲）有过诗词唱和，刘大年当时在贺冕家中见过陈三立写给贺冕的署名"散原"的五言律诗书法。陈三立，号散原。

1938 年（24 岁）

1 月

借到一本《唯物主义与伦理哲学》。书中的哲学家、哲学流派、哲学理论，闻所未闻，其中的理论一时难以领悟，但颇感新奇，只想看下去。看完后，尽管没有动摇孔学信念，却从此产生追求新学的愿望，开始注意有关八路军和延安的消息。

2 月

朱婴同儿子、女儿从上海回到华容；途经武汉时，八路军驻武汉办事处主任董必武接见并指示他在国民党统治区开办教育，培养抗日人才，推动抗日斗争活动。朱婴回乡后即联络包泽英、蒋子辉、廖凤生等建立"东山书院"。东山书院后改名为"东山中学"，朱婴自任校长。学校最多时有200多人，除开设中学的一般课程外，还重点开设政治和军事课，每周作时事报告一次，宣讲当时的抗战形势和介绍中国人民抗日军政大学[①]的学习生活，并经常就抗日问题展开讨论。

在程稚香的引荐下，与朱婴的儿子朱允一[②] 相识。从朱允一处看到朱婴在上海办的刊物《我们的学校》，看到其中一则介绍延安中国人民抗日军政大学的消息，把这则200字左右的消息连续看了几遍，好像是一个人踯躅

---

① 中国人民抗日军事政治大学的前身为中央革命根据地工农红军大学，1937年1月迁入延安后改名，简称"抗大"。毛泽东亲自担任教育委员会主席兼政治委员，制定教育方针和校训，直接过问学校各项建设和审定教学大纲与教学计划，还经常给学员讲课。教育委员会下设训练部、政治部、校务部。校长为林彪，副校长为罗瑞卿。抗日战争时期，抗大是当时在延安的干部学校中唯一经国民党政府正式审批成立的一所大学，其主要任务是培养抗日前线需要的军事、政治工作干部。抗大的教学坚持理论联系实际的原则，所设置的主要课程有社会科学、政治经济学、中国问题、哲学、战略战术、炮兵、测绘、地形、筑城、射击、救护、群众工作等，密切联系抗日战争的实际需要。

② 1952年2月，朱允一任新成立的北京俄文专修学校留苏预备部副主任，主持日常工作。1962年6月，任在北京外国语学院外国留学生办公室和出国留学人员培训部基础上创建的外国留学生高等预备学校（北京语言大学前身）党委委员，8月任该校出国部主任。

在暗洞中，忽然发现前面隐约有个亮点，有个出口。到延安去的念头越来越强烈。

5月

从华容到长沙，借口投考湖南省主席张治中所主办的乡政人员训练班，寻找八路军办事处①。在长沙，看到顾祝同、汤恩伯等战区、集团军的招兵布告，以及清华大学等高校的临时校址、联络处等招生布告，没有引起多大兴趣。被马路边书报地摊上摆放着的五花八门的报纸、刊物和时事小册子等所深深吸引。《毛泽东自传》《毛泽东论游击战争》《朱德访问记》《彭德怀印象记》等小册子中的传奇式的描写增强了去陕北的决心。头一次在地摊上的一本《文摘》上看到郭沫若写的一篇散文，留下深刻印象。

6月

两次到长沙八路军办事处，办理赴延安手续。初次见到徐特立，徐鼓励有志青年应该到延安去，指出在延安可以学到与群众相结合的知识武装自己。八路军驻湘通讯处主任王凌波则通过比较"国学"与唯物论，指出唯物主义和唯心主义的区别，并用唯物论批判"国学"。首次谈话便为徐特立和王凌波的言论所折服，深受启发和教育。一周后，与王凌波又进行一次长谈，拿到中国人民抗日军政大学的录取通知书。通知书上注有评语："此人思想纯洁。"办好手续，又单独找徐特立，徐勉励说，要决心克服很多困难，要做好充分的思想准备。

月底　返回家乡，筹集路费，做各种去延安的准备。母亲卖掉 10 石新谷，说来年春天口粮不够再去借债。在东山中学念书的刘浴生得知后，也要求同去延安。

7月

上半月　准备与刘浴生一起赴延安的消息传出后，刘浴生在外地当过

---

① 1937 年 11 月，中共中央派陕甘宁边区教育厅厅长徐特立以八路军高级参议、驻湘代表的身份来湘筹建八路军驻湘通讯处。12 月 9 日，徐特立、王凌波抵达长沙，与一些地下党员取得联系，开始着手通讯处的组建工作。年底，通讯处公开挂牌，正式办公。

县长的堂兄反对他们去延安,并说可以找关系保送上已经迁往内地的朝阳大学,还拿出一本白崇禧编的小册子以说明去延安没有什么出路。小册子上对国共力量对比的分析却让他们振奋不已。华容三青团也寄来《告华容青年书》以及一些宣传品。一位族中前辈也不赞成他们去延安,劝他们要顾虑家庭日后受到连累的后果。

15 日　与刘浴生一起动身奔赴延安。离家时,一种背井离乡的感觉油然而生。祖母、母亲也怀着异样的心情,站在门口,目送远去。此后,再也没有见到她们。当日到达湖北省南部的石首调关码头,等待搭乘去武汉的轮船。

17 日　到达汉口,与轮船上相识的两名南县高中学生一起到法租界找八路军武汉办事处。七七事变一周年时,郭沫若主持国民政府军委会政治部第三厅发起的抗日献金运动①,人民群众纷纷表现出毁家纾难的抗战热情。将此时听闻到的武汉群众献金狂潮,与一年前在武昌黄鹤楼目睹的群众激愤情绪联系在一起,深深体会到中华民族要独立、要解放,是什么力量也阻挡不住的。在汉口停留十多小时后,搭乘开往西安的火车北上。

20 日　到达西安。

21 日　到西安八路军办事处七贤庄,办事处工作人员通知刘大年到洛川入学,进中国人民抗日军政大学五大队;刘浴生到三原安吴堡的青年抗日训练班,两个随行的高中生入陕北公学。

22 日　到达三原,与刘浴生等 3 人告别②。

下旬　从三原继续徒步前行,经耀县、同官③、宜君、中部④,赶往洛川。其间,与奔赴延安的青年一起拜谒轩辕黄帝陵,大家发誓要为民族争光。一路上不断提醒自己:国学是我们祖宗立国的根本,切不可忘记。

8 月

1 日　到达洛川,被编入抗大五大队第二营七队 (连),驻地在洛川城东

---

① 据郭沫若《洪波曲》载,5 天之内,武汉三镇参加献金者即达 100 万人次以上,总额多达法币 100 多万元。献金者从富人到乞丐,什么人都有。其中有的不止献一次两次,也不止10 次 20 次,甚或天天、时时都在献。

② 刘浴生 4 个月后由青训班转入抗大,在去延安途中顺路到洛川匆匆见了刘大年一面,后来分配在晋察冀军区做电台工作,1940 年左右在河北省平山县一带牺牲。

③ 同官即现在的铜川。

④ 中部即现在的黄陵。

北十五六华里的胡庄。临近胡庄时，把一路戴着的软木船形帽使劲扔进玉米地里，表示与旧社会分手。次日换上军服，佩戴"八路"臂章，成为正规的八路军战士。

中旬 朱德总司令从前方经西安来到洛川，讲抗战形势。第一次见到朱总司令和大队长韦国清。

本月 开始接受抗大思想理论课的培训：一类是讲抗战的，如毛泽东《论持久战》《论新阶段》以及随时加入的形势报告等；一类是讲进步或革命思想观点的，如社会发展史、中国革命运动史、世界革命运动史等。读《共产党宣言》《大众哲学》《社会主义从空想到科学的发展》以及能够找到的政治经济学、外国历史书等，头脑里从此打开一个新的天地，盲目崇拜孔学的观念动摇了，共产主义理想信念逐渐生根发芽了。

10 月

在第七队队（连）长、老红军余克勤和区（排）队长李源清的介绍下加入中国共产党，并被指定为一个班"管军事"——站岗放哨、行军宿营、野外演习的副班长。

12 月

1 日 党中央、中央军委决定在晋东南成立中国人民抗日军政大学第一分校①。

13 日 抗大召开干部动员大会，就组建分校问题进行动员。抗大副校长罗瑞卿正式宣布成立抗大第一、第二分校的决定。

15 日 上级宣布第一、第二分校的组织、干部配备的命令，任命庆阳大队大队长何长工和陕北公学栒邑分校政治部主任周纯全为第一分校正、副

---

① 1938 年 10 月，毛泽东在中共六届六中全会上作《论新阶段》的政治报告，提出要"广大地发展敌后游击战争"，"必须建立游击部队中的政治工作，加强其军事政治文化娱乐的教育，用以提高其战斗力。""创设并扩大增强各种干部学校，培养大批的抗日干部。""广泛发展民众教育，组织各种补习学校，识字运动，戏剧运动，歌咏运动，体育运动，创办敌前敌后各种地方通俗报纸，提高人民的民族文化与民族觉悟。"11 月，为贯彻落实六届六中全会精神，党中央、中央军委就敌后创办抗大分校问题，与晋东南八路军总部领导人进行磋商。朱德、彭德怀、左权电复毛泽东、王稼祥、滕代远："估计今后形势更加严峻，前后方交通更困难，往返需时更多，以及延安物质条件更难解决，同意抗大一部分来晋东南成立分校。"

校长,韦国清为训练部长,黄欧东为政治部主任,校址在八路军前方总部驻在地晋东南,即山西敌后襄阳、屯留地区。同时,决定组成第一分校党务委员会,书记黄欧东,委员何长工、周纯全、韦国清、刘浩天。抗大第一分校由洛川和庆阳第五、六大队的全部,第三、第四大队各一部,陕北公学栒邑分校的大部分,三原安吴堡青年抗日训练班一部合并组成。组成一分校的原抗大洛川、庆阳、栒邑三个大队,要到与延安还隔着甘泉县的鄜县①集中进行动员。

下旬　到达鄜县,抗大一分校举行东迁动员大会。抗大副校长罗瑞卿、军委参谋长滕代远分别讲述当时的抗战形势、晋东南根据地的状况、学校东迁的意义等。会后很快往延安方向行军,在延长会合,召开一分校成立大会,并进行时间约一周的整编。整编后,所在的洛川大队改成一分校一大队,驻扎在离延长约20里的山村待命。

约何定一等6位华容同学前去拜访住在延长县县城的校长何长工。在延长邻街一所普通住所里,见到何长工,并一起在天寒地冻的院子里围着一个碾盘,就着水煮土豆,吃了一顿有少量大米的小米饭。

1939 年（25 岁）

1 月

1 日　在延长欢度元旦。

3 日　抗大一分校全校出发,在大雪纷飞的夜晚急行军。

4 日　上午到达延水黄河渡口。三四十个人挤在一艘又宽又短的渡船上,渡过东迁的第一道天险——三四百米宽的黄河,到达山西永和县境。由永和一路东行,傍晚集中到吕梁山东侧一处高地上。晚上,6000多人的队伍在校长何长工率领下,翻山越岭,跨过冰冻的汾河,通过铁路下的涵洞,穿过一片黑黝黝不见灯火的敌人碉堡群,安然无恙地在介休、灵石间穿过日军同蒲路严密的封锁线。

5 日　凌晨,全校教工学员在介休县静升镇宿营。天亮后出发上绵山。此后,走走停停,经沁县郭道镇,往八路军前方总部方向东征。

---

① 鄜县,即富县。

25 日　全校教工学员到达上级指定位置——屯留① 县故县镇，顺利完成了东迁晋东南的任务。此后，稍事休整，即举行开学典礼，成立抗大第一分校，对外称"第十八集团军总部随营学校"，臂章改为"18"。学校与八路军总部驻地中村仅十余里，生活与学习方面均得到八路军总部的特别关照。

2 月

抗大一分校恢复上课，重点转入军事教育，加上一些时事报告。训练部部长韦国清讲战术，专职军事教员讲八路军作战实例。从 4 月到 6 月，八路军总部领导朱德、彭德怀、左权、傅钟、陆定一和北方局领导杨尚昆、朱瑞等，都到学校作报告或讲课。朱德担任的军事课讲授时间最长，每周周六都按时到校讲授《游击战争的战略战术》《苏军步兵战斗条令》等军事学理论课。课间休息，请朱德题词，朱德在刘大年的课堂笔记本上题写"坚持抗战"。

5 月

1 日　抗大一分校开展"红五月竞赛"，竞赛内容包括政治学习、军事训练和文化体育活动等方面，朱德亲临大会进行赛前动员。

6 月

下旬　抗大一分校开始做毕业前准备。写描述抗大一分校东迁的《东征口号》四首，向毕业庆典献礼。古体诗《东征口号》四首贴于一大队文化俱乐部"救亡室"壁报上，"七七"三周年前夕又裱糊起来送往毕业筹备单位，张挂在检阅主席台上。《东征口号》四首即："（一）神州谁敢总横行？落日卢沟大起兵。南渡君臣棋乱局，北望烽火海扬尘。延安城系人心定，八路军来士气新。如火旌旗向前指，长征全捷又东征。""（二）冰满戎衣雪满头，军行千里出奇谋。前锋踊跃趋延水，大队从容发鄜州。祖逖中流奋击楫，孟明东渡誓焚舟。永和道上丹青手，正画虾王泣楚囚。""（三）帷幄运筹听总管，书生报国寸心丹。吕梁料敌晨增灶，汾水迎人夜渡关。马骤尘飞星变

---

① 屯留属太岳、太行、中条山中间的上党盆地。它的中心是长治、潞城、长子，长子在长治的西边，潞城在长治的东北地区。

色,枪持令紧雀无谨。奇兵忽见从天降,惊倒倭奴壁上观。""(四)长驱上党何惮远?百里绵峄一日驰。画角昂昂朝食早,铁衣起起枕投迟。扬眉合唱大刀曲,沥胆行吟破斧诗。儿女英雄多不贱,燕山射猎共相期。"

7月

4日 全校放假三天。抗大毕业证书分发到学员手中,上面有朱德的题词:"到实际工作中去锻炼。"

6日 日军第一军司令官梅津美治郎亲自指挥,集中5万兵力分9路围攻上党,对晋东南抗日根据地进行残酷"扫荡"。原计划"七七"三周年举行的毕业典礼取消。

7日 一分校奉总部命令,从上党地区向太行山南部的壶关、平顺、长治、陵川一带转移。所在连队由故县镇出发,经黄碾镇,开始向太行山转移。早晨七八点钟到达太行山半山腰。此时,远方三面响起闷雷般的炮声。几天后,日军占领了上党盆地绝大部分县城和交通线。八路军总部转移到太行山,敌后抗日根据地进入更艰苦的阶段。

中旬 一分校学员在太行山平顺县境来回行军,大批学员陆续被分配当连排干部。

月底 抗大一分校最后200多名以大学生为主的学员到达山西武乡八路军总部驻地砖壁村,临时住在附近两个小村庄,被安排与机关工作人员在一个灶上吃饭。高层领导非常关心和重视这些尚未分配工作的学员,希望他们做从事思想教育工作的领导干部,而不是直接指挥战斗与敌正面厮杀的连排干部。在这里,常常见到朱德及其夫人康克清等,亲身感受战地八路军总部那种有秩序、有自由,上下等级不森严,物质生活上无彼无此,一切自然而然的和谐氛围。

8月

7日 200多名学员在砖壁东面小村庄集合,听朱德上课。朱德分析当时的战争形势,指出日军对上党的围攻失败了,没有消灭我们的主力部队,却越来越严重地陷入前方和后方两面作战、两面受敌的泥潭;鼓励大家坚持抗战,去参加巩固发展敌后抗日根据地的工作,为抗战建功立业。朱德还重点讲述知识分子如何在抗战中发挥作用的问题,指出到敌后抗日根据地去工作是很艰苦的,要有充分的思想准备,要克服小资产阶级知识分子的动摇性与软弱性弱点，准备去接受各种各样的考验，在实际工作中提高自己，做到人生无悔。

听完朱德砖壁讲话后，被总政组织部门找去谈话，和另外一队的徐蔼如①一同分配到冀南地方工作。

中旬　到达河北省临城县岭西村冀南行政主任公署②太行办事处③。报到时，办事处正准备撤销，办事处主任齐燕铭已去冀南，临时借调到办事处宣传科，协助宣传科科长李实办抗战短期训练班——冀西专区④行政干部学校，任该校教导主任、总支书记，主持实际训练区村行政干部的工作，并负责党务。训练班设在离岭西有七八里地的郝庄。在教课之余，写了不少有关行政干部政策及思想和政治教育方面的文章。

12 月

根据地行政区划改变，冀西归太行区管辖，冀西专区行政干部学校停办。

1940 年（26 岁）

1 月

从内丘的郝庄出发，途经摩天岭，过铁路线，初下平原。经莲子镇，到

---

① 徐蔼如到冀南平原后担任隆平县或任县县政府秘书，在与敌人"扫荡"的斗争中牺牲。

② 冀南行政主任公署于 1938 年 8 月 14 日在河北邢台南宫县成立。成立大会上，50 多个县军政民代表参加会议，选举杨秀峰为主任，宋任穷为副主任。同时成立党总支，吴大羽为总支书记。当时行署下辖 51 县，包括了冀南区各县。1940 年 6 月，陈再道任冀南军区司令员，宋任穷任军区政委。1940 年 8 月，冀南、太行、太岳行政联合办事处成立，杨秀峰任主任；冀南行政主任公署改称冀南行政公署，简称冀南行署，宋任穷任主任。1942 年 5 月，宋任穷任冀南行署主任、区党委书记兼军区政委。1943 年 4 月，孟夫唐任冀南行署主任，王任重任副主任兼党组书记。

③ 冀南行政主任公署太行办事处于 1939 年 3 月 15 日正式成立，这是冀南行署主任杨秀峰为了便于领导一专署即冀西的抗日工作而决定成立的，办事处设在平汉铁路西边，当时也叫冀西办事处。

④ 冀西专区当时也叫冀南第一专区。

段芦头稍作休息。几天后，抵达冀南行署所在地威县。任冀南行政主任公署文教处宣传科科长，兼冀南抗战学院[①]政治教员。文教处下设三个科，即学校教育科、干部教育科和宣传科[②]，处长孟夫唐，副处长任仲夷。

宣传科长除战时配合军事行动直接从军外，主要工作是：一、文字工作，包括草拟文件、写宣传提纲和给报刊撰稿。如草拟告民众书，宣讲国内外重要形势，起草行署发布的大多数行政公文，负责行署接收延安电报的电台和邮政检查制度，撰写时事评论，为冀南行署《时事》半月刊杂志国际形势专栏撰稿。二、组织行署机关的理论学习、时事学习，参与冀南国民教育委员会和冀南史料编纂委员会等附属机构的工作。三、依托冀南行政区参议会[③]，组织本地开明士绅、社会名流座谈，讨论时事，宣传行署政策，邀请他们对政府工作献计献策。四、召开群众大会、组织文工团、开庆祝会、慰问军队、随军宣传等。传统文化的根基，对于这些宣传工作起到了助推的作用。特别是对于开明士绅、社会名流以及普通民众的宣传教育工作，使他们深切感受到中国共产党的方针政策确实是传承了中国数千年的文化基因。

利用游击战争的间隙，在马背上边学边干。重点学习了李达的《社会学大纲》，郭沫若的《中国古代社会研究》，吕振羽的《史前期中国古代社会研究》《殷商时代的中国社会》，日本人佐野袈裟美的《支那近代百年史》《中国历史教程》，以及苏联学者的一些书籍。

2 月

根据毛泽东、王稼祥给八路军总部及一二九师的来电指示[④]，从本月开始到3月，八路军调集冀南、冀鲁豫和冀中军区各一部展开"冀南反顽作战"，首先对平汉路以东的石友三[⑤]部发起反击，歼其大部，逼其残部退往山东曹县、定陶、单县一带。

---

① 冀南抗战学院成立于1939年7月，由原冀南政治干部学校改建而成，校址设在南宫大午及村。杨秀峰兼任院长，孟夫唐任副院长，张化南任教育长，王杰任教务主任。主要培养抗日干部。

② 宣传科后来改为社会教育科。

③ 冀南行政区参议会于1939年9月由冀南人民代表大会选举产生。此后，行政座谈会成为冀南行署的一种民主建设制度，各专区、县也相继建立参议室。

④ 1940年2月3日，毛泽东、王稼祥就消灭石友三部致电朱德、彭德怀、刘伯承、邓小平，指出："对石友三应采取坚决彻底全部干净消灭政策，用各种方法引其出来而消灭之。"

⑤ 国民党第39集团军司令石友三，从1939年12月到1940年2月，与日军秘密联络，在威县、南宫、曲周一带残杀八路军战士及抗日政府工作人员1000多名和抗日家属数百人。

　　为维护抗日民族统一战线，配合反顽作战，与军区宣传科长组织群众团体——反汪拥蒋驱鹿拒庞讨石迎朱宣传运动委员会①，印发《告全区人民书》及其他宣传品，并在巨鹿召开群众大会，在全区开展"拒绝国民党顽固派任河北省主席，拥护朱德担任河北省主席"的政治宣传运动。

3 月

　　25 日　冀南区党委宣传部发出关于加强新闻、出版工作的通知，主要内容有：（一）出版党报，改《冀南日报》为区党委机关报；（二）《平原》由半月刊改为旬刊；（三）出版党内教材；（四）加强文总会工作；（五）加强记者工作；（六）加强对各地宣传工作的领导。

4 月

　　参加打破日军"囚笼政策"的交通战。冀南区党委、行署、军分区统一部署，组织 1 万多名自卫队员与数万名群众，对日寇在冀南腹地修筑的石家庄至南宫、南宫至巨鹿、邢台至威县、威县至清河、广宗至巨鹿等干线公路，进行一次全面的破坏，使敌人的交通运输陷入混乱和瘫痪。

6 月

　　枣宜会战②后期，日军第十一军侵占汉口、岳阳、沙市之间的长江三角地带，逼近华容。

　　在河北曲周一带写《惊闻华容失守》诗："捷报潭州守将骁，忽惊虏马渡江潮。花桃野戍兵霄遁，古邑官城鬼怒号。难奉杖舆先避贼，尚凭昆弟可从徭。书封七字寄乡旧，快卖黄牛买宝刀。"

7 月

　　月初　八路军总部命令冀南、鲁西、冀鲁豫部队各一部发起第二次反

---

① 汪、蒋、鹿、庞、石、朱分别指汪精卫、蒋介石、鹿钟麟、庞炳勋、石友三、朱德。

② 枣宜会战即 1940 年 5 月至 6 月中国第 5 战区部队在湖北省枣阳、宜昌地区对日军华中派遣军第 11 军进行的防御战役。第三十三集团军总司令张自忠率数千人渡襄河出击，在南瓜店遭敌万余人夹击，壮烈殉国。

顽战役。此后,蒋介石的正规部队完全退出河北和山西大部,国民党的晋冀游击战区实际消失。

两次反顽作战期间,始终跟着指挥部走,参与反顽全程。

8 月

百团大战开始。8 月 20 日至 12 月 5 日,八路军发动历时三个半月的百团大战,由八路军前方总部统一指挥,晋察冀军区、晋冀鲁豫军区和晋绥军区共同参与,以正太路为重点,对河北、山西境内铁路公路交通和沿线敌人据点进行大规模的破击。

战争期间,与军区一起,活动在河北故城一带,代表行署和军参议员上前线慰问军队,主持战后胜利庆祝会和阵亡将士追悼会。

1941 年（27 岁）

1 月

日军推行"囚笼"战术、"三光"政策,对根据地进行分割和"扫荡"。敌人利用"扫荡",加紧修筑南宫至王官庄、王官庄至油坊、广宗至贺钊、柏乡至隆平等公路,并以据点碉堡构成封锁线,使冀南根据地遭到严重分割。由于环境日益恶化,冀南区党委、行署决定将冀南抗战学院改为专门训练行政干部的冀南行政干部学校。

参与筹备冀南行政干部学校,并在冀南行政干部学校兼政治教员,主要讲授社会发展史、中国革命运动史、哲学和政治经济学等课程。由于课程很多内容涉及中国近代历史,从这时起,开始关注中国近代史。

上半年,主要参与各种反"扫荡"、反"蚕食"斗争,打击日军的"治安强化运动"。参与对敌伪展开的以"日美战争危机,日军准备调伪军到太平洋当炮灰"为内容的春季政治宣传攻势,印发针对伪军、伪自卫团、青训生、伪组织、土匪、会门等的各种宣传品。

9 月

冀南行政干部学校与各群众团体合办的冀南民运干部学校合并，改称政治干部学校，专门培训在职干部。任仲夷任该校校长，雄飞任副校长，张易非任教务主任，丁哲民任训育主任兼总支书记。

晋冀鲁豫边区政府正式成立，形成统一的晋冀鲁豫抗日根据地。先后任晋冀鲁豫边区政府冀南行署宣传科长、社会教育科长、干部教育科长、文教民政两处合并后的教育科长；同时任冀南政治干部学校政治教员、冀南抗战史料编纂委员会委员、中共冀南区党委文化运动委员会委员、支部书记、总支委员等职。

12 月

8 日 太平洋战争爆发。此后，日军急于解决中国问题，对华北根据地的"扫荡"更加频繁、残酷，华北根据地日益退缩。为了战胜困难，鼓舞斗志，冀南行署加强了国际形势的宣传教育工作，刘大年负责撰写相关宣传文章。

17 日 中共中央发出《中央关于太平洋战争爆发后敌后抗日根据地工作的指示》，提出战胜困难、开展军事、政治、经济和思想文化全面对敌斗争的一系列方针政策，包括精兵简政，实行主力军地方化、群众化以及"敌进我进"的战略战术等。

1942 年（28 岁）

3 月

冀南行署人员精简，行署教育、民政两处合并为民教处，任民教处教育科长。

4月

月初 日军对冀南的"扫荡"更加频繁,冀南行署人员分散活动。调到冀南政治干部学校任专职教员。学校不足200人,行军宿营不再与行署在一起,而由新七旅指挥,活动在河北故城县、山东武城县自北而南一个空隙很小的地带。此时,与政治干部学校教员杨清华共用一匹马。

29日 经历日军周密策划的一次大规模拉网围歼阴谋——"四二九铁壁合围"。北起德石铁路,南至邢台济南公路,西起南宫,东至卫河,日军出动2个师团、3个旅团各一部及众多伪军共3万余人,在临清、武城分别构筑两个合围圈,冈村宁次坐镇德州直接指挥,重点指向武城地区。

拂晓,日军在飞机、大炮、坦克、装甲车、骑兵、摩托队的配合下,突然对冀南党政军机关和主力部队活动区域实施大包围。7点,拿起行李,跟着队伍向南急速行进。后来,政治学校全体人员与冀南党政军领导机关、军区警卫团和骑兵团、新七旅指挥部和所属两个团的各一部分、本地机关团体工作人员等三四千人挤在距武城县街12里的十二里庄村北一片树林里。中午时分,敌人从西、北两面逼近十二里庄。按照突围计划朝西南方向突围时与战斗部队脱离。杨清华骑马随骑兵团走,马惊跑,行李及书籍全部丢失。傍晚,现场最高指挥员军区参谋长范朝利和政治部主任刘志坚率冀南领导机关和主力部队胜利突出重围。没有突出重围的冀南军区文工团的文艺工作者、冀南行署财政干校的学生及后勤人员400余人在霍庄遭到日军的屠杀①。与战斗部队脱离后,往东面武城县卫河封锁线移动。走出河西街小镇不久,北面一股敌人逼近,情急中指挥歼灭了这股敌人。后翻回往西,分散隐藏在麦田里。为应付不测,用脚在麦垄间蹬出一个坑,把在抗大朱德亲笔题写"坚持抗战"的笔记本、抗大毕业证书和杨秀峰签署任命为宣传科长的委任状等埋在麦地里②。晚上,指挥100余人往西突围,走出敌人的包围区,越过封锁线。

武城突围以后三四天,与任仲夷、杨清华等在枣强地区行署会合。

---

① 即"四二九"霍庄惨案。
② 这些埋藏的东西以后再也没有找到。

5 月

日军"四二九铁壁合围"后，冀南政治干部学校分散办训练班，再回到行署民教处，主管宣传工作。由于冀南地区的形势日趋严重，宣传工作转向克服失败情绪和怀疑坚持平原游击战争的思想，以提高地方干部斗争的信心和勇气，帮助他们认识形势，掌握新的斗争方法和组织方法，同时，动员群众，营造良好的抗日环境，争取渡过难关，迎接最后的反攻。冀南区党委根据新的斗争形势，确定斗争方针以政治斗争为主，以军事斗争为骨干，克服对敌斗争中的右倾错误，努力发展游击战争，并加强民运工作与统战工作。

11 月

由于太平洋战争吃紧，部分日军南调，很多据点依靠伪军担任守备。在此形势下，冀南行署主任、冀南区党委书记和军区政委宋任穷确定对敌宣传工作的重点是瓦解敌伪军。

从本月到次年 4 月，主管对敌宣传工作时采取了形式多样的工作方式。如针对伪军，采取"传条"、武装宣传、颁发各种证件、发起"良心大检查"和"检举死心汉奸"运动、给伪军"点红点和点黑点"等方式，瓦解了大量伪军，发展了与伪军伪组织的秘密关系，由此建立了几条通过平汉路的秘密交通线和许多秘密交通站；针对日军官兵，采取散发传单、书写日文反战标语、赠送慰问袋、由"在华日人反战联盟"到前线喊话、利用日本传统的樱花季节进行宣传等政治攻势，取得一定成效，建立了一个"和平日军据点"。与秋山良照、水原健次等反战同盟士兵有过多次打交道的经历。冀南的瓦解敌伪军的工作受到八路军总部、北方局和一二九师的表扬。

12 月

4 日　在河北威县作《祝贺刘伯承同志 50 寿辰》诗："汉家大将立身高，一管金毫一战袍。波海译书开异阵，剑关拔帜走群豪。边区奇计胸中划，劲敌阴谋掌上消。五十功名谁是伴？振衣同拜霍嫖姚。"

本年　冀南自然灾害频仍。先是遇到数十年未见的特大旱灾，大部分地区持续干旱近 8 个月。9 月又遭遇水灾，日军将运河、漳河、滏阳河掘开口子，河水泛滥波及冀南 30 多个县。接着是虫灾，蝗虫铺天盖地而来。有些地区还同时遭到雹灾,有的冰雹大如鸡蛋;然后是流行性霍乱。各种自然灾害严重地破坏了农业生产,给军民生活带来极大困难。

本年　读范文澜著《中国通史简编》①。

1943 年（29 岁）

4 月

由于敌人几年来对冀南地区的持续"扫荡"破坏,造成农村经济的严重枯竭。入春以来,又发生严重干旱。本月上旬,冀南遭受严重的夏荒,灾民普遍以糠菜树叶为食,除松柏以外,几乎所有的树木叶子、树皮都被捋光,大批灾民饿死或逃亡,军民的生存遇到前所未有的困难。面临严重的灾荒,冀南党、政、军领导机关把救灾工作作为中心任务,行署和各级政府建立救灾委员会。

6 月

中旬　面对日益发展的灾荒,为了减轻人民负担,冀南党政机关在 1 至 4 月已采取精兵简政、紧缩机关、加强基层等措施基础上,又进一步合并机关部门,减少机关单位,减少工作人员。为了保存干部,冀南行署将干部分为三批,留下一批,另两批派往太行或延安。当时流行的说法是:"去延安的是建国干部,去太行的是反攻干部,留下来的是坚持干部(或咬牙干部)。"

被冀南行署副主任兼党组书记王任重派去北方区太行分区听候派遣,或留太行高级党校学习,或去延安参加党的整风运动。

7 月

上旬　与中共冀南区党委组织科科长刘国平等 5 位干部随同一支武

---

① 范文澜著《中国通史简编》上册(上古到五代) 1941 年由延安新华书店出版,《中国通史简编》中册(宋辽到清中叶) 1942 年出版。

装运钞队由冀南前往太行。一行 20 余人，从邯郸和黄粱梦中间过铁路。夜间，利用日军巡逻车巡逻的空隙，用绑腿搭人梯，越过深沟和高墙，到铁路西边后向山区急行。拂晓，由于向导带错路，逼近敌人的炮楼，从碉堡北面连续跳了十多个高低不等的山崖后才脱离敌人的视线。天亮后到一个小村庄隐蔽下来，天黑接着赶路，次日走出敌占区。不久，忽然发现轻度咯血，但继续随部队急行军，直到两天后即七七事变 6 周年前夕，到达目的地——八路军一二九师司令部所在地河南涉县附近的赤岸①。在赤岸待了几天，拿着介绍信找太行分局组织部干部科科长刘建勋交谈好几次，并到师部医务室找医生检查身体，被诊断为右肺萎缩。刘建勋要求先到一二九师卫生部医院② 进行详细的检查，再决定去延安还是太行。

中旬　独自从赤岸出发，沿清漳河而上，次日中午到达八路军总部所在地山西辽县麻田镇，顺便到北方局党校与在那里学习的冀南行署副主任刘建章见面，晚饭前到达辽县桐峪镇隘峪口村一二九师卫生部医院，在医疗水平较好的一所③ 一间病室住下。第二天上午，突然胸口发热，一股血流夺口而出，紧接着血从鼻孔往外喷，持续三五分钟才停下来。一天大咯血两三次，连续三天，天天如此。极度虚弱，上厕所晕倒，被人抬回病室。医护人员束手无策，休养所指导员关切地询问还有什么话要交代，并请来医院的医务主任——日本医生白云④。白云提出用白阿胶熬服或许有希望。医生找来藏在山洞里的唯一一块拳头大小的白阿胶，溶化成流质。连服 3 天后止住大咯血，后经半个多月的治疗才能下床行走。

下旬　经八路军一二九师卫生部部长、八路军前方总部医院院长钱信忠及其夫人唐兮凤医生一起检查诊断，确诊为右肺正常，左肺血管人工破裂，肺部有结核，但不严重，不是结核病。破裂口不容易短期愈合，必须先把伤养好，不能再去接受轮训或参加整风。

---

① 　赤岸也是当时北方局太行分局所在地。

② 　此前，八路军总部卫生部与一二九师卫生部、野战医院已经合并，所以一二九师卫生部医院也叫八路军前方总部医院或八路军总部白求恩医院。

③ 　医院共分四所。

④ 　白云为日籍医生山田一郎的化名。山田毕业于东京大学医学部，1938 年 5 月被编入华北派遣军，1939 年 8 月在山东梁山一带被俘，两个月后逃跑再次被俘，开始在太行山八路军野战医院当医生。1942 年加入中国共产党，次年 6 月转正。1944 年到延安进入日本工农学校，1945 年旁听中共七大。1946 年回到日本，退出中国共产党，加入日本共产党，创办日共领导的东京代代木医院，担任院长、总院长达 50 年，并改名佐藤猛夫。

8 月

在隘峪口村西北山上只有十来户人家的石暴村① 住下。组织上安排一个来自冀南的姓杜的通讯员,负责到太行分局② 领取粮食等供应物质,以及每隔一天到总部医院拿牛奶。开始长达两年的养伤生活,骑着毛驴来往于石暴村与隘峪口村。其间,身体时好时坏,身体好转就看书、读报、写诗。

11 月

又回到隘峪口八路军前方总部医院养伤,并在医院过党的生活,直到次年开春以后才回到石暴村。

冀南党政部分人员转移至太行集中整风审干。与在太行参加整风的冀南行署主任孟夫唐等有通讯联系。

写诗回复冀南行署民政处处长杜佩珊:"卧对赐书窗影迟,太行山里柿红时。关心垂问半年疾,余兴还询近日诗。万象皆秋浑自觉,千金买骨累公知。不从战垒添新鬼,东下平原再弈棋。"还不时想着伤好后再回到冀南去战斗。

由于伤情严重,"东下平原"的理想一时难以实现,于是抓住所有能够利用的时间刻苦学习,甚至骑在毛驴上也背诵古文。这段时间,传统文化没有放弃,但更多的是关注现实问题,常常思考如何发挥自己的专长为现实的民族民主革命斗争服务。

---

① 石暴村与隘峪口村同属桐峪镇。
② 太行分局后改归北方局。

1944 年（30 岁）

夏

读到郭沫若《甲申三百年祭》①，作诗三首："（一）崇祯一死骂名轻，三百年来有定评。巨笔如椽翻铁案，史书功罪两分明。""（二）踏破燕京铁骑骄，闯王赤帜正飘飘。武英殿上生平酒，误尽三军解战袍。""（三）倾国妖歌迹已残，将军何止重红颜。黄冠碧血直须记，休把兴亡一律看。"

日军发动豫湘桂战役后，冀南军民开始准备局部反攻，广泛开展扩军运动。5 月，冀南部队逐步开始对敌发动进攻，收复一些县城，打通南北交通线。

秋

读到范文澜《汉奸刽子手曾国藩的一生》②，开始收集一些资料，产生研究中国近代史的念头。

本年　母亲蔡氏去世。

---

①　1944 年 3 月 19 日，郭沫若的《甲申三百年祭》开始在重庆《新华日报》上发表，连载 4 天。该文首次以马克思列宁主义的科学态度对李自成领导的农民起义的原因、经验教训作了总结。文章发表后，立即受到了毛泽东和中共中央的重视，毛泽东多次指出要从李自成起义的历史中吸取经验教训并批示将《甲申三百年祭》作为中共整风的文件之一。该文在延安和各解放区多次印成单行本，产生了很大的影响。

②　《汉奸刽子手曾国藩的一生》最初连载于 1944 年 7 月 25、26 日延安《解放日报》，同年延安新华书店、山东新华书店出版单行本，此后数年中，各解放区新华书店再版不下十次之多，影响非常大。文章虽以曾国藩为批判对象，但矛头处处指向蒋介石，如说曾国藩"是鸦片战争后百年来一切对外投降对内屠杀的反革命的汉奸刽子手们的'安内攘外'路线的第一个大师"等。1979 年，在《范文澜历史论文选集》序言中，刘大年曾结合范文澜新中国成立后的自我批评评论说："旧本《中国通史简编》借古说今，是从革命的愿望出发，斥责国民党、蒋介石，以激发人民的爱国、革命义愤。即使这样，作为科学研究，也是极不足取的。……科学的历史著作可以鼓舞人民的革命斗志，振奋人心。但是义愤不能推进科学。真正鼓舞人心只能依靠马克思主义，即依靠科学真理。"

1945 年（31 岁）

10 月

身体暂时好转。从石暴村出发，二下太行，与打邯郸战役①的部队一起过京汉线，到达中共北方区领导机构所在地河南省濮阳。在濮阳待了约一个星期，被指派回到晋冀鲁豫边区政府冀南行署所在地威县，作为负责人之一，开始参与筹备拟名为建国学院②的干部学校。

11 月

晋冀鲁豫边区政府主席杨秀峰、副主席戎子和遵照中共中央指示，向边区政府提出在边区创建高等学校，培养急需的建设人才的建议。边区政府决定创办北方大学。

12 月

晋冀鲁豫边区政府决定组成以杨秀峰为主任的北方大学筹备委员会，并初步确定北方大学应设理、工、农、医、文教、艺术、财经等学院，面向边区和新解放地区具有中等以上文化水平的青年招生，校址定在河北省邢台县，任命王振华、罗青为北方大学筹备处正、副主任。经中共中央推荐，边区政府任命范文澜为北方大学校长。建国学院停止筹备，转为筹备北方大学。

在冀南威县作《邯郸道上》："不闻吹角但开枪，内战果然是内行。朝出杂牌围上党，夕张旗鼓下安阳。捷书稳待前军奏，大德全劳幕府扬。妙算神差输一着，又逢道士煮黄粱。"

---

① 1945 年 10 月 16 日，晋冀鲁豫军区遵照中央军委指示，为制止内战，保卫解放区，阻止国民党军队北犯，决定集中一、二、三纵和冀南、冀鲁豫、太行军区部队共 6 万人，在漳河以北、邯郸以南地区发起邯郸战役，并下达邯郸战役的基本命令。这次战役也叫磁邯战役。

② 晋冀鲁豫边区政府原拟创办的建国学院筹备一半以后便停止筹备工作。1945 年 11 月 28 日，冀南行署成立冀南建国学院，孟夫唐兼任学院院长。冀南建国学院不是晋冀鲁豫边区政府拟建的干部学校。

1946 年（32 岁）

1 月

5 日 王振华、罗青抵达邢台组织北方大学筹备处，借用邢台西关外中华基督教会及附属福音医院旧址作校舍。

2 月

5 日 与曾经一同筹备建国学院的教育长张箕南，一起去筹备北方大学。此时边区政府已迁至河北武安，两人从威县出发，搭乘一辆卡车，经邯郸，抵达武安，同杨秀峰主席等见面和谈话，办理简单手续后，同赴邢台，来到北方大学筹备处。王凌波遗孀姜国仁①也来到北方大学，安排在文教学院任教，从此认识。

16 日 作《三十五年于邢台过灯节兼庆政治协商会闭幕》诗："襄国名都局事新，人民血火扫烟尘。平倭战胜方兴汉，反共兵销未帝秦。万户灯开民主焰，六街曲奏共和声。此宵变作狂欢节，不看花灯能几人。"反映根据地人民对民主建国的殷切期望。

下旬 受王振华、罗青指派，带一名通讯员一匹马出发去设在山西长治的军政大学参观取经。历经 6 天后抵达军政大学校部所在地高家庄，在高家庄连续参观访问 6 天。

3 月

从高家庄返回邢台以后，很快写出参观书面报告。

4 月

中旬 在范文澜由延安抵达邢台宣布就任北方大学校长职之后，被任

---

① 王凌波于 1942 年在延安病逝，时任行政学院副院长。

命为教务处副处长（46年4—6月）。因范文澜另拟办学方针，到长治军政大学取回的"经"没有得以实施。

本月　接待从延安分配来北方大学工作的荣孟源夫妇。

5 月

被任命为北方大学领导干部小组成员，任期为5—12月。组长范文澜，组员15人。

6 月

上旬　被任命为北方大学工学院副主任、支部书记。在正主任高太玄于9月9日因病离职后，成为工学院的实际负责人。主要工作是团结知识分子，主持政治思想工作，实施学生学文化、打基础的教育方针。

本月　与师力坤结婚。师力坤原名张毅果，1916年11月13日出生于河北邢台一个知识分子家庭。爷爷是秀才，父亲教书，两个叔叔也都是有文化的人。外公姓师，是一个酒坊的主管，除有固定薪俸收入外，还有30多亩地。母亲是师家的长女。张毅果出生8个月后，父亲不幸去世，当时母亲只有22岁，便带着张毅果回到师家，此后一直住在师家。1937年6月，张毅果从孟夫唐任校长的邢台师范女子师范班①毕业。七七事变前夕，以去北京上学为名，离家参加革命，后改名为师力坤。1937年10月，抗日战争爆发后，孟夫唐和共产党联系，在山西南部招收流亡学生办训练班。师力坤参加该训练班后，先后在河南修武县游击大队、八路军工作团工作，并于1938年10月加入中国共产党。1946年2月，师力坤参与筹备北方大学，与刘大年相识。结婚时，师力坤为北方大学校部秘书（1946年4月—1948年1月）。婚后，因刘大年身体状况不好，肺部时有疼痛，经范文澜决定，暂时休养一段时间。夫妇一起到师家住了一段时间。刘大年天天读书、看报、写文章，对中美关系产生了兴趣。身体有所好转后，继续回到北方大学上班。

关注中美关系，是因为当时美国援助蒋介石国民政府反对共产党的政策已经暴露。6月5日，《解放日报》发表《美国应即停止助长中国内战》的社论，呼吁美中两国人民"团结一致"，"奋起纠正美国助长中国内战和恐怖的军事干涉政策"。但是，14日，美国政府不顾中共的强烈反对，向参议院

---

①　该校也称河北第三女子师范学校。

提交《军事援华法案》，决心采取援蒋内战政策。21 日，美国国务院批准替国民政府建立 8 个大队的空军，其全部设备及训练费用达 3.07 亿元，飞机总数为 936 架。23 日，毛泽东在《解放日报》发表《反对美国对蒋军事援助法案的声明》。声明说："美国国务院于本月十四日提付国会审议的继续对华军事援助法案，对中国的和平安定与独立民主有极为不利的影响，因此中国共产党坚决反对此项法案。""在日本投降以后，美国没有停止反而极大地加强了对于中国国民党政府的各种军事援助，并在此实际目的下派遣庞大的军队驻在中国的领土与领海之上，这种行动已经证明是中国大规模内战爆发与继续扩大的根本原因。""在此种现实情况之下，中国共产党不得不坚决反对美国政府继续以出售、交换、租借、赠送或让渡等方式将军火交给中国的国民党独裁政府，坚决反对美国派遣军事使团来华，并坚决要求美国立即停止与收回对华的一切所谓军事援助，和立即撤回在华的美国军队。"24日，中共中央在党内指示中指出：美国对华军事干涉日益露骨，国民党政府的美国殖民地色彩日益显著，必须发动群众与之斗争。25 日，《解放日报》发表《要求美国改变政策》的社论，要求美国"停止和收回一切所谓对华军事援助，并撤退一切驻华军队"。但是，26 日，国民党以 30 万军队围攻中原解放区，向解放区发动全面进攻，全面内战爆发。同日，美国众议院外交委员会执行会议以 15 票对 2 票通过《美国军事援华法案》。28 日，美国国会决定延长对中国的租借法案期限，根据租借法案，美国移让给国民政府物资总值达 78100 万美元。至 6 月底，美国政府为国民政府训练部队和军事人员达 15 万人，装备国民党军 45 个师。同时，还用军舰、飞机直接运送国民党军 14 个军、41 个师、3 个交通警察总队共约 54 万人到达进攻解放区的前线。

7 月

7 日　中共中央发表公开宣言，在马歇尔来华后第一次公开指责美国推行援蒋内战的政策是企图取代日本，变中国为美国的殖民地。28、29 日，安平镇事件爆发，中共军队第一次与美军发生了较大规模的军事冲突。在这种背景下，中共中央于次月明确提出要对美国的政策进行彻底的清算和批评。

本月　5 个历史教员在范文澜校长指导下成立历史研究小组，主要任务是编辑教材。刘大年不是历史教员，但是一直密切关注中美关系的发展走向。

8 月

国民党调集大量兵力,由郑州向边区进犯,邢台处于战备状态。北方大学教职员学生,除一部分自愿参加翻身队、下乡帮助发动群众及请假回家省亲取物者外,留校师生员工进行暑期补习教育。鉴于学生中存在着偏重文化、忽视时事政治学习的偏向,刘大年与秘书长罗青、教务长王振华、教务处副处长郭欠恒、附设班主任张箕南等留校老师,组成 5 人委员会,整顿与推动夏令学习。

9 月

上级决定北方大学向太行山区转移。

10 月

15 日 北方大学教务处负责人尹达来信,谈工学院历史课教学问题,说决定由靳鲁雨一人担任工学院历史课教师,合堂授课。

下旬 北方大学奉命以军事化行动陆续向太行山区转移。

11 月

4 日 国民政府外交部部长王世杰和美国驻华大使司徒雷登在南京正式签订《中美友好通商航海条约》。条约一公布,国内外各方舆论责难纷起,认为这个条约将中国完全置于美国的掠夺之下,是彻头彻尾的卖国条约。

这时,由关注现实中的中美关系走向过渡到准备系统研究中美关系的历史。

本月 北方大学全校转移到山西潞城地区,分驻在以高家庄为中心的几个村内。校部及文教学院驻高庄,行政学院驻安昌,财经学院驻马厂,医学院驻安阳,工学院驻山西长治北 30 余里的张庄,借住在群众家中。这些地方距战地遥远,农村土地改革接近收尾,生活环境安定,学校的教育计划井然有序地实施。

1947 年（33 岁）

1 月

3 日　因工作繁忙，影响到健康，旧伤复发，并患肺结核。范文澜建议移交工学院工作，以便休养。当日，文教学院主任陈唯实任工学院主任，高锡金任副主任。从此，边养伤边收集中美关系史料。当时，解放区已经有一些中小城市，能够到图书馆查阅资料。于是，到长治县用骡子拉了 4 大车王云五主编的《万有文库》等二手资料书；在范文澜指导下查阅了有较多原始资料的《李文忠公全集》和王芸生①的《六十年来中国与日本》等书；查阅了能够找到的报刊书籍，如商务印书馆的《东方杂志》，收集了不少电报、笔记等一手资料。

本月 8 日，负责调停国共军事冲突的美国特使马歇尔离开中国返回美国，同时发表离华声明。10 日，周恩来在延安发表《评马歇尔离华声明》演说，希望马歇尔回美国后能站在已故罗斯福总统对华政策的立场上，为着中美两大民族的传统友谊和利益，重新检讨美国政府近一年来的对华政策，不再继续过去的错误，停止援助蒋介石政府进行内战，撤退驻华美军，不再干涉中国内政，重新调整中美关系。

3 月

美国政策不愿放弃援蒋反共政策，中国共产党与美国中断一切官方联系。7 日，中共驻南京、上海、重庆三地担任谈判联络工作的代表全部返回延安。10 日，美军驻延安观察组撤离延安。

继续收集中美关系资料，重点转向收集美国侵华史资料。

---

① 王芸生（1901—1980），新闻工作者，时任《大公报》总编辑。上海解放后，任《大公报》社长至 1966 年。

6 月

从本月开始,集中 3 个月时间专心写作《美国侵华简史》初稿。

8 月

本月　北方大学成立历史研究室,任副主任,主任由范文澜兼任。历史研究室的主要任务是在范文澜的领导下,修订《中国近代史》和《中国通史简编》,并给文教学院、财经学院、工学院、医学院授课。荣孟源等人调历史研究室工作。次年春,叶丁易、王冶秋、尚钺等先后调入。至此研究员达 11 人、研究生 3 人。研究员还有尹达、王可风、王南、刘桂五、牟安世、靳鲁雨等人。

北方大学成立历史研究室前不久,与范文澜讨论中美关系史时,范文澜说最近延安来过两个电报,要范聚集人才继续研究中国历史和找人写一本美国侵华史的书。

22 日　长女刘潞出生在山西潞城北方大学历史研究室所在地。

9 月

2 日　范文澜在晋冀鲁豫边区政府汇报工作并参加领导干部会议时发言说:"在历史研究室,刘大年写了一本美帝国主义侵略中国史。"

本年　冬,北方大学内部展开查成分、查思想、查作风的"三查运动"。成分是"地主"。

1948 年（34 岁）

1 月

1 日　作《元旦试笔兼为土改学习自勉》诗:"学午鸡鸣辞旧岁,再添马齿迎新朝。春回北国人同暖,日耀南山雪渐消。军起揭竿除吕政,歌传击壤纪唐尧。焚香我欲重温史,削去杨雄赋《解嘲》。"①

本月 原北方大学校部秘书处撤销,师力坤任北方大学教务处秘书,至 8 月。

5 月

4 日 北方大学校部和历史、经济两个研究室由山西潞城地区返抵河北邢台。

本月 9 日,中共中央决定晋冀鲁豫和晋察冀两解放区合并为华北解放区;20 日正式宣告成立中共中央华北局、华北解放区。与此同时,在晋察冀解放区张家口由成仿吾担任校长的华北联合大学与在晋冀鲁豫解放区长治由范文澜担任校长的北方大学决定合并,组成华北大学②,由吴玉章任校长,范、成任副校长,校址设河北正定。两校合并、华北大学的筹备工作在成仿吾的主持下进行。

6 月

月初,范文澜接待华北联大成仿吾校长专使,接到党中央关于北方大学与华北联大合并成立华北大学决定的通知,随后筹备相关事宜。月底,范文澜派遣刘大年率历史、经济两个研究室由邢台赴正定。这批教学人员连家属约 20 人,王冶秋、尚钺、李何林、叶丁易等人都在其中。

7 月

1 日 带领北方大学首批教职工抵达正定。成仿吾设席招待,热情讲话,祝贺两校合并。此后,北方大学校部及各学院陆续北迁,到正定与华北联大会合。

26 日 北方大学北迁工作完成,与华北联大会合。会师后两校师生共同举行庆祝并校联欢晚会。

---

① 此诗载姜国仁自印诗集《雪鸿集》附录,第 48 页,湖南长沙,1977 年。

② 华北大学 1949 年进北京后改名为中国人民大学。

8 月

1 日 华北大学正式开学①。由吴玉章任校长,在校学生 15000 余人。下设四部两院:即一部短训部,二部师范部,三部文艺部,四部研究部;以及工学院和农学院。原北方大学历史研究室改隶华北大学研究部,担任研究部领导成员、党支部副书记,历史系主任、历史研究室副主任。范文澜兼研究部主任、历史研究室主任。研究室设在正定西门内王士珍故居。姜国仁任历史研究室研究员。

12 日 华北大学副校长成仿吾来信,请转交李何林②所托带的东西,并说“搬家后有无其它新的问题,便中盼见告”。

22 日 华北大学二部主任何干之介绍史地系助理员尹胡来面谈。

25 日 致函华北大学研究部副主任、党支部书记艾思奇③,报送教材提纲。艾思奇当日回信,并请依据以前历史教研室经验编造研究和教育开支预算,以及与萧前④商量帮助哲学研究室和语文研究室编造预算,指定与王冶秋商谈图书费预算事。

本月 《美国侵华简史》初稿送请中共华北局审查。

9 月

3 日 致函艾思奇,谈人才引进及历史研究室公约问题。艾思奇当日回信,同意引进人才,但认为公约需要党内讨论。

7 日 华北大学教务长孟夫唐来信谈教学问题,说:“国文系近代文选,拟请王南同志担任,对编教科书是否影响太大? 假使不太影响的话,希望他担任起来。因高山⑤同志多年没有教科(课),开始任课,颇为费事也,请你给高山同志面谈。”

9 日 艾思奇来信,请通知各室同志准备晚上研究部会议的意见。

15 日 在中共中央驻地西柏坡,中共中央宣传部副部长陈伯达给王炳

---

① 华北大学正式挂牌为 1948 年 8 月 24 日。

② 李何林,从事现代文学的研究与教学,1948 年春进入华北解放区。

③ 艾思奇当时由中共中央宣传部临时派在华北大学兼职。

④ 萧前,华北大学经济研究室工作人员。

⑤ 高山,即华北大学四部研究人员王冶秋。

南① 写信，说："华北大学刘大年同志写《美国侵华简史》，想到你处找点材料，并和你处研究美国的同志谈些问题，请予帮助是荷！"王炳南在该信上批语道："老柯②，兹介绍刘同志见你一谈。"

见陈伯达，是接到华北局宣传部长周扬回信，说《美国侵华简史》稿子要请在中共中央宣传部工作的陈伯达看，已经转往中央机关驻地西柏坡。艾思奇给陈伯达写信，介绍去当面听取意见，并请田家英③ 给予帮助。于是，从正定县城骑快马到西柏坡村，见到陈伯达、田家英。

在陈伯达介绍下，一连 6 天，先后访问了王炳南、柯柏年等几位外交家和国际问题专家，不过并没有搜集到什么资料。其间中共中央宣传部部长陆定一找去谈话一次，以示鼓励，田家英一同前往。陈伯达对初稿没提什么意见。田家英的意见集中在两个方面，即缺乏原始资料和叙述有简单化和不确切的地方。为了资料问题，田家英特地与主管档案的同志接洽，让查阅了当时属于机密的赫尔利在延安与毛泽东谈话的记录。

24 日　艾思奇来信，吩咐一些工作方面的具体事情："(1) 今晚三部有一民间艺人演唱晚会，四部同志如高兴，可以去参加。(2) 我明早去看范老，今天不能来，请告诉萧前④ 一下。(3)请告高山同志接孩子回家时，顺便到我这里一谈。"

10 月

1 日　华北大学党委书记钱俊瑞来信，交代找李何林谈话，"并表示组织上对他的信任"；并说"高山同志待传达会后再找机会一谈"。

4 日　钱俊瑞来信，介绍外语教研室戚云⑤ "来接洽住房及其他行政生活问题"，并明确"业务指导由二部外语系以及行政上由您负责联系"。

---

① 王炳南，1945 年抗日战争胜利后，参加重庆谈判工作，担任毛泽东主席的秘书。随后任中共驻南京代表团外事委员会副书记兼中共代表团发言人，协助周恩来进行扩大中共影响的国际宣传。1947 年春随代表团撤到华北解放区，担任中共中央外事组副组长，参与对外政策的制订。

② "老柯"即中共党内国际问题专家柯柏年。

③ 田家英当时在中共中央宣传部工作，曾担任毛岸英的老师，1948 年 10 月担任毛泽东的秘书。

④ 萧前，原名萧前莱，艾思奇的助手。

⑤ 华北大学当日成立外语教研室，在教研室主任没有到任前，由研究员戚云兼秘书，暂时负责行政工作。

9日　华北大学二部主任何干之来信说,二部师范部社会科学小组取消后,华北大学校长吴玉章、副校长成仿吾、教务长钱俊瑞指示,小组4人入历史研究室进行中国社会史研究,"他们预定即搬四部,房子问题希望解决",并约定次日面谈具体事宜。

11月

撰写《美国侵华简史》出版说明:"一、这个小册子,是在范文澜同志赞助下写出来的,后经过其他同志阅正,但由于写作时许多需用的书籍,难以觅到,直接史料一时更无法搜集,加以作者个人能力薄弱,以致观点、取材、措词等方面的错误,在所难免,敬希指教。二、为行文便利,书中多次称美国,乃是指美国侵略者或美帝国主义,与美国爱好和平人民,和中国人民的国际友人,全无牵涉。三、中美各次不平等条约,及一些经济侵略史实,叙述起来很枯燥,又占篇幅,除把重要的尽量收入外,余均从略;又有些材料虽重要,但因时间出处等暂不能考证,为慎重起见,概归入附注内。四、本书材料,收至一九四八年九月截止。"

12月

25日　艾思奇来信告知阅读《美国侵华简史》后的处置意见,并说:"研究部的事,让你抱病偏劳,实在抱歉。我看目前情况也只能维持现状,如要进城,还须改革一番。最重要问题,是大家要加强理论学习。否则,就难起作用。"

1949年（35岁）

1月

8日　华北大学研究部法学研究室主任何思敬来信,谈搬运行李及交接事情,并请"保重身体"。

12日　王冶秋来信,介绍其到北平后忙于制定接管计划、傅作义在北平"统治"情况,以及清华大学正式接管等事。

15 日　中共中央宣传部给范文澜回信,谈《美国侵华简史》稿审阅与出版问题,说:"您给定一、伯达同志的信收到。刘大年同志所写《美国侵华简史》一稿,现正由艾思奇同志审阅,一俟审阅毕,即送书店排印。"

此前,艾思奇审阅《美国侵华简史》后,同意出版,但提出几点修改意见,并将意见转达范文澜。范文澜随后向陆定一、陈伯达写信,同时面托中共中央宣传部将《美国侵华简史》稿寄来,以便根据艾思奇的意见做些修改,并打算向稿费较丰、出版较快的新中国书店接洽。

2 月

范文澜抵达刚解放的北平①,函告有关《美国侵华简史》修改及出版情况。

3 月

1 日　在中共中央宣传部研究室主持中学历史课本编纂的张仲实就初、高中中国史教材问题来信,说:"王南、荣孟源、刘桂五、彭明同志在这里的工作已经完毕——近代史上册(鸦片战争至辛亥革命)已经付印,并已看过清样;下册(五四至现代)也写好了初稿。初中本国史古代部分(鸦片战争前),这里为了应急起见曾决定暂时采用叶蠖生所编的《中国历史课本》,高中的本国史课本,曾决定暂时采用吕振羽的《简明中国通史》及华岗的《中国民族解放运动史》上册。但是这些书内容都有点深,而且体裁也不适合于课堂教学之用。因此,这些课本还要编写的。这里人力缺乏,将来在编写这些课本时,还要请你处帮助的。"

3 日　旧伤复发,姜国仁来看望,见仍未止住吐血,向舒天巩、王可风提出注意,并要他们向组织建议,调师力坤来看护几天。

5 日　吐血未止,且有烧寒,医生每天只打氧化钙止血。

10 日　请姜国仁捎信给中央防疫处李治中,并送痰去化验。

11 日　痰的化验结果是"痰内结核杆菌不少"。师力坤和王可风把化验结果誊写一遍,改为"有结核菌,但不多"。姜国仁强调应加紧营救,向组织上建议,看如何治疗和加紧营养。

---

① 1949 年 1 月 31 日,北平和平解放。

16日　连续发烧，心生悲观："这样发烧，活不了了！会像纪志翘①似的死去呵！"

17日　姜国仁离开正定，赴北平参与清华大学、北京师范大学的接管工作。

19日　范文澜来信，说："听说您又犯旧病，至为系念！望少管事专心疗养至要！四部可能找到一所合理想的房子，希望您病早日痊可，与四部诸同志回来。但如身体尚差，千万不要勉强上路，至嘱！！""研究室诸同志均此奉候。"

23日　华北大学校长吴玉章来信，关心病情，并说："前次修改我的《中国历史教程绪论》（铅印的已印出，送上一本请查收）时，有章实诚说'六经皆史'一句，我记得章名'学诚'字'实斋'，现没有书籍可考，不知是否我记错了，请告我为幸！"

同日　姜国仁自北平来信，谈离别并嘱爱惜身体，说："我是十七日离正定的，走的时候没来向你告别，因为先天下午力坤同志说你的热度又高了些，所以不敢来扰乱你的静养。我这次又和中央防疫处那个女大夫同车，我把你的病状告知她，她说你的病如果营养很好，休养得很好，就可治好，恢复健康。她并且举了一些实例。希望你为党爱惜自己的身体，安心调养，不要完全在金钱上计算。"

26日　吴玉章来信，谈还书事宜，说："前由胡华同志处借到你的《国民党史稿》，冯自由的《革命逸史》，华岗的《中国民族解放运动史》二册，除《国民党史稿》已交还你外，兹将其余三本送还，请查收赐据为荷。"

28日　范文澜及夫人戴冠芳从华北大学副校长成仿吾处得知病情"见轻"后，来信嘱咐决心静养，说："此次是一种警告，以后必须牢记，万不可再大意。望把工作搁起不再挂心，决心静养，一年后再看情形。如稍好即思工作，实是危事。""只要把病养好，不在目前争做工作，将来工作多得很哩。"并告知四部在北平情况，还借便车回正定捎带卷鱼等食品。

31日　长子刘定出生于河北正定县华北大学四部所在地。刘定，又名刘衡山。

本月　在本子上摘录"二中全会"②决议，共10条。

---

① 纪志翘，北方大学历史研究室研究员，曾参与1948年9月版《中国通史简编》上下册的校订工作。

② 二中全会，即中国共产党第七届中央委员会第二次全体会议，1949年3月5—13日在河北省平山县西柏坡举行。13日通过决议。摘录时没有标示时间，姑且定为3月。

4 月

华北大学迁入北平。历史研究室迁入北平王府大街东厂胡同 1 号，对外称华北大学历史研究所。

5 月

上旬　范文澜来信，嘱咐安心静养，谈《美国侵华简史》出版事宜，并说："兹乘可风同志去正定之便，匆匆致慰问之意。正定第一部学生中如有够入历史室之条件者，请您与可风商之于李新同志，多多留意。"

10 日　范文澜、荣孟源、王南、刘桂五为《美国侵华简史》撰写《前记》："本书原稿曾请几位同志审阅①，得到很多指正，我们最近又看到原稿，依据指正，逐条修改。此外，我们按着自己的意见，对原稿也有些更动，有些地方，因大年同志卧病在正定，不能和他商量，仍保持其原来文句，希望大年同志恢复健康后，再行从容修改。"

6 月

抵达北平，住在先农坛休养，华北大学校部特批以小米若干斤换来的治疗肺结核病特效药雷米封，治疗肺病。

8 月

月初　华北大学自印《美国侵华简史》②。全书只有 90 页，不到 8 万字。正文分四个部分：一、追随或通过别国向中国侵略（1840—1905 年）；二、逐渐走上独立侵略中国（1905—1917 年）；三、争夺中国霸权（1917—1945 年）；四、进行独占中国（1945 年以后）。该书运用马克思主义的立场、观点和方法，从政治、经济、军事、文化诸方面简要分析美国如何与其他资本主义国家既合作又竞争地掠夺中国各种利益的历史进程，注意了美国侵华历史

① "曾请几位同志审阅"，"几位同志"即田家英和艾思奇。

② 8 月初华北大学自印的《美国侵华简史》是内部交流版，没有公开发行。该书在《人民日报》以"美国侵华史"为名连载后，华北大学稍后也将《美国侵华简史》改名为《美国侵华史》公开出版，并再版。

的整体性、阶段性、关联性和动态性。在当时亲美、崇美、恐美思想普遍存在而中共与美国的关系却已恶化的特殊时期,该书在思想界引起很大震动,因而广为流传。

中旬　湖南省华容县解放,华容县人民政府正式成立。作《病中喜闻华容解放》诗:"南服金风落巧枯,北楼枕起众声呼。长沙电报易旗帜,沱水星传改地图。父老弹冠三约法,将军露布再宽俘。狼烟十载辞桑梓,归去江山解放区。"

26日　中共中央宣传部副部长、人民日报社社长胡乔木从一位编辑手中看到华北大学自印的《美国侵华简史》,决定全文在《人民日报》上连载①。从8月26日至10月6日,《人民日报》的5、6或7版以"美国侵华史"为名连载,在全国产生很大影响。从此,全国各地开始翻印《美国侵华简史》。

30日　王冶秋来信商谈北平图书馆布置美国侵华史料展览情况,说:"北平图书馆为迎接人民政协的召开,布置一个美国侵华史料展览室,希望找你的大著作参考,以便布置陈列,不晓得你自己还存有一份原稿否,若有盼即能借用一下,用毕即负责送还。兹介绍北平图书馆马同俨先生往洽,希接谈并帮助解决为荷。"

10月

6日　胡乔木来信告知论文《介绍辛亥革命中的君主立宪派》审阅情况,说该文"已送人民日报于双十节刊出",并说"稍微有一点字句上的删

---

①　8月2日,美国驻华大使司徒雷登离开中国返美。5日,美国政府发表《美国与中国的关系》白皮书,同时发表国务卿艾奇逊致总统杜鲁门信。白皮书叙述从1844年至1949年的中美关系,其中特别详述抗日战争后期至1949年间,美国推行扶蒋反共政策,反对中国人民革命,结果遭到失败的经过。艾奇逊在给杜鲁门的信中说:"中国内战不祥的结局超出美国政府控制的能力,这是不幸的事,却也是无可避免的。在我国能力所及的合理的范围之内,我们所做的以及可能做的一切事情,都无法改变这种结局;这种结局之所以终于发生,也并不是因为我们少做了某些事情。这是中国内部各种力量的产物,我国曾经设法去左右这些力量,但是没有效果。"新华社就美国国务院发表《美国与中国的关系》白皮书连续发表《丢掉幻想,准备斗争》(8月14日)、《别了,司徒雷登》(8月18日)、《无可奈何的供状》(8月21日)、《为什么要讨论白皮书》(8月28日)、《友谊,还是侵略》(8月30日)、《唯心历史观的破产》(9月16日)6篇评论,揭露美国对华政策的帝国主义本质和它对于中国人民的根深蒂固的仇恨;批评存在于一部分人中间的对于帝国主义的不切实际的幻想,号召他们"丢掉幻想,准备斗争"。在这6篇评论中,除第三篇《无可奈何的供状》是胡乔木写的外,其余都是毛泽东写的。8月19日,《人民日报》发表《美国白皮书内容摘要》,指出:美国白皮书关于中美关系的历史叙述,充满颠倒是非、隐瞒捏造和对于中国人民的侮辱。

节,主要是在末了"。

10 日　《介绍辛亥革命中的君主立宪派》在《人民日报》发表。文章认为,君主立宪派的领袖人物是"大资产阶级与'开明'地主新式官僚代表",他们在辛亥革命中伪装革命,却秘密与袁世凯谈判,而且其许多活动"与帝国主义瓦解南京政府的政策也完全一致",他们"附和起义,冒牌革命","为的是把政权从革命派手里拿过来,再交到反革命派手里去"。文章最后指出:"没有疑问,只有由于领导革命的中国资产阶级的软弱,同盟会缺乏群众力量的基础,君主立宪派才能够发生了作用。现在,历史早已走进一个新的阶段,革命的一切主客观条件,已经无法相提并论了,但是这一段历史教训,却仍然值得我们的温习和警惕。"

22 日　中国人民解放军西南军区卫生部部长钱信忠回信,谈使用肋骨切除手术治疗肺病的问题,考虑到"两侧肺都有病",不主张切除肋骨。

本月　在北京作《送人去东北》诗:"执手病窗讶突然,壮行回忆发麻田。华元为政知今日,潘岳属文怀往年。豪气九分谈笑里,青春三十鬓眉边。松江此去关山远,旅馆鸡鸣早看天。"①

11 月

新华时事丛刊本《美国侵华简史》由北京新华书店出版,次年 3 月再版。该版本被收入 1950 年出版的人民日报社等编的《反美侵略学习手册》中。

中国科学院成立。9 月 27 日,中国人民政治协商会议第一届全体会议一致通过《中华人民共和国中央人民政府组织法》。据此在政务院之下设"科学院",行使管理全国科学研究事业的政府行政职能,并受政务院文化教育委员会的指导。10 月 19 日,中央人民政府委员会第三次会议任命郭沫若为中国科学院院长,陈伯达、李四光、陶孟和、竺可桢为副院长。11 月 1 日,中国科学院在北京②成立。12 月,中国共产党中国科学院党组成立,书记陈伯达,副书记恽子强,党组成员有丁瓒、李亚农、吴征镒、汪志华、孙桐。

---

①　该诗稿"麻田"后注"(左权县八路军前方总部所在地)"。1999 年 2 月"旧韵新改"稿为:"壮行一自发麻田,执手病窗讶突然。豪气时来谈笑里,青春半下鬓眉边。华元为政知今日,潘岳属文怀往年。此去松江关塞远,鸡鸣旅店早观天。"

②　1949 年 9 月 27 日,中国人民政治协商会议第一届全体会议一致通过《中华人民共和国中央人民政府组织法》。据此,自当天起,北平正式改为北京。

1950 年（36 岁）

3 月

20 日　在中国科学院院长郭沫若、副院长竺可桢等与研究计划局副局长钱三强讨论中国科学院初建各所所长问题时，被内定为中国科学院近代史研究所副所长。

22 日　入列中国科学院所拟 15 个研究所及天文台、工学实验馆正、副负责人名单，上报政务院文化教育委员会转呈政务院请予任命。

5 月

1 日　华北大学历史研究所改隶中国科学院，改称中国科学院近代史研究所，成为中华人民共和国成立后纳入中国科学院体制的第一个研究所。任中国科学院近代史研究所研究员。

6 月

14 日　《人民日报》刊登李敏的《略谈"新华时事丛刊"》，其中谈及《美国侵华简史》，说"它从近百余年来的历史事实上揭发了美国侵略者对中国一贯的侵略行为"。

7 月

12 日　《人民日报》刊登王城的《福斯特的〈世界资本主义的末日〉》，该文"附记"中推荐三本关于美帝在中国的阴谋与罪行的书，即胡绳著《帝国主义与中国政治》、刘大年著《美国侵华简史》、新华时事丛刊本《驳斥艾奇逊》。

9 月

30 日 结束住院生活，住进中国科学院近代史研究所所在地东厂胡同一号。

10 月

3 日 中国人民大学正式成立，师力坤所在华北大学教务科转为中国人民大学教务科，不久调至中共中央宣传部干部处工作。

13 日 以中国科学院近代史研究所研究员兼副所长身份被聘为中国科学院近代史组专门委员。同时被聘为近代史组专门委员的还有：北京师范大学历史系教授兼代理主任白寿彝、中共中央宣传部田家英、中国人民大学校长吴玉章、中国人民大学中国革命问题研究室主任兼研究部副部长何干之、清华大学历史系教授兼主任邵循正、出版总署编审局办公室主任金灿然、新闻总署署长胡乔木、中国科学院近代史研究所研究员兼所长范文澜、山东大学校务委员会主任委员华岗、出版总署办公厅副主任叶蠖生、燕京大学历史学系教授翦伯赞。其中，吴玉章兼任语言文字组委员，翦伯赞兼任历史考古组委员。26 日，又增补中央人民政府委员徐特立为近代史组专门委员。

专门委员是根据《中国科学院暂行组织条例草案》和《暂行办法》聘任的，具有学术顾问性质，可被商请研讨下列事项：（一）中国科学院各研究部门的工作计划、执行经过及其工作报告；（二）中国科学院各研究部门的高级研究人员及技术人员的聘任及升级；（三）中国科学院与院外研究工作的合作；（四）中国科学院对院外的各种学术补助；（五）科学发现发明和著作的审核；（六）国际学术合作的策进。

11 月

15 日 《人民日报》刊登俞杰、樊百川的《推荐几种学习美帝侵华史的读物》，其中第二部为《美国侵华简史》。文章说："这本书简明地叙述了美帝侵华的历史过程，揭发了美帝'帮助'中国的假面具和阴谋。"

同日 《大公报》刊登署名南木的《请读〈美国侵华简史〉》。

本月或 12 月 复函刘浴生父亲刘梅卿。说明所知道的刘浴生参加革

命工作的情况,表示将"对地方政府用个人名义写一个证明信去",请他们
斟酌办理优待事宜;勉励老先生继续保持开明,不要计较个人的"些小利
益",支持政府的土地改革。①

1951 年（37 岁）

1 月

"美国侵华史"列为中国科学院近代史研究所"1951 年已进行或准备
进行的研究题目"②。

3 月

25 日　《人民日报》刊登王大白的《评六种美帝侵华史》一文。文中
说:"在我国出版物中,以正确观点全面地、系统地总结了一百余年来美国
侵华政策和史实的第一本书,是刘大年在一九四八年十一月写成的《美国
侵华简史》。本书从一九四九年十一月初版以来,截至本年一月北京六版和
其他地区一九五〇年十二月出版数字的统计,在全国范围内的累积印数达
二三八八〇〇册。这说明它是怎样受着广大读者的欢迎,它在中国人民的
抗美斗争的教育中,起了怎样重要的作用。就它对著作界的影响来看,去年
和本年一二两月陆续出版的几种讨论美国侵华历史的书籍中的观点和材
料,极大部分是以本书为依据的。直到今天为止,在同性质的书籍中,它还
是比较好的一种。""然而本书因为最初写作时条件的困难,也还存在着若干
缺点。后出的若干种书籍既然大体以本书为蓝本,本书中的错误就成为一
再重复的错误了,这是不能不指出的。"

---

① 此函 2015 年 12 月收集,无具体日期。根据信的内容推定时间为 1950 年 11 月或 12 月。

② 当时的背景是:1950 年 6 月 25 日,朝鲜战争爆发。27 日,美国总统杜鲁门发表声明,正
式宣布美国武装干涉朝鲜、支持法国扩大侵越战争和使用武力阻止中国人民解放台湾的
决定。声明发表后,美国派遣第七舰队侵入台湾海峡和第十三、二十航空队在台湾建立军
事基地,还派军事援助顾问团进驻台湾。10 月 19 日,中国人民志愿军向朝鲜战场开进,
抗美援朝,保家卫国。

5 月

《新建设》第 3 卷第 5 期发表李光霖的《评刘大年著美国侵华史》。该文认为，新华时事丛刊本《美国侵华简史》"在澄清国人对美帝的各种错误看法上，实在起了相当大的作用"；从该书的章节和附注来看，"觉得它和一般'小册子'大不相同，称之为学术著作也未尝不可"。李光霖从学术专著的要求提出评论意见：第一，材料来源方面，大量引用"直接材料"是其精华，而引用一些非"专著"的书籍杂志，"说服力自然不高"；材料处理方面，"作者对一些已经得到的材料，也还没有很好地予以处理"。第二，附注方面，注不够详，注不够多。此外，关于政策的背景方面，"叙述的还比较少"。最后指出，最近抗美援朝运动展开后，看到报刊所载美国侵华历史的文章及其他小册子，"常常引用刘先生这本书的材料，有的几乎是全文抄袭或缩写"，"觉察出此书在目前起着很大的作用，所以不揣简陋，把自己的意见写出来，作为刘先生日后重订此书的参考"。

李光霖文章后附有刘大年的《答复李光霖先生》："李光霖先生肯对拙作《美国侵华简史》提出批评，我表示热烈欢迎和感谢。李先生的批评是对的，特别是关于材料来源方面。最初这本小册子是一九四七年在太行山草成的，当时所能找到的需用书籍，确实极为有限，后来虽略有增改，仍有若干间接材料没有能够撤换掉。从这方面看，应该说它是一部陋书。北京解放后，可搜得的史料很多，本可重新修订，但由于某种客观原因，一直没有执笔。李先生文中又指出有两处史料处理不当，也确系事实，当在修改中注意纠正。至于附注方面的意见，我想还可以商量。本书其他错误一定还有，希望读者能够严格提出批评，倘若能集中更多的意见写出一部比较合用的美国侵华历史，对当前的思想教育工作，将有些好处。"

6 月

7 日 致函人民出版社，商谈《美国侵华史》出版事宜。

12 日 人民出版社就《美国侵华史》出版事宜回信，说"以定量陆万册办法计算稿酬"，并寄合同一式两份。

同日，与人民出版社签订《美国侵华史》出版合同。

7月

中国共产党中国科学院党组改组，担任中国科学院党组成员和中国科学院党支部[①]副书记，兼政务院文委直属机关党委委员。恽子强任中国共产党中国科学院党组书记，丁瓒任党组副书记，党组成员还有范文澜、李亚农、曹日昌、汪志华、孙桐。

8月

4日 外交部亚洲司副司长陈家康看完《1874年美国与日本合作进攻台湾的经过》后，来信说："来稿我已看过，经我们司里同志研究后，认为可以发表。"

本月 《美国侵华史》由人民出版社出版。该版本除了对《简史》进行修订外，还增加了"武装占领台湾作最后挣扎"和"抗美援朝运动兴起，中国人民进入伟大的爱国主义新高潮，为最后消灭美国侵略势力而斗争"等内容，252页，17万字。苏联接连对《美国侵华史》进行翻译，先后两次出版俄文版，即莫斯科外文出版社1951年版和1953年版，在苏联造成很大社会影响。1953年，苏联科学院曾决定授予《美国侵华史》斯大林奖金。此后，苏联《大百科全书》第二版、第21卷中国卷历史部分收录了《美国侵华史》内容，《美国侵华史》还被列入苏联历史学家祖波克的《美国史纲》参考书目。

9月

2日 《纪念"九三"感谢苏联对中国抗日战争的友谊帮助》在《光明日报》发表。文章将苏联对中国抗日战争的援助与国民党政府依靠的美英帝国主义的"外援"进行对比，从外交活动、物质帮助和军事援助几方面展开，说明"英美帝国主义，对于殖民地半殖民地人民始终是抱着敌视态度的，只有苏联，才是世界被压迫人民的忠实援助者"，指出"中国人民要保卫自己用鲜血换来的胜利果实，就必须拿出自己的力量来，与苏联人民站在一起，对美帝国主义利用日本的阴谋坚决反对到底"。

20日 《大公报》发表曹锡珍的《评〈美国侵华史〉（刘大年著）》和绍溪

---

① 当时中国科学院共有20多名党员，成立一个党支部。

的《评刘大年著〈美国侵华史〉》。

11 月

18 日 在中国科学院北京区研究人员开始思想改造运动后①，参加教育部党组书记、副部长钱俊瑞在北京主持的京津各大学教授学习会。北京市市长、全国政协临时总学委主任彭真在会上讲话，结合抗美援朝、土地改革、镇压反革命三大运动，强调知识分子要努力学习毛泽东思想、分清敌我，站稳立场，确立全心全意为人民服务的观点和决心。钱俊瑞在会上就教育部学委会的工作计划作说明，指出计划分暴露思想、肃清最有害的反动思想、批评资产阶级的资产阶级思想、了解人民对科学家的要求、作结论 5 个阶段，布置本周开学委会和下周动员的任务。

会后，撰写"第一次汇报大纲"，包括"研究人员的简单情况和一般思想情况"，"我们所做的几件主要工作：1. 制计划；2. 定文件；3. 深入布置"，"现在大家对学习的认识和开始最初阶段的学习"② 等方面。

24 日 参加中国科学院党支部召开的思想改造运动动员大会。政务院文化教育委员会副秘书长、中共文教委员会委员、中共中央宣传部副秘书长兼教育处处长邵荃麟在会上作报告，说明中国共产党对当前知识分子思想改造的政策、知识分子总的情况和中国科学院的具体情况、本次学习的目的、知识分子的改造与工人农民的区别、思想改造的工作方法等。会议传达了彭真在京津各大学教授学习会上的报告，分析了科学工作者的特殊思想问题——科学与政治的关系、科学的国际标准问题、美国科学问题和科学为人类服务问题。

支部副书记刘大年在会上作《目前的情况和我们的工作》报告。指出：所有参加学习的人员中"热心学习的"少，"不愿意""甚至在思想上抗拒的"多，多数人可能或多或少地有"厌倦情绪""自满情绪"和"学习与工作矛盾的思想"，这主要是对思想改造学习的重要性认识不足，因此，目前工作的具

---

① 1951 年 9 月 29 日，周恩来在京津高等学校教师学习会上向 3000 余名高等学校的教师作题为《关于知识分子的改造问题》的报告，结合自己的切身体会，从"立场问题"和"态度问题"两个方面论述知识分子进行思想改造的必要性和方法、途径等问题。10 月 23 日，毛泽东在全国政协一届三次会议的开幕词中，高度评价知识分子的思想改造学习运动，明确指出："思想改造，首先是各种知识分子的思想改造，是我国在各方面彻底实现民主改革和逐步实现工业化的重要条件之一。"

② 摘自刘大年日记，以下引自日记内容一般不再一一注明。

体任务是认识学习的重要性,端正学习态度,并提出具体的组织工作和思想动员意见,还指出由最初阶段进入暴露阶段应该因人因地制宜。

会议讨论了办公室的日常工作与制度、向文委和教育部汇报、向正副主任委员汇报和召开学习干事工作会时间等问题,明确由刘大年负责每星期汇报一次。会议还讨论了对区学委和学习干事会议的意见,提出以"细密组织,深入动员"为核心的 6 条具体工作;指出"区分会的作用不是承上启下,是基层组织,要具体解决问题",并列出区分会的 3 项具体任务以及学习干事的两项具体任务;认为学习重点的转移"过分早转是先天不足"。

28 日　在政务院会议室列席政务院文化教育委员会会议,听取教育部报告和中共中央宣传部副部长、政务院文化教育委员会秘书长胡乔木总结报告。教育部报告了思想改造学习第一二周的主要工作、在此阶段中所暴露的突出思想、主要经验、第二阶段学习计划和第一阶段的收获等 5 个方面的内容。胡乔木在总结报告中分析思想改造学习中存在的主要问题,即学习的具体领导不够、缺乏不同情形的不同具体指导、对文件没有认真学习,强调要加强领导就要加强文件学习,要将学文件、听报告、联系实际三个具体任务联系起来,解决具体领导的问题,各负责人、办公室要尽可能独立负责,改变分学委没有具体负责的情况;指出这次学习对各分学委的领导是否胜任工作是一个考验,对共产党员是一个检验,要看是否真正有所收获;提出要重视报纸在推动学习中的作用,要在报纸上开展批评,要在短时间内解决一些基本问题,要清除不平衡的状态,明确学习的结果"必须使思想上积极的,自觉的拥护人民事业的力量成为压倒优势,消除进步与反动思想和平共居、妥协的状态",最后解决立场问题,并鼓励积极想办法克服困难,积极发挥上层建筑的作用。胡乔木还在报告中对中国科学院的学习计划表示同意,认为"这是今后学习毛泽东思想的开端"。

当日,就学文件工作进行详细规划,明确处理文件必须通过一定手续,重点分析毛泽东政协讲话①、斯大林在第十八次党代表大会上关于联共(布)中央工作的总结报告② 和《学习》第 2 卷第 9 期③ 斯大林文章,并提出对学文件的意见。关于毛泽东政协讲话,指出其分三部分,即人民民主专政一年来的发展、今后任务和国际基本形势,强调知识分子的思想改造是今后重要任务之一④;从知识分子的出身、所受教育和个人生活情况诸方面分析

---

① 毛泽东政协讲话即 1951 年 10 月 23 日毛泽东在全国政协一届三次会议上所致的开幕词。
② 斯大林该报告作于 1939 年 3 月 10 日,1950 年苏联外国文书籍出版局印行该报告中文版。
③ 《学习》第 2 卷第 9 期于 1950 年 7 月由生活·读书·新知三联书店出版发行。
④ 其他两个任务是抗美援朝、增产节约。

"为什么在今天把知识分子改造当作一个重要任务"，将人民民主专政的政治制度建设、国家工业化与知识分子的具体特点结合起来分析"为什么说今天的知识分子改造是国家民主化、工业化的必要条件"；指出"人民民主专政一年来的发展"和"国际基本形势"是知识分子思想改造的有利条件。关于斯大林报告，主要学习其中"党的宣传工作"的部分，指出其重点是："1.以马列主义教育国家工作人员的重要性。2.国家工作人员的政治水准和马列主义觉悟程度是与工作效力成正比的。政治觉悟越高，工作效力越高。否则相反。3.科学工作者不管你是通晓哪一门专门科学知识，还必须通晓一门共同的科学知识：关于社会、社会发展规律，无产阶级革命发展规律，社会主义建设发展规律，以及共产主义胜利的科学。"分析学习这部分内容的作用："1.批评一般工作人员不问政治的观点。工作失败。鼠目寸光。事务主义，以至脱化变节。2.着重批评自然科学工作者不要政治，不要社会科学的观点。否则，必是真正列宁主义者。这样做是大有出息，否则无出息。总起来对于提高对政治学习、思想改造的重视有直接的作用。"关于《学习》第 2 卷第 9 期斯大林文章，指出主要联系批评的目的、顾虑和怎样进行批评和自我批评进行学习。关于对学文件的意见，指出学习文件的目的是"启发学习热情，加强对于自我教育的认识，同时掌握批评与自我批评这个学习的主要武器"；强调学习文件时应该注意的重点是认识知识分子思想改造的重要性，了解知识分子思想改造的有利条件，明确"经过改造的知识分子是很可贵的，是国家宝贵财产"；具体剖析学习文件中可能发生的问题，包括"为什么无产阶级的思想领导不是知识分子的思想领导""不必参加学习，有错误可以自己改""改到何时为止"等。

此外，还思考一些具体事项，即："1.周总理报告要否？2.工会学习。3.丁[①]领导中区。4.增加办公室人。"提出办公室在思想方法上要走在前面等具体事宜。拟定学委会工作重点：1.主要在了解思想情况；2.思想学习是大家的事；3.西区有集体领导问题；4.民主党派干部的现状、想法；5.学习公约。总结东区学委第二次会议情况，列举区学委第二次会议的 8 个具体事项以及 3 个酝酿工作情况问题。归纳中区直属组 6 个方面的问题。提出第一阶段学习的目标、过程、内容、问题和方法。列举第二阶段学习要注意的国际、国内问题。指出第三阶段主要是讲清道理，批评资产阶级、小资产阶级思想。

---

① "丁"即丁瓒。

12 月

1 日　《一八七四年美国与日本合作进攻台湾的经过》发表在《新建设》1951 年第 5 卷第 3 期"学习《毛泽东选集》特辑（二）"。文章前言说："我在拙作《美国侵华简史》里面，叙述'美国追随或通过别国向中国侵略'时，讲到了一八七四年美国曾与日本合作向台湾武装进攻。但有少数读者对这一历史事实表示怀疑，他们以某些资产阶级历史学家的著作为依据，认为事实并非如此。关于这一点，我在后来出版的《美国侵华史》里已经有了一些补充，因限于篇幅，说明还不充分。现在我对这段历史，再就现有材料作一个简要的叙述，这将可以使大家更多地知道：美国这个侵略者，从来就十分阴险狡猾，极容易使一些近于天真的人们受其欺骗的。"文章介绍了"这次美、日进攻台湾的简要经过"，分析了"美国参加的规模"——有大批军事指挥人员、有军机和装运军队的"商船"、有大批军火和可能还有一批美国雇佣兵，揭露了美国政府的两面手段，认为美国厦门领事逮捕李仙得是出乎美国政府意外的事，指出"一八七四年美、日合作进攻台湾，正是美国与日本合作，或美国利用日本侵略中国的开始"，"到了将近八十年的今天"，美国"还在玩弄利用日本侵略中国，侵略亚洲的故习"。

7 日　记录有关思想改造运动的办公会四项决议：一、制订第二阶段[①]学习具体计划：1. 明确学习目的；2. 明确规定思想领导重点及方法，院学委联系小组；3. 第二阶段安排 4 个星期学习 5 个文件；4. 各种会议。二、院学委会工作，从下周一开始，要有新的学习精神，通过第二阶段学习计划，讨论学习文件问题。三、学习报要去掉联系实际部分，增加第二阶段学习计划，刘大年负责如何学好文件的内容。四、汇报基本情况、经过及工作问题和现在态度。办公会还讨论了铁道研究所计划。

记录西区思想改造的 14 种情况，社会科学部门如何处理学习与业务的矛盾，以及中国科学院北京各区思想改造运动的组织情况等，认为"东区做得最好"，"西区零乱"，"中南区简单"；"一方面被动，一方面急躁（订公约，大家发言）"。

8 日　中共中央发出《关于反贪污斗争必须大张旗鼓地去进行的指

---

① 刘大年日记中没有写是第几阶段，根据刘大年 11 月 28 日参加政务院文化教育委员会会议的记录情况，确定为思想改造运动的第二阶段。

示》，中国科学院由此开展"三反"运动①，在行政人员中进行三反教育，在研究人员中进行思想改造学习。

10 日 记录有关思想改造运动的"办公会议决议""范文澜同志在东区学委会动员报告"以及思想改造运动的方法和暴露的一些问题。

办公会议决议内容：一、汇报情况：1. 组织与动员工作。2. 思想情况。3. "我们传达了文委精神和现在主要问题"。二、院学委会三项议程，关于学文件方面，办公室提出两点：1. 推人准备意见。2. 轮流。三、关于批准计划与动员问题，"要求文委今晚决定"。四、铁道研究所动员问题。五、学习报，内容，"星期三集稿"。

范文澜动员报告："一、我们原来政治学习是有一些基础的，现在要提高一步。目的是改造思想。""二、思想改造等于作战，孙子'十则围之，五则攻之'，现在是要自己围攻自己。也就是靠新的自己。"

思想改造运动的方法："1. 要重视自我改造。2. 要发扬民主。3. 要面对多数。4. 要稳步前进。5. 要具体掌握思想情况。"运动中暴露的一些问题："1. 互相客气，希望别人帮助。2. 意见一边倒，没有反面意见，锦上添花。3. 没有认真读文件。4. 与业务矛盾普遍存在，不严肃，自高自大，基本上是被动的。5. 思想的混乱。6. 个别人的急躁情绪。"

12 日 为了保护科学家，稳妥开展思想改造运动，中国科学院正式成立中国科学院研究人员学习委员会。郭沫若任学习委员会主任委员，李四光、竺可桢、吴有训、陶孟和四位副院长任副主任委员。制定了《中国科学院研究人员学习计划》，对具体的学习目的、时间、组织、方法和纪律作了规划。刘大年任中国科学院研究人员学习委员会委员、办公室副主任，专管思想改造运动的日常工作。学委会成立后，刘大年先后访问竺可桢、罗常培、严中平、钱崇澍、杨钟健等人，听取他们对思想改造运动的意见。

15 日 记录尚爱松②小组的讨论情况。徐炳昶、漆侠、王钧等先后发言。范文澜说："①只有革命知识分子才是好的，才起作用。②接近群众，不是从个人的某些知识要求满足出发。"刘大年③认为："接近群众是：①群众的伟大力量。②体验群众的立场，不要从自己阶级的立场去看，同时也只

---

① "三反"运动是指在中国共产党和国家机关内部开展的"反贪污、反浪费、反官僚主义"的运动。

② 1949 年秋，尚爱松当选为北平研究院研究人员联合会副主席。1950 年初，又被选为中国科学院中苏友好协会第一任副会长。这两个组织的主席、会长均为严济慈，尚爱松则负责主持其会务。

③ 日记中为"我"。

有如此才能了解群众的伟大。"

17 日　分析思想改造运动中"目前的思想情况",认为"组织认真阅读文件,开有准备的会,提高学习的自觉性,仍是当前的主要工作。对于少数错误意见,则应该展开讨论"。提出总结时要说明的几个问题:1. 思想自由问题,需要改造问题,长期改造,不断改造。2. 自我改造问题,如革命不能靠外面输入一样。3. 改造与工作矛盾问题。摘录邵荃麟"知识分子的思想改造学习"相关内容。撰写详细的对第二阶段学习计划的初步意见,包括学习目的、内容、方法和时间等。拟定第一阶段总结大纲:一、科学工作者必须用批评与自我批评的方法进行思想改造学习:"1. 知识分子与国家建设有密切的关系。2. 旧知识分子必须改造为革命知识分子,才能发挥作用。3. 改造的目的、内容与方法。"二、为了扫除学习中的障碍,在思想上必须解决的几个问题:1. 自我改造问题。2. 学习与工作矛盾的问题。3. 思想自由问题。

18 日　中国科学院专门召开思想改造动员会,郭沫若作《为科学工作者的自我改造与科学研究工作的改进而奋斗》的报告,阐述思想改造运动的重要性和必要性,分析科学工作者已有的精神准备及其错误思想的一些实例,提出"自我教育和自我改造"的方法,指出"学习与业务并不冲突",鼓励大家"改造、改造、再改造"。邵荃麟提出对知识分子进行思想改造的意见,说明思想改造的目的及内容,并谈学习方法的问题。

21 日　记录中国科学院研究人员学习委员会办公室会内容:"1. 本星期学文件布置。2. 报纸。3. 下星期计划。4. 汇报改写印发。"摘录详细的《论共产党员修养》绪论的主要内容。

23 日　参加中国科学院语言所的会议,认为该所"学习布置不好"。

24 日　参加反贪污浪费会议,中国科学院副院长竺可桢作动员报告。

同日　参加中国科学院研究人员学习委员会办公室会。会议讨论如何向文委汇报工作,总结第一单元学习,讨论下阶段计划,推举刘大年为负责人。

撰写第一单元总结意见:一、为什么知识分子必须进行思想改造和必须是自我改造问题:1. 知识分子思想必须改造是由于它与目前国家建设有关,是国家工业化和民主化的一个重要条件。2. 知识分子的思想所以是自我改造,是由于知识分子要使自己适应国家的要求,主要依靠自己的努力。二、学习目的的问题:是坚定科学工作者的人民立场和根据人民需要改革科学研究工作这两个方面的统一。三、政治学习与业务矛盾的问题:1. 政治学习与科学研究有密切关系,两者并不矛盾。2. 时间上的矛盾是存在的。

27 日　参加中国科学院思想改造学委会第三次会议,并做总结发言。

获得副院长竺可桢的称赞："刘大年最后所做的结论最为精辟。"

31 日　总结达尔文组、东区、东南区、西区的思想改造运动情况。记录刘基唐《人的阶级性》、唐某①《论国际主义与民族主义》和简焯坡《十月革命的国际性质》的讲话提纲。记录："一、研究人员也要卷入'三反'运动。""二、研究人员的学习计划不变，与'三反'运动同时并进。""三、这一阶段的重点，第二三两组文件。最后提醒大家要研究计划。"

本年　与吕振羽开始有工作联系。

1952 年（38 岁）

1 月

4 日　参加会议②，恽子强等交代办公室工作，包括学习报、向文委汇报、讨论参考题目、学文件等。记录"一般工作"：1. 保证机关工作任务完成。2. 发展党的组织。3. 严格小组生活，教育党员。记录"目前工作"：1. 搞"三反"运动与思想运动。2. 加强小组生活，重新整顿小组。3. 加强党的战斗性和与群众的联系。

7 日　记录整党工作相关事宜。分析支部工作困难，检讨支部工作缺点。

作为中国科学院"三反"运动办公室主任，撰写《关于中国科学院开展反贪污反浪费反官僚主义运动的报告》，总结"目前科学院反贪污反浪费反官僚主义运动的情况"，提出今后的步骤，阐述"这个运动的性质和我们共产党员、青年团员的责任"。

记录政务院文化教育委员会 6 个部门开展"三反"运动的情况以及胡乔木的谈话。

17 日　记录丁瓒传达的"三反"运动有关情况，以及人民日报社社长范长江介绍的"三反"运动相关情况。

---

①　日记中只记录"唐"。据中国社会科学院近代史研究所研究员姜涛 2015 年 12 月 29 日完成的《刘大年年谱姜阅本》，此处的"唐"似为 1950 年从美国回国的唐明照（1910—1998），唐明照时在政务院外交部工作。本年谱多处吸纳"刘大年年谱审读会"各位专家意见，除特殊情况外，不一一注明。

②　引自刘大年日记，会议名称不详，根据内容，可能是中国科学院党组会议。

22 日　记录政务院文教委员会办公厅主任徐迈进介绍文委打大老虎的情况,以及文委总党委对打老虎的总结情况。

2 月

上、中旬　中国科学院研究人员学习委员会通过《中国科学院研究人员学习委员会关于今后学习计划的决定》。《决定》说:"今后的学习应大体上再分为两个阶段。第二阶段(即从现在开始的一个阶段。第一阶段已经完成)以批评资产阶级的黑暗腐朽思想在科学工作者思想上的影响为中心,展开对各种错误思想的批评与自我批评;真正达到提高自己的政治与思想水平,确定革命和科学的人生观的目的。第三阶段以检查工作为中心,对现有的科学研究方针和工作计划展开讨论,提出研究工作中的合理化建议;真正达到根据国家建设和人民的需要来进行科学研究工作的改革与科学联系实际的目的。"

25 日　与竺可桢副院长商讨 4 位院长在思想改造中如何检讨事;决定先在院学委会上检讨,再在各单位之代表小组会上先检讨再提意见,然后至学委。强调要注意政治思想和学术思想。

28 日　参加竺可桢作首次检讨发言的会议。

本月　中共中央宣传部成立科学卫生处,负责联系中国科学院。科学卫生处成立后,中共中央宣传部在中国科学院成立思想改造学习党组,刘大年为副书记,书记由科学卫生处第一负责人副处长赵沨担任。党组成员有恽子强、丁瓒、范文澜等。党组下设思想改造办公室,刘大年具体负责办公室工作,办公室工作人员有汪志华、张克明、刘桂五、何祚庥①,还有中央统战部的徐云。思想改造运动共分三组进行。刘大年与刘桂五负责社会科学部分;何祚庥和徐云负责物理所和近代物理所;张克明和简煇坡负责生物、地学部分。刘大年主管全面工作,具有双重身份:一方面在中国科学院学委会主任委员郭沫若领导下工作,一方面在中共中央宣传部科学卫生处指导下工作,即负责传达中共中央宣传部的意见,并找院长、副院长谈学习计划、意见等。

---

① 何祚庥,1951 年毕业于清华大学物理系,同年至 1956 年就职于中共中央宣传部理论教育处。

3 月

13 日 中国科学院联络局副局长曹日昌来信，说："奉上我的检讨底稿一份，请你提些意见。修改后，值得在党组小组同志前提出时，再开会。"

4 月

5 日 中国科学院第 25 次院长会议决议调刘大年任中国科学院编译局第二副局长。

11 日 竺可桢来信，说："寄你过去《我在反动时代的思想和时代》两文（1945—1946 年左右），和另外两单行本，请你给检讨。"

18 日 下午，中国科学院召开"三反"运动总结大会暨忠诚老实学习动员会。在会上报告交代资产阶级关系和如何加以批判，并明确"交[代]者为资产阶级关系社会关系经济关系及与帝国主义的关系，研究人员概不交代"①。竺可桢副院长报告本院"三反"运动的收获和成绩。此后，中国科学院北京区忠诚老实学习开始，至 5 月 10 日结束。"三反"运动则至 6 月 7 日结束。

23 日 竺可桢来信，说："我的检讨已写好，寄你一份，请你多多地提意见。我自己知道这检讨极不深刻，并盼沈自敏同志也帮我的忙，使我能改正思想上的错误。""因为时间的关系结论写的很短，解放以后一段事迹就写得很少，这在正式检讨时必须加以补充。"

5 月

5 日 中国科学院语言研究所所长罗常培来信，说："今天下午我因为民族事务委员会在军管会招待印度文化代表团，不能分身听你所作关于资产阶级思想的报告，甚为失望。你如有写出来的稿子，事后希望能借我一看。特此请假。"

16 日 参加中国人民银行行长、中国国际贸易促进会主席南汉宸② 报告莫斯科国际经济会议情况的会议。

---

① 据竺可桢当日日记。
② 1952 年 4 月，南汉宸率领由 25 人组成的中国代表团出席莫斯科国际经济会议。

22 日　《人民日报》刊登《奥夫钦尼科夫在苏联〈真理报〉上撰文　评介胡绳等关于美国侵华史的三部著作》,文章说:"今天《真理报》登载奥夫钦尼科夫题为《叙述美国侵略中国的几本书》的一篇书评,介绍一九五一年苏联外国作品出版局印行的中国历史家们所著的三本书的俄文译本。这三本书就是:胡绳的《帝国主义与中国政治》(俄译《帝国主义国家对中国的侵略》)、刘大年的《美国侵华史》、钦本立的《美帝经济侵华史》。""奥夫钦尼科夫在结语中写道:这几本书的作者所搜集的丰富史实,描绘出关于日益深入、日益扩大而且继续不断地激化的美国对中国的侵略是怎样展开的一幅生动的画面。中国历史家们的这些著作,是目前中国人民为反对美国侵略而斗争的一个有力的武器。"

24 日　中国科学院召开第 28 次院长会议。会议讨论通过《科学通报》与全国科联的《自然科学》合并的有关问题,决定将核心编辑组织改称为编辑委员会,将所有编辑委员和特约编辑委员会的名单排印在封二上表示负责。郭沫若指示:"《科学通报》系全国思想性指导刊物,应刊登社会科学的文章,应与社联①范文澜联系。编辑委员会中增加刘大年为副主任,两位社联的同志为委员。"

26 日　为部分机构调整扩充,中国科学院向文化教育委员会报告,请转呈政务院对钱三强等 23 人予以任免。被中国科学院推任为编译局副局长,并附履历二份由文化教育委员会转送人事部留存。

同日　至中南海与赵沨谈思想改造学习和编译局工作。关于编译局工作,谈了三个重点:1. 办好《科学通报》,包括:(1) 改版后的内容标准;(2) 与科联的关系;(3)组织通讯网;(4)提出今后半年的中心,如理论联系实际、米丘林、历史等问题。2. 根据需要与可能评出几部书,订计划。3. 充实力量,整理编译局组织。

6 月

7 日　摘录中共中央向各级党委发出的《关于在"三反"运动的基础上进行整党建党工作的指示》②的四个要点。

9 日　郭沫若来信,说:"四位副院长的文章,我都看了。李副院长的

---

① "社联"即"中国社会科学各研究会联合办事处"。中华人民共和国成立初期,范文澜是中国新史学研究会的负责人。

② 该指示于 1952 年 5 月 30 日发出。

四、五两章，文字再加润色，如得他同意，似可发表。其它三位的，觉得都有不便，在处理上望仔细斟酌。报告会何时可以召开？我在二十二、三恐又须出国。我须领头报告，望于廿日以前连续召开，今晚八时如有暇，请约丁瓒、曹日昌同志来我处一谈。"

15 日　《科学通报》与中华全国自然科学专门委员会联合会的刊物《自然科学》合并出版，刊名为《科学通报》。成立《科学通报》第一届编辑委员会，恽子强任编委会主任委员，沈其益和葛庭燧任副主任委员，刘大年与胡为柏、金荫昌、杨肇燫、关肇直、陈一霆为编委。

18 日　将次日即将发表的《学习斯大林关于基础与上层建筑的学说——纪念斯大林〈马克思主义与语言学问题〉发表两周年而作》送给郭沫若看。这是一篇在古史分期问题上主张西周封建说、反对郭沫若战国封建说① 的论文。说："这个事情搞得太仓促了。文章讲的是古代史，我并不熟悉，在您面前我是幼稚年学生，请您批评指导。"郭沫若没看稿子，说："我们中国幼稚年学生都像你那样就好了！"

19—20 日　《学习斯大林关于基础与上层建筑的学说——纪念斯大林〈马克思主义与语言学问题〉发表两周年而作》在《光明日报》发表，《新华月报》7 月号转载。文章认为，马克思主义者"在分析社会制度、社会性质的时候，不是要单纯地分析生产、生产力的状况，更不是要单纯地分析它的上层建筑，而是要着重地分析社会经济基础或社会经济制度"。指出，"单纯地从生产工具上着眼"，"甚至单纯地从铁器的使用和发展上着眼"，"会使人认为生产、生产技术与社会经济制度是没有区别的，或者是生产与生产技术发展的水平就可以直接决定社会的上层建筑"；"只集中注意了上层建筑"，"甚至只集中注意了社会理论，哲学思想等意识形态上的表现"，"会使人认为可以从上层建筑中寻找出经济基础，上层建筑也可以直接还原于基础"。提出从生产资料的所有制来分析社会制度、社会性质，因为"生产资料的所有制，就是社会生产关系的基础，也就是社会的经济基础。"由此认为"从西周以来中国就开始进入了封建社会"。文章说："中国的封建制度

---

① 1950 年 3 月 19 日，《光明日报》学术版发表参加河南安阳殷墟发掘的郭宝钧所写的《记殷周殉人之史实》。两天后，郭沫若在《光明日报》发表《读了〈记殷周殉人之史实〉》，认为"殷、周都是奴隶社会"，拉开古史分期问题讨论的序幕。1952 年 6 月，郭沫若论文集《奴隶制时代》由新文艺出版社出版，其中论文《奴隶制时代》系统论述了"战国封建说"观点。此后，古史分期问题的讨论更趋活跃。与刘大年在《光明日报》上发表争鸣文章同时，6 月 20 日，《人民日报》发表胡绳的《斯大林关于语言学的论文对于中国学术工作的意义》一文，也倾向于批判郭沫若的战国封建说。

一直延续了三千年左右,经过了秦以前的封建领主制与秦以后的封建地主制这两个不同的阶段,在这一整个历史时期内又都保持着封建生产关系体系的一切基本特征。正如毛主席同志所指出过的'如果说,秦以前的一个时代是诸侯割据称雄的封建国家,那么,自秦始皇统一中国以后,就建立了专制主义的中央集权的封建国家;同时,在某种程度上仍旧保留着封建割据的状态。'这就是中国封建制度历史的特征。"

在关于古史分期问题的学术争论中,主张西周封建说的还有范文澜、翦伯赞、杨向奎、徐中舒、王玉哲、王亚南、束世澂、李埏等。文章发表后,被主张西汉封建说的侯外庐约谈。侯外庐认为,学术争论应有自己的观点,不能以毛泽东主席的话作为标准来研究历史。杨向奎则在当年《文史哲》第5期上发表的《关于西周的社会性质问题》一文中对文章的史学方法提出颇为尖锐的批评,认为"史料不足",由此肯定西周的社会性质"实在有些大胆",说:"并没有许多明显的材料散见于诗书铜器中,可以证明西周是封建社会。在方法上大年先生也没有提出明确而扼要的主张,只是概念的玩弄,使人越看越不清楚。"①

25 日　参加政务院文化教育委员会党委和中国科学院党组联席会,政务院文教委副秘书长范长江在会上作部署整党工作的报告。

本月　中共中央专门就中国科学院思想改造运动的方针问题给华东局宣传部作指示:"科学院各研究所进行思想改造学习的方针,和高等学校相同。但方法上应有区别,由于科学院党的力量较弱,不如各高等学校有学生群众,故应采取更加慎重的方式。北京科学院各研究所的思想改造运动已决定一般不用群众斗争的'过关'方式。对大多数研究员只用检讨会形式,由检讨者在副研究员以上人员组成的小组会议上做检讨报告,由别人对他提意见,做到认真严肃,本人接受批评即可,只有十分恶劣顽强抗拒者才需反复检讨,最后在全院性研究人员代表会或大会上检讨,经低头后仍让他们做工作。上海各研究所亦可采取同样方式。其次,检讨批判政治思想时,要注意结合到检讨批判学术思想上的资产阶级影响,防止把思想问题简单化的倾向,如反对脱离实际结果变成轻视理论和理论科学;反对单纯技术观点变成轻视技术。这种倾向会产生反效果。在科学院思想改造学习运动中,应强调政治与科学技术的联系,理论与实际的联系,但以政治为主。"

---

①　刘大年知道杨向奎的批评文章是 1986 年杨向奎赠书以后。

7月

1 日　记录中国科学院学委办公室会议情况,说"群众还是多数是好的,但情绪疲劳"。认为"对人对事必须多方面考虑":"在分析某些人的情况时,当别人讲他的坏处愈多愈尖刻似乎愈好时,自己就要注意考虑他好的一面。对事也是如此。当然几个方面有一个是主要的,其他是次要的,不能等量齐观。同时,对人对事,不能只有批评意见,还必须有积极意见。"

14 日　提出中国科学院思想改造计划,建议把检讨会分为三种:第一种是副院长、厅局长的检讨,限于各所长、副所长到会,不超过 20 人;第二种是各所所长、副所长的检讨,限定所中研究员、副研究员及若干代表到会;第三种是对于突出的人,全院指定人参加。

中国科学院思想改造运动重新开始,历时 7 个星期,至 9 月初全部结束。根据中国科学院本身的特点,经向国务院文委请示,中国科学院学委会确定科学院的思想检讨,不必采取大规模的群众大会的方式,只用检讨会形式,由检讨者在各种小型会议上作报告,参加会议的人提意见,无须经会议通过,但要求做到严肃认真,真正在思想上提高自己;只有极少数人,可能因其思想作风的某些特点,需要别人着重帮助,可在不同的会上多次检讨。

同日　记录陈伯达[①] 谈工作的 9 条意见[②]。

16 日　中国科学院来函,调任中国科学院编译局第二副局长,并要求

---

① 陈伯达时任中共中央宣传部副部长兼中国科学院副院长。
② 9 条意见是:"1. 科学院不是一般的行政机关,特别是学术问题,只能用学问的方式去处理,不能用行政方式和命令去处理。2. 共产党员在科学院工作是以科学工作者的身份工作,即与别人是平等的,不是共产党员的身份,即科学工作者以外的身份。3. 对科学家要有正确的看法,他们是国家的财富,科学家信仰共产主义的道路,与我们做秘密工作和宣传党的道路,是不同的,主要从研究中达到。4. 行政空气提高了,学术空气降低了,科学院就完了,必须有学术空气,要做研究。5. 对科学家的批评主要是在宇宙观和方法论上去批评,学术上则是具体帮助,主要从经济上去帮助,在学术上切忌武断下断语,必须确有把握,当然在政治上提高警惕是完全必要的。6. 对郭老要大家来替他负责。要他做研究,但不要轻易发表文章。社会科学方面的东西,写了不经过三番五次讨论,轻易发表必然出毛病,这是肯定的。自己对发表过的某些东西很后悔。7. 共产党员讲话要谨慎,不要摇摇摆摆,自高自大自以为是,在群众中,在学术问题上尤其不要随便讲话。共产党员不要动不动以为别人落后,不懂辩证法,我们自己懂多少。8. 社会科学只有毛主席、少奇同志的著作才能算是真正的科学,我们其余的人都说不上。9. 梁希对乐天宇事在报上不批评党而批评自己,很有政治风度。"

"来院先行就职视事"①。恽子强任编译局第一副局长,局长仍是杨钟健。此外,还从地方上调来一些既懂业务、政治上又比较强的党员来充实编译局。

18 日　陈伯达应邀在中国科学院研究人员学习会上作报告。该报告的要点经过中共中央书记处的毛泽东、周恩来等 5 人审阅,报告之前曾与郭沫若及几位副院长还有院学委会的范文澜、刘大年、汪志华、恽子强、丁瓒等商量过。陈伯达在报告中讲了三个方面的问题,即"关于共产党员在科学院的工作中与党外科学家的关系,老科学家与新科学家的关系","科学院的工作方向"和"科学家与爱国主义"。他说:"共产党员在科学院的基本任务,是在于谦逊地向科学家们学习,帮助科学家们做好工作。""帮助他们扩大眼界,逐步地把他们引向共产主义思想。""科学院的大量工作,应该服从人民迫切的需要、国家当前的任务、国家建设计划的任务。这就是要求科学家在最根本而又最广泛的范围上联系着实际。这样地联系实际,也就是真正地联系最广大的人民群众。""科学家要爱国,要为祖国为人民服务。""爱国主义是与国际主义相结合的。""我们党中央和毛主席是非常重视和关心科学院的工作的。"该报告为科学家们扫除了一些作思想检讨的顾虑,对思想改造运动的顺利进行起到了积极的作用。陈伯达报告后,中国科学院又请李富春②和十几个部长做专题报告,介绍我国经济建设的情况和计划,以供科学研究工作联系实际时参考。

8 月

20 日　记录政务院副秘书长廖鲁言的《关于农村合作互助报告》。

30 日　中国科学院研究人员学习委员会开会,就思想改造学习进入第三阶段后,如何确定科学研究的方针任务、今后的中心工作,以及制订工作计划或计划纲要等问题,作出部署。会议指出:"研究人员在思想检讨后,应进一步根据理论联系实际的基本精神,讨论自己所从事的科学研究工作的总方向和目前的方针任务,订出切合实际的工作计划,以达到初步改进科学研究工作的目的,并在工作上、学习上建立适当的制度,来保证这些计划的实行。"会议决定第三阶段分两步走,即先学习后讨论。

---

① 中国科学院 1952 年院人字第二八〇七号称:"兹决定调任你为本院编译局第二副局长。除已报请任命外,望你来院先行就职视事。此致刘大年同志。"

② 李富春,时任中央人民政府政务院政务委员、财政经济委员会副主任。1953 年 9 月兼国家计委副主任。1954 年 9 月起任国务院副总理兼国家计委主任,1956 年党的八大后任中共中央政治局委员、书记处书记。

9 月

1 日　记录中共中央宣传部副秘书长熊复传达的党内机密文件——刘少奇在青年团中央会议上的政治报告①。报告详细分析了国内政治经济情况和国际情况。

8 日　经过一个多星期学习陈伯达 7 月 18 日在学习会上的报告和胡乔木 1951 年在中国科学院第二次院务会议上的报告后，中国科学院思想改造运动进入第三阶段的第二步，即根据理论联系实际的基本精神，讨论各门科学工作的总方向和目前的方针任务、修订工作计划，以初步改进科学研究工作。

10 日　中央人民政府政务院秘书厅来信，说："邓代总理② 通知：九月十二日（星期五）下午三时在政务院会议厅召开政务院第一百五十次政务会议，请列席。"

12 日　致函郭沫若，提出进一步整顿《科学通报》的两个步骤："（一）将九、十两期和第十一、十二两期分别合并出版，以便集中精力总结经验，整顿内部；（二）适当扩大编委会，在自然科学方面再增聘四五人。"信中还告知次日编委会将要开会讨论。郭沫若在信上批"同意"。

10 月

15 日　起草的"中国科学院研究人员思想改造学习总结"（草稿）③ 由中国科学院研究人员学习委员会办公室印发，并刊登在中共中央宣传部的《宣传通讯》上。"草稿"回顾中国科学院北京区研究人员的思想改造学习历程，从四个方面作扼要总结，即"科学院的特点和我们采取的方针""主要的收获""几点经验与体会"和"今后科学院研究人员的学习问题"。

主要收获有："一、彻底批判了反动思想，暴露和批判了科学工作者中

---

①　1952 年 8 月 26 日，中共中央书记处书记刘少奇在中国新民主主义青年团第一届中央委员会第三次会议上作政治报告。

②　邓代总理即邓小平。1952 年 8 月 7 日，在中央人民政府委员会第 17 次会议上，邓小平被任命为政务院副总理。8 月 17 日至 9 月 24 日，周恩来率领中国政府代表团访问苏联。出访前夕，周恩来在政务院第 148 次政务会议上宣布："在我奉毛泽东主席之命赴苏联访问期间，由邓小平代理总理职务。"

③　何祚麻参与了该草稿的修改。

的某些资产阶级错误思想。""二、在科学家思想上确立了理论联系实际的总方向,为修订今后工作计划作了重要准备。""三、在科学工作者中认真展开了批评与自我批评。""四、各单位在不同的程度上解决了一些具体问题,其中主要是解决了一些团结上的问题,如领导与群众的不团结,这一小圈子小集团与另一小圈子小集团的不团结,青年与老年科学家的不团结,个别的人相互间的不团结等,在不少的单位都或多或少地存在着,经过检讨批评,有一大部分得到了解决。"

经验与体会是:"一、科学工作者的思想改造,必须坚持启发自觉,依靠群众,思想问题从思想上解决的方针。这个方针的特点应该是:(1)强调改造思想,不是清算历史。有些人在检讨中曾详细交代了历史。但群众提意见时,只是从思想上进行批判分析。大家觉得这样做真是'不追不逼',是思想改造。(2)强调自觉,不是依靠群众压力,这个精神在整个运动中都是贯彻的,无论大会小会,都是根据事实讲清道理,而不是靠人多势众或硬性的结论去解决问题;(3)强调严肃认真,而不生硬或操切从事,也坚决反对马虎潦草。""二、对科学工作者的思想批判,主要是要求划清思想界限。""三、在思想改造开始以前,要做好一些准备工作,主要的是要大家做好思想准备工作。"

"草稿"最后说:"科学院研究人员的思想改造学习所采取的方针是正确的,收获是很大的。这个学习运动对于科学院的今后工作将有很大的推动作用。我们一定要足够估计这些作用,肯定它的成绩。但是对于每一个人说来,大家也知道这只是思想改造的真正开始。科学工作者要使自己在目前的国家建设和人民革命事业中有更大的贡献,使自己成为一个名副其实的,光荣的人民科学家,还必须在今后的各种实践中长期的、继续不断地努力改造自己。有了这次学习运动所打下的基础,我们相信这个目标是可以达到的。"

20日　与竺可桢谈编译局事宜,谈及将来工作主要方针,设立科学出版社,成立《科学通报》编辑室,培养翻译及编辑人员,邀请专人主持中国科学史等。

22日　致函邵荃麟,说:"科学院的思想改造工作早已结束。并由院学委会做了一个简单的书面工作总结。《光明日报》希望将这个总结配合几位副院长的检讨稿(重新改写过的)在报上发表。我想也可以适当宣传一下。现送上总结原稿一份,请审查。看是否可以在报上刊载。党内另有较详细的报告。谅已见到。"邵荃麟在信上批道:"俊瑞同志:这个总结,我觉得没有必要在报上发表。可考虑用种报导方式写一篇发表,高等学校思想改造总结不知如何处理的。几位副院长的检讨报告也不必公开发表。"教育部党组书记、副部长钱俊瑞在信上批道："同意荃麟同志意见，不必发表。钱俊瑞 10 月 25 日，并请报告郭老。"

29 日　范文澜来信，谈次日与苏联文化工作者代表团团员、列宁格勒大学副校长格·叶菲莫夫①见面事，吩咐直接电话商约。

本月　兼任新成立的《科学通报》编辑室主任。

11 月

9 日　出席中国科学院举行的、范文澜主持的与苏联学者叶菲莫夫的座谈会。座谈会上，叶菲莫夫介绍苏联史学界的情况，并回答了中国历史学者提出的 5 个问题，即："苏联怎样进行科学史的研究的？""苏联对历史科学工作者的培养是如何进行的？""根据苏联学者的研究，中华民族是在何时形成的？""苏联科学院经济研究所经济史组研究的主要方面是哪些？经济史研究工作者和一般历史科学工作者的联系是怎样的呢？""中国的边疆民族有些是分别在中苏两国境内的，请介绍在苏联关于这些民族的历史著作。"

叶菲莫夫回国后，1953 年在苏联《历史问题》上发表《论中国民族的形成》一文，引起中国学者的反对，范文澜 1954 年著文进行学术批评。

20 日　记录"中央决议"②：一、主席谈朝鲜战争有四个决定的因素。二、国家建设。三、组织方面。四、调整商业问题。

24 日　参加中共中央宣传部宣传会议。政务院华侨事务委员会副主任委员廖承志报告华侨问题，介绍华侨一般情况、基本特点，以及中国共产党和新中国③的侨务工作。

---

① 叶菲莫夫是中华人民共和国成立以后第一位访华的苏联历史学家。

② 根据中共中央文献研究室编、中央文献出版社 2013 年版《毛泽东年谱（一九四九——一九七六）》第一卷第 625、626 页所载，刘大年所记"中央决议"是 1952 年 11 月 15 日中央人民政府委员会第 19 次会议的决议，周恩来在会上作关于改变大行政区人民政府机构与任务等问题的报告，毛泽东在会上插话。

③ "新中国"即指 1949 年 10 月 1 日成立的中华人民共和国，以后出现"新中国"不再一一注明。

12 月

3 日 出席在中国人民大学举行的与叶菲莫夫交流的座谈会。记录："1.历史教学的任务:培养学识根底很深的历史学家,其课程是马列主义基础、辩证唯物主义与历史唯物主义、政治学、哲学。2.学生在第四年和第五年①要做两次毕业论文,并对自己的论文准备答辩。3.历史研究最好有地图,如太平天国、捻军、义和团等照片,不得采用画片。4. 中国封建社会是如何形成的,各人可以有各人的结论、观点,这样是允许的,要作为一个定论,就不能有任何空子给敌人钻。5. 讲爱国主义,并不是说指出民族英雄,因为他们是俄国人就说他们是好的,刽子手、人民的敌人同样也要指出。阶级观点来分析。和资本主义的爱国主义丝毫相同点也没有,是用国际主义来贯彻的,而资本主义的爱国问题则是为资产阶级服务的。爱国主义应该同时也尊重别的国家,而资本主义则是蔑视侵略别的国家。6.用现在的观点批评历史人物,就是非历史观点。如太平天国的均田用社会主义观点来看是反动的,落后的,因为是乌托邦的;但用历史唯物观点来看是进步的,因为是反封建的。重视别国的成就,同时又不漠视自己国家的成就。"

15 日 出席在中国科学院院长室召开的中国科学院第一次院务常务会议,讨论中国科学院 1953 年工作计划(草案)。会议由副院长李四光主持,参加者还有陶孟和、竺可桢、吴有训、严济慈、丁瓒、秦力生和邵荃麟,共 9 人。会议认为: 1953 年是国家五年计划的第一年,中国科学院 1953 年的计划要同五年计划相结合;现有的计划草案,比较注意农林方面的问题,而对工业建设方面的问题注意得少。会议决定提出几个重点问题,请李四光与陈云②直接商谈。陶孟和副院长提出社会科学方面的意见说:"社会科学方面的建设,也是建设之一,以是主张在总纲中加'用科学的历史观点研究和解释我国的历史、经济、语言、文化诸方面的问题'。"

28 日 与科学处的何祚庥一起到中共中央宣传部向胡乔木汇报工作。主要从人力、方针、工作方法三个方面谈中国科学院的工作。关于人力,说"人力薄弱,明年党的组织和团的组织应从数量上加强一点,质量上把成分等问题解决";指出派到中国科学院的党员分三部分,即懂一些科学的新党员、大学生和不了解科学的在地方工作过的骨干,"这三部人都要,把他们

---

① 苏联高等教育的学制有 5—5.5 年。

② 陈云,时任政务院副总理兼财经委员会主任、中共中央书记处书记。

的长处结合起来，最后有共产主义科学家，就完全解决了问题"。关于方针，主要谈业务与政治的关系，指出："当然是业务为主，占主要的时间，但也要加强政治，即加强党内外的教育，继续审查干部。""支部在明年应作出计划，党员应学习业务，要与群众做知心朋友。""要认真做好党、团工作，提出计划交政府、党委与中宣部批准。今后的学习不能老是疾风骤雨办法，时间不能多，要适合他们的要求。对今年业务的估计是做业务太少，对国家没有贡献。""支部要关心科学家的工作。今年要肯定三反，思改是正确的，但有缺点，即没有抓紧业务。"由于中国科学院党的工作"只有一个组织即支委"，还提出要处理好党组与支部的关系。关于工作方法，分析过去中国科学院党的工作没有做好的主要原因说："1. 没有经常工作。2. 没有保证行政任务的完成，而抓重要的环节抓业务。3. 工作方法上的问题。灵活性与原则性。科学院党的工作应有最大的原则性，又要有最大的灵活性。工作中明确否定什么，明确肯定什么。4. 党员作风脱离群众。"指出："对群众主要不是照顾，指示，而是要在工作上、见解上帮助他们，有了友谊，才有同志关系。"提出做政治工作的方法："1. 抓住大的问题，进行思想教育展开争论得出结论。2. 总结检查工作，用马克思主义观点分析问题。3. 经常的和人交朋友。绝不是与军队连队一样的政治工作。"

汇报工作时，胡乔木就学习斯大林著作问题电话回答天津市政协主席黄火青，说："帝国主义相互之间和社会主义与帝国主义之间的矛盾都是本质的矛盾，都有可能发展为战争，但社会主义与帝国主义之间的战争不是不可避免，帝国主义相互之间的战争则是不可避免的。究竟这两种矛盾哪个是主要的，要看实际斗争的发展，其中有各种条件，包括主观努力这个条件。承认帝国主义之间的战争不可避免，就可以经过主观努力，把主要矛盾引导向这一方面。不承认他们之间的战争，那就要得出社会主义与帝国主义之间的战争不可避免的结论。这正是帝国主义所宣传的。同时我们一切争取和平的努力都是白费，就准备战争好了。帝国主义正愿我们如此。反之如果说帝国主义相互矛盾是主要矛盾，则我们一切反对战争的努力就等于没有目标，无的放矢（按：这几句话，参照中宣部讨论意见，乔木未如此讲）。我们是矛盾之中，不是在矛盾之外，片面的做结论认为某一种是主要矛盾，就好像我是置身事外，判断客观事物（即哪一种发展为主要矛盾，不能离开我们的活动）。因此，不能这样提问题，也不能这样解决问题——斯大林只说帝国主义之间的战争不可避免，并未讲哪个主要哪个次要。"①

———
① 本条目以上引文均来自刘大年当日日记。

胡乔木通完电话后，刘大年对胡乔木说："日丹诺夫认为批评和自我批评是社会主义发展的动力①，我觉得这个观点背离了马克思主义。马克思主义从来都认为是生产力和生产关系的矛盾促进了社会发展。日丹诺夫还说社会主义社会的生产力和生产关系是没有矛盾的。这个观点对错暂且不说。而他认为批评和自我批评是社会主义社会的发展动力。这一论点好像不是历史唯物主义，倒像是历史唯心主义。"胡乔木回答说："你的意见很有道理，不过，你千万不能写成文章去发表。日丹诺夫的意见在一定范围内又可以成立，如文学艺术。你要推动文艺工作，最好办一个刊物，让文学家有发表作品的地方。有了作品，就有了批评的对象，可以进行分析和解剖。因而文学作品和文艺批评就形成一对矛盾。有了矛盾，文学艺术也就发展了。但不能说，批评和自我批评是苏维埃社会发展的动力。"

本年　与翦伯赞相识并交往。

1953 年（39 岁）

1 月

12 日或 13 日　接张稼夫②电话，请考虑参加中国科学院访苏代表团的筹备工作③。筹备期间，主要做了三件事：（一）起草三个发言稿，即中国历史科学现状，关于中苏关系的历史，关于屈原。（二）草拟一个访问提纲。（三）收集一些介绍情况用的历史研究和科学出版工作方面的资料。参加多次会

---

①　日丹诺夫的观点是 1947 年 6 月 24 日在关于亚历山大洛夫著《西欧哲学史》一书讨论会上的发言中表达的，见 1948 年东北书店出版的日丹诺夫著《关于西方哲学史的发展》第 25—26 页。

②　据《竺可桢日记》，1952 年 12 月 30 日，"新任副院长张稼夫到院"。

③　1952 年 10 月 3 日，苏联科学院主席团举行会议，讨论进一步扩大和加强苏联和中华人民共和国在科学方面的联系问题。中国科学院于当月 24 日举行扩大院长会议，讨论加强学习和介绍苏联先进科学技术问题，并决定组织代表团访问苏联科学院。11 月，苏联科学院正式邀请中国科学家组织代表团访苏。中国科学院随即着手进行组织工作。根据刘大年日记，最初确定的代表团的任务主要是学习苏联如何组织领导科学研究工作，如何订科学研究计划，原来人数只有十来人，后来逐步增加为 20 余人，原来只有自然科学方面，后来又增加了社会科学方面的科学家，其中语言学是苏联科学院提出的；原来是中国方面提出到苏联去学习，后来是苏联邀请中国的科学家。

议,先后听取周扬、陈伯达、郭沫若、胡乔木等人做关于访苏任务的讲话并参加座谈。此外,还做了一些熟悉苏联历史研究情况的工作。

14 日　中国共产党中国科学院党组改组,与张稼夫、范文澜、秦力生、郁文、恽子强、张庆林、刘咸一、彭庆昭等为院党组成员。中央人民政府委员会第 21 次会议任命的中国科学院副院长张稼夫兼任院党组书记。

17 日　在中国科学院院长室出席由张稼夫主持的中国科学院第四次院务常务会议,听取计划局副局长丁瓒关于中国科学院访苏代表团筹备工作情况的报告,并讨论访苏代表团的计划提纲。出席会议的还有李四光、陶孟和、竺可桢、吴有训、秦力生、杨钟健、曹日昌、陈宗器等,共 11 人。丁瓒报告出国访问团筹备情况的人选问题、存在的问题和个人访问计划。关于人选问题,说:"全团廿八人,工作人员十三人,共四十一人,其中东北方面钱同志因有新任务,有问题不一定能出国。科学技术代表马大猷尚在哈尔滨,出发以前可到京。社会科学方面罗所长血压太高,应考虑。历史方面胡绳同志因任务太多,去的可能性很小,拟请刘大年同志代表。"会议议决后表示同意。会议认为筹备工作必须抓紧进行,并拟订代表团的详细计划。

按照郭沫若、陈伯达、胡乔木的指示,中国科学院访苏代表团的主要任务确定为:(一)了解和学习苏联如何组织领导科学研究工作,特别是十月革命以后苏联科学从旧有基础上发展壮大的经验;(二)了解苏联科学的现状及其发展方向;(三)就中、苏两国科学合作问题交换意见。

19 日　在中国科学院会议室出席由郭沫若主持的中国科学院第五次院务常务会议。除 5 人缺席外,出席会议的还有李四光、陶孟和、竺可桢、吴有训、张稼夫、王鑫昌、彭恒武、顾家杰、周立三、侯德丰、陈芳允、陆学善、郑振铎、郑作新、冯德培、朱洗、张钰哲、朱弘复(马世俊代)、吴征镒、叶笃正、钱崇澍、斯行健、卢衍豪、巫宝三、范文澜、赵九章、华罗庚、马溶之、秦力生、夏鼐、钱三强、罗常培(郑奠代)、陈宗器、赵金科、丁瓒等,共 37 人。会议讨论通过中国科学院 1953 年工作计划。工作计划全文包括基本情况、1953年工作方针和任务、1953 年主要科学研究工作、推广科学成果和组织工作、科学研究机构的发展和调整、科学干部的培养、翻译出版、财务概算与基本建设。

23 日　次子刘醒吾在北京出生。

月底　最后确定参加中国科学院访苏代表团,作为历史方面的代表。

本月　近代史研究所分为三个研究组:第一组为经济史组,最初是研究中国资产阶级,刘大年担任组长;第二组为政治史组,最初是研究辛亥革命,荣孟源为组长;第三组是帝国主义侵华史组,邵循正为组长。简称经济、政治、外交三组,通称一组、二组、三组。

本月 《科学通报》成立第二届编委会,与沈其益同为副主任委员,恽子强为主任委员,王竹溪、张青莲、马杏垣、孙敬之、张景钺、吴征镒、钟士模、金荫昌、杨启燦、许良英为编委。《科学通报》第 1 期发表"编者前言",检查过去半年来编辑工作上的缺点,并提出 1953 年工作的任务:(1) 充分地反映全国科学研究工作当前的主要情况和问题,反映我国科学工作的发展规模;反映我国人民如何利用科学改造自然,与自然进行斗争;反映国家建设对科学研究的要求;宣传推广各种科学研究的成就;反映科学工作者的工作情况与思想情况。(2) 有目的、有计划地介绍苏联先进科学。(3) 围绕国家建设计划,开展各门科学工作方向问题——理论联系实际问题的讨论。

2 月

5 日 中国科学院第一次院长会议确定中国科学院访苏代表团成员及分组等事项。与张稼夫、吕叔湘、张勃川组成历史组,组长张稼夫。

6 日 编译局局长杨钟健离京出差,临行前,来信委托代理"局事",说如在此期间访苏,则"似可托杨肇廉兄代行","仍请兄斟酌决定",并希望出国后"仍保持联系,多赐教言"。信中开列当时存在的 8 个方面的问题,请"于离国前加以催促",包括增加办公室、明确翻译室领导、名词室工作的安排、各种章则的整理、向文委反映机械名词情况、建立各片汇报制度、布置科学通报委员会及科学通报通信工作、刊物定价等。

9 日 中国科学院院长郭沫若批文:"为了加强《科学通报》的编辑工作,业将原编辑委员会加以调整和扩大。仍聘先生为《科学通报》编辑委员会委员。此致刘大年先生。"

24 日 中国科学院访苏代表团离开北京前往苏联,进行为期近 3 个月的访问①。该团以钱三强为团长,武衡为秘书长;张稼夫任中国共产党临时支部书记,是代表团的实际负责人。代表团由 19 个学科的 26 位科学家组成,他们是:钱三强(物理学)、华罗庚(数学)、张钰哲(天文学)、赵九章(地球物理学)、刘咸一(化学)、彭少逸(化学)、宋应(地质学)、张文佑(地质学)、武衡(地质学)、冯德培(生理学)、沈霁春(生理学)、贝时璋(动物学)、朱洗(动物学)、吴征镒(植物学)、马溶之(土壤学)、李世俊(农学)、沈其震(医

---

① 据刘大年当日日记,行期原定在 2 月 17 日,在一星期前即电告苏联科学院,但延至 21 日始收到签证。从北京到满洲里的列车又只星期二、四有,故延迟到 24 日启程。

学）、薛公绰（医学）、梁思成（建筑学）、曹言行（土木工程）、于道文（机械工程）、陈荫谷（电机工程）、刘大年（历史学）、张稼夫（历史学）、张勃川（教育学）、吕叔湘（语言学）。加上翻译和工作人员 17 人，代表团共有团员 43 人。其中党员有张稼夫、刘大年、沈其震、刘咸一、曹言行、宋应、张勃川、汪志华、康英、何祚麻等人。

郭沫若、李四光、陶孟和、竺可桢、吴有训、丁瓒①、徐迈进，以及苏联驻华大使馆参赞、秘书等人到车站为中国科学院访苏代表团送行。代表团乘坐大连车厂工人为迎接 1952 年世界和平大会制造的"和平列车"由北京赴满洲里。列车启动后，很多代表到车上一间铺满地毯、摆满沙发和玻璃椅子的"眺望车"车厢里写日记。

到沈阳时已是深夜，严济慈等来送行。

25 日 开支委会，讨论到满洲里以前和入苏联国境后车上的工作。之后，召开团委会、党小组会、行政工作会、学术小组会等会议。

团委会规定：全团行动时，团长、秘书长、翻译在前，其次为女同志，以下按第一、二、三、四、五组的顺序排列。第一组为数理组，组长华罗庚；刘大年属于第五组，组长张稼夫，为社会科学组。按全团 26 人所排定的顺序，刘大年为第 24，最后两人是中国科学院语言所研究员吕叔湘、高教部综合大学教育司司长张勃川。

26 日 到达内蒙古满洲里，外交部驻满洲里办事处派汽车接到挂牌"中华人民共和国内蒙古自治区外事处"的招待所。早饭后同张勃川、梁思成等人到大街上转。看各式各样的俄国式房子、高大的教堂、矮小的贫民房。街上行人以汉人为主，也有穿蓝棉袍束花腰带的蒙古族人，穿黄色棉袍的蒙古喇嘛，以及白俄人、苏联人。看到"有些从事体力劳动的白俄所穿的衣服式样虽然有异，但破旧的情形和内地农村农民的服装差不多"，"商店的招牌都是两种文字，汉文、俄文，大一点的商店还有蒙古文"。

在满洲里车站换乘苏联列车继续出发。在进入苏联国境的第一个城市奥特波尔②车站前停车作入境检查，办理过境手续。苏联招待晚餐，标准是每人每天 85 卢布，相当于人民币 60 万元③，非常丰盛，吃不完。饭后每桌又添一大盘用花纸包着的糖。每人发牛皮纸口袋一个，招待员坚持要把吃不完的糖用纸口袋带走。

---

① 据刘大年当日日记，丁瓒最早参与筹备中国科学院访苏代表团，并已宣布为访苏代表团秘书长，但临时因故未能出访。

② 即现在俄罗斯的后贝加尔斯克，距离满洲里市区 9 公里。

③ 当时的人民币一万元相当于后来的一元。

27日　在窗口瞭望，只见满地白雪，铁路两侧的山上到处都是森林，沿途村落稀少，房屋都很小，从墙到房顶全用木料。小孩和劳动人民穿的衣服都相当破旧，房屋附近有许多木制栅栏，把地圈成一片片，好像中国南方的菜园。列车走走停停。在赤塔停留看近代化建筑和列宁铜像等，感受不同的民族习惯。在其他地方停留时，有代表团成员看到乞讨者。讨论总报告稿，与钱三强、华罗庚等漫谈。

28日　代表团中有些人开始生病。开支委会，钱三强参加讨论总报告。

列车抵达伊尔库茨克后，来自苏联科学院和西伯利亚科学院的代表们到车上迎接，苏联科学院的代表陪同去莫斯科。在伊尔库茨克城附近，看到大规模的共产主义建设施工情形，据说是要建立一座大水闸和发电站。下车散步，见青年妇女三五成群地推一种很简单的四轮车，往火车上送煤。

3 月

1日　列车开始由漫长的森林地带逐渐驶入平原地带。看到成群的野外放牧的马，稀落的村庄。村庄除少数新式建筑外，大多是破旧的矮小木顶房子。车站和铁路沿线来往的人中，除个别人穿着阔绰外，大多数人衣着破旧。至叶尼塞河旁大城市克拉斯诺亚尔斯克市，停车半小时。代表们下车散步，看列宁、斯大林塑像。车站吃饭的人大都穿戴华丽，与乡间劳动者的气派迥然不同，城乡差别明显。整个下午，参加小组讨论历史现状报告会。

被代表团决定负责资料组工作，并要求资料组成为代表团的参谋部。晚饭后，找汪志华研究资料组工作。

2日　到达新西伯利亚，从伊尔库茨克上车的苏联科学院代表哈巴林带领代表团参观车站。离开车站后，参加支委会，讨论到达莫斯科后的工作，中心议题是如何做好资料组工作。考虑到必须收集一些历史方面的材料写文章或报告，提议由刘咸一负责资料组工作，未获通过，被张稼夫批评说有个人打算。

列车行至草原区塔塔尔族居住地鞑靼斯克。停车休息时，看到一些身穿黑色棉衣的妇女，手里拿着一瓶牛奶或一两块面包来列车窗口兜售，颇感意外，觉得出售的东西数量这么少，足见生活并不富裕，"不过既不是经商，而又有剩余产品出卖，总是不错了"。列车启动后，参加学科小组会，讨论语言学的分组报告。

晚上，听莫斯科广播，塔斯社记者访问郭沫若，郭沫若就中国科学院访苏代表团访问苏联发表谈话。

3日 列车先后驶过鄂木斯克和斯维尔德洛夫斯克市[①]，晚上过乌拉尔山，进入欧洲。白天参加团委会，在会上提出资料工作的三个问题，即资料工作的内容和要求达到的目的、资料组的分工与制度、对学科小组的要求。关于资料组的分工，提出代表团的总的活动与其资料整理要有分工、资料组内部每个人的具体工作要有明确分工、资料人员与各学科小组分别联系、资料人员分别负责考虑的问题要明确；关于资料组的制度，提出按时完成任务和达到内容清楚、切实的质量标准两条纪律，以及"严格分清责任，机动使用力量""亲自动手，对工作不推诿""展开严格的批评与自我批评，及时纠正错误"三点注意事项。这些意见获得团委会一致通过。

4日 吃早餐时，餐车的无线电收到莫斯科广播，联共中央与苏联部长会议发布斯大林病重消息，并号召全苏人民在斯大林暂时不能工作期间更好地团结在政府和党的周围。大家顿时神情紧张起来。下午，列车抵达基洛夫市，下车看基洛夫塑像，遇到苏联中年劳动妇女前来询问斯大林最新病情。她很忧虑地说："要是没有斯大林，谁来领导我们？"一面说一面流泪。上车后，修改总报告的最后定稿。

5日 距莫斯科大约100华里左右，沿途的风光有了变化。别墅式的新房子逐渐增多，许多房子不规则地排列在大片大片森林里。当地时间上午8点，在车上听到广播，斯大林的病情仍然严重。刘大年向张稼夫、钱三强提议，把原来预备在车上用的讲演稿再加上一段表示关心斯大林病情的话，同时也预计这个讲演稿可能用不上。11点以后在莫斯科车站下车，前来迎接的驻苏大使馆参赞戈宝权告诉团长："苏联科学院院长涅斯米扬诺夫和许多有名的老科学家都已经到车站来迎接，准备的讲稿要用。"

中国科学院访苏代表团到达莫斯科后，受到非常热烈的欢迎，苏联科学院院长涅斯米扬诺夫，秘书长托布契也夫[②]以及许多科学家到车站迎接[③]。在车站月台，涅扬斯米诺夫院长致简短欢迎词，钱三强致答词。之后，访苏代表团入住克里姆林宫北面陈设华丽的莫斯科民族饭店。

下午，参加团委会，会议宣布苏联科学院所安排的近三天日程。稍晚，工友送来莫斯科晚报，第一版上载有斯大林健康状况的公报，和中国科学院

---

① 斯维尔德洛夫斯克市1991年改为叶卡捷琳堡。

② 托布契也夫也译作托普切也夫。

③ 在日记中说，欢迎的人群大多数是50岁以上的人，与年轻的中国代表团很不相称。

代表团抵苏联首都莫斯科的消息,并刊登车站欢迎会的照片。

6日　得知斯大林去世的消息。钱三强、张稼夫从大使馆回来,告知已向苏联科学院提出停止今天的预订日程,以后的日程另行商量。决定由刘大年负责最高苏维埃机关报《消息报》记者的约稿和《火星报》上的文章《中国人民的伟大朋友和导师斯大林同志永垂不朽》。康英①、何祚庥、汪志华则分别起草中国科学院代表团给苏联科学院院长和科学院主席团的吊唁信。

参加中国科学院代表团与商务代表团联合举行的简单追悼会,叶季壮②、钱三强、张稼夫分别讲话,商务代表团的翻译宣读《真理报》上的讣告。之后,没有出席代表团的其他活动,赶写所负责的约稿文章。

7日　前往职工大厦瞻仰斯大林遗容。中国代表团排在外国吊唁代表团的第一队。中国队依次按大使馆、政府代表团、商务代表团、中国科学院代表团排序,戈宝权③、李富春、钱三强等走在前面。当日,吊唁的队伍排到莫斯科市外20多公里处。

8日　各小组开小组会,讨论苏联科学院提出的参观计划。周恩来总理率领中国政府代表团到达莫斯科吊唁斯大林,郭沫若等也随团抵达。

9日　在莫斯科民族饭店房间透过窗户观看窗外斯大林灵柩由职工大厦移至列宁墓及下葬的葬礼全程。

10日　苏联科学院由涅斯米扬诺夫院长主持招待会。苏联科学院主席团全体出席,各部部长、各所所长都到会。涅斯米扬诺夫致欢迎辞,郭沫若致答词,钱三强讲话,之后涅斯米扬诺夫介绍苏联科学院情况。晚上,参加苏联科学院举行的招待宴会。

同日　署名"刘大年教授　中华人民共和国科学院代表团成员"的《中国人民的伟大朋友和导师》的文章在《火星报》上发表。文章对斯大林的逝世表示沉痛悼念,追忆斯大林对中国革命和新中国建设的指导、关心和无私帮助,指出斯大林有关语言学问题的著作对中国科研工作产生的巨大影响,认为"斯大林同志在其历史性著作《苏联社会主义经济问题》一书中有关科学规律和由社会主义向共产主义过渡道路的客观性的深刻的马列主义分析,无疑将推动中国科学工作向前发展"。

11日　上午,中国代表团赴莫斯科市克鲁泡特金街普式庚博物馆④观

---

①　康英时任新华社国内部副主任。
②　叶季壮时任对外贸易部部长、党组书记,政务院财政经济委员会副主任。
③　中国驻苏联大使张闻天因公回国,3月8日返回。7日活动由戈宝权暂代。
④　普式庚博物馆即1961年正式对外开放的普希金博物馆。

看斯大林寿辰纪念馆。馆里的展览品来自 50 个不同国家，陈列的礼品都是稀世之宝或精心杰作。其中，中国馆展品颇具农业国特色，且缺乏政治内容。

下午，留在房间给苏联科学院通讯院士、苏联科学院物质文化史研究所高级研究员、考古学家吉谢列夫写信，说"我们把要从历史研究所了解的一些问题写在下面，如果你认为没有什么不妥，请在星期六以前交给历史研究所的负责同志"，列举了 6 个方面的问题："（一）关于组织领导：1. 历史研究所的组织机构和这些机构的职责与相互关系；2. 在行政工作与学术工作方面有哪些日常的工作制度；3. 如何培养干部，研究生科与博士科怎样组织领导，怎样审查学术著作，怎样考授学位？（二）研究工作的内容：1. 目前苏联史学界中心的、大量的工作是什么？在这方面已经完成了哪些著作，正在进行哪些工作？2. 苏联史学家对中国历史研究方面有哪些意见？3. 目前苏联史学界有哪些重要的学术上的争论，争论的主要点是什么？准备如何解决？4. 在历史研究所内有没有研究经济史的部门，如果有，它的工作内容如何？（三）工作方法：1. 怎样进行集体研究，苏联史学界采用的有哪几种集体研究的方式，如果要把不同职责的研究人员（如研究员与研究生）组织在一起，他们怎样分工？2. 领导某一个题目的集体研究的人，他的主要责任是什么？3. 请介绍一些其他的有关集体研究方法的经验。（四）思想工作：1. 怎样经常组织理论学习，来提高理论工作者的思想性与科学性？2. 怎样组织学术讨论，怎样组织公开的批评与自我批评？3. 历史研究怎样有效地和当前的政治斗争相配合？4. 怎样克服历史学中的资产阶级民族主义的观点，贯彻国际主义与爱国主义相结合的观点？以及怎样反对非历史主义的倾向？（五）关于历史教学工作：1. 大学里的历史系怎样组织，有些什么课程，这些课程的时间是怎样安排的？2. 大学历史教师怎样进行研究工作？与科学研究机关怎样联系？3. 高级的教育机关和研究机关是否需要考虑如何在广大群众中进行历史知识的教育的问题，如果有这种需要，请问这项工作是怎样进行的？（六）其他：1. 苏联史学家有哪些应该向中国介绍的著作？2. 苏联史学界对中国史学工作者有哪些需要和希望？3. 对于加强两国历史学家的亲密联系，苏联史学家认为应该采取哪些方法？"

12 日　苏联科学院秘书长托布契也夫介绍苏联科学院各个阶段的发展历程，从沙皇俄国时期讲到列宁、斯大林时期，还介绍了学术秘书处的工作，并现场解答中国代表团提出的问题。会后，刘大年给苏联科学家手中的《美国侵华史》俄文本签名。

13 日　苏联科学院生产力研究委员会主席涅姆钦诺夫报告生产力研

究委员会的工作。

14 日　与张稼夫、梁思成到苏联科学院历史哲学部座谈。会议由历史学部代理主任、通讯院士潘克拉多娃主持,参加会议的有历史哲学部 8 个所级单位① 及其他负责人共 20 余人。在这 8 个单位中,除哲学研究所外,都是直接研究历史的某些方面的,哲学研究所也研究哲学史。座谈会上,苏方介绍了苏联科学院历史哲学部的组织情况、主要任务、培养干部情况、科学研究计划的原则和方法,以及当前的主要工作情况。吉谢列夫介绍考古调查情况。人类学研究所所长托尔斯托夫介绍古文献调查情况。历史研究所介绍经济史研究、组织公开学术讨论会、集体工作、思想工作等方面的情况。哲学研究所所长亚历山大诺夫通讯院士介绍哲学研究联系实际的情况。东方学研究所所长阿夫吉也夫以及该所的杜曼、尼基福罗夫也在会上发言。潘克拉多娃着重讲历史研究与当前的政治斗争相配合的情况。最后,刘大年提出去各所细谈中国史学报告、如何互相交流等问题。

与张勃川一起到苏联科学院经济研究所访问。经济研究所所长奥斯特洛维诺夫② 主持会议,副所长吉雅琴科介绍经济所历史和工作情况。

全体活动中,《美国侵华史》受到重视,一再被提及,并有人请签名。

15 日　白天,参观莫斯科市容、外交部大楼、莫斯科大学。晚上,到大剧院观赏芭蕾舞剧《天鹅湖》。

16 日　到苏联科学院自然科学研究所听茹科夫馆长作图书馆工作报告。到伏龙芝河岸街看建筑展览会。晚上,参加支委扩大会。

17 日　听取涅斯米扬诺夫院长报告科学工作计划,其间,涅斯米扬诺夫还与托布契也夫一起回答相关问题。购得《美国侵华简史》俄译本第一版 4 部。

18 日　参观斯大林汽车工厂。

19 日　参加苏联科学院举行的报告会,听取托布契也夫、干部培养处主任诺维科夫教授、潘克拉多娃和老院士斯米特等报告苏联科学院科学干部培养问题。报告会上,向苏方提博硕士组织领导、研究人员等级、博硕士论文和业余培养 4 个问题。晚上,到大戏院观赏历史歌剧《霍宛斯基党人之乱》。

20 日　参加莫斯科大学座谈。校长彼得罗夫斯基讲莫斯科大学历史

---

①　历史哲学部 8 个所级单位,即:历史研究所、东方学研究所、物质文化史研究所、人类学研究所、斯拉夫史研究所、自然科学史研究所、哲学研究所和宗教史博物馆。

②　奥斯特洛维诺夫,也译作奥斯特洛维强诺夫,苏联经济学家,苏联科学院经济研究所机关刊物《经济问题》主编。

和现在基本情况，副校长雷巴可夫讲教研室情况和课程设置等，并回答中国代表团提出的问题。下午，留在房间做资料组工作。

21 日 在房间看资料。晚上，在科学家之家参加招待会，在勒松辛斯卡娅①、欧布洛错夫②、奥斯特洛维琴诺夫等发言后致辞表示感谢，并表示要向苏联学习、加强中苏团结。

同日 就中国科学院访苏代表团工作方针，邓小平来电报指出：第一条就是按苏联科学院规定的日程办事，不提出要求；第二条以科学院为中心，不要强调各业务部门。③

22 日 参加支委扩大会，听取钱三强传达周恩来总理指示。钱三强说："俊瑞④昨天向总理汇报工作。周指示：坚持一条，他们有专长的要虚心向他们学习，我们的优点在政治质量较强，党外科学家一般是有科学成就。他们的缺点是政治弱，我们的缺点是科学弱。但我们没有理由自卑，更不能骄傲。旧中国留给我们的遗产——科学很少，文献也不足，因此我们的问题是科学家太少，而不是太多。如果与他们比高低是一个立场问题。我们对科学家在政治上要求过高，就像他们对我们在科学上要求过高一样。总理讲，如果他们的政治与我们一样高，又有科学，那他们就比我们不知高了多少倍。如果我们在政治与他们降到一般低，我们自己也就一点也不高了。""对苏联科学家要强调一条，就是真正虚心、诚恳，但又不要过分客气，变成虚伪。"钱三强还谈了团内生活与规则问题，提出要反对自由主义；关于学习方法，钱三强提出李富春的主要经验是"先了解，要听懂听全，不要首先提出联系实际，弄清楚后回去再研究联系实际的问题"。

23 日 与张稼夫、张勃川到苏联科学院哲学研究所参加由所长亚历山大诺夫主持的座谈会。听取亚历山大诺夫、康斯坦丁诺夫、奥古诺夫、切斯诺可夫、哥士洛夫、托洛申、斯吉巴娘等介绍哲学研究所的基本情况、研究计划、具体工作等，并接受《哲学问题》主编奥斯特洛维琴诺夫签名赠送的1953 年 1 月号《哲学问题》。座谈过程中，答复康斯坦丁诺夫约请写一篇论述美国对中国进行文化侵略的文章在《哲学问题》杂志上发表的问题时，说回国后一定努力，希望能够做到。在座谈会上致辞，说："今天的会使我感到不是在另一个国家，而是像在我自己家里。""你们送给我们很多礼物，可惜我们还拿不出什么东西送礼。"临别，邀请亚历山大诺夫访问中国，帮助

---

① 勒松辛斯卡娅，苏联生物学家，也译作勒柏辛斯卡娅。

② 欧布洛错夫，苏联木偶艺术家，来过中国访问。

③ 摘自刘大年次日日记。

④ 钱俊瑞，时任政务院文化教育委员会秘书长。

中国的工作。会后，归纳总结座谈会上所了解的苏联科学院研究人员的等级、工作制度与方法。

24日　与张勃川到苏联科学院经济研究所座谈，经济研究所副所长阿尔祖马尼扬①及各大组组长到会。晚上，苏联科学院学术秘书格鲁森科及翻译多人陪同中国代表团乘车去列宁格勒。

25日　到达列宁格勒后，中国代表团受到苏联科学院地质研究所所长、动物研究所所长等数十人的欢迎，钱三强致答词②。下午，苏联科学院举行欢迎会。

26日　参观苏联科学院自然科学总图书馆，听取列别杰夫馆长详细介绍该馆的任务、特点、规模、工作内容、制度等。参观后，同钱三强、张稼夫一起在馆长办公室与列别杰夫、格鲁森科等谈图书交换的具体问题。下午，参观1949年建的罗蒙诺索夫博物馆以及馆内的人种学展览馆。晚上，在富丽堂皇的科学之家参加晚会，听演讲和欣赏钢琴演奏等。

27日　参观苏联科学院普尔科沃天文台；在列宁格勒戏院看芭蕾舞剧《泪泉》③。

28日　参观巴甫洛夫生理学研究所④高级神经活动遗传学研究室⑤。听取该研究所所长贝可夫⑥院士讲条件反射，并观看了狗、鱼、猿等动物的实验。参加在巴甫洛夫生前的会客室举行的座谈，贝可夫院士致辞，还当场实验了兴奋性的、抑郁性的、怯懦的三种类型的动物。参观后，认为："这个研究室的整个实验是要说明高级神经活动的物质属性。这是唯物论的科学依据。从这些实验中当然也可以说明科学为和平服务这一思想。"

与吕叔湘到苏联科学院东方学研究所列宁格勒分所座谈。听取该所东方文献部主任吉洪诺夫介绍该所的任务、工作方法、培养干部的工作等。参观东方图书中心，看到《四库备要》《图书集成》及敦煌藏经多卷，感受到

---

①　阿尔祖马尼扬1956年任经济研究所所长。

②　该答词是刘大年在车上准备的。

③　《泪泉》即《巴赫奇萨拉依的喷泉》，取材于普希金长诗《致巴赫奇萨拉依宫的喷泉》，表现的是蒙古人征服欧洲时，鞑靼王爱上波兰公主的一段爱情悲剧。刘大年日记中没有写剧名，只说"是普式庚的诗——一个类似香妃的故事"。《泪泉》1934年即由苏联芭蕾舞女演员乌兰诺娃首演成功，并成为其代表作。

④　1950年，苏联医学科学院巴甫洛夫高级神经活动进化生理与病理学研究所、苏联科学院巴甫洛夫生理学研究所和苏联医学科学院中央神经系统生理学研究所合并为巴甫洛夫生理学研究所，隶属于苏联科学院，由贝可夫院士统一领导。

⑤　该研究室也叫高级神经活动生理学实验室。

⑥　贝可夫，也译作贝科夫。

"东方文献部藏书确实甚多"。

29 日　参观世界四大博物馆之——冬宫①，对馆中各国艺术陈列品及宝藏印象深刻。

30 日　与翻译郑撲到苏联科学院历史研究所列宁格勒分所座谈。斯特卢越② 院士致书面欢迎词。观看临时布置的展览室，展览室陈列有列夫琴科③ 的《拜占庭史》、罗曼诺夫教授的《日俄战争外交史纲(1895—1907)》、斯特卢越的《古代东方史》以及苏联史学家撰写的《太平天国史》《孙子兵法》等著作，还有翻译的中国作品，如《毛泽东选集》第一卷，胡绳的《帝国主义对中国的侵略》④，刘大年的《美国侵华简史》，以及《中国近代简史》《窃国大盗袁世凯》《人民公敌蒋介石》等书。参观该所所藏档案。座谈会上，列夫琴科主任介绍了该所的研究成果、研究重点、资料整理出版工作等基本情况，指出"把历史研究与政治斗争结合起来是很重要的，要经常揭发资产阶级谬论"。斯特卢越认为古代东方与西方有共同的经济制度，要求中国史学家供给可靠的古代史资料，并尽量介绍书籍。罗曼诺夫提出应坚决回击任何有资产阶级影响的研究内容，对《美国侵华简史》赞赏有加，说该书"规定为苏联研究生必修的科目，还要考试"，并指出其小缺点"是外国的材料较多，中国政府外交部的材料太少了"，"希望有些关于中国档案的资料，报刊，人民大众的反映"。在座谈会上向苏联历史学家提出一些具体问题，并简单介绍中国史学界情况。

31 日　参观列宁格勒大学。校长报告学校基本情况。参观门德列夫纪念馆。副校长叶菲莫夫主持与列宁格勒大学社会科学各系的座谈会。叶菲莫夫介绍远东史教研室工作情况；东方系主任果龙诺夫⑤ 介绍该系工作情况；副校长伊万诺夫介绍该校社会科学的教育教学和科研情况；历史系主任布留宁⑥ 介绍历史系教研室、课程设置和科研情况；经济系和法律系主任也介绍了相关情况。

---

①　冬宫即艾尔米塔什博物馆。
②　斯特卢越，也译作司徒卢威。
③　列夫琴科，也译作莱夫琴科。
④　胡绳原书名为《帝国主义与中国政治》。
⑤　果龙诺夫，也译作科诺诺夫。
⑥　布留宁，俄文名为 Брюнин。

4 月

1 日　参观列宁格勒斯大林涡轮工厂；访问列宁格勒科学院图书馆副馆长拉菲科夫。参观芬兰湾 1917 年 8 月至 9 月列宁隐蔽处。晚上，看芭蕾舞剧《青铜骑士》。

2 日　与资料组成员在旅馆开会，其他人参观列宁格勒。参观十月革命起义时的指挥部斯莫尔尼宫。启程回莫斯科。列宁格勒科学院许多老院士饯行，一再举杯致祝辞。范元维①送来《收获》②二本，托带给曹靖华③。

3 日　由列宁格勒抵达莫斯科，苏联科学院很多人至车站迎接。在莫斯科民族饭店 321 号房间参加讨论语言所参观问题会议。晚上，参加支委会。

4 日　在苏联科学院礼堂听哲学研究所所长亚历山大诺夫讲方法论问题。秘书长托布契也夫首先致辞，欢迎中国代表团从列宁格勒回来。亚历山大诺夫介绍苏联知识分子在掌握马克思主义方面的主要经验，指出宣传、研究和掌握马克思主义世界观的目的是"为科学的发展开辟广阔的园地，并使科学作用于社会生活"，推荐《共产党宣言》《资本论》《反杜林论》《自然辩证法》《唯物论与经验批判论》《国家与革命》《无政府主义还是社会主义》《马克思主义与民族问题》《联共党史简明教程》《马克思主义与语言学问题》《苏联社会主义经济问题》以及毛泽东的《实践论》等经典著作，介绍在所有科研机构设讨论组、办马列主义夜大学、开展批评与自我批评等具体方法，解答怎样准备科学讨论会和办马列主义大学等中国科学家提出的问题。全苏列宁农业科学院院长李森科院士也作报告，并解答生物科学会议讨论的问题。

5 日　上午，出席团委会汇报社会科学组工作的会议。接受支委会委派的任务，负责再次修改总报告工作。

6 日　由莫斯科基辅车站乘车赴基辅市。行前，听说在苏联第一医学院留学的人民解放军西南军区卫生部部长钱信忠欲约面谈。晚上，在火车上讨论总报告。

7 日　抵达基辅市。乌克兰共和国科学院院长及须眉皆白的老科学家

---

①　范元维，范文澜次子，当时在列宁格勒矿冶学院学习采矿。

②　《收获》为格尼古拉耶娃著小说，1951 年获斯大林奖金。

③　曹靖华，北京大学俄语系主任、教授。

共数十人到车站欢迎。老院长致欢迎辞，钱三强致答词。下午，科学院举行招待会，各所所长、院士等数十人参加。晚上，全团人员看电影，资料组改、抄总报告。

8 日　访问乌克兰共和国科学院社会科学部。社会科学部部长别洛杰德报告该部组织机构，介绍哲学、历史、文学、语言、考古、艺术人文学研究、经济研究所、谢甫琴科①博物馆、社会科学所与国家法权研究组等机构的基本情况。文学所所长介绍该研究所的工作、由各组组长组成所的学术委员会、研究计划等。历史研究所所长介绍历史研究所的任务、学术讨论等情况。语言所副所长讲语言所的工作。

9 日　赴经济、哲学两所座谈。经济所所长首先报告该所基本情况，包括人员、分组、学术委员会、干部培养等。佩尔申院士谈南乌克兰农业经济计划、发展途径与前途。工业经济组组长讲工业发展方面的任务和工作方法；统计组组长介绍劳动统计工作，特别是工业中劳动力的组织情况；生产分布组组长介绍研究生产力分布的情况。在哲学所，所长柯绥明科介绍哲学所下设辩证唯物论组、历史唯物论组、乌克兰哲学史与社会思想史组、自然科学史组 4 个组的基本情况，并解答干部培养问题、理论科学如何与实际联系问题、关于自然科学反唯心论斗争问题、近来研究题目、哲学研究工作如何帮助别的科学工作、民族问题研究以及研究方法问题等。另有博士介绍乌克兰哲学史的研究经验。散会时哲学所工作人员又找出一本《美国侵华简史》请求题字。晚上，看歌剧《怕老婆》。

10 日　参观谢甫琴科博物馆。游基辅市，认为整个基辅市比莫斯科与列宁格勒更美。

同日　经政务院第 174 次会议通过批准，被中央人民政府政务院任命为中国科学院编译局第二副局长，恽子强为第一副局长。

11 日　向张稼夫汇报团内工作与思想情况，并提 4 点建议：1. 代表团的主要负责人要看总报告记录和分组报告。2. 支委会决定的机构、干部、计划等三组分头开会。3. 回莫斯科后，各组总结并布置在莫斯科参观计划。4. 准备与苏联科学院商谈的具体问题及其解决方案。此外，请抓全面情况，并特别注意自然科学方面的情况。

参观基辅谢甫琴科大学，听取校长哥里克介绍学校基本情况。到历史系调研，了解其教研室设置、研究工作等。从历史系出来时，又有人拿一本《美国侵华简史》请题字。晚上，接待来访的谢甫琴科大学历史系研究生沃

---

①　谢甫琴科（1814—1861），农奴出生，被尊为俄国特别是乌克兰的艺术家、革命家和诗人。

尔科夫,介绍一些关于 1927 至 1929 年中苏关系的基本情况,答应给他找一点中国有关的材料,并在他拿出的《美国侵华简史》上题字。还接待一位在基辅当教员的苏联对外贸易部副部长侄女。

总结参访了解到的苏联史学研究特点:1. 有自己的历史传统,珍爱自己的传统,如研究拜占庭史,俄国文化有许多是从拜占庭来的。2. 党史是大家都研究的,不是居而生畏,不是少数人做。这是培养干部的好办法,其他如考古这样的专业也是到处都有的。3. 注重世界史的研究,特别是对东方的研究。4. 重视档案工作,有文献学一门,到处都有。5. 非常关心中国是否教苏联史。

12 日 代表团大多数人去参观某动物实验站。与华罗庚、梁思成等人留下来,到书店买书。看生物组的汇报及补写在列宁格勒参观历史分所的报告。

13 日 代表团各组分两组访问。留在旅舍看材料,改写《中苏关系的历史》一文。分看准备在《自然科学》①上发表的几篇文章,决定"总报告和这几篇文章要争取在《科学通报》上发表"。看国家舞蹈团表演的乌克兰舞剧。

14 日 在乌克兰科学院副院长、格鲁森科及翻译、摄影记者等十余人陪同下游览德尼泊尔河②。在船上受到异常殷勤周到的招待。在船长送的意见簿上用代表团的名义题词:"我们有机会乘坐伟大的'斯大林号',游览德尼泊尔河,是一件很光荣的事。斯大林的名字是中苏两国人民牢不可破的团结的旗帜!斯大林的名字是全世界无产者向共产主义社会胜利航行的方向!对于船上的一切招待我们非常满意。谨祝'斯大林号'全体同志获得更高的成就!"在餐厅,被张稼夫介绍为"作家"后,应邀给餐厅主人题词。晚上,看《塔拉斯·谢甫琴科》电影。

15 日 全天撰写面向苏联国内外广播的参观基辅广播稿,计 1800 字。晚上,张稼夫告知苏共中央希望钱三强也作广播讲演,将稿子交给钱三强。

16 日 给旅馆、基辅对外文化协会、中国代表团赠乌克兰纪念册等题词。晚上,全体团员参加乌克兰共和国科学院举行的盛大的送行酒会。乌克兰方参加的有科学院院长、巴洛亭副院长、学术秘书长、各所所长、院士、博士以及谢甫琴科大学校长、谢甫琴科博物馆主任、基辅对外文化协会主

---

① 《自然科学》是中华全国自然科学专门学会联合会(即全国科联)出版的刊物,1952 年与《科学通报》合并。

② 德尼泊尔河,即第聂伯河,又译作德聂泊尔河。

任、特邀的乌克兰演艺界代表等 50 多人。席间有乐队奏乐。宾主双方屡次起立致辞，场面异常热烈。最后，欢呼声、歌声、掌声不绝于耳。晚上 9 点散会时，双方互赠礼物，乌克兰共和国科学院送代表团图书 700 册及其他礼物多种，送每人乌克兰衬衫、风景照片、糖果等。快 10 点时开车赴莫斯科，许多人送到车站。

在去莫斯科的车上，武衡交给刘大年 600 卢布广播稿费。

17 日 由基辅往莫斯科途中下车散步时，遇到乞讨者，其中有提着筐子、佩戴母亲英雄奖章的妇女，也有天真活泼、只穿一件破单衣、赤足蓬首的小女孩。晚上，回到莫斯科，仍住莫斯科民族饭店。

18 日 参加资料组会和支委会。支委会决定，回到长春后停留两星期作总结。参加学科小组会，在会上被指定负责了解的机构有出版局、名词工作委员会、图书馆、历史所、东方学所、物质文化所、苏联中央社会科学院等处。

拟定与苏联科学院图书馆商谈题目：1. 两馆① 建立经常联系制度；2. 第一批书籍的交换；3. 过期期刊及其他珍本书的复制；4. 索取苏联国立列宁图书馆的图书分类编目法。

拟定与出版委员会和出版局会谈提纲：1. 出版委员会工作范围、组织、领导关系、工作制度；2. 出版局的工作范围、组织、工作制度和出版委员会的关系；3. 科学出版物的审查制度；4. 科学出版物的发行问题；5. 就双方书籍的互译和出版交换意见；6. 出版工作中的一些具体问题。

收到女儿刘潞照片及编译局来信。代表团发津贴 500 卢布，连同以前发的共 800 卢布。决定给范元维寄 500 卢布。24 日，交 500 卢布给中国驻苏大使馆留学生处牟志修，由牟转交范元维。

19 日 参加团委会，提出学科小组在莫斯科的访问计划。写对国内广播稿"访问基辅感想"。

20 日 参观克里姆林宫和克里姆林宫博物馆。在纪念簿上题词："博物馆所陈列的许多珍贵历史遗物最雄辩地说明了苏维埃政府和苏联人民对自己民族的历史，对人类文化遗产的珍视。一切爱好科学、爱好文化、爱好和平的人都能够在这里受到深刻的教育。"署名中国科学院代表团。参观革命历史博物馆，并题写参观感想。②

21 日 访问苏联科学院出版局，了解苏联科学书籍、杂志的出版情况。

---

① "两馆"即中国科学院图书馆和苏联科学院图书馆。刘大年日记中未见访问苏联科学院图书馆的具体记载，只有访问提纲。

② 刘大年在日记中写道：写参观感想成了例行公事，到哪里都免不了。

苏联科学院副院长巴尔金、编委会学术秘书杉木其诺夫和出版社副主任①
等介绍相关情况,重点记录苏联科学出版的领导机构——苏联科学院编辑
出版委员会和新成立的科学报导处②的工作情况。

22 日　　访问苏联科学院历史研究所。所长西特洛夫介绍研究所基本
情况,茹可夫院士介绍世界史的编纂工作,副所长费利博夫介绍近代现代史
研究情况,潘克拉多娃作补充说明。晚上,观看乌兰诺娃主演的芭蕾舞《红
罂粟花》。

23 日　　在苏联科学院历史哲学部历史研究所作《中国历史科学现状》
报告。会议由苏联科学院副院长巴尔金主持,潘克拉多娃院士、涅契金娜通
讯院士以及所有老院士,历史研究所和东方学研究所全体人员等100多人
参加。会议室满座后,临时增加一房间,由麦克风接线收听。

报告讲三点:一、俄国十月革命以后,中国进步的知识分子应用马克思
列宁主义理论来研究中国历史所取得的成绩,即确定马克思主义的历史唯
物主义理论完全适用于中国,宣传劳动人民在历史中的地位,肯定近代中国
是半殖民地半封建社会,揭露帝国主义侵略中国的本质和解决中国近代史如
何分期问题。二、新中国成立后三四年来史学界取得的成绩及存在的问题。
成绩重点讲史学工作者的自我改造及在此基础上大学历史教学的改造,史
学界从1949年开始的关于美帝国主义侵略中国历史的研究及其产生的重
大的社会影响,1951年对电影《武训传》与武训的批判在史学工作者中的
影响,以及历史研究者特别重视对于中国共产党党史的学习和研究的情况,
指出斯大林的《马克思主义与语言学问题》对中国史学界产生了极其深远
的影响。缺点主要讲一部分史学工作者存有严重的非历史主义观点,即不
恰当地对待历史人物,"借古说今",以公式主义对待历史,以生吞活剥的方
法来搬运马克思列宁主义的理论等,并指出其产生的根源在于对具体的历
史事实缺少科学的分析,没有真正懂得马克思主义的活的灵魂是"具体地
分析具体情况"这一真理;还指出当时中国历史研究工作中有一些很重要的
问题没有解决,如关于中国古代社会的历史阶段如何划分问题。三、摆在中
国史学家面前最紧迫的工作,即认真系统地学习马列基本理论和苏联历史
科学理论,着重进行中国近代史研究,用适当的人力研究古代史,有计划地
研究少数民族历史和继续改进学校中和一般社会教育中的历史教学工作。

一个半小时的报告结束后,又用一个半小时解答苏联学者提出的问

---

① 据刘大年日记,该出版社副主任俄文名为 Прусдинловский。

② 科学报导处,也译作学术报导处。

题,包括:(一) 中国的历史分期。1. 有无奴隶制度,何时起止;2. 封建社会何时起止;3. 资本主义生产何时开始。(二) 中国封建社会为什么长期停滞。(三) 中国土改的后果。1. 地主是否劳动;2. 有无富农。(四) 少数民族历史研究情况。(五) 对苏联史的教学与研究情况。

会场气氛一直非常活跃。报告会结束时,涅契金娜通讯院士致谢辞,并献上由两位青年抬着的用树条编织盛满泥土长着蓝色鲜花的大花篮。

24 日 访问由前亚细亚博物馆改组成的苏联科学院东方学研究所[①],了解东方学研究所的组织机构。东南亚史专家古巴洛夫博士介绍东方学研究所工作计划,经济学博士马斯林尼科夫[②]、杜曼等分别介绍该所中国历史研究的情况,科洛科洛夫介绍语言学研究方面的情况。感觉访问效果不错,苏方对中国问题很重视,集中了所有中国语言、历史、经济方面的专家,珍视中国古典遗产,态度也很客观。

访问苏联科学院名词工作委员会,了解其组织结构和工作情况。经协谈,80 岁的老院士答应给中方苏联科学院名词工作委员会工作的所有材料,并开出到书店买书的书名。

25 日 上街买书,发现疑似小偷。在国内所写屈原与中苏关系两稿没有用上,都收回,感叹:"在家里写文章已不容易,现在才发现在国外写文章还要难得多。"

同日 中国科学院作出关于加强《科学通报》工作的决定,指出:为加强对《科学通报》编辑工作的领导,必须加强并改组《科学通报》编辑委员会。新的编委会由竺可桢副院长与编译局、办公厅、计划局以及中华全国自然科学专门学会联合会等有关单位代表组成,以竺可桢副院长为主任委员。编委会的主要任务是:决定本刊物的编辑方针、计划与每个时期的中心内容。具体的编辑业务,则由《科学通报》编辑室负责进行。

26 日 参观列宁故居高尔克村。

27 日 访问苏共中央社会科学院。听取校长拉尔多切夫介绍社会科学院的组织机构、任务、工作制度、研究生招考和培养、教学科研工作等。座谈时,回答了苏联科学家提出的关于中国历史研究、党史、法律研究等方面的问题;苏方则回答了如何自学马列主义以及马列主义如何指导自然科学等问题。

---

① 据刘大年日记载,苏联东方学研究所分莫斯科和列宁格勒两部分,列宁格勒主要是档案文献,莫斯科分远东、印度东南亚、中东近东三部和苏联东方组、古代东方组两组。

② 马斯林尼科夫,也译作马斯连尼科夫、马斯尼科夫。

下午,看望在莫斯科养病的陆定一。晚上,托次日回国的华罗庚往北京带两封信。

同日 《科学通报》编辑委员会改组①,成立新委员会,仍然担任委员。其他委员有曾昭抡、竺可桢、恽子强、郁文、张青莲、刘咸一、祖德明、沈其益等,许良英为秘书。

28日 领队参观画廊。晚上,在大戏院看歌剧《阿依达》。从剧院回旅馆时,见红场附近有各色队伍在表演游行。到旅馆后,应张稼夫要求,准备次日"五一"庆祝会钱三强的讲演稿。

29日 同张稼夫、武衡一起与苏联科学院党委书记佐林座谈,主要讨论如何团结党外科学家,作记录6页。晚上,参加科学家之家举行的"五一"庆祝会,会上,亚历山大诺夫讲演,托布契也夫致祝贺辞,钱三强没有讲话,临时增改的讲演稿没有用。之后,观看红旗歌舞团演出。

30日 同钱三强、张稼夫、武衡、汪志华等参加与苏联科学院主席团的座谈。会上,学术秘书介绍主席团的工作机构及其任务,办公厅主任卡布列也夫介绍公文程序。座谈间隙,得知历史研究所决定在下期《历史问题》上发表《中国历史科学现状》,并在下周二支付2000卢布稿费。

5月

1日 与当日早上抵达莫斯科的郭沫若、茅盾②一起吃早餐,第一次见到茅盾。早餐后,一起前往红场观礼,观看阅兵和群众队伍。午餐与郭沫若、茅盾一桌,托布契也夫作陪。

2日 因感冒加重,全天发烧。到苏联后经常陪同在一起的老汉学家边特可夫斯基一天来看3次。代表团其他成员白天去看疗养所,晚上在大使馆与大学生联欢。

3日 烧退了些,但咳嗽未好。在苏联钢铁学院学习的原北方大学工学院的4个学生杜一先、李献璐等,因昨晚参加大使馆联欢得知病情,特来探望。

4日 到《真理报》总会计处领取《历史问题》杂志的稿费。去外文出版局座谈。该出版局翻译的范围有英、法、中等27种文字,有物理、化学、地

① 4月25日,中国科学院召开第十二次院务会议,会议听取杨钟健关于《科学通报》工作情况的报告后,同意作出"中国科学院关于加强《科学通报》工作的决定",责成竺可桢等7人拟出改组计划,提交院常务会议决定。

② 茅盾,原名沈德鸿,字雁冰,茅盾是笔名,时任文化部部长。

质、生物、哲学、历史、语文、经济、法律、文艺等 13 个编辑部。每一学科都要求中国推荐书籍。座谈时，对哲学编辑部拟翻译的书提出意见。历史编辑部主任对《美国侵华史》提出 3 个问题："（一）是否第二版要对苏联读者写意见；（二）第二章标题为 1905 到第一次世界大战，内容事实上是到十月革命，为什么？（三）书中提 1925—1927 年的中国大革命，现在有人认为是1924，不是 1925，是否要改。"对这些问题一一作答，并拟直接寄给她《美国侵华史》中文再版本。

晚饭时，有人转来莫斯科广播电台交来的 300 多卢布的广播费①。

6 日　苏联科学院赠送 10000 多册图书和许多标本、图片等，并为中国科学院访苏代表团举行欢送仪式。之后，边特可夫斯基、吉谢列夫等陪同中国代表团离开莫斯科。

晚上，参加团长钱三强列席的支委会②，在会上提出 4 项建议：1. 撰写给中共中央的报告，并报送中国科学院、政务院文化教育委员会和政务院；回京后与各方酝酿接洽，提出一个改革中国科学研究的方案。2. 草拟一个综合性报告，在报纸上发表宣传。3. 在原有日常汇报的基础上，综合归纳各门学科的基本资料；将各门学科的综合资料与几个总报告一起整理为资料汇编。4. 每人写一个传达草稿，并根据个人情况分别写文章。

7 日　感冒稍好，咳嗽已停。列车在一新建工业城市③短暂停留。晚上，听边特可夫斯基报告他的硕士学位论文《国民党反动的工会法与美帝国主义被赶走以前中国工人阶级的状况》的内容提要。与张稼夫提出口头意见后，边特可夫斯基一定要问是否可以取得硕士学位，并要求写成书面意见，加以评价。写下要在整个论文中贯穿政治与经济因素这一线索等意见，拟到塔什干后再交给边特可夫斯基。

8 日　列车进入哈萨克斯坦境内。每到一站都有许多青年和老年妇女拿着鸡蛋、牛奶、酸黄瓜、熟鸡等来出卖。

9 日　列车经过咸海城、红城等地。

10 日　抵达乌兹别克境内的塔什干。乌兹别克科学院院长乌衣多夫院士、副院长犬路索夫、塔什干市市长、乌兹别克歌唱家哈丽玛等数十人在车站迎接，献花、致欢迎词。入住离塔什干市七八公里的科学院休养所。在欢迎午餐会上，本地人强调俄罗斯人对他们的帮助。历史所所长杜尔苏诺夫

---

① 刘大年曾应邀为莫斯科中央广播电台作了一次华语广播讲演。

② 刘大年日记中缺少 5 月 5 日和 6 日，根据下文所记，已在列车上，推断支委会召开日期为 6 日。

③ 刘大年日记中记载该城是 Губишев 城。

说他们的经验是向俄罗斯学来的。塔什干市总建筑师谈塔什干的历史与现状。

11 日　到乌兹别克科学院座谈。院长乌衣多夫院士介绍乌兹别克及其高等教育、科学研究的发展,重点介绍乌兹别克科学院的组织机构和具体工作情况。下午,游览美丽的花园城市塔什干市。晚上,看芭蕾舞演出。

12 日　上午,访问乌兹别克科学院东方学所与历史考古所。听取社会科学部主席拿比也夫介绍历史考古、东方学所的工作情况以及历史所副所长涅波明和其他教授、博士补充介绍相关情况。座谈时,与钱三强发表讲话。晚上,看歌剧,资料组在住所拟总结提纲。

13 日　参观乌兹别克历史博物馆,并了解该馆的科学研究和工作情况。

14 日　访问中亚细亚大学。参观什维尔德诺夫集体农庄。

15 日　参观斯大林联合纺织工厂。晚上,参加在休养所对面的院长乌衣多夫院士住的花园里举行的欢送会。塔什干文化、科学、教育各界知名人士,著名舞蹈家、歌唱家、演员等与会。最后乌方送中国代表团全体人员每人一套乌兹别克民族服装,并托代表团转交送给毛泽东、郭沫若的服装。

16 日　参加副院长犬路索夫在休养所主持的欢送会。随后即乘车赴车站。在车站的会客室,院长乌衣多夫院士与钱三强分别讲话。出会客室,大学生在那里等着献花。大家互相握手告别,社会科学部主席拿比也夫前来热烈拥抱。大家又围在一起,由哈丽玛领头唱"全世界人民心一条","莫斯科——北京"等歌曲,全场热情洋溢,不少人热泪纵横。之后,从塔什干启程回国。

17 日　列车经过哈萨克斯坦的江波尔,抵达吉尔吉斯加盟共和国的卢戈瓦亚①。吉尔吉斯加盟共和国科学院代表迎出 200 里,来卢戈瓦亚车站迎接并欢送,献花致辞,并赠送大批礼物。

参加支委会,讨论总结工作。会上,提出要搞出总的和各学科的完整资料,为今后一个时期的中国科学工作做参考,认为这是代表团来苏联学习的任务。张稼夫则强调总结要着重个人政治思想提高。晚上,在日记中强调要坚持自己的意见。

18 日　列车在哈萨克斯坦境内运行。参加学科小组会,谈心得。

19 日　参加团委会,听汇报。

20 日　抵达新西伯利亚车站。苏联科学院西伯利亚分院副院长、新西

---

①　卢戈瓦亚,也译作卢戈瓦雅。

伯利亚市市长等到车站迎接。在站内举行欢迎会，双方在月台上致辞。之后，分乘汽车至分院大楼，听取学术秘书长报告分院组织机构及工作情况，并分别参观相关研究单位。离开科学院后，参观建筑研究所，听取总工程师介绍相关情况。午饭后，到歌舞剧院看芭蕾舞剧《巴黎圣母院》，并替钱三强拟题词，写在此前毛泽东、周恩来、郭沫若等人的题词之后。出剧院后，旋即参加热闹的欢送宴会。之后，继续乘车。

21 日 列车经过克拉斯诺亚尔斯克。在车上参加党小组会。

22 日 参加在车上餐厅举行的全体会，听取张稼夫归纳各小组意见所作综合发言。晚上，参加党小组会。

23 日 吉谢列夫谈关于研究工作与行政工作配合的经验、关于中国民族的形成、中亚细亚史等三个问题。其中谈到 1952 年苏联科学院主席团邀请苏联知名史学家检查东方学研究所关于中国历史研究方面的工作，认为东方学研究所对中国古代史与近代史的分期都有不当。这个检查到中国科学院代表团到达莫斯科不久才结束。苏联科学院根据这次检查做了一个决定，通知有关单位，并采取一些相应的行政措施。记下详细内容，准备将此事向上级做专门汇报。

24 日 午餐时，车上餐厅为中国代表团送行。然后苏军上车检查。下午，抵达奥特波尔。吉谢列夫与苏联科学院外事局工作人员哈巴林下车，告别。晚上，抵达满洲里。仍住外交部驻满洲里办事处。

25 日 仍乘"和平"号车从满洲里出发，向北京方向行驶。

26 日 中国科学院访苏代表团回到长春，中国科学院东北分院院长严济慈、中共长春市委书记兼市长傅雨田等 200 多人到站欢迎，现场有人举着"欢迎中国科学院访苏代表团归国"的红旗。人民日报社也于两天前派文教组组长颜蒙与女记者陈柏生前来随团采访。

参加总报告提纲漫谈会。晚上，看苏联影片《南极捕鲸队》。

27 日 上午，参加全团会，会议讨论今后一周工作。下午，拟出历史学科报告提纲。晚上，开资料组会，布置总报告提纲起草工作。总报告共四部分，与汪志华负责第二部分。

28 日 草拟历史学科的总结报告。

29 日 参加全团会议，中国科学院东北分院各研究所领导干部列席，听取动物、生物、巴甫诺夫、生物化学、植物、土壤等学科报告总结提纲。

30 日 继续参加全团会议，听取化学、天文、地球物理、物理等学科报告总结提纲。

31 日 在全团会议上报告历史学科情况，介绍苏联史学现状与特点。

本月　在苏联科学院哲学历史学部作的《中国历史科学现状》报告俄译稿刊登在苏联《历史问题》当年第 5 期,并很快转刊于同月日本的《历史诸问题》,收入日本同朋社于 1953 年 12 月出版的据竹内实主编的《中国近现代年表》中。

6 月

1 日　参观中国科学院东北分院仪器馆。参观伪满计划修建的"皇宫"和八大部,以及伪满中央银行①。

2 日　本日开始,中国科学院访苏代表团分数学与力学、天文、物理、化学、地球物理、地质、土壤、植物、动物、生物化学、医学、农业科学、建筑与土木工程、动力、机械、历史、语言、高等学校的科学研究等 19 个方面进行各门学科的分科总结。

在分科总结时,撰写《关于苏联历史学、历史学学术机构和历史学研究方法的考察报告》。报告首先介绍"苏联历史研究方面的组织概括"。重点介绍苏联科学院社会科学部分历史哲学部的历史研究所、东方学研究所和物质文化研究所,以及各加盟共和国科学院的历史研究所、考古所或东方学研究所;苏联共产党中央社会科学院所属的苏联史研究室、世界史研究室和苏共党史研究室;莫斯科大学、列宁格勒大学、基辅大学、中亚西亚大学等高等学校系统的有关历史研究的单位。指出,"苏联科学院历史哲学部的历史研究所,是所有这些历史研究机构的中心"。其次,介绍"苏联史学研究的现状",归纳为 4 个方面,即关于阐发马克思列宁主义经典著作的研究,对苏联通史、苏联专史、苏联境内少数民族史等苏联历史的研究,对世界通史、资本主义国家通史或世界史专门问题等世界史的研究,对各人民民主国家历史的研究;还总结苏联史学家研究中国历史和翻译中国古典历史著作的情况,指出"中国历史是苏联史学家重要的研究对象"。再次,分析苏联历史工作的基本特点——马克思列宁主义是历史科学的基础、把历史研究作为革命斗争的武器和批评自我批评推动历史科学的发展;分析苏联历史工作的制度与方法——研究人员的分工、个人与集体的关系、重视资料工作和研究历史与向群众进行历史教育紧密结合。最后,介绍考古研究工作、苏联科学院主席团对东方学研究所有关中国历史研究的检查以及苏联史学家对中国史学工作者的希望和意见。

---

①　原伪满中央银行已改为人民银行。

　　分科总结后，与汪志华一起负责综合各学科的参观记录，起草《中国科学院党组关于中国科学院访苏代表团工作向中央的报告》，然后交全体团员讨论，武衡修改，张稼夫最后审阅定稿。

　　9 日　下午，在东北师范大学作学术报告，校长成仿吾主持报告会。晚上，在东北人民大学①作学术报告。

　　11 日　参加党小组鉴定会。被张稼夫评价为："对工作积极负责，有分析能力，锐敏……缺点是：(一) 考虑问题不成熟，十之八九下结论很快，考虑快是好的，下结论慢些就完备了。(二) 考虑问题从道理方面——即从需要方面想得多，从事实方面想得少。时间、地点、条件考虑得少。(三) 对问题的分析有时比较动荡，跟舆论走，所谓群众观念，民主，并不等于跟着群众走，如果只抓住这一条常常会出乱子，必须根据党的立场观点来分析群众意见。特别是紧急关头。(四) 有时有些自由主义和个人意气。其所以产生这些缺点，缺乏在群众运动中的锻炼可能是根本的原因。这些缺点存在时，作一个参谋助手完全胜任，作为一个决策性人物时就会出毛病。总起来说与党的关系是正常的，付出的劳动是最多的，对他②的帮助是最大的。"认为张稼夫对缺点的批评很准确，应随时警惕改正。

　　同日　中国科学院来函，称"通知你已经政务院第一百七十四次政务会议通过批准任命为我院编译局副局长职"③。

　　14 日　《人民日报》刊登记者柏生的《访中国科学院访苏代表团》。报道说："谈到苏联史学研究的现状时，历史学家刘大年说：苏联史学家都十分重视对马克思列宁主义经典著作的研究和阐发；对苏联历史和苏联共产党历史的研究十分重视。他们尤其善于利用马克思主义经典著作中的新的思想成果来研究历史。在另一方面，苏联史学家十分重视中国历史的研究。苏联科学院主席团曾决定把第一流的汉学家集中到苏联科学院东方学研究所来。目前苏联史学家们已写了许多有关中国历史问题的著作，他们对中国的古典历史著作如《史记》《汉书》等非常熟悉，并给予很高的评价。俄国大汉学家比丘林翻译的《资治通鉴》，苏联准备在今年出第二版，并准备在明年开始翻译《史记》。许多苏联青年怀着高度的热情，致力于中国历史问题的研究。"

　　17 日　中国科学院访苏代表团由长春返抵北京。到本月底，代表团在

---

①　东北人民大学 1958 年更名为吉林大学。

②　"他"即张稼夫。引号内的内容摘自刘大年当日日记。

③　中国科学院 1953 年人字第 3056 号。

北京先后向中国科学院、政务院文化教育委员会、政务院报告工作,并组织16个专科报告会和3个总结报告会,传达访苏情况和收获。参加专科报告会听讲的有首都科学技术工作者8000人,参加总结报告会的有中央机关干部和首都文教干部数千人。

在总结报告会上作《苏联培养科学工作干部的经验》报告,介绍苏联培养科学干部的方针和做法。报告首先说明培养科学干部问题在苏联党和苏维埃政府的各种措施中的重要地位,回顾十月社会主义革命前后俄罗斯科学家对培养新的科学干部所做的工作,介绍苏联培养科学干部的方针和原则,即苏联培养科学干部不是孤立地进行的,而是与国家的经济、文化发展的需要紧密联系起来,在培养青年干部的全部工作中坚持实现批评与自我批评的原则。其次,报告苏联培养科学干部的基本形式,即苏联科学院组织中的博士生院与研究生院的工作情况,分别介绍研究生的招生考试、学业计划、论文选题、考试与鉴定、论文审查与答辩、学位授予、学习经费、毕业分配、博士生的选拔与培养等,指出:研究生院与博士生院不是设立在科学院内的独立机构,研究生与博士生的培养工作都是在科学院的各个研究所或研究室里直接进行的,苏联科学院主席团下面设有研究生处和干部处来统一组织和计划各研究单位培养干部的工作,并进行督促检查。最后,报告苏联培养科学干部的重大成就以及科学工作奖励制度,介绍苏联科学院设立的各种奖金和院士及通讯院士称号。

在专科报告会上作《苏联的先进历史科学》报告,介绍历史学在苏联学术界的重要地位、苏联历史学的研究方法和突出成就。报告说:"努力掌握马克思列宁主义理论,努力掌握大量的历史资料,就是苏联史学家在工作方法上的基本经验。""历史研究必须透过许多极其复杂的表面现象,去深入地探究其内部的联系,发现其内部规律,阐明这些规律的客观性质。这就需要进行巨大的理论的综合与分析,把许多个别的事件提到理论上来加以阐明。"

报告会后,中国科学院秘书处将27份报告汇编为《学习苏联先进科学——中国科学院访苏代表团汇刊》一书,于1954年7月由中国科学院出版发行。该书收录了刘大年的《苏联培养科学工作干部的经验》和《苏联的先进历史科学》两篇文章。

18日　中国科学院院长集体办公会议讨论同意《科学通报》编辑委员会的11人名单:"竺可桢主任委员(中国科学院副院长)、恽子强(中国科学院编译局副局长)、刘大年(中国科学院编译局副局长)、郁文(中国科学院办公厅副主任)、刘咸一(中国科学院计划局副局长)、曾昭抡(科联副主席,

化学)、沈其益(科联宣传部长,农业科学)、王斌(卫生部副部长)、闵一帆
(国家计划委员会综合计划局副局长)、周培源(北京大学教务长,物理)、钱
伟长(北京大学教务长,机械工程)。"

24 日　在中国科学院第一会议室参加李四光主持的中国科学院第 18
次院务常务会议。出席会议的还有张稼夫、陶孟和、竺可桢、吴有训、秦力
生、钱三强、杨钟健、郁文、曹日昌、陈宗器、丁瓒、刘咸一、恽子强、武衡等,共
16 人,另有 3 人列席。

张稼夫报告关于访苏代表团总结工作的问题,说:"代表团于五月廿六
日回国,在长春停留一个时期总结工作,写出的总结报告及各专科报告共计
五十万字,由刘大年同志负责整理。六月十七日回京,现由院部主办专科报
告与座谈会,团员均希望能早日交代任务,回本工作岗位,一俟建设性的意
见提出后,便可结束工作,大概尚须二周的时间。"

会议通过中国科学院访苏代表团专科报告会议序表草案,并决定在专
科报告会之后,邀请各科的专家举行小型座谈会。关于座谈会问题,会议讨
论决定将 19 项专科分为五大组举行座谈会,其中历史、语言为第五组。会
议决定:"先分小组座谈,必要时举行综合座谈。邀请参加座谈会的人员,
应以各科专家(包括北京、天津二区)为标准,由办公厅、计划局、科联提出
名单,由院务常务会议决定。为了替开好座谈会准备条件,应预先拟出讨论
提纲,请代表团根据今天会上提出的意见,着重在发展本科门的建设性意
见,理论联系实际及产业部门分工诸问题提出一综合性的提纲,提交院务常
务会议讨论,并邀请各科座谈的主持人参加讨论。"

7 月

2 日　中国科学院向《科学通报》新的编辑委员会全体编委发送聘书。

12 日　中国科学院邀请在京史学家、哲学家及有关方面代表举行历史
学座谈会。出席的有陈垣、翦伯赞、郑振铎等数十人,座谈会由近代史研究
所所长范文澜主持。与会代表结合中国科学院访苏代表团所报告的苏联历
史科学工作的先进经验,针对我国目前具体情况,对今后历史研究工作交
换了许多重要意见。提出的意见主要有:(一) 教科书问题;(二) 研究工作
上的一些问题,如关于中国历史分期问题、人物评价问题、历史上的民族关
系问题;(三) 科学院与各大学联系问题;(四) 关于建立科学网的问题;(五)
培养人才问题;(六) 关于出版方面的问题;(七) 有关考古工作的意见。此
外,与会者对于进行亚洲史、科学史的研究,翻译苏联历史著作以加强学习

苏联,以及档案保管整理等问题也交换了很多意见。

26日 中共中央宣传部将提出的中国历史问题研究委员会名单① 上报,共11人:"陈伯达、郭沫若、范文澜、吴玉章、胡绳、杜国庠(现在广州)、吕振羽(现在沈阳)、翦伯赞、侯外庐(现在西安)、刘大年、尹达(人民大学)。"毛泽东批准了这个名单,指定陈伯达担任委员会主任,并指出吕振羽在长春而非在沈阳。

同日 参加中国科学院党组会议。张稼夫传达中央《利用、限制、改造资本主义工商业》文件。

本月 在苏联科学院哲学历史学部所作的《中国历史科学现状》报告在《科学通报》第7期发表。

8月

5日 中共中央正式批准成立由中共中央宣传部提出的中国历史问题研究委员会11人名单组成的"中共中央中国历史问题研究委员会"。

同日 郭沫若签署中国科学院聘任通知书,与竺可桢、陶孟和、叶企孙、张景钺、张青莲、周太玄、杨肇燫一起被聘请为中国科学院对外论文交换委员会委员,竺可桢为该委员会召集人。其中,院外委员叶企孙、张景钺、张青莲为北京大学教师。14日,中国科学院正式为该院对外论文交换委员会委员颁发聘书。

8日 中共中央宣传部正式发出通知:"为了领导中国历史问题的研究工作,中央决定成立中国历史问题研究委员会,并决定以尹达、吴玉章、吕振羽、杜国庠、范文澜、胡绳、侯外庐、陈伯达、郭沫若、翦伯赞、刘大年为委员,以陈伯达同志为主任。委员会会议召集日期另定。"

11日 《马克思列宁主义是历史科学的基础——苏联历史科学研究工作的特点之一》在《人民日报》发表。文章说:苏联历史科学研究的特点首先就是苏联的历史科学是真正建筑在马克思列宁主义基础上的。这个特点表现在3个方面:其一,苏联史学家们认为把社会历史看作是社会生产发展与阶级斗争的历史,是马克思主义历史科学与一切唯心主义的历史学相区别的根本原则。根据这个原则,他们很重视社会经济资料的研究,这里包括

---

① 据人民出版社1987年版《刘大年史学论文选集》第595页载:"关于历史问题研究委员会的情况,查找档案的结果是:1953年(月、日不详),中央决定设立中国历史问题研究、中国文字改革研究和中国语文教学研究三个委员会,责成中央宣传部提出委员会组成人员名单。1953年7月26日,中宣部提出三个委员会的名单上报。"

一切与社会生产关系和社会生产力的发展有关的资料。其二，苏联史学家成功地运用了"具体地分析具体情况"这个马克思主义的著名原理。在对待历史人物方面，他们认为，必须用历史主义的观点去分析历史人物所处的时代，分析他们活动的主要方面与非主要方面，说明历史人物的活动在当时所具有的实际意义等，然后才能呈现出这些人物的本来面目；而倘若用今天的标准去衡量古人，历史上就将没有任何进步人物。在研究民族运动的历史方面，他们认为，必须具体地分析民族运动是由哪个阶级领导，为了哪个阶级的利益的运动，分析和这个运动有关联的一切重要的因素，然后才能断定它在历史上所起的作用，是进步的还是反动的。其三，苏联史学家善于创造性地运用马克思主义来研究历史。他们认为，应用马克思列宁主义，是要真正懂得马克思列宁主义的内容和实质，不是把马克思列宁主义的个别结论和公式当作教条；他们一方面反对胡乱地引用马克思主义的词句，另一方面善于利用马克思主义经典著作中的新思想，进行创造性的研究。他们认为，正确地把马克思列宁主义理论中一切新的东西用到自己的研究工作中去，永远不使自己的理论水平停留在一个地方，是使研究成果有很高的质量和有高度创造性的表现。

14 日 《历史研究工作是革命斗争的一个组成部分——苏联历史科学研究工作的特点之二》在《人民日报》发表。文章说：把历史研究工作作为革命斗争的一个组成部分，通过它来和革命的敌人作斗争，这是苏联史学研究的目的，也是苏联历史科学的一个重要特点。"我们拜访过的苏联许多著名的史学家，不管他们是哪个范围内的专家，也不管他们是壮年人或老年人，都一致认为自己是苏维埃的战士，他们的责任是把自己的科学研究和反对各式各样的敌人相结合，同一切苏维埃的敌人进行不调和的斗争。被认为是这种结合的唯一有效方式，就是通过具体的历史事实，宣传马克思列宁主义学说，宣传共产主义。"为了实现这个斗争原则，苏联学者强调要根据列宁、斯大林的指示，把国际主义和爱国主义教育结合起来；与进行爱国主义教育的同时，苏联学者特别注意在自己的工作中批判资产阶级思想、揭穿资产阶级对历史的伪造；此外，研究世界人民革命斗争和世界共产主义运动的历史，也为苏联史学家所重视。苏联史学工作的战斗性表现为它有极大的现实意义，即"它和人们当前的实际生活有着密切的联系，不但对于帮助苏联党和政府教育人民向共产主义前进是不可缺少的，对于帮助世界人民胜利地进行争取和平民主和社会主义的斗争也是不可缺少的"。

15 日 《批评与自我批评推动着历史科学的发展——苏联历史科学研

究工作的特点之三》在《人民日报》发表。文章说:"创造性的讨论,不同意见的争论,批评与自我批评,是推动苏维埃科学发展的巨大力量。先进的苏联历史科学也正是在这种力量推动下发展起来的。""苏联学者认为批评是一种克服科学发展道路上的困难的手段,是克服一切和社会主义不相容的、衰老的、妨害我们迅速前进的东西的有力武器。它为科学的发展廓清道路。科学家也可以由此提高自己的水平。"苏联学者在批评与自我批评时,经常采用两种基本形式:一种形式是著作没有发表以前,广泛地征求意见;另一种形式,也即最高形式,就是苏联科学界广泛利用的科学讨论会。不论采取哪一种形式,都强调坚持严肃认真的科学态度,严格遵循科学的原则,实事求是;不怕意见分歧,坚信一个问题只有经过不同意见的争论才能把性质弄得更加明确。认为,批评和自我批评"为苏联历史科学带来了光辉的成就,也推动着苏联的历史科学向新的高峰前进"。

21 日　详细记录"习仲勋①同志传达中央财经工作会议②内容"。内容包括党在过渡时期的总路线总任务、总路线的意义、国内外情况及我们工作中的问题、财经工作的错误、今后的工作方针以及毛泽东的指示。

9 月

5 日　参加中国科学院党组扩大会议。会议传达中央紧急指示,说明财政赤字很大的原因,明确全党在财经上的中心任务是增加生产,减缩开支,平衡收支。

15 日　张稼夫以中国科学院党组名义将《中国科学院党组关于中国科学院访苏代表团工作向中央的报告》正式报送毛泽东主席和中共中央,并送交国务院。报告指出,30 年内苏联科学院的主要经验有四个方面:(一)中心环节是培养干部;(二)有目的、有计划、有重点地开展研究工作;(三)各科学机构之间既明确分工又互相配合,汇成一个有机的整体;(四)培养健康的学术风气。为学习苏联先进经验和加强中苏两国合作,报告还提出了一系列建议:出版科学译文期刊以介绍苏联科学成就与经验;成批地选送留学生;派遣专业的科学访问团;请苏联专家来华协助、指导工作以及交换图书、杂志、资料等。

---

①　习仲勋时任中共中央宣传部部长兼政务院文化教育委员会副主任、党组书记。

②　"中央财经工作会议"指 1953 年 6 月 14 日至 8 月 13 日中共中央召开的全国财经工作会议,这次会议着重讨论了贯彻执行过渡时期总路线问题,提出了我国第一个五年建设计划。

21 日 出席在文津街中国科学院召开的中共中央中国历史问题研究委员会第一次会议。会议由陈伯达主持。中国历史问题研究委员会 11 名委员中只有杜国庠缺席。黎澍和佟冬列席会议。

陈伯达在会上说：中国历史问题研究委员会是党内的机构，是一个研究的组织，只对问题提出意见，不是发号施令的机构，因此，最基本的工作方法是展开充分的批评与自我批评，方针是用马克思主义研究中国历史。必须再次认真阅读马、恩、列、斯关于历史唯物论的著作，熟悉苏联三十几年来关于历史科学的经验和一些重要结论，研究二十几年来特别是从郭沫若的《中国古代社会研究》发表以来中国史学界的一些作品。"重要的科学研究机构应该集中在科学院。中国科学院不但应成为自然科学的权威机构，而且也应该成为历史研究的权威机构。中共中央宣传部提议设立三个历史研究所，从远古到南北朝为第一所，以下为第二所，近代史所为第三所。这不是历史阶段的划分，是工作范围的区别。第一所郭老兼所长，第二所请陈寅恪先生担任所长。聘请研究人员的范围不要太狭，要开一下门，像顾颉刚也可以找来。"关于高等教育部提出的历史系的教学课程问题，陈伯达指出："处理这个课程要从我们的实际出发，可以考虑把人力集中起来，十三个综合大学都有历史系，可以考虑去掉一部分。先收缩一下，有力量以后再扩张。不设历史系的大学设历史教学研究室负责校内共同的历史课程。具体措施可以根据各校条件不同而定。"

经过讨论，会议一致同意陈伯达所提出的中国历史问题研究委员会的工作、任务、方法和目前应做的准备工作，并决定出版《历史研究》杂志，组织一个编委会，由郭沫若做召集人，指定刘大年与尹达具体负责《历史研究》杂志的创办工作。会议还决定出一批资料书，先标点重印分量比较小、通俗易懂的《纲鉴易知录》。

关于创办《历史研究》杂志，陈伯达在会上对刘大年和尹达说：办刊物必须坚持"百家争鸣"。以前有军阀、财阀、学阀，你们办刊物不要当"杂志阀"。什么叫"杂志阀"？就是只发表与自己观点相同的文章，不发表观点不同的文章。那不好。要"百家争鸣"，这是一个方针问题。刊物要照这个方针去办。

本月 访苏总结报告之《苏联培养科学工作干部的经验》发表在《科学通报》第 9 期。

10 月

3 日　本日和 6、7 日,中国科学院分别召开第 31、32 次和第 33 次院务常务会议,会议决定:在近代史研究所外,筹建研究古代史的第一历史研究所和研究中古史的第二历史研究所①。

8 日　任中国科学院成立的筹建第一、第二两个历史研究所的 5 人筹备委员会委员,并兼秘书。范文澜任该筹备委员会委员兼召集人,侯外庐、尹达、郁文任委员。从此开始具体操作三个历史研究所的筹建工作。

29 日　访问中国科学院考古研究所研究员、副所长夏鼐,谈 1954 年考古所计划事。

本月　中国科学院近代史研究所开展"反小圈子"运动,在范文澜主持的全所揭批会上发言。

11 月

2 日　中国科学院考古研究所所长、文化部社会文化事业管理局局长郑振铎来信,邀请刘大年与中国科学院副院长张稼夫两人中来 1 人参加该局及所属单位约 1000 人的庆祝十月革命大会并讲"访苏见闻",为此,特派该局罗歌"持函面洽"。

3 日　上午,参加中国科学院院部召开的所长会议,与陶孟和副院长一起作报告。下午,听取考古研究所及近代史研究所报告,并讨论。

4 日　继续参加中国科学院院部召开的所长会议。听取语言、社会两研究所报告;听取会议总结。

14 日　在中国科学院本部作关于社会科学各所所长会议的报告。

19 日　中国科学院党组向毛泽东主席和中共中央递交由张稼夫主持起草的《中国科学院党组关于目前科学院工作的基本情况和今后工作任务给中央的报告》。报告指出:加强科学院的领导,在院务会议下成立学术秘书处,着重学术领导。院对各所分学部领导,拟设物理学数学化学、技术科

---

①　《科学通报》1954 年第 1 期第 52 页的《中国科学院积极准备进一步加强历史研究工作》载:"经与我国历史学界各方面人士交换意见结果,中国科学院决定扩充并加强历史学研究机构,除现有的近代史研究所外,增设二个历史研究所,这样共有三个历史研究所。第一所研究从远古到南北朝的历史,第二所研究从隋唐到鸦片战争这段时间的历史,现有的近代史研究所改为第三所,仍研究中国近代史。"

学、生物地学和哲学社会科学四个学部，由各所所长和有关专家组成，只管学术领导，不管行政事务。

20 日 参加中国科学院院长、副院长、办公厅、计划局、编译局负责人讨论中国科学院 1953—1957 年科学事业计划纲要草案的会议。

本月 访苏专科报告之《苏联的先进历史科学》发表在《科学通报》第 11 期。

12 月

3 日 参加中国科学院党组会议。张稼夫传达中央讨论中国科学院党组报告的结论。主要内容有：一、1953 年做的几件大事：（一）访问苏联；（二）给中央写报告，摸清底细；（三）安排各所工作，所长会议订计划。二、中央政治局对中国科学院工作着重讨论了对科学家的团结问题。张稼夫分别传达了刘少奇、邓小平、习仲勋、李富春和彭真的相关讲话。三、目前中国科学院贯彻中央方针：（一）原则领导；（二）政治思想领导问题。

同日 中国科学院召开第 41 次院务常务会议。会议讨论了历史所负责人人选等人事任免，拟呈请任命刘大年为历史研究所第三所（近代史）副所长，尹达为历史研究所第一所（上古所）副所长，侯外庐为历史研究所第二所（中古史）副所长。

5 日 中国科学院将第 41 次院务常务会议讨论通过的拟任命的几个研究所（室）副所长（副主任）名单，报请文委及人事部批准。

上旬 接待即将赴广州协助办理聘请陈寅恪担任中国科学院历史第二所所长之事的北大历史系副教授汪籛[1]，说明有关事宜。在陈谢绝应聘后，听取汪籛的口头报告，并接收汪带回的陈的两篇文章，后来又收到汪籛递交的书面报告，并转呈郭沫若[2]。汪籛还带回陈的 4 首诗，交给北京大学副校长翦伯赞，由翦注释后刊登在中共中央宣传部的内部刊物上。两篇文章很快发表在 1954 年创刊的《历史研究》上，即创刊号上的《记唐代之李武韦杨婚姻集团》和第 2 期上的《论韩愈》。

11 日 和尹达前往上海，拜访复旦大学顾颉刚教授，邀请他担任中国科学院历史研究所研究员。同月，顾颉刚赴京联系出版业务，再次会晤，顾

---

[1] 汪籛曾是陈寅恪的学生、助手，此次受中共中央宣传部委派去广州。

[2] 周恩来很快知道了汪籛报告的内容，在政务院的一次会议上讲，像陈寅恪这样的老一辈知识分子不了解共产党是正常的，他愿意留在大陆，不去台湾，是一位爱国主义者，我们要团结。

接受了中国科学院的邀请。

14 日　郭沫若来信,谈汪篯报告和浦江清、杨向奎论文是否在《历史研究》上发表等事,并同意在 20 日左右开一次《历史研究》编委会会议。

15 日　郭沫若来信,谈 14 日全国政协委员何北衡来访事。其一,何北衡提议在上海成立一译经组,将《十三经》译成白话文,由清末时曾任四川巡警厅厅长的周孝怀老先生主持,浙江文史研究馆馆长马一浮协助。郭沫若认为《十三经》等是研究古代的资料的,有必要在上古史所中附设一"译古组"。其二,何北衡将面谈关于搜集近代文献的工作。郭沫若提出要拟出一套办法,并由近代史所准备一笔预算,由近代史所主持,通过各级文教机关,就地进行搜集或采访。

29 日　北京大学教授季羡林来信谈评阅冯家昇《元代畏兀儿文契约二种》一文的意见,说:"冯家昇先生的论文已阅过,文字方面有些不妥当的地方,冒昧加以改正。排印后一定要请冯先生自己再校阅一遍。特别是畏兀儿文部分,很多地方,冯先生写得不清楚,不给他自己校阅,恐怕会出很多错。"冯家昇该文后来发表在《历史研究》创刊号上。

30 日　中国科学院通知,经第 41 次院务常务会议讨论通过,拟任命刘大年为历史研究所第三所(近代史)副所长。

1954 年（40 岁）

1 月

2 日　与尹达一起在郭沫若家里讨论《历史研究》发刊词的写法,郭沫若亲笔撰写。

3 日　郭沫若来信谈修改《历史研究》发刊词初稿,说:"刘大年、尹达同志:发刊词昨晚起了初稿,今早看了第二遍。写得不大好,特别在尾巴上想不出更响亮的语句来结束。请您们尽量地删改润色。如不可用,就只好请您们另起炉灶了。"

4 日　郭沫若来信谈《历史研究》发刊词修改,说:"发刊词末尾一小节,如无大改动,请将'促进高潮'四字改为'各尽所能'。"

7 日　郭沫若在陈公培提供的一份资料上批示:"刘大年、尹达同志:这是陈公培同志开的名单,供您们参考。"资料上列有可以考虑参加刊物编辑工作的人员名单，郭沫若又并排写了《史学研究》与《历史研究》两个刊名。

20 日　参加中国共产党中央委员会在北京怀仁堂举行的纪念列宁逝世 30 周年大会。参加纪念大会的有中共中央委员会政治局委员刘少奇、周恩来、朱德、陈云、高岗、彭德怀、彭真和其他中央委员，中共中央机关和中央人民政府机关的高级干部，中国人民解放军的高级指挥员，各民主党派、人民团体中央机关的负责人，首都文化、科学、艺术、教育各界著名人士，北京市工业和农业劳动模范，中共中央华北局、华北行政委员会和中共北京市委员会、北京市人民政府的领导干部，以及部分人民民主国家驻我国使节和使馆人员、苏联专家，共 1400 多人。中共中央书记处书记刘少奇在会上作报告，指出："中国人民在中国共产党的领导下取得了革命的第一阶段的彻底胜利，打开了通往社会主义的大路"；"以中华人民共和国的成立为标志，中国已经进入社会主义革命即社会主义改造的新时期，逐步地过渡到社会主义社会的时期"；"人类历史发展的主流现在已经不是别的，而是以苏联为首的世界和平、民主与社会主义阵营的力量。"

30 日　中国科学院院务常务会议初步通过学术秘书处及学部主任、副主任名单①。

本月　与尹达参考当时中国史学会主编的《中国近代史资料丛刊》总编辑委员会名单、中共中央历史问题研究委员会提出的人选，以及 1950 年中国科学院成立的专门委员会历史学科委员会下设近代史组和历史考古组的委员，确定了《历史研究》杂志首届编委会名单。与郭沫若、尹达、白寿彝、向达、吕振羽、杜国庠、吴晗、季羡林、侯外庐、胡绳、范文澜、陈垣、陈寅恪、夏鼐、稽文甫、汤用彤、翦伯赞入选。编委会成立后，编委会召集人郭沫若亲自主持过多次会议。这些会议，除远在外地的陈寅恪、杜国庠外，一般都能参加。

本月　《科学通报》第 1 期刊登北京大学东方语言学系陈玉龙的《论加强我国历史研究工作的三点建议》。文章说："我听了刘大年同志和钱三强同志的访苏报告之后，对中国科学院今后在全国范围内领导大家进行科学研究工作有如下一些粗浅的意见：一、应该有意识、有领导地把大家组织起

---

①　1954 年 1 月 28 日，郭沫若在政务院第 204 次会议上作《关于中国科学院的基本情况和今后工作的任务的报告》，提出设立学术秘书处和学部，以加强科学院的领导，即：在院务会议下成立秘书处，遴选科学家若干人充任秘书，成为院务会议在学术领导方面的有力助手；院对各研究所分学部领导，学部由有关专家组织学部委员会，只管学术领导，不管行政事务。该报告获这次会议批准。

来……二、密切结合国家建设实际,逐步解决生产建设和文教建设中的一些带有关键性的问题……三、认真重视苏联老大哥对我们的要求和殷切的期望,做好我们应该做的工作……"

2月

上旬　与范文澜、陈垣、尹达被郭沫若召集在文津街中国科学院院长办公室召开5人会议,确定《历史研究》第一任正副主编。郭沫若倾向刘大年任主编。考虑到郭沫若、范文澜对古代史分期意见不同,刊物要百家争鸣,不同的意见进行讨论,难免涉及郭、范关系,尹达和郭沫若在一个所工作,担任主编,处理这方面的问题可以避免引起别的争论,于是刘大年以"古代史时间长,稿子多,近代史时间短,稿子少,尹达是搞古代史的,做主编适合"为理由,自荐为副主编,提议尹达为主编,得到范文澜赞成,正副主编就这样定下来。

中旬　《历史研究》杂志创刊。郭沫若亲笔题写"历史研究",将刊物名称定下来,并在创刊号上发表《开展历史研究,迎接文化建设高潮》的发刊词,阐述办刊的宗旨和方针。《历史研究》是我国有史以来第一家明确宣称要用马克思主义观点研究历史的刊物,同时又是一家主张"把范围放宽一些",欢迎一切务实求真的科学研究成果的学术刊物,它的创刊,在中国史学发展的道路上,树起了一块新的里程碑。

18日　中国科学院数学研究所所长华罗庚来信,请予修改《斯大林永远地活在我们每个人的心中》一文。华文后来发表在《科学通报》第3期。

22日　北京市副市长、历史学家吴晗来信,谈1953年调入中国科学院近代史研究所的留美归国历史学者朱士嘉提出要求搞档案工作等事,并附上朱士嘉来信。

本月　去中南海来福堂胡乔木的住处汇报历史所筹备工作情况,胡乔木当即口授、由黎澍① 笔录给西北局一个电报,调西北大学校长侯外庐担任历史第二所副所长。大约十多天后,接到侯外庐一封长信,说他欣然奉命来京,询问两个历史所筹备情况,并提出自己的建议。于是,特为侯调京给他写信,索自传等,具体办理有关调动手续。

---

① 黎澍当时在中共中央宣传部工作。

3 月

6 日　中共湖北省委第二书记、湖北省人民政府副主席刘子厚致信范文澜，说"郑位三同志同意刘大年同志最近来"。

9 日　侯外庐回信问调动具体时间，并介绍在西北大学工作的从事校勘的索介然，希望能够随调，并"请能列入编制"。索介然后来与侯外庐一起来到中国科学院历史第二所工作。

20 日　奉周恩来总理指示出发赴上海办理顾颉刚调中国科学院历史所第一所事。抵达武汉后，听武汉军区政委郑位三讲武汉工商业情况①，约一周。再至上海，面见顾颉刚，谈调动事宜，并告历史研究所的办公处所已定。

29 日　由沪返京时特意带着范文澜给罗尔纲的亲笔信去看望罗，协商罗由南京太平天国史料编纂委员会调到中国科学院近代史研究所工作之事。来到南京，下榻中国科学院历史研究所第三所南京史料整理处。罗尔纲闻讯赶来见面，急不可待地问："今后还要不要考证？"回答说："谁说不要考证！你写考证文章来，我给你发表。"解开罗心里的疙瘩。当年，罗尔纲调京工作。

4 月

1 日　经中国科学院第 12 次院务常务会议决定，被任命兼社会科学部学术秘书。与中共中央宣传部相关人员一起具体负责中国科学院社会科学部的筹建工作。

2 日　参加著名考古学家、中国科学院考古研究所副所长梁思永的吊唁活动。后来，还参加了梁思永的葬仪。

8 日　中国科学院召开第一次学部主任会议，会议主要讨论筹设学部的有关事宜，并宣布学术秘书处成立。与著名科学家钱三强、贝时璋、叶渚沛、钱伟长、柳大纲、张文佑、叶笃正等参加秘书处工作②。

9 日　《人民日报》刊登《中国科学院加强领导学术研究工作》，报道中国科学院成立秘书处和筹备学部事。

---

①　由于郑位三的讲话全是口述资料，后来没有整理发表。

②　根据中国科学院网站 1954 年中国科学院院史记载，秘书处名单是：秘书处秘书长为钱三强、陈康白，副秘书长为秦力生、武衡，秘书有贝时璋、叶渚沛、钱伟长、张文佑、刘大年、张青莲、叶笃正、汪志华。

22 日　顾颉刚来信谈调动事,说"请由科学院催促高教部速办",以免"影响七月动身",并问"我的家族住所已否找到"。

5 月

5 日　应中共中央宣传部邀请,列席在北京市西四丰盛胡同中直俱乐部召开的中国共产党第二次全国宣传工作会议预备会议。28 日,作为全国宣传工作会议代表,同毛泽东等党和国家领导人一起照相。

同日　中共中央宣传部秘书长、中央党校一部主任胡绳来信,谈范文澜和傅衣凌稿子意见,说:"对范老文章作为讨论的材料,我赞成。此文缺点似乎是对提出的论点未作充分的论证。"并列举几个具体缺点。范文澜在该信上批道:"大年同志:胡绳同志的意见很好,我改了一些请你仔细看看,提出修改的意见。吴大琨文[1]发表很好,以提倡批评风气。"

11 日　在各学部分别召开学术秘书及学部正、副主任会议基础上,中国科学院举行数理化组、生物地学组、技术科学组和社会科学组四组学部座谈会。与吴有训、竺可桢、严济慈分别代表社会科学部、数理化学部、生物地学部、技术科学部作报告。会议主要讨论学部委员标准、名额和如何产生委员的方法等问题。

同日　中华书局总编辑金灿然来信,感谢被聘为中国科学院历史研究所第三所学术委员会委员,希望能够真正承担一些项目,不挂虚名,也希望第三所"大力组织所外研究者"。

17 日　参加中央文化部召开的座谈会,讨论基本建设中清理保护历史文物的问题。

6 月

3 日　中国科学院正式成立历史研究所第一所、第二所、第三所,近代史研究所更名为历史研究所第三所。

7 日　接中国科学院通知,被任命为中国科学院"秘书处秘书仍兼历史研究所第三所副主任"。

---

[1]　"吴大琨文",指吴大琨著《与范文澜同志论划分中国奴隶社会与封建社会的标准问题》,载《历史研究》1954 年第 6 期。

17 日　北京大学文学研究所①所长何其芳来信谈学部报告修改事,说:
"学部报告我觉得可以在第五页倒数第四行'理论问题'下加写这样几句,
请考虑决定。'文学方面,需要研究我国文学运动中的有关社会主义、现实
主义的理论问题,需要研究五四以来新文学运动的历史,需要用马克思列宁
主义观点对我国古代伟大的现实主义的作家及其作品进行研究,作出适当
的评价。'"

7 月

《抗美援朝运动简记》在《中国科学院历史研究所第三所集刊》第 1 集
第 46—113 页发表,此文后来作为一章放在人民出版社同年再版的《美国
侵华史》中。该文标题为:一、引言。二、美国发动侵朝战争,走日本侵略中
国的老路。三、中国人民举起反侵略的旗帜,全国轰轰烈烈的抗美援朝运
动。(一) 抗美援朝斗争的必要性和正义性;(二) 规模空前的人民爱国运动;
(三) 美国在华经济、文化侵略势力永远结束了。四、中国人民志愿军参战,
中朝人民大胜利。(一) 志愿军参战决定了侵略者必败;(二) 飞跃发展的战
争形势;(三) 美国侵略军丑态毕露;(四) 帝国主义阵营大乱。五、外交诸问
题。六、侵略者被迫接受停战谈判,战场上和会场上的两种斗争。(一) 苏联
的和平建议;(二) 停战谈判(第一阶段);(三) 朝中军队继续获胜;(四) 停
战谈判(第二阶段);(五) 停战谈判(第三阶段);(六) 东方人民取得了解放
斗争胜利的一个标志。七、必须严惩美国杀人犯。八、英雄的中朝两国人
民。九、朝鲜战争以侵略者的失败而结束,中国人民取得抗美援朝斗争的光
荣伟大的胜利。

8 月

6 日　罗常培来信谈语言学部委员会人选事,说:"语言学部委员会,我
建议仍添吴老,列在我的名次前边。吴老对文字改革方案两年来极热心努
力,为我辈所不及,德望亦足以领我群伦。……"

14 日　罗常培来信,说:"送来石钟健一文,与考古人类学的关系多而
与语言学之关系毫无。建议送交翦伯赞、潘光旦、林耀华、费孝通各位先生
审查为宜。原稿'獠'字必须改正,免违政策。请费神退回《历史研究》编

---

①　北京大学文学研究所后改为中国科学院文学研究所。

辑部为盼。"

21日　中国科学院上海生物研究所所长贝时璋来信,说:"遵嘱写了一篇感想①","《科学通报》稿子,尚待以后努力"。

30日　吴晗来信谈朱士嘉工作问题,说:"范老、大年同志:朱士嘉同志最近来谈,有两个问题向你反映一下:一、他的工作分配在辛亥革命史组,但是他自己过去比较注意美国侵华史实,希望能到美国侵华史组。二、他多年研究地方志,搜集材料很多,也希望能有所安排,在所内能有地方志组之类的分工,带几个助手进行工作。另一面,他家住东城,离所过远,也希望能够帮助调换一下,节省来往时间,多做工作。"

本月　在《科学通报》第8期发表《历史研究所第三所的研究工作》,介绍历史研究所第三所情况。文章分三部分:一、"近代史研究服务于国家的总任务。"二、"我们应做的工作很多,要和所外同志分工合作"。三、"目前我所工作中存在的问题和解决这些问题的方法"。

其中,第二部分提出今后需要去做的工作是:"(1)对近代中国经济、政治、军事、文化史需要分别集中力量进行研究。这是毛主席在十多年前就对我们历史工作者提出的任务,我们一直没有认真去完成,今后必须在这方面作更大的努力。(2)对党史进行系统的研究。(3)对国内各兄弟民族的近代历史进行研究。(4)对亚洲近代历史进行研究。(5)对近代、现代的国际关系史,特别是要对帝国主义侵略中国的历史,进行研究。同时,也要重视中苏友谊历史的研究。(6)对马克思、恩格斯、列宁、斯大林关于中国近代、现代史的理论要作专门研究;对毛泽东关于中国历史,特别是近代、现代史的理论要作专门研究;对苏联历史学中关于近代、现代史研究的先进经验和理论,特别是关于东方近代、现代史的理论著作应有专门研究。(7)编著适用的系统的近代、现代史教科书。(8)应对近代、现代史资料进行有计划的收集和整理。(9)目前历史科学工作的干部很少,必须有计划地大力培养,这是一项非常重要的工作。"拟采取的与所外联系、合作的办法是:"(1)和某些单位共同商订研究题目,彼此分工,互相配合。(2)组织学术讨论会和其他学术活动,与所外互通声气。(3)随时交换、借用资料,互通有无。(4)请党和政府宣传教育部门中的一部分研究近代、现代史的同志用不同方式参加我所工作,最好有些人能固定为兼任的研究人员。及时向所外介绍我们的

---

① 据中共中央文献出版社2006年版王玉璞、朱薇主编的《刘大年来往书信选》(上)第92页载,贝时璋所写"感想"为1953年冬在中共中央党校杨献珍主持的会上所作的《生命起源》报告。

工作计划,工作进行的情况等,便于大家了解,取得联系。(5) 临时性的具体任务上的合作。"

第三部分列举 4 个方面的问题,即"如何有效地进行马克思列宁主义理论学习""认真举办学术讨论会""培养干部"和"集体研究"的问题,并提出相应的解决方法。

9 月

29 日 陈伯达来信谈中共中央历史问题研究委员会第二次会议事,说:"现在定十月四日(星期一)上午九时在科学院第一会议室开历史问题研究委员会第二次会议,讨论历史教材的编辑问题。附上人民教育出版社关于编辑历史教材问题的意见和载有范文澜同志所作的《关于中国历史上的一些问题》一文的《中国科学院历史研究所第三所集刊》各一份,以供参考,务请准备意见,届时出席为荷。"

30 日 郭沫若致函陈寅恪,信中说:"学友杜守素先生来京,获悉尊体健康,并蒙慨允担任中国科学院社会科学学部委员,曷胜欣幸!""学部乃科学院指导全国科学研究工作与学术活动之机构,事务不多,不致影响研究工作。目前正积极筹备,详情将由守素兄返粤时面达。""尊著二种已在《历史研究》上先后发表,想已达览。尊处于学术研究工作中有何需要,亦望随时赐示,本院定当设法置备。"该信是刘大年起草的,郭沫若稍作润色并书写后,由刘大年交杜守素转陈寅恪。

11 月

2 日 郭沫若将钱三强执笔的中国科学院筹备建立学部的报告修改后,来信请"再斟酌"。

3 日 郭沫若来信谈《历史研究》稿件审阅事,推荐李平心的《居延汉简奴隶考》,说:"凡关于汉简出处,我已仔细据《汉书》校正了一遍。所引别的书籍,可能亦有误记处,我就没有工夫仔细校对了。这稿子,我觉得《历史研究》里面可以选用。""此稿如用,望直接通知李君,问他有无补正处。""另外有一篇'伊尹、迟任、老彭新考',我觉得太牵强了,不好。"

5 日 参加中国科学院庆祝十月社会主义革命 37 周年大会。

11 日 中国科学院院务常务会议第一次讨论学部委员人选名单,初次选定学部委员 160 人。之后,中国科学院党组对院务常务会议的意见进行讨论。参加了院党组的讨论会。

本月　按照毛泽东的意见①，成立标点《资治通鉴》②及改绘杨守敬地图工作委员会。范文澜、吴晗为召集人，刘大年与翦伯赞、侯外庐、向达、尹达、黎澍、金灿然、王崇武、顾颉刚等为委员。

12 月

2 日　中国科学院院务委员会和中国作家协会主席团举行联席会议，决定联合召开批判胡适思想③的讨论会。联席会议推定郭沫若、茅盾、周扬、潘梓年、邓拓、胡绳、老舍、邵荃麟、尹达 9 人组成委员会，由郭沫若任主任，商定从胡适的哲学思想、政治思想、历史观点、文学思想、中国哲学史观点、中国文学史观点及其他等 9 个方面开展讨论和批判。中国科学院推荐范文澜等担任讨论专题召集人。

在这场运动中，作为以郭沫若为主任的批判胡适思想委员会办公室负责人，负责组织大家写学术批判文章，开座谈会。当时胡适已不在大陆，批判运动并不针对任何具体的个人，而是针对抽象的思想理论，其目的是要从理论上解决问题，在学术领域弘扬马克思主义、批判资产阶级思想。从1954 年 12 月底到 1955 年 3 月，由这个委员会主持的对胡适思想的批判讨论会共举行 21 次。其间，全国各地都开展对胡适思想的批判，全国各省、市级以上报纸和学术刊物共发表几百篇批判文章。1955 年由三联书店出版《胡适思想批判论文汇编》共 8 册，收入文章 150 多篇，约 200 多万字。

5 日　为筹备学部事，钱三强来信说："明日（六日）上午十时在计划局我们五人④讨论关于上次党组会指定的事，希望你先准备意见，准时开会。"

29 日　由中国科学院历史研究所第三所党支部会议确定任宣传委员，周超任书记兼保卫委员，刘桂五任组织委员。

---

① 1954 年 9 月，在第一次全国人民代表大会期间，毛泽东亲自把标点《资治通鉴》的任务交给吴晗，同时要他主持改绘清末民初学者杨守敬的《历史舆地图》。10 月，吴晗召集首都一批历史学家，就如何完成毛泽东在一届人大期间交给他的两项任务进行研究。

② 标点《资治通鉴》以王崇武为召集人，顾颉刚为总校对。1955 年年底，标点完成，古籍出版社于 1956 年 6 月出版。此后转由中华书局出版，成为今日流行的定本。

③ 1954 年 10 月 10 日，毛泽东给中共中央政治局成员和有关方面领导人写《关于红楼梦问题研究的信》，将批判运动由批评俞平伯的《红楼梦研究》转向批判胡适，意在清除以胡适为代表的资产阶级思想在政治、哲学和文化学术领域的影响。

④ "我们五人"即中国科学院学术秘书处秘书长钱三强、副秘书长武衡，学术秘书刘大年等5 人。

本月 《美国侵华史》增订版由人民出版社出版。

本年 祖母去世。

1955 年（41 岁）

1 月

6 日 参加中国科学院党组召开的本年度第一次会议。会议讨论筹建学部和召开第一次学部联席会议的准备工作问题，除责成秘书处草拟筹备召开第一次学部联席会议的计划外，还决定：1. 分工修改学部联席会议的总报告和各学部的报告，其中社会科学部的报告由潘汉年、刘大年负责；2. 确定学部委员、学部常务委员、学部主任副主任、院务委员、院务常务委员等名单；3. 确定各学部联席会议、学部会议上宣读的论文题目；4. 草拟中国科学院暂行组织条例草案。会议听取了秘书处 1954 年检查各研究所工作的汇报，并对检查报告中所提出的几个具体问题作出决定。会议还就几个具体问题作出决定：1. 关于历史文献和科学资料的保管问题，由刘大年负责召集社会科学方面各研究所专门讨论一次，并采取紧急措施妥善保管，党总支应指示各支部对此项工作加以保证；2. 关于烈性毒品、易燃物品的保管问题，由办公厅会同秘书处草拟一个通报，责成各研究所检查一次，并提出保管制度；3. 关于科学出版物对外交换问题，由赵仲池、陈康白、刘大年、曹日昌、刘西孟 4 人组成小组，对图书馆支部的报告及附件加以研究，提出初步方案交党组讨论决定。

13 日 《光明日报》刊登金玉和的《对刘著〈美国侵华史〉的一些商榷》，对 1951 年版《美国侵华史》进行学术批评。

20 日 与恽子强、郁文、张庆林出席张稼夫主持的中国科学院党组 1955 年第三次会议。潘梓年、尹达、武衡、陈泽、武雨琴、赵仲池、钱三强、汪志华、田夫、康英、赵尚志、孟庆哲、何兴武列席。会议通过中国科学院院务委员会、院务常务委员会、学部常务委员会、学部主任、副主任名单，与郭沫若、张稼夫、尹达、胡绳、陈翰笙、于光远、狄超白、潘梓年、何其芳、罗常培等 11 人为社会科学部常务委员会委员。会议还讨论了中国科学院秘书处草拟的中国科学院 1955 年和苏联及各人民民主国家技术合作的计划草案，并就人事局提出的有关 1954 年调整工资的几个问题作出决定。

28 日　中国科学院召开筹备学部会议。作为学部筹备人员,报告社会科学学部选定的 3 篇论文。

本月　从本月开始至 3 月,中国科学院历史研究所第三所组织专业人员参加批判胡适派唯心主义思想的学术讨论。

2 月

8 日　中国科学院党组致函周恩来、林枫①,汇报中国科学院接受国务院第二办公室交付的任务,为苏联对我国研究和平利用原子能的帮助提供需要科学研究、技术和工业方面的专业干部的具体计划,包括各专业具体人数、地缘分布以及选拔条件和程序,建议采取自下而上的方法对所需学生进行全面的政治审查,即由所在学校党委进行初审,地方党委进行复审,中国科学院终审后正式录取。

12 日　就中国科学院苏联顾问柯夫达② 通讯院士所撰"关于规划和组织中华人民共和国科学研究工作的一些办法"的建议书③,中国科学院党组致函周恩来、陈毅④,建议中央尽快讨论柯夫达建议书。信中说:"我们认为这些建议是根据了去年十一月国家计划委员会所颁发的《编制十五年远景计划参考材料》和他初步了解了情况,并参照苏联社会主义建设的经验提出来的,由于他来到时间不久,对某些情况的估计和看法上也难免有不恰当处,然他所提出的这十一个问题对于我们说来都是十分重要的,如果要使我们的科学研究工作能赶上我国社会主义建设的需要,我们就应该立即着手据以进行规划,并积极创造条件使之能够有计划地逐步付诸实施。"认为制订全国性的科学研究工作的长远计划"已经是刻不容缓的工作";建议中央"应检查并纠正某些生产部门忽视科学研究和对科学人才使用不当的严重现象";并着重就建立学术称号与学位制问题提出请中央优先考虑的几个具体问题。

---

① 林枫,中共中央副秘书长,时任国务院文教办公室(二办)主任,协助周恩来总理负责管全国的教育和文化、卫生、体育方面的工作。

② 柯夫达于 1954 年 10 月 12 日任中国科学院顾问。

③ 该建议书于 1954 年 11 月底写出初稿,后到华东、华南等地考察,1955 年 1 月 8 日返京后,又进行修改。最后定稿共分 11 个问题,增加建议由政府批准任命一批院士和通讯院士等新内容。

④ 陈毅,时任国务院副总理。

3 月

7 日 中国科学院党组召开第一次院党组扩大会议。到本月 19 日，共召开 8 次会议。参加会议的除 7 位院党组成员外，还有院内司局级党员干部及个别党员副所长，共 16 人。中共中央宣传部和中央人民政府也派人出席会议。前 3 次会议，由与会党员根据 1954 年 3 月中共中央对中国科学院党组报告批示的精神，对党组的领导提出批评，着重检查对于党的团结科学家的政策的执行情况及党组的领导思想、方法、相互关系等问题；第四次会议由张稼夫作检讨性发言，接下来的 3 次会议对张稼夫的发言提意见并提改进工作的建议。第八次会议在陈毅的直接指导下，邀请郭沫若和柯夫达列席会议，听取柯夫达和郭沫若的意见，陈毅最后作总结。

15 日 外交部顾问陈翰笙来信，说："今晨因参加'出席亚洲国家会议'代表团会议，不克同时参加科学院学部筹备委员会联席会议。请代请假为感。学部报告稿已细阅。觉得较初稿更为丰富而有全面性。"

23 日 在中国科学院第三会议室参加学部筹备委员会联席会议。与会代表 70 人，讨论学部委员名单（草案）及柯夫达所提"关于规划和组织中华人民共和国全国性的科学研究工作的一些办法"。

27 日 中国科学院经济所研究员、副所长严中平来信，谈编写近代经济史纲要和将一批鸦片战争英文资料整理成中文事。关于集体编写近代经济史纲要，问"能否请你或桂五①同志出城来一趟，专门和我们谈一次"？关于整理鸦片战争资料，说"最好你们有人专门研究这个问题，来用我的资料，我随时帮些忙，把这些资料整理（包括翻译）出来"。

28 日 中国科学院语言研究所副所长吕叔湘寄来在哲学社会科学部会议上的发言稿，并请审阅修改。

4 月

5 日 范文澜来信，说："我那篇稿子在《集刊》上发表，以便得到批评，以资修改。这是同意发表的原因。若作为论文，在学部成立会宣读，我不敢同意。此意屡向学部陈述，而来信总说我同意了，实在有些不合拍。现在马

---

① 桂五，即刘桂五。

列学院①近代史教研室正予以讨论,将来可据此修改。原稿请代向胡绳、黎
澍两同志请教,请他们指出应如何改正。他们是否认为可作为在会上宣读
的论文。我自己实在不敢去宣读。"

同日　中国科学院党组致函陈毅,汇报3月份在党内检查工作中发现
的问题。柏特朗·罗素②致函李四光,征求世界著名科学家签名反对"热核
子战争",院党组致函中国国际活动指导委员会汇报此事。

7日　中国科学院第16次院务常务会议讨论有关学部成立事宜,会议
决定组织学部成立大会筹备委员会,通过吴有训、钱三强、陈康白、秦力生、
武衡、杨钟健、陈泽、张庆林、赵飞克、袁翰青、张明远、刘大年、过兴先为委
员,并以秦力生为秘书长,陈泽、张明远为副秘书长。

本月　人民出版社生活·读书·新知三联书店③来函,称:"兹聘请刘
大年同志为本社一九五五年度特约审稿人。自五月起至十二月止。"

本月　本月至6月,中国科学院历史研究所第三所组织专业人员参加
对资产阶级唯心主义思想的批评工作,拟定若干题目,安排人员写作。

5 月

9日　中国科学院党组致函中共中央宣传部,汇报根据中共中央政治
局会议精神对学部委员名单所作修改的情况。

15日　根据中共中央宣传部12日会议讨论和修正的意见,中国科学
院党组再次对学部委员人选进行讨论。经修改后,全部学部委员共235人。
该名单送交中共中央宣传部审核并最后确定。之后,中国科学院党组向国
务院上报了235人的名单。

18日　苏联科学院历史研究所将其编写的《世界通史》中有关中国部
分送中国科学院几个历史研究所和北京大学历史系提意见。翦伯赞来信谈
北大世界史教研室审稿情况,说:"寄来世界史稿,已遵嘱交北大世界史教
研室看过,至于该稿全文,北大世界史教研室的同志没有时间看。"

20日　中国科学院经济研究所研究员、副所长巫宝三寄《近代中国经
济思想与经济政策资料选辑 1840—1864》中对于思想家部分所写的说明,
说"请教正"。

---

① 　马列学院是1948年中共中央决定创办的高级党校,1955年改称中共中央直属高级党校
（简称高级党校）,1977年定名为中共中央党校。

② 　柏特朗·罗素,英国著名哲学家、数学家、社会活动家和教育家。

③ 　1951年8月,三联书店并入人民出版社。

23 日　主持起草的郭沫若在中国科学院哲学社会科学部成立大会上的报告稿经郭沫若审阅后，郭沫若来信谈修改意见，说："报告稿大约是集体创作，文辞气势不大一致。我只在文字上修改了一下，但整个地说，我对这稿子不大满意。""三项重点的提出是好的，但第一项的提法似乎应该从积极方面来说，加强马克思列宁主义的学习，树立工人阶级的思想领导。反对唯心主义思想的斗争是一种学习方式，即所谓'不破不立'。此点请考虑一下。第三项对哲学以下各部门的分述，看不出重点，和所标示的提要不适应。请考虑一下，似可归为第四项现有社会科学各部门中所存在的问题，作为一个网篮包括进去，可能更有归宿一点。""是学部成立大会上的报告，关于学部的任务和作用，似乎说得太少，不大集中。"

29 日　出席印度尼西亚驻中国大使馆莫诺努图为印尼总理沙斯特罗阿米佐约和夫人访问中国举行的招待会。出席招待会的有毛泽东、朱德、刘少奇、周恩来等党和国家领导人，各国驻华使节和外交官员，在华访问的外国代表，各民主党派、各人民团体负责人以及首都各界人士 500 多人。

31 日　国务院全体会议第 10 次会议批准了中国科学院《关于筹组学部的经过和召开学部成立大会的报告》和《中国科学院学部委员名单》，中国科学院公示经国务院批准的 233 位学部委员名单。名列哲学社会科学部委员。

同日　参加中国科学院在北京饭店新七楼会议室召开的学部成立大会预备会。会议讨论学部成立大会内容、大会程序，选举成立大会主席团名单。

6 月

1 日　参加本日至 10 日中国科学院在北京饭店举行的学部成立大会。参加大会的除学部委员 199 人（有 34 人请假）外，还有中国科学院各研究所、高等学校及有关单位负责人共 500 多人。应邀参加会议的有中央政府领导，民主人士以及苏联、波兰科学院代表团，捷克、匈牙利等国的科学家。

本日举行开幕式。郭沫若致开幕词，说明成立学部的意义；陈毅副总理向大会和中国科学家致贺；全国人大常务会副委员长李济深、中国人民政治协商会议全国委员会副主席董必武、中共中央宣传部部长陆定一在会上讲话，苏联科学院副院长巴尔金院士、波兰科学院代表团团长维日比茨基院士应邀致辞；动物学家秉志、历史学家陈垣、数学家陈建功、化学工程学家侯德榜分别代表生物学地学部、哲学社会科学部、物理学数学化学部、技术科学部 4 个学部发言。

2 日 参加在北京饭店召开的学部成立大会全体会议。郭沫若在报告中建议加强科学工作的计划性,研究并制定我国科学发展的远景计划;充分发挥科学家的力量,积极培养新生力量;建立学位制度、院士制度和学术奖励制度;加强国际间的科学合作;加强学术领导。张稼夫对中国科学院第一个五年计划纲要作了说明。下午,吴有训、竺可桢、严济慈、潘梓年分别代表物理学数学化学部、生物学地学部、技术科学部和哲学社会科学部 4 个学部讲话,对各学部有关学科的研究工作状况、缺点及今后设想提出建议。

学部成立大会上的报告,是在学术秘书处主持下起草的。根据分工,刘大年负责起草学部成立大会报告中的哲学社会科学部分报告。该报告分三部分,即五年来我国社会科学研究工作的情况、中国科学院社会科学各研究所目前的工作和社会科学学部今后的工作。报告在大量细致的调查摸底基础上,概述我国从事社会科学的总人数和社会科学的专业研究机构情况,定量和定性分析中国科学院社会科学各研究所的情况,是集体工作的成果。报告撰写过程中,从初稿到修改稿都征求了各方面的意见。

3 日 参加学部成立大会全体会议。巴尔金、维日比茨基作学术报告。下午,陈毅作政治报告,并针对部分科学家的意见对学部委员人选作出说明。周恩来签署中华人民共和国国务院命令,公布中国科学院学部委员名单。

4 日 参加学部成立大会讨论郭沫若报告的分组会议。

5 日 参加中国科学院邀请学部成立大会与会者参观西藏科学考察工作、古脊椎动物化石、考古发掘工作、科学院出版物等 4 个展览会的活动。

6 日 参加学部成立大会全体会议,听取各小组代表汇报对郭沫若、张稼夫报告的意见以及对参与全国科学管理工作、理论联系实际及各学科的具体发展特点等问题的看法。

7 日 参加学部成立大会报告会,听取陆定一作关于批判资产阶级唯心主义思想的报告,以及周恩来谈科学家的团结、发展科学技术等问题的报告。

8 日 参加学部成立大会宣读并讨论学术论文的分组会议。

同日 王芸生赠书一册。

9 日 上午,参加学部成立大会分组会议。下午,参加学部成立大会全体会议,听取国家计划委员会副主任张玺作关于发展国民经济的第一个五年计划的报告。报告提出将集中精力完成苏联协助我国的 156 项建设工作。

10 日　上午,参加各学部选举学部常务委员会委员的会议。下午,参加学部成立大会全体会议。全体会议在通过《中国科学院学部成立大会总决议》《中国科学院学部成立大会关于建议严惩胡风反革命集团的决议》后,学部成立大会闭幕。

学部成立大会正式宣告成立物理学数学化学部、生物学地学部、技术科学部、哲学社会科学部,并明确规定各学部的主要任务是:“根据国家建设的需要和科学发展的规律,制定科学工作发展的长远计划和目前计划;组织全国的科学力量,充分运用和发挥各单位的特长,将分散的力量集中起来,用以解决国家建设的重要任务。”

11 日　中国科学院召开学部联席会议,陈毅到会讲话,重申中国科学院应当领导全国科学研究工作,并对中国科学院院务常务会议领导学部问题作了说明。

30 日　列席中国科学院第 29 次院务常务会议,在会上报告苏联专家谢尔裘琴柯[①]对郭沫若院长提出的意见,以及对哲学社会科学部的意见,尤其是对语言所的意见。会议基本上同意哲学社会科学部和语言研究所对谢尔裘琴柯顾问的建议所提出的意见,责成哲学社会科学部、语言研究所根据所提出的意见作进一步的研究,语言研究所所拟的计划再加以修改,并督促实施。

7 月

本月　与丁名楠、余绳武合著的《台湾历史概述》在由科学出版社出版的《中国科学院历史研究所第三所集刊》第 2 集发表。这篇 5 万余字的论文指出,台湾的历史是中国历史的一个组成部分,台湾是中国人民动手开发较早的地区之一,其历史发展显著地可以分为三个时期:(一) 封建制以前的时期;(二) 封建制度时期;(三) 半封建、半殖民地和殖民地时期。全文按这三个时期叙述台湾历史,阐述“台湾自古以来是中国的神圣领土”,“台湾人民在反对外国侵略、反对殖民统治、反对剥削压迫方面都有优良的传统”,“台湾只有和大陆统一,才有利于台湾和全国的政治、经济、文化、军事诸方面的发展”等观点。

本月　在第一次全国人民代表大会第二次会议期间,毛泽东向郭沫若提出一项希望——为县团级干部编写一部中国历史。郭沫若同意主编一部

① 谢尔裘琴柯,时任中国科学院语言研究所俄籍顾问,也译作谢尔玖(久) 琴科。

中国通史,范文澜则继续写他的《中国通史简编》,各讲各的观点,推进历史领域的百家争鸣。

8 月

18 日　列席中国科学院第 34 次院务常务会议,讨论招收研究生工作。会议决定成立竺可桢为主任委员的院章、博士学位条例起草委员会。

同日　中国科学院经济研究所研究员、所长狄超白来信,说:"兹接到日本国立大阪学艺大学一个学生给社会科学联合会办事处一函。兹将原函及译文附上。社联已取消,我们不能再出面答复,如何处理请社会学部会同对外联络处考虑,必要时可问一下对外文化协会。"

本月　外交部转来德意志民主共和国给中国驻德大使馆备忘录,邀请我国派四五人,出席在莱比锡举行的讨论中国和日本语言、历史、文学等方面问题的东亚学会议,并希望会后中国代表能够在德国作 2—4 周的客籍讲学。会议由柏林洪堡大学、莱比锡马克思大学的东方系主持,其负责人分别是拉奇乃夫斯基① 和爱吉士。为了促进东德、西德② 的科学会谈,改进德意志民主共和国的汉学研究,德意志民主共和国邀请中国、苏联等社会主义国家的代表,以及英、法、荷等 6 个资本主义国家的汉学家代表参加会议。

9 月

下旬　范文澜来信,谈出访德意志民主共和国之事,说:"准备行装甚忙,现已就绪否?贝喜发同志昨日邮寄来两篇文章,你先看看,看后交还我,以便请人译知大意。我送他的书上,把他的名字写错了,应换一本,免得贝看了不愉快。你何日成行,行前我开一次党的小组会,有时间么?"

29 日　编译局改为编译出版委员会,被中国科学院聘请为本院编译出版委员会委员。

30 日　离开一别 18 年、刚到北京不久的妹妹和家人,与季羡林随吕振羽任团长的出席民主德国东方学会议中国代表团离京飞往德意志民主共和国,同行的还有翻译罗元铮。中国科学院联络处孙娴娓到机场送行。飞机在蒙古首都乌兰巴托和苏联伊尔库茨克停留,在伊尔库茨克修改在东方学

---

① 拉奇乃夫斯基,也译作拉契涅夫斯基或赖切奈夫斯基,洪堡大学蒙古史专家。

② 东德、西德分别为德意志民主共和国、德意志联邦共和国。

会上的致祝词稿。

行前，用四五天的时间匆匆准备"中国近代史研究中的几个问题"以及"中国近代史中的三次革命高涨时期"的讲题。此外，上级特别指示，这次出访的方针是加强国际统一战线，团结更多的人。

10 月

1 日 飞机在新西伯利亚、斯维尔德诺夫斯克停留后，飞抵莫斯科。在莫斯科机场休息室准备到柏林后的欢迎答词。晚上，在机场附近旅馆休息。

2 日 致函苏联东方学杂志主编马斯林尼科夫，说："敬爱的马斯林尼科夫同志：我因事路过莫斯科。因为时间很短促，未能去看您。我很感谢您约我为东方学杂志撰稿。但最近恐不能实现。如果您同意，我希望能在明年春天写一篇有关中国近代史的稿子寄来。烦您代我向潘克拉多娃院士、西特洛夫教授、费博列夫、吉谢列夫及其各位熟悉的同志们致意。"

中午，在立陶宛加盟共和国首都维尔纽斯机场午餐。下午，在波兰首都华沙短暂停留，后飞抵德国柏林。中国驻德意志民主共和国大使馆参赞和德意志民主共和国高教总署代表在柏林机场欢迎。旋即赴大使馆会谈。参赞王雨田介绍东德汉学家的复杂背景，分析参会时可能会遇到的问题，最后总结说："一、会议要我们在政治上起作用，支持它。二、学术上不争论，可以提出我们的主张，政治问题正面解释。三、方向问题可以另外作报告。"在政府招待所晚餐后，从柏林乘车前往莱比锡。晚上抵达莱比锡后，又改写祝词稿。

3 日 莱比锡东方学讨论会在莱比锡市政府大楼开幕。到会的有中国、苏联、印度、朝鲜、捷克斯洛伐克、德意志联邦共和国、英国、荷兰等 11 个国家的代表五六十人。会议主持人之一卡尔·马克思大学东方学院院长爱吉士首先报告"我在中国的旅行"，介绍在中国的所见所闻和中国考古学情况。

晚上，东德高教总署哲学科长考茨来谈东西方接触问题，认为当天是两个世界开会，但两个世界没有接触，要打开这个局面。大使馆文化参赞叶克参加会谈。会谈后决定："（一）可以同西德汉学家个别接触，方式由民主德国动员一些来找我们，重要的人如果对方不拒绝，我们也可以去他们那里。（二）我代表团请客一次。请示大使馆后决定。"

4 日 上午，叶克来谈，转告国内电报答复大使馆对东方学会议请示的三件事：（一）反对汉学研究中的复古主义，要尊重中国文化的优良传统，反对一笔抹煞中国的传统。(二) 中国历史上有奴隶制是肯定的。(三) 对新中国有误解的可以正面解释,学术上和其他方面避免争论。

在上午的分组会上,作《关于中国近代史研究中的几个问题》的报告。在报告结束后说:中国的学者从遥远的中国来参加这次东方学会议,目的在于同各位一起讨论学术问题,交流研究经验。我们的共同基础是科学。在这样的活动中,我们一定会结识许多朋友。孔夫子说,学而时习之,不亦说乎? 有朋自远方来,不亦乐乎? 我们现在聚集在一起来讨论学术问题,是很快乐的事。我们认为科学的发展,决定于创造性的批评讨论。欢迎大家对我的报告进行批评。全德汉学三老① 排第一的海尼希教授首先发言,表达研究汉学的人希望中国好好发展。西德傅吾康赞扬报告内容,认为报告提出的很多问题要长期讨论,并指出报告翻译稿中有些问题。在英国剑桥图书馆工作的荷兰人万德隆提出一些具体的不同意见。针对这些发言,首先对海尼希的讲话表示感谢,并指出和海尼希有相同意见的汉学家很多,海尼希是代表他们讲了话;还说翻译可能有些错误,如有错误一定改正;至于有些不同的意见,不妨长期讨论。

此外,季羡林作关于中国语言学研究情况的报告,被派遣在德意志民主共和国任教的赵瑞蕻② 和齐声乔③ 分别作中国文学报告和中国语言学报告。

上午会议结束时,许多人热烈发言,讨论汉学有无新旧之别,材料困难如何解决等问题。最后,刘大年说明两点:(一) 中国人认为,汉学无所谓新旧,但有研究方法上的不同。用历史唯物主义观点进行研究,是一种方法;不用历史唯物主义进行研究,是另一种方法。用唯物史观研究中国近代史,近代中国历史便是一部阶级斗争的历史。用另外的一种方法去研究,便不承认辛亥革命是阶级斗争的表现。这两种不同,并不妨害对汉学的研究,也不妨害彼此的合作。我们的目的是追求真理。(二) 关于材料的问题。欧洲学者们要及时取得新的材料,是有困难的。但材料仍是可以取得的。中国学者愿意给予帮助,同时民主德国的学者也是一个桥梁。发言几次受到主持会议的贝喜发博士致谢。

晚上,中国代表团举行宴会,宴请所有参加会议的代表和工作人员。

---

① 据刘大年日记,全德汉学三老依次为海尼希(东德)、颜复礼(西德)、魏勒(东德)。

② 赵瑞蕻,亦作赵瑞霙,南京大学外文系教师,1953 年秋至 1957 年夏,被教育部派往德意志民主共和国卡尔·马克思大学(即莱比锡大学)东亚学系任客座教授,讲授中国现代文学史、鲁迅研究等课程。

③ 齐声乔,在北京大学西语系工作,当时派在柏林任汉语教授。

英、荷、西德等国代表全部到会。团长吕振羽作主题发言。宴会进行中，刘大年也发言说："今天参加这个会议是汉学家和日本学家。就汉学说，他是研究六万万人口这样一个国家的历史、哲学、语言、文学等的一种科学。它是大有发展前途的。特别是今天比过去有了更好的进行学术合作、文化交流的条件。因此，像我们今天这样的聚会，决不会是最后一次，而只是刚刚开始。建议大家为了东方学研究的发展，为了今后不断的有这样的聚会，干杯。同时，我们中国有句成语：'努力加餐'。这句话一般是用来对自己最亲密的朋友讲的。请大家干杯的同时，也要努力加餐。"

这次宴会，中国代表和西方学者直接接触，气氛和谐，改变了此前生硬死板的局面，成为会议的转折点。

5 日　上午，参加在莱比锡市政府大楼召开的莱比锡东方学讨论会全体会议。针对洪堡大学拉奇乃夫斯基教授所作关于东方学如何合作问题的报告，以及在讨论该报告时提到的建立合作组织和交换资料出版刊物等问题，经与叶克、吕振羽商量，发表讲话说："各位先生，刚才拉奇乃夫斯基教授作了关于各国汉学家如何合作的报告，这是个很重要的问题。应该采取哪些方法来合作，是要在座的各位来讨论决定的。中国的学者愿意在各方面给予欧洲和其他国家的学者以必要的帮助。可以采取的办法有：第一，帮助国外学者取得资料。新中国几年来出版了一些历史、语言、文学书籍，同时也正在出大量的古典书籍和其他有价值的资料。其中有一些资料是大家关心的，有兴趣的。取得的方法可以通过适当的机构，例如中国科学院的图书馆，中国人民对外文化协会及其他人民团体，也可以通过个人的关系。第二，参加欧洲和其他国家的汉学家组织的学术活动。例如参加学术会议，讨论学术问题，交流研究经验等。中国的学者这次参加会议，就是这种活动的开始。第三，向国外的学者介绍中国的历史、语言、文学等方面的研究方向情况。我们这次所作的报告，就是属于这一类的。中国学者所研究的问题，不一定都是国外的学者有兴趣的。我们把它介绍出来，可以供大家参考。介绍的方法，可以通过学术会议，发表文章，也可以通过个人接触。总结起来是一句话，中国的学者愿意尽自己的能力，给国外的汉学家们以帮助，促进汉学研究的发展。"讲话受到与会者热烈鼓掌欢迎。

会议期间，与颜复礼到会场外商谈《史记》翻译问题。此外，吕振羽在会上作了关于 6 年来中国历史研究的报告。

下午，参观莱比锡市政府大楼对面的马克思大学哲学院历史系德国近代史研究所。历史系恩格尔达斯教授接待，谈基本情况，并领着参观所内图书室。随后与叶克到市政府地窖旅馆参加东方系学生的联欢会，柏林、莱比锡两大学学汉学的学生代表 30 余人与会。先后讲话两次。先讲为什么联欢，并简要说明中国汉学研究的方向："一是在马克思主义指导下进行的。二是与我们国家的社会主义改造和社会主义建设相联系的。三是为和平服务的。"联欢会结束时，勉励大家努力学习，并引用马克思和斯大林的相关言论①，说明汉学和任何其他科学一样，只要艰苦努力，就能掌握它。

白天空闲时间，游览莱比锡市容。观看一人种博物馆、一尖顶无梁的俄国教堂、1813 年德奥俄联军打败拿破仑的纪念碑、东德最大的图书馆以及沿途的类似市场的博览馆。

晚上，东德高教总署署长哈利斯举行招待会。颜复礼代表西德汉学家讲话，对民主德国、中国表示感谢，表示会议在政治上取得了良好效果。

6 日　与季羡林、罗元铮以及苏联代表团奥沙宁、科瓦寥夫等，乘火车赴图林根耶拿市。吕振羽和叶克另乘小车前往，到耶拿后撞车，叶克受伤。在耶拿，参观弗里德里希·席勒大学②，听校长介绍校史等基本情况，并代表代表团讲话说："中国的客人首先同意叶格③ 教授的意见，对校长给我们很好的介绍大学的历史表示感谢。校长先生说他是医学家，介绍得不好。据我们听，校长不但是医学家，而且也是文学家历史学家，用充满了诗意的语言向我们介绍了此地的文化和历史。这说明耶拿是一个有高度文化的城市，耶拿大学是一个有高度科学水平的大学。特别是我们的革命导师马克思是在这里毕业的。我们对这个城市的人民，对这个大学，表示十分感谢。感谢你们为我们训练青年学生，培养干部。"

至魏玛，宿魏玛花园饭店。

同日　中国科学院第 43 次院务常务会议通过编译出版委员会名单，与尹达、王竹溪、陈桢、陈康白、武衡、周太玄、孟昭英、茅以升、唐有祺、黄汲清、陶孟和、恽子强、汤佩松、童第周、杨肇燫、杨钟健、赵仲池、潘梓年、谢家荣为委员，陶孟和为主任委员。

7 日　上午，乘车参观布痕瓦尔德集中营。集中营附近驻有苏军，前去参观集中营的人络绎不绝。回到魏玛后参观歌德故居。下午，至埃尔富特④ 城，参观圣母玛利亚教堂。之后，原途返回莱比锡。

---

① 据刘大年日记，他引用的马克思的话是："在科学上没有平坦的大道，只有不畏劳苦沿着陡峭山路攀登的人，才有希望达到光辉的顶点。"引用的斯大林的话是"青年要夺取科学的堡垒"。

② 弗里德里希·席勒大学是耶拿大学的全称。

③ 叶格教授，即颜复礼。

④ 埃尔富特，刘大年日记中作"也夫特""耶夫特""耶夫纳"。

8 日　从莱比锡到柏林。

9 日　同德方负责接待的工作人员霍夫曼谈话，了解德国的工业情况和高校教师工资。之后，赴波茨坦。当日，参观波茨坦腓特烈大帝无忧宫，看签订《波茨坦公告》签字处、展览和花园建筑。当日，返回柏林。

10 日　东德高教总署将中国代表团的关系移交给东德对外文协，之后，商谈下一周计划。

至高教总署参加考茨主持的座谈会。考茨、贝喜发、霍夫曼先后发言，一致认为这次会议是成功的，而成功的原因要归功于中国代表团，中国派了很优秀的科学家来参加这次会议。

在座谈会上总结收获说：（一）促进了东德学者与西德学者的联系合作。学术合作对政治上会发生有利影响。（二）给西方汉学家一个同新中国学者接触的机会。西方汉学家开始对新中国的学术活动有某些了解，彼此之间建立了联系，联络了感情。（三）中国学者对欧学研究的某些情况和对资本主义国家汉学家的情况有所了解。对于开展兄弟国家间的文化交流，开展对资本主义国家的文化交流是有利的。并认为高教总署所决定的方针的正确是这些收获的重要原因。分析不足说：（一）没有决议，如汉学研究的合作问题，下次的会议问题。（二）对汉学今后研究方向讨论太少。（三）中国代表团的准备是不充分的。讲话受到考茨、贝喜发、霍夫曼等人的充分肯定。

晚上，中国代表团进行工作总结。齐声乔参加总结，并谈了几个情况：1. 东德老一辈的所谓汉学家，认为除了孔子没有汉学可以研究。2. 不能说汉语，不能读，也可以作汉学研究。3. 洪堡大学的中国文学教学有两门所谓中国语言文学引论，就是找几个汉字，讲它的字形字义，讲几个算几个。中国哲学史就是从老子、庄子中抽出一两段讲半年。4. 贝喜发讲授的《中国近代史》考试就是要学生用中文写几个人名。吕振羽充分肯定了这次会议取得的成绩。

11 日　从柏林赴萨克森州首府德累斯顿，参观德累斯顿高等工业学院。该校副校长和校长办公室主任介绍学院基本情况。参观德累斯顿高等工业学院电子所、展览馆等，并与在该校留学的汤卫城见面，了解中国留学生学习生活情况。晚上，看反映现代生活的音乐喜剧。

12 日　参观德累斯顿乌布利希①少先队宫②，了解相关历史。之后，赴

①　乌布利希，时任德意志民主共和国德国统一社会党中央委员会第一书记。

②　该宫原为王宫，1945 年美军轰炸受损后由苏联红军修复，作为苏军俱乐部，1951 年交给东德政府，改为少先队之宫。

茨威考①市,参观茨威考汽车工厂。晚上,宿莱比锡市。

13 日　由莱比锡至柏林。在柏林讨论总结报告的写法。提议就会议的缘起、目的、准备工作、会议进程、会外活动、会后反映、会议评估几个方面进行总结,并表明自己的看法。

14 日　在柏林参观洪堡大学。校长纳耶接待,与大学生就中国历史与现实、学术等问题等进行交流,参观该校中国研究所②。晚上,写代表团工作报告,次日完成。

15 日　到斯大林街凭证购物。晚上,到大使馆参加曾涌泉大使举行的便餐晚会,听取曾涌泉介绍东西柏林相互自由来往的复杂情景。晚会后,思考在德所见所闻,认为东德进行知识分子思想改造很困难,知识分子对政府的态度是"合则留,不合则去",普通人则喜欢资产阶级生活方式。

16 日　参观苏军纪念碑后,中国代表团从柏林起飞,大使馆政务参赞徐明、贝喜发、朝鲜崔廷厚等多人来送行。登机前,与徐明就团长吕振羽在访德期间的表现作了简短汇报,并请大使馆向吕转达意见。飞机在维尔纽斯停留后飞往莫斯科。晚上,宿莫斯科。

17 日　与季羡林游览莫斯科市。傍晚,与季羡林从莫斯科起飞。

18 日　飞机在斯维尔德诺夫斯克停留后,早上飞抵新西伯利亚。在机场餐厅遇到朝鲜参加德意志民主共和国 6 周年国庆的代表团,与朝鲜代表团交流。下午,飞往伊尔库茨克。

19 日　由伊尔库茨克经乌兰巴托飞抵北京。

22 日　列席中国科学院第 46 次院务常务会议,听取并通过竺可桢《黄河中游水土保持综合考察检查报告》及哲学社会科学部《现代汉语规范问题学术会议计划》。

同日　厦门大学校长、中国科学院哲学社会科学部学部委员王亚南来信,说:"我在九月初寄学部第一封信,根据学部指示,提出我于一九五五年到一九五六年的出版研究计划,请学部给予指正审查。信发出一个半月,没有下文。同时,我在九月半寄《经济研究》刊超白同志文稿一篇,委托我拟定的经济名著翻译计划书一纸及请求帮助我找一些有关人口材料的信,也同样没有消息。我猜他是出席什么会去了。由国务院通过给予学部委员每月百元工作费,我想每个委员都是有莫大的思想负担的,也都是想做一些工作,来减轻那个负担的。我认为学部应和委员们建立起经常的联系往来。否则

---

① 茨威考,也译作茨维考。

② 中国研究所,又名中国书院。

学部委员很有可能变成偏枯的专门委员。我不知道这个看法对不对？"

25 日　参加筹备的由中国科学院哲学社会科学部召集和主持的现代汉语规范问题学术会议在北京召开。郭沫若致开幕词。陈毅作报告，阐述文字改革的重要性、必要性以及当前语言学工作的主要任务，希望专家们通过学术讨论对现代汉语规范问题取得一致意见，勉励语言学工作者要消除成见和宗派主义思想，加强团结，提出大力培植和发扬新生力量。

晚上，参加郭沫若、张稼夫召集的座谈会。高校和文字改革委员会代表共 28 人到会。王力、高名凯、杨晦、袁宝骅、卷之东、马学良、周祖谟、陈望道等人在会上发言，一面倒地批评中国科学院语言研究所的工作缺点。郭沫若最后发言，先作自我检讨，并对语言研究所的问题进行具体分析，最后希望大家很好地团结起来。

同日　被中国科学院聘请为本院历史研究所第三所学术委员会委员。

同日　《台湾一千七百年的历史》在《人民日报》发表。文章说："台湾是中国的一省。台湾地方的有记载的历史，始终是中国历史的一个组成部分。""远在新石器时代，它就和中国大陆有了文化联系。""最晚自十二世纪起，澎湖已正式属中国政府管理，成为中国行政区域的一部分。""元朝政府于十三世纪后期更在澎湖设立巡检司。中国在台湾附近的岛屿上设立专门的行政机构，自此开始。""汉族人以海上民间武装力量为中心，建立起了台湾本岛上的最早的政权。""台湾毕竟是个很小的地区，它一旦断绝了与大陆的联系，便处于完全孤立的地位，不可能长久支持下去。""台湾处于统一的全国政权的统治下，对于当地和全国的经济、文化发展，均有积极的作用。""一千七百年的事实证明：台湾是中国的领土，台湾人民、台湾的社会生活从来就是和全国人民、全国的社会生活不可分割地联系在一起的。"

26 日　处理《历史研究》旧稿。晚上，参加现代汉语规范问题学术讨论汇报会，记录并总结各组讨论的问题。

27 日　参加中国科学院院务会议。晚上，参加中国科学院语言研究所学术委员会成立会。

28 日　参加中国科学院历史研究所第三所工作会议，讨论本所 1956年计划和远景计划①。这次会议确定的《历史研究所第三所一九五六年研

---

① 1955 年 9 月 15 日，中国科学院院务常务会议讨论并通过学术秘书处起草的《关于制订中国科学院十五年发展远景计划的指示》，决定自当年 10 月起开始进行科学院第一个至第三个五年计划期间发展远景计划的讨论与制订。

究工作计划纲要》提出："一九五六年研究工作计划中的重点工作是：1. 继续进行中国近代史、现代史中的专题研究工作，为以后全面研究近代史、现代史作准备。2. 继续开展对本业务部门中资产阶级唯心主义思想的批判。3. 进行全国性近代史、现代史，近代、现代思想史学术会议的准备工作。"

29 日　参加中国科学院党组会议。张稼夫在会上传达中国共产党第七届中央委员会第六次全体会议①关于农业合作化和召开中国共产党第八次代表大会的精神，并介绍周恩来在国务院常务会议上对该会议的传达情况。

31 日　现代汉语规范问题学术会议闭幕。上午，召开主席团会议。下午，与王力、丁声树至颐园向胡乔木汇报现代汉语规范问题学术会议情况。晚上，胡乔木在西苑大旅社对参加现代汉语规范问题学术会议的代表讲话，强调现代汉语规范的重要性、迫切性，提出进一步推动现代汉语规范的意见，鼓励大家树立信心、克服困难。

本月　在《历史研究》第 5 期发表《从封建土地制度问题上看梁漱溟思想的反动本质》，此文后来经过修改并改题为《梁漱溟关于中国封建土地制度问题的观点》，收入 1987 年版的《刘大年史学论文选集》。文章批评梁漱溟否认中国历史上有长期的封建社会，否认旧中国有封建土地制度的存在；批评他认为中国"没有阶级"，只有所谓"职业分途"；认为，要推动中国的历史前进，就必须"彻底废除封建土地制度，实行土地制度的民主改革"。

11 月

4 日　在郭沫若主持的中国科学院学部常委会上作报告。会议讨论学部委员的工作计划、1956 年哲学社会科学部计划和远景计划以及学术著作评奖等事，并作出决议："(一) 学部委员工作计划肯定下来，所要求的条件尽可能给以满足。(二) 计划发学部委员和各所讨论。(三) 学术著作评奖由各所、各学科小组、各学部委员推荐，分别通知院各有关单位。(四) 培养实习员，建议科学院统一检查，开一次专门会讨论。"

---

① 中国共产党第七届中央委员会扩大的第六次全体会议于 1955 年 10 月 4—11 日在北京召开。

5 日　上午，参加中国科学院学部联席会议，并至外交部找乔冠华①谈陈翰笙②所主持的东南亚组移至中国科学院问题。下午，同德意志民主共和国蒙古史专家拉奇乃夫斯基会谈。晚上，参加中国科学院召开的十月革命庆祝会。奥沙宁、郭鲁德科夫③和夏白龙等外国友人参加。在庆祝会上第一次见到钱学森④。

6 日　参加苏联教育科学院语言学专家、中国科学院语言研究所顾问谢尔裘琴柯主持的宴会。晚上，在中南海怀仁堂参加中苏友协总会为庆祝十月革命 38 周年而举行的集会。

7 日　上午，参加中国科学院历史研究所第三所会议，讨论肃反问题。下午，参加《历史研究》编辑部会议，讨论开编委会、改月刊等事，会议决定由编辑部向编委会写报告，报告《历史研究》的进步与缺点、今后的改进办法和重新布置编辑部工作以及考虑编委会制度等事项。

8 日　参加中国科学院人事局召开的肃反会议。

11 日　中共中央宣传部副部长张际春来信，说："文澜、大年同志：我的家乡有一个前清贡生（夏之时）的儿子夏俊程，存有他父亲的遗著，名叫《人极衍义》，是搞心性之说的（理学）。请你们看看是不是有点学术价值？是否可以出版？请您们表示一些意见，以便回复夏君。""审阅后请将原稿退还。要求审查并出版，评价评价吧。请张遵骝⑤同志看看提出意见。"

中下旬　列席国家民族事务委员会会议，讨论筹备少数民族语言会⑥。汪峰⑦就会议领导问题、请陈毅讲话、总报告讨论、会议结果等问题发表讲话。会议决定，学术问题方面不作民族定义，不讨论语系问题。

24 日　列席中国科学院第 51 次院务常务会议。会议讨论并同意哲学社会科学部提出的关于召开民族语文科学讨论会的报告；听取并讨论哲学社会科学部关于现代汉语规范学术会议的工作报告；批准历史研究所第一所、心理研究室学术委员会名单。

25 日　参加中国科学院党组会议。潘梓年传达中央关于私营工商业改造问题的指示，毛泽东关于党内思想问题、关于改造资本主义工商业问

---

①　乔冠华，时任外交部部长助理。

②　外交部顾问陈翰笙当时兼中国科学院哲学社会科学部世界史组负责人。

③　该人名摘自刘大年日记。

④　钱学森 1955 年 10 月 1 日回到祖国。

⑤　张遵骝，中国科学院历史研究所第三所副研究员，张之洞曾孙。

⑥　摘自刘大年日记，该日记没有具体时间，在 11 月 8 日和 25 日之间，故定为中下旬。

⑦　汪锋，时任中央统战部副部长，国家民委副主任、党组副书记、代理书记。

题、知识分子问题、农业合作社问题的指示，以及周恩来关于 1956 年初中央
准备召开知识分子的会议的发言。

本月　历史研究所第三所学术委员会成立，共 13 人，与王崇武、刘桂
五、罗尔纲、范文澜、荣孟源为所内委员，胡绳、田家英、何干之、金灿然、胡
华、邵循正、黎澍为所外委员。

12 月

6 日　参加本日至 15 日在北京由中国科学院语言研究所和中央民族
学院共同召开的民族语文科学讨论会。

上旬　人民出版社副社长兼副总编辑曾彦修撰《评刘大年著〈美国侵
华史〉》投稿《历史研究》，《历史研究》将曾的书评转刘大年。曾文对刘著
《美国侵华史》作了极为尖锐的批评："空论太多，全书虽有二十几万字，但
材料却不很多。尽管满纸都是分析、论断，但在重要的问题上、关键的问题
上，材料却很少甚至完全没有"；"一本充满了错误的，在基本的观点与方法
上是唯心主义与反历史主义的著作，是一本对大大小小的历史事件进行了
一系列的随心所欲的解释的著作。它在政治上和科学上都传播了一种不好
的极坏的作风，大大地损伤了在阐述美国侵华史这个极为重要的问题上应
有的严肃性和战斗性"；"甚至在全书中却一点也不顾到党的政策和毛主席
的指示"。①

开始撰写《关于曾彦修同志对〈美国侵华史〉的评论》。

20 日　参加中国科学院党组扩大会议，讨论如何反对工作中的右倾问
题。潘梓年传达中央关于知识分子指示草案精神，张稼夫传达中央关于文
教工作的指示。

同日　中国科学院哲学社会科学部学部委员、中国科学院广州分院院
长杜国庠来信，谈学部和出版机构所寄信件的地址问题，并索学部所刊行的
相关书籍，以及转交工作费收据。

21 日　参加中国科学院哲学社会科学部常委会，讨论哲学社会科学发
展长远规划。会议提出要把"缺门"② 建立起来，哲学社会科学研究要能解
决国家生活中提出的实际问题。

---

①　转引自赵庆云《曾彦修、刘大年关于〈美国侵华史〉的一次论争》，《读书》2009 年 10 期第
　　75、76 页。

②　"缺门"，即短板的意思，此处指研究短缺而急需的学科门类。

29 日　列席中国科学院第 56 次院务常务会议。会议听取并讨论哲学社会科学部提出的民族语文科学讨论会总结报告；讨论并通过少数民族语文工作的初步规划，并决定与民族事务委员会共同组织一委员会统一少数民族的语文工作，责成哲学社会科学部与民族事务委员会商议后提出具体方案交院务常务会议讨论；关于语言研究所少数民族语文组加强组织领导问题，决定由哲学社会科学部提出具体方案交院务常务会议讨论。

本年　中国科学院历史研究所第三所开展批评胡适派唯心主义思想的学术讨论、对资产阶级唯心主义思想的批判以及肃反运动，执行计划工作的时间大为缩减，全年每人平均工作不到 4 个月。

本年　与范文澜、罗尔纲、邵循正被聘为中国科学院哲学社会科学部历史研究所第三所研究生学术导师，招收中国近代阶级关系方向研究生金宗英。

本年　捷克斯洛伐克翻译出版《美国侵华史》。

1956 年（42 岁）

1 月

1 日　参加中国科学院团拜会。

2 日　写完《关于曾彦修同志对〈美国侵华史〉的评论》初稿，开始改稿。

3 日　开始忙于中国科学院历史研究所第三所远景计划具体事务。

5 日　在郭沫若家开会，讨论编写中国通史事。

6 日　得知曾彦修《评刘大年著〈美国侵华史〉》一文又有改动。

7 日　改完《关于曾彦修同志对〈美国侵华史〉的评论》全稿，修改稿 29000 余字，前后花 21 天。下午，到国家民族事务委员会参加艺术史规划会议。

8 日　将整理完的《关于曾彦修同志对〈美国侵华史〉的评论》文章送交范文澜。下午，清理两个多星期来积压在案头的公事，"除了急办的已随事随办过，整理结果有公文 34 件，五六千字至三万字的要看的稿子九篇。在同一个时间内还组织力量突击了民族学、亚洲史、艺术史、科学史、宗教史等方面的远景计划资料工作"。

9 日　准备写党组织要求提交的个人自传。布置学部大会的准备工作。其间,苏联《真理报》记者杜慕嘉来访谈,介绍三个历史研究所的情况以及有关个人的历史与现在的工作等情况。晚上,参加支委会。

最后改完驳曾彦修文,并投寄《历史研究》。范文澜对驳曾文章表示完全同意。

10 日　处理学部公文。

11 日　参加知识分子小组会。下午,组织计划规划工作。①

12 日　上午,在中国科学院历史研究所第三所布置远景计划活动。下午,找竺可桢、欧阳予倩②分别开科学史、艺术史会。

13 日　参加中国科学院各所所长会,谈制订规划问题。填规划工作中的缺门表等,抽空看研究生试卷。

14 日　参加中共中央在中南海怀仁堂召开的关于知识分子问题的会议。会议由刘少奇担任执行主席,周恩来具体主持,在京的中央委员、候补委员,中央各部门和各省市自治区主要负责同志,以及重要的科学、教育、文化、卫生等单位的党员负责干部 1279 人参加。周恩来代表党中央作报告,着重传达和阐述毛泽东关于“向科学进军”的指示,肯定知识分子在社会主义建设事业中的地位和作用,以及如何加强党对知识分子的领导;提议由国家计划委员会负责,会同有关部门,制定 1956—1967 年科学技术发展的远景规划③,争取 12 年后,使我国最急需的科学部门能够接近世界先进水平,并号召“一切文化教育部门都应该作出从一九五六年到一九六七年的发展规划,并且采取最有效的措施加以实现”。会议持续到 20 日。

15 日　到天安门城楼观看北京市社会主义改造胜利庆祝大会。毛泽东等中央领导出席大会,北京市各界 20 多万人参加该联欢大会。在天安门城楼遇见宋任穷、李达等人。

16 日　上午,找罗常培谈中国科学院语言研究所分所④后谁当所长事。

---

①　此条据刘大年日记,会议范围均不祥。

②　欧阳予倩,著名戏剧、戏曲、电影艺术家,中国现代话剧创始人之一,时任中央戏剧学院院长。

③　1956 年 1 月 5 日,国家计划委员会主任李富春就科学规划问题写信给国务院各有关办公室和各个党组书记,提出为了保证我国科学事业的高速发展,使科学研究工作能满足工农业生产和国防建设的迫切需要,必须对科学研究的规划采取根本性的措施,这个规划必须是向科学和技术大进军的规划,必须是迎头赶上世界先进科学技术水平的规划。

④　“中国科学院语言研究所分所”指筹备成立中国科学院少数民族语言研究所。

下午,继续参加知识分子问题会议,毛泽东、刘少奇等中央领导出席。

17 日　　上午,向知识分子问题会议请假,致函陆定一、陈伯达、胡乔木、周扬、胡绳、于光远、黎澍、田家英、包之静、尹达,寄送《关于曾彦修同志对〈美国侵华史〉的评论》一文。其中,给陆定一的信说:"定一同志,《历史研究》编辑部转给我曾彦修同志作的《评刘大年著〈美国侵华史〉》一文,我读了以后写了一篇答复的稿子。我写的稿子中有的地方涉及党的政策和当前的实际斗争,希望您能翻阅一下,给予指示。为了便于查看,把我的稿子连同曾彦修同志的文章一并送去。""两篇稿子都已投《历史研究》,编辑部商定由尹达同志负责处理。"①

整理郭沫若在知识分子问题会议上用的社会科学缺门报告,次日编辑撰写完成 1 万字社会科学缺门报告。

18 日　　参加知识分子问题会议。毛泽东、刘少奇、周恩来、陈云等中央领导出席,国家副主席董必武主持会议。湖南省委书记周小舟第一个发言。公安部部长罗瑞卿作报告。

19 日　　参加知识分子小组会,讨论周恩来报告。在会上就思想认识、中国科学院规划、解决具体问题 3 个方面发言,提出要把下一次学部会议开成一次中国科学院改革的会议。

继续参加知识分子问题会议大会。毛泽东等政治局委员出席,邓小平主持会议,姚依林②作报告。

20 日　　参加中国科学院讨论学衔学位问题的会议。

继续参加知识分子问题会议大会。毛泽东等党和国家领导人和与会者一起照相。陆定一、陈伯达、李富春、彭真、陈云等先后作专题发言。毛泽东讲有关领导方法的问题、国内外形势,提出文化革命、科学革命、革无知的命、革愚蠢的命,号召全党努力学习科学知识,同党外知识分子团结一致,为迅速赶上世界科学先进水平而奋斗。周恩来就如何传达会议精神、脑力劳动与体力劳动的关系、各部门如何讨论修改各专案组讨论拟定的规划草案、时局问题等作总结说明。晚上 8 点,刘少奇宣布散会。

21 日　　郭沫若率领各学部负责人在怀仁堂向参加知识分子问题会议的干部作科学报告。吴有训、竺可桢、严济慈、潘梓年分别报告国内外物理学、天文学、数学、力学和化学,生物学、地学和农学,技术科学以及哲学社

① 转引自赵庆云《曾彦修、刘大年关于〈美国侵华史〉的一次论争》,《读书》2009 年 10 期第 76、77 页。

② 姚依林,时任中共中央财贸工作部副部长,国务院财贸办公室副主任兼商业部副部长、党组副书记。

会科学的发展状况。参加知识分子问题会议的各省、市和部、委的负责人约一千三四百人到会听报告。毛泽东、刘少奇、周恩来、陈云、陈毅、李富春、邓小平等也出席报告会。潘梓年所作哲学社会科学部的工作报告由刘大年与于光远共同起草。3月29日，中共中央将这次科学报告的讲稿转发至各省(市)委、自治区党委、中直党委、国家机关党委、军委总政，以帮助党的干部了解世界和中国科学发展的简要状况及中国科学工作当前的主要任务。

23日　讨论研究生试卷记分并写评语，共录取3名研究生。

晚上，参加中国科学院党组扩大会议。会议讨论传达知识分子问题会议精神问题，以及如何抓全面规划的工作和目前的研究工作。决定开学部会议讨论长远规划、年度计划、增补学部委员和通过学术评奖等事，并提出行政副所长、办公室主任、学术秘书等行政干部名单。

24日　下午，潘梓年来谈开学部会议事。晚上，参加在中国科学院历史研究所第三所召开的所内工作会议，讨论改变工作计划问题。在会上提出近代史分三期的意见。

25日　上午，到中国科学院院部座谈工作。晚上，传达知识分子问题会议精神。

27日　向党组织递交《刘大年自传》，该自传署时间为25日。

28日　上午，参加学部联席会，讨论规划问题。国家科委副主任范长江介绍国家科学技术方面的基本情况，并传达李富春、陈云、陈毅等关于科学规划的指示。中国科学院院长顾问拉札连科在会上发表意见。

下午，看有关肃反的材料，并到范文澜处谈话。

29日　为准备编写中国近代史，看苏联史。

30日　参加中国科学院历史研究所第三所工作会议，讨论编写中国近代史的8点计划。明确提出中国近代史的分期意见，即："一、中国封建制度的破坏，近代中国第一次农民革命战争。1840—1864。二、中国半封建半殖民地制度的形成，资产阶级的改良运动和近代中国第二次农民革命运动。1864—1901。三、中国资产阶级领导的革命及其失败、中国资本主义的发展。1901—1917。"

31日　上午，参加国务院在中南海怀仁堂召开的有中国科学院、国务院各有关部门、高等学校的领导人和科技人员参加的制订科学发展远景规划的动员大会。李富春在报告中阐述制订远景规划的意义、目的、要求、要注意的原则以及规划的内容。陈毅在报告中说，目前的形势和任务是要把科学提到重要的地位，要求在制订规划中各部门"党委及行政负责人和科学家建立同志式的感情，找彼此间的共同语言，打破隔阂，发挥科学家的积极性"；提出规划的基本方针是多快好省，全面规划；鼓励放手去搞，"各种怪论都可以讲"。会上宣布成立以范长江为组长的十人科学规划小组。

下午，参加中共中央宣传部会议，会议决定成立办公室统一规划工作，被提名为办公室主任。

2 月

1 日　上午，与中国科学院历史研究所第三所刘耀谈所内工作。其中谈到近代史一组贯彻计划的三个问题："（一）是否改变了十二年计划。（二）信心不足——右倾风。（三）人力不足，怕完[不]成任务。"认为樊百川资料最多，钱宏分析问题最清楚。关于讨论知识分子会议所提出的问题，指出：各组负责人不能参加本组工作是任务不能完成的根本原因；要加强支部工作应改组现在支委；入党问题要提出计划；向科学进军问题要提出计划。还谈到肃反问题安排等。

2 日　参加中国科学院院务会议。会议讨论哲学社会科学规划的两个步骤，并讨论第一步"修改草稿，订定资料"的具体要求和做法。会议决定成立哲学社会科学部办公室，由各部门调人组成，学部负责组织；明确办公室的任务是对内统一规划的格式，对外统一联系；办公室负责与中国科学院各所、各学术团体的联系，中共中央宣传部科学处负责与政府各部门的联系。

3 日　白天，在西苑大旅社规划办公室起草规划的两个材料。晚上，林润青、潘梓年来开办公会议。夜宿该旅社。

4 日　参加张稼夫召集的规划工作会议。会议提出：中国科学院和产业部门先分别作规划，再综合；长远规划要全面，同时要有重点，要突出中心问题，缺门、强门都要注意，从实际出发考虑。

晚上，钱宏来谈胡绳在北京大学举行的中国近代史提纲讨论会上的意见。认为其中有两点值得注意：（一）从编年体到纪事本末体是一个进步，纪事本末体有缺点，也不要完全回到编年体上去，可以考虑采用"大编年"的办法；（二）分期不只是从哪一年断限的问题，而是要说明整个这一时期的社会内容。认为分期问题应明确为概括这个时期的内容、特征，这一时期与另一时期不同之点和历史的过程。主张中国近代史分期可以分为两部分，前一部分讲分期的两个问题，即"革命高涨与帝国主义的侵略，社会经济发展,生产力与生产关系的统一"与"不是断限,要表示出过程";后一部分讲 3 个时期的特点及内容。

5 日　看有关中国近代史分期的材料,处理中国科学院历史研究所第三所计划事。

6 日　上午,至西苑大旅社规划办公室办公,准备作动员报告。下午,搬至西郊宾馆。晚上,参加中共中央宣传部召开的讨论哲学社会科学规划动员步骤的会议。

7 日　上午,参加近代史一组会,解决计划问题,并准备哲学社会科学规划动员报告。下午,在西郊宾馆作两个半小时的动员报告。晚上,因为过于疲倦,宿西郊宾馆。

8 日　整天在西郊宾馆做规划工作。晚上,在中南海怀仁堂看周信芳①《月下追韩信》,毛泽东等领导人在场。牙痛,感冒发烧,未看完即回。

同日　郭沫若负责的《编写中国历史教科书计划(草案)》拟定,其四为"由郭沫若、陈寅恪、陈垣、范文澜、翦伯赞、尹达、刘大年七人组成中国历史教科书编辑委员会的编审小组,负责组织写稿和审稿工作,由郭沫若主持"。

9 日　上午,潘梓年、林涧青来谈规划问题。下午,参加学部常委会,讨论如何进行规划工作。向达提出要集中力量先搞史料学、工具书等。

15 日　参加颐和园经济学家会议。

16 日　整天在西郊宾馆做规划。

同日　就苏联科学院所编《世界通史》中关于中国部分的稿件送请中国有关方面提意见事,郭沫若来信说:"'通史意见'全部看了一遍,有一条似可删,有一条当改一字。秦汉以后的历史,我无深入研究,没有把握。第十二页背面谈甘蔗棉花一条,说得很具体,不知确有根据否。据我研究《管子》的所见,书中已有可以定为'蔗饴'的证迹。甘蔗如果在三国都只'生长在'岭南,那就相隔得太远了。提出那条意见的朋友,最好能够写得稍微详细一些。"

17 日　参加中共中央宣传部 9 人小组会议,讨论规划工作问题。中共中央宣传部副部长周扬讲话,强调规划工作要"自上而下,自下而上相结合,不要只强调自上而下",要将国家需要和个人专长相结合;并指出:"规划中首先要完成教科书,教科书要放在第一位。讲稿与科学研究不是在形式上区别,而是在内容上区别。如果专题研究是抄抄编编就不能算有科学

---

① 周信芳(1895—1975),京剧表演艺术家,京剧麒派艺术创始人。

水平。讲稿有创造,就有科学水平。"

19 日　参加中国科学院党内会议。张稼夫作审干动员报告,对审干的背景、内容作说明。郁文对审干的重点和方法等作说明。

20 日　同王冶秋①、夏鼐在北京饭店讨论考古工作会议,就会议的性质、目的、组织、日程、总结问题等达成一致意见。由于尹达生病,与王冶秋主管这次会议的实际工作②。

21 日　中国科学院和中华人民共和国文化部联合在北京召开第一次考古工作会议。参加会议的有北京和 21 省市的考古工作者、文物工作者、历史研究人员和大学的考古学教师共 180 人。上午,举行开幕式,郭沫若、王献唐③、郑振铎④、刘大年同为会议执行主席。郭沫若致开幕词。郑振铎作"考古事业的成就和今后努力的方向"报告。下午,翦伯赞作"关于培养考古干部的工作问题"报告,杨钟健⑤ 作"考古工作和人骨兽骨等遗存的问题"报告,费孝通⑥ 作"关于考古学同民族学关系问题"报告,水利部副部长冯仲云也在会上讲话。晚上,刘大年主持会务小组会议,提出会议决议中要包含的内容,即培养干部,继续思想改造,加强党的领导,学习马克思主义,批判资产阶级思想,呼吁工业部门重视等。

22 日　上午,参加考古工作会议全体大会。在会上作关于社会科学 12 年规划的报告,阐述哲学社会科学规划的重要性,讲述制订规划时会碰到的问题以及规划的步骤和内容,并就怎样做考古学的 12 年规划提出初步建议。王冶秋在会上传达相关指示。下午,分组讨论大会的各个报告。晚上,参加考古工作会议小组会。会上曾昭燏⑦ 谈到干部培养问题中老专家与青年人的关系问题。

23 日　考古工作会议开始宣读和讨论 26 篇各地的考古发掘专题报告。全程参与了本日和 24 日的考古工作会议。

24 日　中央政治局会议批准成立国务院科学规划委员会。在这个委员会指导下,中国科学院开始制订"全国科学十二年远景规划",向各方面

---

① 王冶秋,时任文化部文物管理局局长。

② 为了开好这次考古工作会议,1955 年成立了由郭沫若(主任委员)、郑振铎(副主任委员)、尹达、王冶秋等人组成的筹备委员会。该筹备委员会于当年 7 月 2 日召开了第一次筹备工作会议。

③ 王献唐,时任山东省文物管理处副主任。

④ 郑振铎,时任文化部副部长、中国科学院考古研究所所长。

⑤ 杨钟健,时任中国科学院古脊椎动物研究室主任。

⑥ 费孝通,时任中央民族学院副院长。

⑦ 曾昭燏,时任南京博物院院长兼江苏省文物管理委员会副主任。

征求意见,并成立自然科学规划办公室和哲学社会科学规划办公室。

担任中国科学院哲学社会科学规划办公室主任,组织制定哲学社会科学 12 年发展规划。于 2 月至 10 月,请全国各学科有代表性的学者来京讨论制定规划,住在西苑饭店开会讨论。社会科学规划开始仅限于哲学、历史、经济、文学等学科,随着讨论的深入,规划面越来越大,扩展到戏剧、音乐、舞蹈等艺术门类,一些专家只能安排住在西郊宾馆。这期间,常于晚上散会后到院长郭沫若家中汇报,听取指示,次日根据指示继续开会讨论。经过反复讨论后,参与草拟全国科学规划工作会议《规划纲要(草案)》,《规划纲要(草案)》于 8 月完成后,又参与修正草案工作。

25 日 参加中国科学院历史研究所第三所学术会议,讨论所内工作计划。会议认为:研究中国近代史必须翻阅原始资料,如《清实录》《清史稿》《东华录》等大部头书以及其他各种记录等。会议提出中国近代史研究的 8 个中心问题,即资本主义发展、近代各阶级、帝国主义侵略与反侵略斗争、政治史、党史、现代史综合研究、中华人民共和国史等。

26 日 为考古工作会议同王冶秋至郭沫若处汇报。顺便至砖塔胡同找同任国务院法制局副局长的杜佩珊和吴大羽。晚上,改考古工作会议决议。

27 日 上午,参加中国科学院历史研究所三个所的联合学术会议,讨论远景规划。下午,与郭沫若、郑振铎等出席考古工作会议闭幕式。夏鼐和王冶秋分别在闭幕式上作考古学术和考古工作安排方面的总结报告。最后大会一致通过一项会议决议。

29 日 就应国务院外国专家工作局要求向苏联在华专家作关于"全国科学十二年远景规划"报告事①,郭沫若来信说:"请你帮忙写一篇关于社会科学的研究计划的报告为祷,详情由康白②同志面达。这又是一项繁重任务,但如你不写,便没有人能写了。"

同日 故宫博物院副院长、古文字学家唐兰来信,谈中国文字学的规划问题,说:"中国文字学是中国独有的一门科学,有两千多年历史,并且在

---

① 1956 年 2 月 28 日,国务院专家工作局写信给郭沫若说:"国务院文教总顾问马里采夫同志于 3 月中旬集各地高校讲授社会科学的苏联教师来京举行学术性会议,研究苏联教师们在讲授社会科学中如何联系中国实际的问题。马里采夫同志通过我局向国务院领导提出请有关的中国负责同志在会议上向苏联教师们做几个理论性的专题报告。此事经国务院陈毅副总理同意。现将拟请各报告人的报告题目呈上,其中请您做的报告,希望能在三月五日前将书面报告稿交给我们,以便早日组织翻译。"

② 康白,即中国科学院学术秘书处秘书长陈康白。

过去得到大规模发展的一门科学。解放以后被某些人认为不需要而在大学中国语文系里被排斥了。在日本这项学科还占重要地位。在东德还有很多汉学家研究,东方学院正在编中国古文字字典。但在中国的文字学家几乎全部都改行了。因此,这一门科学行将落后于世界的水平。这一门科学的范围是很广泛的,如文字学(一般性的)、古文字学、甲骨文研究、金文研究、战国文字研究、篆书研究、隶楷书研究、行草书研究、简体字研究、文字学史等,在专书方面,还有关于说文解字的著作,不下一两千种。郭忠恕的《汗简》① 也是需要研究的重要著作。显然这一门科学是不应该让它消灭的。如何规划,提供参考。"

3 月

1 日 参加在西郊宾馆举行的党内会议。范长江宣布:"(一) 规划不大集中,少数人专力做。(二) 有些科学家只强调自己的一门。此点必须坚持先进规划的原则,不能造就落后。这就是党要发生作用。(三) 成立学部的规划领导小组。(四) 制定工作具体计划。"

2 日 上午,至西苑大旅社规划办公室。下午,参加支部成立大会。

4 日 本日至 7 日,为郭沫若草拟准备对苏联专家讲的《中国科学院和高等学校在哲学社会科学方面的科学研究工作计划》讲稿。

5 日 中国科学院经济研究所研究员汪敬虞来信,谈《中国工业资产阶级的产生》稿子修改事,说:"上次从严所长那里,知道您要我把《中国工业资产阶级的产生》一稿加以修改,以备《历史研究》采用。这篇稿子写得很乱。最近初步修改了一下,经组内同志们审阅后,认为存在很多问题,需要作比较彻底的修改,而我最近就要出差,来不及这样作。"

7 日 将写成的 38000 字《中国科学院和高等学校在哲学社会科学方面的科学研究工作计划》稿送给郭沫若看。郭沫若阅后,来信谈修改该报告稿事。

从郭沫若处出来后,去国际饭店找谢尔裘琴柯谈"苏联方研究所的研究计划征求意见"和"讨论关于编中俄关系资料的问题"两事。提出两点意见:1. 要延长时间二三年,因为人力不够;2. 先打印出目录交换,但此事需向领导汇报。

8 日 看《母女俩》《模范家庭》等独幕话剧。

---

① 郭忠恕,五代宋初画家,兼精文字学等,汇编古文字《汗简》3 卷。

9日 上午,召开规划办公室会议。下午,召开支部会,准备向中共中央宣传部写书面报告。

晚上,与中国科学院所有正副所长等一起在北京饭店参加郭沫若主持的欢迎张劲夫[①]、裴丽生[②]、杜润生[③]和欢送张稼夫[④]的便餐会。陈毅夫妇参加会议,许多人在会上讲话。

10日 上午,找董纯才[⑤]谈教育科学规划。下午,改完给中共中央宣传部报告稿。

11日 与于光远、狄超白、尹达、李光灿[⑥]等人,在潘梓年处讨论有关规划工作给中共中央宣传部的报告和意见。

12日 与夏康农[⑦]、费孝通、傅懋绩[⑧]、江丰[⑨]、吴晓邦[⑩]等人在规划办公室开会,讨论法学、教育、艺术、民族学等方面的规划。晚上,向郭沫若汇报工作,张劲夫在场。在郭沫若处接张稼夫电话,张稼夫问哲学社会科学部闹独立性事。

连续几天感到过度疲乏,工作、心绪、生活都很乱,睡眠不好,面容清瘦。

13日 在家中准备向中央汇报的材料。统计哲学社会科学部哲学、经济、历史一二三所,考古、语言、文学8个研究单位中研究员、副研究员、助理研究员、实习员的具体人数及其中的党员人数,并列举研究员党员人名。统计关于对胡适、梁漱溟思想批评的论文数量、论文集数量、中国科学院开会讨论次数等数据。撰写关于人文学、民俗学的国内外研究现状,特别是苏联和中国的具体情况,认为:"苏联已把民俗学发展到研究集体农庄的生活、劳动模范的心理等方面。我看这种做法并不科学。"

14日 出席在西郊宾馆举行的国务院国家科学规划委员会成立大会。李富春、郭沫若、李四光、陈毅等分别讲话。李富春报告科学规划的任务是

---

① 张劲夫,由国务院地方工业部党组书记、副部长调任中国科学院党组书记、副院长。

② 裴丽生,由山西省省长调任中国科学院秘书长。

③ 杜润生,由中共中央农村工作部秘书长兼国务院农林办公室副主任调任中国科学院副秘书长。

④ 张稼夫1956年5月调任国务院第二办公室副主任。

⑤ 董纯才,时任中共教育部党组书记、教育部副部长。

⑥ 李光灿,中国科学院哲学研究所研究员。

⑦ 夏康农,时任中央民族学院副院长。

⑧ 傅懋绩,中国科学院语言研究所研究员。

⑨ 江丰,时任中央美术学院院长,中国文联常务理事,中国美协副主席。

⑩ 吴晓邦,时任中国舞蹈艺术研究会主席。

在 12 年之内赶上世界先进水平和"在又多又快又好又省的条件下，建设社会主义，为社会主义工农业生产服务"；提出规划的方式一定是经过自由讨论来集中智慧，讨论要活泼生动；明确既要规划科学研究的任务，又要规划实施的具体措施。陈毅最后讲话中特别强调："我们认为群众的创造力量是无穷的，我们主张集体主义。但是科学研究是要靠个人钻研，甚至是要靠天才。天才不是表示是天生之才，是个人长期劳动、积累知识的结果。法国有句话：'天才就是刻苦劳动'。科学研究必须如此。"这次会议上，国务院成立以陈毅任主任的国家科学规划委员会，开始制定 1956 年至 1967 年全国自然科学和社会科学 12 年远景规划。

15 日　考虑到规划工作短期内不会结束，在家整理书籍，打算每天上午在家看材料或改稿、准备到中共中央直属高级党校上课的材料。晚上，列出古代史的分期、近代史的编写、如何组织文章、考古工作会议的报导等事项。

17 日　上午，至国务院二办找吴德峰① 谈法学规划。记录："周扬'社会科学的规划与自然科学的做法可以不一样'。""规划的要求：(一) 大的要求正确。(二) 基本措施都是可以做得到的。这就可以了。""现在即着手搞哲学社会科学十二年总纲。包括：(一) 十二年我们的总情况和总的任务，研究、干部等方面。精神是根据毛主席《改造我们的学习》的精神：马列主义中国化。整理遗产，总结革命经验，介绍外国先进的东西，创造自己的文化。搞多少个十二年要解决的问题。(二) 第二部分列出所有各方面的中心问题。(三) 干部，各种、各类的进度指标。(四) 机构，研究的所、系。""总的东西不搞出来，去搞每个学科的具体内容，是舍本逐末。"

下午，至周扬住处谈整个规划安排。谈完后讲到《经济研究》上林里夫② 的文章问题。周扬认为学术问题可以讨论，并举例说：不久前，研究中国哲学史的苏联学者杨兴顺和谢宁来访，在广州一个党外人士参加的集会上，谢宁表示不满意毛泽东对孙中山的分析，此事报告到毛泽东处。毛泽东在报告上批示说：学术问题上不同意见的议论不要去禁止。在学术问题上对任何人的意见都可以议论，对于他的著作，不仅外国人可以议论，中国人也可以议论。禁止这种言论是不对的。

18 日　翻阅《清史稿》。

19 日　至西苑大旅社。此后至整个 4 月，经常到西苑大旅社处理规划

①　吴德峰，时任国务院第一办公室副主任。

②　林里夫，中国科学院经济研究所研究员，与狄超白共同创办《经济研究》。

事宜①。

20日　上午,从苏联回来的钱信忠来面谈。下午,参加规划工作会议。钱俊瑞谈专家名单问题,要求抓紧工作。会后,将专家名单制表发出。晚上,参加党小组会。

21日　与范文澜、吴晗等在萃华楼同谭其骧②谈编修杨守敬地图工作事。

22日　至西苑大旅社讨论干部培养指标。

26日　郭沫若来信,称"仔细阅读了"送国务院专家工作局的报告,"觉得"增补关于培养新生力量的内容后"很好,很有必要",并嘱迅速送交。

31日　参加研究生导师座谈会。会后至西苑规划办公室,讨论潘梓年稿子。记录最近规划办公室所整理出的哲学社会科学各科现有力量人数。

4 月

2日　写去中共中央直属高级党校上课的讲义提纲。

同日　华东师范大学教授徐仑来信,谈上海高校历史研究特别是近代史研究诸事,说:"上月到北京开会,因学部催报筹建上海历史研究所的方案,匆忙赶回。阅报方知范文澜师在北大讲座上做报告,深以未能聆教为憾!如有讲稿,乞赐寄一份。荣孟源同志来函说,你们将送我处《近代史资料》全套,尚未收到,希望能寄与我处。我回来后,正值华东师大举行学术讨论,历史系没有一篇近代史的论文。复旦大学历史系近代史教研组正在准备论文参加八月召开的近代史会议。我处与上海高等学校近代史工作联系尚好,工作已互相配合。因是新成立的筹备处,人手少,质量弱,只能逐步地充实力量和把工作计划的工作开展起来。"

3日　至规划办公室开会,周扬参加。晚上,参加在政协礼堂举行的世界科学成立10周年纪念晚会。再次见到苏联科学家奥巴林院士。

4日　至规划办公室开会布置工作。晚上,参加党内关于斯大林问题传达会。宣读列宁有关评论斯大林几个口授文件和赫鲁晓夫长达数万字的报告③。

---

① 3月19日至4月,刘大年日记中多处记载到西苑大旅社,没有具体内容的,包括只说"开会"或"开规划办公室会"的,都不再一一注明。

② 谭其骧,复旦大学历史系教授,正主持编纂《中国历史地图集》。

③ 1956年2月25日,在苏联共产党第20次代表大会即将结束之时,苏共中央第一书记赫鲁晓夫向大会作《关于个人崇拜及其后果》的报告,揭露并抨击斯大林生前所犯的一系列令人发指的镇压行为。

5 日 写去中共中央高级党校上课的讲稿。此后，直到 5 月中旬，一有时间就备课。

7 日 接见南开大学历史系学生。

9 日 至西苑大旅社办公，整理编纂百科全书各项估计数字。

11 日 参加周扬主持的规划办公室会议。

13 日 中国科学院经济研究所副所长严中平来信，送拟发表的汪敬虞文章请审查，说："汪敬虞同志写了一篇文章，原是所编资料的序言，我打算独立发表，今特送请审查，请多提批评意见，希望在一周左右示知高见。"

14 日 上午，在西苑大旅社同李云扬①等谈规划中的干部培养数字。下午，华东师范大学历史系主任吴泽来访。后至北京大学历史系教授杨人梗处谈话。

15 日 游八达岭，遇中华全国新闻工作者协会副秘书长温济泽带领越南代表团参观。

16 日 与北京大学东方语言文学系教授马坚等人在前门外鸿宾楼欢迎埃及古代史学家阿·费克里教授。

18 日 在西苑大旅社开办公室会。晚上，思考周扬等谈中国古代兵学著作值得总结事，认为古代兵法中充满辩证法，中国有许多东西值得特别研究，要反对教条主义。

22 日 看到最近一期《中国青年》上有一篇《珍惜时间》的文章。摘录其中两点：（一）早晨睡醒，立刻跳下床，不要再睡半个钟头的懒觉；（二）达尔文说"从来不认为半个钟头是不重要的"。认为这两点很重要，应坚持实行。

24 日 上午，至潘梓年处，于光远来谈中央关于少数民族的调查工作等。下午，开规划办公室会，布置人下各地调查现有人力资料。

26 日 开始改历史规划稿。

28 日 在西苑大旅社开规划办公室会，周扬主持改规划稿。

29 日 同范文澜谈去中共中央高级党校授课事。范不同意将近代史分为三个部分，而认为应照主要矛盾来分期，并认为中国是半殖民地，不能与俄国资本主义发展的历史相比。范特别强调，1919 年以前如此分法，以后一段很复杂无法这样分。

30 日 参加中国科学院党委召集的座谈会，讨论《关于无产阶级专

---

① 李云扬，时任中共中央组织部机关党委副书记。

政的历史经验》一文的学习。裴丽生在会上传达中共中央宣传部对此的指示。

撰写中国近代史分期的初步意见："一、外国资本主义侵入和封建制度的破坏,近代第一次农民革命运动(1840—1864)。二、半殖民地半封建制度的形成,资产阶级的改良运动和近代第二次农民革命运动(1864—1901)。三、资产阶级领导的革命及其失败。资本主义发展(1901—1919)。四、大革命和土地革命,官僚资本主义的出现(1919—1937)。五、彻底殖民地化的趋势严重增长,全国人民在中国工人阶级政党的领导下胜利进行反对帝国主义的斗争,中国社会重新走上独立发展的道路。(1937—1949)。"

认为分期理由是:(一) 1840—1949 年社会性质并无变化。(二) 1840—1949 年的历史,是半殖民地半封建的历史,一切阶级斗争是这个社会的指标,同时又影响这个社会的发展变化。研究要说明这个社会的阶级斗争,更要说明这个社会的发展过程。范文澜只从矛盾上讲,是放弃了说明社会发展这个主要的基本的研究任务,不妥。(三) 统一分期标准——革命高潮。在 1919 年以前有太平天国、义和团、辛亥革命三个高潮。1919 年以后是大革命、解放战争两个高潮。抗日战争是解放战争这个高潮的条件和准备。(四) 拿主要矛盾作依据,只能说明革命发展的历史,不能说明社会发展的历史。(五) 从抗日战争开始,高潮是持续性的。1937—1949 年,持续了 13 年,最高潮是解放战争。(六) 以革命斗争高潮作为分期标准,才能表明人民是历史的主体。

5 月

4 日　参加党内传达会。会议传达周扬在宣传部长会议上的讲话,包括学术批判要和风细雨,指名的或运动形式的批判要报告中央;学术问题和政治问题要分开,以后中央对学术问题不作结论,要让学术界学会自己作结论;要反对教条主义和庸俗化;学习苏联不要迷信,要有独立思考,有创造性,结合中国实际;学术上不要有宗派主义,要民主、自由讨论。裴丽生传达了 4 月 25 日毛泽东在中共中央政治局扩大会议上作的《论十大关系》的报告,强调"总的形势对我很有利。我们的任务是把一切积极的因素和有利于我们的因素都要调动起来,为社会主义建设服务"。

5 日　上午,参加中国科学院历史研究第三所二组会,讨论如何制订规划提纲。

　　下午，与范文澜、何干之、廖盖隆、田家英、黎澍等参加陆定一召集的近代史问题会议。中共中央宣传部理论处处长许立群先讲南斯拉夫驻华大使对刘少奇谈话，要中国历史家不要受苏联史学家的影响；强调要注意尚钺的《中国历史纲要》和叶菲莫夫的《中国近代史》两本书，说尚钺的中国史受到苏联史学界恭维。陆定一反复强调要打破组织的盖子和教条的盖子，说只有这样才能活跃近代史和现代史的研究；指出范文澜的《试论自秦汉时中国形成统一国家的原因》论文中关于汉民族形成问题的意见很好；要求大家要做计划扩大中国近代史的研究；提出田家英编的党史也改用政治史名义，并在中国科学院出版。

　　6 日　至潘梓年处开会。

　　7 日　至郭沫若处汇报工作，谈规划、建立所学术委员会、建立科学工作组、资产阶级思想批判和学术论文评奖诸事，认为："学术活动很少，学术领导不够，不全面。机构弱，调查了解情况不够。"晚上，至周扬处开会讨论修改规划校样，至 12 点。

　　8 日　参加中国科学院历史研究所第三所所内工作会议。

　　9 日　参加《历史研究》编委会会议。郭沫若在会上说，科学工作和文艺工作将有新改革，中共中央准备发表"百家争鸣"的社论①。

　　同日　中央政治局批准张劲夫任中国科学院副院长、院党组书记，接替张稼夫的职位。此后，中国科学院党组进行改组，不再担任院党组成员。

　　10 日　中共中央高级党校来电话，决定下星期四上课。共讲六讲，每星期一次。学员为高等学校、党校的理论教员。

　　同日　何干之来信，说："叶菲莫夫的书，还没有找出来。送上革命史讲义一本。"

　　11 日　至中共中央宣传部开会，讨论规划中的干部问题，重点讨论教研系统中研究生的指标、出国干部数。中共中央宣传部高教处处长程今吾在会上讲话，指出：哲学、历史、经济 3 门共须 16000 人，数字太少；各部门分担多少，要分配；考虑不要到高等学校调人，从其他部门开辟来源；干部规划必须归口为高教部、教育部和中国科学院。

　　12 日　下午，找谢尔裘琴柯谈话，谈东北图书资料管理和利用问题。提出要重视过去日本人收集的资料和研究成果，要采取措施阻止俄国侨民

①　5 月 26 日，陆定一在怀仁堂中共中央宣传部报告会上作《百花齐放，百家争鸣》的报告，开场即说是应中国科学院院长、中国文学艺术联合会主席郭沫若邀请来宣讲中国共产党对文艺工作和科学工作的政策的。陆定一的报告于 6 月 13 日在《人民日报》发表。

把东北材料带往国外,列出一批可以利用的俄侨,充分利用各种资料。

15 日 下午,参加中共中央宣传部 9 人小组会。

17 日 上午,开始在中共中央高级党校上课。听课的有许多熟人,包括苏联专家。自认为:"准备不足,讲得很忙。有一部分头绪太乱。反映一定很糟。是过去作报告、讲课所未曾发生过的情况。今后方法要改变,一直讲下去,不要先念提纲后解释。"

下午,至西苑大旅社规划办公室开会。

18 日 林涧青来谈规划事,认为尚需做很多补充材料的工作。晚上,同王可风前往中南海瀛台"静谷"访田家英,商量整理搜集现代史资料事。田家英要求第一步先做不厌其详的大事月表和编文件集,然后逐年编写《资治通鉴》式的材料书,每年选几件主要的事为中心来叙述,混编年和纪事为一体,并指出这是毛泽东提议的办法。刘大年认为近代史也可以这样做。

19 日 在北京南河沿文化俱乐部参加中国科学院编辑出版委员会第一次会议。陶孟和主持会议,全体委员 20 多人出席。郭沫若在会上讲百家争鸣,说:"争鸣的意义是各学科开展社会主义竞赛,及学科内部不同意见的研究竞赛。技术科学与物理、生物科学竞赛。史学内部,我研究历史,刘大年同志搞历史。我们竞赛。争鸣不是乱鸣,而是要深入研究。只有研究才能成家,成家就有了鸣的资格。"强调要把出版的远景规划作为一个重要问题讨论,提出具体的规划;认为出版工作是中国科学院的中心环节,只有抓好这个环节才有利于推动百家争鸣。

21 日 参加中国科学院党员正副所长会议,讨论新增学部委员名单等事。会后至周扬处商量规划稿。

22 日 参加中国科学院历史研究所第三所所内工作会。

23 日 中午,参加侯外庐在北京饭店主持的接待蒙古人民共和国科学委员会历史研究室主任依斯札姆茨的会议。依斯札姆茨受蒙古人民共和国指派,来中国搜集有关蒙古历史的资料。到北京后,与侯外庐、翁独健等历史学家协助其工作。

下午,武衡、杜润生来谈。

晚上,参加郭沫若在北京饭店主持的招待根据中埃文化合作会谈纪要来中国访问和讲学的埃及古代史学家阿·费克里教授及前来中国讲学的埃及夏瓦比教授的宴会①。

---

① 刘大年日记载:"晚上参加北京饭店郭老主持的接待埃及古代史专家法和里、文化代表团团长易万比教授的会。"

24 日 上午,至中共中央高级党校讲课,感觉比上次效果好。下午,至西苑大旅社规划办公室开会,总结出去调查材料事。晚上,参加博物馆会。

25 日 下午,参加图书馆学会议。

26 日 出席中共中央宣传部部长陆定一在中南海怀仁堂作题为《百花齐放,百家争鸣》的报告会。这次报告会是刘少奇指示,陆定一受中共中央的委托作的,包括在京讨论制定科学发展和远景规划的 200 多位科学家在内的 1000 多位自然科学家、社会科学家、医学家、文学家和艺术家参加会议。报告阐述"双百"方针的内涵、提出的时代背景及有关政策。周恩来在会上就科学规划如何实现的问题提出两点意见,即一要有重点,二要有先后。会后,参加周恩来与李富春、聂荣臻、郭沫若等在中南海怀仁堂举行的招待出席全国科学规划会议的科学工作者的酒会,周恩来与大家一一握手。

29 日 上午,开工作会讨论房屋及肃反总结。下午,参加肃反总结大会。与裴丽生等会谈房屋分配。

30 日 至西苑大旅社参加研究生招生委员会会议。

同日 中国人民大学中国历史教研室戴逸就该校科学讨论会上讨论其论文①事给"范老、刘大年同志"写信,希望能够"莅临指导",范文澜阅读后批道"你如去,请替我表示歉意"。

31 日 上午,至中共中央高级党校上课。下午,至西苑大旅社开档案学规划会。

本月 与丁名楠、余绳武合著的《台湾历史概述》由北京生活·读书·新知三联书店出版单行本。这是新中国成立后大陆发行的第一部台湾历史读物,后来被授予中国科学院学术奖。30 多年后,史学界普遍认为,《台湾历史概述》是五六十年代众多台湾史著作中比较有影响的一部。

6 月

5 日 参加中国科学院历史研究所第三所工作会议。

6 日 上午,至西苑大旅社规划办公室召集各学科负责人开会,布置规划大会事。下午,为开规划大会事找郭沫若。

7 日 上午,至中共中央高级党校上第四次近代史课。尚钺也在该校

---

① 中国人民大学在 5 月底至 6 月初召开第 6 次科学讨论会,参加讨论的题目 40 个,中国科学院相关机构、北京各高校及政府有关部门的专家等参加。戴逸提交讨论的论文是"中国近代史分期问题",该文后来发表在当年《历史研究》第 6 期。

讲古代史。下午,至西苑大旅社布置规划大会具体工作。

9 日　上午,至西苑大旅社开规划大会的秘书、记录会。

10 日　下午,主持规划讨论会召集人会议。会前,中国科学院学部常委就规划工作交换意见,郭沫若、周扬均不主张开规划大会,于是改为召集人会议。参加规划讨论会召集人会议的有各学科负责人等共 130 人。刘大年在会上先介绍规划制订的过程。接着,周扬、郭沫若分别讲话,谈如何开展"百家争鸣"等问题,指出百家争鸣是有时代性的,有条件的争鸣和认为规划与争鸣矛盾是错误的,允许宣传唯心主义是要通过与它斗争来发展科学和追求真理,欢迎有深入研究、有道理、有自己的意见的争鸣。最后,刘大年说明讨论会如何开法,认为"目前学校里讲课只讲别人讲过的,不讲别人没有讲过的,没有自己的意见,这很危险"。

11 日　开规划工作分组会,各组到会人数共 500 人。参加近代史组会议,上午邵循正传达周扬意见,下午继续讨论。

14 日　毛泽东、周恩来和朱德、邓小平、陈云、聂荣臻、林伯渠等中央领导在中南海接见参加拟定全国 12 年远景科学规划工作的专家们,并和他们合影留念。哲学社会科学方面的专家骆耕漠、夏鼐、狄超白、费孝通、白寿彝等出席。

23 日　上午,修改驳曾彦修稿,并付铅印。曾文也作了修改,提出《美国侵华史》"基本上是片面地看问题的,主观主义的和反历史主义的",并列举 7 大错误或缺点:1. 没有顾及资本主义的发展不平衡,宣传美国自十七、十八世纪即有高出于他国的侵略野心的有一套完整计划的"计划侵略主义"。2. 没有顾及近 100 年各帝国主义侵华势力的消长变化,宣传美国自鸦片战争以来一直是中国最主要的敌人的主张。3. 一贯宣传美国通过日本侵略中国的说法,似乎日本侵略中国只是美国侵略中国的工具。4. 分期没有根据。5. 全书对一系列的大大小小的政治事件做了随心所欲的解释,很多是反乎常识的。6. 全书夸夸其谈,没有提供材料,提供了许多奇怪的结论,有的材料错得很厉害。7. 全书突出地贯穿了"左"的片面观点。全书中同样有很多右倾观点,经常处在"左"右摇摆之中。

下午,处理《历史研究》编辑部杂事。

25 日　处理中国科学院历史研究所第三所所内杂事,为中央民族大学历史系某教师告状事给中共中央宣传部寄材料,为中国科学院南京史料整理处增加编制事给中国科学院报材料。晚上,至周扬处开会。

26 日　上午,参加中国科学院历史研究所第三所工作会议,讨论所内评奖和培养干部的办法。下午,与于光远、周扬、林涧青等谈话。于光远谈上午中共中央宣传部部长办公会议传达毛泽东关于第一届全国人大三次会议①的几点意见，即解释为什么要释放日本战犯、允许宣传唯心论和提两个万岁②，并谈及毛泽东对国际局势中的两个阵营的意见。之后，参加中共中央宣传部会议，讨论赫鲁晓夫在苏联共产党第 20 次代表大会上的报告。

27 日　筹备中国科学院学部常委会。

28 日　列席中国科学院学部常委会，郭沫若、李达、范文澜、王亚南、胡绳、翦伯赞、于光远、狄超白等出席会议。会议对远景规划作出几项技术性决定。

30 日　与中国科学院历史研究所第三所研究人员谈话。上午，与张遵骝谈话；下午，与周遂宁、余元庵、王崇武谈话。

7 月

1 日　上午，游景山。下午，参加郭沫若召集的中国历史和哲学史教科书编辑问题座谈会，陆定一及 50 多位史学家、哲学家参加会议。会上确定，编写历史教科书作为高教部的任务，委托中国科学院负责。随后中国科学院组成以郭沫若为首的中国历史教科书编辑委员会，与郭沫若、陈寅恪、陈垣、范文澜、翦伯赞、尹达 7 人组成中国历史教科书编审小组。

2 日　参加中共中央宣传部主持召开的社会科学刊物主编会。

3 日　参加中国科学院历史研究所第三所工作会议，讨论实习员培养办法。

4 日　处理中国科学院学部事务。

5 日　全天读《清实录》，准备开始新的工作计划③。本日开始，至 10 月

---

① 第一届全国人民代表大会第三次会议于 1956 年 6 月 15 日至 6 月 30 日在北京召开。

② 1956 年 4 月 25 日，毛泽东在《论十大关系》中说："要有两个万岁，一个是共产党万岁，另一个是民主党派万岁。"

③ 刘大年日记中没有记载这一新的工作计划是什么，《清实录》是否全部读完并标记，也未可知。据戴逸等清史专家的一些回忆（如《人民日报》2001 年 4 月 14 日戴逸、李文海《一代盛世 旷世巨典：关于大型清史的编纂》），中华人民共和国成立之初，董必武曾建议编写《清史》，受到毛泽东、周恩来的重视，后因故搁置；1959 年周恩来委托吴晗考虑编纂清史规范。从本年谱 1956 年 2 月 25 日条（第 132 页）等内容看，在制定哲学社会科学十二年发展规划期间，中国社会科学院历史研究所第三所已经开始重视《清实录》《清史稿》《东华录》等清史资料，刘大年已经开始着手研究清史资料。

13 日[①]，坚持看《清实录》，有时整天读，有事则利用空余时间读。开始只是翻一遍，找出要用的材料，未查对年月和加上抄写者看的标记。7 月 6 日，开始做抄写标记。7 月 16 日，抄写员舒林[②] 开始抄写。

7 日　至高教部开会，讨论编写教科书事。高教部第一副部长黄松龄主持，翦伯赞等参加。

8 日　董谦[③] 来面谈。晚上，至潘梓年处谈学部机构人员等事。

9 日　王崇武来谈编历史图谱事；并至西苑大旅社参加高教部教学大纲讨论会。

10 日　至西苑大旅社参加黄松龄召集的讨论教科书问题会议。

11 日　在中国科学院历史研究所第三所讨论近代史一组提纲。其间，中国人民大学李新和彭明来谈现代史编写问题。

12 日　上午，处理中国科学院学部杂事。下午，至周扬处谈话。

14 日　至北海漪澜堂同苏联史学工作者尼基福罗夫等谈编写历史图谱事。

15 日　参加高教部教学大纲审订会闭幕式。晚上，参加郭沫若、杨秀峰[④] 主持的宴会。

同日　中国人民大学胡华送中共中央办公厅编《六大以前——党的历史材料》一套，来信说"用完后还望仍掷交我"。

16 日　处理《历史研究》编辑部事。

17 日　上午，从德意志民主共和国回来的齐声乔来谈现代史。下午，至学部同潘梓年、尹达谈中国科学院、高教部开党组联席会讨论有关哲学社会科学部事。

18 日　下午，至中国科学院语言研究所，与韦悫、王力、罗常培、吕叔湘、丁声树等开会讨论青岛学术会议事，被坚持邀请去青岛参加会议。

19 日　讨论中国科学院历史研究所第三所第二组提纲。

22 日　董谦来谈话，后至潘梓年处谈工作。晚上，参加波兰国庆节招待酒会，与邵力子夫妇、罗隆基、武衡夫妇等同桌。

24 日　乘车由北京赴青岛。27 日至 8 月 1 日在青岛参加语言学座谈会。潘梓年、吕叔湘、王力、陆宗达、丁声树、傅子东等与会。西安师范学院的傅

---

① 迄今未见 1956 年 10 月 14 日至 1958 年 11 月 6 日期间刘大年日记。

② 舒林，时任中共中央马恩列斯著作编译局马恩室主任、定稿员。

③ 董谦，中共中央高级党校新闻班教研室负责人、讲师，1956 年秋调入中国科学院经济研究所。

④ 杨秀峰，时任高等教育部部长。

子东认为汉语的结构服从意义,因投稿至《中国语文》未刊登而向陈毅、郭沫若、吴玉章、刘伯承等人告状,批评语言所吕叔湘等专横压制。吕叔湘、王力等人认为,在一个句子中意义和结构是统一的,分析句子时意义服从结构。与会语言学家围绕汉语的结构与意义的关系问题展开讨论。8 月 4 日回到北京。

28 日　中国科学院院务常务会议决定撤销学术秘书处。

8 月

8 日　上午,参加中国科学院党组会议,讨论经济所狄超白、林里夫事。下午,至中共中央宣传部开会讨论与苏联合作编历史图谱事,会议没有最后结果。

17 日　与中国科学院哲学社会科学部副主任刘导生到中共中央宣传部谈工作。

18 日　中国科学院历史研究所助理研究员林甘泉、北京大学历史系教授张芝联等来谈话。布置刘导生去各所了解情况事。

同日　于光远就稿费事来信,劝收下稿费。

21 日　参加周恩来主持的欢迎以梭发那·富马亲王为首的老挝王国政府代表团的盛大宴会。

同日　中共中央宣传部出版处处长、中国科学院历史研究所第三所学术委员会委员黎澍就出研究生考试题目来信,说:“范老和大年同志:收到拟研究生考试题目的通知及附件一份。但是我不了解目前高等学校情况,于试题深浅及质量均无把握,很希望能得到你们所拟的试题作榜样(保证保密),如果不能这样行,就请容许我用你们所拟的现成的题目。”

22 日　同刘导生至郭沫若处谈工作,并汇报青岛会议情况。

23 日　刘导生来中国科学院历史研究所第三所了解情况,开座谈会。

25 日　湖南省委宣传部陶浦生等来谈湖南成立历史考古研究所事。狄超白等来谈范文澜在中共八大会上发言准备事。

27 日　同刘导生至中国科学院院部谈学部事。

29 日　参加中国科学院党组会,讨论哲学社会科学规划。

30 日　参加哲学社会科学部办公会,潘梓年、刘导生等参加会议。

31 日　见罗常培谈中国科学院语言研究所事。晚上,见范文澜,范读其八大发言稿,并讲当天毛泽东在一个会上谈到学习苏联的问题时说,学苏联要学先进的东西,不是连落后的东西也学,苏联绝不会是一切都是先进的。

9月

2日　致函中国科学院党组,请解除学部秘书兼职,叙述原因说:"(一) 目前学部人力已较前大为充实,解除我的秘书职务,对学部工作毫无影响。(二) 我的兼职过多,能力实在不能胜任。(三) 事业荒废,研究计划一再流产,太不像话。(四) 身体条件很差,对现在担任的工作体力难以支持。"

3日　替中国科学院党组草拟给中共中央的报告,谈关于社会科学方面科学研究机构分工问题。

4日　同刘导生至民族事务委员会刘春①处谈成立民族研究所事。

5日　上午,参加在南河沿文化俱乐部举行的中国科学院编辑出版委员会会议。中国科学院编辑出版委员会新任副主任杜任之和朱务善与会。下午,找潘梓年谈辞去学部秘书事,潘表示"不要急"等等。

6日　参加学部会。同罗常培等谈语言研究所事。

7日　参加中国科学院历史研究所第三所工作会议,讨论整风、招考研究生等事。

同日　中国科学院语言研究所研究员、中国科学院哲学社会科学部委员陆志韦来信,说:"检废书,得许地山的父亲的遗草②一册。书中年谱或有用处,冒昧奉上。"

8日　上午,与林涧青等参加学部会,会议谈分工、建立机构、开常委会等事。

中午,与刘导生应林涧青邀请一起在文化俱乐部就餐。去文化俱乐部途中,在车上对林涧青表示坚决辞去学部秘书兼职,请他支持。林涧青说中共中央宣传部会考虑,建议刘大年离开研究所,专做研究员和学部工作,并说"现在不是解除秘书名义的问题,而是要换一个名义",意即升任为哲学社会科学部副主任。刘大年当即表示"打死我也不干"。

下午,裴丽生、潘梓年来中国科学院历史研究所第三所,同范文澜讨论中共八大发言稿。范要刘大年替他写初稿。

---

① 刘春,时任中央人民政府民族事务委员会委员,中央民族学院副院长。
② "遗草",指许南英之《窥园留草》,书中有"窥园先生自定年谱"。

9 日　为范文澜写完中共八大发言初稿,约 1500 字。给罗尔纲写信,关注其病情。

10 日　同刘导生至郭沫若处,谈开学部常委会事。又同范文澜改写范在中共八大会上的发言稿。

11 日　同荣孟源等讨论招考研究生试题。发出辞去学部秘书函。

12 日　致电潘梓年,问学部秘书辞职事,潘表示一定要党组讨论一下。

13 日　参加学部常委会。

14 日　参加中国科学院历史研究所第三所工作会议,布置 1957 年计划。

15 日　中国共产党第八次全国代表大会在北京全国政协礼堂开幕。

晚上,范文澜来访,说在中共八大上的讲话稿要重写,突出百家争鸣。

20 日　上午,处理学部、历史研究所第三所和《历史研究》编辑部杂事。下午,至西苑大旅社修改总规划草案。晚上,和潘梓年同车进城,潘告知党组已同意解除刘大年学部秘书职务事。

21 日　上午,参加中国科学院历史研究所第三所工作会议,会议讨论 1957 年所内计划,决定召开近代史学术年会。下午,至西苑大旅社修改规划稿。晚上,为韩长耕想调动工作事给郁文写信。

26 日　上午,同韩长耕、李瑚谈话,李瑚也要求调动工作。下午,至西苑大旅社,修改总规划中科学史部分,叶企孙、钱葆宗等人参加。

27 日　至西苑大旅社修改总规划语言部分,王力、魏建功、吕叔湘等多人参加。

28 日　修改总规划教育部分。

29 日　修改总规划图书馆、档案馆、博物馆及外语部分。中午,至国际俱乐部出席郭沫若主持的欢迎以亚·普实克院士为首的捷克斯洛伐克科学院代表团的宴会。

10 月

1 日　同范文澜参加天安门国庆观礼。

3 日　王崇武来谈话。

4 日　致函吴晗,谈谭其骧编绘杨守敬地图事。晚上,与翦伯赞在西郊宾馆宴请欧洲汉学家万德龙。

5 日　至学部开会,讨论总规划修改事。

7 日　中国科学院生物学地学学部委员、教育部教育研究机构负责人陈元晖来信,告知教育科学规划即将寄送的消息,并说"教育科学研究所成立后,我想研究中国教育思想史,希望能常得到你的指教"。

8 日　处理杨人楩事,分别写信。修改 1957 年学术会议计划。董谦来谈话。

9 日　钱宏、周遂宁来谈话。至《历史研究》编辑部,并同尹达谈杨人楩事。晚上,至西苑大旅社会餐,规划办公室解散。

10 日　中国科学院语言研究所副所长吕叔湘来信谈哲学社会科学发展规划草案中的俄语和西语部分的修订问题。

13 日　参加中国科学院党的活动分子会议。张劲夫传达毛泽东在中共八大预备会上的讲话、陈云对中共八大名单的说明等。裴丽生传达中共八大关于党章问题的精神。

17 日　中国科学院哲学社会科学部准备在哲学所举行座谈会,讨论如何根据八大精神展开科学研究工作。范文澜来信商量请假问题,说:"座谈会的题目当然是重要的,但是,更重要的是如何让科学工作者认真坐下来去做工作,光是谈,作用恐不很大,时间却又去了半天。如果要准备发言,费时更多。你意如何,我是否可以请假。请你斟酌告诉我。我怕是否会引起其他误会。所以请你帮助我斟酌。"

19 日　因要到政协礼堂参加鲁迅逝世 20 周年纪念大会的主席团,范文澜来信说:"明天学术会议请你主持,并请将为难情形告胡、黎、田①等同志,请原谅。出《集刊》问题也请提一提,以便将来出《集刊》有根据。""田家英同志难得来,我却不在,更歉!"

20 日　主持中国科学院历史研究所第三所学术委员会第三次会议。会议审议通过 1957 年工作计划纲要,指出计划在"如何组织和推动全国的近代史研究工作和如何与其他单位合作、更好地运用所外的研究力量等"方面注意得不够,"而这些都首先需要经常了解全国研究工作的情况、注意有关的出版物和在刊物上发表论著,对各种学术问题发表意见并组织讨论。因此所内可考虑由一二人专门做这方面的工作"。关于中国近代史、近代思想史学术会议,名称改为"中国近代、现代史学术会议",建议在筹办委员中增加外地高等学校的代表,并讨论了论文范围。关于《培养研究实习员的暂行办法》,会议给予肯定。

29 日　陈毅、李富春、聂荣臻联名向周恩来并中共中央送呈《关于科学规划工作向中央的报告》,随报告送去《1956—1967 年科学技术发展远

---

① 胡、黎、田即中国科学院历史研究所第三所学术委员会委员胡绳、黎澍、田家英。

景规划纲要(修正草案)》(蓝皮书)和《哲学社会科学规划草案(1956—1967)》(白皮书)等附件。这是我国历史上的第一个科学技术发展规划和第一个哲学社会科学发展规划。

11 月

15 日　出席纪念孙中山诞辰 90 周年学术讨论会。参加这次学术讨论会的,除首都哲学和历史学界的科学工作者和首都高等学校中的教师外,还有东北人民大学、东北师范大学和山东师范学院的代表共约 200 人。中国科学院副院长陶孟和、高等教育部副部长黄松龄、中国国民党革命委员会委员邵力子等出席讨论会。侯外庐、丁则良、黎澍分别就孙中山的哲学思想以及同政治思想的关系、孙中山和亚洲民族解放斗争、孙中山革命活动的社会基础等专题作报告。刘大年、周炳琳、黄天琳、荣孟源等人在会上发言,分别就这三个专题报告进行讨论,并提出意见。

12 月

22 日　中共中央同意国务院科学规划委员会党组关于征求《1956—1967 年科学技术发展远景规划纲要(修正草案)》的意见的报告。12 年规划工作正式完成并立即付诸实施。12 年规划工作推动了中国科学院院属哲学社会科学研究机构的发展,中国科学院很快建立了几个新的研究所。到“文革”之前,哲学社会科学部有 14 个研究机构,即哲学所、经济所、世界经济所、文学所、外国文学所、语言所、历史所、近代史所、世界历史所、考古所、民族所、法学所、世界宗教所和情报所。

27 日　吕叔湘参加政协视察组到上海,来信问其弟吕浦的材料寄到历史研究所第三所后的处理结果。

28 日　中国科学院历史研究所第三所党支部举行换届选举会,当选为支部委员。

本年　德国洪堡大学东亚研究所汉学教授拉契涅夫斯基自莱比锡回信,说:“感谢您的来信和对我们的支持。我们十分高兴可以收到中国学者撰写的论文。论文将刊登在第一期上,稿件最好能在一九五六年十二月一日前寄达。我们出版的《历史集刊》第一期将以‘中国历史分期’为题,欢迎中国学者来稿。像《语言集刊》一样,《历史集刊》的目的是围绕主题进行的、各角度的具体研究,以便将来能够作出综合的结论。题目的研究期限为一年,研究成果将收藏在我们的柏林研究所中。地址是柏林八区大学街乙3号柏林洪堡大学东亚研究所。日前收到中国寄来的书籍六箱,请向科学院代致谢意。这次馈赠将使我们的研究受益良多。希望我们两所之间的合作在互相的基础上不断发展,为巩固两国的友谊尽力。"

本年 德意志民主共和国翻译《美国侵华史》,并在柏林出版。

1957 年（43 岁）

1 月

年初 根据毛泽东希望为县团级干部编写一部中国历史书籍的指示,中国科学院确定由历史研究所第一、二、三所承担,1958 年列入国家计划,定名《中国史稿》,由郭沫若主持。古代部分上古到魏晋南北朝、隋唐到鸦片战争 3 册由第一、二所承担,尹达负责;近现代部分两册由第三所承担,刘大年与田家英分别负责。

2 月

5 日 顾颉刚来信,介绍西安交通大学近代史教研室黄永年等 3 人到北京搜集资料。

25 日 郭沫若发来中国科学院历史研究所第三所副研究员胡庆均要求内部出版其"大凉山彝区社会调查报告"信,问"是否可以征求一下范老的意见,同意他所写的报告,作为内部出版物以供参考"。

春

王芸生前来征求修改《六十年来中国与日本》一书的意见,决定"中改"。

3 月

19 日 全国政协副主席、全国工商联主任委员陈叔通来信,告知"前奉手示已转刘厚生① 先生"。

4 月

2 日 罗尔纲来信，谈《忠王自传原稿》真实性的争论问题，说："范所长、刘副所长：去年年子敏把我写的《忠王李秀成自传原稿笺证》及有关文物的照片送请司法部法医研究所鉴定。鉴定结果《自传原稿》与《忠王谕李昭寿书》字迹'应有差异'、'非同一人手笔所书写'。年子敏根据法医研究所这一个鉴定，提出否定《忠王自传原稿》真实性的论断，引起史学界的争论，至今争论还在展开。"信中谈到争论开始后的研究工作，表明不同意鉴定结果，并说："为此我特将我写的《笔迹鉴定的有效性与限制性举例（忠王谕李昭寿书笔迹鉴定）》一册，《忠王谕李昭寿书》照片，《忠王亲笔答辞》照片，《忠王自传原稿》照片合订一册，及我致司法部法医研究所函一封，敬请审阅。如有送请该所审阅的必要，请由本所加公函送往为幸。"

18 日 中国科学院历史研究所第三所学术委员会和中国近代、现代史学术会议筹备委员举行联席会议，讨论中国近代、现代史学术会议的准备工作。

25 日 罗尔纲来信，说："听您说《历史研究》编辑部在本月底开会，为着得到赶早审查，昨天把我写的《忠王李秀成自传原稿的真伪问题及史料问题》一文，送去《历史研究》编辑部去了。我希望能够在本月底编辑部开的会上一并审查。"

5 月

14 日 陈叔通回信，称刘厚生出版《张謇传》事"已委托刘放园先生全权代表一切。另有委托书，并致先生信"。

23—30 日 参加在北京举行的中国科学院学部委员第二次全体会议。郭沫若主持大会并作报告。这次会议增聘 21 名学部委员，其中社会科学方面 3 名。

---

① 刘厚生是陈叔通朋友，正联系出版《张謇传》。

6月

2日　范文澜给中国科学院党组书记、副院长张劲夫写信,说:"我们所此次在放鸣中,大大暴露了我和大年同志在领导工作上的弱点。""已暴露的问题,大体上可分为三类:(1)党内思想教育很弱;(2)对群众的思想教育很差;(3)研究工作的领导力很弱。""我和大年同志的意见如下:(1)我今后仍将致全力于写作上。领导我所的工作,仍像过去那样,由刘大年同志负担。(2)大年同志不能老是不读书,必须给他每周三四天工夫去做本人的研究工作,这是建立领导威信的必要条件。再有三两天做领导各组的研究工作(包括参加各组业务讨论和找研究人员谈话)。他现在的情形,他可以面陈,确实是整天忙碌,顾此失彼,出了大力却收效有限。""针对上述情形,我们请求调给我所一位副所长。""我因事不能前去见您,兹由大年同志将详细情形面陈,请赐指示为盼!"

此后不久,任历史研究所第三所领导小组组长,以副所长名义实际主持近代史研究所工作,所长范文澜专事著述。

29日　就一读者询问史学界讨论有关太平天国革命性质及对曾国藩、李鸿章评价问题的来信,翦伯赞来信说"请您指定一位了解此事的同志代复为感"。

本月　中国科学院历史研究所第三所组织开展反右运动,范文澜来信谈反右运动相关事宜,说:"我准备对全所同志们或仅召集一部分人,讲一次话,消除顾虑,鼓励斗志,以便发动反右派斗争。我想,用工会召集座谈会的形式比较好(不用所长资格而是工会一个会员的资格),请三人小组斟酌,星期二我向人代会小组请上午半天假,用半天大概可以讲完。如时间来不及,不答复已提出的问题。我利用今天,草草写此稿,请三人小组多提意见。"

7月

2日　中国科学院院党组向中共中央宣传部报告,建议:(1)成立哲学社会科学部"分党组",潘梓年任分党组书记,刘导生任副书记。(2)哲学社会科学部的学术思想方面的问题由中共中央宣传部直接领导。(3)哲学社会科学方面的若干研究机构要取得中央各有关部门的业务支持和中央负责同志的联系指导。

与裴丽生、尹达、何其芳一起被提名为哲学社会科学部分党组成员。

13 日　陈叔通来信，谈《张謇传》稿费事，说刘厚生愿意接受合同。15 日，因信"误送至东四头条胡同历史研究所第一所"，陈叔通又写同样内容的信。

8 月

9 日　中共中央宣传部批复同意哲学社会科学部建立分党组报告。

22 日　中国科学院党组通知哲学社会科学学部分党组即日开始工作。

从此，通过学部与中共中央宣传部保持密切联系。与孙冶方、何其芳等 4 人经常列席中共中央宣传部部长办公会议。

24 日　就中国科学院拟成立世界史研究所之事，杨人楩来信，称有些"看法"，询问何时面谈方便。

9 月

12 日　苏联《历史问题》副主编辑波里索夫给郭沫若来信约稿，说："《历史问题》杂志编辑委员会请您写文章，如果现在您没有时间的话，那就请您委托一位工作同志，让他给我们的杂志准备一篇简述的文章——鉴于伟大十月社会主义革命四十年，中国的历史学家进行了些什么工作(科学常会、代表会议、科学的专题论文、论文集、发表文件等等)。我们希望文章最晚要在今年十月二十日以前由北京寄出。"郭沫若 10 月 2 日在信上批示："即送刘大年同志，请他组织一下。"

18 日至 23 日　中国科学院召开哲学社会科学界反右斗争座谈会。

10 月

11 日　《驳一个荒谬的"建议"——批判荣孟源反马克思主义的历史学观点》在《人民日报》发表，文章对荣孟源进行批判①。1995 年致函《刘

---

①　荣孟源在 1957 年《新建设》7 月号上发表的《建议编撰辛亥革命以来的历史资料》一文，提出重视资料、继承传统以及各种体裁并存的问题。此后不久，时任中共中央文教小组副组长的康生指示中国科学院批评荣孟源。1958 年 4 月 1 日，荣孟源被划为右派分子，由二级研究员降为四级研究员，其近代史资料编辑组组长和所学术委员会委员等职务被撤销。

大年论著目录》的编者张显菊,明确指出这篇文章的观点是错误的。

11—14 日　哲学社会科学部举行座谈会,批判史学界向达、雷海宗、荣孟源和陈梦家的史学思想。

11 月

11 日　范文澜来信,请次日带关于荣孟源的一些材料去翦伯赞处,说:"下星期科学院开大会,翦老请你明天上午到他那里去,花一天工夫准备反关于历史方面右派的发言稿,请带关于荣的一些材料去(我看,你那篇论文稿即可)。"

12 月

14 日　外交部顾问陈翰笙寄新作《1857 年印度大起义时期英国人的态度》,并说:"《历史教学》月刊最近一期内发表了拙作一篇(页 14—19)。兹送上请指正。"

本年　关于中国科学院历史研究所第三所学术委员会会议事,范文澜来信说:"刚才院部来电话,说劲夫、丽生两同志意见,明年学术会议,最好不请或少请外宾,要我和潘老商量,向郭老作解释。你意如何? 前天本所学术委员会上,中宣部同志问我的意见,我也说困难确实是存在的,希望中宣部批报告时注意一下。此事请你和学部谈一谈。"关于历史研究所第三所 5 年计划问题,范文澜来信说:"本星期三下午二时到中宣部谈本所五年计划问题,届时请勿外出。我们一起去谈。"

1958 年（44 岁）

1 月

2 日　政协第二届全国委员会副主席包尔汉给中国科学院历史研究所第三所来信,送"最近加以修正的关于阿古柏的一篇文章"请审阅。

上旬　在北京大学历史系系主任翦伯赞主持的历史讲座上作"关于尚

钺同志为《明清社会经济形态的研究》所写的序言①"的演讲,从论点、论据和史学方法几个方面对尚钺的学术观点进行批评。演讲内容受到范文澜的称赞后,写成近 2 万字的论文,以《关于尚钺同志为〈明清社会经济形态的研究〉一书所写的序言》为题发表在同年《历史研究》第 1 期、以《关于尚钺同志为〈明清社会经济形态的研究〉一书所写的序言——北京大学"历史问题讲座"第七讲》为题发表在《北京大学学报》(哲社版)第 1 期;在范文澜的直接支持下,北京高等教育出版社于 8 月出版此文单行本;此文还又收入三联书店 1960 年 2 月出版的《中国资本主义萌芽问题讨论集续编》。

《关于尚钺同志为〈明清社会经济形态的研究〉一书所写的序言》开篇说:"上海人民出版社去年三月间出版的《明清社会经济形态的研究》一书上有尚钺同志写的一篇序言。作者在序言中认为有关中国封建社会的长期性、十九世纪中叶中国仍是小农业与家庭手工业相结合的社会经济结构和鸦片战争是中国近代历史的起点等,这些在学术界已成定论了的看法,是不正确的,明白否定了这些看法。这是历史研究中一个值得注意的问题。因为它直接涉及马克思主义关于中国史的若干基本问题的论断、涉及中国革命斗争的一些重要问题。我觉得有必要提出来加以讨论,以求得认识的一致。"论文在结论中说:"我的意见是:(一)前述马克思主义关于中国历史的根本论断是正确的,经过时间的考验,这些论断愈益增加了光辉。(二)中国近代历史,即半封建半殖民地制度的历史要从一八四〇年鸦片战争算起。明清之际,中国封建社会内部的资本主义因素有了增长,但此时仍是封建社会,并不是中国资本主义或半封建半殖民地的起点。(三)尚钺同志提出的推翻马克思主义关于中国历史的根本论断,大

①　1956 年 4 月,中国人民大学教授尚钺在《中国资本主义关系发生及演变的初步研究》文集中认为,从经济观点看,乾嘉时代已是资本主义的"所谓原始积累"时期。该观点当年就受到学术界的批评,被认为是将明末清初的历史近代化。1957 年 3 月,上海人民出版社出版中国人民大学中国历史教研室编《明清社会经济形态的研究》一书。尚钺在该书的序言中进一步提出:"关于明清两代社会性质的讨论,是中国历史上的一个问题。这个问题的解决,不仅将影响到史学界对中国历史的某些传统看法,如中国封建社会长期性或中国社会停滞论,乃至中国社会一直到一八四〇年外国资本主义侵入以后,中国社会基础还是小农业与家庭手工业相结合的自然经济等等,而且也将影响到中国近代史究竟以什么时期作为起点的问题。因为,不拘从社会经济的发展上,或从中国社会内部的主要矛盾和主要矛盾方面的继续和发展上,以一八四〇年外国资本主义侵入的时间划一个分界线,都是不很妥当的,而且有着斩断历史发展线索的毛病。"这一观点问世以后,在史学界引起强烈反响。

大提前中国资本主义历史的主张,违反科学、违反中国历史的实际,是不能成立的。"结尾说:"我自己在这方面知识浅陋,马克思主义水平很低。本文目的在于提出问题。看法可能有不少错误,愿意得到尚钺同志和读者的指正。"

关于这次对尚钺的批评,1981年5月,在上海举行的中国史学会第二届理事会第二次会议上,曾指出:"以前我们在研究工作中存在一些缺陷,只注意抓住事物的本质,不顾历史现象的复杂性、多样性,简单化,说理不足,乃至对待读者不平等。更差的是抬出马克思主义著作的片言只语,以为神圣不可侵犯,用来代替事实论证。类此情形,在我自己写的东西里就可以找到。这当然没有说服力。简单化,抓住书本上某些词句代替论证,是因为缺少辩证法,缺少马克思主义"。1997年,在纪念翦伯赞的一篇文章中又说道:"1958年,他(指翦老)主持的北大历史学讲座,邀我讲过评尚钺同志中国资本主义萌芽研究的问题。题目不用说是我自己定的,事后也没有问过主持人的看法。尚著论点如何,自然可以讨论。但我的评论带有教条成分,1981年我在上海举行的中国史学会理事会上做过自我批评。"

25日　罗尔纲来信,就推荐为苏联的《历史问题》杂志写一篇关于忠王自传原稿问题的文章请提意见,还对范文澜的鼓励、苏联科学院别列留柏斯基的高度评价作了说明。

28日　《人民日报》刊登《批评尚钺的历史观点》,介绍论文《关于尚钺同志为〈明清社会经济形态的研究〉一书所写的序言》的主要观点。

2月

10日　受国务院科学规划委员会主任聂荣臻聘,担任该委员会历史组组员。

本月　尚钺写成《与刘大年同志谈学术批评》长文。一方面承认"过去我在'序言'中所说的:近年来学术讨论,将影响到中国近代史自1840年开始的起点问题,显然是不确切的,甚至有错误";另一方面解释说:"至于像刘大年同志说我有什么意图'推翻马克思主义对于中国历史的观点',却是没有的,这有大量事实的证明,并非空言。"他认为"刘大年同志的历史发展观与马克思主义的历史发展观,也不一致"。并指出,"我唯一的希望是刘大年同志把自己的见解'凭客观存在的事实,详细地占有材料',具体地阐述出来,而不再是或仅只从概念出发,因为这种对待历史问题的态度和方法不符合马克思主义的要求"。

3月

7日　参加中国科学院哲学社会科学部所属研究所高级人员的"反浪费反保守"运动动员会。本月,在中国科学院历史研究所第三所组织开展以"整风补课"为名的反浪费、反保守运动,围绕着检查科研路线,发动职工以大字报形式发表意见。指出:本所根本问题为政治与业务、红与专问题,其次为思想保守,再次为官风官气问题。几个月后,在所内作"苦战三年,改变面貌"①的报告,提出改变整个历史研究所第三所科研面貌的一系列措施。

13日　与潘梓年、于光远、郑振铎、翦伯赞、姜君辰、郑昕、戴白韬、孙冶方、周新民、孙定国参加人民日报社举办的讨论哲学社会科学工作如何实现跃进问题的座谈会。

在座谈会上的发言《提倡艰苦劳动的学风》于18日在《人民日报》发表。强调"哲学社会科学工作者应该继续进行自我思想改造",解决"科学研究到底为谁服务的问题",重视"个人专长、个人兴趣同国家需要相结合的原则","要用新鲜活泼的、创造的精神,来代替落后、保守的思想";批评那种认为"搞近代、现代史的人,不过是在搞政治,说不上是在研究科学"的观点,认为"持有这种观点的人,表面上是重视科学,实际上是想逃避现实政治,并且是表示他们缺少科学地理解现代历史的能力",指出"学术界有许多人勤勤恳恳工作,但是也有人不那么振作,不肯刻苦钻研……我们需要有刻苦劳动的学风,需要有工人农民那样的革命干劲"。

4月

5日　出席国务院科学规划委员会召集的,翦伯赞主持的,有中国科学院历史研究所、考古所和首都高等学校历史系、出版机关等历史考古工作者参加的座谈会,并在会上宣读中国科学院历史研究所第三所今后5年工作计划。

在座谈中,白寿彝提出为了提高教学质量,教学工作人员应该进行科

---

① 据张振鹍2015年12月26日《刘大年年谱》审读会上发言,该报告的时间在当年6月至8月之间。会后,开始抓落实组织工作,包括启动编写多卷本《中国近代史》等。

学研究工作,建议高等学校教师有一定时期到科学院去工作,而科学研究人员也应定期到高等学校去教书。翦伯赞、刘大年等对白寿彝的建议表示赞同。

22日 尚钺来信,谈《与刘大年同志谈学术批评》及"历史科学为谁服务"一稿诸事,说:"我写的那个'序言'和那本书毛病很多,您的批评还是好的,自己同志间批评,比起旁人批评就更好些。不过,有些问题还值得商议一下,我因之写了一篇和您谈谈学术批评的文章,说不上'反驳'。写好后,适值桂五同志来,想请他看看,然后再转交您。不意有些同志知道我将文章送给您了,他们很关心,希望能在教研室讨论一下。所以,我又要了回来。但恰遇双反紧张阶段,既未讨论又未修改,一搁就是半月。但为着打开学术自由讨论的风气,先从我们同志间开始是必要的。因此,既然您来催促,兹先送上,请打印一下,分送有关各方面请提意见,并请说明我要求各方面审查时,不仅要注意我文章的内容,尤其要注意我的态度。至于发表的问题,我想等各方面意见来了再商量。因为我们这样的讨论,是否有助于展开学术自由讨论的风气,如无利于此,仅是我自己辩解一下,我想还是以不发表为好。因为我那本书和序言写的实在不好,批评批评也是应该的。""'历史科学为谁服务'一稿,有些字句不明确,请您和尹达同志直接修改一下。我一向不会写政治性很强的文章,咱们又是有组织的战斗,请您们正式挂起帅来。"

6月

16日 受国务院科学规划委员会主任聂荣臻聘,担任该委员会地方志组组员。

25日 尚钺来信,谈"历史科学为谁服务"稿、历史研究所第三所的规划以及《与刘大年同志谈学术批评》文中诸事,说:"'历史科学为谁服务'一稿,本来写得不好,修改也没有修改好。退回来是对的。关于厚今薄古问题,我还打算写一篇,不过是未来的事了。""看了三所的规划以后,我们很高兴,并决定以全副精力支持您们的雄伟规划。""因为您规划的号召,我们已决定成立一个现代史组,现有四人,不久后可能有七人或八人。因此,我们近代史组和现代史组决定在范老和您的领导之下,展开未来的工作。也许在不久的将来,我们教研室会派戴逸和另外的同志去向您和三所近代史组同志们请教,并结合在一起工作。""我与您商讨学术批评的文章,经过大家提了意见,我又作了一次大修改,再看看,还是粗糙得很,错误之处一定不少，所以请您审阅，如不能发表请即行退还。"

由于各种原因，《与刘大年同志谈学术批评》一文未能在《历史研究》发表，但被打印成册，后来收录在内部读物《尚钺批判》中。

7月

5日 《要着重研究"五四"运动以后的历史》在《人民日报》发表。倡导史学工作者贯彻厚今薄古的方针。

文章说："历史研究必须厚今薄古。着重研究中国近代现代史，特别是着重研究'五四'运动以后的历史、中华人民共和国的历史，这是历史研究中厚今的主要内容。"

关于为什么要"厚""五四"以后的历史，提出："一，'五四'以后的历史和今天的生活息息相关。……研究这段历史，目的是要帮助人们从昨天的活动中吸取经验，来从事今天社会主义建设的实践。""二，'五四'以后的历史，是中国历史上真正伟大的时代。从'五四'起，中国工人阶级走上了政治舞台。在这以前的中国社会历史，约八十年间是沿着半封建半殖民地的下降线发展的，在这以后，开始改变为沿上升线发展，最后进到了社会主义社会。""三，要科学地了解中国的古代，也必须着重研究中国的近代和现代，这是马克思主义告诉我们的方法。"

文章列举了一些研究者认为的困难："一，'五四'至今不过三十多年，时间短、从事这方面的学术研究的人少，专家更少，力量不足、水平不高。本来高等学校的革命史或现代史教师是研究的主力，近来其中有不少人改教社会主义教育课程，人力更为减少。二，和现实生活联系密切，不易贯彻百家争鸣。有点新见解，怕被批评为修正主义，没有新见解，则怕被批评为教条主义。吃力而又容易碰钉子，厚今变成了'怕今'。三，材料不好找。有的已经散失，有的尚未发表，有的零散没有整理。没有新材料研究不出什么新名堂。四，条件差，主要是没有时间。因为专业研究的人很少，高等学校教师的任务是教课，很少有时间做研究。"指出："要加强'五四'以后历史的研究，确实需要有关部门在人力、环境、材料和条件等方面采取一些措施，加以支持。然而这些困难，首先是要由学术界本身，要研究者本人来努力克服，并且这些困难也并不是不可以逐渐克服的。"认为必须看到研究"五四"以后的历史比搞古代史还有些有利的条件："首先这方面的研究有领导机关的重视和支持。""又由于这段历史研究得很少，有广阔的园地可以垦殖。甚至只要认真去整理材料，就可以见出成效。特别是这个工作因为和现实生活密切有关,多少有点价值,立刻就在群众中发生有利的影响。"

提出加强"五四"以后历史的研究可以采取的办法:一、通过各项具体工作把分散的人力组织起来。二、因地制宜,设置现代史和党史的研究据点。三、应由有关的单位随时根据需要,拟制选题计划,供研究者参考选择。四、要做好出版评论工作。

认为研究"五四"以后的历史,仍必须贯彻联系实际生活,从当前需要出发的原则,不能脱离或修改这个原则。"古今中外从来没有与政治无关的历史书,历史书没有不反映当时的政治观点的,只有直接和间接的区别。"

本月 国务院科学规划委员会办公室印发《一九五六——一九六七哲学社会科学规划纲要》(修正草案)。

本月 向历史研究所第三所帝国主义侵华史组布置任务,并亲自修改,最后署名"群力"的《从历史上看阿拉伯东方各国人民的解放斗争》在《历史研究》第7期发表[1]。该文的背景是5月黎巴嫩内战后,美国支持黎巴嫩政府并出兵黎巴嫩。

8 月

上旬 纪念戊戌变法60周年学术讨论会筹备会在北京举行。参加筹备会的除学术界外,还有黄炎培、陈叔通、章士钊、康同璧、梁思成、梁令娴等。

全国人大常委会副委员长、中国民主建国会主任委员黄炎培在会上写便条请假,并提一些对纪念方法的意见,说:"我对范老、吴老给戊戌变法运动以公正的评价,完全赞同。""我想贡献一些对纪念方法的意见:若干图书馆联合起来,更和历史研究所紧密联合起来,在适当地点设立各个时期的纪念室,戊戌是一期,以前例如太平天国,以后如辛亥、如五四等等,把各个时期的书籍、图画、物品等等,经常地陈列起来,家藏的商请捐献,如一时还不愿,作为寄存,随时可以收回。这样同一时间的,集中在同一空间,会大大有利于史学者的研究和新闻家写作家的收集参考。明年新中国十周年国庆,这一件事应该认为文化上学术上大事,可否由历史研究所领导发动,重点在这些近世史料,到今相距不太遥远,我所知道私家收藏还不少,把这件事作为十周年国庆的献礼,将此号召私家收藏品一齐贡献出来。"

---

[1] 张振鹍:《难忘的岁月——回忆刘大年给我派任务》,载《中国历史评论》第十二辑,上海文艺出版社2016年版,第65—71页。

10 日　顾颉刚来信，谈准备戊戌变法 60 周年纪念会论文事，说："前月开戊戌变法六十年纪念筹备会，我当时答应作批评康有为《新学伪经考》《孔子改制考》两书，耿耿于心。现在离八月十五日交卷之期不远，我竟未动手，且最近三个月内亦不得动手，恐怕耽误了这个纪念，特行奉告。……我想，这篇论文挪到十一月里做，不知你们许可否？"信末注明"文澜同志前均此"。

9 月

9 日　范文澜来信，说："刚才吴晗同志来谈，说最近见到主席，主席指示应标点前四史，每史附杨守敬的地图，以一年为期，争取明年十一出版。初步商量：（一）请姜君辰同志、金灿然同志参加，绘杨图的在京同志，历史三个所的负责同志（三个所分担四史），在本星期内开一个会（除星期二，吴晗同志都可以）。发请帖请你办理，召集开会用吴晗、范文澜名义。地点可在我所。"

23 日　就答复中国新闻社向范文澜约写关于配合外交斗争的稿件事，范文澜来信说："大年、维汉①同志：请答复中国新闻社。我自己实在不能写，时间又那么迫促，是否能找适当的一位同志写稿，为当前政治服务。"

28 日　参与组织筹备中国史学会与中国科学院历史研究所第三所联合举办的纪念戊戌变法 60 周年学术讨论会在北京举行。会议由范文澜主持，参加会议的有北京史学工作者和吴玉章、李济深、黄炎培、陈叔通、陈垣、潘梓年、章士钊、康同璧、梁思成等 60 多人。范文澜、吴玉章、章士钊、陈叔通、侯外庐等在会上发言。会上印发有关变法运动的 10 篇研究论文。同年 10 月，中华书局出版了吴玉章等著的《戊戌变法六十周年纪念论文集》。

向会议提交论文《戊戌变法六十年》。论文指出：中国资产阶级发动政治运动是从戊戌变法开始的。"维新派站在历史潮流的前端，在中国扮演着第一个资产阶级政治代表的角色。""群众性的活动和自上而下的改良活动相结合，是维新运动的一个特点。""中国资本主义产生和中国资产阶级的特点"决定"资产阶级维新派发动的运动，只能是一个改良主义的运动"。"维新运动并不因为是一个改良运动而减弱了它的爱国主义性质。"维新人士的言论，"是在一定程度上表达了广大人民群众反对帝国主义侵略、反对封建统治的要求，是有利于激发群众爱国热情的"。"然而维新派到底只是提

---

①　维汉，即张维汉，时任中国科学院历史研究所第三所副所长。

出了解决民族独立问题,中国走资本主义道路问题的远大目标,根本没有解决依靠什么力量来实现这个目标的问题。这决定他们的运动只能以失败而告终,不会有别的前途。""维新派的出现,表明中国资产阶级已开始走上政治舞台,单纯由农民推动历史发展的时代已成过去。但事实证明,不论是反封建或反帝国主义的广大力量是在农民群众之中,资产阶级离开农民就要一事无成。""维新派不止对封建势力是妥协的,对帝国主义也是妥协的。他们的爱国思想并没有发展为反帝思想。""敌视农民,向帝国主义寻求支持,就是维新派的路线。这种得不到人民群众支持的政治活动当然是经不起反动势力的一击的。""变法维新失败,宣布了改良主义的破产。""维新运动作为一场政治斗争,只是昙花一现,早成过去,作为一个资产阶级思想启蒙运动,在近六十年社会生活中却有相当的影响。""六十年前的资产阶级思想启蒙运动第一次突破封建主义文化思想这道严重难关,打开脑筋重新认识世界,这就为后来人们在新的社会生活条件下不断接受新的思想,扫除了一种困难,给了一种启发。在这一点上,维新派是有功绩的。"该文次日在《人民日报》发表。

29 日　《人民日报》以《北京史学界集会纪念戊戌政变六十年》为题对戊戌变法 60 周年学术讨论会进行报道,其中说:"会上还印发了刘大年等所写有关变法运动的研究论文十篇。"

本月　负责范文澜拟定的召开标点前四史会议的组织工作。会后成立一个标点工作委员会,负责召集人员,后推举范文澜、吴晗为召集人,仍负责实际组织工作。标点前四史是毛泽东提出的,毛泽东还指示每史附杨守敬的地图。①

10 月

22 日　率领中国科学院历史研究所第三所 40 余人,到全国第一个人民公社——河南遂平县嵖岈山人民公社学习,进行劳动锻炼和社会调查。12 月底陆续返京。

本月　《需要着重研究"五四"运动以后的历史》在《历史研究》第 5 期发表。

本月　戴逸来信,说:"范老、大年同志:奉上拙作《中国近代史稿》第一卷,此书因水平所限,且脱稿匆匆,有许多错误和缺陷,盼得到您们指导及贵

---

① 引自王玉璞、朱薇编《刘大年来往书信选》(上),中央文献出版社 2006 年版,第 149 页。

所同志们的批评。"

11 月

7 日　参加中国科学院会议。裴丽生传达郑州会议①精神，指出这次会议澄清了社会主义与共产主义的许多糊涂观念，起草了 15 年（1958—1972 年）社会主义建设 40 条。张劲夫就社会主义商品生产问题等作补充说明。会议提出今后工作要点：一、跃进为纲，抓元旦献礼运动；二、抓明年的计划，即研究任务和措施指标；三、多写跃进的总结报告；四、理论研究工作问题；五、高级知识分子的情况应再摸一下，了解有什么问题。

23 日　由北京乘车前往西安参观。

24 日　抵达西安，在人民大厦与刘导生、何其芳等会合。观看碑林，与尹达会合。晚上，介绍郑州会议精神和周恩来报告，并研究日后行程：刘大年、何其芳等 3 人入川，再转武汉；刘导生、尹达返回北京。

25 日　观看半坡遗址、兴庆公园、丰镐遗址、阿房宫遗址、汉代遗址等。

26 日　上午，到西北大学调研。党委副书记吴大羽介绍学校基本情况，谈到学校工作时说"一风吹五浪"，即用共产主义教育带动生产劳动、科研、批判、写作和军事体育。历史系主任郭绳武介绍历史方面的工作。下午，到中级党校座谈，听取中级党校校长、中国科学院陕西分院哲学科学所所长、西安市委宣传部领导等分别介绍情况。

27 日　上午，同尹达等游览临潼华清池。下午，参观西安灞桥人民公社，听取公社党委书记介绍情况。

28 日　参加西北大学座谈会，着重谈资产阶级思想批判中的情况。会后，与何其芳等启程赴成都。

29 日　抵达成都，中国科学院西南分院党委书记、副院长马识途和四川省文联主席沙汀到车站迎接。

30 日　游览杜甫草堂和武侯祠。

本月　本月起，中国科学院哲学社会科学部的业务工作由中共中央宣传部直接领导。

---

① 1958 年 11 月 2—10 日，毛泽东在郑州召集部分中央领导和部分地方领导开会，开始纠正人民公社由集体所有制过渡到全民所有制，由社会主义过渡到共产主义，以及废除商品生产等错误主张。

12 月

1 日　上午，在成都与马识途、中共四川省委宣传部副部长李亚群和黄觉民座谈。马识途汇报说，目前西南分院主要是搞自然科学，社会科学还未搭起架子来，高干哲学学习班以压服为主，建议学部给中央的报告中最好建议"各省广泛加强哲学社会科学工作，并可仿此原则办理"；并认为"反对教条主义，不等于反对书本，反对科学文化知识"。李亚群汇报说：学术批判只是"破"了方向方针等，破了外行不能领导内行，学术本身尚未"破"；学生中现在是"有今无古"，搞两条路线方向等问题，基本上是压服；研究机构尚未搞起来，方向往哪里走是问题；文艺创作者顾虑"脱离政治"和"不务正业"两顶大帽子；教学改革，要劳动力的单位很多，拆城墙，除四害，运煤炭等，这是全国的现象，这种"练人"效果很大，但没有和教育结合；目前的教学改革不是半工半读，而是"有工无读""劳而无功"，多少劳、教，多少工、读，都是问题，要解决。黄觉民汇报说，大家对于加强社会科学热情不高：刚搞过反厚古薄今，还要搞学术批判，个别学校自己搞了一些学术批判，但作为一个战略部署来讲尚未开始，许多人是认识到了问题，没有见诸行动；不少的人，包括一些领导干部迷信理论，怕摸哲学，除了迷信而外，还有经验主义问题；有人怀疑今后是否要搞理论，认为政治教育就可以代替哲学学习；不搞专家路线是不是就是否定专家呢？李亚群和黄觉民还对召开全国协作会议提出意见，说：(一) 马上开会没有人去，并且明年要搞献礼，开会有困难；(二) 要开可以条条开，如文学、历史等每一条条摸出经验，然后开总结性会议，提高一步，只有这样开才行，不要为开会而开会。

下午，到四川省文联陪谈。其中谈及"诗歌下放"在《星星》诗刊上展开争论事。有人指出：这是一个方向问题，怎样使诗歌接近群众的方向问题。下放干部都要完成稿件任务，这方面完成得不错，但劳动就差一些，如何结合是问题；或者反过来都去炼钢了，不能完成写作任务。

2 日　上午，到四川大学历史系座谈。

教学科研方面，了解到：历史系本学期为准备明年十周年纪念，只开"中华人民共和国史"一门课，而且是教师学生同上。教师学生对于贯彻厚今薄古时如何学古代史都分别有些意见。科学研究突出"中华人民共和国史""十年来的四川""伟大的十年"三个方向，研究办法是全系师生集体干，世界史、亚洲史组都参加。此外，还批判国内修正主义、教条主义。地方史方面,开始多个节日都有献礼,如三八节妇女史、五四史、五一工人史、七一地方党史等,这些任务分给各连师生。还搞中国通史、世界通史、四川史方面专题研究和四川简史。出版两期内部刊物《红色史学》。

座谈中,有人提出近代、现代史不是科学,对历史科学的地位和作用提出怀疑,对厚今薄古存有较大争议。

下午,到四川师范学院历史系座谈。听取学院领导和历史系老师分别介绍情况:本学期只上课两周,学生多在公社、工厂。百分之十几的人反对新的教育方针,认为"一锄挖不出《史记》,一挑挑不出《春秋》","手足发达,理论缺乏"等。最近的讲课方法是老师先讲提纲,然后同学讨论鸣放辩论,最后老师作结论。教师中,教授资产阶级观点、唯心主义观点严重,讲师基本上能按马列主义观点讲解问题,但知识少。世界史的教学最突出的问题一是对马列主义词句一勾二抬,照搬马克思词句,没有自己的话,学生不能很好地理解;二是修正主义观点盛行,对国际国内重大事件如匈牙利、南斯拉夫问题等都持修正主义观点,夸大历史个别人物的作用,轻视人民群众的作用。中国史的教学则是材料堆积,烦琐考证,重视史料、轻视理论,按统治者的系统组成教材,不是按劳动人民的系统组织教材;认为用马列主义写问题是"口水话",很肤浅,讲课学生不服或自己讲不清楚时,就引两句马克思主义来压服。近代史讲授中帝国主义观点浓厚,认为没有外国侵入就没有资本主义发展,没有工业;讲劳动人民起来斗争、寻找革命方向的少。认为范文澜等人编写的《中国通史》和教学大纲结合不起来,认为这些书没有材料、讲不具体,道理一般;找不到劳动人民的史料,只能按照统治阶级的观点讲。教学方式是,学生下乡带去一门课,先重点讲授指定参考书,辩论,最后作结论。教材是同学老师共同编写。

3 日　参观金牛公社,公社党委书记谢旺介绍基本情况。

4 日　自成都至都江堰参观。

同日　金灿然来信,说:"最近我们在制订一九五九年的选题计划和出书计划。在我们的计划中希望能够密切配合和帮助你们的工作。请见信将你们一九五九年的跃进规划寄给我们。"

5 日　与何其芳等从成都至重庆,重庆市委宣传部文艺处处长王觉等到车站迎接。

6 日　上午,单独活动,参观重庆市博物馆。何其芳等到重庆作家协会座谈。下午,与重庆市副市长周钦岳谈话,了解重庆革命史。

7 日　到北碚与西南师范学院教务长方敬谈话,了解学校基本情况,特别是历史系情况。方敬介绍说:学校教学改革后,每个系都有辩证主义历史唯物主义教研组,规律掌握得比较好。历史系的主要问题是为联系实际对历史人物牵强附会;重视史料不重视观点;拒绝用马克思主义观点、阶级观点进行历史研究,陈寅恪、徐中舒大受推崇,帝王将相的历史受拥护。

8 日　参观重庆曾家岩 50 号周公馆、人民大会堂、解放碑等处。

9 日　由重庆启程乘民权轮去武汉。

10 日　过三峡。

11 日　抵达汉口,中国科学院武汉分院哲学社会科学综合所副所长万钟仁前来迎接,入住万国旅社。

12 日　上午,至中国科学院武汉分院、武汉大学看望李达①,并到历史系座谈。了解历史系红专辩论的情况:领导提出历史与现实、理论与实际、脑力劳动与体力劳动、知识分子与劳动人民要四结合。初期拔过白旗后,没有划清资产阶级界线。吴于廑、唐长孺在群众中有很大影响,被认为是红专旗子。有人主张历史科学特殊论,认为挖土不能挖出巴黎公社、筑堤不能筑出万里长征;还有工农同学特殊论,认为工农出身劳动已无问题,问题只在于学知识。11 月开始,历史系总支提出以批判吴、唐学术思想为中心,大搞科学研究。此后,破除了对唐长孺的迷信、明确了阶级观点、认为群众可以搞科学、巩固了历史专业能结合现实且能为现实服务的信心,唐长孺本人心情也还舒畅。座谈中,当场回答了很多问题,如薄古薄到什么程度,课如何排? 现代史中如何厚今薄古? 地方史调查,如何下厂下乡,如何与劳动相结合? 历史怎样学? 学历史还应学哪些课程? 国文系可否写工厂史? 衡量论文的标准是什么? 什么是尖端历史科学?

下午,经湖北省副省长兼省委教育部长孟夫唐亲自办理手续后,由万国旅社改住茶港新村省委高干招待所。晚上,与孟夫唐会谈。之后,万钟仁与中国科学院武汉分院哲学社会科学综合所经济组负责人朱剑农、历史组负责人方壮猷来汇报分院哲学社会科学工作,重点汇报湖北省革命史调查的基本情况,包括具体进行哪些调查,调查中出现什么问题,取得哪些好的效果等。

13 日　上午,与湖北省委宣传部副部长密加凡谈话。密加凡说湖北省理论工作主要是搞共产主义运动和总结宣传中华人民共和国成立 10 年来的成就,认为还没有彻底解决如何把理论和实际两股力量扭在一起的问题;还谈及党史工作、资产阶级思想批判、群众路线、高校教材编写等问题。

下午,同何其芳等到武汉作家协会访问。武汉作协代表谈及文学中争

---

①　李达,时任中国科学院武汉分院院长、武汉大学校长。

论的问题,如夸张是否就是浪漫主义? 人民内部矛盾怎么写? 正面人物要不要写缺点以及怎么写?

同日 罗常培病逝。范文澜因事不能前去吊唁,来信说:"刚才接中央联络部通知,要我明天上午九时去参加讨论毛选英译修改本,我不懂英文,但总得去。请你去吊罗先生时,替我说一下。你去时如车有空,请告诉戴老①,她去,可见罗老太太,省得发生我对罗先生太失礼。"

14 日 上午,孟夫唐邀游东湖。下午,参观武钢。

15 日 从汉口乘火车返回北京。

本年 历史教科书编写问题列入国家计划,在郭沫若的领导下,与尹达、侯外庐、田家英分工负责各册。年底,筹备工作大体就绪,各分册开始草拟编写提纲。历史研究所第三所准备将近代史分册写成一部多卷本《中国近代史》,为此对所里研究机构、人力安排作出调整,将原有三个组合并为一个大组,一部分被指定承担写书任务,一部分为写书提供资料,少数人独立研究②。

本年 为迎接中华人民共和国成立 10 周年大庆,根据中共中央宣传部要求,组成《中华人民共和国十年史》编写组,负责组织编写工作,余绳武、蔡美彪、曲跻武、从翰香以及王宗一、管大同、李普、王汝丰和李文海等参与。10 余人工作两年后编成书稿,但未出版。

本年 中苏科学院订立双方学者互访计划。同访问北京的苏联中国研究所副所长杜曼,代表各自的单位,拟制出一个共同搜集出版中俄关系史资料的草案。经双方科学院批准,执行了一段时间。春夏间,历史学博士齐赫文斯基作为近代史研究所的客人来访,从此相识。

本年 在史学界就"厚古薄今"问题进行热议时作诗:"唐宋风骚不管它,自鸣时代自成家。人人都向古人学,盘古何曾笔有花。"

① 戴老,即戴冠芳,范文澜夫人。
② 张振鹍:《难忘的岁月——回忆刘大年给我派任务》。以下涉及多卷本《中国近代史》不再标明出处。

1959 年（45 岁）

1 月

14 日　莫斯科大学东方语言学院中国语文教研室汉语教师李必新来信,谈对《历史研究》1955 年第 5 期上的《从中国封建土地问题上看梁漱溟思想的反动本质》一文中的"陶煦"的生平的疑问。

18 日　出席中共中央宣传部主持召开的出版编辑人员会议。会议讨论报刊出版工作中加强学术批评、百家争鸣的问题。周扬报告说,资产阶级学术批评等,学报是主要战场,意义很大;强调一方面要破除迷信,一方面要强调向外国、向专家学习,否则会落后;认为献礼成了动力,但次数太多,卫星满天飞,要去掉虚夸;要求出版物从政治到技术都要提高质量,要有新气;百家争鸣关键在于贯彻,不要伤害群众,要保护积极性;高等学校编书要量力而行,要三结合,有老师参加。胡乔木报告说,中央认为需要开个会,是要使学术更健全地发展起来;并对为什么要进行学术批判以及如何进行批判作了说明,指出批判要具体分析,要平等待人,要百家争鸣;指出编辑工作责任重大,不能完全跟风走,要注意学术水平的提高,对于涉外问题要特别注意。王任叔、林默涵、邵荃麟、邓拓、光未然、王子野、包之静、于光远等在会上也作了发言。

19 日　学习毛泽东 1958 年 1 月的《工作方法六十条(草案)》,概括其中第 47 条讲培养"秀才"的 3 个标准,即"较高的马列主义水平""较多的文化科学知识""较好的词章修养"①,认为"才学识,三个字的先后倒置"。

2 月

6 日　参加在中南海怀仁堂举行的会议,听取中共中央书记处书记李富春传达省市委书记会议精神,主要讲对 1958 年全国跃进的估计以及 1959 年的计划问题。

---

①　毛泽东《工作方法六十条》:"这些人要较多地懂得马克思主义,又有一定的文化水平、科学知识、词章修养。"

中旬 春节假后，主持的多卷本《中国近代史》编写工作正式启动。确定全书大框架，决定分 3 卷，拟定各卷章节大纲，作出具体分工。强调写书要体现出阶级分析，要体现出人民群众决定历史前进的方向。立下高标准说，中国科学院研究所写的东西应该是山珍海味，不是炒土豆。要求每人写出初稿后都要先交来审阅，然后再修改。

16 日 代范文澜起草致西藏工委副书记王其梅并请转西藏工委信，说："我们的研究所正在编写中国近代现代史。西藏地区近百年的历史在书中应该占有适当地位，但是这方面的资料却非常缺乏。我们希望西藏工委给以帮助，供给一些西藏地区近百年来的政权、宗教、阶级关系、外国的侵略、人民反侵略斗争等方面的资料。其中最好包括：（一）打印出来供内部参考的当地社会经济、阶级状况的调查资料；（二）打印出来准备讨论修改的藏族简志、简史初稿；（三）可以借调和可以代为抄录的档案文献等。所有这些资料我们一定负责保存，只供少数负责人员阅读利用，不使外传。需要归还的当定期归还。"

3 月

2 日 致函西藏工委秘书长牙含章，求寄西藏方面的参考书籍，说："上次承面允惠借大著《达赖喇嘛传》，非常感谢。我们目前正在编纂近代史中有关西藏的各节，迫切需要这方面的参考书籍，希望您能在最近几天内费神检出寄给我。"

3 日 牙含章来信，送《达赖喇嘛传》一本，说："此书排印中错字漏字约二百余处，未印勘误表，希告读者注意。"

6—13 日 与中外历史学家 60 多人参加《中国史稿》提纲草案征求意见座谈会。中共中央宣传部副部长周扬到会讲话，讲重视研究历史、怎样写历史、个人写作与集体写作、百家争鸣等问题。郭沫若先后两次讲话，强调在不同意见中尽可能采取辩证的方法取得"同"，不能让小异长期"异"下去，必须努力求共"同"；还指出编写任务的艰巨等。

本月 17 日，在外国势力插手下，第十四世达赖喇嘛出走，此后，西藏上层叛乱。在这种背景下，向丁名楠、张振鹍约稿，请他们突击写一篇从历史上揭露帝国主义侵略中国领土西藏的文章给《历史研究》。丁名楠、张振鹍合著的《帝国主义侵略中国领土西藏的罪恶历史》发表在当年《历史研究》第 5 期。

5 月

26 日　在湖南调研、参加长沙县委工作的中共中央政治研究室历史组组长黎澍来信,询问上周中共中央宣传部召开的涉及学术界反右倾的会议情形,说"估计会涉及到我","希望此信到时即速复我一信"。

6 月

6 日　中国科学院历史研究所第三所成立审查干部领导小组,与张维汉、刘桂五、程红宇、刘述之为成员,张维汉任组长。审干工作于当月结束。

10 日　罗尔纲来信,谈给太平天国纪念馆编的《太平天国文献第四集艺术》已付影印,但缺少序文,后自己写"讨论草稿"作为替代,望提修改意见;又谈及其预备党员转正事,说"您去年在我入党的支部会上给我提过的一条意见是不要生拉硬扯马列主义,而要有步骤地运用马列主义。我时时地记着您的指示"。

26 日　黄炎培来信,谈其自传《八十年来》第二部分第一时期修改本。

27 日　与黄炎培面谈。

7 月

13 日　黄炎培来信谈借书、马歇尔诗等事。

14 日　致函黄炎培,并奉上他需要的两本参考书。

15 日　黄炎培收到书后回复,并誊写 1947 年元旦写的马歇尔三绝句之一。

本月　尚钺《有关中国资本主义萌芽问题的二三事》发表在《历史研究》第 7 期。文章主要是针对黎澍的观点①进行辩论。其中说:"就我个人过去的工作来说,如关于资本主义萌芽问题,有些同志认为我提得偏高,的确是一个值得考虑的问题。或者是由于自己过去在研究方法上带有一些主观性和片面性,因此就影响到我在考虑某些问题的时候,不能是十分全面的。譬如,关于中国近代史起点问题,因为我偏重从资本主义萌芽及

---

①　即黎澍《中国资本主义的萌芽问题的考察》(载《历史研究》1956 年第 4 期)和《中国近代史始于何时?》(载《历史研究》1959 年第 3 期)。

其发展情形的方面看,就对以 1840 年鸦片战争为中国近代史起点提出怀疑,认为关于中国资本主义萌芽问题的讨论,'也将影响到中国近代史究竟以什么时期作为起点的问题'。这样的怀疑,就显然是没有考虑到由 1840 年鸦片战争爆发起来的中国人民反帝反封建的资产阶级旧民主主义革命第一步开始的重大政治形势的变革,因此,引起刘大年同志和黎澍同志先后对我提出批评。在这一点上,刘、黎两同志的意见都是对的。但也有不足的地方,即在他们批评的文章中,缺乏根据马克思列宁主义的方法论与中国丰富的历史实际相结合,把 1840 年以前的中国封建社会经济结构与 1840 年以后中国社会逐渐走上半殖民地半封建社会的经济结构的变化,进行具体的阐述。因之,我的某些主观性片面性的缺点,虽然暴露出来了,但问题并没有解决。因此,也使刘、黎两同志在解决一八四〇年鸦片战争前后中国封建社会与半殖民地半封建社会之间联系问题的时候,就很难运用马克思列宁主义一般原理和方法,特别是学习运用毛主席在解决中国革命实际问题时,把马克思主义的原理与中国实际,把普遍性与特殊性密切结合起来发展了马克思主义方法论的光辉成就,来给以令人信服的说明。”

8 月

24 日 《人民日报》刊登《关于中国的近代始于何时的论争》,介绍刘大年、中国人民大学中国历史教研室近代现代史组、黎澍等与尚钺之间的学术争论。文章说:“关于中国的近代究竟始于何时,史学界曾经进行过一场论争。目前,大家对这个问题已经取得了一致的看法,——1840 年的鸦片战争是中国近代的起点。但是,关于这个论争所涉及的明清两代的社会性质,史学界的认识还是有分歧的。”

10 月

《中国近代史研究中的几个问题》在《历史研究》第 10 期发表。论文在分析中国近代社会经济生活、社会经济矛盾的基础上,对中国近代史的起点、太平天国革命的性质以及中国近代史分期等问题提出自己的主张。

文章强调“从鸦片战争揭幕的时代是一个完全新的时代”,主张“一八四〇年中英鸦片战争是中国近代历史的起点”,反对将中国近代史的上限划在 16 世纪中叶或稍后一点的“明清之际”;认为太平天国运动是一场农民战争,中国资本主义出现是"这次农民战争以后的事情",反对"提前中国资本主义"的所谓"市民运动"或"市民革命";主张基本上从阶级斗争表现来划分 1840—1919 年的中国历史,并将"近代社会的主要矛盾变化"和"外国侵入后社会经济的变化"统一起来,将中国近代史划分为三个时期,即鸦片战争至 1864 年太平天国失败为第一个时期,"这时没有新的社会力量,推动历史的仍是农民这一个阶级",1864 年至 1901 年义和团运动失败为第二个时期,"除了农民分散的反封建斗争,有几个新兴的社会运动贯穿着这个时期",1901 年至 1919 年五四运动爆发为第三个时期,"是资产阶级发动革命、走向高潮、到最后失败的历史",反对"从甲午战争划一个时期"。

文章最后说:"自鸦片战争起到中华人民共和国成立以前的一百一十年,都是半殖民地半封建社会、都是中国的近代。这里论述的几个问题属于五四运动以前这一段,是半殖民地半封建社会的前期。""应当说鸦片战争以后的八十年,是中国从封建社会转变为有工人阶级领导革命的社会的八十年,又是从农民战争到资产阶级领导革命失败的八十年。其中第一阶段,农民战争时期;第二阶段,农民战争和资产阶级改良运动并行时期;第三阶段,资产阶级及其失败时期。农民和资产阶级的革命都遭到了失败,都没有挽救中国半殖民地半封建社会沿着下降线发展。五四运动以后,有了工人阶级领导的革命,局势才为之焕然一新。以后的三十年中国半殖民地半封建社会是沿着上升线行进的。一九四九年中华人民共和国成立,标志着最后推翻了帝国主义封建主义统治,中国社会由此摆脱半殖民地,重新走上了独立发展的道路。这一些,就是中国近百年来历史的简略过程,是中国近代远不完备的一个轮廓。"

11 月

25 日　侯外庐送绝密"19 号 59 年 11 月 3 日党京 423 号文件"一件。

12 月

组织开展学术路线问题的讨论,在职工大会上作动员。

本年　反右倾运动① 时,师力坤被下放到河北农村。

---

① "反右倾"运动是 1959 年庐山会议之后在全国各地普遍开展的一场"反对右倾机会主义"的运动。

1960 年（46 岁）

1 月

15 日　主持中国科学院历史研究所第三所大会。会上，与刘述之谈1959 年跃进奖金评选办法："一等奖，工作有很大成绩，进步显著；二等奖，工作有进步，取得一定成绩；三等奖，工作成绩一般，无进步；不得奖者，思想落后，犯严重错误，工作不负责任，并有损失者。"并宣布中国科学院决定，将历史研究所第一、第二所合并为历史研究所，第三所改为近代史研究所。

2 月

22 日　国务院副秘书长齐燕铭来信，说："于厂肆得《异辞录》两册，所记逸闻，足资掌故。著者系清川将刘秉璋之子，系属淮军，一些名字尚待查。原书送阅，阅后仍请还我。"

本月　中国科学院近代史研究所开会讨论《近代史研究所八年规划草案（初稿）》。①

3 月

21 日　王芸生来信，说："我已从河南参观回来，人大和政协预定本月底开全体会议。关于商谈修改《六十年来中国与日本》的问题，拟于大会开过之后再进行。"

23 日　范文澜来信，请派人去哲学社会科学部分党组要回 1959 年 8月中央在庐山召开的政治局扩大会议和八届八中全会所发的会议文件，并要求抽空重看一遍。

29 日　罗尔纲来信，说："命贾熟村同志回京给郭院长收辑太平天国资

---

①　据《中国社会科学院近代史研究所大事记 1950—2010》（征求意见稿）载，这次会议为大会。但据张振鹍 2015 年 12 月 26 日在《刘大年年谱》审读会上的发言，研究所 8 年规划不可能在大会上讨论，应该是小范围内讨论。此处以"开会讨论"处理。

料,明早即行。"我为本所资料室搜集太平天国资料,除一九五六年寄回一部分至资料室外,现将全部抄录资料装箱,其照片资料已装订成册或贴在册上者亦一并装箱,交贾熟村同志带回所,以供郭院长应用。此外,郭院长须用何种资料,请随时示知,当陆续抄录或摄照寄上。此间工作情况,请贾同志代面陈。"

本月　中国科学院近代史研究所领导小组就组织调整、人事安排呈报学部分党组审核批准。其中"机构的调整和人员的安排"中说"领导小组成员的分工,刘大年多照顾学术秘书处、干部培养处和各研究组的工作"①。

本月　《近代史研究所领导小组致分党组的函》提出本年度本所计划完成的主要工作:1.宣传毛泽东思想和反对修正主义、批判资产阶级学术思想的论文若干篇。2.关于中国民主革命中的资产阶级研究。3.《中国通史》旧民主主义革命时期部分。4."义和团运动六十年"论文集。汇报本年度内开始或继续进行的项目:1.《中华人民共和国史》。2.《中国通史简编》。3.《帝国主义侵华史》。4.《中国工人运动史》。

本月　在中国科学院近代史研究所大会上发言,谈学习毛泽东思想的重要意义,指出史学工作者要高举毛泽东思想的旗帜,反对现代修正主义,反对史学界的修正主义倾向,保卫马克思主义。

4月

12 日　王芸生来信,说:"人大和政协的会议已经结束,关于修改《六十年来中国与日本》的工作可以着手进行了,请您定期约集有关同志一起谈谈这个问题。时间由您定。此事依靠大力支持,至深感谢。"

19 日　参加在上海举行的中国科学院学部委员会第三次会议。郭沫若主持大会并作报告,聂荣臻②在会上讲话。会议的主题是加强基础研究,讨论中国科学院理论研究的三年规划和八年设想。

5月

4 日　中国科学院近代史研究所制定《近代史研究所 1960 年写书计

---

① 　张振鹍在《刘大年年谱》审读会上对当时是否有"干部培养处"提出质疑,认为应该是人事科。此处以《中国社会科学院近代史研究所大事记 1950—2010》(征求意见稿) 为准。

② 　聂荣臻,时任国务院副总理,主管科学技术工作。

划》，确定集中所内研究力量，集体编写 5 本书，即《中华人民共和国史》
《五四运动简史》、郭沫若主编的《中国史稿》近代部分、多卷本《中国近代
史》第一和第二卷，写出若干篇批判资产阶级学术思想的论文和编辑翻译 3
部供批判用的资料书。

24 日　中国登山队首次登上珠穆朗玛峰。有感于此，作《论诗》二首：
"（一）一卷诗词最嫡传，相看世界不新鲜。纵然李杜苏辛在，举目珠峰独刺
天。""（二）问津下里不须疑，谁说众人著述卑。轮扁公输当面失，年年四海
访名师。"

6 月

18 日　王芸生寄《六十年来中国与日本》一书的修改提纲。

7 月

3 日　王芸生来信，寄纪念日本投降文初稿，说："务请不客气给予指
正，冀使此文少些错误，整得好一些，至所感盼。"

26 日　王芸生来信，寄经过修改的纪念日本投降文，请再审阅。

8 月

25 日　本日至 28 日，在山东省济南市参加由山东省历史学会和中国
科学院山东分院历史研究所联合举办的纪念义和团运动 60 周年学术讨论
会，并在会上宣读论文《义和团运动说明了什么》。10 月，中国科学院山东
分院历史研究所从大会宣读的 40 篇论文中选辑 16 篇文章，编成《义和团
运动六十周年纪念论文集》，并于次年 12 月由中华书局出版发行。

《义和团运动说明了什么》肯定义和团运动的历史地位，分析其产生背
景、性质和特点等，批评资产阶级学者对其所作的歪曲和污蔑。认为"太平
天国、义和团和辛亥革命是中国旧民主主义时期三次革命高潮的顶点"，义
和团运动"不愧为中国民族觉醒的代表，反侵略斗争的先河"，是"一座巍然
高耸的里程碑"。指出："义和团是帝国主义侵略加深，民族灾难空前严重
的产物。""义和团运动是一个反帝国主义侵略的爱国运动，义和团进行的战
争是反对帝国主义的、革命的、进步的战争。""义和团斗争是由农民群众发
起的，是又一次农民革命，参加的基本群众首先是农民，其次是手工业者、城

市贫民、散兵游勇、小商贩和水陆运输工人等。""义和团运动的一个显著特点是它的自发性,没有资产阶级参与,依靠农民,也只有从农民和其他劳动群众中才产生出了这股巨大的反帝国主义的威力。""与帝国主义根本相对立,基本力量来源于广大人民群众,这就是义和团的本来面目。正是因为如此,义和团就遭到了一切反动派的痛恨,遭到了各式各样资产阶级辩护士的曲解和诬蔑,并且这些曲解、诬蔑也恰恰就是集中在上述两个主要的方面。"论文最后说:"义和团反帝斗争揭出了一个历史规律,这就是帝国主义侵略一定引起殖民地半殖民地人民的革命。不论在开始的时候所采取的形式是多么简陋,这个革命是不可避免的。帝国主义哪怕横行一时,最终只有人民群众才是历史的决定力量。一切被压迫民族的反帝国主义的正义斗争,不管道路多么曲折,必定会获得最后胜利,帝国主义最后必定要灭亡的。问题在于人们敢不敢同帝国主义斗争,是依靠软弱的资产阶级,还是依靠人民群众自己。不只义和团时期是这样,就是六十年后的今天也还是这样。""义和团运动说明了什么? 就是说明了这一历史规律的客观存在和它今天仍然是有效的这个问题。"

30 日 《义和团运动说明了什么》在《人民日报》发表。

9 月

上旬 苏联主办第 25 届国际汉学家会议,同时召开苏联东方学会议,要求中国派代表团与会。外交部部长陈毅认为在苏联撤退在华专家① 不久、中苏分歧尚未公开的情况下,应该参加苏联单方的会议。于是,很快组成以翦伯赞为团长、刘大年为副团长的包括历史、语言、文学方面学者的中国学术代表团。后来苏联通知两会合并,中国代表团取消赴苏参会计划。

中旬 经国务院外事办公室主任廖承志提议,以中国科学院近代史研究所副所长名义邀请赴苏联参加第 25 届国际汉学家会议和苏联东方学会议的日本学者井上清一行访苏结束后访华。

23 日 代表中国科学院接待应邀首次访华的日本京都大学副教授井上清。

24 日 主持井上清在中国科学院近代史研究所的座谈会,在会上介绍

① 1960 年 7 月 16 日,苏联政府突然照会中国政府,决定召回苏联专家与顾问;又于 25 日通知中方,决定从 7 月 28 日到 9 月 1 日撤走全部在华专家,终止派遣专家,废除两国经济技术合作的各项协议。

中国 10 年来历史科学研究工作的成就。

28 日　在新侨饭店主持井上清学术座谈会，尹达、侯外庐、翦伯赞、周一良、刘桂五及有关方面负责人共 9 人参加。会议交流了学术理论及历史研究的方向、方法等问题。

10 月

7 日　陪同中国科学院院长郭沫若接见日本历史学家井上清。下午，与郭沫若、胡耀邦、阳翰笙、区棠亮、郑森禹、王明远、朱子奇、赵安博、林林、杨正等陪同周恩来总理接见日本朋友：以户叶武、东宫考、佐野文一郎为首的日本阻止修改日美"安全条约"国民会议代表团，以柳田谦十郎为首的日本和平委员会代表团，以坂本德松为首的日本亚非团结委员会代表团，以大森真一郎为首的日中友好协会访华代表团，以前田稔为首的日本民主青年同盟代表团，日本话剧团团长村山知义，副团长千田是也、泷泽修、山本安英、杉村春子和秘书长越寿雄，历史学家井上清。接见时，在京的日本和平人士西园寺公一① 在座。

同日　山西省委书记、省长王世英来信，谈《阎锡山统治山西罪恶史》初稿修改事，说："山西写的《阎锡山统治山西罪恶史》初稿已印出，我感觉虽然搜集的材料不少，但段章太多，也有些零乱。重复的地方不少，每段结尾一般化，分析论断能力很差。因受时间及水平的限制，也只好如此了。等各方面提出补充修改意见之后，再组织专人重写。希望你们能大力支持，指定专人审阅，或抽出一两个人来，花一点时间专做此项工作，把材料搜集后专门写它一次。全部写出，将来由谁署名？哪里出版？我觉得都没有多大关系。问题是如何把它写好。书名恐怕也要改变，这只是我个人的意见，尚未同山西的同志们商量。你那里需要多少本，请由姜克夫同志处索取，请多帮助，并提出你修改的意见。"

11 月

15 日　井上清自日本来信致谢，并谈访华感想及回国后相关事宜。

---

① 西园寺公一（1906—1993 年），日本政治活动家，1958 年全家移居中国，1970 年 8 月回日本后担任日中文化交流协会常务理事、日中友好协会顾问，是中日邦交正常化实现之前民间交流的先驱。

12 月

21 日 何干之来信谈中国人民大学与中国科学院近代史研究所协作写中日关系史一事。24 日,致函近代史研究所副所长张维汉、黎澍,谈何干之提出的协作写中日关系史事,说:"干之同志以前提出希望我所同他协作,写中日关系史。所谓'协作',就是我们给他一两个助手,工作列入我所计划。我原来有一个想法:只要能够发挥学术界的潜力,对研究工作有利,这类工作我们应尽力促之,不要有所内所外畛域之见。按照我们今天的情况,究应如何办理,请考虑决定,最好找干之同志谈谈。"

本年 负责接洽抢救梁启超等人遗稿事。

本年 中国科学院哲学社会学部划归中共中央宣传部直接领导,哲学社会科学部逐渐从中国科学院中分离出来。

本年 师力坤被从中共中央宣传部调到国家文联下属的中国戏剧家协会,任党办主任。"文革"后期从"五七干校"回来后,又被分配到中央美院。

1961 年(47 岁)

1 月

上旬 出席在北京举行的中国科学院哲学社会科学部学部委员会第三次扩大会议,并在会上发言。这次会议在总结几年来我国哲学社会科学工作的成绩和经验的基础上,讨论了当时我国哲学社会科学工作的任务和进一步贯彻百花齐放、百家争鸣方针的问题;还就哲学社会科学部所属各研究所 1961—1962 年重点著作计划和重点资料计划,以及整理古籍的重点计划和翻译外国哲学社会科学重要著作规划进行讨论。

本月 年初,中共中央宣传部布置编写高校文科教材,中国史教材由郭沫若主编。此后,教育部召开的文科教材会议建议把郭沫若主编《中国史稿》的初稿作为大专院校历史系的试用教材。原定多卷本《中国近代史》的编写计划是:首先集中力量钻研有关的重大历史问题;大约还需要三年以上的时间,经过仔细钻研、讨论和修改,才能分册陆续付印。这样一来,只得改变计划，将"大书"多卷本《中国近代史》改为"小书"《中国史稿》第四册，一些重大的理论和史实问题留待以后再作研究和讨论。于是，重新为《中国史稿》第四册制定章节大纲，并通过学部在北京潭柘寺内安排一处地方，让参加编写多卷本《中国近代史》的原班人马，带着大量图书资料，住在潭柘寺，集中精力撰写《中国史稿》第四册初稿。

2 月

7 日　范文澜来信劝到桂林安心休养，说："尊稿① 读过多日，迟迟未答至歉！我对此稿提不出什么意见，因为您思考得已很周到了。黎澍同志想也看过，不知他有什么意见。您这次受到健康的警告，幸而只是警告，不曾出大问题，但必须重视这个警告。听说您要带很多书去桂林，带书去当然是必要的，但也要有个限度，不能在休养所用功过分。桂林风景极好，似应多游览步行，天雨不出门，翻开书读读，作为副业，对恢复健康有更大的效果。……所中有黎澍同志主持，我很安心，您也可以安心，专为身体恢复健康而努力。"

此后，即赴桂林休养，修改《论康熙》。

21 日　《我们要熟悉中国近代史》在《人民日报》发表。文章认为，中国近代史"是指从鸦片战争到 1949 年中华人民共和国成立的我国民主革命时期"；中国近代史两个主要的方面就是毛泽东在《中国革命和中国共产党》里指出的两种过程②，两种过程就是两个对立面的斗争和发展："一面是帝国主义和封建主义加在我们头上的无穷无尽的民族压迫、阶级压迫，一面是中国人民不屈不挠的英勇的反抗帝国主义及其走狗的革命斗争。"文章说："学习、研究近代史首先应当熟悉这两个方面。并且要懂得它的实质，提高到理论上来认识。"关于历史经验，文章说："有中国共产党的领导，就有了胜利前进的保证，这是琳琅满目的我国革命经验宝库里最根本、最重要的一条。"关于熟悉中国近代史的现实意义，文章说："今天的中国是昨天的中国的一个发展。今天的社会主义革命、社会主义建设中，有许多问题、许多斗争是昨天的继续。""人们不去深刻了解今天便罢，要深刻了解今天，正确地选择前进的道路，就必须从中国历史的发展中来考察，就必须懂得过

---

① "尊稿"，即《论康熙》初稿。

② 两种过程即"帝国主义和中国封建主义相结合，把中国变为半殖民地和殖民地的过程，也就是中国人民反抗帝国主义及其走狗的过程"。

去,懂得我国的近代。"最后说:"只有目前我们真正是在经历着我国历史上这样一个从未有过的伟大时刻。愈是在这个时候,愈应当记住我国近代史上苦难的阶级、革命的人民,熟悉我国革命的经验,熟悉我国近代的整个历史。因为这样会百倍地增加人们为把我国从一个一穷二白的国家变为富强的社会主义国家而斗争的力量,更加踔厉奋发地前进。"

3月

18日　参加筹备的纪念巴黎公社90周年集会在北京举行。会议由中国史学会副主席范文澜主持,中共中央高级党校、中共中央马克思恩格斯列宁斯大林著作编译局、《历史研究》编辑部、北京历史学会联合主办。中共中央高级党校副校长艾思奇、中共中央马克思恩格斯列宁斯大林著作翻译局副局长张仲实、北京历史学会会长吴晗、《历史研究》主编黎澍、中国人民大学副校长胡锡奎、中国科学院哲学社会科学部副主任潘梓年、中国科学院历史研究所副所长侯外庐等在会上发言。

21日　和郭沫若、范文澜、尹达、黎澍等就中国历史的编写问题交换意见。

4月

本月　作《桂林仰止堂》诗二首:"(一) 画壁丰碑仰止堂,游人枉说姓名香。兴亡总务尊天子,利害无关立闯王。罗马输诚连气脉,洋兵助战引豺狼。删书谁订南明史,罢黜儒生旧讲章。""(二) 南国孤忠瞿学士,北门沥血古男儿。振兵百粤扶王鼎,连襟三江树帅旗。本要纲常垂宇宙,误分汉满作华夷。文山惶恐叠山死,并论功名事足疑。"其中第二首"误分汉满作华夷"与如何认识清初的反满斗争有关。

月底　从桂林休养回来,去潭柘寺,督促《中国史稿》第四册编写工作。

夏

列席在北京民族文化宫召开的中国近现代史学史座谈会。

5 月

7 日 代表近代史研究所接受黄炎培赠送的私人藏书。

30 日 由近代史研究所筹划组织的、中国史学会和北京历史学会联合主办的纪念太平天国革命 110 周年学术讨论会在北京人民大会堂广西厅召开。会议着重讨论太平天国革命的性质、太平天国领袖人物的评价和中国历史上农民战争与宗教三个方面的问题。范文澜在讨论会最后发言说，阶级社会是由互相对立着的统治阶级和被统治阶级构成的，打破王朝体系，抹掉帝王将相，只讲人民群众的活动，结果一部中国历史就只剩下农民战争，整个历史被取消了。

6 月

6 日 中共中央高级党校历史教研室来信，征求修改"一九五九年班中国历史教学计划"（草案）意见，主要是要确定近代史部分的讲题、参考书、讨论次数以及各个时期的时间比例等问题，并附"五九班部分学员对学习中国历史的要求和意见"，供审改计划参考。

15 日 《历史研究》第 3 期发表《论康熙》。论文针对 1958 年"史学革命"中抬头的"打破王朝体系论"和"打倒帝王将相"的"左"倾思潮而作，阐述评价历史人物的基本方法。

文章指出，"资产阶级保守思想和反动思想的宣传者一致赞扬康熙，推崇备至"；而"资产阶级革命派的评论则根本相反"，把康熙"一笔骂倒"。这是因为他们各自按照自己的需要褒贬是非。"我们必须拨开资产阶级思想的重重云雾，批评地看待以往的各种评论，才能正确对待事实，还康熙其人以本来面目。"

文章认为，评价帝王将相的标准只有一个，那就是只有根据他们的行动在物质资料生产和生产力水平方面产生的实际结果，判定这个人物是应当肯定还是应当否定。根据这个标准，从三个方面评价康熙，即：一、康熙统治时期的历史地位问题，认为"康熙的统治促进了中国封建经济的发展，他的进一步统一全国，抵制西方早期殖民势力的斗争，都是富有进步意义的"；"康熙统治时期和整个清代前期的历史车轮是向前进的，是应当充分肯定的"。二、康熙统治时期的社会经济特点问题，认为"康熙是处于中国封建经济占统治地位的旧的时代，不是资本主义因素普遍存在的时代"；"康熙所提高的只是地主阶级国家,他的统治是封建统治,没有为资本主义降临创造条件,开辟道路"。三、康熙和彼得,认为"康熙是位英明君主,是位应当肯定的历史人物"。

文章运用阶级分析方法分析清朝统治的性质和反满民族斗争的性质。关于前者,指出:"清朝建立的统治,和明朝一样是中国地主阶级的统治。满族是中国的一个民族,和汉族相比,只是一个人口少,经济落后的民族。清朝政权的性质决不是由满族人做皇帝规定的,而是由地主阶级掌握政权规定的。""把清政权的统治看作是外国对中国的征服,这并非从阶级分析出发,而是从汉族与非汉族出发,那只会符合于资产阶级大汉族主义观点,或者是容易陷入这种观点的泥坑里。"关于后者,指出:"全部清代历史上的反满运动,是和当时的主要阶级矛盾、阶级斗争紧密相联系的。阶级斗争形势的变化发展,决定着反满运动性质的变化发展。""非常明显,伴随着农民战争、资产阶级革命的反满斗争是有革命性的,是进步的运动。因为这些斗争打击了封建统治和力求推翻封建统治,推动了历史的前进。""当地主阶级把它们的内部矛盾变为国内的民族斗争,或者说在民族矛盾的旗子下进行统治阶级内部斗争的时候,反满运动就不是一种革命运动。"

《论康熙》发表后,很快在国内外引起反应。有人认为讲帝王将相是想"反潮流";有人从学术角度对文章的内容提出质疑,认为文章在处理民族矛盾和阶级斗争的关系上,在处理历史环境和个人作用的关系上,都存在着一些值得商榷的问题。

改革开放后,戴逸等历史学家对《论康熙》一文表示了充分的肯定,并认为该文一直为治清史者所珍视。2007年3月13日,在"《刘大年来往书信选》出版座谈会"上,戴逸评价说:"在我心目中,这篇文章,是建国以来第一篇用马克思列宁主义来分析研究清代前期历史的重要文章。这是一篇经典之作,确实非常好。他肯定了康熙,随之肯定了清朝前期的历史地位,纠正了长期以来对清朝历史地位的片面的观点。""'文革'以后,清史研究有了很大的发展,尤其是清朝前期的历史,搞的人多了,大年同志的思想就成了现在思想的主流。大家认同大年同志的思想,沿着大年同志开辟的道路深入研究。"

20日　参加民族历史研究工作指导委员会举行的座谈会,并在会上发言。

同日　中共中央高级党校历史教研室来信,说:"前送去教学计划草案,谅已收到。今又送去中国历史选读书目草案一份,请审改。中国古代史课已开始两周了,近代史课估计在今年九月中旬开始。至于一些具体问题待日后面谈。"

23 日　中共中央高级党校党委会来信，说："我校一九五九年班学员拟于九月中旬开始学习中国近代史课程，我们拟请你来校讲授。现派我校教务处副处长罗扬实同志、历史教研室讲师陈慧生同志前往商谈，并商洽具体的教学计划。请接谈。"

同日　被中共中央高级党校党委会聘为该校中国历史教授。

29 日　《人民日报》刊登《刘大年著文论康熙》，说："《历史研究》1961年第三期发表了刘大年的《论康熙》一文，对清朝开国的第二个皇帝作了新的评价。""文章认为，康熙在国内和对国外的斗争，都为中国历史写下了值得珍视的篇页。在国内，康熙统治期间，中国形成了一个疆域辽阔、民族众多、相当强大和统一的封建国家。封建的经济文化在这个条件下，发展到了一个新的顶点。对国外，康熙统治时期，中国成为一个统一繁盛的国家，屹立于亚洲东部，这使正在把触角伸向中国的西方早期殖民势力受到遏制，并且对于亚洲邻近国家抵制西方侵略势力也有影响。""由于上述结论可能产生两个重要问题：既然康熙的统治和清代前期的历史地位应该肯定，那么贯串整个清代历史的以汉族为主体反对清朝统治的民族斗争，又该如何解释呢？既然康熙的对外斗争具有反殖民主义性质，那么清代前期的闭关政策，又该如何解释呢？作者给予了答案。"

7 月

23 日　应内蒙古自治区主席乌兰夫之邀，参加由吕振羽、范文澜、翦伯赞、韩儒林、翁独健、王冶秋、金灿然等人组成的历史学家考察团赴内蒙古考察。考察团由历史学家、历史文物工作者、古籍出版工作者组成，历时近两月，行程达 15000 余里。这次考察由国家民委组织，考察团先到内蒙古首府呼和浩特考察两周。

24 日　历史学家考察团到呼和浩特访问。

27 日　考察团的历史学家和内蒙古历史研究所、内蒙古大学、内蒙古师范学院的 100 多位历史研究工作者和教学工作者进行座谈。

28 日　在内蒙古大学等单位举办的学术讲座上，以《关于中国近代史的研究》为题作报告。报告着重强调要搞好历史的编写和研究工作，必须认真学习马列主义和毛泽东的著作；必须认真学习和熟悉党的方针政策；必须认真贯彻执行党的百花齐放、百家争鸣的方针；要认真调查研究，刻苦钻研。

8 月

上旬　回到北京停留几天,接着又到哈尔滨市,在内蒙古东部考察两周。在哈尔滨市遇到哈尔滨市市委书记任仲夷,受任仲夷单独邀请游松花江,畅述往事。此后,考察团过齐齐哈尔,抵达呼伦贝尔盟,在呼伦贝尔盟的海拉尔市停留较长时间,又到了中苏交界处的边境城市满洲里。

9 月

上旬　提前从内蒙古回来。开始撰写《辛亥革命与反满问题》,组织和筹备辛亥革命 50 周年讨论会的学术部分,请辛亥老人到北京政协开会,了解情况,并制造声势。

13 日　王芸生寄《吴胡张时期的旧大公报》未完稿三个分册,说"务恳赐览后多加指正"。

10 月

15 日　《辛亥革命与反满问题》在《历史研究》第 5 期发表。文章在前言中指出:"辛亥革命以推翻满清政府的统治为直接目标,具有浓厚的反满民族斗争色彩。无论是英法还是普鲁士革命都没有这种色彩。这是由中国特殊的历史条件决定的。""满清政权的建立,造成清代历史上连绵不断的反满斗争。辛亥革命就是发生在这个特定的环境里。资产阶级学者也就由此出发,散播了许多有关辛亥革命的荒谬论点。最主要的是他们这样或那样来否认辛亥革命的资产阶级民主革命性质,而把它看作是汉族反对满族统治的所谓国内民族革命。这种观点是资产阶级看待民族问题的超阶级观点。与此相反,也有的撰述只是一般地讲辛亥革命是资产阶级革命,力求避免涉及反满与资产阶级革命这种看来是矛盾的现象。我们要懂得这次革命是资产阶级革命,懂得它仅仅是不同于英国法国或普鲁士类型的资产阶级革命,首先必须揭穿资产阶级在民族问题上的错误观点,弄清究竟反满与资产阶级革命是什么关系。"

文章首先论证"反满从来不是一个独立的运动,它在不同时间里服从不同阶级的利益"。分析说:"清政府在全国建立统治权至十八世纪末、十九世纪初,反满问题和地主阶级内部不同势力之间的斗争联系在一起。

它是从属于地主阶级内部斗争的。""十九世纪初到这个世纪末年，阶级斗争已经处于另一种形势之下。变化的关键是农民与地主阶级的矛盾尖锐化，农民革命的兴起。地主阶级内部的各派进一步联合起来抵抗农民革命。反满这面旗帜从此成了农民号召群众的旗子。""白莲教、太平天国、义和团运动反满色彩都很淡薄，没有把反对满族作为斗争目标。""农民反抗的目标是对着地主阶级统治势力，而不是反抗这个势力中的满族或汉族统治者。"认为清代历史上的民族矛盾、反满斗争是客观存在的，"这种民族矛盾的最后基础是封建制度，到鸦片战争以后是半殖民地半封建制度"。

接着指出"辛亥革命中的反满问题是从属于资产阶级民主革命的"。分析说："中国的资产阶级革命由于发生在半殖民地半封建国度里，按照客观的需要，它的任务是要打倒两个敌人：其一，打倒帝国主义；其二，打倒封建势力。辛亥革命时期的反满斗争，实际上就是要反对帝国主义封建势力这两个敌人。""辛亥革命时期的反满，其阶级内容，是反对帝国主义统治中国的工具和清政府背后的帝国主义，反对本国的封建统治阶级。""全部反满斗争，都是要消灭资产阶级的敌人，消灭专制制度，为资产阶级取得政权，发展资本主义开辟道路。""革命者的集中的反满宣传，发生了两方面的作用。一个方面：加速了清政府的瓦解过程。……又一方面：模糊了革命斗争的方向。……革命的方向没有由反满进一步明确指向反对帝国主义封建势力，没有真正提高群众的民族觉悟和阶级觉悟。清政府一旦倒塌，革命势力跟着迅速解体，这是原因之一。"

文章认为："正因为反满这时是从属于资产阶级领导的革命，从反满问题上就无法找到辛亥革命成功或失败的根本原因。辛亥革命的面貌和结局显然不是由反满斗争决定的。""资产阶级的特点、资产阶级在革命斗争中与工人农民的关系，规定了辛亥革命的面貌和结局。""资产阶级不敢触动旧制度的基石，迅速与反动势力相妥协，并且抛弃了自己不可缺少的同盟者——农民群众，为反革命压倒革命创造了条件。"

文章还指出："欧洲的历史什么时候也不等于中国的历史。中国资产阶级革命必然有自己的面貌和特点。一定要中国资产阶级革命向欧洲某个类型的资产阶级革命看齐，那是削足适履。反之，夸大中国的特点，以至认为辛亥革命不是资产阶级革命，是所谓国内民族革命，那是对历史的故意歪曲。"并对当年 6 月 11 日美国副国务卿鲍尔斯在华盛顿美国书业协会"国际晚会"上的讲演进行批评，指出其所谓辛亥革命推翻的封建专制体制是在中国"内部的腐朽和西方的冲击力量的联合影响下崩溃的"是"所谓西方的观念输入中国，引起了中国革命的那一派胡言"。

文章发表后,其中的一些论点曾经引起过争论,如清初反满斗争是否都是从属于地主阶级内部斗争?太平天国反满观念是否单薄?但主要观点在国内受到重视。该文于1992年获1949—1992年中国大陆孙中山学术研究与文艺创作优秀成果学术论文一等奖。国外的反响则比较激烈。该文将《论康熙》中涉及的反满运动问题作为专题进行研究,观点与当时中苏边界争端等现实问题有着直接的联系,苏联反对的意见非常激烈,从此成为苏联史学界长期反对的头号靶子。

16—21日　参与筹备组织的纪念辛亥革命50周年学术讨论会在武汉召开。因事留在北京,未能出席会议①。会议由中国史学会与湖北省哲学社会科学学会联合会举办,黎澍主持。会议讨论了资产阶级革命派和农民的关系,会党的阶级成分和性质,新军的成分、性质和作用,辛亥革命时期的主要矛盾、反满问题等。湖北省社科联主席、武汉大学校长李达致开幕词,吴玉章、范文澜发表讲话,强调"史实可信是历史科学最基本的要求","为了提高我们的学术水平,必须树立严肃的学风"。

向会议提交论文《辛亥革命与反满问题》,该文收入1962年12月中华书局出版的湖北省哲学社会科学学会联合会编《辛亥革命五十周年纪念论文集》。参加这次会议的华中师范学院历史系教师章开沅后来回忆说:"刘大年的《辛亥革命与反满问题》立论严谨、逻辑严密,文字典雅,确为大家气象,更受到一致推重。"

22日　《辛亥革命与反满问题》在《人民日报》摘要发表。

11月

17日　看到《辛亥革命与反满问题》后,复旦大学蔡尚思教授来信,说:"关于章炳麟思想的阶级性,已成中国思想史上看法最不一致的一个问题,我前天为上海史学会作了这个问题的报告(中国现代思想史专题报告之一),提出了自己的一些看法。因您最近发表的一篇大作,也涉及这个问题,拜读之后,欣喜无似! 现在寄上拙稿,先向您请教,稿中如有欠妥与错误之处,均请立即指出和代为修改,至感! 至盼!"

---

① 章开沅在《"筚路蓝缕,以启山林"——纪念辛亥革命50周年学术讨论会追忆》(载《纪念辛亥革命90周年国际学术讨论会专辑》)中说刘大年到武汉参加了会议,是记错了。2015年12月26日,在近代史研究所举行的《刘大年年谱》审读会上,与会的王玉璞认为刘大年没有参加这次会议,而是留在近代史研究所值班;张海鹏当年曾参与纪念辛亥革命50周年学术讨论会的部分工作,也称未见刘大年与会。

12 月

月底　北京市历史学会举行年会,讨论中国古代、近代史中的若干问题。中国古代史组主要讨论康熙的评价问题,近代史组讨论近代史上反满斗争的性质等问题。讨论会上的多数发言,特别是古代史组的发言都是围绕《论康熙》展开,一些学者在会上提出了与之不同的观点。有论者认为,《论康熙》"片面夸大了康熙的个人作用,抹煞甚至歪曲了阶级斗争、民族斗争所起的决定性的推动历史的作用,颠倒了主从关系"。

本年　会见日本历史学家。

1962 年（48 岁）

1 月

上旬　《中国史稿》第四册初稿全部改完。

8 日　在中苏关系恶化、中印关系紧张、中巴关系尚未改善的特殊时刻,应巴基斯坦历史学会的邀请,与北京师范大学历史系教授白寿彝和近代史研究所副研究员谢㴑造组成中国历史学家代表团,准备参加从 2 月 1 日起举行的巴基斯坦历史学会第 12 届年会。准备期间,外交部和对外文委负责人向代表团分析中巴关系形势,确立通过学术活动去主动地多谈发展中巴关系的行动方针,指示如何处理在巴可能遇到的一些政治性问题,安排相关事宜。我国驻巴使馆对代表团应采取的工作步骤也预先安排。在准备期间,记录"巴情况不会长久,要变""中巴边界问题""会外要主动的多谈发展中巴友好""中苏关系""克斯米尔,这是巴印两国应该解决,也可以解决的""巴要搞历史、文化的会,是与印度有矛盾" 6 个方面的问题,以及"争取了巴基斯坦可以突破美国《东南亚条约》的薄弱环节,打击印度的右派,打击修正主义。更重要的是解决边界问题,各方都有利益",还有国内的经济基本情况等事项。

23 日　《人民日报》刊登李原、史向沁的《北京市历史学会举行年会　讨论中国古代史、近代史的若干问题》,介绍 1961 年 12 月北京历史学会进行年会期间的学术讨论情况。该文还发表在《历史研究》第 1 期上。

24日　率领中国历史学家代表团,离开北京,取道昆明、仰光,前往巴基斯坦。

28日　中国历史学家代表团到达东巴基斯坦首府达卡①。中国驻巴基斯坦大使丁国钰正在当地访问,就国内已定方针作具体指示,并派文化秘书参加代表团工作,自始至终与代表团一起行动。巴基斯坦政府出于转变对华态度的需求,对中国代表团采取比较友好的态度。

前往达卡途中,过吉大港②,作诗:"旧日红毛百尺楼,人民城郭异神州。瀛涯胜揽从今始,龙树鼍山在后头。"

30日　《人民日报》刊登《应邀参加巴基斯坦历史会议　我历史学家到东巴基斯坦首府》。

2月

1日　巴基斯坦历史学会第12届年会在达卡召开。巴方出席会议的代表约70人。外国代表,除中国外,有苏联、印度、泰国、马来亚、黎巴嫩、法国、意大利、西班牙、美国共10个国家,15位代表。在开幕式上,中国代表团被第一个介绍与大家见面,被第一个请上台致祝词。

巴基斯坦总统阿尤布汗在东巴省督举行招待会,单独接见中国历史学家代表团,并照相留念。作诗:"波斯天竺传奇史,梵字金书绝妙文,游学编丛添掌故,鱼龙异乐听中军。"

2日　年会进入宣读论文环节,被安排第一个宣读论文《新中国的历史科学》。主要从历史科学工作的队伍和近几年来取得的成绩两个方面介绍新中国历史科学的发展。说:"关于中国和世界的近代、现代史,中国封建社会史,中国少数民族史和若干理论问题的研究,是近几年来成绩显著的几个方面。"其中有关理论问题的研究,主要介绍中国历史分期问题,历史人物的评价,帝王将相和人民群众在历史上的作用问题,中国历史发展中的普遍规律和特殊规律问题。此外,还介绍新中国考古工作和历史书刊出版工作的发展情况,以及有关中国和巴基斯坦文化交流史的研究情况。最后强调,中国的历史科学工作是在马克思主义的指导下进行的,在历史研究中,坚持"百花齐放,百家争鸣"的方针;国外有些人怀疑中国历史研究者是否有学术自由,这种怀疑是没有根据的。

---

①　达卡,今孟加拉国首都。1971年,东巴基斯坦脱离巴基斯坦建国。

②　吉大港,今孟加拉国最大海港。

3 日 年会继续组织宣读论文。白寿彝被安排当天第一个宣读论文《中国穆斯林的历史传统》。

4 日 学术讨论结束后，年会举行闭幕式。在闭幕式上发言。闭幕式后，年会安排了参观和茶会等活动。

1—4 日 巴基斯坦历史学会第 12 届年会共宣读论文 20 多篇，其中包括外国代表的论文 10 篇。苏联学者的论文在资料性的考证上特色鲜明，受到相当的注意。中国代表宣读的《新中国的历史科学》和《中国穆斯林的历史传统》受到最大的欢迎，每次带入会场的中英文论文印本都不敷分发，一直到代表团离开卡拉奇之前，还不断有人索取。达卡和卡拉奇的重要报纸在对会议的报道中，以最大篇幅报道中国代表的论文以及开幕式上的祝词和闭幕式上的发言。报道的标题有：《七世纪已经存在的中巴关系》《新疆同样有犍陀罗艺术》《中国教授阐明同巴基斯坦的联系》《中国穆斯林的丰富传统》《北京学者详述同巴基斯坦的古老关系》等等。会议期间，还注意到各国代表与中国的关系问题，在归国后的报告中写道："在外国代表中，马来亚和印度的代表对我表示友好。法国、泰国、黎巴嫩、西班牙的代表都是一般打招呼。苏联代表是亚洲研究所所长加甫罗夫，我们在旅馆有过一次谈话，态度不好。"

5 日 中国历史学家代表团在达卡参观达卡大学、达卡博物馆等。其间，听主持达卡伊斯兰研究所工作的著名活动家阿布杜尔·哈希姆先生谈论中国革命，作诗："穷经博士讲春秋，乐道中华得自由。石破天惊闻壮语：太阳今日起亚洲！"

6—12 日 中国历史学家代表团在拉合尔、白沙瓦等地参观访问。

在拉合尔，参观访问旁遮普大学、拉合尔古堡、拉合尔博物馆等。参观拉合尔古堡，作诗："喷池水满象衢长，海上秦灰殿宇荒。华冷儿孙朝气尽，投戈又去叹兴亡。"参观全巴最大的博物馆拉合尔博物馆，看佛像雕塑，作诗："文明世界古无多，屈指黄河印度河。佛相尊严菩萨笑，论宗同演犍驮罗。"

在白沙瓦，参观访问白沙瓦博物馆、白沙瓦大学等。有感于东晋法显、唐代玄奘取经求法时曾先后经过白沙瓦，作诗："法显玄奘记胜游，葱云西指水东流。蚕丝古径变通道，还要凿空博望楼。"参观访问白沙瓦大学时，应邀在历史系作《中国历史科学工作的一些情况》演讲，白寿彝作《新中国的穆斯林》演讲。演讲时，女生均除面纱相见，作诗："琼玉生徒女讲官，绛纱卸后问君安。皆因海内存知己，那是书帏礼数宽！"

13 日 中国代表团由白沙瓦到达巴基斯坦首都卡拉奇。中国驻巴使馆对代表团如何开展工作作指示。在卡拉奇参观访问卡拉奇大学、卡拉奇博物馆以及一些古迹,参加历史学会、信德文学社、乌尔都文发展局、伊克巴尔研究所组织的招待会。其间,巴考古局长等人陪同游览信德古迹,作诗:"主人笑指古荒台:虎踞雄关对客开。塔塔城西邦布尔,只须佳兴便重来。"与巴人相接,多热情表示对中国向往,作诗:"名场百辈口悬河,抵掌清谈妙趣多。学问遥从中国取,圣言个个奉摩诃。"

在卡拉奇停留期间,中国大使出面举行招待会后,巴方学术团体仍连续举行每次数十人参加的招待会,每次会议都赠送大量出版物。

17 日 《人民日报》刊登《在访问拉合尔等地后我历史学家回到卡拉奇》。

25 日 结束对巴基斯坦的访问,带着被赠送的 430 多册书,乘飞机离开卡拉奇。作诗:"挟愿寻芳历两巴,睨鲸城下放归车。西州风汛君无问,驿路天涯处处花。"

26 日 《人民日报》刊登《我历史学家刘大年等离巴基斯坦回国》。

3 月

5 日 中国历史学家代表团返抵北京。这次访问巴基斯坦,总计在巴境活动 28 天,加上在京准备与旅途往返共 57 天。代表团在巴基斯坦的活动,远远超出参加学术会议的范围。在各种场合中接触到的巴基斯坦人,约有 1000 人左右。其中,听过中国代表团报告、演讲的约 400 人,个别谈话的约 100 人,接触较多,了解较深的有十多人。除了广泛接触历史学者外,还会见巴基斯坦总统、东巴和西巴省督、大法官、内阁部长、国家银行行长、国家计划委员会副主任、外交部秘书、政府局长、专员、大学校长、宗教活动家、作家、诗人、自然科学家,会见两个巴中友协主席、国会议员、省议员、工会领袖等社会名流,还会见少数资本家、地主、青年学生。访问过程中,回答巴方提出的很多问题,包括一些不了解中国的学者提出的一些非常好奇的问题。访问期间,巴方政府人员一般表示友好;一些社会人士接待殷勤,有的妻女出见,有的是子女婿媳全部出席,有的是 70 老翁亲自驾车迎送,还有的是连续数日陪同到郊外远程参观。

7 日 向中国科学院哲学社会科学部分党组及对外文委党组递交了出访巴基斯坦工作报告。报告总结参加年会和参观访问的大致情况,分析工作中存在的"宣传自己的成就多,注意了解对方不够"等缺点,谈 4 点初步体会,即"一、巴基斯坦统治集团如何对待与中国的关系,在它是一个微妙的问题。在目前情况下,我们通过学术活动,多讲友好,散布我国的政治影响,是一件比较可取的方式。通过学术活动,可以接触到外交人员不易接触的人,而以学者身份说某些方面的话有时较易于使人接受。""二、到巴基斯坦这样的国家去工作,除了专业方面的准备,更需要的是政治方面的准备,方针要明确,要准备各种可能提出的问题的正确答案。""三、马克思主义旗子要鲜明,做法要灵活。""四、苏联学者在这次活动中,表现出有意与我们竞争。"分析我国历史工作存在的问题,认为"我们对于印度、巴基斯坦、缅甸等国的历史注意得很少,至今没有把研究这些国家的历史作为重要工作。"提出相关建议:"一、对于多数史学工作者还要大讲树立为政治服务,睁开眼睛看世界的思想,进一步克服脱离实际的倾向。二、考虑组织适当人力,在较短期间,编选若干中国历史著作译成外文;就现有资料,照我们的观点编写几本印、巴、缅等国的历史书,用外文出版;在中文材料中,编选一批有关印巴等国的史料,向外介绍。对有关伊斯兰的学术研究也应加强,这对于亚洲穆斯林国家进行工作是不可缺的。"提出加强中巴学术交流的具体建议,即"由学部联络处办理"回赠中国出版物事宜,邀请巴基斯坦历史学家来华短期访问。

本月　北京大学中国古代史教研室讲师袁良义在《北京大学学报》(人文科学) 第 2 期发表《论康熙的历史地位——对刘大年同志〈论康熙〉一文的商榷》。文章说:"在中国历史上,康熙曾经作过许多杰出的贡献。刘大年同志在近作《论康熙》一文里,对于这位历史人物出现时的国内外形势,他的个人作用及其阶级局限性,都进行了若干生动而精彩的分析。作者在这篇文章里,打算尽量汲取该文的优点,一面对其中觉得需要商榷和述说得不足的地方,提出一些仅供讨论和补充的意见。"文章从"国内外的客观形势""康熙个人的作用和贡献""康熙个人作用的局限性"三个方面展开,最后指出:"康熙是清初的一位杰出政治家,在当时的国内外形势下,开展了上述一系列具有进步意义的活动,这些活动有一部分到今天仍然保留它们的深刻影响。至于他的一些缺点,那是由于时代和阶级的局限性所造成的,只要它们不影响他的主要成就和贡献,我们就不必过分苛求于古人了。"

4 月

15 日　《新中国的历史科学——一九六二年二月在巴基斯坦历史学会第十二届年会上作的报告》在《历史研究》第 2 期发表。

26日　诗作《访问巴基斯坦十首》在《人民日报》发表。这组诗发表后,在一个场合碰到时任中华人民共和国外交部副部长的耿飚,耿飚告诉刘大年,巴基斯坦驻华大使馆工作人员见到《人民日报》上的诗后即用中国电台将《访问巴基斯坦十首》发回巴基斯坦国内,以示友好①。

5月

夏初　郭沫若召集中国科学院哲学社会科学部少数人谈工作,并游颐和园。刘大年将本年写的一首读郭沫若《替曹操翻案》的新诗与1944年写的读《甲申三百年祭》3首诗抄在一起,面请郭沫若指正。新诗为:"换海移山十载余,万春亭畔百花舒。汉文魏武从头写,未老温公正著书。"《替曹操翻案》发表于1959年3月23日《人民日报》。

6月

本月　邀请北京史学界部分专家讨论《中国史稿》第四册修改稿,请提意见。此外,丁名楠携《中国史稿》第四册修改稿到上海听取上海史学界专家的意见。②

8月

7日　中国历史编写组第二组撰写《〈中国史稿〉第四册编辑工作说明》:"本书是郭沫若同志主编的《中国史稿》第四册。《中国史稿》的编辑工作分三组进行。第二组担任近代史部分即全书的第四册。这一册的编辑工作是由刘大年同志负责的。先后参加编写的有中国科学院近代史研究所刘桂五、丁名楠、钱宏、何重仁、樊百川、张振鹍、刘仁达、金宗英等同志;写过部分初稿、提供资料、查对史实的有张玮英、王其渠、李瑚、王仲、王明伦、吕

①　1962年是中巴关系的一个转折点。这次学术交流后,5月3日,中国外交部发表关于中巴两国政府谈判边界问题的新闻公报。10月12日,中巴两国就边界问题开始会谈。12月28日,两国政府发表联合公报,宣告双方已就实际存在于两国之间的边界的位置和走向取得了原则协议。1963年3月2日,两国代表在北京签订了《关于中国新疆和由巴基斯坦实际控制其防务的各个地区相接壤的边界的协定》,解决了边境划界问题。此后,中巴两国高层互访不断,友好合作不断加深,合作领域也逐步扩大。

②　据张振鹍2015年12月26日《刘大年年谱》审读会发言。

一燃及其他同志。""我们在编写过程中,得到有关单位的帮助,从事近代史教学和研究工作的一些同志提供了不少宝贵意见,谨此致谢。""《中国史稿》第四册编写的时间不短,其中有些想法仍然是不成熟的,若干地方写得还很粗糙,史实也可能有错误之处。我们希望继续得到同志们的指教,以便在再版时改正。"

21 日　《中国史稿》第四册最后的校正稿出来时,将出版社唯一一份清样稿送给郭沫若审查修改,并附书信一封谈编写过程中的若干问题。信中说:"编写过程中有几个与当前生活联系较为密切的问题,我们曾加以注意。第一,边界问题:凡书中涉及边界的部分,均特地送请外事部门审查,并依照可靠的意见已一一作了订正。第二,中国与某些邻国的历史关系:书中对此不能没有交代,为减少纠纷,一般都只作了最必要的叙述。第三,若干少数民族历史人物的评价:凡有意见分歧的,我们多作具体的史实叙述,少作抽象性的论断,以免麻烦和站不住脚。至于近代史上一些学术争论问题,我们尽量采取较有稳定性的意见,学术界还没有深入研究而又必须讲到的,就只有按我们自己的意见叙述。史实均经过一再核对,但难保没有错误。"

26 日　郭沫若就《中国史稿》第四册清样稿回信,认为该书"写得扼要、明确、流畅,有吸引力。反帝反封建的一条红线,像一条脊椎一样贯穿着,这是所以有力的基本原因"。

9 月

近代史研究所编制《近代史研究所 1963—1972 年十年工作规划》,确定今后的工作方针,提出研究工作、资料工作和干部培养工作的目标。多卷本《中国近代史》也计划在此期间完成。此后,各种运动不断,该规划基本上没有落实,多卷本《中国近代史》也在无声中终结。

10 月

18 日　白寿彝来信,谈给巴基斯坦历史学会写的信稿及处理巴方赠书、给巴历史学会写文章诸事,说:"信稿拟好,请修正,连同您写的,一并奉上。寄发时,恐怕要亲自署名好些。巴方赠书,其中很多是三份,不必要集中在科学院一处。您不是答应给我们一份吗? 是送来呢或是去取? 巴史学会叫我写文章,当时曾一再地提。是否还是给他们写一点? 不过现在抽不出时间来,明年我可。请斟酌。"

　　本月　主持撰写的、由郭沫若主编的《中国史稿》第四册由人民出版社出版,被指定为高等学校教材,是 20 世纪 60 年代有影响的近代史著作。由于写作过程中途改变计划,出版时间提前了几年,因此,书的分量小,只有176 千字,但是它流行很广,出版后供不应求。

　　《中国史稿》第四册为《中国史稿》第五编"半殖民地半封建社会(上)",共三章,即"第一章　中国遭受外国资本主义奴役的开始,封建经济的破坏,中华民族反侵略战争和农民战争(1840—1864)""第二章　半殖民地半封建制度的形成　中国人民为反对列强的统治和瓜分中国而斗争(1864—1901 年)""第三章　资产阶级领导的革命及其失败　中国资本主义的发展(1901—1919 年)"。这种分期方法是在 1959 年《中国近代史研究中的几个问题》中提出来的,即基本上从阶级斗争表现来划分 1840—1919 年的中国历史,并将"近代社会的主要矛盾变化"和"外国侵入后社会经济的变化"统一起来。该书的创新之处在于将这段历史作为一个整体运动来看待,突破了以往近代史著作纪事本末体和偏重于政治史的局限;不仅讲政治事件、军事斗争,也讲经济基础、意识形态、科学文化,不仅讲汉族地区的历史,也讲国内各民族在经济、政治等方面与全国的联系和相互关系,并将所有这些内容统一起来按时间顺序讲。这样处理,将中国与世界、中国本身的各种社会关系、社会联系,即政治、军事、经济、意识形态、社会状况、科学技术、文化思想诸方面的关系、联系,以与生产力相联系的生产关系为枢纽,多维度多层次而又动态地展现出来,有利于正确认识历史上的大是大非,准确把握历史演进的脉络。这种以生产关系为中心,从普遍联系与发展演变的宏大视角出发,将共时性与历时性统一起来的撰述方式,为近代史研究构筑了一个新的框架,这个框架至少在 20 世纪 60 年代为众多的史学家所接受和传播。

　　1982 年 8 月,《读书》杂志邀约几位近代史专家座谈时,人民出版社编辑林言椒认为,"六十年代影响最大的,我看恐怕就是郭沫若主编、实际上是刘大年写的《中国史稿》第四册和翦伯赞的《中国史纲要》第四册"[①]。

---

① 　《学习祖国历史 建设精神文明——史学工作者座谈〈从鸦片战争到五四运动〉》,《读书》1982 年第 11 期,第 6 页。

11 月

29 日　著有《马克思主义外衣下的中国历史学》一书的美国汉学家费维凯给中国科学院近代史研究所写信。范文澜为此来信请转学部请示，说："莫名其妙，突然来了一封美国佬的信（原信在丁名楠同志处），昨托丁名楠同志译出，显然是想钻空子，钻进到中国来。兹将译件奉上，请转学部请示，是否置之不理或写回信拒绝，免得野心不死，再来啰唆。"

12 月

中、下旬　本月 15、17、19、21、24 日，给中共中央高级党校 1961 年班讲授中国近代史，分绪论、太平天国革命运动、义和团运动、辛亥革命、结束语五个部分。由于时间限制，这 5 次讲课重点讲了三次革命高潮，中国近代史上的对外战争、人民群众和英雄人物的关系等问题没有展开。1963 年 1 月，中共中央高级党校历史教研室根据讲课记录整理成《中国近代史讲稿（记录稿）》，1964 年 5 月在内部印刷使用。

15 日　第一讲绪论，主要讲为什么研究近代史和怎样研究近代史的问题。首先界定中国近代史的范围是 1839—1949 年 110 年的历史，但讲课只讲前 80 年的历史，即旧民主主义革命时期的历史。其次，指出研究这段历史的中心问题"就是研究近代史这一时期的阶级斗争和阶级斗争的发展规律，研究阶级关系的变化发展及其规律"。关于为什么研究近代史，指出："因为这个时代的历史充满了复杂尖锐的阶级斗争，这一时期阶级斗争的规律的知识，对我们今天还很有用，和我们当前的社会生活还有联系。"研究近代史的意义表现在 4 个方面，即可以帮助我们认识当前社会主义建设时期阶级斗争的形势，帮助人们正确理解党在各个时期的方针、路线和政策，对于武装今天世界上殖民地半殖民地的革命人民很有作用，对我们目前反对帝国主义反动思想的斗争也有重要意义。关于怎样研究近代史，指出："研究近代史，就要根据当前斗争的需要来选择研究的问题，对具体事实进行具体分析，然后作出理论的概括，找出规律。"

17 日　第二讲太平天国革命运动，主要讲太平天国革命的性质问题、太平天国革命运动时期的中国地主阶级和外国资产阶级以及他们之间的关系问题。关于前者，认为太平天国革命是一次农民革命运动，是一场农民战争。分析理由说："1. 太平天国革命时期，封建经济占统治地位，社会生活中最普遍、最突出的矛盾是地主与农民的矛盾。""2. 参加太平天国革命的群众仍然是旧式农民战争的群众。手工业者和城市贫民向来是农民的同盟军,是农民战争的成员。并不是非要有资本主义萌芽和市民运动才有这些人参加。""平分土地是农民的要求,而不是市民的要求。市民与土地的关系是间接的,没有直接的切身利害关系。"指出"说太平天国是农民战争"的历史意义是:"第一,说明半殖民地半封建社会的中国农民不仅是反封建的主力军,而且也是反帝的主力军。""第二,太平天国革命是单纯农民战争,它不可能阻止中国陷入半殖民地半封建社会。"关于后者,指出:"在太平天国运动以前和以后,地主阶级的内部矛盾都很大,但是,这时主要的问题,乃是如何联合起来对付农民的问题,因而地主阶级内部的矛盾也就退居次要地位。""从鸦片战争到太平天国革命失败,可以看出清政府与外国侵略者的从对抗到相互结合,这是一个过程;农民革命运动由高潮走向低落,这是又一个过程。这两个明显的过程都在这时告一段落,几个阶级的地位、作用和它们的发展变化也在这时表现了明显的阶段性,这就在中国近代史上构成了以太平天国革命为中心的第一个时期。"

19 日   第三讲义和团运动,主要讲义和团运动的背景和义和团运动中的各阶级。关于背景,指出:从鸦片战争到太平天国革命失败的 20 多年中,中国社会阶级关系方面的变化大于经济上的变化。"这一时期在阶级斗争方面完成了两个过程:一个是农民战争由高潮到低潮的过程;另一个是中国地主阶级和外国资产阶级由对抗到互相结合,共同镇压人民革命运动的过程。这些都说明半殖民地半封建社会的开始是以政治上的变化作为标志的。"从太平天国革命失败到义和团运动的 30 多年中,情况便有些不同了。"这一时期,中国社会在逐步半殖民地半封建化,它的特征表现在各个方面,不仅政治上继续向半殖民地转变,外国资本主义对中国政治的控制越来越强,而且经济上的半殖民地化也比较清楚了。这个时期的极为复杂的阶级斗争,就是在社会经济变化的新的背景之下展开的。"社会经济的变化主要表现在两件事上,一个是半殖民地的经济制度的确立,或者说"帝国主义已经在中国社会经济生活中开始确立了控制地位";一个是"中国资本主义的出现和初步成长"。"大体上可以肯定地说,十九世纪六七十年代,中国资本主义已开始出现,一部分官僚、地主投资兴办近代新式工业;一部分中小商人、中小作坊主也雇用工人,运用简单的机器进行资本主义生产。"在这种社会条件之下,这时的阶级斗争表现在两个方面,一个是帝国主义的侵略,一个是国内的阶级斗争,而国内的阶级斗争又有三条线索,即洋务派的活动,改良主义的思想运动、政治运动以及人民群众的反洋教斗争。关于义和团运动中的各阶级，指出"义和团运动是由农民群众发起的，是继太平天国革命之后的又一次农民革命"，其打击方向是"直接针对帝国主义"。"反对帝国主义的义和团，实质上是和封建统治相对立的，有明确的反封建立场；封建统治者并没有支持中国人民的爱国斗争，而是恶毒地欺骗人民，最后与帝国主义一道绞杀了人民的爱国运动。这就是义和团运动时期地主与农民阶级关系的实质。""义和团运动时期，农民已不是唯一的推动历史前进的力量。这一时期比在太平天国革命时期进了一步，多了一个资产阶级改良派。""这一时期，资产阶级并没有领导农民的革命运动，他们和农民分道扬镳，各自单干。资产阶级革命派的领袖孙中山早在中日战争之后就开始了他的政治运动，但在这时却起来反对义和团运动。资产阶级革命就是要领导农民，而在这时它却没有领导农民，这说明资产阶级既害怕帝国主义、又害怕人民群众的软弱性，也说明了资产阶级革命的主观条件还不够成熟。"

21 日 第四讲辛亥革命，主要讲三个方面的问题，即"为什么说辛亥革命是资产阶级性的民主革命""辛亥革命中的农民阶级，资产阶级的两派——君主立宪派和革命派"和"辛亥革命后的阶级斗争形势"。关于辛亥革命的性质问题，指出：这个革命是在"中国的资本主义初步成长起来的条件下产生的"；"发动革命的主要成员与单纯的农民战争的领袖人物大不相同"，"辛亥革命明显地是代表中小生产者的资产阶级、小资产阶级知识分子领导的"；"辛亥革命的领导者提出了明确的资产阶级民主革命纲领"；农民"多多少少是在资产阶级发动下展开活动的"，工人阶级"还只是作为资产阶级、小资产阶级革命的追随者而参加斗争"。关于辛亥革命中的农民阶级和资产阶级两派问题，认为"农民阶级是辛亥革命的主力"；"立宪派钻进了革命内部，进一步表现出资产阶级改良派不是反帝反封建的革命力量，而是破坏革命、排挤革命势力并和封建势力相妥协的反革命力量"；"革命派对帝国主义侵略和封建统治的基础没有足够的认识，它的立场本来就很软弱，而立宪派混进了革命阵营更加强了革命派和封建势力妥协的基础"。关于辛亥革命后的阶级斗争形势问题，指出："资产阶级领导的辛亥革命推翻了君主专制制度，但没有改变帝国主义、封建主义统治的社会基础，特别是丝毫没有触及封建土地所有制"，"所以人民继续要革命"；辛亥革命后的二次革命、护国运动、护法运动"充分说明资产阶级不能解决革命问题"；"农民斗争在辛亥革命后处于低潮，但仍是一个重要力量"；"工人阶级壮大成长并开始领导革命"。

24 日 第五讲结束语，主要讲中国近代史上阶级斗争发展的简单过程和人民群众是阶级斗争中决定历史命运的力量。认为中国近代史前80年阶级斗争的简单过程就是三个时期:农民战争时期,农民战争与资产阶级改良运动并行的时期,资产阶级革命及其失败时期。通过这各个时期的"阶级斗争以及它的发展过程、各阶级的面目和他们的地位、作用","可以看出一个基本规律:半殖民地半封建社会,没有工人阶级领导不能取得胜利,有了工人阶级的领导,才能取得胜利"。指出"中国近代史上的人民群众,是资产阶级、农民、小资产阶级、工人阶级";"农民阶级和民族资产阶级是人民群众中的主力军";"各个阶级的地位和作用是不同的。农民、工人是劳动群众,资产阶级是剥削者;农民是基本群众,资产阶级是非基本群众;没有农民就没有反帝反封建斗争的支柱,资产阶级离开了农民就一事无成。"通过总结三次革命高潮的历史,指出人民群众推动历史前进表现在:"(1)经过人民群众的斗争,统治者被迫改变了旧的统治办法,改变了进攻人民的手法;旧的统治势力遭到了削弱,统治秩序遭到了破坏,这就是一个前进。""(2)人民群众在斗争中,不断地提高觉悟,受到了锻炼,使自己的力量发展起来,最后战胜了反动统治者。"

29日　政协第三届全国委员会副主席包尔汉寄《论阿古柏政权》修改稿,说:"供参考,并希指正。"

本月　北京生活·读书·新知三联书店再版《台湾历史概述》。

本月　《中国近代思想史的一页》在《新建设》12月号发表。这是为即将出版的《鸦片战争时期思想史资料选辑》一书所写的序言《鸦片战争时期的士大夫思想》,发表时题目作了更改。

文章说:"鸦片战争时期士大夫思想的变化,正是反映出那时的民族危机和封建统治危机引起了人们的生活条件、社会关系的改变,引起了社会存在的改变。""由于揭露、批判封建统治,学习西方,是鸦片战争时期思潮的两个基本内容,它对后来的影响也就主要在这两个方面。""现实的态度和明见使他们能够睁眼看世界,发出风暴已经来临的呼声;统治阶级的地位和偏见又使他们具有传统的浓厚的封建特色。更重要的是这些思想根本没有触及封建制度的根基——封建土地所有制的问题,即没有触及中国封建社会阶级矛盾的根源——地主集中土地、农民失掉土地的问题。"文章还分析与这些士大夫思想有关的士林风气问题,认为"封建制度注定了知识分子中的糜烂风习,现实斗争又要求减少它的腐蚀。鸦片战争时期的社会思潮就是出现在这个环境里,反过来,它又给环境注入几滴新鲜空气。"文章还指出该资料选辑的不足说:"《鸦片战争时期思想史资料选辑》里没有编入学术思想资料,是为了让内容简单一些。其实要说明一种社会思潮,这是不可忽视的一个方面。归根到底,学术思想总是受政治思想支配的,总要或隐或现埋藏着政治思想的灵魂。"

近代史研究所近代史资料编辑组编辑的《鸦片战争时期思想史料选辑》于 1963 年 11 月由中华书局出版。

1963 年（49 岁）

1 月

26 日　开始挤时间撰写《中国近代史诸问题》。

2 月

1 日　参加哲学社会科学部分党组会议,会议布置哲学社会科学研究所制订 1963—1972 年规划项目事宜[①]。

2 日　在近代史研究所开领导小组会,讨论规划问题。

4 日　看金宗英等稿,外交部林平来谈郭肇唐[②] 事。

5 日　参加近代史研究所近代史组会议。

15 日　参加哲学社会科学部分党组会议。

16 日　参加中国科学院所长办公会。

18 日　包尔汉来信谈《论阿古柏政权》一文,说:"去年新疆人民出版社和中华书局,曾先后函约拟将该稿收入《新疆近代史论文集》和《中国近代史论文选集》里去。现在他们都来信催要稿件,待为发排。您对他们收入这篇稿子有无什么意见,望能提出。此次我对该原稿作了比较大的补充和改动,极盼您能拨冗提出宝贵具体意见,以便定稿后再为函复他们。"

19 日　至北京饭店参加规划会议。

24 日　参加北京市历史学会年会开幕式。

---

①　1962 年春至 1963 年春,在党中央和国务院领导下,动员和组织我国各方面的专家、学者在原有的 1956—1967 年科学技术发展规划的基础上,制订 1963—1972 年科学技术发展规划。与此同时,全国及各省、市、自治区哲学社会科学研究所也开始制订 1963—1972 年规划项目。

②　郭肇唐,俄籍华人,时任苏联科学院远东问题研究所研究员。

25 日　参加政协文史资料北洋军阀资料 5 人小组会。

3 月

5 日　参加中共中央宣传部会议。周扬在会上指出,理论工作、学术工作要适应反修正主义形势,积极投入斗争,摆事实讲道理,反对分裂,反对修正主义,反对投降;要在各方面强调对群众干部的阶级教育,加强科学研究机关的党的队伍,加强社会主义教育,对"百花齐放,百家争鸣"要有领导,不能搞资产阶级自由化;具体工作方面提出要用马克思主义去整理遗产,表现思想力量和时代精神。

15 日　参加中共中央宣传部会议。康生讲,为准备中苏两党会谈,反现代修正主义要开辟第二战场,要准备大量的材料,加强系统的研究写作,要有专题小册子;并就如何组织第二战场准备材料和写文章作队伍组织部署。邓力群就刘少奇确定的 10 个题目作具体部署,并传达刘少奇口头指示:"一、对方正确的观点要肯定。二、我们的观点要讲透。"

4 月

11 日　参加中共中央宣传部会议。周扬在会上讲反对现代修正主义问题。指出,理论研究的任务是要求积极参加反对现代修正主义,思考如何与反修相配合,为反修服务;在各门学科中创造性地推出马克思主义成果,在各学科中发挥毛泽东思想并作出新的贡献;在斗争中锻炼出马克思主义理论队伍。强调哲学社会科学的任务要结合长远需要和目前需要,根据人力和专长来确定,要充分发挥各种人才的作用,同时培养新生力量,解决工作条件;领导的责任就是确定任务、组织力量和提供工作条件。说明反对修正主义有四个方面的问题,即共同路线、兄弟党的关系、建设社会主义的道路问题和学术战线上的斗争,认为前两方面已经展开,后两方面还没有接触。

19 日　在中南海怀仁堂参加中共中央宣传部召集的文艺工作会议和文联第三届全国委员会第二次扩大会议联合报告会。周恩来在会上作《做一个革命的文艺工作者》的报告。报告对文艺工作者提出 5 点基本要求,即树立无产阶级的世界观、人生观,树立共产主义远大理想,不断改造自己,在惊涛骇浪中考验自己,长期奋斗、至死不已;提出积极参加革命的阶级斗争及加强和整顿文艺队伍问题;阐述社会主义文艺路线;论述创作和表演上的阶级性与人民性、时代性与历史性、民主化与大众性以及无产阶级文艺风格等问题。

30 日 北京大学教授、历史系主任周一良 28 日从巴基斯坦回北京,寄去年访问巴基斯坦时照片 2 张,说"在巴开会情况容再面谈"。

5 月

3 日 黄炎培就捐书事来信,说:"文澜同学! 大年同志! 几年前曾商将所有历史性藏书捐献你们图书馆。现书愈积愈多,有'充栋'之患,只有实行前议。请复示。希望同意后,待不久暑假集子弟辈写出书目奉献。"

7 日 就黄炎培赠书事,范文澜来信说:"上次他送我们辛亥以来报纸,本来说的是全部,实际得到的却只是其中的一部分,因为当时坐待送来,没有去当面接洽,事情起变化完全不知道(当然我没有去同别的机关争多论少的意思)。此次赠书我意去见见面,比写封回信似较好。你如有时间可抽,是否可去访问一趟,当面谢过表示接收。问问有什么条件。与张崇山同志同去,以后事情可由张直接处理。我多少年前到他家里看客房书柜中多是线装书,恐别的机关以近代史所不急于要古书为借口,分去一部分。"

12 日 历时 4 个月的《中国近代史诸问题》完稿。

14 日 参加哲学社会科学部分党组的"五反"①整风会。从此搁笔 3 个月不再写论文,绝大部分时间都花在"五反"运动上。

17 日 在中国科学院学部扩大会上作第一次"五反"检查,检查自己在铺张浪费特殊化问题、分散主义和官僚主义方面存在的问题。

21 日 上午,参加"五反"会。下午,参加在历史博物馆举行的北京市史学会,并在会上作报告。

6 月

5 日 在近代史研究所全所大会上作"五反"检查。

12 日 参加中国科学院学部"五反"会。会后,与中国科学院领导郭沫若、竺可桢、裴丽生、杜润生和各学部主任、有关研究所所长和科学家以及

---

① "五反"即指 1963 年在全国各城市开始试点展开的以增产节约为中心的反对贪污盗窃、反对投机倒把、反对铺张浪费、反对分散主义、反对官僚主义的运动。1963 年 3 月 1 日,中共中央发出《关于开展厉行增产节约和反对贪污盗窃、反对投机倒把、反对铺张浪费、反对分散主义、反对官僚主义运动的指示》(简称"五反"运动)。

中古友协副会长冯基平等 30 多人,至机场接在团长、古巴科学院全国委员
会主席安东尼奥·努涅斯·希门尼斯博士率领下的古巴科学院代表团。该
代表团是应郭沫若的邀请,前来我国商谈签订中国科学院和古巴科学院科
学合作协议和执行计划并进行友好访问的。

酝酿《中国近代史上的人民群众》等中国近代史研究 10 个题目或
10 讲。

13 日　参加哲学社会科学部分党组会议。会议传达中共中央书记处
会议精神,分别传达中共中央书记处书记李富春和杨尚昆、中共中央组织部
部长安子文有关如何进一步做好"五反"工作的讲话。

18 日　在原中国近代史 10 讲基础上,拟撰写中国近代史 10 论。

同日　《人民日报》刊登《〈历史研究〉载文论述坚持历史科学党性等问
题》,介绍《中国近代史诸问题》一文中关于坚持马克思主义历史科学党性
的观点。

19 日　看李瑚文章。

30 日　连日集中整风,学文件。

本月　《中国近代史诸问题》在《历史研究》第 3 期发表。文章从"中
国近代史研究的根本任务""需要着重研究的一些问题""坚持马克思主义历
史科学的党性原则""史料、现实斗争、理论"4 个方面论述中国近代史研究
如何有的放矢、为社会主义革命和社会主义建设服务的问题。

文章认为:"历史研究的任务,就是通过特定时间、地点发生的特定历
史事件的独立研究分析,揭示历史发展的客观规律性。把历史看作是遵循
一定规律变化发展的客观过程,还是随心所欲地解释历史现象,这是历史研
究是否真正建立在科学基础上的问题。"文章对新近英国的西·亨特、伯尔
林,加拿大的迈约,美国的萨维尔、毕尔德、贝克尔、李德等人的观点,以及较
早的罗素、胡适、梁漱溟等人的议论进行分析,批评他们否认历史发展有客
观规律存在的思想;指出"大讲历史规律"的"当代资产阶级史学大师"汤
因比,实际上是"拒绝承认历史发展有任何客观规律存在"。指出历史规律
是一个复杂问题。"由于历史发展规律的复杂性,我们研究某个时代、某个
领域的历史,就不但要阐述它与前后时代相同的东西,证实、丰富那些基本
的、共同的规律,而且更重要的是要研究那个时代独特的不同于其他时代的
东西,揭示出那个时代特殊的、具体的规律。""研究近代史,就是要通过对这
个时代的阶级、阶级斗争的具体研究分析,揭示出这个时代的历史发展、阶
级斗争规律来为当前斗争服务,满足当前斗争需要。""外国侵略势力、中国
地主阶级、买办资产阶级、民族资产阶级、小资产阶级、农民阶级、工人阶级

这些阶级的不同地位、不同作用，它们从事活动、进行斗争的方式，它们互相间的关系、那些关系演变发展的过程等等，就是阐明近代历史发展规律要涉及的主要方面，就是阐明近代中国阶级、阶级斗争要解决的主要问题。""每个历史时代的经济生产以及必然发生的社会结构，是这个时代的政治和思想历史的基础。""研究近代历史发展规律、阶级斗争规律，必须研究近代经济生产发展变化的规律。"

文章指出："坚持马克思主义历史科学党性原则，就是坚持马克思主义基本立场、基本观点。我们这里要讲的，首先就是反对在学术和政治相互关系问题上的资产阶级错误观点，坚持历史科学为当前斗争服务的原则。对于研究近代史，这是一个很突出的问题。"在学术与政治相互关系问题上，首先批评资产阶级学者把学术和政治截然分开的观点。文章说："人民研究历史，寻找规律，寻求知识，总结经验，归根到底是为了有助于解决现实问题。历史要是与现实全然无关，那它早已不成为一种科学研究对象。""资产阶级的一派宣传研究历史不需要什么目的，历史与现实生活完全无关，正是为了这样一个明显目的：防止人们从历史这面镜子里照见现实事物正面或反面的影子，把人们引向脱离现实，脱离反抗资本主义腐朽统治的道路。"指出：20 世纪初梁启超、章炳麟，英国历史家巴拉克劳、林德，美国武德瓦德，最近钱穆等人的论著都"证明研究历史最终是为了有助于解决现实斗争问题，为了满足某种政治生活的需要"。"古今中外从来没有与政治无关的历史书。重要的历史书总是要直接间接反映当时的政治观点。比较有系统的重要的历史书一向是政治教科书。"孔子作《春秋》，司马光修《资治通鉴》，马士的《中华帝国对外关系史》，蒋廷黻、胡适等讲中国近代历史的著作，美国"现实主义者"毕尔德的历史教科书，美国"现在主义者"李德的作品，都没有脱离政治。其次，批评资产阶级学者否认历史客观性的观点。指出："马克思主义历史科学的党性要求把历史研究为无产阶级政治服务，反映当前时代需要，决不是要违反历史，把过去描述得适合于现在的口味或是粉饰现实。""实用主义、'现在主义'等一切现代资产阶级唯心主义谈论的历史服务于现实，那完全是另外一种出发点。""资产阶级唯心主义主张一切历史就是现在的历史，主张历史要经常改写，就是根本否认历史的客观性，否认历史发展的客观规律，就是主张为了现实目的，随意解释历史。"文章对美国现代资产阶级历史学的理论与实践进行分析，如李德的理论，《美国历史评论》刊登论述中国历史的文章，新出版的巴兰亭、伯斯、费正清、赖德烈等有关中国历史的书籍，指出其篡改历史为资产阶级服务之实质。

文章指出："坚持马克思主义历史科学党性原则的又一个根本内容，就是坚持无产阶级革命立场。不讲清楚无产阶级立场与科学地理解历史过程的关系问题,也就不能切实解决近代史研究如何为当前斗争服务的认识问题。""一些资产阶级研究者总是把无产阶级立场和对历史的客观认识看作是两种根本对立、绝不相容的事物。他们断定站在无产阶级立场上就不能客观地对待历史,反过来也是一样。""马克思主义坚持历史科学的党性原则,坚持无产阶级立场,这与把历史作为客观过程来研究,要求这种研究具有严格的科学性,不但根本没有矛盾,没有抵触,而且只有坚持马克思主义的党性原则,坚持无产阶级立场,历史研究才能建立在科学的基础上。"文章对意大利历史家克罗齐和英国历史家古治攻击毁谤马克思主义历史科学的党性思想进行了分析批评,强调:"研究中国近代史,坚持无产阶级立场,坚持党性原则,就是最可靠地坚持革命性和科学性,最可靠地坚持两者的结合。"

关于"史料、现实斗争、理论",指出:"考证史实、整理资料是近代史研究的一个重要环节。""马克思主义研究任何问题都必须详细占有资料,严格审查资料。""近代史研究离开了详细占有资料,做好史料考证工作,进行科学分析,那末,揭示历史规律或引出理论性结论,就只是一句响亮的空话。""占有资料、考证史实,都是讲过去的东西。研究近代史,还需要花更多工夫来熟悉当代历史,熟悉现实生活。""当然,最根本的还有一个学习马克思主义理论的问题。"

文章对古今中外众多史学家的史学观点进行评述,集中阐述如何从普遍联系与发展演变的视角进行独立思考,揭示历史发展的客观规律性,为现实社会服务的问题。这是从历史研究的目标、对象、方法、理论诸方面对历史研究如何成为一门科学的理论思考。

7 月

2 日 下午,参加哲学社会科学部会议。会议传达了 1 日中国共产党中央委员会就 5 日中苏两党在莫斯科举行会谈发表声明后如何处理与苏联和外国驻华使馆的关系的指示。刘导生传达张子意①关于中共中央书记处"五反"的指示,并对今后如何开展"五反"运动作了说明。

9 日 《关于中国近代史研究的根本任务和需要研究的一些问题(简介)》在《文汇报》发表,介绍《中国近代史诸问题》的部分内容。

---

① 张子意,时任中共中央宣传部副部长。

8 月

2 日　参加中国人民对外文化协会会长楚图南欢迎日中友协学习活动家代表团的宴会。出席宴会的，还有中国亚非团结委员会主席廖承志、中国人民对外文化协会副会长阳翰笙、副秘书长林林、理事史林峰和有关方面人士童大林、李新、张香山、勇龙桂、张寅安等。

13 日　参加中国人民对外文化协会副会长丁西林欢送由团长大塚有章率领的日中友协学习活动家代表团的宴会。参加宴会的还有廖承志、罗俊、勇龙桂、林林、孙平化等，以及西园寺公一。

15 日　戚本禹①的《评李秀成自述——并同罗尔纲、梁岵庐、吕集义等先生商榷》和罗尔纲的表态文章《关于我写李秀成自述考证的几点说明》同时在《历史研究》第 4 期发表。戚本禹的文章是在江青②的支持下于当年夏天投来的。为了保护罗尔纲，刘大年不顾田家英的劝告，商得黎澍同意后，致函罗尔纲，要他写篇表态文章，以争取主动。

戚文《评李秀成自述》认为李秀成被俘后写《自供》的目的是为了"乞降求活"，《自供》是"一个背叛太平天国革命事业的'自白书'"。戚本禹并不是想要与罗尔纲等探讨学术问题，而是想借此攻击话剧《李秀成》中的作者阳翰笙。

16 日　开始重写《中国近代史上的人民群众》一文。该文自 1962 年 9 月即开始准备。

20 日　参加哲学社会科学部会议。刘导生传达张子意转达的陆定一报告内容，即文教各单位参加农村社会主义教育和建设农村。

30 日　下午，参加周扬谈刊物问题的会议。周扬说，刊物的主编应当是所长一级，每个刊物应有编辑核心，研究所要领导刊物，对刊物负责；每季最少有一次所务会议是讨论刊物问题，组稿计划等；所里对刊物的情况应经常向宣传部汇报；一方面要坚持马克思主义与资产阶级思想的斗争，一方面要坚持百家争鸣。指出目前刊物要负担的任务是：一、反对修正主义；二、发动组织和影响国内的学术讨论；三、刊物一定要有计划发现、培养、团结人才。

31 日　下午，参加中国人民对外文化协会副会长朱光举行的庆祝中

①　戚本禹，时任中央书记处政治秘书室一科科长，1964 年任《红旗》杂志历史组编辑组长。
②　江青，毛泽东夫人，时任中央办公厅秘书委员会委员。

国、朝鲜、日本三国学术界知名人士签订关于促进学术文化交流共同声明的招待会。出席招待会的还有:朝鲜民主主义人民共和国科学院社会科学部门委员会委员长金锡亨,日本朝鲜研究所理事长、日本中国友好协会顾问古屋贞雄,日本中国研究所理事、朝鲜研究所副所长安藤彦太郎,朝鲜历史、考古学家代表团团员,朝鲜驻中国大使馆官员,日本朝鲜问题研究所代表团团员,以及有关部门负责人和首都文化学术界人士陈翰笙、张友渔、魏传统、周而复、谢南光、赵安博、周巍峙等。

9 月

14 日　负责具体组织的座谈会在北京召开。会议由周扬召集,哲学社会科学部、近代史研究所及《新建设》杂志负责人参加。会议主题是针对戚本禹发表的明显带有政治批判调子的《评李秀成自述》。

座谈会上,周扬说:"历史方面有许多人物要用马克思主义重新估计。但不要鼓励一概翻案。该翻就翻,有的一百年也翻不了。不是封建时代的反面人物都要翻案。李秀成文发表不够郑重,应向中宣部请示,甚至报中央。这是对革命先烈的估计问题,是阶级分析。说他投降是阶级观点,还是把我们今天有联系的革命人物翻掉是阶级观点。现在文章已发表,有点麻烦被动。李秀成无论如何功绩是不能抹煞的。近代中国反帝是第一个标准,第二有保护群众的想法,不要加害群众。这是过去的人物、历史人物,不能按共产党员要求。即使共产党员动摇了一下,最后被敌人杀掉了,也不能认是叛徒——糟蹋了这个人物,第一学术上站不住,第二政治上不利。考据也可以登一点,但不能成为风气。真正的叛徒是赫鲁晓夫,不是李秀成。历史研究的重点应该是近代现代,要少出问题,不要怕出问题。"周扬提出两个补救办法:"第一,由中宣部在内部发一个通知,要各地对戚本禹这篇文章不要转载,不要公开评论或讨论;随后由近代史研究所副所长刘大年写一篇正面评价李秀成的文章,仍由《历史研究》发表,作为史学界的基本意见。第二,刘大年的文章写出、发表需要一段时间,在此期间,北京史学界人士先开个座谈会,认真讨论一下李秀成的评价问题,会后发个消息,在报上刊登一下,表示北京史学界不同意戚本禹的意见,让大家知道,戚本禹的文章不作准。"①

20 日　在近代史研究所主持评价李秀成自述的学术座谈会。侯外庐、

---

①　座谈会上周扬前面讲的话引自刘大年当日日记;周扬提出的两个"补救办法"引自徐庆全的《〈李秀成自述〉引发争论的背后》,载《中国新闻周刊》2006 年第 18 期,第 87 页。

翦伯赞、范文澜、邓拓、李新、林涧青等参加会议。

大多数与会者认为戚本禹的文章有许多不可取之处，不赞成戚文全盘否定李秀成。不过与会者也不赞成伪降说，认为需要具体分析事实。侯外庐反对因李秀成有某些污点而抹煞他；翦伯赞认为必须把李秀成写成革命英雄；邓拓认为李秀成是反帝反封建形象，"他最后还是殉国，这应是盖棺论定"；林涧青说"戚本禹的文章对忠王作了不当评价，这在政治上是有害的，在科学上是站不住脚的"。

在总结发言中说："戚文的结论说忠王是叛徒，这是错的，站不住脚的。"指出戚本禹采取了所谓"不看主流"，"攻其一点，不及其余，即一棍子打死"和"曲解事实"等手法来否定李秀成，"忠王不应否定，也否定不了"。

座谈会决定由近代史研究所写篇文章，对戚文作出回答；同时提议请罗尔纲写自我批评的文章，以争取主动。

22 日　前往机场迎接应中华人民共和国科学技术协会和世界科协北京中心邀请前来我国参加世界科协北京中心第一次科学讨论会[①]筹备会的阿尔及利亚、缅甸、日本、马里、尼泊尔和尼日利亚的 7 位科学家：阿尔及利亚细胞学家赛义德·斯里曼·达莱巴博士、缅甸仰光大学地质系教授尼尼博士、缅甸联邦实用科学研究所应用化学高级研究员吴登纽、日本东京法政大学柘植秀臣教授、马里地理学家亚亚·巴戈约戈博士、尼泊尔低能物理学家奥拉·拉姆·乔希博士和尼日利亚数学家契克·奥比博士，以及世界科学工作者协会秘书长比卡尔夫妇。前往机场迎接的还有世界科学工作者协会副主席、北京大学副校长周培源，世界科协北京中心主任张维，中华人民共和国科学技术协会书记处书记王顺桐以及有关方面科学家沈其震、刘思慕、汪德昭、沈勃、张龙翔等。

24 日　分别前往机场和车站迎接应中华人民共和国科学技术协会和世界科协北京中心的邀请来我国参加 1964 年北京科学讨论会筹备会议的日本、加纳、几内亚、墨西哥、蒙古、巴基斯坦和索马里的 11 位科学家：日本京都大学教授井上清，日本东京大学金属学教授原善四郎，加纳科学院研究员安波福，几内亚国家研究所所长巴尔德·谢古，墨西哥农业工程师何塞·路易斯·阿尔奈斯，蒙古代表团团长、蒙古科学院副院长达什扎木茨和团员、蒙古科学院历史研究所学术秘书依希扎木茨，蒙古历史学副博士比拉，巴基斯坦化学家卡里穆拉博士，巴基斯坦核子物理学家艾哈迈德·侯赛因教授，索马里卫生部顾问哈桑·阿卜迪·奥巴卡尔。前往迎接的还有侯

---

① 世界科协北京中心第一次科学讨论会即 1964 年北京科学讨论会。

德榜、管大同、戴松恩、沈其震、黄继武、夏鼐等。

27—30 日　参加在北京举行的由范长江组织的 1964 年北京科学讨论会筹备会议。应邀出席会议的有阿富汗、阿尔及利亚、澳大利亚、巴西、缅甸、锡兰、中国、古巴、加纳、几内亚、印度尼西亚、日本、肯尼亚、朝鲜民主主义人民共和国、马里、墨西哥、蒙古、尼泊尔、尼日利亚、巴基斯坦、索马里、越南民主共和国等 22 个国家的科学家。经过激烈的争论、磋商，筹备会议确定北京科学讨论会于 1964 年 8 月在北京举行，会期 7—10 天，并确定了会议的议程和邀请参加的人员，还公布了《一九六四年北京科学讨论会筹备会议公报》，明确会议的精神为："必须反对帝国主义和新老殖民主义，争取和维护民族独立，保卫世界和平，才能使亚洲、非洲、拉丁美洲和大洋洲这些地区的民族经济、文化和科学事业得以发展。"

10 月

4 日　任中国日本友好协会理事。

26 日　上午，出席在北京举行的中国科学院哲学社会科学部学部委员会第四次扩大会议。会议由郭沫若主持。周扬作《哲学社会科学工作者的战斗任务》的主题报告[①]，报告内容分 4 部分：(1) 一部马克思列宁主义发展史，就是同各种反马克思列宁主义思潮辩论和斗争并且战胜它们的历史；(2) 批判现代修正主义，重新学习和宣传马克思列宁主义是当前哲学社会科学战线头等重要任务；(3) 总结和研究当代革命斗争的经验和问题，在整个哲学社会科学研究中应当摆在首要地位；(4) 建立和壮大马克思列宁主义理论的队伍。

这次会议持续到 11 月 16 日。会议期间，党和国家领导人毛泽东、刘少奇、周恩来、朱德、董必武、邓小平、陈毅、刘伯承、彭真、聂荣臻、李富春、李先念等会见了与会代表并与代表合影。国家主席刘少奇在会上发表重要讲话，薄一波副总理在会上作《当前我国经济形势和任务》的报告。会议讨论了今后哲学社会科学研究工作的重点，认为必须遵循理论和实际相结合的原则，结合当前反对现代修正主义的斗争，运用马克思列宁主义的立场、观点和方法来研究中国革命和建设的经验和问题，研究世界人民革命的经验和问题，研究中国和世界的历史，把研究现代革命斗争的经验摆到整个社会

[①]　据中央文献出版社 2013 年版《毛泽东年谱(1949—1976)》第 5 卷第 278、279 页载，周扬的讲话经毛泽东几次修改后于 1963 年 12 月 27 日在《人民日报》发表。

研究工作的首位。会议认为,在社会科学工作中,无论研究现实问题、理论问题,或者研究历史遗产,都要继续坚持在马克思列宁主义的指导下,实行百家争鸣的方针,一方面要反对和防止资产阶级自由化,另一方面又要反对和防止思想僵化。

月底 写成《李秀成评价问题》,《历史研究》排出校样稿 16000 字,准备在第 6 期发表。该校样稿指出:"李秀成是一个有错误、有污点的农民革命英雄,但仍然是一个农民革命英雄。李秀成的错误在他的光辉一生里是一个重大曲折,但是他对革命立下的巨大功勋和最后仍然尽忠于太平天国而死足以压倒那个曲折。"认为,罗尔纲实际上是把李秀成作为无产阶级革命家来描写的,戚本禹则是把李秀成当作无产阶级革命家来提出要求,加以责备的。"离开马克思主义严格的阶级分析的观点,拿衡量无产阶级革命战士的标准去衡量旧式农民革命的领袖人物,这就是罗尔纲同志和戚本禹同志未能对李秀成作出客观评价、各走极端的共同根源。"文章结尾说:"任何时候我们都不需要去无谓地为历史人物翻案,任何时候我们都需要用马克思主义的阶级、阶级斗争观点科学地评价一切历史人物。"

校样稿出来后分别送给周扬、田家英以及主管理论工作的康生等审阅。中央理论小组办公室副主任杨甫看完后,说文章总体上符合唯物论辩证法。康生看后,起初不表态,后来才说是折中主义,莫名其妙。周扬认为文章有一定道理,建议送给毛泽东看看。田家英谈了两点意见:第一,李秀成的评价不难讲清楚,他很愿意写一篇文章讲讲自己的看法,可惜没有时间;赞成在稿子上一面批评戚文,也一面批评伪降说,认为只批评一面是不行的。第二,稿子送给毛泽东看,这事很简单,只需交给办公厅通讯员,马上就能送到;但要再慎重考虑一下,"我怕给你们找麻烦",并要研究好了告诉他一声。

《李秀成评价问题》最终在发表前撤稿。

本月 与时任政协文史资料委员会主任的杨东莼被胡乔木找去商量如何加强近代社会历史调查。

本月 苏联科学院院士齐赫文斯基与高级研究员维亚特金一起在《历史问题》杂志上发表《论中国历史科学的若干问题》一文,就《中国近代史诸问题》和《论康熙》中的一些论点进行批评,指责论著中表现了中国大国中心主义。文章批评《论康熙》说,"在刘大年以前,中国没有一个历史学家提出过",并认为它所表现的错误倾向是同中国离开国际共产主义运动的协调一致路线有密切关系的。此后,苏联报刊多次举出《论康熙》加以批驳,一个学术问题的争论变成政治性的争论,并由此导致中苏史学界长期不正常的争论。

11 月

2 日 记录周扬讲话。周扬指出：关于与反修正主义配合问题，基本方针是三句话，即要每个专业写出有马克思主义水平的作品；要区别学术问题与政治问题；要坚持与工农兵相结合，为工农服务。队伍问题要坚持两条，第一是基本功，第二是斗争里成长，这两条必须跟青年讲清楚。培养干部有5 个"基"，即马列主义基本著作、基层工作、练习基本功、联系基本群众、掌握基本技能。

8 日 由于日中友协要求中国访日学术代表团必须有近代史方面的专家，被派遣参加以张友渔为团长，江隆基、侯外庐为副团长的中国访日学术代表团，并被任命为代表团秘书长。代表团成员还有夏鼐、游国恩、王守武等，共 9 人，涵盖法学、教育、历史、考古、古典文学、语音、气象、半导体等学科领域，连同秘书、翻译共 11 人。从此，开始集中进行访日的准备工作。代表团成员就 8 个专业准备 20 篇论文，分别由中共中央宣传部和中国科学院党组进行审查。

12 日 《中国近代史上的人民群众》初稿写完，13000 字。原拟写三至四个方面的问题，因为准备出访日本，没有时间展开写，只写了一个问题。

13 日 刘少奇在中国科学院哲学社会科学部学部委员会第四次扩大会议上作关于国际形势和反对现代修正主义问题的报告，提出：在哲学、社会科学各个战线上要更进一步、在更大范围内进行反对现代修正主义的斗争，以反对现代修正主义的斗争为纲，来带动马克思列宁主义的学习，带动马克思列宁主义的学术研究工作和写作工作，同时要继续坚定地执行百家争鸣、百花齐放、推陈出新的政策。

14 日 国务院外事办公室副主任廖承志对中国访日学术代表团作指示：访日代表团只宜谈学术，不宜对当前斗争的尖锐问题发言。目的是对日本的高级知识分子做工作，通过讲学术成就，多交朋友。政治方面，最大限度地求同存异。反修问题，应先谈反美，后谈战争与和平问题、大国沙文主义问题；要对方提出要讲才讲，而且要避免在群众大会上专门讲反修问题，可以在座谈会上放开讲。讲促进日中关系正常化，讲世界和平，不要一下子调子很高，可以步步高。不能与进步分子交流一下就回来了。所有的讲话、工作，都应注意广大的中间分子，要到中间分子中去讲话，以他们为桥梁，面向多数。讲中日友好本身就带有战斗意义，既有反美性质又有反修性质，要最大限度地利用这个旗子,学术味道越浓越好。学术上首先不要轻敌,谈问题采取老实的态度,没有结论就如实说出。

此后,国家对外文化联络委员会张志祥、周而复副主任也对代表团的工作作指示,确定代表团活动的方针是:"高举中日两国人民友好的旗帜;多讲学术,通过学术去达到政治上的目的;面对中间,作好中间派的工作。"中日友好协会的赵安博、孙平化、林林等向代表团介绍日本方面的情况。

16 日　上午,周扬在中国科学院哲学社会科学部学部委员会第四次扩大会议闭幕式上讲话,强调继续坚持"百花齐放,百家争鸣"的方针,并提出当前整个学术批判的锋芒要指向以苏联为代表的现代修正主义和西方世界的资产阶级思想,并把它当作一个长期的任务。

下午,参加学部第四次扩大会议的代表到中南海照相。在中南海的一个客厅,与范文澜、蒙文通、陈望道、冯友兰、周予同、高亨等部分出席中国科学院哲学社会科学部学部委员会第四次扩大会议的学者,受到毛泽东、刘少奇和周恩来等党和国家领导人的接见。毛泽东依次与学者们握手,周扬在一旁作介绍。

17 日　上午,再次修改《中国近代史上的人民群众》稿。于光远提出意见,要把人民群众分清楚,以免引起争论。下午,应日本方面来信要求,赶写历史研究如何为群众服务的问题的文章。

23 日　就出访日本等事,范文澜来信说:"到日本如遇贝塚茂树先生,请替我向他问好,并感谢他送我好些著作,我收到信后没有写回信感谢,甚为歉疚。王其渠同志学满文甚精进,他要买一本《满和辞典》,你如有可能,希望给他买一本回来。""昨天碰到冯仲云同志,他说张侠可以调给我们,但须由所去一封信给水电部人事处接洽。"

24 日　中国访日学术代表团从北京出发。26 日至广州,27 日由广州至香港。

28 日　中国学术代表团由香港飞抵东京,日本接待委员会会长长谷彻三①,日中友协副会长三岛一、佐藤武雄等近百人至机场欢迎。在机场举行欢迎仪式后,中国访日代表团接见记者。离开机场时,由于欢迎的群众太多,日本方面不得不动用警车开道。

29 日　上午,中国访日代表团在旅馆谈日程。下午,访问日中友协总会。晚上,日本接待委员会和日中友协联合举行招待会。日本出席 20 余

---

① "长谷彻三"名字摘自刘大年日记,疑为谷川彻三。以下出现的摘自日记的日本人名不再一一注明。

人,囊括各方面各地区的主要代表人物。井上清专程从京都赶来。日方 20
余人都发表讲话,气氛热烈。

30 日　上午,访问旅日朝鲜人总会。会长韩绍株介绍日本朝侨在日活
动基本情况。其间,仓桥先生问及 1964 年北京科学讨论会事,如是否有欧
洲代表,是否有小组讨论等。

下午,访问中国研究所,并与日本联络协议会座谈北京科学讨论会问
题。在座谈会上就北京科学讨论会事两次发言,从个人认识与参加筹备会
所了解情况说明召开北京科学讨论会的目的是开展学术讨论,北京科学讨
论会不是讨论政治性问题的会议,希望和欢迎日本学者积极准备参加;并对
会议题目范围、会议如何讨论以及日本代表名额等具体问题作原则性回答。

晚上,井上清来谈话,说明下午座谈会参会人员情况及对积极推动日
本学者参加北京科学讨论会的计划。

本月　日本《亚洲经济旬刊》译载《中国近代史诸问题》,当年的《东洋
学文献类目》对此作了记录。

12 月

1 日　由研究中国思想史的重泽俊郎等陪同赴仙台访问。参观鲁迅纪
念碑。晚上,参加东北大学校长主持的约 50 人的宴会,并在宴会上讲话。
东北大学贴出海报,指名要刘大年讲中国学术研究的情况和问题。

同日　日中友协机关报《日本与中国》发文介绍说:活跃在研究战线最
前沿的刘大年先生是中国科学院哲学社会科学部委员兼近代史研究所副所
长。他"于朝鲜战争前后,在对美帝国主义远东侵略的历史进行彻底批判
的同时,迄今为止还在反右斗争以及其它各种重大历史时刻不断提出历史
学的新课题并就开拓研究的前景作了具有影响力的论述。此外,他还就资
本主义萌芽(尚钺批判)、人物评价(论康熙)以及太平天国、辛亥革命的评
价等重大问题,发表了颇具分量的论文,显示了其广阔的研究视野和积极论
战的研究态度"。

2 日　访问东北大学。校长石津玺接待,介绍日本高校情况及东北大
学的基本情况。之后,举行有教授、学生约五六十人的报告会,夏鼐介绍中
国的考古收获,侯外庐讲柳宗元思想。

午饭后,给参加报告会的教授、学生解答中国近代史研究方面的问题,
主要讲中国近代史分期的目的、近代史范围、分期标志、怎样分期等。之后,
即赴另一会址讲演中国学术研究的状况和问题。讲演介绍中国学术研究的

基本情况，指出与新中国成立前比较有了大的发展，并认为政治关怀、思想方针正确、科学工作者社会主义觉悟高是取得成绩的主要原因，指出当前面临的问题主要是批判资产阶级修正主义、研究现实问题、批判总结遗产和培养人才。访问期间，中国代表团还与日本青年进行了交流，了解青年的学习和生活情况。

在介绍中华人民共和国成立以来中国历史学的研究状况时，主要介绍中国历史分期问题。其中包括：

一、中国古代史分期问题。认为"其中最主要的是奴隶制向封建制过渡的时间和条件问题"。"关于这一问题，争论的焦点是在公元前十一世纪到八世纪的西周社会是封建社会还是奴隶社会。有一种主张认为奴隶制在殷代已经结束，西周已经是封建社会的初期；另一种主张说是西周还是奴隶社会，而把春秋战国时代作为奴隶制向封建制过渡的时期。但这两种说法都还没有被大家普遍接受，现在中国的史学家正在对殷周历史作进一步的深入研究来继续讨论这个问题。"指出"对这个问题的解决，一方面有赖于新地下的史料的发现，另一方面则有赖于对古典文献作更深入的研究"。还介绍魏晋封建说，说："在中国古代史研究方面除了西周社会性质的争论以外，还有个别的史学家主张秦汉还是奴隶社会而把黄巾起义和后来游牧民族侵犯中国所引起的汉帝国的崩溃看作是封建割据的开端和封建生产关系取得胜利的表现，而认为奴隶制向封建制的过渡在公元第二三世纪。"并指出："关于中国奴隶制度衰亡和封建制度兴起这一非常重要的历史问题，虽然存在着如此分歧的意见，但对于下列的问题上意见是一致的：如中国是经过了奴隶制社会时期的，封建的生产关系很早就在中国形成着，中国是古代社会中第一个摆脱奴隶制枷锁的国家，而在摆脱奴隶制以后的很长时期中，奴隶制的残余仍然在中国社会经济中起着一定的作用等等。"还介绍中国资本主义因素萌芽问题的争论。指出："由于对明清时期中国社会经济发展过程研究得不够，所以对资本主义因素萌芽问题的探讨，还很不充分。要解决这些问题，显然有赖于更深入地研究这一时期的历史，特别有赖于对这一时期的城市经济作用，手工业、农业、国内贸易和对外贸易等问题的研究。"

二、中国近代史分期问题。介绍四种分期标准的争论，即阶级斗争的表现、社会性质的变化、将社会经济的表现和阶级斗争的表现结合起来、两种矛盾①的结合等。指出，要解决中国近代史分期问题，主要地要探讨"中

---

① 两种矛盾即封建主义与人民大众的矛盾、外国势力与中国人民的矛盾。

国资本主义关系的形成,原始资本的积累,它的特点和对中国经济的影响,新的社会阶级——资产阶级和无产阶级的形成和其参加经济生活和政治生活;农民城市贫民和资产阶级反对满清政权,反对封建压迫和反对外国资本对中国人民的奴役的政治斗争的发展,外国势力的经济侵略政治侵略的具体形式与此有关的买办资产阶级的形成过程与中国的军阀政治等等"问题,认为"这些问题""至今还没有展开应有的研究",但是,"现在中国的史学家所展开的对中国近代史的广泛研究,将逐步深入来解决这些问题"。

三、中国现代史分期问题。指出:"关于中国现代史的分期问题,还没有什么不同的意见,但这不是说在若干具体问题上就没有了和不可能再有需要研究和讨论的问题。例如三十年来的国际环境,外国势力彼此之间在中国的矛盾。又如近三十年来国内的经济情况的变化,以及因此而引起的各阶级的地位和对比的变化,中国工人运动和工人阶级斗争的历史等等,这些问题就是中国史学家研究的对象。"

除了中国历史分期问题外,还指出:"中国的史学家也研究了一些其他的历史问题,如像关于汉民族形成问题,中国少数民族史中的某些问题,农民战争问题,历史人物评论问题,以及中国思想史上的一些比较重要的问题,并在这些方面的研究上取得了一定的成绩。"

此外,还谈论向国外先进科学家学习的问题,说:"中华人民共和国成立以来,在历史研究方面也和其他的科学研究一样,曾和很多国家进行了学术的交流和合作,我们和苏联以及各人民民主国家的史学家取得了愈来愈密切的联系和合作,就在今天以前的两个多月,在荷兰莱登举行的西欧汉学家会谈中,我们又和西欧美洲澳洲的史学家们包括美国的史学家在内发生了接触,取得了联系,并且准备进一步的合作。"并对中日之间的友谊和学术交流寄予厚望,希望"以此为出发点,得到进一步的巩固和发展"。①

辞别石津玺校长后,即返回旅馆,代表团成员每人收到一封台湾方面分发的"请赶快起义归来"的信,信中有名有姓,还罗列"起义归来"的具体联系方式。中国代表团当日返回东京。

3 日　上午,中国代表团赴日本共产党医院所在地"野坂参三事务所",团长张友渔看病。之后,访问日本共产党总部。日共参与接见的有政治局委员袴田里见,中央委员、《赤旗报》主编土歧强和候补政治局委员安斋库治等人。访问结束后,经过日本政府各部所在地大街和皇宫广场。

---

①　以上关于介绍新中国成立以来中国历史学的研究状况问题内容,均见刘大年未刊"访问日本讲话稿"。

　　下午，在法政大学给 100 多名教师和学生讲演《中国近代史上的人民群众》，该校教授小峰王亲翻译。

　　报告强调正确说明人民群众在历史上的地位和作用问题的重要性，认为这是"历史科学的根本任务之一"。把中国近代史上的各个阶级分为两个营垒，并界定什么是人民群众，说："外国资产阶级、本国地主阶级属于一个营垒。它们是统治者和压迫者。民族资产阶级、农民阶级、工人阶级、城市小资产阶级是一个营垒。它们是人民革命力量。民族资产阶级、农民阶级、工人阶级、城市小资产阶级又各自具有本阶级的特点。它们在人民内部的地位是不同的。资产阶级是剥削者。农民、工人是劳动群众。资产阶级是革命参加者。农民、工人是基本群众。人民包括资产阶级，人民群众主要是指工人、农民，指劳动群众。"还具体分析太平天国、义和团运动、辛亥革命等几次革命高潮，以及鸦片战争、中法战争、中日战争、反对八国联军的战争等历次反侵略战争中两个营垒的不同表现，说明人民群众是历史活动的主体，是决定历史前进方向的力量。

　　报告对马克思主义历史科学如何认识人民群众在历史上的地位和作用进行阐述，指出："马克思主义历史科学把人民群众看作是历史发展的决定力量，并不是孤立地考察这个问题的，也不是把人民群众内部各个阶级的历史作用等同起来的。""第一，人民群众创造历史的活动，不只是有阶级斗争的一个方面，而是还有生产斗争的一个方面。""第二，肯定人民群众是历史的主体，丝毫也不是说反动统治者不严重影响历史的进程。""第三，马克思主义历史学把人民群众看作是历史前途的决定力量，这是和马克思主义一系列基本观点相联系的。承认人民群众创造历史，就必须承认阶级斗争，承认革命为社会历史所必需，和承认历史是遵循客观规律发展的，而人民群众的斗争正是体现了历史发展的客观规律性。""第四，人民、劳动群众是历史的推动者和创造者，但是由于各个时期的社会经济条件和各个阶级的历史地位有别，他们在斗争中所起的作用是极不相同的。""正确回答人民群众在中国近代史上的地位和作用问题，既要分析革命营垒与反革命营垒是如何互相对立的，也要分析人民、人民群众内部的不同状况和它们的相互关系。这样，我们就可以看出近代中国的阶级、阶级斗争是怎样变化发展的，就可以看出中国近代历史的真正面目。"

　　报告最后强调："真理是和人民群众站在一起的。历史是属于人民群众的。""剥削者对世界的统治，最后必定在全世界范围内为人民群众自己的统治所代替。""人类历史到那个时候，就完全进入了一个新的时代——人民群众的时代。"

讲演结束后,还当场回答与会者的提问。其中,回答有关统一战线的问题时,介绍了统战对象、统战问题两条路线以及统战内部与资产阶级的斗争等。

晚上,福岛要一来谈日本学术会议情况。

4日 上午,访问日本学术会议。学术会议会长诺贝尔奖获得者朝永振一郎,副会长吉田富三和各部部长 10 余人会见,谈 40 分钟。之后,访问东京大学。校长茅诚司、前校长南原繁共进午宴。下午,在东京大学礼堂讲演中国近代史上的几个问题,神崎多实子任翻译。听众先约 100 余人,最后增加至 200 余人,礼堂满座。讲演后回答了听众最关心的中国民主革命类型等问题。晚上,观看话剧《失踪者》。

5日 上午,至东京教育大学讲演。讲演题目是《现代中国知识分子的作用》,进大门时看到海报才知道。听众 1200 人,整个礼堂爆满,规模空前①。即席介绍现代中国知识分子的三个组成部分及其特点,说明他们的作用,讲述如何通过与劳动人民相结合成为革命的知识分子。据当时出席会议的久保田文次回忆,演讲会取得了极大的成功。"在的的确确使人感到出自共产党摇旗角色的滔滔不绝的讲演中,不时夹杂进自己个人的体验。其中,在抗日战争和内战期间,将史料驮载在马背上转战的一节,深深地打动了我。当时,我曾多少有一点轻视史料重要性的想法,刘先生的这一节讲演给了我极大的激励。"讲演结束时,听众又是献花,又是唱"东京——北京"之歌,气氛非常热烈。

午餐会上,朝永振一郎出席并讲话。木下半治教授讲毛泽东接见南原繁的故事,对毛泽东只问日本右派的情况表示不解。刘大年认为毛泽东问右派是关心左派,关心人民革命力量,正如木下半治研究右派不是关心右派。该观点受到赞同,朝永振一郎提出应该学点辩证法。

下午,参加东京教育大学近代史专业的座谈会,世界近代史、日本近代史的日本和加拿大学者与会。在会上应邀讲述历史研究如何为人民服务的问题,约 2 小时,反应热烈。

晚上,接待委员会举行盛大招待会,与会者有名流 260 余人。

6日 至横滨访问。上午,访问华侨学校。学生列队欢迎,唱中国国歌,称中国代表团是祖国来的亲人。在华侨学校讲演,极为感动,极力控制情绪才能讲话。中午,横滨市长飞岛宴请,当地共产党员代表和华侨总会会长等多人参加。下午,在小会和大会作两次讲演。之后,在神奈川欢迎会上

---

① 刘大年当日日记载:"据说这个礼堂只有两次坐满过,一次是反安保斗争,一次是今天。"

代表全团讲话,讲到后面,讲一句话听众就鼓一次掌。晚上,参加华侨饭店招待会后返回东京。当晚记录了解到的东京市面积、分区、人口、车辆等,小峰王亲月工资、纳税、房贷以及校长月工资,银座活动广告,华侨反抗斗争故事等情况。

　　7日　上午,至中国研究所讲根据地问题,历时两小时半。下午,至华侨总会讲国内大学生生活问题一小时,强调国内大学生"目的是明确的""条件是好的""学习是努力的"。之后,由小峰王亲陪同从银座至东京湾、下町区、浅草区中心观音寺一游。晚上,在日中友协积极分子百余人的会上讲中国近代史两小时,先讲旧新两个阶段的各次革命斗争的过程、阶级关系和积极意义,然后提出"人民群众是主体""无产阶级领导才能胜利""各国人民的互相支持"。睡前,为次日讲题《中国知识分子在革命中的作用问题》备课,拟提纲:"一、中国革命知识分子的特点——半殖民地社会——中国人民觉醒的代表——各个阶级来的,背弃了自己原来的阶级,才成为革命知识分子。二、民主革命时代的革命知识分子和社会主义革命时代的无产阶级知识分子——不同的状况。各方面的作用。三、如何才能成为革命知识分子。1.与工农相结合。2.参加到实际斗争中去。两种实际:理论学习实践,更重要的革命斗争实践。"

　　8日　上午,与李、顾①出席日本东京学生中国问题研究会举办的报告会,3人分别讲演。参加报告会的学生有二三百人,都无比热情,列队欢迎欢送,同唱"东京——北京",鼓掌欢呼。中午,与立教大学的教授、副教授等同进午餐,对他们进行鼓励性讲话。下午,至立教大学分三组座谈,每组参加者近百人。在座谈会上作"中国知识分子在革命中的作用问题"的讲话,并用阶级分析方法对抗日战争的性质作分析,根据具体历史事实说明日本发动战争的是垄断资产阶级,不是人民群众,人民是反对战争的。

　　9日　由东京动身赴静冈。看富士山全景。午餐会后,接受朝日新闻记者采访,回答"第一次来日本的观感和最深的印象"说:"什么东西都感觉得有点新鲜。但很多东西又好像在别处见过的,很熟悉。这说明中日两国文化有悠久的历史的联系。印象最深的有两点:一、日本人民的觉悟是很高的,对我们的接待组织性很高,表现群众觉悟。二、日本人民是愿意对中国人民友好的,这是不可阻挡的。"下午,在座谈会上讲演中国科学院工作。晚上,在三四百人②参加的会上讲人民群众的作用问题,比较看待历史主体

---

① 李、顾2人摘自刘大年日记,具体名字不祥。

② 刘大年当日日记载"三四万人",不太可能,改为"三四百人"。

的两种观点并分析其实质,以古今中外的事例说明唯物史观的正确;强调用阶级分析方法认识抗日战争,并讲述日本历史的前途。

10 日　由静冈赴名古屋。下午,在名古屋大学参加有著名物理学家有山兼孝、板田昌一等出席的欢迎大会。晚上,与名古屋大学青年学生座谈。

11 日　上午,在名古屋大学讲人民群众在历史上的地位问题。讲演后,回答学生的提问,如怎样认识农民对地主的矛盾、中国知识分子在革命中所起的作用、中国现在大学生的生活等。

下午,从名古屋大学出发赴京都。京都欢迎委员会副会长贝塚茂树和重泽俊郎、井上清以及大阪方面的代表前来车站欢迎、献花。离开车站时,群众夹道列队欢迎,武装警察前后相伴而行。晚上,贝塚茂树、重泽俊郎、井上清在“都大旅馆”设宴招待,京都大学校长奥田等出席。

当晚,草拟次日《现在的中国与日本》讲话提纲:“一、是学历史的,更熟悉过去。学任何科学的都要关心现实。二、现在的中国与日本有不同的东西——最根本的是社会制度不同。三、从历史的观点看有更多的共同的东西。1. 悠久的历史上的文化联系,世界上罕有的。2. 过去有过尖锐的矛盾和对立,在历史上只是短短一瞬。这种矛盾只是产生于日本统治者与中国人民之间,并不存在于两国人民之间——所谓排日情绪问题,阶级分析。3. 从两国历史发展前途看——共同利益、需要。从更长远的前途看,从私有制变为共产主义是世界人类的方向。我们相信日本也会有这一天。什么时候改变,这是日本人民的事情,当然也是与中国人民利益一致的。4. 目前存在人为障碍,责任不在中日两国人民。从历史的观点看,这是不会长期存在的。当然是不会自然到来的,要共同斗争。中日两国的历史前途是光明的。中日两国人民的友好关系的发展是不可限量的。”

12 日　上午,访问佛教学校龙谷大学和基督教学校同志社大学。两校校长出面主持接待。在同志社大学,校长还致辞欢迎,并陪进午餐。

下午,出席京都大学欢迎大会。校园附近街道上挂有横幅和直幅标语“欢迎中国学术代表团促进两国文化交流”等。校门口至礼堂到处都有群众夹道鼓掌欢迎。校长奥田出席大会并致欢迎辞。学生代表讲话调子极高,称反对原子潜艇进驻日本,反对美国遏制中国,反对接受福特基金,反对莱肖尔路线等。

在京都欢迎大会上,讲演《现在的中国与日本》。完全抛开昨日所拟提纲,即席讲 6 个方面的内容:“一、学历史的人要关心现实。二、中日两国的情况不同。三、历史的发展在两国人民面前提出了一个任务,正常化、友好关系发展。四、从历史上看长期是友好相处的。中日战争要用阶级观点分析。这个插曲应当永远过去了。五、现在的阻碍是美国侵略政策。美帝是两国人民共同的敌人。六、历史是由人民决定的。中国的海连着日本的海。中国人民的心连着日本人民的心。没有任何力量能将中日海水分开，把中日人民的心分开。不久的将来有一天历史年表要大书：中日关系正常化。"会后，中国翻译周斌和日方安井等都反映讲得很好。

晚上，参加宴会。

13 日 至井上清所在的京都大学人文科学研究所讲《中国近代史的几个问题》。至清风庄午餐后，由井上清陪同至京都旅馆参加松井主持的约三四十人的经济方面的交流座谈会，在会上发言。之后，至同志社大学讲《历史科学为人民群众服务问题》，与会者二三百人，井上清参加。

晚上，出席日中友协欢迎会，在会上讲演《人民群众在历史上的作用》。其中，运用阶级分析讲中日战争，讲今后日本的发展，指出把人民和统治者混在一起，就会减轻统治者的罪过。最后讲日本人民的命运比中国人民幸运，说："中国斗争了一百一十年，日本可能不需要那么长的时间，在你们这一代人亲手实现。你们负担着光荣的历史任务。我没有给你们带来什么东西，带来了中国人民给你们的一个良好祝愿：希望日本人民担负并完成自己光荣的历史任务。"听众非常感动。最后妇女代表致辞，说许多人是带着眼泪听的，再三表示译员户毛敏美翻译得好，把讲演者的感情完全表达出来了，实际上是两人合作进行了一场表演。曾长期在中国学习的户毛敏美也表示很受感动。讲演结束时，许多男女青年排列两边，争相握手，场景异常热烈。

14 日 在贝塚、安井等人陪同下，由京都赴奈良游览。在汽车上，抄写杜甫《江南逢李龟年》诗："岐王宅里寻常见，崔九堂前几度闻。正是江南好风景，落花时节又逢君。"附注："韵调铿锵 十二月十四日由京都赴奈良汽车上。"贝塚茂树也抄写"轻山阳① 本能寺"诗："本能寺沟深几尺，我为大事在今夕。老坂西去备中国，举鞭指东天犹早。"②至奈良市后，先游法隆寺。午餐后，游东大寺，看 17 世纪鉴真画像，游附近奈良公园。之后，游览唐招提寺，看鉴真传法处和鉴真墓。当日返回京都。

晚上，拟就"怎样培养国际主义"5 条："一、历史研究中的国际主义问题——国际性联合。二、农民觉悟问题，如何启发？三、反帝反封建是两个

① 轻山阳应为赖山阳，即赖襄，号山阳，日本江户时代历史学家、汉学家、诗人。

② 该诗没有抄全，网上流传的全诗是："本能寺沟深几尺，吾就大事在今夕。荚粽在手荚并食，四檐梅雨如天墨。老坂西去备中道，扬鞭东指天犹早。吾敌正在本能寺，敌在备中汝能备。"

任务——太平天国、义和团不同,是不是反封建是主要的。四、义和团斗争高涨的具体事实。农民的,资产阶级——国内民主主义问题。五、五四运动以前中国工人阶级是怎样参加斗争的。"

15 日　在京都大学人文科学研究所回答 13 日讲演中的问题,主要讲如何反对资产阶级思想和研究历史客观规律。下午,继续在京都大学讲演《中国近代史上的人民群众》,并回答问题。白天活动均由户毛敏美翻译。晚上,与青年大学生联欢,讲演中国大学生的生活,一濑裕子任译事。联欢会红旗招展,欢呼声不断,青年学生热情洋溢,握手应接不暇。

旅馆已装饰起圣诞老人、棕树等。街上到处是"忘年会""迎新会"的招贴。

16 日　访问井上清家,与小野信尔、铃木实、狭间等六七人一起座谈,谈及中苏争论等问题。井上夫人茶点招待。下午,至人文科学研究所与近代史专家北村、里井等教授座谈,讨论中国近代史分期等问题,约 3 小时。全天由一濑浴子任译事。晚上,由京都赴大阪,京都许多青年送至大阪才告别,一地智等前来迎接。

17 日　上午,至大阪外国语大学讲演,校长在校门口迎接,并在欢迎会上讲话。讲演《中国革命中的知识分子的作用问题》,相浦任译事。主要介绍整风运动和"三反""五反"运动中的知识分子,共产党员如何服务人民,中国对和平共处、部分禁止核试验采取什么态度;分析接受西洋教育的知识分子有的参加抗日战争但不参加第三次国内革命战争;强调现在人类面临毁灭危机,中国知识分子应进一步发挥作用。讲演结束后,校长安置午睡地点。

下午,应日本历史教育工作者协会大阪支部邀请,至大阪教育会馆就历史和历史教学中的若干问题作即席讲话,与日本历史学者进行商讨,一濑裕子任译事。在回答问题时阐述下列观点:其一,中日两国长期的经济文化联系、人民友好往来的历史,对我们的现实斗争一定会产生正面的影响。其二,怎样讲授世界史或国别史的问题,实际上就是怎样讲世界或各个国家的阶级斗争的历史的问题。世界历史在一定的时间里是有它的发展中心的。世界历史发展的中心应当是世界人民革命斗争的主要潮流所在地。哪里形成了改变世界面貌的人民革命的潮流,旧世界在哪里被推翻,新世界在哪里成长起来,世界历史的中心就是在哪里。其三,详今略古是一条马克思主义的道理,是历史教学要为人民服务的一条道理。其四,评价历史人物必须坚持阶级分析观点,对具体人物作具体分析,不能千篇一律地做抽象的论述。对历史上统治阶级里某些人所起的进步作用是可以予以肯定的,因为那些人代表着历史上一定时期的动向,反映着人民群众的活动和要求。但不能把统治人物说成比人民群众更加重要。把统治阶级所起的作用和人民群众所起的作用清楚地加以区别,是评价统治阶级内部人物的最重要的关键。其五,历史分期要按照历史的客观实际,表现出社会历史发展、变化的不同阶段问题实质的区别,显示出那些发展阶段的特征、内在联系和发展趋势,最后把历史发展、阶级斗争的客观规律性正确反映出来。其六,中国在中日战争中属于正义的一方,日本在这场战争中处于侵略者的地位,这已成定论。论述中日战争的历史,必须坚持阶级分析观点,分析这次战争是日本哪个阶级发动的,是为日本哪些阶级所反对的,分清战争符合谁的利益,违背谁的利益,这样才能严格地区分敌友。

晚上,参加座谈会。天野元之助在座谈会上讲述他跟天皇讲人民公社事等。座谈会后在朝日堂看木偶戏。

18 日 上午,访问私立关西大学,与校长中谷敬寿及十五六名教授座谈,讨论资料整理问题。下午,与北村、里井、林要三、狭间、小野信尔等 20 余人在农林会馆座谈。里井主持座谈会,并介绍日本研究中国近代史的基本情况,说没有计划,全凭个人兴趣,研究题目分散,研究者中马克思主义者和唯心论者兼而有之。座谈交流了清末民族资产阶级的作用、19 世纪末期的反教会斗争问题、章太炎的思想研究问题以及辛亥革命中的资产阶级与小资产阶级等问题,讨论了两国间如何交流资料的问题等。晚上,在大阪公会堂大阪日中友协积极分子会上讲演《中国近代革命史上的斗争经验问题》,主要讲人民群众的作用,大塚、雨宫等主持会议,一濑裕子任译事。9 点以后在"吉林料理"晚餐。

19 日 由大阪出发赴神户。神户国立大学前校长古林先生以下出面接待。之后,与游国恩、一濑裕子等同游六甲山。一濑裕子介绍其身世。

下午,参加古林在海员会馆主持的座谈会,讲演社会主义建设时期知识分子的作用问题。在讲演时强调:"在座的许多都是从事工业和其他生产劳动的,你们每天都在为人民创造物质财富。你们都是反美爱国斗争的先进者,你们的斗争每天都在影响着日本人民。人类社会的历史是劳动生产者的历史。历史是由劳动人民创造的。没有劳动人民生产物质财富,任何文明都不可能发生。没有人民群众的斗争,历史就不能前进。""日本历史的命运最后是由日本人民自己掌握的。但这不是自然而然到来的。这必须经过人民群众艰巨斗争。人民的斗争一方面打击统治者,一方面发展人民自己的力量,最后战胜反动统治者。""人民群众内部有各个不同的阶级,觉悟有先后有高低。先进的分子是人民的优秀代表,他们就有特别重要的责任,要经过你们的活动来促进广大群众的觉悟,推动历史前进。""日本人民的命运我相信会比中国人民好一些。"还强调运用阶级观点分析抗日战争、教育周围的群众,对于增强两国人民友好是有意义的。讲演结束座谈时,日方表达希望得到中方资料的愿望。

晚上,写"嘤其鸣矣,求其友声"赠一濑裕子。

20 日　由大阪赴广岛访问,大塚、雨宫、一濑等前来送行。下午,参观广岛市容,看"慰灵碑"、资料馆,并到原子弹爆炸病院慰问。晚上,参加有六七十人出席的欢迎宴会,在会上大家合唱《全世界人民一条心》,并有战俘代表讲话表示感谢中国人的宽大。

21 日　访问广岛大学,校长、各部部长出席欢迎会。之后,在政经学部长山下觉太郎与教授今堀诚二、伊藤、手岛等近20人参加的会上,讲《中国近代史上的人民群众》。下午,解答问题,并开全体座谈会,谈交流问题等,译者玖村女士。晚上,参加广岛大学校长的宴请,席间了解日本艺妓的工作生活情况。

22 日　从广岛乘火车赴山口市。途经一小站,20日晚上在欢迎宴会上讲话的战俘代表携妻抱子前来送行。中午,车至山口小郡,日中友协会员近百人举旗奏乐相迎,举行简短仪式。之后,抵山口县。下午,山口各县举行欢迎会,会场悬挂日本共产党、社会党、日中友协支部、山口县酱油联合会等22个团体的旗子;之后,举行各界代表参加的热闹非凡的晚餐会。

晚上,山口大学经济部助教授安部等两人按事先计划前来谈反核试验问题。他们表示日本人民反对一切核试验,对莫斯科三国条约① 有不同意见,认为中国进行核试验是一个不幸,并要刘大年就这个问题表态。刘大年表示,会将他们的意见转告中国有关人士,并说:"对于三国条约,我认为那是一个骗局是非常明显的。有人赞成,这有不同情况。一种是别有用心的人,一种是认识不清的人。你们从事和平运动,责任是要说服认识不清的人提高他们的觉悟。至于中国如果试验核武器,是幸还是不幸,那要看对谁,看站在什么立场上。对帝国主义反动分子是不幸的。"

23 日　参加山口大学的分科座谈,讨论国际分工、阶级合作、和平过渡、人口论等敏感问题,山口县裁判所的青年女工作人员还在会上谈论家庭与法律问题。安部在座谈会上没有提什么尖锐问题。中午,山口大学校长富川招待。午餐后随即举行全体交流会。下午,离山口县赴福岗。安部送到车站,要译员转达三点意见:"一、愿意为反对比基尼受难者作出贡献。

---

① 莫斯科三国条约即1963年8月苏、美、英三国在莫斯科签订的部分禁止核武器试验条约。

二、已接到中国《新建设》《经济研究》等书刊，表示感谢。三、愿就第十届禁核大会与中国保持联系。"

车过马关，环顾海港，联想到《马关条约》签订史事，认为日方在马关接待李鸿章是有意轻视中国。

下午，抵达福冈，接待委员会派员前来迎接，下榻离市中心较远的"高宫山庄"饭店。

24 日 访问九州大学，举行座谈，介绍中国学术界状况。在九州大学法学部与法律、经济、近代史等方面的人座谈，法学部部长伊藤参加。座谈会上，参加者讨论极为热烈，除了近代史的问题，还谈及中苏争论、对斯大林的看法、对中国革命的态度等问题。座谈后即乘飞机赴东京。三岛一、岩村、福岛、小峰王亲等至羽田机场迎接。晚上，张友渔介绍与日共中央会谈的情况，认为中国学术报告有水平，特别提到游国恩和刘大年的报告；说中国学者日程紧张而毫无怨言，使日本学者深受感动；表示今后要加强自然科学、经济学方面的对日交流。

25 日 同江隆基、游国恩等参观东京市容。看浅草区、银座中心、朝日新闻东京本社等处。下午，柘植、井上、原善、义仓等来谈北京科学讨论会事，说明日方筹备参会情况。晚上，参加有谷川彻三、朝永振一郎、南原繁、三岛一等与会的招待大会。会后，招待事务局和翻译人员，讲话唱歌，异常热烈。

26 日 收拾行李，并游览日比谷公园。下午，赴机场，井上清谈次年访华事；日共中央委员丰田四郎、三岛一等送行者百余人，一路唱歌讲话，情绪热烈。飞机在旗帜招展和一片再见声中起飞。

当晚，抵达香港。在飞往香港的飞机上记录个人访日活动："学术讲演 11 次，一般讲演 10 次，座谈会 17 次；访问大学研究所 19 个，机关团体 9 个，专题座谈 21 次，专题讲演 19 次，宴会不计其数；到达、离开、游览、旅行等近六七天，实际活动时间 20 天，平均每天讲演（座谈也是讲演）两次。"

中国访日学术代表团在日期间，先后访问东京、仙台、横滨、静冈、名古屋、丰川、天理、千叶、京都、奈良、滋贺、和歌山、大阪、神户、广岛、山口、福冈 17 个城市；访问日本学术会议；参观和访问 25 所大学和一些研究机构、学术团体；访问日中友协、华侨总会、在日朝鲜人总联合会和京都分会；拜访京都府知事和京都市长，应邀参加横滨市长的宴会；参观 2 所华侨学校和 2 所朝侨学校。共作 100 多次学术报告和群众性演讲，进行 100 次左右的座谈会，接见十多次记者的访问，两次拜访日共中央。据日方估计，中国学术代表团接触的群众共达二万五六千人，其中大部分是青年知识分子，一部分是学术界上层的中间人士,有些还是中间偏右分子。这次访问,代表团在不少的学校碰到青年群众的夹道欢迎欢送。东京早稻田大学、教育大学、京都立命馆大学、京都大学等学校的大楼上、校门口都张挂巨幅欢迎标语,写着"我们要到中国去学习""恢复中日邦交""撤退美国军事基地"等口号。

27日 由新华社副社长罗明林陪同绕香港一周。

28日 由香港经深圳至广州。在羊城宾馆,华南工学院领导秦思平来访。

29日 乘车至"中国温泉之都"广州市从化区,住湖滨大楼。开访日总结大会。

30日 继续在从化湖滨大楼开访日总结大会。

31日 启程返回北京。

本年 招收近代中国政治史方向研究生石芳勤。

1964 年（50 岁）

1 月

上旬 返京后,在近代史研究所连续开会,处理各种杂事,并给一些日本朋友写信。

8日 参与撰写署名为"中国学术代表团团长张友渔,副团长江隆基、侯外庐"的《中国学术代表团访日工作总结报告》,总结访日情况,在其所留"第二稿"中提出 3 条建议:增加中日学者之间来往;加强资料交换工作;给日本华侨学校一些援助。

17日 上午,参加学部会议。会议传达陆定一在文艺工作会议上的讲话。

29日 下午,会见越南历史研究院院长、议会常委陈辉燎。陈谈及修正主义篡改历史,说:"历史被篡改了可以重写,但文物破坏了就再也不能恢复。"还说去年 7 月在民主德国波茨坦看到有关斯大林的遗迹撤去一空,倍感痛心;并讲述苏联广泛散布的关于赫鲁晓夫的故事。

30日 修改近代史研究所关于加强现代史研究和社会调查的两个报告。

当日，记录陆定一对公安会议等讲话内容，包括毛泽东对中苏关系的一些看法，以及如何反对修正主义，防止复辟，教育与生产劳动相结合，加强思想政治工作等。

本月　近代史研究所创刊史学界内部参考刊物《外国史学动态》月刊，主要刊载国外重要史学论著的摘译或全译、专题综合报道、学术动态。编印9 期后停刊。

本月　在日本东京演讲时的报告摘要以《中国近代史中人民大众——人民大众在历史上的地位和作用》为题发表在日本杂志《大安》1 月号上。

本月　《中国史稿》第四册由人民出版社再版。

2 月

4 日　记录周扬讲话内容：一、研究所的任务首先是要抓生产，组织首先就是组织生产。二、研究所必须把反修列入头等重要的任务，人力工作应列入研究所的计划。领导研究所主要是研究方向和已有研究成果这两条，以及研究人员的思想。要出简报，国内的简报以及外国情况的简报。哲学社会科学没有批判就不能发展，学术批判要细水长流。反修除了批判还有搞资料的工作，基本建设的东西必须摆在计划的重要地位。对于工作人员，不管是搞哪个方面，都要鼓励，鼓励为主。"苏联修正主义发生有最少三个方面：一、不承认阶级斗争。二、知识分子与工人劳动人民脱离。三、对旧的思想、遗产没有彻底批判。我们必须在这几点上与之相反。研究所必须抓住批判这个工作。问题是不要一阵风。"

5 日　收到日本京都民科历史支部委员会寄来的1 月出版的《为了新的历史科学》及约稿函，致函日本京都民科历史支部委员会，建议将"在贵处讲过的《历史研究如何为人民服务》一稿""把第三节全部删掉以后摘要揭载"。

7 日　根据胡乔木的建议，与杨东莼一起致函中国科学院哲学社会科学部分党组、全国政协党组并转中共中央宣传部、中共中央统战部，提议由学术界和政协合作开展近代中国社会历史调查工作，成立"近代中国社会历史调查工作委员会"。该委员会很快得到批准。

上旬　春节前不久，与田家英、王冶秋、黎澍等七八人发起一个小集会，祝贺范文澜 70 寿辰，每人掏 5 元，在四川饭店聚餐一次。①

---

①　范文澜出生于1893 年11 月15 日，按照阳历，其70 寿辰是1963 年12 月30 日，当时刘大年尚在广州。访日回京后，因忙没有时间。这次小聚会，是补祝范文澜 70 寿辰。

29 日　《访问日本（四首）》在《光明日报》发表。

其一为"赠日本学术界同人"，认为"美国对日本的恶毒文化侵略，遭到日本学术界的强烈反对。在这个形势下，中国学术代表团应邀访日。美国推行的所谓'莱肖尔公式'正在破产"："毒饵金蛱枉自多，乾坤正气响山河。焚书怒举神王火，濯罪狂倾北海波。覆楚豪言诏子弟，剧秦新论耻喽罗。西洋恶客钓鳌坐，风浪盘空可奈何！"

其二为"在东京、京都、神户等地讲演"，前言："中国学术代表团在各地受得热烈欢迎。许多集会上鲜花飞舞，旗帜如林，'东京——北京'的歌声和日中友好的欢呼声洋洋于耳。中日两国人民的团结是美国帝国主义最为害怕的，这种团结必然要不断发展下去，是任何力量都阻挡不了的。"诗为："横街伐鼓起雷声，满耳东京与北京！阿部求经思汗国，鉴真观法到蓬瀛。盖幛迎客千花舞，剑履谈心百鬼惊。七亿英雄同肺腑，太平洋里醢长鲸！"

其三为"车过下关"，前言："下关即马关，把中国向半殖民地的黑暗深渊推进了一步的《马关条约》就是在这里签订的。日本领土上满布美国军事基地，下关对面的福冈就是美军重要空军基地之一。日本垄断资产阶级的处境与过去相比，显然有了很大的变化。"诗为："当日城头月似霜，舳舻灰散世沧桑。惊涛万顷喧兵气，净土三分密战场。南岛听歌红暗淡，西风吹梦绿荒凉。前回虎啸蛟旋地，重雾空蒙下夕阳。"

其四为"东京留别"，回想访问中看到的各种事物，认为"那些事物中最重要的就是：日本人民觉悟水平很高，斗争形势很好。历史是循着客观规律向前发展的，日本人民是一定要取得自己的胜利的"："千村谁说舞鸡迟，铜角声吞靖国祠。投杼葛贤怀大志，扶锄陈胜立多时。东京湾阔新潮涌，富士峰晴暮雪稀。再至花深南北路，车书绝域看红旗！"

本月　1963 年 12 月在日本历史教育工作者协会大阪支部集会欢迎中国学术代表团时发言的记录草稿在日本《历史地理教育》杂志 2 月号刊登。

《论中国近代史上的人民群众》在《历史研究》第 1 期发表。

本月至 3 月下旬　主要工作有：1. 准备近代史研究所主持的全国近代史学术讨论会，召开座谈会，写报告等。2. 组织北京科学讨论会文章，去上海往返一星期。3. 改写《论中国近代史上的人民群众》稿两天，改写《李秀成评价问题》两天。

3 月

12 日　关于翻译某书事，季羡林来信磋商，说："接到刘桂五同志的电话以后,我又同印地语教研室的同志们研究了一下,他们对那一本书的意见,另纸附上。他们认为,那一本书价值不大,全译毫无意义。即使节译,也找不出多少可以翻译的地方。"

17 日　与何其芳谈诗。

18 日　致函何其芳,继续谈何的几首旧体诗,并寄去《访问巴基斯坦十首》和《访问日本(四首)》。

20 日　何其芳回信,感谢所提修改意见,并评价《访问巴基斯坦十首》和《访问日本(四首)》说"只觉得似乎用故实稍多,显得有学者气"。

21 日　修改《历史研究》排出的校样稿《李秀成评价问题》。修改稿后来被戚本禹看到。已准备写检讨的戚本禹受到江青鼓励,又写成《怎样对待李秀成的投降变节行为?》[①]一文,逐一反驳《李秀成评价问题》修改稿的观点,并将文章送到钓鱼台。康生等面授机宜,要戚本禹抓住叛徒问题,于是,戚本禹用李秀成影射彭德怀。[②]

23 日　《光明日报》"学术简报"发表《刘大年在〈历史研究〉上撰文〈论中国近代史上的人民群众〉》。

26 日　开始准备撰写《帝国主义对中国人民的侵略与中国人民反对帝国主义的斗争》。

4 月

3 日　近代中国社会历史调查工作委员会成立,与黎澍一起为副主任,杨东莼为主任。该委员会以中华书局为办公地点,制订了一个包罗甚广、相当详细的调查计划。

7 日　上海社会科学院编《学术界动态》第 9 期载《刘大年同志谈当前历史科学的任务》和《刘大年同志对我院撰写〈上海的一百年〉等文的意见》。

《刘大年同志谈当前历史科学的任务》说:"最近,中国科学院近代史研究所副所长刘大年同志,来上海了解为'世界科协北京中心'科学讨论会准备论文的情况时,与历史研究所部分研究人员举行了一次座谈会。会上,他就当前历史科学的任务等问题发表了意见。"文章列举了 4 个方面的意

---

① 戚本禹该文后来发表在当年《历史研究》第 4 期,同期发表的还有罗尔纲的长篇学术论文《忠王李秀成苦肉缓兵计考》。

② 参见徐庆全《〈李秀成自述〉引发争论的背后》(《中国新闻周刊》2006 年第 18 期第 87 页)和徐思彦《从戚本禹批李秀成说起》(《云梦学刊》2006 年第 4 期,第 21 页)。

见:(1)历史科学如何反对现代修正主义。指出现代修正主义其实就是实用主义。(2)历史研究,特别是近现代史的研究,要向人民群众进行阶级斗争的教育。指出"进行阶级斗争的教育,也是反修的内容之一,现代修正主义最根本的东西就是不要阶级斗争和阶级分析"。(3)近代史的研究,要着重总结中国民主革命斗争的经验。指出总结中国民主革命斗争的经验对于目前亚、非、拉美地区的民主革命斗争有重要现实意义;鼓励解放思想,"要有勇气,敢于克服困难,不要怕犯错误";提出近代史研究要与党史区别开来,说"论述帝国主义如何破坏中国革命,中国人民是如何认识帝国主义的,废除封建土地制度必须有群众斗争,中国爱国知识分子在革命中的作用,以及知识分子和工农群众相结合的道路等问题,都不会碰到什么难以处理的政策问题";认为资料困难可以克服,说"现在看来,有些资料确实不能公布,因为斗争还未过去。但另一方面,资料又是大量的。如研究经济史,就要靠自己去调查。陈伯达同志写《中国四大家族》,又有什么秘密资料呢? 研究近现代思想领域中的斗争,也不需什么秘密资料。"(4)关于干部培养问题。提出"培养干部,对领导来说,要千方百计地去找些办法,既要解放思想,又要合理安排,不能朝令夕改。规定几条,如学理论、学外文、搞实际锻炼、写文章等等,坚持下去,及时督促检查,进行评比,干了几年再总结";"至于青年人,不能光靠领导,主要应靠自己,立大志,下苦功。"

《刘大年同志对我院撰写〈上海的一百年〉等文的意见》说:"历史研究所、经济研究所为今年八月举行的'世界科协北京中心'科学讨论会所准备的论文,目前正在撰写中。最近,中国科学院近代史研究所副所长刘大年同志来了解这些论文的准备情况,他在看了有关文章的初稿和写作提纲以后,提出了若干意见。刘大年同志说,参加这次会议的,虽然是以亚、非、拉美各国的自然科学家为主,但估计也有一些政治人物(有博士学衔的退职的总统、前任的政府部长等)参加。我们拿出去的文章,在内容上必须要以毛泽东思想为指导,宣传毛泽东思想,并正确地向他们介绍中国革命的经验。同时在文章的写法上也要讲究,文字必须流畅、生动,富有文采。这样,才能使人乐意看下去,以收到预期的效果。"文章分别列举了对《上海的一百年》《抗日战争时期的上海工人运动》《旧中国的买办阶级》《中国的民族资产阶级》4篇文章的具体意见,并注明:"本期的稿件是根据刘大年同志几次的谈话记录整理的,未经本人审阅。"关于《上海的一百年》,提出"撰写该文的目的,应该是通过对上海一百年来的叙述,说明中国经历了翻天覆地的变化,组织起来的人民不仅可以推翻旧世界,而且还能建设新世界。文章如果单单揭露帝国主义、封建主义的罪恶还不够，必须说清楚上海人民是怎样把旧上海变成新上海的"，并对如何分期作了说明。关于《抗日战争时期的上海工人运动》，认为"该文的中心应该突出中国工人阶级的反帝作用；工人运动要服从反帝斗争的总任务。文章内容可根据上海工人运动的史实，写五卅运动、抗日斗争和反美蒋的斗争，其中着重写反美蒋的斗争。该文的题目也可改为《高举反帝旗帜的中国工人运动》，另加副题《上海工人运动的历史回顾》"。关于《旧中国的买办阶级》，认为"可着重阐述旧中国买办阶级形成和发展的历史过程，阐述以蒋介石为代表的官僚买办阶级的特征，同时还要揭露今天官僚买办阶级残余势力在台湾所作的垂死挣扎。全文的重点是：以确凿的材料证明蒋介石本人就是一个大买办。因此，文章的标题可以改为《帝国主义侵略中国的一个重要支柱》"。关于《中国的民族资产阶级》，要求"着重阐述党对民族资产阶级采取的既团结又斗争的方针政策，民族资产阶级如何在工人阶级领导下，步步进入社会主义的过程"；并指出"具体要求是：既要讲清中国民族资产阶级和帝国主义、封建主义的矛盾和依赖关系，民族资产阶级两面性的政治活动，又要讲清工人阶级对民族资产阶级的认识过程，统一战线的形成和发展等等"。

同日　就迎接国庆 15 周年编写中国近代史论文选事，中国人民大学教师戴逸来信，从时间问题、篇幅问题、组织问题和选文标准等方面进行详细说明，最后说："以上这些是初步想到的问题，在制定方案以前应予确定，希望在您有空的时候面谈一次，听取您的指示。"

5 月

20 日　近代史研究所主持的全国近代史学术讨论会举行预备会。在会上指出，研究中国近现代史有着重要的现实意义，反修斗争和民族解放运动都需要我们加强近现代史的研究，介绍民主革命的经验。

21 日　本日至 6 月 3 日，全国近代史学术讨论会在北京民族文化宫举办。中心议题是开展社会调查，推动近现代史研究。吴玉章出席小组会，周扬、田家英在大会上作报告，黎澍主持会议。来自全国高校及科研机构的233 位学者与会，提交论文 73 篇，围绕中苏中俄历史及边界、反对修正主义、中国近代历史等问题进行讨论。6 月 1—3 日，刘大年主持中国近代史规划会议，与各省市自治区学者商讨学科建设和重大课题。

25 日　全国政协委员、曾任杨虎城将军秘书的米暂沉来信谈资本家千人传写作事，说："过去你虽说过写资本家千人传，我们认为目前正可以开展这一工作,但对于一个资本家都应该写一些什么内容,我们拟了一份撰写提纲,拟俟广泛征询意见后再加以修改,以便寄送各地政协普遍发动,兹将原稿送请审阅,务请提示意见寄还为荷。"

27日　断断续续写成《帝国主义对中国人民的侵略与中国人民反对帝国主义的斗争》第一稿。从准备到写完初稿花26个工作日,共17000字。

28日　周扬在全国近代史学术讨论会上讲话。重点讲反修正主义问题,指出:要下乡参加阶级斗争;既不下乡,又不读书,就只是水上浮萍;不能把开会办公当作全部生活。读书太少,了解工农兵太少,这就是红专里面的根本问题;不解决这个问题,不能反修正主义,也不能提高,这是硬功夫。反修正主义形势很好,当然斗争是长期的,在这个问题上不能有幻想。前人对历史的评论不能说都是错的,史料不能说都是假的。修正主义历史界的表态文章,没有什么影响的可以不理,采取蔑视态度;如果有论战,可以研究写有分量的文章,我们不表态;对于反华的和伪造历史歪曲历史的,可以批评,要找有代表性的著作,或涉及中国的著作去批评,不必追求数量。欧洲中心问题实质就是欧洲正统,即资本主义世界中心问题;世界的政治、经济、文化形成世界的中心,是资本主义以后的事情,但要承认某个民族、某个时期贡献比较多;中心不一定只有一个,中心是转移的;中国现在是世界革命的中心,古巴是拉丁美洲的中心。我们的历史、文学作品里有许多大汉族主义,中国的历史是多民族共同创造的历史;苏联在卫国战争期间宣传爱国主义起了好作用,但也有坏作用。要破同时也要立,必须写出我们自己的反修正主义的马克思主义著作,正确地研究国际共产主义运动史、中国旧民主主义史、新民主主义和社会主义史、亚洲拉美史等。与反对修正主义的同时,也要防止公式化、概念化;用唯物主义写历史,既要见物,也要见人。

此外,关于百家争鸣问题,周扬指出:学术讨论既要明确坚持马克思主义方向,又要鼓励生动活泼的讨论,不要轻易加帽子;文章要有战斗性,不要模棱两可,但是要有材料,有说服力。关于如何做好历史研究工作,指出:历史家同时要做政治家,写历史的人需要有政治敏锐感和政治经验;历史研究要占有资料,才能摆事实讲道理。关于写书,指出:要提倡写专著,要强调一下在个人钻研基础上集体写作;工具书一定要在这次会议上规划一下,历史词典、地理词典一定要有;还有要搞社会调查,调查要真正花工夫,要有学术水平。

30日　下午,参加中共中央宣传部会议,中共中央书记处书记康生讲话,布置写反修正主义的文章,周扬等在场。康生要求积极为《内部未定稿》①撰稿，并说："从去年六月十四到今天快一年。反修斗争理论水平大有提高。不仅表现在我们的文章，也表现为兄弟党的文章。如阿、朝、越、印尼、日本等均是。由此证明一条真理：马克思主义的发展要在斗争中提高。""我们每篇文章八个工序：1. 主席、常委原则方针指示。2. 根据这个方针，小组设计蓝图。3. 确定一个小组一人执笔，两三人帮助。4. 初稿拿到十一人小组讨论。不是讨论文字，而是讨论架子。有时要重新设计，有时大致可以从各方面修改补充。5. 根据小组统计，重新起草。6. 写好后再拿到小组讨论，定字句、段落。7. 拿到中央书记处送主席过关。——据此再修补。8. 再送主席。每一道工序不是一次完毕，而是三四次。有一篇文翻了三十四次。主要是从主席、常委出发，再回到那里去。""我们的办法：第一条还是练兵。学术部门、地方大家来练有三方面的好处：（一）收集、研究、分析掌握材料。各地要求供给材料，其实材料又多又少。是要分析掌握。修正主义的东西看不完。真正少的是苏联的社会生活状况、社会调查、阶级调查。地方感到材料困难，也可能是没有钻进去。（二）读书。读书有两种，一个是读而备用，一个是为用而读。为读而用也需要为用再读，体会更深刻。这一段工作有一个体会，一是没有掌握材料，二是没有认真读书。这很危险。为用而读就是有的放矢。（三）学写文章。教书写文章不完全是一回事。许多教书的人不会写文章。口讲是一个技术，写文章又是一个技术。写文章不容易。""中央的指示：一是练兵，一是组织队伍。看来组织队伍也不容易。队伍在斗争中形成。""还有一个扩大战线——政治、理论、文史哲经。""题目不一定很大。""问题要多样。可以有理论问题，可以有争论问题，可以有材料问题，可以有短论、杂文、诗歌、短评也可以。""文章不一定要大。大中小结合，以中小为主。不怕小，不怕低，不怕有错。练习，有错可以改。编刊物的人时时刻刻要注意这是练兵，要时刻注意作者的积极性。要提倡敢想敢写。""组织方法，要专职与不专职相结合，集中同分散结合，党委机关内部和外面的力量结合。""集中人有好处，也有它的缺陷。这个问题值得研究。集中要领导加强。领导的人与参加的人要三同。同吃同住同劳动。搞材料的与写文章也可以统一起来，也可以适当分工。"②

———————

①　《内部未定稿》由中共中央宣传部和《红旗》杂志社共同主办，中共中央宣传部常务副部长许立群负责，1964 年 5 月 16 日创刊。

②　引自刘大年日记，连接词、标点符号有个别技术性处理。

6 月

3 日　主持的史学工作规划会议集中讨论"加强现代史需要什么措施"。指出:"要加强现代史研究,过去一再宣传,可是只靠宣传不行,一定要有措施。"提出在 3 月近代史研究所两次座谈会讨论的 4 条措施,即成立机构、办刊物、举行讨论会年会、从高校抽调青年教师整理档案,并强调:"大家都提出党史、现代史缺乏资料,这里主要是革命方面的资料,反面的,在报刊上有很多,不过是没整理,所以缺少的是党史资料。现在是这方面资料在档案馆,都未整理。需要人整理资料。搞个三五年,我们抽人看,大家肯否,国民党的反动档案,可以组织人,这方面的资料,需要又红又专。"所提措施得到与会者的响应。①

12 日　本日至 18 日,撰写《帝国主义对中国人民的侵略与中国人民反对帝国主义的斗争》第二稿,对框架和思想观点作改进,增加 1500 字。

13 日　与张友渔、王学文、孙冶方、聂真、黄一然、管大同等前往机场迎接应中国科学院哲学社会科学部邀请来我国进行学术访问的以日本京都同志社大学总长住谷悦治教授为首的日本经济学家代表团。

同日　参加中共中央宣传部会议。中共中央宣传部副部长许立群②在会上介绍 1963 年 7 月中苏会谈后的反修新形势,罗马尼亚共产党代表团访华的情况,苏联经济、政治方面的困难和问题等。许立群还指出:反修正主义,"不仅政治上要斗争,学术上也要斗争"。"少奇同志最近特别提出要抓反修文章。学术不反修,没有斗争对象,就没有战斗性。""不跟修正主义资产阶级作斗争,学术决不能发展。""中央提出,反修斗争意义之重大,不下于十月革命。""'四清'很重要。现已发现有县委副书记支持下面搞资本主义。每国都有发生修正主义的可能。少奇同志谈,不发生修正主义的保证只有一条:马克思主义领导核心与工人、贫下中农相结合。"

14 日　与张友渔、王学文、薛暮桥、周而复、姜君辰、于光远、孙冶方、聂真、黄一然、管大同、侯外庐等出席中国科学院哲学社会科学部欢迎应邀来我国访问的日本经济学家住谷悦治、丰崎稔、吉村达次的宴会。

17 日　参加郭沫若会见并宴请以住谷悦治教授为首的日本经济学家

---

① 参见赵庆云《论十七年的"中国现代史"研究——以中国科学院近代史研究所为中心》,《中共党史研究》2015 年第 12 期,第 60、61 页。

② 当日刘大年日记上,许立群用的是"杨耳"名。

代表团的活动。

18 日　与张友渔、孙冶方、赵安博、孙平化、王晓云等参加中日友好协会会长廖承志会见并设宴招待来我国进行访问的住谷悦治、丰崎稔、小椋广胜、吉村达次 4 位著名日本经济学家的活动。

19 日　参加中共中央宣传部会议。陆定一在会上传达中央工作会议[①]精神，介绍社会主义教育运动，政治工作，计划，财贸粮食，国际反修形势和毛泽东在会议开始、中间、结束时的几次谈话等 6 个方面的内容。还谈及会上提出请中共中央宣传部和中央高级党校考虑由董必武挂帅写党史，以及建议出《毛泽东选集》第五卷等事。

晚上，与廖承志、张友渔、孙冶方等参加周恩来接见来我国进行友好访问的住谷悦治、丰崎稔、小椋广胜、吉村达次 4 位著名日本经济学家的活动。

本月　与周扬磋商，撤回《李秀成评价问题》全部底稿。周扬说："戚本禹的文章不能驳，驳不了。"中共中央宣传部给各地打电话，发布通令：今后凡是歌颂李秀成的文章和戏剧，都不要发表和演出。

7 月

17 日　赴青岛。

27 日　《人民日报》转载戚本禹《评李秀成自述》。

28 日　《光明日报》转载戚本禹《评李秀成自述》。一场围绕李秀成评价问题的争论在全国展开。这次争论尽管有不同意见之间的争鸣，但实际上已变成通过对历史人物李秀成的批判，影射现实，学术问题变成政治问题。

8 月

1 日　参加在北京展览馆举行的中央机关和北京市党员干部会议，听刘少奇作"四清"[②]工作报告。会后，近代史研究所决定去甘肃省张掖县参加"四清"，与张崇山、祁式潜主持筹备工作。

3 日　参加中共中央宣传部、高等教育部、教育部在北京联合召开的全

---

①　即中共中央于 1964 年 5 月 15 日至 6 月 17 日在北京举行的工作会议。

②　"四清"是 1963 年至 1966 年 5 月先后在大部分农村和少数城市工矿企业、学校等单位开展的一次社会主义性质的清政治、清经济、清思想、清组织的教育运动。

国高等学校中等学校政治理论课工作会议① 闭幕会。高等教育部、教育部领导刘子载、蒋南翔等与会，陆定一作报告。陆定一指出：对政治理论课的估计有两个反复，即设不设专门理论课的反复和从实际出发不从实际出发的反复，这两种反复实质上是政治理论课上阶级斗争的反应。点名批评中国人民大学的杨献珍、孙定国、胡华和姚中元。提出大搞文化革命，包括文艺理论、教育等上层建筑，都要革命。认为学术界的"合二而一"是有计划的同党对抗；周谷城的"时代精神"，实际上是另一种"合二而一"，批评一下很好；文艺方面写中间人物，也是"合二而一"；历史学中讨论李秀成评价很有意义。强调"无产阶级专政下的阶级斗争是一个长期的历史阶段，经过长期斗争消灭资产阶级"。

5 日　与张友渔、罗俊、林林、王晓云等参加中日友协副会长周而复为欢迎到访的以日中友协副理事长岩村三千夫为首的日中友协学习活动家代表团举行的宴会。

10 日　1964 年北京科学讨论会筹委会发通知说："经中央批准你为出席 1964 年北京科学讨论会的中国代表团团长。定于八月十二日晚上七时半在友谊宾馆主楼舞厅召开第一次代表团会议。请届时出席。并望于会前到科学会堂科学西楼二楼 20 号报到。"

19 日　参加下午开始的北京科学讨论会预备会。

20 日　经过团长联席会议、主席团会议、全体会议，北京科学讨论会预备会于下午结束。晚上，中国科协主席李四光举行招待会。

21 日　北京科学讨论会正式开始，以近代史研究所副所长名义，作为历史学的代表参加代表团。参加这次会议的有亚洲、非洲、拉丁美洲、大洋洲 44 个国家和地区的科学家 367 人，另有特邀代表 32 人。中国科学家代表团 61 人，团长周培源，副团长张劲夫、范长江、张友渔、张维、钱信忠、于光远。

在大会开幕式上，郭沫若致题为《四大洲的科学家在新的基础上团结起来，把科学文化推进一个复兴繁荣的新时期》的欢迎词，说："这次北京科学讨论会所以具有特殊重大的意义，不仅是因为会议的规模在国际科学史上是少见的，更重要的是因为我们四大洲的科学家成了这次会议的主人。这是一件了不起的大事。""我们的科学讨论会负有重要的历史使命。在这次会议上，我们四大洲的科学家，将在完全平等的基础上，充分发扬民主协

---

①　1964 年 7 月 10 日至 8 月 3 日，中共中央宣传部、高等教育部、教育部在北京联合召开全国高等学校中等学校政治理论课工作会议。

商和自由讨论的精神,交流我们各国的科学成就和经验,探索在不同条件下发展科学和推动社会进步的道路,并且进一步加强各国科学家之间的团结和合作。"国务院副总理聂荣臻在大会开幕式上致题为《只有实现彻底的民族民主革命任务,科学事业才能够真正为人民掌握》的贺词,强调加强彼此之间的援助和合作,"将大大有助于各国科学事业的发展"。

22 日 北京科学讨论会开始学术活动,至 29 日,共进行 7 天。会议共收到自然科学和社会科学各方面的论文 299 篇,分别在理、工、农、医、政治与法律、经济、教育、语言与文学、哲学与历史等学科委员会中进行宣读和讨论。

参加哲学历史学科委员会的学术讨论。该委员会以井上清为召集人,有委员 11 人,其他 9 人是赛义德·穆罕默德·尤素福·埃拉米(阿富汗)、马里奥·米兰达·巴切科(玻利维亚)、胡安·莫拉·鲁雄奥(哥伦比亚)、胡里奥·勒·里维兰(古巴)、阿菲(印度尼西亚)、金乙天(朝鲜民主主义人民共和国)、拉赫卢·阿贝斯(摩洛哥)、桑巴·恩迪阿埃(塞内加尔)、陈辉燎(越南民主共和国)。在哲学历史学科委员会历史分组上宣读学术论文《帝国主义对中国人民的侵略与中国人民反对帝国主义的斗争——一八四〇年中英鸦片战争至一九四九年中华人民共和国成立》。

《帝国主义对中国人民的侵略与中国人民反对帝国主义的斗争》分 4 部分。第一部分"帝国主义的疯狂侵略造成了中国的严重贫困和落后",列举详细的数据资料,分析指出:"西方资本主义、帝国主义侵入中国,很快把中国变成了一个半殖民地。台湾地区和东北地区并一度变成了殖民地。""半殖民地和殖民地的中国,除了政治上丧失独立,不能自立,就是中国人民遭受帝国主义无止境的搜括、压榨,就是中国的物质财富倾江倒峡地向外国资本家的口袋里流去。其中包括勒索赔款、猎取超额投资利润、直接抢掠等等。""中国在帝国主义长达一个世纪的压榨和残酷的半殖民地统治下被迫停留在又贫穷、又屠弱的境地。中国工业落后,农业破产,科学文化不发达。中国人民长期受凌辱、受奴役,不断遭到大规模屠杀。""中国的近代所以落后到了世界先进国家的后面,完全是帝国主义的侵略造成的。""帝国主义的剥削、压迫是近代中国贫困落后的根源。""于今帝国主义极力把中国人民说成是野蛮落后、愚昧无知,其目的是要证明由帝国主义来统治中国是天然合理的,是上帝的安排。"

第二部分"帝国主义为了征服中国人民,彻底把中国变为殖民地,使用了它们所能使用的一切阴谋诡计"。具体分析帝国主义侵略中国所使用的手段,即:"第一,发动侵略战争,实行武力征服。""第二,帝国主义相互在中

国领土上进行战争,争夺中国权利。""第三,蚕食、并吞中国边疆土地。""第
四,扶植中国封建势力和买办势力,利用它们作工具统治中国。""第五,拉
拢少数民族地区的奴隶主、封建主,制造民族分裂,破坏中国统一。""第
六,武装干涉中国革命。""第七,从革命内部进行破坏,收买叛徒,搞颠复
阴谋。""第八,帝国主义出钱、出枪,出政治、军事顾问,指使和支持中国反
动派打内战,杀中国人。""第九,贩卖假和平,布置真陷阱。""第十,经济控
制。""第十一,文化侵略。""第十二,厚颜无耻,当面撒谎,欺骗中国人民和
世界人民。"指出:"帝国主义侵略中国使用过的办法很多。归根到底,不外
乎两种办法:一是武力的,即发动侵略战争,实行武力征服、武力威胁;二是
'和平'的,包括政治阴谋,经济、文化渗透等等。两种办法有时交错使用,
有时同时并举。""不管采取哪种办法,实力政策总是帝国主义侵略中国的最
后和最根本的政策。""帝国主义不管采取哪种办法……目的都是一个:把中
国彻底变成殖民地。"

　　第三部分"中国人民英勇顽强坚持反帝斗争,中国人民与帝国主义的
长期斗争证明,真正强大的不是帝国主义,而是中国人民大众",列举反鸦片
战争、太平天国革命、抗击英法联军、反教会斗争、抗击日军侵略台湾、中法
战争、抗击英军进犯西藏、甲午中日战争、台湾人民抗日斗争、百日维新、义
和团运动、第二次抗击英军对西藏地区的侵犯、辛亥革命、抵制二十一条、
五四运动、五卅运动、北伐战争、反对蒋介石的革命战争和抵抗日本侵略东
北的斗争、抗日民族解放战争和人民解放战争等历史事件,说明"从鸦片战
争到中华人民共和国成立的一百一十年里,中国人民为了自己的自由和解
放,同帝国主义及其走狗的斗争,有起有伏,像海洋激荡,像潮流汹涌,一刻
也不曾停止。中国人民能够战胜帝国主义,首先是由于具有这种英勇、顽强
精神,具有这种敢于斗争、敢于胜利的革命品质。"指出"中国人民与帝国主
义的长期斗争证明,真正强大的不是帝国主义,而是中国人民自己。""中国
人民曾经用各种办法去反对帝国主义,最根本的办法是武装斗争,暴力革
命。""中国人民曾经利用各种条件去反对帝国主义,最根本的是要依靠发展
自己的力量,自力更生,英勇奋斗。"

　　第四部分"中国人民战胜帝国主义、取得民主革命胜利的根本经验",
从"坚持革命路线的问题""发动农民,坚持革命的武装斗争的问题""把各
种力量组织到反帝国主义旗帜下的问题""对敌斗争的战略、策略问题"说
明"无产阶级的革命党的领导何以不同于农民战争、资产阶级革命",论述
"有没有无产阶级的革命党的领导,即有没有马克思列宁主义彻底革命派的
领导核心,是决定中国革命成败的关键"。

论文最后呼吁："战斗吧,世界上一切反对帝国主义侵略和压迫的人民!"

23 日　下午,毛泽东接见出席北京科学讨论会的中外学者全体代表。

会议期间,刘少奇、朱德、周恩来以及邓小平、彭真、陈毅、聂荣臻、谭震林、陆定一、罗瑞卿、林枫、杨尚昆、叶剑英、郭沫若、包尔汉、张治中等国家重要领导人也接见了大会主席团成员及全体代表。

会议期间,在会议议程安排之外,郭沫若、范文澜与中外历史学家一起合影留念,参加合影的中国历史学家还有周一良、夏鼐、陈翰笙、严中平、翦伯赞、侯外庐、吴晗、尹达、白寿彝、张友渔、黎澍等人。合影后,郭、范一起主持招待外国历史学家的宴会。参加宴会的外国历史学家有研究西洋近现代史、国际政治史的日本历史学家江口朴郎,研究中国近现代史、政治学的日本早稻田大学教授安藤彦太郎等。

在郭、范主持的招待宴会上作《十五年来中国的历史研究工作》报告。报告分三部分,第一部分说,15 年来,我国历史研究者在"中国共产党领导的民主革命历史经验""帝国主义侵华史""中国资本主义和资产阶级""中国封建社会时期农民战争史""少数民族史和不同类型的历史人物的研究"等方面取得了显著的成绩。其中谈到正在进行的讨论李秀成评价问题时,说"李秀成投降变节是为他的《自述》所肯定了的,那末,对他的评定只能是变节者也就是肯定了的"。第二部分介绍"坚持用马克思列宁主义、毛泽东思想为指导","批判封建的、资产阶级的历史观点","历史科学工作者必须参加当前实际斗争,不断改造自己的世界观",以及贯彻"百家争鸣"的方针的情况。第三部分介绍今后准备着重研究的历史,即中国民主革命的历史、中国社会主义革命和社会主义建设的历史;世界人民革命斗争的历史,特别是亚洲、非洲、拉丁美洲各国民族解放运动的历史;社会主义国家的历史、国际共产主义运动的历史、马克思主义发展的历史。

31 日　北京科学讨论会举行闭幕式。巴基斯坦的卡里穆拉在闭幕会上作热情洋溢的发言,说:"我们见到的科学讨论会中,这无疑是最令人难忘的一次。为来自四大洲的 367 位科学家像这样高效率地做好安排并不是一件容易的事情,这就很足以说明我们主人的能力了。""在四大洲的历史上,从未有过这样多的来自四十四个国家和地区的科学家汇聚北京。""这一定会对各国科学家的团结和了解作出进一步的贡献。"

晚上,陈毅举行招待宴会,庆祝会议圆满成功。

同日　北京科学讨论会秘书处发布《一九六四年北京科学讨论会公报》。公报说:"会议认为这种多科性的科学讨论会很有益处,有必要

继续举行,并确定一九六八年在北京再举行一次科学讨论会。会议希望
一九六五年——一九六八年四年内在一些国家能够举行单科性或专题
性的科学讨论会,并且互相联系,以便有关各国可能去参加。""为了筹备
一九六八年北京科学讨论会,并同参加会议的国家和地区的科学团体、科
学家进行联络,会议决定成立一九六八年北京科学讨论会联络处,地点设
在中国北京,有关联络事务由中国方面担任。这次参加会议的国家、地区
的科学团体或科学家,可根据自愿的原则,担任联络工作。一九六八年北
京科学讨论会联络处将出版一个不定期的通讯联络刊物,以便交流情况,互
相联系。"

本月　《帝国主义对中国的侵略和中国人民反对帝国主义的斗争》在
《历史研究》第 4 期发表。

9 月

1 日　《人民日报》刊登《四大洲二百七十位在京科学家联合签名抗议
美侵略越南　坚决支持越南南方人民的正义斗争　美国政府必须严格履行
〈日内瓦协议〉》。列签名科学家名单。

15 日　在北京民族宫礼堂听"四清"动员报告。记录:"参加'四清'与
社会科学研究的关系问题——历史与当前的阶级斗争是直接联系。——与
工农群众相结合还是相脱离,关系到是否要彻底改造世界观的问题——与
工农群众相结合是知识分子改造的根本道路。""准备工作:1.掌握政策——
学习两至三周。2.服从地方编制、领导。地方干部担任正职、副职。负责干
部也只担任小职务。如'点'工作组的工作等。不参加县委。大家都当队
员,蹲点。现在的编队是临时的。必须与地方干部搞好关系。要主动进行
调查研究,提出问题。要找工作做,不要光等人分配工作。不要责备地方不
重视。3.放下臭架子。这是一个大问题。我们可能不自觉。关键在于与劳
动人民是平等的。你能不能被信任,群众首先要考验你。4.遵守纪律——
三大纪律八项注意。搞'四清',特别要注意四不清问题。要入境问俗。总
之,首先要学会接近群众。调查绝对不能当面作记录。5.注意艰苦朴素作
风。思想要准备艰苦。装备的太优越,脱离群众。"

17—22 日　在湖南省第三届人民代表大会第一次会议上当选为第三
届全国人民代表大会代表。

本月　北京科学讨论会闭幕后,根据分工,负责陪同以生物学家松浦
一任团长的日本代表团数十人去陕西省西安和延安参观访问。到西安后,

越南、印尼、非洲国家学者也从其他参观地来西安会合。陕西省省长举行盛大宴会招待各国科学家代表团,陕西科委副主任朱婴①也参加招待宴会。在招待会席终时致辞,被朱婴听出乡音。次日,终于见到青少年时代景仰的革命活动家朱婴,并进行长谈。

陪同日本代表团在陕西省参观时作《西安赠日本友人二首》,即《赠相辅杲》②:"西京神户尝联席,延水长安共驻骖。胜事方期再逢日,同攀绝顶上终南。"《赠岸阳子》③:"横滨花灿君迎客,灞上旗红我送君。心逐长桥桥下水,奔腾东去渡行人。"

10 月

6 日　近代史研究所成立"四清"临时支部委员会,任支部书记,黎澍任宣传委员,李新任组织委员,张友坤任青年委员,祁式潜任支部委员。

9 日　与张友渔、侯外庐、贝时璋、黄一然、陈世骧、管大同、林基鑫、吕叔湘、丁声树、余冠英、潘纯、于陆琳等有关部门的负责人和科学界著名人士,前往机场迎接应中日友好协会和中国科学院邀请来我国进行学术访问的以广岛大学名誉教授、广岛神经生物学研究所所长铃木直吉博士为首的日本学术代表团。代表团团员有日本著名的科学家武藤守一、目加田诚、四手井纲彦、森鹿三、小川太郎、鸟居久靖、北山康夫、内田道夫、市川博。

10 日　陪同郭沫若会见日本学术代表团全体成员,以及正在我国进行学术访问的日本考古学家小野胜年博士。

17 日　与张友渔、陈世骧、侯外庐、潘纯等参加董必武副主席接见日本学术代表团的活动。

24 日　率近代史研究所职工 103 人从北京出发,前往甘肃省张掖县参加"四清"工作,范文澜到车站送行。

26 日　近代史研究所职工到达兰州,住和平饭店。中共中央西北局确定"四清"的具体地方为张掖县的乌江公社。

29 日　乘车自兰州往张掖县。

---

① 武汉失守后,朱婴创办的东山中学停办,带领十几名青年打着"抗日宣传旅行团"旗子,徒步从家乡走到陕北。

② 相浦杲,日本大阪外国语学院研究中国文学的学者。

③ 岸阳子,安藤彦太郎夫人,日本早稻田大学研究中国文学的学者。另有一首未刊《赠岸阳子》诗稿,时间不详,曰:"文艺行中新阳子,友谊园里旧安藤。欲寻春色报东国,跨水双飞到北京。"

30 日　到达张掖县,住张掖旅社。在张掖编队,担任工作队副队长,开始与各方接谈。

11 月

1 日　在张掖旅社布置学习,包括阶级斗争情况、相关政策和下乡要解决的问题。开始感冒,此后连续八九天注射青霉素、链霉素 20 余针,服土霉素近 50 片。

10 日　开始恢复活动。在张掖旅社准备次日讲话稿"革命立场、革命路线的问题":一、坚持无产阶级立场,坚持贫下中农的阶级路线,打好下乡第一仗。1. 必须住在贫下中农家里。2. 必须在贫下中农家里吃饭。第一顿饭的标准要注意——为以后的饭定标准,专做的不吃,要与群众全家一起吃。准备碰到不派饭、晚派饭的情况——这是想把我们赶走。要三不怕:不怕累、苦、饿。3. 仔细观察各种人的动向。4. 四类分子①看形势。我们的一举一动,都必须贯彻阶级路线。严重的阶级斗争,只许前进不许后退。二、发挥革命精神,发挥主动精神,主动接近群众,主动作宣传,主动参加劳动,主动作调查。用革命态度对待一切问题。1. 具体做法。2. 可能碰到的几个问题和我们的回答。如五风②死人问题,妇女外流、回家团聚问题。3. 要钱要布问题。三、解除各种顾虑,放下各大小包袱,轻装上阵。如没有经验,不敢单独工作的问题;参加过社教,老经验的问题;对知情有顾虑的问题;工作分配、安排问题。四、坚决服从领导,服从指挥,坚决搞好同地方的团结,向地方的同志学习,共同努力做好工作。

12 日　自张掖县城到乌江公社。住张寨大队贫农方墨林、方茂林兄弟家里。

了解一些农村情况后,认为乌江村史③是"农村一角的阶级与阶级斗争",晚上第一次起了写乌江村史的念头。将主要内容确定为"阶级结构、阶级对立、斗争",拟阐述乌江从"封建到半封建、半殖民地"、民主革命时期以及现在的"阶级关系的演变",说明乌江村史是"中国近代历史的缩影",

---

①　四类分子是对地主分子、富农分子、反革命分子和坏分子这四类人的统称。

②　五风即共产风、浮夸风、干部特殊风、强迫命令风、生产瞎指挥风。

③　据中央文献出版社《毛泽东年谱(1949—1976)》第 5 卷第 213 页载,1963 年 5 月 8 日,毛泽东在修改自己起草并经过讨论的《中央关于抓紧进行农村社会主义教育的批示》中说:"宋任穷同志所讲的用讲村史、家史、社史、厂史的方法教育青年群众这件事,是普遍可行的。"

并思考选题意义：“中国农村的阶级与阶级斗争的历史怎样、现状如何？对于研究中国近代史的来说是一个必须透彻理解的问题，又是一个没有认真解决、甚至还没认真试图解决的问题。乌江村史的写作，是想为人们理解这方面提供些资料、报导点消息。至于这些资料所涉及的问题，在广大农村里有多少代表性，那不能一概而论。一些最基本的东西是大致相近的。”

拟定乌江村史提纲：“一、祁连山下的乌江。提出问题。二、民主革命时期的社会状况——哪个阶级占最大多数，它们受怎样的压迫剥削。三、地主阶级统治的特点与农民群众斗争的特点——封建的、野蛮的统治——分散的、没有胜利希望的群众斗争。四、旧时代斗争结束，新旧斗争的开始。旧阶级的改头换面重新出现——中心问题是夺取领导权。主要是合法形式掩盖下进行。五、几个问题——理论、哲学观点。”

思考写作方法：“写的方法，力求避免八股论文，要通俗生动，采用群众当时对人对事的形容、评论，加些方言成语。文风要独树一格。力求具体。最大限度使用具体材料。”

25 日 作《张掖县乌江村史题记》二首：“（一）祁连山下古甘州，相对群峰总白头。问汝多愁缘底事，不平世界几千秋。”“（二）霸王不到此乌江，一样当年鏖战场。放马分田太平日，有人磨洗旧刀枪。”

拟定乌江村史具体调查方法：“地主阶级调查包括：1. 占有的生产资料。2. 三代概况，发家过程。3. 本人经历、活动。4. 解放以来言行（如反攻倒算、腐蚀干部、打击贫农等）。5. 婚姻关系等等。”“地主统计：一、村庄、姓名、年龄、人口，参加劳动的人口。二、占有的土地和其他主要生产资料。1. 土地（自有、典入）。2. 耕畜（牛、马、驴）。3. 车辆。4. 其他财产——工商业及其资本，副业……三、土地使用关系（出租、雇工耕种、自种）。四、雇工情况（年分、长短、男女工、工资数目）。五、放债情况（年分、米、麦、货币、利息）。”

28 日 到乌江公社作报告。

29 日 记录张掖县第九区第九乡第二行政村中号生产队土地改革后1953 年土地分配草册。记录对农村阶级斗争的长期性问题的思考：“一、旧的地富反动分子（反攻倒算活动）。二、原有的富裕中农（调查）。三、新生的资产阶级分子（四清中的贪污投机倒把分子）。四、新的富裕农民阶层（四不清干部为主）。他们一有机会就要求走资本主义道路，反对社会主义道路。”提出：“力争写十来个村史。作为今后工作重点。有几篇要研究集体经济内部可否发生阶级分化，为什么分化？”“研究阶级斗争的规律，过去的，现在的。现在的隐蔽的，打着社会主义旗号的时起时伏。所有村史归结为一个中心,阶级斗争,特别是社会主义里的阶级斗争。这是一个世界无产阶级革命家彻底革命派正面对着的一个新的问题。就历史研究而言是一个崭新的领域。"

12 月

10 日　思考乌江村史写作思路:"第三部分讲群众斗争失败的末尾,需要有一大段论人民群众是历史的主人的问题。人民群众包括几个阶级、阶层,主要的部分在农村里就是调查中所列的,那许多贫农、雇农,张三李四(张三李四,有血有肉的人。他们是作一个阶级活动的,不是作个体表现个性活动的),不是抽象的群众,而是一个个具体的人,有个性,有形象,有生活和活动。他们在历史舞台上是真人真事。历史上每一个重要的活动、阶级斗争都是由这些人群组成的。最受压迫、剥削的人们,是那些斗争中最坚决的部分。巴黎公社的短裤党,太平天国运动中的领导主要分子,就是这样的分子。他们是改变历史,推进历史的力量的最后源泉。中国封建时代每一次改朝换代的斗争,每一次首先都是由于这个力量发起的斗争的爆发。现在我们看到的这些人只有消极的分散的反抗,甚至表现为无声无臭。不是他们不代表历史的真正力量,而是缺少先进阶级——工人阶级的领导。全部问题只在这里。""民主革命不彻底从土地分配中可以看出。但首先必须强调废除封建土地制度的伟大历史意义。在世界历史上中国的民主革命最彻底的。""生产力受束缚,必须解放。""西北土地分散,主要是由于生产落后(解放前生产力低,亩产很低。注意地主材料这方面的记载)。保持相当原始的、奴隶式的剥削。地主阶级只有这样才能榨取更多的剩余劳动。所以不出租。农民因为剥削重,生活贫困,无力制备生产工具,也就不可能租种地。地主雇工耕种的方式经营土地不能过多。写到这里可以找 1952 年前后报纸发的东南西北各区土地集中资料对照叙述。"

13 日　《人民日报》公布《中华人民共和国第三届全国人民代表大会代表名单》,名列湖南省推选的全国人民代表大会代表。

14 日　由张掖至兰州。在兰州饭店六楼 629 号撰写乌江村史开头提纲:"第一章　土地改革前的阶级结构。一、各阶级的状况一览。二、最近半个世纪中阶级势力的内部变动与外部变动。1. 内部变动考察——历史上的地主、富农、中农、贫下中农。2. 外部变动考察——与近代工业有联系的阶级势力等于零。三、两个百分比。1. 百分之[　]的地主、富农与百分之[　]的贫农、下中农(讲谁剥削谁的问题)。2. 百分之[　]的农业经济与百分之［　］的资本主义商业和手工业（讲剥削性质、封建剥削占压倒优势的问题）。""第二章　地主阶级统治的特点和农民群众斗争的特点。一、原始的、封建的极其残酷的剥削和压迫。（标题只保留章以下的一二三。再往下的 123 不标题，只为写作提纲之用。）""广大群众中蕴藏社会主义革命的巨大的革命性、积极性，必须首先看到这一点。这是反对资本主义道路的巨大力量。"此后即赴北京参加全国人民代表大会。

21 日　本日起至 1964 年 1 月 4 日，在北京参加第三届全国人民代表大会第一次会议。这次会议通过了关于政府工作报告的决议、关于 1965 年国民经济计划主要指标和 1965 年国家预算初步安排的决议、关于全国人大常委会工作报告的决议、关于最高人民法院和最高人民检察院工作报告的决议。

1965 年（51 岁）

1 月

6 日　准备从北京返回张掖。哲学社会科学部要求参加"四清"运动的研究人员不要回北京过春节。

22 日　在张掖县乌江公社，记录张寨大队张炳源和贾家寨大队苗发育的长工的姓名、当长工时间和工资情况。

27 日　至张掖县开会。甘肃省委副书记、省政府常务副省长胡继宗在会上传达"二十三条"①精神。中共中央西北局书记刘澜涛在会上就如何学习贯彻"二十三条"讲话。会议还讨论了形势问题、矛盾性质问题、放手发动群众的问题、对干部的态度问题以及工作态度和思想方法等问题。

31 日　在张掖县继续开会。甘肃省委书记、甘肃省"四清"工作总团团长李友九作会议总结发言。李友九总结两个多月来"四清"工作取得的成绩和存在的问题，分析领导上的几个认识问题，并提出今后工作的具体任务：春节整训、掀起运动的高涨、继续解放干部、算账、开始建设组织、抓紧备耕工作、坚持四同。

---

①　"二十三条"即中共中央政治局召集的全国工作会议讨论纪要《农村社会主义教育运动中目前提出的一些问题》，1965 年 1 月 14 日最后定稿并通知发行。

2 月

1 日　北京市副市长、中国科学院哲学社会科学部委员吴晗来信,说:"总理最近指示,要把吐蕃、朵甘、乌斯藏、西藏几个名词的语源弄清楚。请你协助,把你处可能找到的关于这几个名词的汉、藏及其它论文(附译文)的有关资料抄录一份给我。总理要得很急,能在十日内给我否?"

2 日　本日至 21 日,继续进行乌江雇工调查,调查乌江公社基本情况,调查张掖县土地问题,统计张掖县永丰区土地改革材料。

乌江雇工调查内容包括:"一、雇工人数,占的面大小。1. 一个村里当过长工的人数。每人当雇工的年数。2. 中农里的雇工人数、年数。3. 贫农里的雇工人数、年数。4. 与当雇工的劳动农民比较。二、雇工的变化趋向,有无变化,有何变化。1. 两代、三代当雇工的家数、人数。2. 年数,当一辈子雇工的最后结局,后来上升为中农的,其他变化的。3. 几岁起当雇工至几岁。长期的、一辈子在一家劳动的农奴,主要是债务束缚。三、雇工所受剥削:1. 工资、长工、短工、童工、女工。2. 每家所借债务,增减倾向用途。3. 劳动强度,种地亩数,一年四季工作时间,白天晚上工作时间。四、雇工的地位:1. 根本无政治地位,可以任意吊打,解雇,霸占妻子。2. 结婚生子晚,或不能结婚。3. 雇工生活状况。五、雇工的生产资料,土地房屋等。"

张掖土地问题拟调查东西南北几个点,一个片,撰写全县前 10 名、5 名、3 名大地主传,并调查买办阶级。

27 日　本日和次日,参加乌江公社联席会大会。

3 月

1 日　参加乌江公社联席会小组会。

2 日　大风雪,在破房里参加联席会大会。下午,整理新丰区地主材料 63 人,记录他们占有土地情况。

同日　《回答日本历史学者的问题》在《人民日报》发表。该文是在日本《历史地理教育》杂志 1964 年 2 月号刊登的 1963 年 12 月在日本历史教育工作者协会大阪支部集会欢迎中国学术代表团时发言的记录草稿的基础上修改而成的。

文章引起毛泽东的注意,毛泽东认为文中所说的"世界历史发展的中心应当是世界人民革命斗争的主要潮流所在的地方",讲得很对;但对于如何评价历史人物，则提出了一个问题："照这么说，剥削阶级的历史人物还是没有什么作用啰！"毛泽东的意见由《人民日报》总编辑吴冷西向主管该报理论宣传的副主编陈浚作了传达。此后，中共中央宣传部科学处负责人林涧青和《人民日报》理论部负责人沙英先后转告毛泽东的意见。① 毛泽东对关于世界中心问题的论述的肯定，是从当时国际国内的政治形势出发考虑的；对评价历史人物的观点的疑问则指出了当时史学界在讲剥削阶级人物时存在着的简单化的倾向。文中关于世界中心问题的论述引起苏联学术界的激烈反对，以前因《论康熙》《辛亥革命与反满问题》而引起的中苏学术争论在这以后更加激化，乃至苏联只要一谈到中国问题，就点名批评刘大年。

《回答日本历史学者的问题》关于评价历史人物有这么一句话："剥削阶级里的人物，即使再了不起，和劳动人民相比是极其渺小的。"关于这句话，其印有"中国科学院"抬头的遗稿中有记录："问：帝王将相没有作用吗？答：有，问题在于不能与人民群众相提并论。"并附白居易诗："蝼蚁杀敌蚁巢上，蛮触交争蜗角中。应似诸天观下界，一微尘内斗英雄。（白乐天《禽虫十二章》。白香山诗集第廿三册）"且注明："在这里如果我们把'诸天'作人民群众讲，把'下界'作统治阶级讲，就正好是对统治阶级中那些英雄人物所处的历史地位的一种近似的说明。他们即使在历史上起过进步的作用，和奴隶们创造历史相比，也不过是'一微尘内斗英雄'，如此而已。"这份记录应该是对《论康熙》发表后很快在国内受到尖锐批评的反思。

3 日　拟土地问题调查，分节如下："一、'金张掖'的过去。二、各阶级占有的土地。1. 新丰代表集中地区。2. 盈科代表分散地区。3. 乌江代表中间地区。三、地主阶级剥削的秘密。代表性问题。1. 分配的代表性。2. 使用剥削方式的代表性。全省材料。3. 蕴藏民主、社会主义革命的无穷潜力。四、农业生产力、副业小手工与土地的关系。五、地主是怎样使用土地的。六、后记。"之后，参加最后一天的公社联席会。

4 日　了解油房。

5 日　看新借到的一批档案。与方菊林家长工座谈。

6 日　摘录《甘肃土改文集》。参加党委会。准备参加三干会②。

7 日　本日至 8 日，准备 9 日大会发言稿。

---

① 参见王玉璞、朱薇编《刘大年来往书信选》（下），中央文献出版社 2006 年版，第 681—683 页。

② 三干会，即县、公社、大队三级干部会议，一般在每年的春节前后召开，主要是总结过去一年的工作，表彰先进，全面安排新的一年的工作。

9日　在4500人参加的大会上作近两小时报告。

10日　往兰州、山东发信。整理油房材料,撰写数据翔实的《油房调查》。《油房调查》分4个部分:一、油房与油房生产力。二、油房生产力状况。三、油房主、油匠、油客。四、几个问题:谁剥削谁的问题、剥削性质问题、是否有利于发展生产力。认为:"生产设备很原始,技术要求不高。生产关系是封建的关系。油房主之间也有竞争。但那'三结合'的封建的生产关系,很不利于改进生产技术。"

11日　打扫卫生,挑水。去管寨、张寨。

12日　详细记录水磨及其生产力和磨课① 等。至贾寨苗发育家,了解长工情况,得知长工有债务束缚和主家不放两个原因,认为"此理极重要。最好有调查材料,把这个道理充实一下"。还了解第二区九乡和八乡的织布机及其使用情况。

13日　参加汇报会。接近代史研究所何重仁来信,说中共中央宣传部对《回答日本历史学者的问题》一文有意见,认为"主要是修改大,发表被动"。记录吴江平原大队第十五生产队漏划地主周兴昌家织布机使用情况,分析认为"此情与油坊小异大同"。

14日　上午,参加党委会。下午,与罗平等谈管寨工作。晚饭后,调查油梁。又调查张文昌靖安档案,记录其中3个地主家的长工情况。

15日　白天,抄盈科区土改材料。晚上,至管寨。

16日　上午,抄盈科乡土改材料。下午,开组长会,安排今后工作,研究漏划问题。

17日　因头痛,未参加会议。搞土改材料。

18日　至张掖县城开会。思考做《长工列传》,并撰写部分提纲。

19日　全天开小组会。剧烈头痛。晚上,注射安乃静。

20日　参加大会,听取李友九报告。

21日　参加小组会。摘录王箴西提供的靖安全公社户数、人口、土地材料。

22日　在地委招待所,一部分时间搞土改材料,记录长工情况。会议至24日结束。

25日　回到乌江。

26日　搬树枝。写《长工传》撰写提纲。

27日　参加工作队全体会,在会上讲话反对松劲。

---

① 磨课,即出租水磨征收的费用。

29 日　感冒加剧。记录《长工传》序和跋的主要内容和写作思路。

31 日　记录土改时张掖的土地与人口，撰写《张掖土地问题调查记》内容提纲，认为全文主要部分是"证明奴隶制剥削"。

4 月

1 日　设计材料统计办法，整理土地使用材料，至 5 日下午。

3 日　参加党委会。会议主要是布置工作，平定情绪。

5 日　开组长会。开始重新统新丰区材料。

6 日　参加党委会。摘录新丰区材料，主要是其中的长工材料。

7 日　接北京电话，要求准备出访巴基斯坦。继续摘录长工资料。

8 日　离开乌江公社。

9 日　离开张掖县，赴北京。

11 日　返抵北京，作出访巴基斯坦准备。

14 日　记录大量国际形势方面的内容，包括美国准备在越南扩大战争，中国要加强备战思想，苏联在越南问题上是假支持，中苏关系，东巴基斯坦形势等。

本日至 17 日，写巴基斯坦历史学会第 15 届年会中国代表团祝词 1200 字。

19 日　本日至 5 月 3 日，撰写《亚洲历史怎样评价？》10000 字。该文主要讲 3 个问题。第一，"亚洲历史在西方资产阶级学者笔下被根本歪曲了"。指出，西方出版的有关亚洲历史的读物中"自然也有内容比较充实、态度比较严谨的"，但西方大多数历史编纂家主要散布两类观点："第一类，亚洲自古迄今到处只有'野蛮'、'落后'、'不道德'和'不文明'"，美国资产阶级评论家李普曼是代表；"第二类，亚洲的近代有了进步，有了文明，是由于西方的慷慨恩赐"，美国前国务卿艾奇逊是代表。提出，必须根据历史唯物主义观点分析近代亚洲历史领域的一切问题。

第二，"亚洲近代的历史有两个方面，有极其落后、黑暗的一面，又有充满斗争，伟大光明的一面。"指出，"殖民主义帝国主义侵入亚洲，把亚洲变为殖民地半殖民地的罪恶活动，和亚洲人民反抗殖民主义帝国主义及其走狗的斗争的历史就是亚洲的一部近代史。""西方殖民主义侵入以后，世界实际上存在着两个亚洲。其一，殖民主义、帝国主义统治下的黑暗、落后的亚洲；又其一，伟大的、战斗的、充满光明的亚洲。它们同时存在，而又尖锐对立。西方资产阶级和在他们那种思想支配下写出的作品，关于这两个方面都很少真实之处。他们用极力夸张亚洲落后的办法,去掩盖、粉饰殖民主义对亚洲实行空前黑暗统治的一面;他们用同样的办法,极力抹煞人民群众的斗争、贬低人民推动历史前进的一面。亚洲历史中黑暗的东西被他们根本篡改了;亚洲历史上光明的东西则被他们根本抛弃了。"

第三,"亚洲的历史地位被贬低,其根源来自殖民主义者的存在,来自他们对亚洲的剥削和压迫。"提出论述亚洲的历史必须"阐明这个地区长期而激烈的阶级矛盾、阶级斗争的世界意义","把人民群众摆在历史上正面的地位",肯定这个地区一切代表历史前进方向的新生的、光明的东西,不懈地批判和清除西方殖民主义和他们的追随者对亚洲历史的一切歪曲和伪造;并强调"恢复亚洲历史的本来面目,将帮助人们进一步摆脱殖民主义的精神奴役,进一步解放思想"。

5 月

4 日　和夏鼐组成中国历史学家代表团离开北京,前往巴基斯坦首都卡拉奇参加巴基斯坦历史学会第 15 届年会,任代表团团长。经上海换乘巴航,在达卡短暂停留,飞往卡拉奇。

5 日　当地时间凌晨 3 点到达卡拉奇,中国驻巴使馆文化参赞史林峰前来机场迎接,丁国钰大使因接送恩克鲁玛① 夫人,也到机前相迎。住大都会旅社。早上,巴基斯坦历史学会组织委员会委员拉赫曼② 前来表示欢迎。上午,驻巴使馆一等秘书周保瑞来谈话。之后,巴基斯坦年会秘书长阿布杜尔·哈希米来访。哈希米要求致辞由他们宣读,团长另外作一次讲话,并提出请中国代表每人宣读一篇论文。中国代表团只带论文和致辞稿各一篇。刘大年与周保瑞协商,决定:一、另拟一用中国史学会名义的贺词。二、中国代表团讲话,增加一学术报告。下午,草拟四五百字的中国史学会贺词。晚上,至使馆,丁大使宴请,一同参加宴会的还有中国羽毛球队队员。饭后,丁大使除肯定国内指示的方针外,还强调要高举中巴人民友好的旗子,把巴基斯坦高级知识分子作为工作重点,并且指出应放手活动,不要拘谨。此外,认为致辞稿中指名骂美帝国主义,会引起外交纠纷,要修改,带来的印刷稿不能用。于是,确定不用原稿,另拟定一个简短讲话。使馆指定周保瑞协助

---

① 恩克鲁玛,时任加纳总统,刘大年日记为"恩克马鲁"。

② 巴基斯坦历史学会主席也叫拉赫曼。

工作。

6 日　前往访问巴历史学会秘书长哈克、年会主席斯力克、年会秘书长哈希米、卡拉奇大学校长古米希等。删定《亚洲历史怎样评价？》摘要，共2700 字，送使馆审阅翻译。使馆派译员成若愚一起工作。晚上，哈克夫妇来访。

7 日　上午会前，周保瑞来谈，说国内指示越南问题还是在会上讲一下好，措辞由使馆决定。于是，确定用原来的致辞稿，把美国二字删去，其他一切照旧。英文稿已另行印定。

上午，巴基斯坦历史学会第 15 届年会在卡拉奇大学举行。巴方出席会议 120 人。在开幕会上正式介绍的来宾有中国、阿联酋和伊朗 3 国的代表，另有一位印度代表以私人身份参会。卡拉奇区专员、年会学会两主席、两秘书长等人在主席台就坐。开幕式上，巴方先后 3 人讲话都强调经费困难。斯力克作主旨演说，强调要恢复穆斯林文化的纯洁性，把巴基斯坦建设成一个穆斯林国家的榜样，让其他穆斯林国家看齐，然后在世界上形成第三势力，与其他两势力争衡；其中不少地方讲到西方侵入破坏穆斯林文化的纯洁性，对这种现象要反对等。

下午，中国历史学家代表团第一个向大会致祝词。祝词表达了荣幸、致意、感谢、高兴和祝愿等情感，还重点指出"亚洲历史上有各种各样的值得研究的问题"。祝词说："帝国主义侵略亚洲、把亚洲变为殖民地半殖民地的罪恶活动和亚洲人民反抗帝国主义及其走狗的斗争的历史，就是亚洲的一部近代史。""第二次世界大战结束以来，亚洲、非洲、拉丁美洲都卷起了震撼世界的人民革命斗争的风暴。""我们作为历史学家，强烈地感觉到：亚洲的历史是在经历一个新的转折点，殖民主义长期奴役的亚洲，正在变成独立的亚洲、人民的亚洲。这是一个非常深刻的历史性的变化。""帝国主义对亚洲的侵略与亚洲人民反对帝国主义斗争的历史中，有许多迫切需要研究的问题。中国、巴基斯坦的历史学家和亚洲各国的历史学家在这方面可以做许多工作。""大力研究这方面的问题，深刻地总结历史，揭露帝国主义侵略的罪恶，阐述人民反帝斗争的正义性质，对中巴两国人民和亚洲各国人民反对帝国主义的现实斗争，一定会产生积极的影响。特别是目前美国帝国主义正在疯狂扩大侵略印度支那的战争。亚洲更多地区的人民面临美帝国主义的战争威胁。世界各地人民、包括美国人民正在行动起来支援越南人民的抗美爱国正义斗争，要求美国侵略者从越南滚出去。历史学家们常常又是社会的活动家，理所当然地要关心这方面的问题，研究这方面的问题，使自己的活动对人民的斗争有所贡献。"接着，夏鼐作报告。

　　会议的中晚餐都非常简单,分量很小。中间曾有市政厅招待,达尼①放考古发掘幻灯等。

　　8 日　上午,巴方学者在会上宣读论文。论文全是研究穆斯林历史,以考证题材为主。其中一位在美国学校教书的学者的论文为《印度穆斯林的特点》,讲穆斯林教徒与印度教徒既有矛盾又有相同的东西,遭到攻击。该学者反复解释,最后史学会长拉赫曼长篇发言驳斥。

　　下午,参观巴基斯坦国家博物馆,看真纳墓。晚上,中国驻巴使馆参赞举行招待会,招待年会到会的全体代表,放阿尤布访华影片。之后,在哈克住处参加巴历史学会晚餐。饭后与拉赫曼主席交谈,拉赫曼表示希望次年访华。

　　9 日　在年会上第一个宣读《亚洲历史怎样评价?》摘要,并进行答辩。答辩时,回答与会者提出的"世界有哪些古老文化发祥地""亚洲哪些国家文化最古老""中、巴、印谁最古老""西方给亚洲是否带来了什么好处""是不是西方的物质文明也还有可以接受的东西?我们现在穿的衣服、吃的西餐,不也是西方文化吗?马克思主义不也是西方传来的吗""你的文章里为什么没有提到卡尔·马克思"等提问。认为:亚洲是世界古老文化发祥地之一,亚洲的中、巴、印等国文化最古老;西方给亚洲带来了好处,"但不是那引起所谓物质文明。侵略者带来的好处是他们给我们当反面教员,使亚洲人民受到锻炼,把自己的力量壮大起来了。中国如果只有一个清朝皇帝,和蒋介石,中国人民不会有现在这么强大。帝国主义特别是美帝国主义的侵略大大增强了我们的力量。这就是他们带来的好处";"马克思主义并不简单地排斥任何文化,包括西方文化在内。我们主张采取批判的态度对待一切文化。西方的某些科学技术我们从来没有主张过要加以排斥。但是对于帝国主义的侵略、对于按照侵略者的需要来篡改的亚洲历史,我们必须反对";"问题不在于提不提到马克思的名字。我们不是把马克思主义当作一种宗教,我们是把它看成一门最重要的科学。问题只在于我们是不是根据马克思主义的观点去看待世界,研究历史。"

　　会间休息时,在会场休息室继续回答提问。有学者问:"亚洲历史应当重写,并且按照东方的材料去写,你以为怎样?"回答说:"历史从来就是不断重写的。一种是反科学的重写,一种是比较合乎科学的重写。我们赞成后面一种。还有怎样重写的问题。写帝国主义还是写人民群众。重点摆在大写人民群众。人对世界的认识没有完结,重写历史的工作也永不会完结。

──────────

　　① 达尼,白沙瓦大学考古系主任。

因为它是反映人们对客观世界的认识的。并不是每一个问题都要重写。因为它没有意义了。人们对它已经永远忘记了。"

晚上，前司法部部长白劳希律师讲《从哲学家看历史》，认为马克思的历史观只要很少材料，不全面；有了伊斯兰教以后，才有科学的历史，历史不能归结为物质的基础，而是人的思想、信念；最后是真主的作用等等。感觉与巴年会主席斯力克的讲话"一以贯之"。至此，巴基斯坦历史学会第 15 届年会共宣读论文 42 篇。

参加晚会，夏鼐在宴会上讲话。

10 日　参加年会的会外活动，再次游览邦布尔和塔塔城。下午返回卡拉奇大学。感觉"索然无味。与前番感觉大异其趣，萧条之至"。晚上，年会日程结束，搬至使馆招待所。

会议期间，中国代表团贺词、中国史学会贺电和《亚洲历史怎样评价？》的全文先后在巴基斯坦官方最大的英文报纸《黎明报》上刊登。几次接受巴基斯坦联合通讯社等媒体的访问，并应约为广播电台作录音广播。作诗《与巴基斯坦新闻界人士谈话》："欧潮美战事千端，报与同袍各等闲。振笔唯书字如斗，元戎昨日访华还。"

11 日　上午，到哈克住处谈今后活动计划。哈克非常热情，希望访问中国，其妻出面招待，并要送礼，最后约定临走再见一面。下午，在使馆文化处接待秘书长哈希米和联合秘书莱易士，与夏鼐分别接受他们赠送的驼皮花瓶和铜盘。傍晚，伊斯兰学院院长来访，强调他写历史不是为研究历史，而是为反对西方的思想侵略。

12 日　向使馆汇报开会经过，总结工作，大使、文化参赞、一等秘等参加。丁大使对代表团工作进行鼓励，认为百分之百地完成了任务。使馆文化处又对代表团离卡拉奇赴外地访问的计划详加考虑，具体安排。后至闹市参观，适逢苦难节① 最后一天，店铺没有开门。下午，与夏鼐开始考虑写总结报告。

13 日　应卡拉奇大学历史系主任邀请，到该系访问。与 50 名师生座谈，讲反美和越南问题。之后，与驻巴使馆三等秘书李承曾由卡拉奇赴海德拉巴。抵达旅馆后，信德大学历史系主任白希尔、穆斯林历史学系主任哈降赶来商谈次日活动安排。

14 日　访问信德大学。依次走访各系，与系主任见面，与师生交流。有两个系主任都提到要给他们讲东南亚问题，但没有安排时间。在历史系，

---

① 据刘大年当日日记载："'苦难节'很野蛮。自己毁残身体，互相打。"

白希尔大谈对时局的看法,涉及东南亚、朝鲜、中国、印巴、东西德等议题;还大讲反美,讲帝国主义是缠在亚洲人民身上的毒蛇,亚洲人要自由,必须斩杀这条毒蛇;并说他的意见得到他周围朋友的赞成。在交流活动中,除了认真倾听巴方对时局的意见外,还主动大讲中巴友好,宣传中国对越南问题的观点。晚上,返抵卡拉奇使馆招待所,得知中国第二颗原子弹爆炸[①] 消息。空余时间,在使馆招待所看李六如《六十年的变迁》[②] 等小说。

15 日　与夏鼐、成若愚离开卡拉奇飞往纳瓦尔品第,史林峰、周保瑞送行。至纳瓦尔品第后,在考古局局长叶甫叶罕陪同下赴塔克西拉考察,叶甫叶罕表达访华的愿望。晚上,宿考古局"贵宾馆"。

16 日　在塔克西拉考察附近几处遗址和参观塔克西拉博物馆。焦里安寺和希尔卡普古城是玄奘曾住过的地方,《大唐西域记》提到过。作诗《塔克西那》:"新京古国话题长,四海同心斗虎狼。白袷农夫红袖女,家家特意说玄奘。"下午,穿过纳瓦尔品第市区至教育部,辞别叶甫叶罕赴机场,飞往白沙瓦。达尼、穆拉瓦罕至机场迎接,入住白沙瓦大学宾馆。当日,夏鼐的《中巴友好历史》在《黎明报》全文发表。

17 日　上午,至达尼办公室,后拜访白沙瓦大学副校长穆哈默德·阿里。旋即参观白沙瓦博物馆,馆长加发殷勤接待。将中国科学代表团寄来的巨猿下齿骨模型送给白沙瓦大学。中午,穆哈默德·阿里设午宴招待,礼遇很高,前驻日本、印尼、德国大使马立克,法院院长,各系主任等 20 人参加。席间与马立克谈对越南问题看法。下午,夏鼐参观达尼发掘遗址,成若愚陪同刘大年与历史系主任谈话。晚上,参加达尼家宴,穆拉瓦罕等多人作陪,达尼表达访华的愿望。

18 日　在白沙瓦大学考古系集会,由夏鼐放中国考古发掘幻灯片,并作讲演。其间,发放部分越南画报和小册子,会后继续有人索要。下午,离白沙瓦起飞赴拉合尔,达尼、穆拉瓦罕送行至机场,热烈告别。途中,在纳瓦尔品第短暂停留,旁遮普大学历史系两位讲师前来迎接。在拉合尔,入住"大使旅馆",之后游览市容。

19 日　旁遮普大学历史系主任拉希得来见,并即同至旁遮普大学历史系参观。该历史系共有老师 8 人,6 个巴基斯坦人,美、英教授各 1 人。在历史系招待茶会上,最初只有巴方 6 人参加,后来富布莱特学者美国教

---

①　当日,中国进行第二次原子弹爆炸试验,也是中国第一次空投试爆。

②　李六如长篇小说《六十年的变迁》描写清末至新中国成立期间 60 年的历史变迁,展现中国革命曲折复杂的历史进程。

授韦斯吞佛①参与进来。刘大年表示："我们反对美国帝国主义,但我们主张中国人民和美国人民友好。"韦斯吞佛说："我在这里讲历史,讲的是美国政府的观点,但高兴有一个机会了解亚洲国家的历史观点。"刘大年问："你对美国政府的观点和你了解到的亚洲观点怎么评论?"韦斯吞佛说："这要看有什么材料,没有材料只能各讲各的观点。"并说晚上请中国学者吃饭。刘大年婉言拒绝,并说："你说你不久要回美国,中国人民主张跟美国人民友好,请你把这个意思转告美国人民。"韦斯吞佛说："很好,希望在东亚我们不要再增加热度。"刘大年回答说："这不是我们的问题,不是我们挑起的。"对于这个意外遭遇,拉希得很紧张,提前离开,然后提前散会。

历史系茶会后,拜访副校长,参观新旧校舍,副校长亦设茶点招待。之后,访问旁遮普大学历史研究所。

下午,参观夏丽玛公园、皇帝和妃子陵墓等。

晚上,与夏鼐、成若愚开会,总结工作。

20 日 由旁遮普大学历史系应届毕业生哈里得陪同参观图书馆、古堡、大礼拜堂。之后,至机场飞返卡拉奇。哈里得自称是巴基斯坦共产党员,自我介绍家庭和工作学习情况,并谈及巴基斯坦社会生活、苏修、美日、历史观点等,说巴基斯坦"男尊女卑,女子无地位","地主占有大量土地,劳动人民生活异常困难","现在巴的历史教学、历史著作都是地主的观点,封建主义的观点""印巴对立的根本原因并不是宗教,是资产阶级的利害冲突""西巴共产党只有两人反华,其他反修"等。送成若愚至卡拉奇后,由卡拉奇飞达卡,达卡总领事郭进、副领事袁对松前来机场迎接。

21 日 参观达卡古堡拉勒巴堡,后至达卡总领事馆拜访,与郭进等谈话。下午,至"牛马克"新市场购物,并参观达卡博物馆。

22 日 再次看望阿布杜尔·哈希姆。一见面哈希姆就大谈反美,更强调反印。之后,至总领事馆,总领事招待晚餐。后半夜启程回国。

此次访巴作诗 4 首,另两首为:《中巴界碑》——"一石岿然界百州,风光不必问罗睺。东朝红日西迎雪,立在昆仑最上头。"《中巴友谊树》:"柏茂松青树两株,岳岳亚洲顶上居。管她雨恶风号去,磅礴峥嵘过四时。"

23 日 中国历史学家访问巴基斯坦代表团回到北京。

27 日 与夏鼐撰写《出席巴基斯坦历史学会第十五届年会代表团工作总结报告》,呈交中国科学院哲学社会科学部分党组并转送中共中央宣传

---

① "韦斯吞佛"是访巴报告中的名字,日记中记为"威斯特威尔"。

部、对外文委、外交部,汇报此次出访活动的会内会外情况,巴基斯坦的历史学情况,以及 3 个具体的事情,即巴基斯坦有关学者要求访华,与巴基斯坦共产党员的接触,巴基斯坦使馆新到一批李六如《六十年的变迁》一书英译本是否应向外发行等。

28 日 在北京参加哲学社会科学部分党组会议。在会上汇报工作。

31 日 参加哲学社会科学部分党组会议。改完《亚洲历史怎样评价?》。

6 月

1 日 在张掖参加"四清"运动的近代史研究所全体人员回到北京。

8 日 本日至 10 日,再改《亚洲历史怎样评价?》,增中国意义一段 900 字。

15 日 本日至 23 日,在近代史研究所开"四清"党内总结会,共开 8 天。

25 日 参加中国科学院所长办公会。开始改《论康熙》。

本月 《亚洲历史怎样评价?》在《历史研究》第 3 期发表。

7 月

1 日 《论康熙》改完,增加 1000 字。

2 日 参加哲学社会科学部分党组会议。开始改《中国近代史诸问题》,次日改完。

4 日 全日再改《论康熙》,加最后一段 400 字。

5 日 上午,参加学部扩大会议,讨论"四清"、全国政协文史资料会议等事。下午,参加中共中央宣传部会议,会议强调立即用革命化的精神抓工作。

6 日 上午,参加中国科学院所长办公会,强调"立即抓工作"。下午,参加近代史组会。

8 日 《亚洲历史怎样评价?》在《人民日报》发表。

13 日 为即将出版的论文集《中国近代史诸问题》撰写"后记":"辑录在这里的十二篇文稿写于一九五七年冬天至一九六五年夏天。其中八篇属于讨论中国近代史和它的背景的,另外四篇谈其他的一些问题。""《十五年来中国的历史研究工作》以前没有发表过。其他各篇散见于报章杂志,这次付印,文字上做了一些修改。《回答日本历史学者的问题》一篇补进了报纸上没有刊载的部分。""《论康熙》和《中国近代史诸问题》中的论点在国外引起了某些人的反对。本来学术讨论有不同意见是值得欢迎的。但是国外的那些持反对意见的人们并没有拿出任何站得住脚的论点，而且一看显然是些与学术批评毫不相干的东西。我的看法没有改变，要不要答辩，且等将来再说。"

14 日 开始准备修改《美国侵华史》。

15 日 上午，看《艾地选集》①。

下午，参加中共中央宣传部会议。中国科学院文学研究所和外国文学研究所在会上汇报工作。周扬在会上讲两个问题，一个是学部各研究所的运动是不是先不搞，如果搞，是不是还派工作组；一个是研究工作怎么做。指出：文化战线为工农兵服务，最主要的要解决为 5 亿农民服务的问题，所有研究所都要考虑直接为农民服务的问题；要宣传毛泽东思想，反对修正主义；还要开门办研究所，开门办刊物；培养干部就是要自己学习，给任务、方向、题目，有书看，自己去练；方向对了，还有一个攀高峰的问题；思想要活泼，允许犯错误，不同的意见要允许讨论。

16 日 上午，参加中国科学院所长办公会。下午，开近代史研究所所内正、副组长会议，讨论周扬意见，安排相关工作。

17 日 参加党小组会议。

18 日 读《美国侵华史》。

19 日 上午，参加全国政协文史资料会议。下午，参加哲学社会科学部分党组会。

20 日 在近代史研究所参加去江西的"四清"先遣会和所内工作会。

22 日 开始改《美国侵华史》第一章第一节。改近代史研究所所内工作 15 条。

23 日 上午，在近代史研究所讨论周天度等人的文章。下午，参加中共中央宣传部会议，会议传达陆定一在部长办公会议上的讲话。陆定一讲两个问题，一是美国在越南增兵 20 万，我们可能要准备打仗；二是工农业生产要劳逸结合，不要搞形式主义。还讲到刘少奇谈农村卫生工作的意见，说我们的经济建设和文化建设都要充分照顾农村。

24 日 参加历史所的反修会议，传达相关精神。晚上，到机场迎接应中国科学院哲学社会科学部邀请来华访问的叙利亚历史学家阿耶德②教授

---

① 艾地（1923—1965），时任印度尼西亚统筹部部长、临时人民协商会议副主席、印度尼西亚共产党中央委员会主席。1965 年 8 月 5 日，毛泽东在人民大会堂接见了艾地率领的印度尼西亚共产党代表团。

② 阿耶德，刘大年日记中作"阿雅德"。

和夫人。

25日　接待阿耶德教授和夫人。看苏联学者福森科《瓜分中国的斗争和美国的门户开放政策》一书,认为"此书材料甚多,可利用"。

26日　在近代史研究所传达陆定一在部长办公会议上的讲话。

27日　上午,陪同阿耶德参观历史博物馆。下午,参加哲学社会科学部分党组会议。

28日　上午,在近代史研究所开"四清"先遣队出发会,先遣队准备去江西丰城参加"四清"。下午,在近代史研究所接见阿耶德。晚上,看《红灯记》。

29日　阅读张其昀《中华民国史纲》、司徒雷登《在中国五十年》等书。下午,参加哲学社会科学部分党组会,谈面向农村问题,传达周恩来对第三个五年计划的指示。

30日　上午,在近代史研究所开会讨论面向农村问题。下午,参加中共中央宣传部讨论面向农村问题的会议。

撰写"《美国侵华史》第三次修订本序言"提纲:"1890年美国女改革家马丽·黎斯就大声疾呼:'这已经不再是一个民有、民治、民享的政府了,它是一个由华尔街所有……所治……所享的政府了'(黄绍湘254页)。""卿汝楫、黄绍湘书写第一个问题的。""一、如何认识美帝国主义本质问题。1.侵略中国的一贯性。2.更狡猾、凶恶。——揭露其手法。第二次世界大战后美国在世界侵略大大列举。3.阶级本质——美国各个时期的垄断资产阶级、人物的分析,侵略者、侵略政策的阶级背景。阶级状况用《美国共产党史》资料。""孙中山与梁启超论战。俄国侵华史实要写些。""二、如何认识帝国主义与人民力量的问题——1.美帝国主义是可以被打败的原理。2.无产阶级领导权。3.人的因素(与武装的关系)。""一、驳'大侵略','不了解美国历史';二、驳帝国主义本质改变了。前者用卿著侵华史。"

31日　看美国侵华史材料。

8月

1日　陪同阿耶德游长城、明陵。读《美国共产党史》。

思考中国近代史线索,认为中国民主革命的历史或中国人民反帝反封建斗争的历史,可以归纳为一个短语:"三次高潮,四场决战。"

2日　处理杂事,看美国侵华史材料。

3日　主持阿耶德"中国与世界"的学术报告会。阿耶德报告6方面内容：一、中国文明是世界最古老的文明之一。二、中国文化与世界文化是互相影响互相促进的。三、中国反动统治与世界反动统治是一丘之貉。中国人民与世界人民命运相联在一起。四、中国人民的革命斗争和亚非拉美人民的革命斗争成了当代世界历史的中心。五、中国历史与世界各国历史有共同规律,也有它自己的特点。六、中国人民的前途光辉灿烂,世界人民的前途光辉灿烂。

4 日 与阿耶德在近代史研究所座谈。陪同沈雁冰夫妇见阿耶德。

5 日 中国科学院联络处来电话,问是否可以推迟"四清"去坦桑尼亚访问。

6 日 看相关资料,考虑写"亚洲非洲"文章。

7 日 拟"亚洲非洲"写作提纲,后将题目改为《亚洲非洲现代史说明的问题》:"一、阶级、阶级斗争。哪里有压迫,哪里就有斗争。阶级斗争、革命是推动历史前进的动力,革命一年等于几个世纪。1.亚非阶级斗争的事实——斗争有流血的不流血的。2.亚非第二次世界大战以后四十多个国家独立。二、决定历史前进方向的不是统治者,是人民群众。1.十项事实。中、朝、越、印尼、阿尔及利亚、刚果、苏彝士、桑给巴尔等。2.汤因比评约翰逊主义。千条万条,阶级斗争是第一条。三、帝国主义本质没有改变。反动统治不会自行退出历史舞台,捣乱失败,再捣乱再失败的规律——没有'和平共处'。"并拟注意事项:"1.亚洲的长久的文明历史,帝国主义侵入后黑暗。第二次世界大战后的新变化。世界革命与反革命注意历史的中心,当代历史的中心。2.马克思主义历史观来源于客观的历史实际。亚非现代史进一步证实、丰富了马克思主义历史观点。3.每大段先把两种观点对立起来,批判修正主义观点(不明指修)。使之富有现实性、战斗性。"

下午,参加党员会议,讨论面向农村问题。

8 日 看艾森豪威尔内幕故事等。

9 日 参加全国政协文史资料会议。看文史资料稿。

10 日 上午,参加哲学社会科学部分党组会议,讨论参加中共中央宣传部工作队事。下午,哲学社会科学部副主任、党组书记关山复来电话,被指定参加中共中央宣传部工作队。于是,分别与林涧青等联系。

11 日 修改《美国侵华史》第一章第二节。

12 日 近代史研究所召开江西"四清"工作队会议。看完赖德烈《现代中国史》。

13 日 确定去杨村参加"四清"运动。

14 日 上午,参加全国政协文史资料定稿会议。下午,参加哲学社会科学部分党组会议,记录:"周恩来报告。精简。""反帝反修处在高潮。世界斗争的焦点集中在东南亚。苏可能走向资本主义。要准备和美帝打,还要准备和苏联打。"

15 日　陪同阿耶德游览颐和园和动物园。

16 日　送阿耶德。

19 日　参加中国科学院所长办公会。17、18 日至本日,修改《美国侵华史》。

20 日　上午,到民族文化宫参加经济研究所"四清"总结大会。下午,《北京周报》编辑来谈《亚洲历史怎样评价?》的英文版、日文版、德文版、法文版翻译事。

21 日　中华书局来谈《清史稿》修改事,称董必武对此很有兴趣。

22 日　给巴基斯坦历史学会秘书长哈克回信。

23 日　参加全国政协文史资料会议。

26 日　到人民大会堂参加清史纂修会议。董必武在会上宣布要作准备重修《清史》,但不宣传,还提出民国史也要研究。关于《清史》纂修,董必武提出要注意体例,建议体例依二十四史的纪、传、表、志,但可以变动,"纪仍旧,传不要,并入表,志保存,要创造","纪"后可以有"论赞",按我们的观点论,重要人物可以有传;还提出至少计划 10 个人的编制。

28 日　撰写"美国侵华史改写法":"一、增新出资料,改错,删不宜的部分。二、始终贯彻三条历史线索:1. 美国史发展线索,重要人物事件交待评价。显示美国侵略中国的背景。2. 中国近代国际关系史的线索。各帝国主义各时期侵略的地位、重要事实,它们的相互关系。不要以美国代替它们。美国摆在恰如其分的地位。3. 中国近代史的线索。阶级斗争的发展、阶级关系的变化,评论。小书作底本——五四以后部分注意毛主席著作判断。三、突出中国人民反抗斗争的作用、历史地位。四、文字改写。简短、明确。""美国'通过'改为与日本'结合'。"

29 日　看《中国近代史诸问题》校样,至 9 月 4 日看完。

与楚图南、赵伯平等,至人民大会堂参加中越友协会长杨秀峰主持的欢迎由陈辉燎率领的越中友协代表团的宴会。应邀出席宴会的还有越南民主共和国驻中国大使陈子平和越南南方民族解放阵线常驻中国代表团团长陈文成。

30 日　近代史研究所"四清"队委会成立。

31 日　参加中共中央宣传部学习《毛泽东选集》的会议,于光远在会上谈毛泽东对周谷城等谈话。中共中央宣传部会议"再布置起草《清史》

报告"①。

本月　周恩来指示中共中央宣传部研究编写《清史》工作、制订《清史》编写规划。中共中央宣传部副部长周扬召开部务会议,宣布中央正式决定纂修《清史》。成立 7 人《清史》编纂委员会,与关山复、尹达、刘导生、佟冬、戴逸等人一同担任委员,郭影秋任主任。随之,在中国人民大学建立清史研究机构。后因发生"文化大革命",修史计划夭折。

9 月

1 日　修改《清史》报告。

2 日　近代史研究所先后召开所内参加江西丰城农村"四清"工作人员的动员会和所内所务会。

3 日　参加哲学社会科学部分党组会议,讨论学习《毛泽东选集》问题。将修改后的《清史》报告寄给哲学社会科学部。

4 日　参加全国政协文史资料会议。

与楚图南、老舍、陆平、许广平、罗叔章、赵凡、孙晓村、姚广等出席杨秀峰在人民大会堂举行的欢送越中友协代表团的招待会。应邀出席招待会的还有越南驻中国大使馆参赞黄北,越南南方民族解放阵线常驻中国代表团团员黎松山。中越友协会长杨秀峰、国务院副总理陆定一、越中友协代表团团长陈辉燎分别在招待会上讲话。招待会上,与陆定一谈话,陆说:"你这个历史家还不错。"

5 日　撰写《〈清史〉体裁刍议》(内部未定稿)。该稿说:"历史书水平高低,取决于马克思主义水平高低,不决定于体裁。任何体裁都可以表现唯物主义,也可以表现唯心主义。体裁必须服从写作目的。体裁不是目的。确定了这个前提,然后才可以谈体裁问题。"

稿子提出"创立新体"和"沿袭旧体,加以损益"两种选择。"创立新体"即"以阶级斗争为中心,综合基础与上层建筑分期分段叙述,夹叙夹议"。"沿袭旧体,加以损益",即:"一,要求:1. 基本结构保存。2. 要表现出科学的要求、正确的历史观点。3. 反映清朝时代特点,即世界历史的关系变化。4. 史料上必能够代替《清史稿》,最有权威。二、根据此要求:1. 形式上要加一些东西。(一) 导论,叙述清史轮廓,加以评价。前期、后期 (1840 年以后)。(二) 中外历史大事对照表。(分期:1. 入关以前。2. 前期——建立统治、恢

---

① 　引号内容摘自刘大年当日日记。第一次什么时候布置起草《清史》报告不详。

复发展——兴盛繁荣——开始衰微。3. 后期——政权变质。共分三段，第二段中分三小段。）2. 内容改革。主要是传的对象改变。现有大部分淘汰。新增：（一）农民革命重要领导者、海盗。（二）科学文化创造者。（三）一些新制度、边疆开辟创立者……三、几个问题：1. 南明政权，台湾问题。2. 一批人的人物气节褒贬问题。（按：1. 坚持阶级分析。不同阶级时代有不同道德、气节标准。没有各阶级、时代共同标准。《人民日报》1965.9.5 宫本显治文引佐藤等话。2. 无产阶级的革命观点。……这个问题有风险，尽量避免讲）。3. 太平天国问题。4. 辛亥革命。"

稿子认为"前一种体裁理想，后一种体裁现实。"并分析理由说："《清史》本身就规定了它不是科学的断代史，是王朝史。可以采取后面的体裁编写。最后的议论，采取这种体裁并不排斥同时和以后人们采用更合理的办法写《清史》。并且先编出这一部为以后提供了基础。百花齐放，各体同时并存。旧体作为'正史'的时代永远过去了。封建统治在历史上永远过去了。这两者是不可分的。马克思主义历史学的历史还很短，人们必得找到更适当的合理的形式，去撰写历史。"

6 日　参加全国政协文史资料会议。下午，再改《清史》报告。

7 日　参加哲学社会科学部分党组会议，讨论《清史》问题。下午，人民出版社来人谈话，取走《中国近代史诸问题》校稿，并提几个具体问题。

8 日　参加近代史研究所"四清"队委会会议。再改《清史》报告，并送哲学社会科学部。记录 8 月国家领导人接见朝鲜代表团时对越南问题及美中可能发生战争的谈话。

9 日　人民出版社来人谈话，修改《中国近代史诸问题》"后记"。

10 日　《清史》报告最后定稿发出。

11 日　在近代史研究所作"四清"学习总结讲话。

12 日　开始准备下乡搞"四清"。

15 日　人民出版社来电话，改"后记"文字。下午，改《美国侵华史》。

16 日　与张崇山带领近代史研究所职工前往江西省丰城县张巷参加"四清"工作。

10 月

25 日　《人民日报》头版公布新华社讯《孙中山诞辰百周年纪念筹备委员会名单》，为 271 名委员之一。孙中山诞辰百周年纪念筹备委员会主任为刘少奇，秘书长廖承志。

本月 《中国近代史诸问题》论文选集由人民出版社出版。这是第一部史学论文集，辑录 12 篇论文：《中国近代史诸问题》《中国近代史研究中的几个问题》《帝国主义对中国的侵略与中国人民反对帝国主义的斗争》《论中国近代史上的人民群众》《中国近代思想史上的一页》《辛亥革命与反满问题》《评尚钺同志为〈明清社会经济形态的研究〉一书所写的序言》《论康熙》《回答日本历史学者的问题》《亚洲历史怎样评价？》《新中国的历史科学》《十五年来中国的历史研究工作》。

其中，《论康熙》有较大改动，主要是第三部分，原标题"康熙与彼得"改为"个人与环境"，并增加不少论述的内容，对康熙的评价由原稿充分肯定改为既肯定又批评，认为康熙同其他"封建统治者里面的杰出人物"一样，"也必然是矛盾重重的人物"，"他的个人作用到底只占十分微小的分量"。

11 月

5 日 《北京周报》英文版、日文版第 45 期译载《亚洲历史怎样评价？》。

1966 年（52 岁）

1 月

16 日 从江西丰城返抵北京。在江西丰城 4 个月搜集了很多家谱、族谱，准备着手研究，但是这些材料在"文革"期间散失。

24 日 撰写《清史概论》提纲："一、明末农民大起义。清政权兴起。二、封建经济破坏与恢复。地主阶级争夺统治权的战争。国内民族战争，全国统一。三、封建经济高度发展。人民反抗斗争，清政权的统治由兴盛走向衰微。四、鸦片战争，西方侵入。中国资本主义的出现。农民战争，资产阶级民主革命，清政权灭亡。"

记录外交部副部长王炳南报告大意："大动荡、大分化。表现为：一、第二次世界大战后，帝国主义控制不住，过去五百年结束。二、内部阶级分化剧烈，斗争反复，军事政变。三、帝国主义、革命势力争夺的中心。世界注视的中心。"

撰写《新的亚洲与新的非洲》提纲："一、非洲历史新面貌(第二次世界大战以后的变化)。二、亚非现代史在世界历史中的地位。1.现代世界历史中心在亚非。2.对世界历史的全面影响。三、亚非斗争历史的前途。1.现代亚非斗争的两个对立面——主要敌人美帝。2.人民决定历史前进的方向(十大事件)。四、西方影响亚非,亚非影响世界。独立程度不一样,许多不能估计过高。帝封未反掉。母系社会,原始生活。与帝国主义的斗争还有曲折,但总要走出'黎明前的黑暗',民族矛盾没有结束。"

2 月

1 日　参加全国政协文史资料会议。会议讨论美国哥伦比亚大学东方研究所的研究情况、历史创造者问题等。记录:"写历史搜集史料,必须把人民群众的材料、地位摆在首位。没有这些就不成为科学的历史,只是帝王将相。《文史资料》供稿对象有其特点,也可以收集这方面的史料。""归根到底:作者的观点,看待历史的观点,思想改造问题。"

晚上,列举几个研究题目:中国近代史问题、亚洲史问题、清史问题、买办资产阶级研究①、土地制度研究。

13 日　上午,近代史研究所召开所内下乡会。下午,听关于焦裕禄报告。

拟成全国政协文史资料全国工作会议讲话稿《亚洲历史问题对话》提纲10条:"第一,亚洲历史需要重写,应当找出一些重要问题,否则无从做起。主要问题只有一个:本国外国的统治与人民群众谁是历史的主体,历史是怎样前进的。阶级斗争、人民群众推进历史。""第二,统治者实际上有力量,帝国主义是真老虎,不只是纸老虎。人民群众是分散的,抵不过统治者有组织有权力。""第三,历史上人民群众的斗争经常遭受失败。统治者照旧恢复统治。因此不能说人民的力量大过统治者。""第四,只有暴力推翻、打破统治者,才表现出人民的力量。平时很难看出。这意味着人民斗争的作用是短暂,统治者的作用是经常的。""第五,人民起作用。统治者里的圣群贤相、'明智人物'也起作用,不能说只有人民决定历史。""第六,历史上许多国王、元首、教派、圣杰,互相斗争。他们常常决定历史的结局,不是只有人民的斗争。""第七,历史许多场合、结局,是违反统治者的主观愿望的,但也并不是按照人民斗争主观愿望进行的。不能只强调人民的一面。

---

①　刘大年遗稿中专门有一文件袋装着摘录的大量买办资产阶级的笔记资料。

历史的前进有其客观规律。不能设想有一个先哲事先制定一个计划。事情正好相反，人们的计划往往不能实现。""第八，亚洲当代历史最尖锐的斗争一面是帝国主义头子美帝国主义和它的仆从，一面是反帝斗争的亚洲各国人民。这场斗争现还未见分晓，看起来也逃脱不了历史规律。""第九，亚洲历史应当看作亚洲人民的历史。这是科学的，但是并不是所有的人接受这个历史观点。特别是西方学者，他们难于接受，而认为这不过是马克思主义的宣传。必须反对那种说法。任何历史都可以这样看待，不止亚洲史。两种历史观，资产阶级唯心主义的，马克思或历史唯物主义的。其中有各种问题，最核心的是统治者与人民群众的问题。""第十，亚洲的历史书应该改变，把人民放在正面地位，再不要让那些王朝、教派、帝国主义、元首大臣之类占据篇幅了。问题在于要提出历史内部规律，中心的是阶级斗争、人民革命的规律。不只是哪个多讲哪个少讲。更不在于章节形式。"

14 日　本日至 17 日，连续开下乡学习会和党委会。

18 日　学习 12 日中共中央批发全党的《二月提纲》①。

参加中共中央宣传部学术办公室会议。常务副部长许立群在会上就如何学习领会《二月提纲》讲话。在讲"目前学术批判的形势和性质"时，指出批判《海瑞罢官》之后，已经酝酿成熟的有孙冶方经济观，拟先在《红旗内部未定稿》上进行批判，还有批判文学形象思维问题，即批判田汉的《谢瑶环》，强调在学术领域清除资产阶级思想是所有社会主义国家以前没有解决的问题。关于"方针"，强调坚持毛泽东在知识分子会上讲的方针，即让各种不同的意见都充分地放出来；写文章要与读者平等，要有分寸，团结多数；一条要坚持原则，不要和稀泥，一条允许改正错误；中央方针，准备对政治上犯严重错误的人讲，学术出现点错误不改可以，但有一条，不要阻止别人去改。关于"队伍"，强调"左派不能忘记主席在知识分子会上讲的一段话"。关于"左派互相帮助"，指出对有些政治上拥护党拥护社会主义但学

---

①　1966 年 2 月 3 日，中共中央书记处书记、中央文化革命五人小组（彭真、陆定一、康生、周扬、吴冷西）组长彭真在北京召集文化革命小组会议。参加会议的除了五人小组成员外，还有许立群、胡绳、姚溱、王力、范若愚、刘红和郑天翔。会后拟定了《文化革命五人小组关于当前学术讨论的汇报提纲》（即《二月提纲》），主要内容有 6 个部分：一、目前学术批判的形势和性质。二、方针。三、队伍。四、左派要互相帮助。五、争论的问题。六、五人小组设立学术批判办公室。办公室由许立群、胡绳、吴冷西、姚溱、王力、范若愚等组成。许立群为主任，胡绳负责主持学术方面的工作。《二月提纲》虽然有些"左"的错误，但主要是试图对已经开展的批判加以适当的限制，并把它置于党的领导之下和学术讨论的范围之内，不赞成把它变为集中的、严重的政治批判。

术观点有错误的人,他们的问题是学术问题,不在这次一起搞。胡绳在会上就学术方面两条道路的斗争、破与立的辩证关系、队伍建设问题发言,强调学术队伍里要检查一下我们的学术风气是党的作风还是资产阶级作风。

从本日至 3 月 2 日,除 25 日外,一直上、下午都开会,一是近代史研究所开党委会,讨论下乡问题,二是就学术批判问题开会。

25 日　参加全国政协文史资料全国工作会议。

3 月

2 日　与印度尼西亚国家文化研究所副所长、历史学家李德清博士谈话,回答李德清提出的相关问题。关于东西方历史学异同问题,指出历史没有东西方之别,只有两个阶级、两个主义之别。关于如何处理撰写中国近代史时"反映中国的观点,适应本国的形势需要"与科学性发生矛盾的问题,指出二者之间一点也不矛盾,如果有,只能统一于科学;要求在科学面前发挥大无畏精神,用科学的理论指导,批判西方和一切陈旧的东西。关于方法论问题,讲到分期问题、目的和集体研究,强调要到实际斗争中去与人民群众密切相联。最后,强调中国与印尼两国人民的友谊一定会继续发展,要为两个人民的友谊而努力。

5 日　《北京周报》德文版、法文版第 10 期译载《亚洲历史怎样评价?》。

10 日　陪同郭沫若会见李德清博士。

20 日　毛泽东在杭州主持中共中央政治局常委扩大会议,并讲话。谈到学术问题和教育界问题时,毛泽东说:现在,大学、中学、小学大部分被资产阶级、小资产阶级、地富出身的人垄断了。没有 5 年到 10 年的工夫批评一下,讲点道理,真正培养、教育出一批接班人,就都要控制在他们手里。

23 日　《人民日报》刊登新华社 22 日讯《艾思奇同志治丧委员会名单》,为委员会成员,主任委员彭真。艾思奇于 3 月 22 日逝世。

27 日　《人民日报》刊登署名"史绍宾"①的《坚持历史科学的革命方向》一文,号召批判以吴晗为代表的"资产阶级史学路线",翦伯赞也被公开点名批判。

本月　除《历史研究》编辑部、参加研究中俄关系人员以及老弱病残勤人员以外,近代史研究所参加过 3 期农村"四清"的有 4 人,参加过 2 期的有 42 人,参加过 1 期的有 58 人,尚未参加的 3 人。经向中共华北局第一书

---

①　"史绍宾"即"史学界一哨兵",是以中国科学院历史所为阵地的写作组。

记李雪峰请示,并得到河北省邯郸地委同意,确定在邯郸专区永年县建立近代史研究所农村基地。实行一部分人参加"四清"运动,一部分人试行半劳半研,两班轮换。与黎澍、张崇山、李新、刘桂五5人组成全所领导小组,负责领导全所工作。

4月

6 日 参加中共中央宣传部会议。记录林涧青传达内容:"高举文化革命大旗,彻底揭露资产阶级权威的反党反社会主义的反动立场,彻底批判资产阶级权威的反马克思主义的观点。要发动群众,走群众路线,把'左'派知识分子发动起来。""文化革命,第一是学术,第二是文艺,第三是出版教育等等。目前首先是学术。现在摆在我们面前的是搞学术批判,还是搞不批判;搞文化革命还是搞文化不革命。""问题是业务不能冲击政治。""中心问题是领导权的问题。""目前学术批判不单是写文章,主要摸清情况,把主要的、首要资产阶级权威人、问题找出来。与时代联系看出其中的问题,找出对策、办法。史学界目前的中心是吴晗。吴晗、翦伯赞还有什么人,是'左'派还是右派,好的变坏了还是就是坏人。先批判谁,后批判谁,多大的规模。把情况弄清楚,整理出尖端的材料,不要什么都抓。不要全所动手,适当的所长要把'左'派青年组织起来,严守秘密、纪律。""下乡前讨论,尹、戚、关①等文章,目的是发动大家写文章和提高认识。""不要冲击'四清'。一切为了把学术批判推向更深入,更广。文化革命批判资产阶级就是社会科学部门本身的革命。现在我们是文化革命,是政治论争,不是学术论争,这个观念要明确。""短期提出学术资料批判。"

18 日 参加会议,听取何其芳传达国务院文教办公室副主任张孟旭和文化部副部长林默涵的讲话。张孟旭讲14日周恩来召集九口会,谈体制下放,改变体制过于集中、培养地方积极性问题。林默涵讲《文艺座谈会纪要》②的主要问题,并说:"一、姚文两万余字,各报刊全文登,不许多一个字少一个字。党委负责。二、《人民日报》重新登解放军社论。删掉的黑字摘出。"

中旬 《人民日报》《红旗》杂志和《历史研究》等相继发表一系列批评

---

① 尹、戚、关即尹达、戚本禹、关锋。

② 1966 年 4 月 10 日,中共中央将《林彪同志委托江青同志召开的部队文艺工作座谈会纪要》发至县团级单位和文化机关党委,要求各级党委联系本地区、本部门文艺工作的实际情况,认真讨论研究执行。

吴晗和翦伯赞的文章。

5 月

6 日 范文澜作为中共第八届中央委员会候补委员,参加中共中央为开展文化革命而召开的中央政治局扩大会议。与黎澍收到范文澜来信,信中说"运动发展到惊人的程度,问题之广之深,简直不敢想象。(对吴晗)作文论调要提得很高才对。"信末又加了两句:"我的草稿,匆匆写出来了,请你们提意见,加以删改。高的调门不必减低,说理不妥处可改。"

11 日 与黎澍收到范文澜来信,信中说:"有人从康老①那里听说,郭老发表了谈话,得到主动,范某也该主动有所表示才好。我那稿子,比起目前形势来,已经大大落后了。希望嘱打字员快打出来(李新同志说,末后史笔一段删去了,我以为还是保留为好),快派专人送来,以便交康老请批示。我知道你们大忙,你们略看一看提出意见,我自己可酌量修改。事甚紧急,务请快打好寄来为要。"

中旬 "五·一六"通知前,在北京民族文化宫西头地下室,康生主持、张春桥宣布一项决定:所有刊物,只要当天没有发行的,一律要转载姚文元的《评三家村》②,不照办者自己负责。《历史研究》由此改出月刊,提前出版第 3 期,转载姚文元文章,并刊登大量批判吴晗的文章。

18 日 范文澜来信,说:"昨天我晤陈伯达同志,他直言相告,大意说我倚老卖老,没有自我批评,郭老批评就主动了,保封建皇朝,不要以为有些知识就等于有马列主义。更使我惊心的是说:'你年老了,不能要求你有多的马列主义。'似乎我要学也不成了。我看情况很不好,昨和黎澍同志谈,请他大大加增自我批评的文字,请他站在敌对方面大加抨击,否则将来自有人出来抨击,打倒老朽昏庸之辈。大势所趋,不可有姑息原谅之心。请你助黎澍同志加强批评。愈过头愈好,不过头,别人会来补的,那就麻烦了。以后所内和学部有学习会请通知我参加,置身事外,是大罪状之一,不可不防。'人应保晚节,但晚节也不容易保'。应爱护我为幸!"

25 日 参加哲学社会科学部会议,记录:"关山复同志讲杨述问题,注意:大字报可以出,但不要把是非轻重、缓急轻重倒置。政治学术、大是大

---

① 康老,即康生,时任中共中央书记处书记,1966 年 5 月 28 日任中共中央"文化革命"小组顾问。

② 1966 年 5 月 10 日,《解放日报》和《文汇报》同时发表姚文元的《评"三家村"——〈燕山夜话〉〈三家村札记〉的反动本质》一文。

非、小是小非，主要的、次要的要加以分别，以便集中对敌。各个所的问题要按此考虑。有所掌握。一定要贴也不要禁止。但要引导对反党反社会主义的分子开炮。反革命、男女关系、党内机密、干部优生优育调动等，不要写大字报。"

31 日　江西省丰城县张巷公社农民道二夫妇来信，说："您虽已年过五十，但却不怕苦，和我们农民一样生活劳动，处处为贫下中农着想，替贫下中农办事，一心为我们着想，这种精神，深深使我们感动！道二在您的教导培养下，参加了党组织，当上了队长，这真是生平的一件大喜事，也是您的教育的结果。在您的协助下，我们生产队的猪圈已搞好了，小张还拍了照片，房子很平常，却很雅观。您走后郭组长留在这里仍旧把工作进行得很顺利，使运动胜利地结束了。"

同日　江西省丰城县张巷公社农民茂太夫妇来信，表达想念和感激之情，并谈及其儿子生根的情况，说："生根在家里劳动，他在您的帮助指教下，进步很快，他常对我们说：刘伯伯，在他脑子里树立了一个知识分子的高大形象，成了他学习的活样板，我们不知道这是啥意思，但从他人看，是真的比过去更好了。前不久还往丰城开了文教先进代表会，在您指导下办起的俱乐部评上了县的先进呢！"还说生根因为在家种田，在学校处的对象变了心，望能"帮点忙，让他参加社会工作"。

同日　范文澜送关于历史研究的自我批评印稿一本，说"你看是否尚须修改"，并建议"最好找个时间，约请黎、李、钱①等同志讨论一下，再加修改"。信末说："请你告诉我如何办。"

本月　执笔写成由多人提供材料和部分初稿的《吴晗的反革命面目》在《历史研究》第 3 期署名发表。1995 年 8 月 9 日，在致近代史所研究人员张显菊的信中明确指出，这篇文章的观点是错误的。

6 月

1 日　《人民日报》头版刊登社论《横扫一切牛鬼蛇神》，提出"横扫盘踞在思想文化阵地上的大量牛鬼蛇神"和"破四旧、立四新"。

2 日　《人民日报》头版刊登北京大学哲学系聂元梓等 7 人的造反大字报。

3 日　与黎澍受到《人民日报》头版社论《夺取资产阶级霸占的史学阵

---

①　黎、李、钱即近代史研究所的黎澍、李新、钱宏。

地》的不点名批评。社论指责近代史研究所"像奸商一样垄断资料",包庇吴晗,"简直是史学界里的'东霸天''西霸天'";指责《历史研究》杂志用所谓的历史主义来反对和篡改马列主义的阶级斗争学说,将农民战争的作用一笔抹煞;提出在你死我活的斗争中,必须夺回资产阶级"权威"霸占的史学阵地。

同日　与黎澍受到《人民日报》第2版《吴晗投靠胡适的铁证——一九三〇年至一九三二年吴晗和胡适的来往信件》整版文章的不点名批评。该文批评《历史研究》编辑部包庇吴晗。

同日　与黎澍受到《人民日报》第3版署名"史绍宾"的《为什么替吴晗打掩护》的不点名批评。该文严厉批评近代史研究所在"全国范围内对吴晗的批判进行得这样激烈、这样广泛"的形势下,"在个别当权者的领导下,却冷冷清清,不见动静",甚至,对前来查阅胡适与吴晗资料的人故意推托搪塞,这分明"是一场尖锐的阶级斗争"。

4日　参加学部党组在首都剧场召开的批判政治部主任杨述《青春漫语》大会,坐在主席台上。会议发言转到批判学部党组时,因为《人民日报》的批评,受到冲击。大会失控,发生争抢麦克风现象。此事标志学部"文化大革命"开始。

15日　以中组部办公厅主任王瑞琪为首的"文化大革命"工作组进驻近代史研究所,近代史研究所部分青年在驻所工作组支持下夺了近代史研究所领导的"权",此后成立了由造反派主持的"文化大革命领导小组"。

18日　近代史研究所党支委改组。

本月　与黎澍被定性为"三反分子",受到以大字报、大会形式的揭发批判。与黎澍、李新等人先后遭到批斗,被勒令交代破坏"文革"、反对学习毛主席著作、执行修正主义路线的"罪行"。

7月

16日　与黎澍成为前来近代史研究所与部分人谈话的"中央文革小组"成员关锋、戚本禹指名要求揭发批判的对象。

本月　作为所谓"党内走资派""反革命修正主义分子",在所谓"红色风暴",横扫一切牛鬼蛇神浪潮中,受到多次批判。家中堆满了各式各样的纸帽子。为免遭红卫兵剃阴阳头,自己先把头发剃净。

8 月

与黎澍等 7 人被勒令每天半日打扫厕所等劳动改造，不能与任何人来往。

10 月

23 日 受到《人民日报》署名"晋群新"①的《〈历史研究〉是资产阶级史学的反动堡垒》的点名批评。该文编者按提出要"夺回被资产阶级霸占的史学阵地"。文章说："黎澍同史学界的反党反社会主义的代表人物，如邓拓、吴晗、翦伯赞、侯外庐、刘大年之流结成死党，过从甚密，或搞聚餐，或开黑会，互相吹捧，此唱彼和，共同策划复辟资本主义的勾当。"指责黎澍伙同刘大年围攻戚本禹，说："戚本禹同志写了《评李秀成自述》，高举革命的批判的旗帜，揭露了李秀成的叛徒真面目，给一切背叛革命人民利益的叛徒以沉重打击。当时黎澍虽然被迫发表了这篇文章，却立即接受周扬的指示，伙同刘大年，纠集资产阶级反动史学'权威'开黑会，围攻戚本禹同志。"还批评《论康熙》一文"是借古讽今歌颂封建皇帝的一个典型"，说："刘大年在这篇文章里，把康熙这个封建地主阶级的头子捧上了天，说他是'天资英武，雄才大略'的'明君圣主'。他把人民群众劳动创造的成果，特别是明末农民起义所推动的社会经济发展的成绩，都上在康熙的账上，说什么：由于康熙的统治，'中国形成了一个疆域辽阔，民族众多，相当坚强统一的封建国家；封建的经济文化在这个条件下，发展到了一个新的顶点。'在这里，刘大年把历史唯物主义糟踏到无以复加的程度。"

1967 年（53 岁）

1 月

8 日 《人民日报》刊登《人民日报》编辑约稿、署名"晋群新"的《周扬、

---

① 近代史研究所"文革小组"几个年轻人一起写文章，署名"晋新群"。

刘大年之流是叛徒的辩护士》通栏大标题文章。文章开头说:"周扬一伙反革命修正主义分子,多年来,一直披着马克思主义的外衣,采用反革命两面派的手法,在文化界的各个阵地上,向党向社会主义向毛泽东思想进行猖狂进攻。太平天国革命的叛徒李秀成,也被他们用来作为反党的工具。他们企图用它来混淆革命和反革命的界限,为叛徒作辩护;并且在这个问题上打击'左'派,实行反革命的资产阶级专政。当时,周扬一伙的这个反革命活动,主要是授权于周扬的心腹、中国科学院近代史研究所前副所长刘大年去负责执行的。对于周扬一伙的这个罪行,必须揭露和清算。"文章指责刘大年是"混进党内的资产阶级代理人","彻头彻尾的反革命修正主义分子"。

从此,被完全打倒,靠边站,接受所内外群众批判。同时,房子被封,人被隔离,接受改造和专政,完全失去自由。

1968 年(54 岁)

2 月

上旬　"中央文革小组"成员戚本禹被隔离到秦城监狱,学部大批判指挥部逐渐解体,学部各派群众组织互相打派仗。

所内外群众的批判有所减少。开始读书,主要读马列著作和历史书,如《马克思恩格斯全集》《列宁全集》,以及《资治通鉴》和二十四史的人物传记。开始通读,后来边读边写读书批注。

9 月

长女刘潞赴内蒙古呼伦贝尔盟莫力达瓦旗插队。

12 月

首都工人、中国人民解放军驻近代史研究所毛泽东思想宣传队进驻近代史研究所。宣传队规定全所人员都集中住在所里搞运动。

1969 年（55 岁）

上半年

工人、解放军宣传队在近代史研究所所内搞群众组织大联合，消除派性，为清查"五一六反革命阴谋集团"做准备。

7 月

30 日　得知范文澜去世①后，向工宣队告假，独自来到北京医院太平间凭吊。医院工作人员破例允许进入太平间去和死者告别。从太平间出来，坐在门口的台阶上默默流泪。

8 月

1 日　因被打倒、尚未"解放"，被明令不能参加在八宝山革命公墓举行的范文澜遗体告别仪式。范文澜生前曾嘱在其死后将骨灰撒入钱塘江，但无法完成这一遗嘱，直到获得"解放"后才有机会到钱塘江大桥上去凭吊。

10 月

近代史研究所以首都工人、中国人民解放军驻近代史研究所毛泽东思想宣传队名义向周恩来总理写报告，请示范文澜著作修订和续编工作。周恩来批示：这是毛主席交付的工作，很重要。并指示陈伯达过问一下，将情况向政治局报告。

11 月

15 日　中国科学院学部宣传队根据毛泽东关于吉林柳河"五七干校"

---

①　1969 年 7 月 29 日，中国共产党第九届中央委员会委员范文澜逝世。

的批示,在河南省信阳地区息县组建学部"五七干校"。首批人员出发。

本年前后　师力坤下放到河北团泊洼文化部干校。

1970 年（56 岁）

1 月

9 日　近代史研究所以首都工人、中国人民解放军驻近代史研究所毛泽东思想宣传队名义向陈伯达报送《关于修改增补〈中国近代史〉上册的报告》,表示要抽调 5 人,对范文澜生前已作修改的《中国近代史》上册再进行修改增补工作,争取在本年 4 月底前完成送审。待上册基本完成后,再增加一定人力,着手编写下册。

5 月

20 日　与近代史研究所大部分人员,包括被隔离的部分重点审查人员,赴河南省息县学部"五七干校"劳动改造。按照军队编制,近代史研究所与考古研究所编为一连,白天劳动,从事干校建设,晚上进行清查"五一六"的运动。近代史研究所人员编为第一、二排,分别从事打砖坯和盖房的劳动。考古所人员被编为第三、四排,任务是种地、烧窑。被编入第二排八班,参加干校盖房子的辅助劳动。1971 年 1 月,移至河南信阳明港火车站附近的一个军营。

1971 年（57 岁）

4 月

2 日　在全国出版工作座谈会期间,姚文元提出标点"二十四史"建议,以"作为研究批判历史的一种资料"。周恩来总理在姚文元信上批示:"二十四史中除已有标点者外,再加上'清史稿',都请中华书局负责加以组织，请人标点。由顾颉刚总其成。"

15 日 因耳旁长瘤，借要做手术以回避担任清查"五·一六"分子组长，被批准从"五七干校"回京治疗。被郭沫若以讨论《中国史稿》继续写作为名留在北京，参加中华书局组织的标点二十四史工作，具体标点其中的文苑、儒林人物传。二十四史于 1973 年底校点完毕，1978 年全部出版。

本月 作诗 3 首。其一，《过郑州》："陇尾淮头行脚休，归车每胜等闲游。雨晴同是桃花发，四月中旬过郑州。"并注："1965 年甘肃'四清'、1971 年河南息县干校还京，两次均逢四月中旬车过郑州。情怀不同，景色如一。"

其二，《还京》："两度辞京越岁游，归从陇尾与淮头。都逢辟面桃花发，四月中旬过郑州。"并注："一九六四年十月至六五年在甘肃张掖'四清'，四月中旬回京，准备出访巴基斯坦。一九七○年五月至七一年在河南息县干校劳动，四月十五日回京治病。两次过郑州，意兴境况不同，都逢桃花盛开，各有感受也。"

其三，《贺中共成立五十周年》："岿然舵手掌船航，笑尽乾坤五十霜。四面风涛狂不住，快帆已渡万重洋。"

5 月

下旬 被郭沫若找去了解井上清情况，这是"文革"开始后第一次去见郭沫若。对郭沫若的处境困难、心情压抑深有体会。告辞时，郭沫若送了很远一程。

31 日 陪同周恩来、郭沫若会见日本哲学家松村一人及夫人松村玉、历史学家井上清、藤田敬一和经济学家小林义雄。此前，井上清在访问要求中提出要见刘大年，郭沫若将其列入接待人员名单中，上报周恩来总理获准。《人民日报》报道了这次会见，当时，这就意味着政治上获得解放。

6 月

1 日 到机场给松村一人、松村玉、井上清、小林义雄和藤田敬一送行。他们前往我国南方访问，然后回国。

13 日 到机场迎接由团长白石凡、副团长宫川寅雄率领的日本文化界代表团。

14 日 参加郭沫若举行的欢迎日本文化界代表团的宴会。

16 日 中断接待日本客人活动，被国务院军宣队工作组人员找去追查故宫档案泄密问题。来人口气很硬,说问题很严重,苏联反华宣传时利用了这批档案,周总理对此事很关心。原来,50年代中期,中国科学院语言研究所苏联顾问谢尔裘琴柯要找中俄关系史方面的材料,主要是想要早期档案,陈伯达因之给范文澜写过一封信,说:"关于此事,请和尹达、刘大年二位同志交换一下意见。要给的材料由你们共同斟酌,也不要经我的手。对于原材料使人有些难堪的地方,应该声明一下。"信末还增补一句:"请告诉刘大年同志:转告语言所搜集一些关于汉字改革的文章和书籍,给苏联语言学专家。"这样,"文革"中就有人断定说,苏联有一批明清档案是由刘大年经手从故宫档案馆窃去的。事实上,刘大年只是写信跟故宫打了招呼,故宫因之提供了一些古老的档案资料,根本不存在什么泄露国家机密的问题。此事很快查清。

27日　与夏鼐、白寿彝、林甘泉、许大龄、黎澍、史树青等13位专家参加在故宫漱芳斋由郭沫若和王冶秋主持的专家审稿会议。会议要求专家仔细审阅故宫博物院为重新开放编写的简介及所附材料,或提意见,或作补充修改,一个半小时交卷。散会时,刘大年交了一张点墨皆无的白纸。

中央指示故宫重新开放是为了迎接美国总统安全事务助理基辛格的秘密访华,江青、张春桥、姚文元要求"以阶级斗争为纲"写一份新的《故宫简介》,周恩来看了送审稿后,批示郭沫若主持对新《故宫简介》的审查。

12月

在全国出版工作会议期间,周恩来就江青批写的关于范文澜、郭沫若同志的《中国通史》《中国史稿》继续发行和继续编写的意见,批示"同意","请出版口办"。国务院办公室向出版口和驻哲学社会科学部军宣队负责人传达周恩来的批示,指示组织落实。郭沫若主编的《中国史稿》重新上马。

1972年(58岁)

1月

6日　陈毅逝世。闻讯作《陈毅同志挽词》:"旧日江南总指挥,一生道路放光辉。金戈抢攘三军史,樽俎折冲四海碑。汲黯直方人共仰,寇恂度量世争推。红旗线上英雄传,开卷雷霆满纸飞。"

15 日　参加近代史研究所召开的约 30 人参加的会议。会上,经原副所长张崇山宣布,被指定负责《中国史稿》第四分册的修改及范文澜著《中国近代史》下册的编写工作。在会上发言,并对编写任务作说明。此后即约集几位研究人员,包括后来从干校回京的人员,开始准备《中国史稿》近代史部分的扩大编辑工作。由于当时政治运动一场接一场,根本没有时间从事正常的学术活动,编写工作难以落实。

7 月

7 日　前往机场迎接来华访问的美籍中国学者参观团。该团以美国约翰霍布金斯应用物理学研究中心副主任、微波物理学家任之恭教授为团长,麻省理工学院流体力学、天文物理学家林家翘教授为副团长。

11 日　主持学术报告会,请美籍学者刘子健作宋元时期的科技报告。

12 日　近代史所在河南"五七干校"人员全部回到北京。

同日　陪同郭沫若、乔冠华①、竺可桢、吴有训、周培源②,会见并设宴招待正在中国参观、探亲的美籍中国学者参观团和美籍中国学者访问团及其家属。美籍中国学者参观团有任之恭、林家翘、戴振铎、张明觉、王浩、易家训、叶楷、王宪钟、张捷迁、刘子健、沈元壤、李祖安等,美籍中国学者访问团有徐雄、范章云、张慎四、朱兆祥等。

14 日　晚上,与乔冠华、刘西尧③、竺可桢、吴有训、周培源参加周恩来会见正在中国参观、探亲的美籍中国学者参观团和美籍中国学者访问团全体人员的活动。

27 日　与黎澍、李新、刘桂五、姜克夫、曲跻武、王晶垚、余绳武、林海、朱信泉出席近代史研究所召开的讨论开展业务工作问题座谈会。会议由军宣队队长李翔主持。会议商定:黎澍负责修订范文澜《中国通史》;刘大年与余绳武负责修订郭沫若《中国史稿》第 4 册和续编范文澜《中国近代史》下册;余绳武负责恢复中俄关系组的工作;成立翻译组;为编写中华民国史做准备,成立民国史大事记组和人物传记组,由李新主持,曲跻武和朱信泉负责。

---

①　乔冠华,时任外交部副部长。

②　周培源,时任中华全国科学技术协会副主席。

③　刘西尧,时任国务院科教组组长。

9 月

21 日　中国人民解放军驻近代史所军宣队提交《关于近代史所刘大年同志的结论请示报告》，建议予以解放。

报告说："刘自 1954 年主持所内工作以来，执行了旧中宣部的资产阶级办所方针，没有很好组织所内人员参加意识形态领域里的现实阶级斗争，忽视了对反动唯心史观的批判。在干部工作中，有些重业务，轻政治，放松了世界观的改造。近几年来在一些著作和言论中宣传毛泽东思想不够，写过一些有错误的文章。1961 年在《历史研究》上发表了《论康熙》一文，美化了帝王将相。1963 年冬在周扬授意下写了一篇《李秀成评价问题》的文章（未发表），美化了叛徒李秀成。1966 年春在所内执行了《二月提纲》。此外，在 1958 年执行中苏文化科学协定中，执行了陈伯达的指示，被苏方搞走了一些资料，造成严重失密。在这次'文化大革命'中，对刘进行了审查。经审查政治历史是清楚的，与旧中宣部陆定一、周扬等人是一般工作关系。自参加革命以来表现是好的，为党做过一定的工作。刘大年同志的主要问题是在领导所内工作和科研工作中执行了修正主义路线。"

22 日　中国人民解放军驻近代史所军宣队宣布"解放"刘大年、黎澍的决定。

同日　北京大学周一良教授来信，说："我系 58 年中国近现代史研究生毕业的田珏同志，原在高教部教材办公室工作，现在凤阳教育部五七干校，最近将分配工作。这位同志政治业务各方面都不错（党员），且有行政工作能力，户口在北京。他爱人也是我系毕业生，在历史所工作。听说他们干校分配工作不大考虑专业对口，过去研究生经过八年培养，有一定训练，从长远考虑，我觉得尽量用人所长，还是符合党的利益的。不知你们所是否需要补充人员？特代打听。如教育部凤阳干校有困难，科教组胡沙同志可协助解决。"

27 日　和黎澍在近代史研究所全所会上对执行"修正主义路线"等问题作检查。

11 月

17 日　在近代史研究所全所"临时领导小组成立大会"上，被军宣队宣布为该小组组长，主持所内业务工作。

1973 年（59 岁）

2 月

16 日　参加汇报《中国近代史》下册进度的组内会议。

3 月

15 日　出席中日友协会长廖承志欢迎以安藤彦太郎为团长、武野武治为副团长的日本文化界友好访华团举行的宴会。

31 日　召集修改《中国史稿》第四分册的研究人员会议，听取汇报，要求加紧工作。

9 月

在近代史研究所全所"批孔"会上讲话：（一）批孔是为了革命的前进，反对保守和倒退。历史上凡主张革新的人都批孔，凡主张倒退的人都尊孔；（二）近代史业务工作中应贯彻批孔。

10 月

4 日　所内讨论全国四届人大候选人名单，哲学社会科学部总共 7 人，入选候选人名单。

11 月

13 日　近代史研究所召开全所会议，军宣队李翔传达上级决定：除夏鼐外，学部的人一概不能参加外事活动；撤销学部业务行政领导小组，原正、副组长关山复、刘导生回群众中参加运动，接受教育。

12 月

12 日　近代史研究所举行全所会议,军宣队窦维田宣布暂停所"临时领导小组"的活动,所内一切工作归军宣队一元化领导,业务工作因此而停顿。

1974 年（60 岁）

3 月

21 日　军宣队宣布《中国史稿》第四册扩大编撰工作停止进行。原工作人员一律转到《中国近代史》下册的编写。

4 月

主持讨论范文澜《中国近代史》下册编写提纲,重新进行分工。积极推动此项工作。

9 月

30 日　参加周恩来在人民大会堂主持的庆祝中华人民共和国成立 25 周年的 4000 人招待会。

本月　作《贺国庆二十五周年》诗四首:

一、地极大沙铜栓北,天回沧海铁鳌南。家家杰阁连霞起,处处红旗展画看。

二、八亿人歌北斗星,光辉洒地满征程。回头脚底千峰过,更向昆仑顶上行。

三、林朝孔店和尘扫,纸虎冰熊暗算空。谁问人民新甲子,义皇翠柏万年松。

四、乘风好破百重关,鼓荡灵魂改旧观。快马轻装听召唤,辞今一夜斩楼兰。

10 月

24 日 就有关普列汉诺夫的"能量""动能""位能"的意义、关于运动和静止、关于作用和反作用等问题，钱伟长来信，说："所提的问题，好像都是有些哲学味道，对于像我这样一个哲学一窍不通的人来说，是很容易出错的。我退一步，只能尽可能按物理力学数学的范围来解释这些问题。不过，不一定解释得既准确又易懂。"来信对所提问题进行了详细解答。

25 日 钱伟长再次来信就"动能"和"位能"等概念作补充说明，说："关于'运动应当从它的反面静止找到它的量度'。因为没有看上下文，不知道指的是什么，所以，按猜测进行了一些解释，是牛头不对马嘴的。今晨看《反杜林论》，在 59 页上找到了这句话，从上下文一看，就理解到这里的运动的'量度'指'动能'，'静止的量度'指'位能'。运动的量度可以从静止的量度中找到，就是说'动能'可以从'位能'中衡量出来，定量地说来，物体下落时，失掉多少位能，一定增加多少动能。……所以也可以说'位能是可以加以利用的机械运动的动能的反映'。"

12 月

16 日 根据军宣队的安排，先后在学部及所内作斗私批修、典型引路的整党报告。此后被任命为中共近代史研究所党总支书记，郭永才、黎澍、李新任副书记。

1975 年（61 岁）

1 月

13—17 日 全国四届人民代表大会一次会议在北京召开，当选为第四届全国人民代表大会常务委员会委员。

19 日 《人民日报》公布《中华人民共和国第四届全国人民代表大会第一次会议主席团和秘书长名单》，为主席团成员之一。

2月

1 日　看到全国四届人大召开信息,湖南国学专修学校同学彭传彭来信叙旧,说:"最近看到中央四大文件,荣列了你的大名,喜少年同学,北斗在望,而十载积情,幸得倾吐的机会,特地写信向你问好! 并没有也不敢有任何私己的要求和愿望。""另附几年前俚句两首,聊以见一时情事,而今却已境异年迁,当然没有那样的心志了,这大概是'一生偃蹇老冯唐'吧!"

3月

12 日　以全国人大常委会委员身份参加在中山公园中山堂举行的孙中山逝世 50 周年纪念活动。

4月

7 日　在人民大会堂参加董必武追悼大会。

5月

1 日　参加首都各界庆祝"五一"国际劳动节的联欢活动。

6月

13 日　与中国人民外交学会副会长周秋野、程瑞声等到机场欢迎以泰国众议院议长巴实·干乍那越为团长、沙瓦·堪巴谷为副团长的泰国 18 个政党组成的国会议员访华团。晚上,参加周秋野举行的欢迎泰国国会议员访华团宴会。

16 日　与周秋野、宋中、李川、程瑞声、刘向文、马家骏等,应邀出席泰国国会议员访华团举行的告别宴会。

本月　接待日本学术代表团,作《吉川幸次郎率日本学术代表团访问中国,为北京公报后中日文化交流又一盛举赋赠一律》:"久说神农带水局,北京新展一编书。谈文晓下留宾榻,讲学星驰使者车。人是东瀛刘沛国,艺兼西汉马相如。太平洋上鲸飞浪,待听鸿词壮扫除。"

本月 因军宣队作出"开门办所"决定,和近代史研究所人员在北京南韩继生产大队参加麦收劳动,接受贫下中农再教育。白天劳动,晚间作社会调查。近代史研究所还组织劳动小分队赴北京内燃机总厂、北京胶印厂劳动锻炼。

7 月

27 日 曾任南开大学教授兼中文系主任的李何林来信,说:"我调鲁迅博物馆和鲁迅研究室工作已数月","上海正在市委领导下拍摄《鲁迅生平》电影,急需三十年代初《文化评论》杂志一用,特介绍上海鲁迅纪念馆负责人姚庆雄同志和鲁迅室研究员陈鸣树同志等前来借阅拍摄,敬请您所图书资料同志惠予借阅。"

本月至 10 月 参加《毛泽东选集》第五卷的注释工作。

9 月

30 日 参加中共中央副主席、国务院副总理邓小平主持的,以中共中央副主席、国务院总理周恩来名义举行的盛大招待会,热烈庆祝中华人民共和国成立 26 周年。

11 月

15 日 因看到《人民日报》上对国庆招待会的报导,曾在河北曲周四区抗日区公所工作的关东华① 来信叙旧。

30 日 驻近代史研究所宣传队动员整党,指定在 12 月份完成,业务工作一律停止。

12 月

21 日 参加康生追悼大会。

本年 齐赫文斯基发表《中国历史学中的大汉族霸权主义》,断言:满族人不是中国人,清朝是外国对中国的统治。散布新"反满论"。

———————

① 关东华当时已改名关维新。

本年　参加会见美国华人科学家高级访华团。

本年　与何其芳会见澳大利亚华人学者。

1976年（62岁）

1月

15日　在人民大会堂参加周恩来追悼大会。作《周恩来总理挽词》："金书大字一生过，国丧元勋失典谟。劳动宫悲连远域，英雄碑泪下长河。九天星斗忽然缺，千载神功不可没。贯日丹心撼人起，无言犹听井冈歌。"

7月

11日　在人民大会堂参加朱德追悼大会。

20日　晚上，与王观澜、黄家驷、徐维勤、种汉九等出席中国人民外交学会负责人谢黎举行的欢迎由副议长勒内·亨格尔率领的卢森堡议员团和卢中友协主席阿道夫·弗朗克的宴会。

9月

18日　在天安门广场参加毛泽东追悼大会。

10月

6日　晚上，"四人帮"江青、张春桥、姚文元、王洪文被抓捕。这一消息在当时还属"绝密"。当晚，王冶秋来访，二人交谈到第二天凌晨。

22日　参加首都军民庆祝粉碎"四人帮"活动。

11月

30日　参加全国四届人大常委会第三次会议。会议由全国人大常委会副委员长宋庆龄主持。中共中央主席、国务院总理华国锋，中共中央副主席、政协全国委员会副主席叶剑英出席会议。会上，吴德副委员长报告粉碎"四人帮"问题。

12 月

1 日　全国四届人大常委会第三次会议开始举行分组会议。两天分组会议中，60 多名委员纷纷发言揭发批判"四人帮"的罪行。

2 日　在全国四届人大常委会第三次会议上发言，说："四人帮"阴谋篡党窃国，肆意篡改马列主义、毛泽东思想，大搞修正主义，用唯心论、形而上学毒害人们。从政治上、思想上、理论上清除"四人帮"的毒害，大力宣传马列主义、毛泽东思想，这是哲学社会科学工作者当前重大的战斗使命。在发言中批判"四人帮"把自古至今的阶级斗争史篡改为"儒法斗争史"的罪恶目的，其实质是篡改党在社会主义历史阶段的基本路线和基本政策，并且借批儒为名，妄图打倒一大批中央和地方的党政军负责同志。

3 日　《人民日报》刊登《人大常委在第三次会议分组会上发言　热烈欢呼华主席为首的党中央为中国革命立下了丰功伟绩》，介绍部分全国人大常务委员会委员在分组会议上的发言。

12 日　复旦大学教授周谷城来信，说："几天以前在报上看到您在人大会上发言，谓'四人帮'妄想以儒法斗争史代替阶级斗争史，无任敬佩。……吾自批判文痞姚文元反革命修正主义谬论（吾在一篇论文中提到时代精神时，曾谓社会为一复杂体，包括革命的、不革命的、假革命的，乃至反革命的。这与毛主席在教育革命座谈会上所谓社会、自然都是杂而不纯的完全符合。只与'四人帮'反革命修正主义社会一色清谬论不符）遭到他们迫害，至今十年，亦云惨矣。……主席又谓周的《世界通史》尚未写完，书还是要让他写下去。'四人帮'却不许我写。中央两次明文提我为四届人大代表，'四人帮'竟两次勾销。我今虽然无恙，工作亦照常进行。不知者以为我真有罪，其实有罪者不是我而是'四人帮'。您的发言虽甚短简，然义正词严，必广为流布。"

26 日　陪同中国科学院哲学社会科学部临时领导小组成员刘仰峤会见井上清。

本年　在郭沫若召集的《中国史稿》编写工作会议上提出，《中国史稿》中国近代史部分分量比较大，希望能够独立出版。郭沫若同意这个意见。此后，《中国史稿》近代部分改为《中国近代史稿》，完全由近代史研究所独立完成，原计划由历史所负责的插图部分也改由近代史研究所张海鹏负责完成。

1977 年（63 岁）

1 月

13 日　与黎澍在近代史研究所会见来访的日本学者"第二次中国研究者友好参观团"。日本学者有狭间直澍、近藤秀树、森时彦等，近代史研究所余绳武、章伯锋、张海鹏等在座。

24 日　陪同全国人大常委会副委员长乌兰夫会见井上清。

2 月

18 日　出席政协全国委员会举行的春节联欢会。

3 月

15 日　出席全国人民代表大会常务委员会举行的欢迎由西萨摩亚立法议会议长利奥塔·勒乌卢艾亚利·伊图乌·阿里率领的西萨摩亚议会代表团的宴会。

16—17 日　西萨摩亚议会代表团在北京参观全国农业学大寨展览、中央民族学院、故宫，游览长城、定陵和颐和园。

18 日　陪同西萨摩亚议会代表团乘专机由北京抵达南京访问。江苏省革委会举行欢迎宴会。在南京陪同参观南京无线电厂、长江大桥，游览东郊风景区，观看南京市红小兵的文艺演出。

19 日　陪同西萨摩亚代表团到扬州参观访问。参观江都抽水机站、邗江县湾头人民公社，游览瘦西湖。

20 日　陪同西萨摩亚议会代表团从南京抵达上海。陪同参观上海工业展览会、益民食品一厂、黄渡人民公社、市少年宫，乘船游览黄浦江，观看杂技节目。晚上，上海市革委会举行欢迎宴会。

同日　周谷城写《写字有感》七律一章，"呈大年同志一阅以凑趣"："艺苑'行书'未列科，要看书者意如何。银钩铁画终成法，竖直横平莫放过。性格十分功力倍，友朋三五共摩挲。精神领域原无限，写字传神便足多。"

22 日　陪同西萨摩亚议会代表团从上海乘专机到达海口市。晚上，广东省革委会和海南行政区革委会设宴招待。在海南岛期间，陪同代表团参观海口市橡胶一厂、橡胶二厂、海口市椰雕工艺厂、海口八一手扶拖拉机厂和国营南田农场，在崖县参观藤桥公社的水稻育种基地，观看海南黎族苗族自治州歌舞团演出的文艺节目和三亚地区男女民兵射击表演。

25 日　陪同西萨摩亚议会代表团乘专机从海南岛抵达广州。晚上，广东省革委会举行欢迎宴会。在宴会上祝酒，祝贺西萨摩亚代表团访问我国获得成功。

26 日　本日开始，陪同西萨摩亚代表团在广州参观毛泽东当年主办的农民运动讲习所旧址、中山医学院和聋哑学校。

28 日　前往火车站为西萨摩亚议会代表团回国送行。

4 月

中国科学院哲学社会科学部临时领导小组部署清查"四人帮"帮派体系运动。近代史研究所成立清查"四人帮"帮派体系领导小组，李新任组长。刘大年被作为近代史研究所"帮派体系"的总后台，再次受到错误批判，吐血住院。

5 月

1 日　参加首都各族人民庆祝"五一"国际劳动节的游园联欢活动。

7 日　中共中央批准中国科学院哲学社会科学部改名为中国社会科学院。

6 月

20 日　姜国仁来信，说："接受朋友的意见，把过去的打油诗稿油印了，我最重视的是老区几个老同志的诗，其中有你的一首事先没有得你的同意，附印了。特将本子寄你。请你提出批评！"所录诗为作于 1948 年的《元旦试笔兼为土改学习自勉》。

9 月

9 日 在毛主席纪念堂北门前广场,参加由中共中央、全国人大常委会、国务院和中央军委召开的隆重纪念毛主席逝世一周年及毛主席纪念堂落成典礼大会。

15 日 《毛主席指引我们研究中国近代史》在《光明日报》发表。文章指出,中国近代史的研究,作为一门学科,是毛泽东开辟的。研究中国近代史,首先要反对资产阶级重古轻今的学风。毛泽东早在 1940 年就发出要重视中国近代史研究的指示。范文澜没有写完的《中国近代史》是试图用马克思主义观点系统地阐述近代中国历史的开山之作,这部书就是在毛泽东直接关怀下写出来的。毛泽东指出,研究近代史,"应先作经济史、政治史、军事史、文化史几个部门的分析的研究,然后才有可能作综合的研究",并提出要重视村史、家史、厂史和社史。研究近代史,还要"大讲马克思列宁主义,彻底破除历史唯心主义"。毛泽东"给我们具体地解决了把近代史的研究建立在马克思列宁主义理论基础上的问题"。中国近代史的全部过程,"简短地说,有三个高潮,四个大仗"。新民主主义革命时期的四个大仗分别是"打败帝国主义走狗北洋军阀""打败蒋介石对红军的围剿与堵截""打败日本帝国主义""最后打败蒋介石,结束了美国和一切帝国主义在中国的统治"。文章分析说,近代史研究就是要批判资产阶级,批判"四人帮"和形形色色的修正主义,宣传马克思列宁主义、毛泽东思想。

29 日 陪同中国社会科学院临时领导小组成员刘仰峤会见并宴请以井上清为团长、日本东京大学教授阪本楠彦为副团长的日本社会科学工作者友好参观团。

30 日 参加华国锋在人民大会堂举行的热烈庆祝中华人民共和国成立 28 周年的盛大招待会。

10 月

15 日 与许涤新、尹达、黎澍、王晓云,参加国务院副总理王震会见日本社会科学者友好参观团的活动。

12 月

13 日　本日至 26 日,参加中共中央宣传部召集的宣传文化界党内外人士座谈会,并在会上发言。会议主要是征求对当时宣传工作和拟于次年召开的全国宣传工作会议的意见。

16 日　姚雪垠来信,说:"今托荒芜同志送上拙作《李自成》第一卷修订本《前言》一稿,请抽暇惠阅。其中谈了一些历史观点,以及当前的几个历史问题。如果谈的不误,会对'四人帮'多少起战斗作用,否则,影响不好。你在这方面是专家,请赐指正为感。"

17 日　中国社会科学院文学研究所研究员荒芜来信,说:"老友姚雪垠的长篇历史小说《李自成》第一卷(两册)修订本和第二卷(三册),即将由中国青年出版社出版。他想请你这位历史学家,就该书《前言》所涉及的几个历史问题和一些历史观点,提提意见。主席生前很重视和关怀这部小说。帮助作者改好出书有利于批判'四人帮'的谬论。我想你不会吝于赐教的。附上《前言》一份及作者信一纸,阅后请将你的意见连同《前言》一并寄我。"

26 日　荒芜给黎澍写信,说:"姚雪垠同志的长篇历史小说《李自成》一、二卷即将出版。他写了一篇《前言》,其中涉及一些历史问题和看法,想请刘大年同志看看,并提提意见。嘱我代转,打字稿已于上周寄去,不知他是否收到。"

1978 年（64 岁）

1 月

27 日　为《中国近代史诸问题》再版写"后记":"这个集子从第一次印行到今天,时间过去了十二三年。现在重印,由于我没有作新的研究,也就谈不上有所修订。个别词句略有改动,校正了已发现的错字。书名中删掉'诸'字,念起来可以顺口一些。""第一版后记中所说的《论康熙》等两篇文章的论点在国外引起了某些人的反对,许多读者早就明白,反对者不是别人,是苏修那些反华宣传员。他们为了替老沙皇的侵略扩张辩护,给新沙皇的霸权主义制造历史根据,干尽了颠倒黑白,篡改历史的丑恶勾当。这个集子里讲到了西方和东方形形色色的资产阶级唯心主义者、帝国主义的御用文人,以及他们的奇谈怪论。现在我补充一句:凡讲到这个问题的地方,一律应当列进苏联修正主义的历史编纂家们。"

2月

26日　本日至3月5日,参加第五届全国人民代表大会第一次会议。

28日　《人民日报》公布《中华人民共和国第五届全国人民代表大会代表名单》,名列其中。

3月

1日　参加中国社会科学院批判"四人帮"炮制"两个估计"① 的座谈会,并在会上就"肃清'四人帮'流毒、发展哲学社会科学"作发言。

5日　当选为第五届全国人民代表大会常务委员会委员。

4月

20日　中国社会科学院党组任命刘大年为近代史研究所所长、党委书记,任期至1982年7月;黎澍、李新、余绳武为副所长。

5月

论文集《中国近代史诸问题》由人民出版社再版,更名为《中国近代史问题》。该书为当年恢复高考后首届研究生招生考试某些高校中国近现代史专业的指定参考书目。

---

① "两个估计"是1971年张春桥、姚文元在修订《全国教育工作会议纪要》中提出的,即:解放后17年"毛主席的无产阶级教育路线基本上没有得到贯彻执行","资产阶级专了无产阶级的政";大多数教师"世界观基本上是资产阶级的"。这两个完全错误的估计,使广大教师以至广大知识分子长期受到严重压抑。1979年2月19日,中共中央根据中共教育部党组的报告,决定撤销《全国教育工作会议纪要》。

6 月

3 日 与周培源、孙平化等参加中日友协副会长赵朴初欢迎井上清和夫人以及日本《现代亚洲》半月刊主编白西绅一郎的宴会。

12 日 第五届全国人大常委会副委员长郭沫若逝世。

18 日 在人民大会堂参加郭沫若追悼大会。

22 日 与外交部美大司副司长申志伟、对外友协副会长丁雪松等，出席对外友协会长王炳南招待哥伦比亚参议员卡洛斯·奥尔梅斯·特鲁希略和哥伦比亚自由青年联盟全国总协调员何塞·维森特·马尔盖斯的宴会。

7 月

10 日 致函中共中央组织部部长胡耀邦，说："范文澜同志去世到明年就满十年了。近代史研究所决定编一部《范文澜集》，明年出版。书上要介绍著者的生平，最好有个年表。为此，我们需要看一看范老档案中他写的自传、履历等材料。如无不妥，请指定一位同志同我联系一下，确定看阅材料的办法。"

本月 1975 年 6 月写的赠吉川幸次郎的诗始由井上清转去，同年秋天吉川寄来和诗《刘大年先生贶大作依韵奉酬》："名士江东敢自居，惟欣禹域积薪书。谰言徒足酱瓿覆，陋巷愧停星使车。修史胜朝黄万似，杂诗论世魏龚如。今闻日月重开朗，蓬矢桑弧兴未除。"

8 月

1 日 致函中共中央组织部工作人员林坚，介绍曾任范文澜秘书的潘汝瑄去阅读有关范文澜的材料。

12 日 参加在人民大会堂举行的中共中央委员、中央军委常委、军委秘书长罗瑞卿的追悼大会。

本月 《近代史资料》[①] 复刊，为总 37 号，署"中国社会科学院近代史研究所近代史资料编辑组编"，由中华书局出版。

---

① 《近代史资料》于 1954 年创刊，1959 年停刊，科学出版社出版，共出 24 期。1962 年复刊后，改为不定期刊物，由中华书局出版。1965 年再次停刊。

9 月

7 日　近代史研究所增设经济史、文化史等新的学科研究部门。樊百川任中国近代经济史研究室筹备组副组长,组长暂缺;丁守和任中国近代文化史研究室筹备组组长,张允侯任副组长;李新兼任中国革命史研究室筹备组组长,陈友群、史洛明、刘明逵任副组长。

20 日　致函中国社会科学院院长胡乔木,谈邀请日本汉学家吉川幸次郎访华的意义。

21 日　就范文澜文集编写事,致函全国人大常委会副委员长周建人,望能"写点片段回忆或提供来往书信等资料"。

28 日　近代史研究所成立第二届学术委员会。与丁名楠、刘桂五、孙思白、李新、余绳武、严中平、罗尔纲、胡华、胡绳、荣孟源、瞿同祖、黎澍、蔡美彪、戴逸组成近代史研究所学术委员会,并任主任委员,李新、戴逸任副主任委员。任期至 1985 年 9 月 18 日。

本月　主撰的《中国近代史稿》第一册由人民出版社出版。由于郭沫若逝世,该书署名为"中国社会科学院近代史研究所"。《中国近代史稿》计划分为三册,"叙述的内容从 1840 年第一次鸦片战争起到 1919 年五四运动止",大体上仍采用原《中国史稿》第四册的基本框架,把"章"改为"编",充实内容,克服原书"有骨头无肉"的缺憾。《中国近代史稿》第一册为全书的第一编"中国遭受外国资本主义奴役的开始,封建经济的破坏,中华民族反侵略战争和农民战争(1840—1864 年)",也是原《中国史稿》第四册的第一章。原《中国史稿》第四册的各"节"改为"章",新章下面再设若干节,增加"1840 年以前的世界与中国"为第一章,并附"大事年表""外人译名对照表",增加"插图"21 幅和"图版"15 幅。《中国近代史稿》第一册共 175 千字,篇幅与整本《中国史稿》第四册相当,内容大为充实。

作为主撰者,负责了该书的编写、定稿工作。参加编写该书初稿的有中国社会科学院近代史研究所丁名楠、钱宏、樊百川、刘仁达、金宗英等;参加修改、提供资料、查对史实等工作的有俞旦初、吕良海、张海鹏等。该书出版后,成为不少高等学校历史系的指定教材。

本月　1939 年写的《东征口号》诗四首在《诗刊》9 月号发表。

10 月

18 日　就出版《范文澜历史论文选集》事致函胡乔木，说："明年七月范老去世十周年。我们打算出版一本《范文澜历史论文选集》，作为纪念。在近代史所这要算一项重要的工作。送去下列三个材料，请予翻阅。一、编辑说明。二、全书目录。三、《范文澜历史论文选集序》。近代史所准备最近开会讨论这几个材料。十月底要发稿，希望在这以前听到指示和关于序言的修改意见。周扬、力群、光远同志① 处已经分别送去了。"

11 月

2 日　参加在八宝山革命公墓礼堂举行的中共中央统战部副部长、政协全国委员会秘书长、中国社会科学院顾问齐燕铭的追悼大会。

12 日　致函人民出版社总编辑王子野，谈《中国近代史问题》再版时漏下"社会主义阵营"的处理问题。

14 日　中国社会科学院党组向中共中央宣传部呈报《关于郭沫若著作编辑出版委员会和筹建郭沫若纪念馆的请示》，建议将"《郭沫若文集》编辑出版委员会"改为"郭沫若著作编辑出版委员会"，增补刘大年、胡愈之、林林、郑伯奇、魏传统为委员。此前成立的《郭沫若文集》编辑出版委员会由中国社会科学院副院长周扬任主任，主要任务是搜集整理郭沫若未出版的文稿、书信、札记、谈话记录等。

12 月

24 日　在人民大会堂参加彭德怀、陶铸追悼大会。

28 日　《当代的历史课题》在《光明日报》发表。这是一篇学习中国共产党第十一届三中全会② 会议精神的文章，指出当代的历史课题就是向四个现代化进军。文章说："具有重大历史意义的中国共产党十一届三中全会发出了全国八亿人民震撼大地的声音：向我国社会主义建设的新高潮

---

① 周扬、邓力群、于光远当时均为中国社会科学院副院长，邓力群、于光远为中国社会科学院党组副书记，周扬为党组成员。

② 中国共产党第十一届三中全会于 1978 年 12 月 18 日至 22 日在北京召开。

四个现代化进军。""中国需要现代化,必定走上现代化,这是历史的规律,民族的愿望。三中全会各项英明果断的决策,都是指向这个当代历史课题的。高度觉醒了的中国人民,一定会同心同德,奋发努力,使社会主义祖国现代化在我们这一代人手里实现。"文章对中华人民共和国的社会主义建设实践进行分析,指出:"毛泽东同志在生前多次提出的要把工作中心转到经济方面和技术革新方面的指示,周恩来同志根据毛主席的指示制定的实现我国社会主义四个现代化的方针、计划,都集中反映了这个人民的愿望和决心。"

本月　提出创办《近代史研究》杂志。

本年　任中国社会科学院研究生院教授。

本年　与丁名楠、余绳武合著的《台湾历史概述》由香港三联书店出版。

1979 年（65 岁）

1 月

17 日　与黎澍、李新、郭冲开会,讨论胡乔木、邓力群拟调黎澍担任《中国社会科学》主编和刘大年赴日讲学需请假备课等问题,就所内工作安排达成一致意见。

18 日　致函中国社会科学院副院长邓力群并党组,汇报 17 日与黎澍、李新、郭冲开会讨论情况,说:"我们一致的意见是:一、黎澍同志可以用更多的时间去办刊物,但不要解除近代史所副所长职务。他对所里具体事情可以少管,兼任副所长很有必要,不应变动。二、请党组任命郭冲同志为近代史所总支书记。除了党政工作,业务方面的督促检查和有关事项,也由他管起来。三、我需要继续请假备课。在此期间,所里经常工作由李新同志主持。"

同日　《人民日报》刊登《辛亥革命史研究会在广州成立》。报道说:最近在广州成立的辛亥革命史研究会是由湖北、湖南、广东、广西、河南等省的辛亥革命史研究工作者和爱好者组成的学术团体,其宗旨是:在党的领导下,在马克思列宁主义、毛泽东思想的指引下,坚持实事求是,从实际出发,理论联系实际的原则,贯彻"百花齐放,百家争鸣"的方针,开展自由讨论,推动辛亥革命史、中国近代史的研究。研究会将组织年会,出版《辛亥革命史研究丛刊》，编选《辛亥革命史研究论文集》（1949—1979），编印交流研究动态的《通讯》等。研究会聘请刘大年、黎澍和李新为顾问。

2 月

被中国社会科学院聘为本院近代史研究所学术委员会委员。

3 月

10 日 北京大学教授、《世界文学》主编曹靖华来信，谈拟收录在《范文澜历史论文选集》一书中曹所撰《往事漫忆》一文有关事宜。

本月 在 1954、1955 年中国科学院近代史所展开对同盟会调查的基础上，要求由王学庄、张海鹏继续调查同盟会，并将手头留存的调查资料全部交给张海鹏。王学庄、张海鹏向全国各地有关方面陆续发出信函和调查表，吁请同盟会老人、会员亲友和有关部门支持和协助，获得普遍响应，许多会员亲友还提供了珍藏多年的会员照片、证件、遗稿、手迹等文物。

4 月

6 日 同杨天石、王学庄与来访的日本京都大学人文科学研究所狭间直树座谈。

13 日 同余绳武、丁名楠、瞿同祖与美国学者赫登白克等 3 人座谈。

27 日 同余绳武、丁名楠与来访的美籍华人林汉生、曾伦赞座谈。

本月 主编的《范文澜历史论文选集》由中国社会科学出版社出版。收录论文 17 篇及若干照片、手迹，并附生平年表。论文分为"关于中国古代史""关于中国近代史""关于历史研究的方法和对资产阶级历史学的批判"和"关于中国经学史、思想史的专题研究"四组，由蔡美彪、丁名楠、荣孟源、潘汝暄分担各组文章的编选和年表撰写工作。所辑录文章除《经学讲演录》为遗著外，其余均公开发表过。文章都保持发表时的原样，除必要的文字、引文方面的编辑加工外，原文的内容、论点一律没有变动。《编辑说明》指出，编辑此书的目的有二：一是"纪念范老，发扬他在科学上的成就"；二是"希望出版这个文集，会有益于贯彻党的百家争鸣方针，促进历史科学的繁荣"。

为该书撰写了长序。序言肯定了范著《中国通史简编》和《中国近代史》(上册) 的 "大辂椎轮, 前驱先路的重大功绩", 认为其研究工作是 "重视革命性、科学性以及二者的统一的"。突出范文澜对旧本《中国通史简编》的改写和自我检讨以及 "希望引起大家的批评" 等事例, 说明其勇于 "纠正错误, 坚持真理, 不疲倦地推进科学研究的态度"。还分析其史学思想的形成, 指出其谙熟传统文化的特点, 一方面使他 "比较好地把马克思主义和我国的民族特点结合起来, 造就了自己著作的个性, 具有独特的风格", 另一方面使他的学术研究 "没有能够完全摆脱旧的、封建传统思想的束缚"。最后指出, 范文澜科学成就的获得, 最根本的一条, 是 "忠实地贯彻毛主席关于马克思主义的普遍真理必须和中国具体革命实践相结合的思想, 以客观存在为准绳, 不以个别词句为依归"。该序旨在推动近代史研究领域的拨乱反正, 鼓励史学工作者解放思想, 实事求是。

本月　找丁守和与钱宏谈话, 说:《近代史研究》要办, 所里决定由你们二位主编, 今年下半年出刊。怎么办, 出季刊还是双月刊, 多大篇幅, 还找什么人, 你们考虑, 先拿出办法来。

5 月

25 日　参加在南京召开的太平天国史国际学术讨论会, 并在开幕式上作《关于历史前进的动力问题》主题报告。该会由北京太平天国历史研究会和南京史学会联合举办, 是粉碎 "四人帮" 以后中国社会科学界第一次召开国际学术会议, 也是中华人民共和国成立以来史学界规模最大的一次学术讨论会。参加这次讨论会的有来自全国各高等院校、科研单位、文博和出版单位的史学工作者以及业余太平天国史研究者 260 人, 以及来自英国、澳大利亚、比利时、西德、日本、美国、加拿大 7 个国家的 10 位从事太平天国史研究的外国学者和在南京大学就读的 16 位外国留学生。会议收到各种专题论文 217 篇, 其中外国学者论文 7 篇。会议一直开到 6 月 2 日。为了开好这次学术讨论会, 会前几次找负责会议的戴逸和李侃谈话, 介绍如何在学术交流中对待国际朋友, 如何在国际上进行学术交流的经验, 并亲自到南京去解决一些实际问题。

在报告中阐述历史前进的动力问题说: 第一, 人类社会发展前进, 归根到底, 决定于生产力的发展前进。但在阶级社会里, 生产力推动历史前进则表现为生产关系一定要适合生产力性质, 表现为生产力与生产关系的矛盾, 阶级斗争。第二, 阶级斗争是历史前进的动力主要是讲旧社会、旧制度过渡到新社会新制度那种急剧的转变。第三, 私有制社会里, 生产力的发展要通过阶级斗争来变革历史，绝不等于说二者浑然一体，或者只有一致，没有矛盾、对立。第四，生产力与阶级斗争到底谁推动历史前进的问题，同历史研究的对象、任务直接相联系。还强调："学术、理论问题只有通过自由讨论，逐步求得认识一致。""历史科学要前进，第一，必须靠马克思主义理论的指引；第二，要做扎扎实实的资料工作，专题研究。"

7 月

13 日　中国社会科学院为包括刘大年、黎澍、蔡美彪等在内的科研人员和干部恢复名誉。

14 日　《人民日报》头版刊登《严格按政策清理冤假错案和历史遗留问题　社会科学院为八百多名科研人员和干部恢复名誉》。文章说："孙冶方、刘大年同志，被错定为反革命修正主义分子，现已改正。""在受到林彪、'四人帮'迫害的同志当中，杨献珍、杨述、孙冶方、侯外庐、邵荃麟、何其芳、黎澍、刘大年、陈冷、骆耕漠、罗尔纲、蔡美彪、林里夫、顾准等十四位同志曾被戴上各种帽子，在报纸上公开点名进行批判，这些都属于不实之词，已予以推翻。"

本月　本月或 8 月，王芸生来寓所告知《六十年来中国与日本》一书修改进展，说一、二卷即将杀青。会谈中，向王芸生提议压缩原定的"中改"计划，剩下各卷基本维持原状，只做最必要的修改。

8 月

20 日　与全国人大常委会副秘书长武新宇、外交部长助理宋之光、中国驻马耳他大使程子平，陪同华国锋会见马耳他共和国议会议长卡尔西东·阿吉乌斯和由他率领的马耳他共和国议会代表团。

23 日　在河南省郑州中州宾馆与朱婴的弟弟、河南省委组织部副部长朱轮相见并交谈。

29 日　主持召开近代史研究所专家座谈会，回顾近代史研究所 30 年来研究工作状况。在会上说："谈近代史研究所三十年的研究工作，主要不是讲出了多少本书，重点是认真总结在哪些问题上我们的研究工作前进了，哪些问题研究的比较多，哪些问题基本上还没有研究。比如说，对中国的资本主义、资产阶级研究的很少。看起来对农民问题研究的比较多，其实也主要是太平天国，其他方面也没有研究清楚。同太平天国研究相比，对辛亥革命研究的少。为什么会出现这种状况,是我们分析研究的重点。"①

31日 朱轮于郑州来信叙旧,并说:"请你能够告诉我,就是一九三一年左右,罗章龙反对王明成立了非常委员会,这个非常委员会是什么性质?参加这个非常委员会的有哪些人?今天应该如何看待这个非常委员会和参加过这个非常委员会的成员?"

9月

7日 继续主持召开近代史研究所专家座谈会。会后,专门与王玉璞②讨论辛亥革命70周年学术讨论会事,说:"现在就要考虑准备开学术讨论会的问题。1961年辛亥革命50年在武汉开了一个全国性的学术讨论会,范老去了,我留在所里值班。那次讨论会开得很成功,出了不少好文章,进一步推动了辛亥革命研究。辛亥革命60年,赶上'文化大革命',当然不可能举办什么活动。后年是辛亥革命70年,应该举行隆重的纪念活动,也要开一次学术讨论会,力争开成国际学术讨论会。我们对国外的研究情况不太了解,要做些调查研究。开学术讨论会最重要的是论文的准备。今年10月或11月在北京,12月在广州分别约请对辛亥革命有研究的同志商议一下辛亥革命70年学术讨论会主要讨论什么问题。多方面听听意见,然后综合各方面的意见商定讨论会的主题,分配任务,组织力量,有计划、有组织地做好论文准备工作。今明两年主要是抓学术论文的准备工作。""纪念辛亥革命70年是件大事,在政治上有重要意义,对学术研究也会起推进作用。因此,要考虑给院部和中央写个报告,明年初拿出初稿。其他事务性的准备可暂时不必着急去做。""你先去一趟武汉,找湖北省社科院的领导同志和章开沅同志,谈谈我们的想法,听听他们的意见。"

12日 王玉璞在武汉同湖北省社科院院长郭步云、科研处曾宪林,华中师范学院章开沅,武汉大学萧致治一起座谈召开辛亥革命70周年学术讨论会事。王玉璞详细地介绍刘大年的想法,与会者一致赞成。郭步云表示,学术论文组织工作要靠近代史所,湖北省社科院负责会务后勤。章开沅赞成在北京、广州开两个会,交流一下国内外辛亥革命研究情况,商议一下辛亥革命70年要讨论的问题;还介绍了1961年为准备辛亥革命50年讨论会,

① 王玉璞:《良师严师,教我做人做事——纪念刘大年同志诞辰100周年》,载《中国历史评论》第十二辑,上海文化出版社2016年版,第17—54页。以下引自该文,不再注明,或简称"据王玉璞2015年回忆"等。
② 王玉璞,时任中国社会科学院近代研究所科研处处长。

湖北有关领导抓论文质量的经验。

20 日　给日本东京大学校长向坊隆写信，说："聘书收悉。所有讲学事项，即照聘书内容办理。定于 10 月 10 日乘班机赴日，由小女随同前往。"决定任东京大学特聘教授，赴东京大学研究生院讲学。是中国社会科学院成立以来院内第一位被批准出国讲学和访问的学者，也是"文革"后国内最早出国讲学和访问的学者之一。

10 月

9 日　为赴日讲学做准备事，致函邓力群请假，并说："近代史所为研究辛亥革命，了解同盟会的情况，给中央统战部写了一个报告。烦核阅。若无不妥，请加上几句话，转给统战部，希望得到统战部的指示和大力支持。这项工作对于研究辛亥革命是很有意义的。"

10 日　与在故宫博物院研究清代宫廷历史的女儿刘潞，一起抵达日本东京，住进六本木的国际文化会馆。东京大学专门成立由研究院评议委员会濮雅夫、原东洋文化研究所所长佐伯有一、前校长加藤一郎以及田中正俊教授等 5 人组成的接待委员会。抵达日本后对方告知：讲学工资出于文部省学术振兴会聘请诺贝尔奖金教授基金项下，条件是必须完成讲课任务。讲课内容确定为《中国近代史研究的现实意义和指导思想问题》和《论辛亥革命的性质》。确定每星期讲一次，讲 6 个星期。授课对象为东京大学研究生院攻读中国明清史、近代史的研究生，东京大学和其他大学有关的教授、副教授等约 30 人，主持者为田中正俊。为方便讲学，后来和女儿在东京后乐园附近租借一座公寓住下。由于讲课采取交流式方法，学员先根据讲稿进行预习，预习后将梗概、所提问题译成中文，然后根据反馈问题调整授课内容，反复讨论，授课时间比预期大为延长。此外，利用讲课间隙，还在其他大学、研究所、学术团体，包括早稻田大学、法政大学、《读卖新闻》社、中国研究所、京都大学人文科学研究所、东京大学东洋文化研究所等，举行 11 次讲演会、座谈会，内容包括中国近代史研究的现状和抗日战争时期的自身体验等。

本月　《近代史研究》杂志创刊，由中国社会科学出版社出版。《范文澜同志的科学成就——〈范文澜历史论文选集〉序》和《关于历史前进的动力问题》均在创刊号即《近代史研究》第一辑发表。12 月 11 日，《人民日报》刊登《〈近代史研究〉杂志创刊》。《近代史研究》在中国社会科学院开了所长不兼任研究所学术刊物主编的头。

12 月

3 日　中国社会科学院宗教研究所所长任继愈来信,说:"打算请你买一部梵汉字典,为查对佛教典籍之用。""我也准备出去,行期尚未确定。""东大的山井涌、镰田茂雄、户川芳郎曾相识,谈学问都谈得来,看到他们顺便代为问候。"

8 日　出席日本举行的《宋庆龄选集》出版纪念会,并讲话。

13 日　日本《读卖新闻》夕刊发表以《中国的历史研究:以解放思想为立足点,通过实践探求真理》为标题的访谈录,刊登座谈纪要、照片以及《重携书剑访东邻》诗稿照片等。诗为:"重携书剑访东邻,要为今人说古人。李白多他千丈发,鉴真输我二年春。早传监院文章盛,近道乾坤景物新。举翼银鹏便万里,扶桑一路日璘璘。"

据报道,访谈时日本方面出席者为中央大学教授市古宙三、国际基督教大学教授坂野正高和东京大学教授佐伯有一。访谈中,介绍粉碎"四人帮"后中国的历史研究和中国近代史研究状况,主要谈拨乱反正和坚持四项基本原则基础上的解放思想问题,以及近代史领域中对孙中山、太平天国、五四运动、中共早期领导人等的评价问题,近代史下限的划分问题。关于中日历史研究的学术交流问题,着重谈国内的文献整理与档案查阅情况,并认为中日友好前途无穷。

20 日　日本东京法政大学教授小峰王亲为联系到北京作研究面呈信函,恳请给予便利。

24 日　在东京大学教授、前东洋文化研究所所长佐伯有一等陪同下,由东京出发赴横滨。在横滨,与辻达也、伊东昭雄、今井清一、古岛和雄、菅野辛助等人会合,赴镰仓"义烈庄"参观孙中山避难隐居的地方。返回横滨时,绕道藤泽鹄沼海岸瞻仰聂耳纪念碑。在横滨参观孙中山早年居住过的文经商店以及温炳臣故居、卖粥铺,还有梁启超等人居住、活动的场所——《清议报》社址、《新民丛报》社址等。《朝日新闻》横滨版以《刘氏巡礼孙中山先生的遗迹》为标题刊登参观访问消息和照片。

26 日　在东京大学讲完最后一课。

29 日　久保田文次作向导,参观东京《民报》旧址、孙中山故居、黄兴故居、同盟会旧址、海妻与梅屋①旧宅。

---

①　海妻即海妻猪勇彦,梅屋即梅屋庄吉。

本年　继续进行《中国近代史稿》第二册和第三册的编写工作。

1980 年（66 岁）

1 月

6 日　与东京史学界的市古宙三、坂野正高、佐伯有一、田中正俊等 20 多人举行座谈。谈到"国无常仇"问题时说："中国革命的胜利改变了中国人民的地位，正义伸张了，国家、民族遭受侵略、凌辱的历史一去不复返了。中日两国人民的根本利益，要求确立中日两国间正常、睦邻、友好的关系，而这样的关系到底确立下来了。国无常仇，现在从中国人民看来，基础牢固，意义一新。中日间二千年正常关系的历史，值得我们回顾，我们更应当打开眼界，瞻望长远的未来。这样一点越来越突出：世界历史的动向，最后是由大多数人民群众的实际利益、意志向背所产生的社会运动、历史潮流所决定的。而这种潮流一经形成，即使有支流，有停滞，迂回曲折，终究要无可阻挡地进行下去。因为人民的意志、巨大力量是不能违逆的。中日两国关系长远的未来，肯定也是这样。"这是此次在日讲学的最后一次座谈，研究中国近代史的权威市古宙三几次带头鼓掌，气氛热烈。

9 日　在东京大学举行答谢宴会。校长向坊隆对讲学作高度评价，说，经常聘请外国教授，送往迎来，没有见到像这次反应热烈的，对胡乔木及中国社会科学院表示感谢。并称，讲稿如果愿意出日文本，东京大学可以协助。

11 日　结束在日本的讲学，与女儿一起回到北京。

15 日　参加在中国社会科学院一号楼二层大会议室召开的重建中国史学会① 征求意见座谈会。

会前，全国哲学社会科学规划会议筹备处邀请在京的中国史学会第一届理事会理事、候补理事，及北京大学、北京师范大学、中国人民大学和中国社会科学院历史研究所、近代史研究所、世界历史研究所、考古研究所的代表 27 人，参加本日讨论重建中国史学会问题的座谈会。他们是：吕振羽、侯外庐、裴文中、陈翰笙、翁独健、白寿彝、尹达、夏鼐、季羡林、楚图南、叶蠖

---

① 中国史学会筹建于 1949 年 7 月 1 日，时称中国新史学研究会。正式成立于 1951 年 7 月 28 日，定名为中国史学会。20 世纪 60 年代中期以后有十多年停止了活动。

生、顾颉刚、尚钺、邓广铭、陈庆华、胡华、戴逸、何兹全、王仲殊、安志敏、梁寒冰、林甘泉、刘大年、黎澍、李新、刘桂五、刘思慕(其中前11人为原中国史学会理事);同时,给在上海和南京的原中国史学会理事、候补理事去信征求意见。

被邀请的专家和代表,除因病、因事者外,有16人参加会议。因事未能到会的楚图南送来书面意见,周谷城、蔡尚思、吴泽、周予同、孙叔平等也复信表示赞同并提意见。会议由中国社会科学院秘书长兼规划联络局局长梅益主持。梅益传达胡乔木的意见[1],并就召开中国史学会代表大会,选举新一届理事会提出初步设想。

在会上发言说,中国史学会在60年代停止活动,现在要重建,需要有一个合法的程序,召开全国代表大会,选举新一届理事会,邀请各省、市、自治区历史学界派代表来北京开会。这项工作宜快不宜慢,第15届国际历史科学大会将于1980年8月举行,还要做许多准备工作,时间紧迫,力争在三四月间开会。强调,开代表大会,不能只投投票,选出理事会就算完成任务,还要有学术活动,要讨论一些历史学界共同关心的问题,学术活动的内容要充实一些,要精心组织。

大家一致赞成重建中国史学会,并推定梅益和刘大年一起负责筹备召开中国史学界代表大会。

会后成立中国史学会代表大会筹备处,迅即开始筹备工作。筹备处组成人员是:中国人民大学历史系程秋原、北京大学历史系陆庭恩、北京师范大学历史系王宗荣、中国社会科学院考古研究所任式楠、中国社会科学院历史研究所钟遵先、中国社会科学院世界历史研究所张椿年、中国社会科学院《历史研究》编辑部阮芳纪、中国社会科学院近代史研究所王玉璞和中国社会科学院联络规划局曲熹光。其中,王玉璞为负责人,曲熹光为联系人。参与大会筹备处领导工作的还有中国社会科学院规划联络局副局长梅关桦。筹备工作主要是商定代表大会的规模,代表名额的分配,开会的时间、地点,修改会章,理事会如何组成,采取什么样的领导体制,等等。

---

[1]　1979年12月,胡乔木到罗马尼亚访问,罗共总书记齐奥塞斯库向胡乔木提及1980年第15届国际历史科学大会要在罗马尼亚的布加勒斯特举行,这是在东欧社会主义国家第一次开这么大规模的、全世界的历史科学大会,希望中国支持,派历史学家代表团出席。胡乔木回国后,立即找主持中国社会科学院日常工作的梅益秘书长商议,胡乔木认为,我们应该出席这次会议,而且以中国史学会的名义派团最为合适,但中国史学会早已停止活动,要抓紧重建中国史学会。

在筹备中国史学会大会期间，刘大年特别关注香港、台湾地区的史学工作者。如，邀请香港史学界牟润荪、李锷、赵令扬教授参会；在不具备邀请台湾学者与会条件的情况下，委托林甘泉起草《致台湾历史学界书》，表达大陆史学工作者的心情。

17 日 《关于历史前进的动力问题》在《人民日报》摘要发表。

19 日 中国史学会代表大学筹备处向已经建立历史学会的 23 个省、市、自治区发函，征求对于重建中国史学会的意见。先后有 22 个省、市、自治区的历史学会复函赞成重建。

22 日 给中国社会科学院党组撰写访问日本报告，汇报讲学过程和费用① 情况，总结访问的收获与缺点，提出相关建议。

报告总结了三点收获：(1) 做了一点交流思想的工作。正面讲述了我们关于辛亥革命、中国近代史的基本观点，着重驳斥了苏联齐赫文斯基等人以讲历史为名所进行的反华宣传，对日本个别研究者的作品也有批评。(2) 具体了解日本研究中国历史、中国近代史的学者的观点、方法。分为三种：第一种，在近代国际关系上维持战前的军国主义观点；第二种，不涉及现在的问题，极力钻研一些细小的题目，它的意义看来重在打好汉文基础；第三种，思想活跃，对中国近代史的看法与我们比较接近。(3) 通过访问孙中

---

① 关于访学费用，报告说："日方这次为我讲学支出的全部费用，包括往来机票，共 2316400 日元。扣除所得税，实际给我的钱是 1634800 元。其中三个月工资 1291200 元，住房补助费 240000 元，国内旅行费 58000 元，又增加工资 45600 元。总支出共 968545 元。其中生活费 380000 元。(我和我的女儿刘潞两人，平均每天四千二百二十元，一个人一天二千一百一十元，交通、洗衣、理发等都在内。中国派往日本的留学生有科技生、访问生等名称。科技生每月生活费三万元，交通费实报实销。访问生每月八万元，买书在内。我们的生活在科技生与访问生之间。日方材料，中国访日代表团的生活费，一般每日一万元至二万元。观光地区、公园，凡是要花钱的地方我们一概不去，也没有进过电影院、剧场)，房租 348545 元，看病 25000 元，旅行 85000 元，答谢、应酬 130000 元。收支相抵，节余 666255 元。去日本时用人民币买的飞机票，日方用日元偿还，共十三万二千元，带回交给了外事局。工资节余加上飞机票钱，合计共收入外汇 798255 元。节余的工资中花五十万元给近代史所买了一架复印机，买书花了十几万元。买的书有劲草书房《中国共产党历史资料》(十二册)、日文《蒋介石密录》(我所的中文本不全)、《明治文库》胶卷等。我另外有九万五千元的讲演费、稿费收入，用来买了一架电视和其他用品、小礼品。使馆告知可以零用的外汇若干元，没有动用。买复印机和一部书籍的单据还没有出来。等单据来了最后结账。又，我初去住在一家叫'国际文化会馆'的旅馆里。会馆主持人松本重治去年十月底访华，小平同志曾接见。松本回国以后表示要以实际行动促进中日友好，代付我女儿住在会馆期间的费用 184800 元。这笔钱收入、支出都没有计算。我回国前给松本写了一封信告辞，并道谢，也报告大使馆文化参赞，要他们见到松本时提一下这件事，表示知道了。"

山、同盟会活动的遗迹,发现一些新的辛亥革命资料;了解了日本研究院的制度、学术流派等情况,收集了一些资料。

报告认为,缺点是绝大部分时间限于谈论学术问题,很少有机会解释我们党关于一些现实问题的观点。不过,抓住各次座谈会上"讲中国近代史研究的现状"的机会,讲了关于统一台湾,批判苏联、越南的侵略扩张、霸权主义等内容。

报告提了四条建议:(1) 建议中国社会科学院认真计划、组织国外资本主义发展新情况的研究,材料可以从各种渠道收集,也可以利用外国的学术基金等派人出去,要产生马克思主义的新成果。认为从日本的情况看,"马克思主义指出的社会生产力的发展、前进,最后将消灭三个差别,这个真理正在为事实所证实。但是资本主义发展肯定存在一些新的现象,新的情况。它们是不可能从经典著作上找到现成答案的"。(2) 改进报纸上关于日本情况的宣传报导工作,不能只宣传表面现象。认为日本大多数知识分子、相当多的群众至今是看不起中国人的,"日本的事情,一切都有两面"。(3) 有计划地收集日本研究台湾的资料。(4) 建议领导同志和主管同志与日本人文社会科学交流协会会长、经济学家有泽广巳就有关的问题深入交换一下意见。指出有泽广巳 1979 年 10 月访华时曾认为宝钢的设置、大量引进日本的成套设备值得研究。

23 日 《宋庆龄选集》日文版译者、曾任宋庆龄日本基金会副理事长的仁木富美子来信,说:"去年十二月八日开的《宋庆龄选集》出版纪念会时,百忙之中,蒙您出席还给我们讲了很有意义的事迹,很感谢。当日的照片今天才出来,随信给您寄去,请收下。您替我向您女孩儿问好。"

本月 在日本东京接到王芸生两封急信,请给《六十年来中国与日本》写序。回国后去医院看望王芸生,并允诺为《六十年来中国与日本》写读后记。

本月 齐赫文斯基在苏联科学院《社会科学》英文版第 1 期和《近现代史》第 1 期,接连发表《中国历史学中对大汉族霸权主义的辩解》《中国资产阶级民族主义——辛亥革命的思想体系》两篇文章,评论辛亥革命的性质。后一篇文章指名批评《辛亥革命与反满问题》等文的观点,并注明是提供给 1980 年在罗马尼亚举行的第十届国际历史学家大会的,将中苏之间的史学争论和分歧国际化。

2 月

4 日　出席在人民大会堂举行的中国社会科学院迎春茶话会。

本月　致函田中正俊,就访日期间谈当八路军和研究近代史的经历事,指出:"如果一定形诸文字,我希望能够过目,作些必要的补充、订正。"并说:"中日学术交流正在进入一个新的时期。一水之隔,来往便利。您本人、大学院的青年朋友在研究资料、学术活动中,如果有需要我们协助的地方,不妨随时提出。凡可能者,我们将积极支援,增进多种形式的交流,这对彼此都是有裨益的。"

3 月

30 日　致函安藤彦太郎及其夫人安藤阳子,祝贺日本人文社会科学交流协会成立后所取得的工作成绩,邀请他们来北京小住一段。

4 月

5 日　参加中国社会科学院副院长张友渔会见菲律宾历史协会代表团全体成员的活动,并在随后举行的座谈会上介绍中国近代史研究的现状。菲律宾历史协会代表团是应中国人民对外友好协会邀请来华访问的。

8 日　上午,重建中国史学会代表大会进行预备会议。梅益向到会代表报告重建史学会的筹备工作,会议选出大会主席团。下午,来自全国各地的 125 名史学界代表出席在北京京西宾馆举行的重建中国史学会代表大会开幕式。张友渔致开幕词。胡乔木就历史学的功能、"目前史学工作中所遇到的困难和应采取的措施""有关历史研究工作的几个思想方面的问题"等作重要讲话,指出"重新成立中国史学会,这对全国历史研究工作的开展会有重要的推动作用"。

9—12 日　重建中国史学会代表大会继续在京西宾馆举行会议。香港中文大学教授牟润孙、香港大学文学院院长李锷、香港大学中文系中国历史教授赵令扬应邀参加大会。

大会分组讨论胡乔木的讲话,讨论和研究中国史学会今后的工作。

会上,孙毓棠、郑天挺、李新分别报告《大百科全书·历史卷》《中国历史大辞典》和《中华民国史》的编写情况。这三个报告是刘大年与有关人员商定的①，是当时史学界共同关心的问题，特别是《大百科全书·历史卷》和《中国历史大辞典》的编撰工作，几乎动员了史学界所有力量，因此，报告不仅受到与会代表的热烈欢迎，而且引起史学界更大的关注，对进一步推动工作的开展起了积极作用。

大会经过分组酝酿协商后，以无记名投票方式选举产生中国史学会理事会，并在理事会中给台湾省和港澳的史学工作者保留了名额；理事会又选举产生常务理事、主席团和秘书长。

12 日　重建中国史学会代表大会讨论通过新的《中国史学会章程》。其中前三条是："本会定名为中国史学会，是由从事历史研究、教学和其他方面的专业史学工作者组成的学术团体。""本会提倡用马克思主义研究历史，坚持实事求是的学风，发扬民主精神，开展学术研究和学术活动，促进历史科学的繁荣和发展。""本会经常性工作任务是：一、举办学术讨论会；二、开展国际学术交流活动；三、出版会刊或通讯。"

大会讨论通过由林甘泉起草、刘大年修改定稿的《中国史学会代表大会致台湾历史学家书》。信中介绍中国史学会代表大会情况，并说："阐发台湾大陆骨肉渊源，研讨中华民族发展历史，促进祖国统一早日实现，自为我历史学界同仁神圣责任，愿与诸先生共勉之。""我政府多次声明，欢迎台湾同胞回祖国大陆探亲访友，参观游览，保证来去自由。三十年间，神州大陆先民史迹与历代珍藏，多所发现，想有所闻。若能作祖国大陆之游，则获益快心，何可胜道。翘首云天，书不尽意。"该信署名为"中国史学会代表大会全体代表"，时间"一九八〇年四月十二日"。

中国史学会在北京重新建立。与郑天挺、周谷城、白寿彝、邓广铭一起

---

① 据王玉璞 2015 年回忆："大年同志认为，把全国的史学界代表集中在一起，是一个难得的机会，开一次代表大会不应该仅仅完成一个换届的任务，要增加学术内容，增加信息量，使代表大会的内容更加充实，更加有吸引力。1980 年举行的中国史学界第二次代表大会，因为准备时间很短，从决定开会到代表大会开幕只有不到三个月的时间，不可能增加更多的学术内容。即使这样，会议仍然邀请了孙毓棠介绍《大百科全书》(历史分册)编纂情况，郑天挺介绍《中国历史大辞典》编纂情况，李新介绍《中华民国史》编写情况。给代表们提供了较多的信息，引发了大家兴趣。据我所知，在代表大会筹备期间，大年同志提出，选择几个大家感兴趣的项目，在大会上做专题报告。在场的梁寒冰提出《中国历史大辞典》的编纂涉及面很宽，编纂工作已经初见成绩，但困难、问题不少，可以借这个机会向代表们汇报一下工作情况，引起更广泛的注意，以便得到更多的支持。有人提出，大百科全书历史卷的编纂情况、民国史的编写情况，都可以向大会作个介绍。经过筹备组联系，三个项目都慨然允诺，李新很高兴有这个机会宣传一下民国史研究。三个报告，为代表大会增加了学术内容，提供了较多的信息，代表们表示满意。"

当选为中国史学会第二届理事会主席团成员，梁寒冰任秘书长。主席团设执行主席，一人一年，轮流主持史学会工作。史学会的日常工作由秘书长主持。由于刘大年长期在中国科学院、中国社会科学院工作，对中国社会科学院院内各方面的情况比较熟悉，同全国史学界也一直保持着密切的联系，但凡遇有重要问题，梁寒冰都主动同刘大年商议，拿出方案，再报执行主席。

14 日　《人民日报》刊登《中国史学会在京重新建立　胡乔木在成立大会上阐述了关于马克思主义和历史科学、历史科学和政治的相互关系等有关发展我国历史学的重要问题》和《中国史学会代表大会致台湾历史学家书》。

17 日　致函全国人大常委会副委员长兼全国人大常委会法制委员会主任彭真，就《婚姻法》上关于婚龄的规定谈论自己的想法，主张男女婚龄比草案上的各提高 2 年，以控制人口，为建设现代化强国服务。

26 日　全国人大常委会法制办公室回信："您对婚龄问题的意见，彭真同志已批送有关同志研究。作为修改《婚姻法》的参考。"

27 日　武汉师范学院中文系张国光来信谈与邓广铭进行学术争论事，说："为辩明是非我写了《再质疑》一稿，已油印少数，兹寄上一份请指正。我认为宋江历史问题，为中外学者所关注，且涉及评《水浒》。为此希史学会或历史所系或史学刊物组织一次小型讨论，以澄清争议。不知先生及史学会办公室同志以为如何？您可否拨冗赐阅一下拙稿，能否支持拙稿早日在刊物上发表，先将拙稿由史学会打印送各理事参阅如何。"

30 日　《中国近代史研究的现状》在《近代史研究》第 2 期发表。该文是对 1979 年 10 月中旬至 12 月下旬在日本中国研究所、早稻田大学、法政大学、东京大学东洋文化研究所等处讲演、座谈发言的稿子进行整理而写出的。文章主要介绍"恢复建立机构，制定发展计划""坚持马克思主义，解放思想""关于培养干部的工作""学术活动与问题讨论""反对霸权主义与历史研究的问题"5 个方面的情况。其中最后一个问题主要介绍中俄关系史和东南亚、中越关系史的研究情况。文章总结说："一、中国近代史研究在马克思主义的指导下前进，思想活跃；二、组织恢复发展迅速，正在为实现四个现代化的目标作好准备；三、坚持实事求是，坚持与形形色色的历史唯心主义作斗争。"

5 月

5 日　　给张国光回信,说:"大作讨论的问题,我完全外行,说不出什么意见。学术争论是好事。掌握事情的要点,提出证据,便会深入下去。文稿已转《光明日报》苏双碧同志,请与他直接联系。"

9 日　　张国光回信表示感谢,说:"十分感谢您百忙中复示。岂仅我个人受到鼓舞,而且敝校一些师生知道此事的也无不钦佩您对学术论文之关注,与对无名作者之奖掖也。学术讨论是非自有公论,我只望史学会领导支持这一讨论的开展,并不敢烦读您肯定拙见。由于宋江历史为中外学者所重视,故由我的学生写了一篇报导,由我改过,力求客观地如实地反映各方面的观点。已油印寄学术刊物参考。谨寄上一份请您便中阅!"

13 日　　与季羡林会见印度学者古谱塔。

17 日　　参加刘少奇追悼大会。

22 日　　致函日本东京大学教授近藤邦康,谈其来中国研究近代思想史事。

24 日　　与黎澍前往天津会见井上清。

6 月

21 日　　会见美国学者加斯特。

26 日　　会见香港大学服务中心主任多尔芬。

29 日　　《评国外看待辛亥革命的几种观点》在《近代史研究》第 3 期发表。该文是 1979 年访日期间讲稿《论辛亥革命的性质》的第一、三部分,先发表出来,主要是为了批驳齐赫文斯基当年 1 月发表的两篇文章,因而增加了"前言"和"后语"。在"后语"中,批评齐赫文斯基的作品,认为其目的,"一是替沙皇俄国、亦即替苏联统治者现在推行的对外侵略扩张辩护;二是为对'邻国'中国提出领土要求,制造历史根据,或者证明沙俄侵占中国广大领土的必要性、合理性。一句话,为苏联领导集团推行霸权主义作舆论工作。"面对苏联反华论点越来越理论化、系统化的局面,中国学者不得不作出激烈回应。

本月或 7 月间　　口述要点,由王玉璞整理成文,再修改定稿的《关于隆重纪念辛亥革命七十周年的建议》以近代史研究所的名义报中国社会科学院党组。该建议概述辛亥革命推翻帝制建立共和在中国历史上的重要意义，辛亥革命 50 年纪念活动简况，辛亥革命 60 年因"文革"没有举办任何纪念活动，1981 年辛亥革命 70 年举行隆重纪念活动的政治意义及国际影响，最后提出具体建议：在人民大会堂举行纪念大会，请党和国家领导人讲话；举办国际学术讨论会；出版相关的研究著作、资料；拍摄相关题材的电影及其他文艺作品；加强宣传工作；在武汉、广州、上海等地举行适当规模的纪念活动；在与孙中山革命活动有关的国家，我使领馆举办相应的纪念活动等。中国社会科学院院领导完全同意这个建议，改为以中国社会科学院的名义上报中共中央。中共中央又增加一些对外宣传，有关驻外使领馆举行纪念活动的具体要求，于 1981 年以"中共中央文件"形式下发。①

7 月

1 日　《承先启后　责无旁贷——祝中国史学会重建》在《光明日报》发表。文章主要阐述坚持以马克思主义为指导进行历史研究的问题，说："承先，就是继承中国马克思主义历史学先驱们的光荣事业；启后，就是开启中国马克思主义历史学更光辉、远大的未来。""解放思想，同遵守马克思主义学说思想体系和重心并无矛盾。""中国历史科学要承先启后，大踏步前进，必须全面运用马克思主义来进行最深入、最广泛的研究。坚持阶级斗争、阶级分析的观点，克服资产阶级唯心主义，克服旧思想，在今天，我觉得是需要十分重视的问题。"文章中还讲到"汲收遗产的精华"和"要用有益的知识、科学的观点武装年轻的一代"等问题。

6 日　保定农业专科学校戴广田来信，说："读了您为中国史学会成立撰写的文章，感到深受教益和鼓舞。"

7 日　《王芸生先生和他的〈六十年来中国与日本〉》在《人民日报》发表。文章评价《六十年来中国与日本》说："第一，此书在当时动员抗日斗争的舆论中，所起的积极作用是明显的。虽有若干缺陷，并没有妨害它激发读

---

① 引自王玉璞 2015 年回忆稿："1986 年纪念孙中山诞辰 120 周年基本上仍是这样一个框架结构，又以'中共中央文件'形式下发。以后纪念辛亥革命和孙中山诞辰每 10 年举办一次，从 1991 年纪念辛亥革命 80 年、1996 年纪念孙中山诞辰 130 周年起，这两个纪念活动不再组织临时性的纪念活动筹备委员会，而归口由全国政协组织领导，虽未再发'中共中央文件'，但基本内容和做法，一直延续下来。我理解这是国家级的纪念活动，是最高级别的纪念活动。而最先提出这个建议的是大年同志。这说明，大年同志不是一介书生，他的着眼点不限于历史和历史人物研究，而是从政治的高度把握纪念活动的实质。"

者的爱国思想、民族感情。”“第二,它是那个时代的一部代表作。”“第三,新改一、二两卷,史料翔实,事例整齐,与旧著相比,大踏步前进了,完全是一部新书。”指出:“王芸老在他的《六十年来中国与日本》书中不赞成‘历史糊涂主义’,同时又主张‘国无常仇’。这两者结合在一起,是合乎辩证法的,而且表现历史的眼光辽阔。”

21 日　致函《光明日报》总编辑杨西光,商调苏双碧,说:“社会科学院近代史研究所需要增加一些人力。《史学》编辑苏双碧同志是学近代史的,他愿意到这里来搞专业,我们觉得合适。《史学》改双周刊后,听说力量富余。如果您同意,苏就可以调出,望鼎力支持我们一下。”

同日　《大公报》上海版文教记者张蓬舟来信,谈《人民日报》7 日载《王芸生先生和他的〈六十年来的中国与日本〉》一文收入王芸生遗著 8 卷以及续编《近五十年中国与日本》事。

同日　中国社会科学院党委向中央组织部并中央书记处呈报《关于我院成立院务委员会的请示》。院务委员会是中国社会科学院的正式业务领导机关,由院长、副院长和其他在学术界有领导地位的人员组成。经中国社会科学院党委会第一次全体会议讨论通过的院务委员会委员共 25 人(按姓氏笔画为序):于光远、马洪、尹达、邓力群、冯至、吕叔湘、任继愈、刘大年、许涤新、孙冶方、张友渔、陈翰笙、武光、季羡林、金岳霖、周扬、胡乔木、侯外庐、费孝通、夏鼐、钱钟书、钱俊瑞、宦乡、梅益、傅懋勣。

8 月

3 日　给张蓬舟回信,表示同意对《王芸生先生和他的〈六十年来的中国与日本〉》一文的处理,并祝张续编《近五十年中国与日本》早日告成全功。

5—8 日　在南开大学历史系参加有中外学者 120 多人与会的明清史国际学术讨论会。与南开大学教授郑天挺、美国芝加哥大学教授何炳棣、日本东京大学教授寺田隆信、澳大利亚国立大学教授柳存仁、复旦大学教授蔡尚思、美国明尼苏达大学教授泰勒、中国社会科学院世界宗教研究所研究员任继愈、厦门大学教授傅衣凌、天津大学教授陈国符、瑞士苏黎世大学研究员梅因博格、东德柏林洪堡大学教授费尔伯、日本神户大学教授岩见宏、香港大学教授赵令扬、南开大学历史系讲师陈振江等在大会上宣读学术论文。会议论文《研究清史的科学意义》呼吁史学界要加强对清史研究的科学性,通过科学的历史研究来回答现实中提出的一些非常重大的问题。论文认为清史研究的科学意义是"深入研究清代历史,我们将能够用丰富的事实,具体说明封建制必然向资本主义制度过渡的一般规律,也将发现东方封建制度中最深刻的内容,回答科学上某些重大问题。"论文还对齐赫文斯基等人关于清史的论著进行批评;提出研究清史要做的工作包括"清除苏联反华宣传家涂抹在历史事实上的污垢"和"认真清理前人留下的有关文献"。该文收入天津人民出版社 1982 年 7 月出版的《明清史国际学术讨论会论文集》。

会后回京与王玉璞谈辛亥革命 70 周年学术讨论会事,说:"辛亥革命 70 年讨论会国内的论文要评选,不是有文章就可以参加会议。要组织一个专家班子,评选论文。达到一定水平,才能入选,只邀请入选论文作者参会。对海外,要提名邀请,要请那些确有研究的学者来开会,不能谁想来就来。为什么要这样做? 我参加这次会议发现有一些好文章,也有一些水平不高的文章,影响了讨论会的学术质量,引起一些意见。海外有些研究名家没有到会,所以出席会议的外国学者在开幕式后大多去旅游了。我们的讨论会对国内外学者都不收费,我们经费少,就俭朴一点,不要铺张。明清史讨论会收了外国学者 200 美元的注册费,说这是国际惯例,有些海外学者很不以为然。收了钱,应有的服务没有跟上,人家很不满意,我们不要干这种事。"此后,经协商,确定辛亥革命 70 年讨论会论文评选小组名单:戴逸、金冲及、李侃、龚书铎、刘桂五、陈庆华、汤志钧、吴乾兑、章开沅、林增平、金应熙、张磊、张岂之、隗赢涛、王天奖,并署"刘大年"名向专家们发出邀请函。后来,戴逸、金冲及请假,增补李文海。

9 日　给戴广田回信,说:"我做的工作很少。马克思主义知识只有那么一点点,不过是对这门无产阶级革命的科学确信不疑,肯定要终生受其鼓舞而已。我们都是'平庸无奇'的人。但平庸的人,积以时日,刻苦努力,未必就不可以作出'天才'方可以达到的某些工作。你喜爱研究祖国历史,这太好了。坚持下去,必有成就。"

本月　根据中国史学会的决定,以夏鼐为团长的中国学者代表团作为非正式成员国应邀参加在罗马尼亚布加勒斯特召开的第 15 届历史科学大会。在这次会上,中国代表团向国际历史科学委员会提出入会申请。

9 月

13 日　中国史学会常务理事会第二次会议在北京举行。在会上汇报纪念辛亥革命 70 周年学术讨论会的筹备工作情况。筹备工作包括确定会议主题①和征集论文②，以及邀请和对待海外学者的原则③等。经多方征求意见，反复讨论，确定学术会议的主题为"辛亥革命和中国资产阶级"，并围绕主题列出约20个重要问题。向大专院校、社会科学研究机构等部门工作的历史学者，发出300多份征文通知，并在征文通知中明确提出论文要评选。

中国史学会常务理事会第二次会议由年度执行主席周谷城主持，中共中国社会科学院党委书记、中国社会科学院副院长梅益应邀参加。会议还听取夏鼐汇报中国历史学家代表团参加在罗马尼亚布加勒斯特举行的第15届国际历史科学大会的情况以及中国史学会申请加入国际历史科学委员会的经过；决定在青少年中开展历史知识竞赛活动，寒假先在天津进行试

---

① 据王玉璞2015年回忆："1980年4月，忙完重建中国史学会的工作后，大年同志就转入到筹划纪念辛亥革命70年的事情上来了。他先后几次约钱宏、何重仁、刘桂五、丁守和、樊百川等同志商讨这件事。……经过多次酝酿，要开讨论会，而且要开国际讨论会的意见很快一致了。最难的是讨论会定什么主题，多次酝酿，都没能提出一个明确的意见。大年同志当时要求，主题要宏观，不要搞那些琐细的题目。他提出，考虑主题要把握两点：一是辛亥革命研究中的难点、薄弱环节；二是能在全局上推进辛亥革命乃至中国近代史研究的。最终还是大年同志提出一个方案：'辛亥革命与中国资产阶级'。大年说，辛亥革命是资产阶级革命，但中国资产阶级在当时是个什么状况，我们研究得不深入、不具体。能不能通过这次讨论会，推动对中国近代资产阶级的研究，推进对中国近代社会的研究。实践证明，这个主题起到了它应有的作用，不仅对近代商会档案的整理、出版，而且对近代经济史、社会史的研究都起到积极推动作用，很快形成了一股热潮，随之出版了一大批这个领域的专题资料、专门著作。"

② 据王玉璞2015年回忆："大年把李侃、章开沅专门请到家里，带病同他们商定了评选论文的方针、原则、办法及评选小组成员应持的态度。……大年讲了几条：'1.评选论文的标准只有一个，就是学术水平，在学术水平面前人人平等，不照顾名望，不照顾单位，不照顾地区。2.切实贯彻执行百家争鸣方针，对不同学术观点，只要言之成理、持之有据就要入选，不能以某种观点为标准，更不能以是否符合评选者的观点决定取舍。3.要尊重论文作者的劳动，对每一篇文章都要慎重，不能一个人说不行就刷掉，要多几个人看，特别是有争议的文章更要慎重处理。4.评选论文，过去没有这么做过，可能要挨骂，已经有人指责这种做法了，请大家不要有顾虑，只要我们出以公心，问心无愧，就不怕人家骂，挨骂我顶着。如果是因为我们水平低，有眼无珠，漏掉了好文章，人家要骂，理所当然，应该骂。还是那句话，挨骂我顶着，你们就放手地选文章。'"

③ 据王玉璞2015年回忆，关于邀请海外学者的原则，刘大年讲过两次"三条"，第一次是："一是对辛亥革命确有研究，在国际史学界有相当的名望；二是对孙中山进行过革命活动的国家或受过影响的国家，尽力挑选合适的人选；三是考虑政治需要。"第二次是："1.确有学问，确有研究。人数不在多，而在精；2.对我友好，不能为骂我们的人提供场所；3.是专门针对日本讲的。日本东京、京都派系矛盾很厉害，我们不要涉入，不问关东、关西，不问属于哪一派，只看他有没有学问。"

点,待取得经验后,再推广到其他城市;就中学历史教学中存在的问题交换意见,准备尽快提出中学历史教学改革意见,决定从 1981 年起,编辑出版《中国历史学年鉴》。

30 日　何炳棣来信,说:"九月间在津、京两度长谈,至快。关于明年十月上旬美方近代中国史专家赴京,参与辛亥革命纪念国际讨论会事,承刘广京及徐中约两位慎重考虑,并承刘先生准特将名单寄来,极为可喜。兹将刘先生亲手所撰被提名人及其传略一并航邮寄呈,备考。按韦慕廷（C.Martin Wilbur）已在哥大退休,其为人也君子,但与台湾近代史研究所及其已故所长郭廷以私交甚笃。广京提出此公,最为有见,似应特别优礼邀请也。"

10 月

6 日　由中国社会科学院党组决定,任中国社会科学院近代史研究所党委书记。

7 日　任辛亥革命 70 周年纪念筹备委员会委员。《人民日报》8 日公示。

10 日　会见应邀前来磋商出版顾维钧回忆录事宜的顾菊珍、钱家其夫妇。

本年较早前,中国社会科学院近代史所研究员丁名楠,从正在纽约联合国总部工作的陈鲁直处得知,顾维钧的回忆录完稿后,捐给了其母校美国哥伦比亚大学图书馆。哥伦比亚大学做成缩微胶卷后表示,可以交换,也可以出售。刘大年听到丁名楠汇报后,非常重视,迅即要时任近代史研究所科研处处长的王玉璞写报告给中国社会科学院,申请外汇把它买回来。梅益很快批了这个报告,并从财政部申请到外汇,委托陈鲁直协助把文稿胶卷买回来。得到胶卷后,刘大年提出要翻译出版,并委托陈鲁直、贺其治拜访顾维钧,洽商在国内出版回忆录的中文译本,得到顾维钧的同意。于是,利用顾菊珍回国探亲之机,邀请前来北京就翻译和出版方面的具体事宜进行磋商。顾菊珍表示,国内愿意翻译和出版顾维钧回忆录,顾维钧深感欣慰。

会谈时,明确表示:"顾老先生的回忆录,是研究中国近现代史珍贵的历史资料,要全文翻译,全文出版,我们一字不删,一字不改。"顾菊珍听后非常吃惊,因为那时中国大陆改革开放时间还不长,中国与外界还有很大的隔膜;而且顾维钧的回忆录中肯定会有吹捧国民党、诋毁共产党的言论;此外,顾维钧以 17 年时间完成口述回忆录,记述 55 年从事外交工作的经历,其英文打字稿有 11000 页,并涉及英文、日文、法文、西班牙文等多个语种,仅中外人名就有 3000 多个,全部翻译难度非常大。

会谈后,经王玉璞联系,利用天津市政协编译委员会袁东衣领衔的翻译中心,很快成立一个前后有 60 多人参与的庞大的翻译组,其成员大多是新中国成立前在天津海关、洋行工作过的有翻译经验的人,熟悉的语种包括英文、法文、日文、意大利文、西班牙文等。

20 日　会见井上清,就筹备辛亥革命 70 周年学术讨论会问题交换意见。

11 月

5 日　会见日本"滔天会"第二次访华团成员宫崎蕗苳、藤井昇三、光冈玄、北冈半治、江田和雄。

1981 年（67 岁）

1 月

14 日　发电报请湖南省政协转"黄一欧治丧委员会":"惊闻一欧先生逝世,谨致如下挽词,以志悼念:名著两代,辛亥遗老无多位;书迟一步,民报旧址问何人!"①

20 日　与刘思慕、严中平、李新、林甘泉、余绳武等作为中方代表参加中美两国历史学家的会谈②。美方出席的是韦克曼、德巴瑞、亚当斯、简慕善。其中,约翰·简慕善教授时任美中学术交流委员会委员、美国驻华使馆学术顾问,弗里德里克·韦克曼时任美国加利福尼亚大学伯克利分校历史学教授、美国学术团体理事会中国文明委员会委员。

2 月

3 日　全国人大常委会副委员长宋庆龄住宅秘书室就 2 日致函询问

---

① 黄一欧为湖南省政协副主席、黄兴长子,于 1 月 12 日病逝。13 日,刘大年接到黄一欧治丧委员会从长沙发来的电报。

② 1981 年 1 月 12—27 日,由美中学术交流委员会组织的美国社会科学和人文科学规划代表团来华访问,就中美两国社会科学和人文科学的学术交流问题进行会商。

宋庆龄与孙中山结婚时间、地点等事回复，并转达宋庆龄批语："（一）我是一九一五年十月廿五日和孙先生在律师和田瑞家行结婚礼。在那里签名，午后到梅屋先生家用茶点，然后到孙先生住宅。（二）我是一九一五年十月廿四日晨到东京（和二位广东同志）。那晚，我住在头山满先生和夫人的家。""上海辞书出版社《辞书研究》一九八零第四辑杨子佛写《对翻译外国辞书的两点建议》中有纠正宋副委员长和孙中山先生结婚的日期是一九一五年十月廿五日（不是一九一四年）。北京历史博物馆保存的结婚《誓约书》，更可证明。"

9 日　参加由全国人大常委会副委员长阿沛·阿旺晋美率领的中国人大代表团，应邀前往哥伦比亚、圭亚那、巴巴多斯、特立尼达和多巴哥进行友好访问。代表团成员还有全国人大代表杨春茂、吴肇光以及全国人大常委会办公厅外事室主任彭伟。经东京抵达温哥华。

10 日　中国驻加拿大温哥华总领事朱毅陪同代表团游览温哥华市容，参观北温哥华高地。加拿大参议员、前议长普瑞先生特意从渥太华赶来，在白求恩出发赴中国的码头附近招待中国代表团一行。在领事馆见 96 岁的温哥华华人耆年会会长卢宝贤①。

11 日　由加拿大温哥华飞往墨西哥首都墨西哥城。

12 日　抵达哥伦比亚首都波哥大。晚上，哥伦比亚参议院议长举行宴会，与市长、教育厅长等六七个人讨论苏联、越南、台湾、古巴、毛泽东、社会主义中国文化等议题。

13 日　参观访问哥伦比亚第三大城市考卡山谷省首府卡利。参观工厂、地主庄园、咖啡园等，记录土地、工厂等方面的数据。

14 日　哥伦比亚参议院副议长陪同参观安蒂奥基亚省格达卢尼亚橡胶园。访问省会麦德林市。麦德林市市政大楼由哥伦比亚著名画家彼得罗·奈尔·戈登斯绘于 1934 至 1938 年的 9 幅壁画引起注意。有描写咖啡收获季节农民劳动场面的《咖啡舞》，题有"这是歌颂祖国的一曲凯歌"的《共和国》，还有描绘妇女儿童的困苦生活，或再现工人、农民、知识分子的斗争活动的其他主题画。认为，麦德林壁画无疑属于哥伦比亚进步的、人民的文化；"热爱祖国，歌颂革命英雄，关心民族的前途命运，谴责侵略和压迫，把工人、农民、知识分子放在历史主人的地位上"，"这是一切进步文化思想的主题，是一切体现人民群众利益的文学艺术创作的主题"。

---

① 卢宝贤曾参与孙中山的革命活动，1903 年赴美，上密执安大学，与顾维钧同学。顾维钧办中国留学生日报，宋霭龄为编辑之一，卢负责发行，从此认识宋霭龄、宋庆龄姐妹。

15 日　飞往玻利瓦尔省卡塔赫纳市参观访问。

16 日　继续在卡塔赫纳市参观访问,观看古城堡等西班牙建筑。晚上起飞赴波哥大。

17 日　在波哥大拜会参众两院议长、总统、代外长。参观盐城。中国驻哥伦比亚大使举行招待会。与华侨交流,了解哥伦比亚华侨情况。

同日　《光明日报》发表《中国近代史研究从何处突破?》一文。1981年人民出版社出版的中国史学会《中国历史年鉴》编辑部编《中国历史年鉴》(1981 年) 收录该文。文章提出近代经济史研究是当前深入研究中国近代史的最重要课题和突破口,是"筑础"的工作,说:"克服薄弱环节、表面体系等等,做好阐述历史唯物主义的基础工作,不斤斤于这样那样的框架,全面提高中国近代史研究的马克思主义水平。大立新说,使我们的中国近代史著作,截然有异于一切旧的、没有排除掉唯心主义的历史书,面貌焕然一新。"提出历史研究中解决如何、怎样的问题比从理论到理论的争论更重要,这对于尊重唯物论、转变学界学风起了良好的作用,也为近代政治史与经济史、文化史等研究的结合指出了方向。这一主张迅速在中国社会科学院近代史所内组织落实,1982 年正式成立近代经济史研究室。

18 日　在哥伦比亚参众两院议长陪同下,为西蒙·玻利瓦尔半身像献花圈。之后,旁听参众两院的会议,出席两院的招待会。

19 日　离开波哥大,飞往委内瑞拉首都加拉加斯。参观加拉加斯市中心伟人广场和国家公墓玻利瓦尔墓地。委内瑞拉两院议长出面款待。

20 日　记录委内瑞拉土地与人口、电视片分级等情况,并由所看到的两极分化现象思考孔孟"不患寡而患不均"思想的局限性,认为共产主义是建立在物质上极大丰富的基础上的,不仅要解决"均"的问题,还要解决"寡"的问题。

经特立尼达和多巴哥首都西班牙港,飞圭亚那首都乔治敦。圭亚那副总统等到机场迎接。参加圭亚那总统生日晚会。

21 日　连续参加圭亚那女市长、副总统、议长等组织的 4 个会议。在乔治敦参观游览。

22 日　参观圭亚那凯丘国家公园"凯丘"瀑布。题"中圭友好"并签名。参加圭亚那国庆活动。"合作社会主义共和国"总统伯纳姆讲话。

23 日　观看圭亚那国庆团体操。参观中华会馆,观看双人舞狮节目,与约 200 名华侨交流。晚上,使馆开"吹风"会。

本日　《人民日报》刊登《伯纳姆总统会见阿沛·阿旺晋美》:"新华社

乔治敦 2 月 20 日电　圭亚那总统伯纳姆今天晚上会见了人大常委会副委员长、中国人大代表团团长阿沛·阿旺晋美，同他进行了友好的谈话。伯纳姆对中国人大代表团的来访表示欢迎。他表示相信，这次访问将促进圭中两国友好关系的发展。阿沛·阿旺晋美表示代表团对能在圭亚那国庆之际前来访问感到高兴。他说，中圭两国之间的友好合作关系将进一步发展。会见是在观看为庆祝伯纳姆寿辰而举行的文艺演出时进行的。阿沛·阿旺晋美向伯纳姆的生日表示祝贺。里德总理和国民议会议长萨斯·纳拉因也分别会见了阿沛·阿旺晋美。代表团成员刘大年和彭华以及中国驻圭亚那大使王言昌参加了上述会见。中国人大代表团是应圭亚那国民议会的邀请，今天下午抵达这里进行友好访问的。"

24 日　参观中国援建圭亚那的砖和纺织二厂。与 74 岁华裔前财长杜仲交流，了解圭亚那华侨情况。

25 日　参观圭亚那大米厂、糖厂。会见总统。了解圭亚那土地制度情况。

26 日　瞻仰圭亚那民族英雄科菲纪念碑，并敬献花圈。使馆总结工作后，圭亚那议长等送行，飞抵巴巴多斯。巴巴多斯两院议长等前往迎接。

27 日　听取中国驻巴巴多斯使馆人员谈巴巴多斯国家情况。

28 日　在使馆开支部大会。

3 月

1 日　参观游览巴巴多斯全岛。参观巴巴多斯岛东北部高地"尼古拉庄园"时，对其奴隶制历史印象深刻，记录："现在的房主名斯蒂芬·开夫，近 50 岁，他的高亲 250 年前买下此庄园。至今凡五代。始终经营甘蔗、榨糖。1834 年英国颁布法律废除奴隶制，剥削方式改变了，花园主世代相传未变。最好的材料。是（一）保存了奴隶制时的奴隶伊娃名（原名娃，废奴隶制后，以教长为姓）、每人的价格的记录。幼小者五磅。壮年多至百余磅。老者一文不值。奴隶价格基本与牲畜价格相当。全数六张，复制。（二）祖父、父亲时代关于庄园劳动的电影。庄园主骑马至某处巡视。监工骑马挥鞭监督工人劳动，砍甘蔗、榨糖。而劳动者全为女人或混血男人。胼首胝足。历历在目。庄园现土地四千英亩，工人 40 人。斯蒂芬家在英国。每年冬天来此住半年。本人返回英国时由管家经营。人极斯文，亲为讲座，放电影。出妻女相见，并冷餐款待。殖民制受剥削未变。布里奇登、乔治敦（即圣乔治 St. George）买卖奴隶的市场的遗迹不久以前尚能见到。市场中心

设一平台,出卖的奴隶,加以价目、年龄等标记,在平台上供买主选择。英国
(?)某写《中国契约劳工》一书,记载中国劳工船1851年第一次到圭那亚,
船上死亡60%。"

2日　先后会见巴巴多斯总督和总理。出席总理招待会,观赏专场
文艺演出。晚上,思考用牛顿、达尔文学说来解释马克思主义理论发展的
问题。

同日　香港大学中文系中国历史教授赵令扬来信,谈将"依时"参加辛
亥革命70周年学术讨论会并提交论文事。香港大学文学院院长李锷也于
同日写了类似回复函。

3日　由巴巴多斯议长陪同参观圣乔治独立广场公园、布里奇顿乔
治·华盛顿故居、布里奇顿港口岸边的奴隶市场、议会大厦等。中国驻巴巴
多斯大使馆举行招待会,巴巴多斯总理出席。巴巴多斯两院议长举行招待
晚宴。

4日　飞赴特立尼达和多巴哥首都西班牙港。中国驻特立尼达和多巴
哥大使及特多外长前往机场迎接。

同日　《人民日报》刊登《我人大代表团拜会和会见巴巴多斯领导人》:
"据新华社布里奇顿3月2日电　中国人大代表团团长阿沛·阿旺晋美今
天在这里拜会了巴巴多斯总督戴顿·沃德,宾主进行了友好的谈话。代表
团成员刘大年、杨春茂、吴肇光、彭华以及中国驻巴巴多斯大使汪滔拜会时
在座。""新华社布里奇顿3月2日电　巴巴多斯总理亚当斯今天下午会见
了正在这里访问的由阿沛·阿旺晋美率领的中国人大代表团。会见是在亲
切的气氛中进行的。双方回顾了过去几年中两国友好和合作关系的顺利发
展,并表示要为促进这一关系的进一步发展共同作出努力。当天晚上,亚当
斯在他的官邸举行招待会,热烈欢迎中国人大代表团。招待会以后,亚当斯
总理和参、众两院议长陪同中国客人观看了文艺演出。中国驻巴巴多斯大
使汪滔也出席了上述活动。"

同日　何炳棣来信,谈蒙邀参加辛亥革命70周年国际学术讨论会事出
乎意料,需数周后答复。

5日　特多(特立尼达和多巴哥)总统、外长会见中国人大代表团。参
观访问后,出席特多外长晚宴,与外长长谈。

6日　与特多两院会谈。参观工业基地。出席中国大使招待会。

7日　从西班牙港飞往多巴哥。与石健代办交流,了解特多及其附近
国家历史,特别是奴隶制情况、殖民情况,以及反对帝国主义和革命、独立战
争的情况,了解现在这些国家的统治情况以及反帝反殖反经济控制压迫、经

济要求独立的运动情况,感受到"资本主义历史发展的复杂——阶级斗争、民族变迁、溶合、这个过程还在继续"。

8 日　游览多巴哥全岛。了解反殖民主义历史。参观特立尼达华人活动地方和当地学校,了解学校管理情况。

9 日　飞往委内瑞拉首都加拉加斯。与陈代办交流,了解委内瑞拉历史和现实政治生活。委内瑞拉两院议长陪同参观委内瑞拉议会建筑。对议会大厅整面墙大壁画印象深刻。该壁画描写玻利瓦尔解放委内瑞拉的三个时期:一、"宣誓独立";二、"玻利瓦尔率领大军穿越安第斯山脉,艰苦行军";三、"解放者玻利瓦尔去世,灵魂尚在"。议会大厅椭圆形大屋顶有描写1921 年卡拉沃波战役的画面,气势雄伟。参观首都加拉加斯,对高大多样的建筑物和布满山头山脚的贫民窟印象深刻。

10 日　飞往墨西哥首都。过境巴拿马,了解巴拿马情况。游览墨西哥城市中心。参观查普特佩克山历史博物馆和总统府。在总统府观赏迪也哥·马维拉作的全厅墙大壁画,对其中一组描绘青年知识分子围着马克思画像的画面印象深刻。

11 日　参观日月金字塔,参观墨西哥议会两院。

12 日　踏上返回航程。

14 日　中国人大代表团结束对南美 4 国的访问,回到北京。晚年,根据访问过程中记下的日记,写《拉丁美洲的英雄玻利瓦尔》,后发表在《人民日报》2001 年 6 月 15 日。

15 日　澳洲国立大学远东史系傅因彻来信,谈应邀参加辛亥革命 70周年学术讨论会事,包括拟提交论文《1910 与 1911 年间国家预算与边防的辩论和资产阶级立宪派与民族民主革命的关系》和"会议结束后并希望能到北京和南京阅览第一历史档案馆的有关资料"等。

18 日　英国伦敦大学非洲与东方学院柯文南博士（C・A・Curwen）于中国南京来信,表示愿意来中国参加辛亥革命 70 周年学术讨论会。

21 日　日本中国研究所所员、冈山大学副教授石田米子来信,谈参加辛亥革命 70 周年学术讨论会事,说:"通过中国研究所理事会和历史研究所商定,我代表中国研究所访问贵国出席讨论会。"

24 日　美国加州大学圣巴巴拉分校"研究讲座"徐中约教授就应邀参加辛亥革命 70 周年学术讨论大会事来信,说:(1) 正式决定接受邀请参加此会,"但不拟宣读论文","可对其他论文作学术评论,并对大会上学长与外国学者之间之来往,可以相助"。(2)"内人杜乐思（Dolores Menstell Hsu）教授,与中央音乐学院赵沨院长及陈宗群教授有初步联络,可能被请至该校及上海音乐学院作学术演讲,时间大约在九月。""我二人的意思是请你告有关机关通知旧金山领事馆给我们二人自九月一日至十月底之二个月签证。""请与赵沨院长及陈宗群教授联络(亦请通知吴文藻谢冰心及科学院华罗庚副院长)。"(3)"在《剑桥中国史》十一卷中(最近出版),有七十页清末外交史一文,除对重要问题讨论外,另有附文讨论外交史研究法之最近趋势。另信航空寄上教正,二周内可到。"(4)"其他一切请来信,如需任何书、物,可在美带来,请勿客气。"

4月

1日 《横滨东京孙中山遗迹访问记》(一)在《文物》第3期发表。介绍访问横滨、镰仓"义烈庄",以及东京《民报》旧址、筑土八幡21号孙中山故居、东五轩町49号黄兴故居的具体情况。

7日 致函国家出版局副局长王子野,说:"去年,我所张振鹍同志去法国进行学术考察时,了解到法籍华人陈庆浩(现在法国国家科学研究中心工作)有一个编印《越南史料丛书》的计划。全书均为中文资料,情况见附件。日前,曾和中华书局联系,他们觉得困难很大,难于办理。我想这部《丛书》对历史研究工作还是有用处的,我们如能出版,在政治上也可能带来一些好处。究竟如何,把两个材料都送去,请你们研究、衡量一下,作个决断,如何?"

13日 王子野回信谈出版《越南史料丛书》事,说:"此事我问过中华(书局)李侃同志,他说他们考虑过,觉得很难办,经济上的问题,是次要的,主要是政治上的问题,没有把握。……我以为确实是个难题,不能决断。只好将原件退回,请另法考虑。"

同日 柯文南来信谈太平天国研究和拍摄英国从广州拿走的两广总督衙门的大批档案事,建议"最好还是由中国社会科学院通盘解决问题,派专门研究太平天国的同志到英国来,把英国所有的中英文太平天国史料,包括广东省档案,都浏览一下,经过挑选,把有用和中国所没有的那些材料复制回去,这样既能解决问题,又不会浪费钱。"

17日 人大常委会办公厅外事室徐宗熙来信,寄"人大代表团出访拉美四国的报告"及中国驻哥伦比亚新华分社、中国驻圭亚那使馆所拍摄的照片。

5 月

1 日　《横滨东京孙中山遗迹访问记》(二) 在《文物》第 4 期发表。介绍在东京参观同盟会诞生地赤坂葵町 3 号、海妻与梅屋旧宅的具体情况。文末谈访问感想说："人创造历史,但不是按照自己的意志创造历史。""重大历史事件,也总在不知不觉中完成,并不以人的意志为转移。"

7—10 日　中国史学会第二届理事会第二次会议在上海举行。会议由周谷城主持。张友渔在会上就历史研究与现实的关系问题、历史研究和四项基本原则、加强马克思主义的指导问题、史料工作等讲了自己的意见,引起到会理事的普遍重视;大家一致认为,历史研究必须坚持四项基本原则,坚持理论联系实际、实事求是的作风。

刘大年在会上作《历史与现实》的发言。说："四人帮破坏历史研究与现实的联系,我们不能因此就不讲研究历史应当结合现实需要。"发言中分析历史研究中出现怀疑马克思主义指导思想的主客观原因时,作批评和自我批评说："以前我们在研究工作中存在一些缺陷,只注意抓住事物的本质,不顾历史现象的复杂性、多样性,简单化,说理不足,乃至对待读者不平等。更差的是抬出马克思主义著作的片言只语,以为神圣不可侵犯,用来代替事实论证。类此情形,在我自己写的东西里就可以找到。这当然没有说服力。简单化,抓住书本上某些词句代替论证,是因为缺少辩证法,缺少马克思主义。"发言强调指出:历史研究联系现实需要,"那就是要坚持马克思主义,要反对繁琐主义,要给人以科学的历史知识,给人以前进的力量,看到光明前途,要能够通过了解过去,更好地洞察未来,掌握今天的现实"。

白寿彝、特布信、蔡尚思等也在大会上先后发言。

会议期间,刘思慕汇报中国历史学家代表团出席第十五届国际历史科学大会的情况;刘大年汇报纪念辛亥革命 70 周年学术讨论会筹备情况,重点介绍论文评选情况,说明以学术水平作为论文是否入选的唯一标准;周雷汇报地方史志研究协会筹备情况;马荣惠汇报天津市中学生历史知识竞赛和历史教学改革建议的情况;李侃就中国史学会接办《中国历史学年鉴》作说明。

五人主席团推举郑天挺为 1981 年执行主席,周谷城卸任。

7 日　厦门大学副校长傅衣凌教授来信,说："在京时谈及纪念康熙收复台湾三百周年事,不知已否请示廖公? 此间在正、孔立①等同志正在筹备

---

① 在正、孔立,即厦门大学教师陈在正、陈孔立。

中,从未得确讯,无法做进一步之安排。如何之处,当希来函示知为盼。"

12日　被中国大百科全书出版社聘请为《中国大百科全书》中国历史编辑委员会委员。

25日　与人大常委会委员李贞、副秘书长张加洛、外交部副部长章文晋等出席在哥伦比亚驻华大使馆举行的授勋仪式和招待会。正在北京访问的哥伦比亚参议院副议长伊萨萨和卡德纳斯受哥伦比亚国会的委托,授予叶剑英委员长金质特级十字勋章。韦国清副委员长受叶剑英委员长委托接受勋章。之后,哥伦比亚驻华大使马里奥·圣多明戈和夫人为代表团访华举行招待会。

29日　任宋庆龄治丧委员会委员。

6月

5日　致函中国社会科学院副院长宦乡,谈大陆与台湾之间进行学术交流事,说:"现在是台湾当权者害怕'三通',我方处于主动。高函所列,纯属学术资料,这类交流,逐个办理,应属可行。"

13日　国务院学位委员会第二次会议通过国务院学位委员会学科评议组成员名单,与邓广铭、苏秉琦、李学勤、杨向奎、吴于廑、吴泽、郑天挺、徐中舒、黎澍、韩儒林、谭其骧任历史学评议组委员。

本月　《孙中山——伟大的爱国主义者与民主主义者》在《近代史研究》第3期发表。文章第一部分讲"伟大的爱国主义者",第二部分讲"伟大的民主主义者"。认为,孙中山对帝国主义抱有幻想是"侧面、非本质的东西";孙中山的爱国思想突出表现在三个方面:"第一,区别国家的不同性质,指出中国人只应当爱独立的、与清政权相对立的'中华国'。""第二,坚持爱国必须走革命的道路。""第三,反对国家分裂,要求国家统一。"这些思想是"三民主义某些方面的具体化,实践化"。指出,孙中山早期存在改良主义思想,但"经过反复斗争,终于成为一代民主主义旗手"。孙中山为民主主义而奋斗,"头一个重大贡献,是在中国推翻君主制,实行共和制。""再一个重大贡献,是把旧三民主义发展为新三民主义,实现国共合作,准备1924年至1927年的大革命。"尽管孙中山的民主主义具有"极大的局限性和弱点",但"绝不足以掩盖他为民主主义而奋斗的光辉"。"建立共和政体"和"实现国共合作"这两大业绩决定"伟大的民主主义者孙中山是永久不朽的"。

7 月

15 日　参加中国社会科学院院部召集的学习《关于建国以来党的若干历史问题的决议》部分专家、学者座谈会。在会上发言："马克思、恩格斯都强调重大历史事件的爆发，革命的胜利、失败，都不应该从几个领袖人物的动机、缺点、错误中去寻找，而要从社会总的状况、人们的生活环境中去寻找。《决议》正是这样办的。对'文化大革命'，它并没有限于指出毛泽东同志晚年所犯的严重错误，而是对我国当时总的社会状况、生活环境作了精辟的马克思主义分析。经过这样的分析，过去的挫折、失误，就可以变成财富，变成前进的动力。《决议》将在我国的政治生活、思想理论中长久地发生作用。"

16 日　就日本宋庆龄基金会副理事长仁木富美子在《人民日报》6 月 11 日发表《献给宋庆龄同志》诗词事，致函仁木富美子，称赞该诗词"真切感人"，并称很高兴能在 20 日在北京见到她。

同日　德意志民主共和国莱比锡卡尔·马克思大学校长拉特曼教授来信，说："卡尔·马克思大学非洲和东方学系为纪念莱比锡大学前常任教授和莱比锡汉学家杰出代表爱德华·埃克斯① 教授 90 诞辰，并纪念莱比锡东亚学研究所建立 30 周年，将于 1981 年 10 月 23 日举行科学座谈会。我冒昧邀请你参加这次座谈会，并由莱比锡卡尔·马克思大学负担费用，请你在德意志民主共和国逗留两周。回忆 1955 年你作为我们的客人率领中华人民共和国代表团到莱比锡参加东亚学科学活动的日子，一切历历在目。如果我能在莱比锡再次欢迎你，我将非常高兴。而且，如果你准备就你的专门学科提供科学论文以丰富我们的座谈会，我们将非常重视。"

18 日　《人民日报》头版以《首都著名社会科学家座谈学习六中全会文件　用〈决议〉指导整个社会科学研究》为题，对 15 日中国社会科学院院部举行的座谈会进行报道，并刊登部分发言摘要。《历史唯物主义的力量——〈关于建国以来党的若干历史问题的决议〉发言摘要》在《光明日报》发表。

本月　在东京大学的讲稿结集出版，题名为《赤门谈史录——论辛亥革命的性质》，由人民出版社出版。该书收录在日本讲学基础上写成的《中国近代史研究的现实意义与指导思想问题》《论辛亥革命的性质》和《中国

---

①　埃克斯，也译作爱吉士。

近代史研究的现状》，并附录《承先启后　责无旁贷——祝中国史学会重建》《王芸生先生和他的〈六十年来中国与日本〉》和《横滨、东京孙中山遗迹访问记》及其《追记》。

《中国近代史研究的现实意义与指导思想问题》阐述中国近代史研究的现实意义，指出研究中国近代史有利于总结中国民主革命时期、社会主义时期的阶级斗争、生产斗争、科学实验等方面的经验，能够"让人们懂得中国走进社会主义怎样体现了历史的裁决，人民的选择"；强调中国近代史研究要以马克思主义为指导，同时坚决反对一切迷信和武断；说明中国近代史的讲授方法主要是进行交流和学术讨论。

《论辛亥革命的性质》运用马克思主义阶级分析方法，从"阶级基础""领导力量""革命纲领"和"革命主力军"4个方面，以丰富的史实，系统地论证了辛亥革命所具有的资产阶级民主革命性质，进而批驳当时国外流行的新旧两种"反满论"、两种"革命否定论"，强调"把握世界资产阶级革命的多样性与共同性，认识中国民主革命的历史特点，应该是辛亥革命研究者思考和立论的出发点"。

《赤门谈史录》出版后，很快流传到国外，在苏联、日本等国受到重视。1981年至1983年初，国内有关辛亥革命研究的书籍至少有四五十种。但据1983年美国学者薛君度在苏联远东研究所图书馆所见，该馆收藏的中国有关辛亥革命史研究的书只有3本，其中之一就是《赤门谈史录》。

8月

23日　《人民日报》刊登《刘大年代表纪念辛亥革命七十周年学术讨论会组委会欢迎台湾学者参加学术讨论会》。文章说："纪念辛亥革命七十周年学术讨论会组织委员会主任委员刘大年，最近就欢迎台湾省学者参加讨论会问题向新华社记者发表了谈话。他说，孙中山先生领导的辛亥革命，是中国近代史上一次伟大的资产阶级民主革命。革命的先驱者们，为推翻清朝的封建专制制度，建立民主共和国，艰苦奋斗，英勇牺牲，为中国人民立下了伟大功绩。即将于今年10月12日至15日在武汉市举行的学术讨论会，是隆重纪念辛亥革命七十周年整个活动的一个组成部分。经过一年的筹备，学术讨论会已经准备就绪，目前已收到国内外学者有关辛亥革命的学术论文200余篇，一部分论文将在讨论会上宣读。讨论会邀请澳大利亚、加拿大、朝鲜民主主义人民共和国、法国、日本、罗马尼亚、泰国、英国、美国和港澳地区的40多位学者参加。可以预期，这次讨论会不仅将有力地推进辛亥革命史的研究,而且会进一步加强与外国学者的学术交流。刘大年代表组织委员会正式邀请台湾省的史学同行参加这次学术盛会,共同就孙中山先生和他领导的辛亥革命的光荣历史,悉心探讨,切磋琢磨,取长补短,交换心得。台湾省史学家参加这次讨论会,'以文会友',在学术观点上完全可以各抒己见,百家争鸣。他说,台湾同行赴会期间的费用将由组织委员会招待。与会者活动、行经的地点有北京、武汉、广州和广东省中山县。学术讨论会完毕后,可以离境,也可以留下来作短期参观。凡愿意到别处观光或探亲、访友的,组织委员会将负责介绍到旅行社,妥善安排。刘大年希望台湾当局以孙中山先生的伟大历史业绩为重,以民族大义为重,对愿意来参加学术讨论会的史学家,不予留难,给予便利。他再一次热烈欢迎台湾学者能够前来参加这次讨论会。"

28 日 香港大学文学院林启彦来信,称非常乐意出席辛亥革命 70 周年学术讨论会,告知将转任香港浸会学院基础课程部历史组的副讲师,很愿意为国内学界与浸会学院之间建立较密切的学术交流贡献力量。

本月 《历史与现实——在中国史学会理事会上的发言》在《近代史研究》第 4 期发表。

本月 《〈横滨东京孙中山遗迹访问记〉追记》在《文物》第 8 期发表。文章根据 1980 年 12 月至 1981 年 1 月陆续看到的黄一欧回忆辛亥革命的文章、孙中山致德崔克的 10 封信,以及宋庆龄关于孙宋结婚地点的新说明等内容,证实或补充《横滨东京孙中山遗迹访问记》的相关内容。

9 月

6 日 《爱国主义和民主主义的杰出代表——孙中山——纪念辛亥革命七十周年》在《文汇报》发表。

14 日 给德意志民主共和国卡尔·马克思大学校长拉特曼教授回信,说:"由于工作安排上的困难,我将不能出席十月二十三日举行的纪念爱德华·埃克斯教授九十诞辰和莱比锡东亚学研究所建立三十周年科学座谈会。"后来调整工作,按时参加了会议。

16 日 致函国务院侨务办公室主任廖承志,说:"纪念辛亥革命学术论文两篇,陈请审阅。论孙中山一文已决定发表,末尾有驳蒋经国'以三民主义统一中国'一段,如有不妥,望从速示知。论宋庆龄文的内容和此时是否需要发表,均请予指示。"后来,《论宋庆龄》一文没有公开发表,而关于孙中山的文章末尾驳"三民主义统一中国"的一段内容得以保留,但没有点蒋经国的名,只提到蒋介石和台湾当局。

18日 与黎澍、余绳武等会见日本京都大学人文科学研究所狭间直树。

下旬 《孙中山——伟大的爱国主义者》在《红旗》18期发表。

30日 辛亥革命70周年纪念日即将来临之际,中国共产党中央委员会副主席、全国人民代表大会常务委员会委员长、辛亥革命70周年纪念筹备委员会主任委员叶剑英在向新华社记者发表谈话时,第一次全面阐述了我国政府关于台湾回归祖国、和平统一的九条方针政策,即"叶九条"。其中第二条是:"海峡两岸各族人民互通音讯、亲人相聚、开展贸易、增进了解。我们建议双方共同为通邮、通商、探亲、旅游以及开展学术、文化、体育交流提供方便,达成有关协议。"

10 月

3日 《人民日报》刊登署名傅能华的《〈纪念辛亥革命专号〉出版》:"最近,《近代史研究》第三期出版了《纪念辛亥革命专号》,刊载了刘大年等撰写的论文14篇,共25万字。专号的重要内容包括孙中山和他的伟大革命活动以及辛亥革命的政权问题。这期专号从不同的方面对辛亥革命史的研究提供了一些新材料和新观点。"

9日 参加在人民大会堂举行的纪念辛亥革命70周年纪念大会。叶剑英、邓小平、赵紫阳、华国锋等党和国家领导人以及国内外来宾一万多人出席大会。大会由叶剑英主持。中国共产党中央委员会主席胡耀邦在大会上作重要讲话。中国国民党革命委员会中央委员会副主席、辛亥革命70周年纪念筹备委员会秘书长屈武,中国民主建国会中央委员会主任委员胡厥文,从美国专程来京参加辛亥革命70周年纪念活动的原国民党高级将领李默庵,全国人民代表大会常务委员会委员、政协全国委员会常务委员缪云台,也先后讲话。应邀参加纪念辛亥革命70周年国际学术讨论会的海外学者也参加大会,会后乘包机飞武汉参加学术讨论会。

10日 《人民日报》公布《参加辛亥革命七十周年纪念大会各界人士名单》,名列筹委会委员。

12日 湖南省华容县丝绸厂全体职工来信并赠送"自己动手,用家乡水土培种出来的桑蚕原料,织出的软缎被面"。

12—15日 中国社会科学院近代史研究所承办、中国史学会和湖北省哲学社会科学联合会共同举办的纪念辛亥革命70周年国际学术讨论会在武汉举行。参加讨论会的有来自 29 个省、市、自治区的史学工作者 127 人，以及来自香港地区和澳大利亚、加拿大、朝鲜民主主义人民共和国、印度、法国、日本、罗马尼亚、泰国、英国、美国 10 国的学者、专家 44 人，共计 171 人①。这次学术讨论会会前收到论文 200 多篇，其中经评审提交会议讨论的 81 篇，外国学者提交论文 25 篇。

　　12 日上午举行开幕式。以大会组织委员会主任身份致开幕词。在开幕词中说，这次讨论会是辛亥革命 70 周年纪念活动的一部分，讨论会将检阅对辛亥革命的学术研究成果，把辛亥革命史的研究推向科学上的新的境域。这次学术讨论会与会者的名单里缺少台湾地区的历史学者。今年 8 月间，我们曾正式邀请台湾学者往会，但台湾的同行们没有来，这是人为分裂造成的。最近，叶剑英委员长郑重宣布、胡耀邦主席又郑重加以阐述的解决台湾问题的方针政策，为克服这种分裂提供了强大的推动力。台湾学者这次没有来是一件令人遗憾的事情，以后什么时候来，我们都乐于接待。关于研究辛亥革命史的意义，着重指出，我们研究辛亥革命，第一就是要客观地评价事件本身。正确地对待过去，才能正确地对待现在，表彰前代的先进正是为了推动现在的先进。第二，说明中国跨进社会主义的由来。社会主义不是无缘无故产生的，它的根据，来龙去脉就在民主革命的历史特点里面。对辛亥革命的结局、演变了解越深刻，对社会主义道路的合理性、必然性也就了解得越深刻。关于学术讨论，强调说，辛亥革命是在国际上引起广泛兴趣的研究题目，某些观点，国内国外互相影响，分歧意见不少，这是科学研究中的通常现象。百家争鸣，各抒己见，真理只会愈辩愈明。中国古人把胜友如云，千里逢迎，看作了不起的盛事。我们现在的讨论会，胜友高朋，逢迎不止万里。可以期待它将以思想活跃，科学水平的显著提高，记载在辛亥革命研究的前进篇章上。

　　在开幕式上，辛亥革命 70 周年纪念筹备委员会秘书长屈武代表筹备委员会向讨论会表示热烈的祝贺。中共湖北省委第一书记、省人大常委会主任陈丕显出席开幕式。中共中国社会科学院党委书记、中国社会科学院副院长梅益，湖北省省长韩宁夫，中国史学会主席团执行主席郑天挺等在开幕式上讲话。这些讲话指出：总结辛亥革命的历史经验，必将有助于了解中国社会历史发展的必由之路，鼓舞全国各族人民建设社会主义祖国的热情，

---

　　① 中国社会科学院院史研究室编著《中国社会科学院编年简史》（社会科学文献出版社 2010 年版）认为参加会议的中外学者有 180 人，其中境外学者 42 人。此处以海燕出版社 2004 年版、中国史学会秘书处编《中国史学会五十年》第 312 页记载为准。

巩固和发展爱国统一战线,加强中华民族大团结,促进统一大业。强调历史研究必须以马克思主义为指导,遵守历史唯物主义,客观地、全面地反映历史的本质,对具体情况作唯物主义的具体分析。为了加强辛亥革命史的研究,支持史学家的工作,各级政协要继续大力征集和整理文史资料;各地图书馆、档案馆、博物馆要向历史学家开门,不应该有什么禁区;各地出版社要高瞻远瞩,做好辛亥革命史和中国近代史一类著作和资料的出版工作。在开幕式的自由发言中,美国、朝鲜民主主义人民共和国、印度、加拿大、泰国、法国、日本等国家和香港地区的 10 名代表发表热情洋溢的讲话,预祝大会成功。次日,《人民日报》头版刊登《纪念辛亥革命七十周年学术讨论会开幕 一百多位中外学者齐集武昌,研究辛亥革命史。屈武到会热烈祝贺,刘大年、梅益、韩宁夫、郑天挺也讲了话》)。

12 日下午开始大会宣读论文。13 日会议分经济、政治、人物评价、会党、思想文化 5 个小组进行讨论,讨论 13 个专题。经评审入选的论文《孙中山——伟大的爱国主义者与民族主义者》在会上进行交流。在小组讨论会上,中外学者坦诚交流,气氛热烈而融洽。15 日闭幕式上,论文征集组召集人、中南地区辛亥革命研究会理事长、华中师范大学历史系教授章开沅就国内论文作了评述报告。会后,1983 年 6 月,中华书局编辑出版《纪念辛亥革命七十周年学术讨论会论文集》上、中、下三册。

这次组织的纪念辛亥革命 70 周年国际学术讨论会在办会的原则、方针、方法等方面都有开创性的发展,此后又在主持孙中山诞辰 120 周年、辛亥革命 80 周年国际学术讨论会,以及金冲及主持辛亥革命 90 周年国际学术讨论会中不断完善,逐步形成一整套的方针、原则、办法,即:1. 在征集论文方面形成了"广泛征集,重点组织,专家评审,择优入选"16 字方针;2. 贯彻"百家争鸣"的方针;3. 采取回避制度,评委的论文易组评议,评委不参加所在单位提交的论文评选;4. 加强保密,创造一个自由讨论的空间;5. 做好组织讨论工作,按问题分类编组讨论,选好小组召集人;6. 抓好会务工作、后勤保障。

20 日 《人民日报》刊登署名晓桥的《〈赤门谈史录〉出版》:"在辛亥革命七十周年纪念前夕,人民出版社出版了刘大年同志的《赤门谈史录》。本书是作者一九八〇年应邀到日本东京大学研究院讲中国近代史的一束讲稿。因东京大学的校门叫'赤门',故取其名。全书的主干是八万多字的《论辛亥革命的性质》。作者不同意目前国外流行的所谓'反满论'和革命否定论的错误说法。通过分析中国资本主义的产生和发展、资产阶级革命派和立宪派的区别、资产阶级革命领导人提出的纲领以及它与农民的关系等, 论证了辛亥革命是一次地地道道的资产阶级民主革命。《横滨、东京孙中山遗迹访问记》是作者讲学期间的调查, 该文提供了孙中山、黄兴等在一八九五年广州起义后流亡日本的一些情况。"

21 日　应莱比锡卡尔·马克思大学邀请, 与南京大学赵瑞蕻教授参加该校东亚学研究所成立 30 周年座谈会。从北京起飞, 飞越太原、乌鲁木齐、喀喇昆仑至往卡拉奇, 在卡拉奇机场短暂停留后, 飞赴贝尔格莱德, 途经沙特阿拉伯、约旦、叙利亚、土耳其、地中海等地。

22 日　飞赴东柏林。莱比锡卡尔·马克思大学① 讲师毛来福先生、中国驻德意志民主共和国大使馆政务参赞田健、文化专员马君玉等在机场迎接。赴萨克森州的莱比锡。与李希特讲师共进晚餐, 了解学校教师工资等级以及汉学家情况等。

23 日　在莱比锡卡尔·马克思大学与该校教授长、历史学家拉特曼② 校长等见面, 送书字等礼物。参加纪念爱德华·爱吉士教授诞辰 90 周年和东亚学研究所③ 成立 30 周年学术讨论会的学者约 40 人, 中国代表为仅有的外国客人。

在拉特曼校长致开会词后致词, 表示感谢和祝愿, 回顾 25 年前参加莱比锡国际东方学会议情况, 并简要介绍国内政治形势和社会科学研究情况, 表示"中国方面已经创造、而且正在努力创造更好的开展国际学术交流的条件", "只要我们共同努力, 坚持不懈, 这种友谊和学术文化交流就会开出繁盛的花朵", 最后祝爱吉士教授夫人、贝喜发教授健康长寿。

这次学术会议共宣读论文八九篇。毛来福首先宣读博士论文《孔子的哲学思想》的主要内容。其他学者宣读中国社会主义改造的理论与实践、中国当前的教育制度、王蒙小说评论、现代汉语等主题的论文。

下午会议闭幕时作简短讲话。

24 日　在莱比锡参观歌德青年时期青铜雕像、1813 年拿破仑大败普鲁士的民族战争纪念碑、新建居民房舍以及席勒纪念馆——200 年前小木屋等。晚上, 思考德国与中国习俗差异。

25 日　由 50 年代曾到北京留学一年的爱丽嘉·陶勃陪同, 参观哥德堡古斯塔夫·阿道夫广场、苏军大兵营所在地魏森费尔茨、萨尔河、歌德纪念馆等地。与爱丽嘉交谈中了解莱比锡大学的科研教学工作, 并记录相关

---

① 1991 年, 莱比锡卡尔·马克思大学改回莱比锡大学。

② 拉特曼也译作阿德曼。

③ 东亚学研究所也译作东亚学院。

内容:"一、此地研究项目、人员使用全按工作需要,有计划。我们因人设事者相反。爱丽嘉留学回国,领导的教授认为中文没有工作可做,令其改行学蒙、藏、突厥语,她欣然从令,现在以上各文都能阅读,又懂英法俄语,后两种讲得好。又莱比锡本为汉学阵地,为了有计划,人员都集中至洪堡大学。此地要研究阿拉伯、非洲、近东,在中国这就行不通。二、强调科学水平。爱丽嘉大学毕业已廿余年,她同学中两人为教授,本人懂七八种外国语,出过四本书,仍是讲师,升教授可能性很小。三、常去东欧、苏联旅行工作,挣回一些钱。对中国有好感,表示死以前再去北京一次,在东安市场吃一顿饭,如愿已足矣。"

26 日　与赵瑞蕻拜见莱比锡卡尔·马克思大学副校长别扎,听他介绍大学情况,并接受赠书。了解该校校领导职位与学科分布,科学委员会成员及职能,社会委员会构成及职能,以及思想工作、培养人才和科学研究 3 大任务等方面的情况。会见中,别扎还提出希望中方能够邀请他们去交流。下午至柏林,洪堡大学亚洲系中国历史政治经济教研室主任费路等车站相迎。与石德克教授交谈,谈纪念马克思逝世 100 周年,下层史学的发端,世界史的研究中德国史的地位,历史书读者、对象问题,如何培养人才、来源、培养方法、年龄比例等问题。

27 日　与赵瑞蕻至洪堡大学亚洲系、中国部历史科参加主题为"资本主义萌芽"的座谈会。石德克教授等 20 余人在座。在会上介绍 50 年代以来中国资本主义萌芽问题的讨论过程以及争论焦点和一致点;分析"为什么西方侵入前中国未进入资本主义""资本主义萌芽何处去了"等重要问题的争论,认为中国与西方考察中国资本主义萌芽问题的差异在于出发点不同,西方从科学技术发展水平出发,而中国从社会经济结构、阶级状况等出发;指出研究资本主义的意义在于寻找东西方历史的共同性和特殊性,而不是从此找中国进入社会主义的根据。石德克教授认为,欧洲各国的资本主义发展并非一律,土耳其也有工业失败的类似情况等。

访问东德科学院历史所。与副所长海测尔等交谈 2 小时,主张加强交流,并送书。费路教授、柯公然助教陪同看距洪堡大学数百米的勃兰登堡门、柏林墙和希特勒总理府遗址等。在希特勒总理府遗址依次观看总理府广场、宣传大楼、国防部、台尔曼广场,以及歌剧院、新外交部、马恩广场、共和国宫。

晚上,与在东德党中央工作的前柏林大学讲师考夫曼博士交谈,谈及中美关系、中苏关系以及中德关系等。交谈中,宣讲中国相关对外政策以及学术与政治的关系,强调中国坚持百家争鸣的学术方针,不能以学术争论推论政治问题。

28 日　由费路教授陪同访问东德历史工作者协会。会见历史学全国委员会执行副主席木克教授，了解学会情况。会谈时，研究德国 1848 年历史的史学界权威施米特教授在座并发言。刘大年讲辛亥革命问题，讲到反满问题时，引起热烈反应。费路教授在会谈中说："今年是我们两国文化交流有意义的一年。五年前这样的往来是不可设想的。只要你们邀请，我有把握，官方肯定会支持的。"并建议双方合作进行某些项目的研究，比如德国占领中国胶东的历史等；还介绍了西柏林与东柏林之间争论、交流的一些问题。

29 日　与赵瑞蕻在费路陪同下，离开东柏林赴勃兰登堡州首府波茨坦，途中观看柏林墙全景。返回莱比锡时，途经易北河上的威腾堡，参观马丁·路德宗教改革宣布《九十五条论纲》教堂。

30 日　与赵瑞蕻参观莱比锡人种学博物馆。下午，由毛来福迎接前往南郊公墓给爱吉士教授墓献花。莱比锡卡尔·马克思大学历史系主任区克教授等五六人在南郊公墓等候。爱吉士墓后立一中国式大碑，刻篆体"千古"两字，下面楷书大字"汉学宗师"。买衬以青松枝的大红花一束敬献。礼毕后，经过市中心蔡特金公园附近原德国最高法院建筑物，即 1933 年希特勒捏造所谓国会纵火案，季米特洛夫与戈林斗争处，肃然起敬。晚上，与赵瑞蕻、爱丽嘉到莱比锡大学附近歌德年轻时与大学生饮酒聚会的地下酒店聚餐。墙四周画《浮士德》故事。《浮士德》中有关大学生酗酒、魔鬼作法、大学生受困的章节，其场景均为该酒店。

31 日　参观瓷都麦森和德累斯顿，了解相关历史。

11 月

1 日　赴莱比锡市西北、依尔姆河畔的魏玛，参观依尔姆河公园歌德花园房及附近歌德工作室、席勒故居。

2 日　访问莱比锡卡尔·马克思大学日尔曼语系。到区克教授处告别，回答区克提出的中国为什么与西方交往和"文化大革命"是否会再发生的问题。晚上，与毛来福、爱丽嘉、李希特、雷鸣夏聚餐告别。

3 日　贝喜发、贝海默夫妇、大使馆参赞田健、文化专员马君玉前来迎接和送别。之后，经柏林飞贝尔格莱德。

4 日　至老贝尔格莱德城外参观阿瓦拉山无名英雄碑，之后到老贝尔格莱德城市区观看旧式欧洲建筑，再赴克里波格丹要塞参观。其间，参观一工人家庭,感觉比中国强多了。下午,瞻仰铁托墓。晚上,中国驻南斯拉夫大使彭光伟前来见面,之后与赵瑞蕻搭乘贝尔格莱德至卡拉奇飞机踏上回国旅程。

5 日　抵达卡拉奇,由卡拉奇起飞回国。晚上,记录莱比锡卡尔·马克思大学概况。

10 日　广东省社会科学院历史研究所所长张磊来信,说:"广东准备在 1983 年举行有关康梁和维新运动的讨论会。有关情况,守和① 同志当会向您汇报。当否? 如何准备,甚盼得到您的指教。"并随新送书一册,"请指教"。

16 日　何炳棣来信,谈应邀出席纪念辛亥革命 70 周年国际学术讨论会事,认为会议"非常成功"。

18 日　美国俄勒冈大学周锡瑞来信谈未能出席辛亥革命讨论会的原因。

20 日　给刘浴生弟弟刘文渊写信,鼓励努力向前看,并回忆与刘浴生奔赴延安的往事。

23 日　中国档案学会成立大会暨第一次档案学术讨论会在北京举行。被中国档案学会聘为顾问。

29 日　给华容县丝绸厂党委和全体职工回信,祝贺丝绸厂兴建,并说:"国营工业产品是全民财产,不应以任何名义化为个人私有。目前人民生活还不富裕,一丝一缕,来之不易,处处要精打细算。我是党的千千万万普通工作人员中的渺不足道的一分子,没有理由享受格外待遇。被面随函璧还,请予察收。同志们的盛情我全都心领了,并且要把心怀的感谢热忱用来做好自己的工作,以酬答骨肉相连的桑梓人民的厚望。"

12 月

3 日　白寿彝来信,寄提案草稿,希望得到支持,同意在提案上署名。

7 日　致函赵瑞蕻,谈访问德国相关情况,问"我们商议的搞一个接触到的德方人士名单,不知已否就绪"。

17、18 日　中国史学会二届三次常务理事会在天津市举行。与黎澍、邓广铭、周谷城、梁寒冰、胡华、韩儒林、戴逸出席会议。郑天挺、白寿彝、夏鼐、翁独健、林甘泉、尹达、谭其骧因病因事请假。中国史学会副秘书长李

① 守和,即丁守和。

侃、梅关桦、左建,中国社会科学院世界历史研究所副所长张椿年列席会议。

因执行主席郑天挺请病假,被与会代表推选主持会议。会议的议程是:(一)汇报成立中国地方史志协会前后的工作情况;(二)汇报纪念辛亥革命70周年学术讨论会情况;(三)汇报近半年的会务工作;(四)汇报1981年财务开支情况;(五)讨论1983年举行学术年会和召开中国史学界第三次代表大会问题;(六)研究执行会章中关于吸收会员一款中存在的问题。

会议重点讨论第(五)项议程,确定学术年会的大致时间、中心议题,并就组织撰写论文、选择参加1983年马克思忌辰百周年学术讨论会论文、论文征集与评选工作等作出决定;确定中国史学界第二次代表大会的时间和主要议程,并就相关筹备工作作出决定。

会议期间,成立中国史学会学术年会和中国史学界第二次代表大会筹备组,并决定"在适当的时候,成立论文评选小组,在筹备组的领导下,负责论文评选工作"。

28 日　《人民日报》刊登《历史与现实》论文摘要。

30 日　上海市台湾同胞联谊会创会会长、日本问题和台湾问题专家郭炤烈来信,说:"这次因出席中华全国台湾同胞联谊会的成立大会而来京数日,由于会议紧张未能来拜访您。现在会议已胜利闭幕,即将返沪。好在今后理事会将每年开一次,因此下次机会再来拜访。在东京受到您的照顾,十分感谢。我回国后,在沪见到东大古岛和雄夫人两次。"①

1982 年（68 岁）

1 月

3 日　给美国俄勒冈大学周锡瑞回信,谈邀请出席辛亥革命70周年学术讨论会事,说:"与给您发出邀请信的同时,也给别的美国朋友发了邀请信,他们收到了,并且来了回信。所以当时我们曾等待您的光临。来函使我理解了您没有能够参加讨论会的原因。航空邮件发生那样的延误,殊出意外。好在来日方长,中美两国历史学家的交流仍有机会。"

---

① 郭炤烈1979年曾赴日本亚洲经济研究所作客座研究员。

2月

5日　主持由中国史学会和南开大学联合举办的郑天挺学术思想讨论会。中国社会科学院副院长张友渔出席并讲话。南开大学校长藤维藻介绍郑天挺生平和学术思想。夏鼐、白寿彝、梁寒冰等和京津地区300人出席会议。

10日　中国史学会发布《关于中国史学会学术年会讨论会主题的一些参考意见》，公布中国史学会二届三次常务理事会就召开1983年首届学术年会所作的决定，并发布相关论文选题指南。

17日　《观王森老苍松图》①诗在《光明日报》发表。诗为："(一)当今岳母古苍松，典据天然手笔工；写到传神无墨处，中华此日赞英雄。""(二)龙鳞健老重燕京，曾阅西山世上情，安得盘根遍地起，千门万户共风声。""(三)材当白屋为梁栋，志薄泰山作大夫。一叶一枝劳爱护，总留春意满江湖。""(四)回眸我亦马前卒，滥领虫鱼木整齐；孟博状怀笑头白，闻松又觉晓闻鸡。"

3月

5日　日本名古屋大学森正夫来信，谈来中国社会科学院近代史研究所、历史研究所等地作两三周的自费访问事。

9日　致函梅益、宦乡②，谈美国密苏里大学教授谢文孙来函并电话邀请赴美参加1982年亚洲学年会③事，寄送给谢文孙回函请审改。

17日　给森正夫回信，说："您希望本月下旬来华访问，时间太紧迫了。我们作了认真的研究和努力，还是无法解决。近代史研究所今年接待外国学者的计划早已安排过满，经与历史研究所商量，遗憾的是，他们也同样担负了过重的接待外国学者的任务。因此，来信中所提计划，近期难以实现。照中国社会科学院接待外国学者的惯例，一般是上年提出下年的访问计划，至少也要在半年以前提出要求。今年接待外国学者的计划，在年初已经安

---

①　王森老，即王森然(1895—1984)，原名王樾，思想家、教育家、画家。

②　梅益、宦乡当时均为中共中国社会科学院党委书记、中国社会科学院副院长。

③　1982年亚洲学年会，美方邀请中国大陆、台湾学者出席，指定大陆由刘大年带队，台湾由国民党党史委员会主任秦孝仪带队。这是海峡两岸学者第一次同时出席同一会议，也是改革开放以后中美学界一次极为重要的学术交流。

排完毕,今年下半年是否能有合适的机会,我们当予留意。"

20 日　复函谢文孙,并转美国亚洲研究协会会长维特烈、1982 年亚洲学年会主席巴纳德、秘书长墨斐及各位教授、先生,告知因下月起要担任中国史学会执行主席并筹备 1983 年中国史学会首届学术年会等,不能应邀出席亚洲学年会,推荐胡绳①赴会。说:"胡绳先生研究历史、哲学、经济等学科,成就卓越,宿孚众望。目光宏放,论议精辟,是其研究成果特色。""此间学者同声讶为推举得人。""代表团的其他成员,饱学、新进兼而有之。他们诸位前往,对贵会的学术讨论,友好交往,自必有所助益,足为中美间的学术交流造成一美好记录。"

24 日　参加中国社会科学院党委主持的中国社会科学院各所党委正副书记、正副所长联席会议。梅益代表中国社会科学院党委常委就院机构改革初步方案作详细说明。

27、28 日　参加中国史学会首次学术年会筹备工作扩大会议。会议由筹备组组长梁寒冰主持。出席会议的还有中国史学会执行主席白寿彝,筹备组成员李侃、梅关桦、张椿年。应邀出席会议的有 9 个省、市、自治区历史学会的代表陈庆华(北京)、桂遵义(上海)、杨秀池(内蒙古)、吴枫(吉林)、金应熙(广东)、吴量恺(湖北)、谢本书(云南)、王宗维(陕西)、陈慧生(新疆)。会议进一步明确"马克思主义与历史科学""历史遗产与社会主义精神文明"两个主题的重要性;强调选择题目、撰写文章,都应紧密结合主题,联系实际;要求执行百家争鸣方针,开展自由讨论;围绕两个主题各提出 11 个参考题,并议论 9 个其他方面的参考题;讨论并通过论文征集的具体办法。

4 月

1 日　中国史学会秘书处在《关于召开中国史学界第三次代表大会筹备工作纪要》中,将定于 1983 年 4 月召开的代表大会称作"中国史学界第三次代表大会",此后照此延续。这是刘大年要王玉璞与梁寒冰、李侃商量后得出的看法,即中国史学会的历史从 1949 年筹建算起,1951 年是中国史学界第一次代表大会,1980 年是"恢复活动",不是"重建",是中国史学界第二次代表大会。

16 日　与余绳武、瞿同祖、钱宏、丁名楠等会见应邀来访的美国学者刘广京。刘广京在近代史所作《美国三十年来研究中国近代史的趋势》的

---

①　胡绳时任中共中央党史研究室主任、中国史学会理事。

报告。

本月　《王芸生先生和他的〈六十年来中国与日本〉读后记》被收入三联书店出版的《六十年来中国与日本》第8卷附录中。

5 月

26 日　参加在中国社会科学院近代史研究所学术报告厅举行的中国社会科学院第一届院务委员会第一次会议。中国社会科学院副院长刘国光主持会议,中国社会科学院秘书长梅益传达《中共中央关于中国社会科学院机构改革后负责干部配备名单的通知》,中国社会科学院院长马洪代表原院党委作《关于我院领导体制和机构改革问题的报告》;会议一致推选胡乔木为中国社会科学院名誉院长;会议通过中国社会科学院院属单位第一批负责人的调整名单并报请中央任命和备案。

28 日　写《四川江油李白纪念馆来函索书,敬谢未能,寄还纸张,打油代柬》:"何堪恶笔乱涂鸦,惊杀谪仙跳两巴。匹楮璧还烦物色,真才人与大书家。"

29 日　参加由中共中央、全国人大常委会、国务院举行的纪念中华人民共和国名誉主席、中国共产党党员宋庆龄同志逝世一周年的仪式。

本月　中国社会科学院历史研究所研究员、翻译家、诗人张书生来信赠诗一首:"史坛百战出宗师,郭范而还仰大旗。目注风云通变化,胸怀马列贵坚持。登临每有高瓴意,吟啸俄国手医良。一羽云中飞浩浩,寻常罗网枉施为。"并说:"曾读大年同志赠张孝骞大夫诗,引范仲淹有云:吾不为良相,必为良医。则朋友砥砺之言,亦必以天下国家为务矣。又,此系五十年代历史研究编辑部之稿纸,使从前在大年同志手下工作之景况跃然纸上。"

6 月

11 日　晚上,与全国人大常委会副秘书长孔原、外交部副部长韩叙出席全国人大常委会副委员长阿沛·阿旺晋美在人民大会堂举行的欢迎哥伦比亚参议院议长古斯塔沃·达赫尔和夫人的宴会。

12 日　会见日本中央大学市古宙三、东京大学佐伯有一。

17 日　因身体略有不适,不能参加市古宙三在中国的生日聚会,特致函给市古宙三、佐伯有一。

24 日　致函华东师范大学青年史学社,祝贺他们"完成学业,走上新的战斗岗位"，并说："希望你们大器自相期许，为伟大的社会主义事业，为马克思主义历史科学奋发努力，作出最好的贡献，并如群星璀璨。"

下旬 就福建省郑成功研究学术讨论会事，给厦门大学副校长傅衣凌教授复电。

7 月

1 日 致函林增平，推荐北京师范大学历史系中国近代史专业毕业生杨鹏程，并谈及 1983 年中国史学会学术年会论文写作事宜。

3 日 中国人民大学教授吴大琨给中国社会科学院世界经济与政治研究所所长钱俊瑞写信，对中国社会科学出版社出版的中国社会科学院近代史研究所周天度编辑的《救国会》一书的史料问题提出质疑，认为周天度"在叙述《救国会史略》的时候，竟把上海地下党当时领导'救国会'并通过'救国会'领导救亡运动的许多重要情况都没有搞清楚"，"书中所说到的《救亡情报》的情况也并不完全符合事实"。说："以上情况，都是您老亲自领导下的工作情况，为了对历史的真实情况负责，对党领导的事业负责，是不是可以请您老将我这封信转给近代史研究所的负责同志，请他们考虑更正呢？"

4 日 钱俊瑞来信，说："大年、绳武同志，并请转告周天度同志：送去吴大琨同志信，请阅。我觉得《救国会》一书，基本上很好。有些重要事实，个别有疏漏。……这些都供再版修改时参考。"

14 日 代表中国史学会常务理事会写成《致郑成功收复台湾三百二十周年学术讨论会的信》。信中说："在我们讨论、纪念郑成功的时候，自然地就想到明年是否也讨论、纪念康熙统一台湾的不朽功烈问题。""第一，康熙对统一台湾所作的重大贡献，应当得到恰当评价。郑成功从西方殖民主义者手里解放台湾是完成了事情的一半，康熙把台湾同祖国大陆统一起来，则是完成了事情的另一半。而且可以认为，后面这一半意义更为长远。因为台湾孤悬海外，必须有大陆政治、军事、经济、文化的全面支援，才能安定发展。否则形单势弱，极容易受到像潮水一样不时汹涌而来的西方殖民势力的侵袭。""第二，历史的经验应当总结。近三百余年间，台湾地区经历的道路是曲折的，又是对我们非常富有启发性的。""台湾近三百余年间，三次被分割、分裂，而又很快收复、统一起来，说明被分割、分裂是暂时的，是大河的支流，与大陆政治上的统一是常规状态，是大河的主流。""总结康熙统一台湾的历史经验，明辨人心之所归，历史潮流之所向，对于促进祖国统一，早日实现民族大团结,无疑地将重有裨益。"

15日　因李白纪念馆负责同志"两次来函索书",回信并写《诗人李白逝世一千二百廿周年　江油纪念馆属题》诗一首:"蜀道蚕丛今日扫,黄河咆哮旧时过。请抛白发三千丈,纵听汪伦十万歌。"

19日　致函中共中央政治局委员、中央对台工作领导小组组长邓颖超和国务院侨务办公室主任、中央对台工作领导小组副组长廖承志,说:"送上关于出版《顾维钧回忆录》问题的纪要一件,请审阅。顾维钧回忆录主要记述了顾自北洋政府任职到二十世纪五十年代于海牙法院退休这段时间的外交生涯。全书英文打字稿一万一千页,译成中文估计有五百万字。这是一个中国职业外交官第一部长篇回忆录,从学术上讲,对研究中国近代史,特别是中外关系史具有较高的史料价值;从政治上考虑,我们出版顾的回忆录,在台湾和海外侨胞中可能产生好的影响。顾维钧已年高九十四岁,我们认为,如能在他健在时看到此书的出版,作用会更好些。送去的《纪要》中决定的几件事不知是否妥当? 又鉴于我国出版力量不足,印刷周期较长,特请您们对此书的出版给予关注,批转文化部出版局大力支持。"

同日　致函美国哥伦比亚大学校长,说:"中国社会科学院近代史研究所将翻译、出版顾维钧先生的回忆录,以供研究中国近代史的学者们参考。专此奉达,并致敬意。"

25日　廖承志在关于出版《顾维钧回忆录》问题的信上批道:"我赞成刘大年同志的意见,可以出版顾维钧长篇回忆录,请审核。"

26日　本日至8月1日,福建省郑成功研究学术讨论会在厦门大学举行。会上,100多名中外学者就郑成功收复台湾和郑成功的抗清活动等问题展开热烈的争论。

28日　邓颖超在关于出版《顾维钧回忆录》问题的信上批道:"我对顾维钧,只知其名,不识其人。可请廖公与有关方面商酌办理。"

30日　致函顾菊珍,告知《顾维钧回忆录》的翻译出版进展情况。说:"外交部贺其治先生自美回国后,转达了老先生和您对出版回忆录的几点建议,我完全赞同。回忆录决定由中国社会科学院近代史研究所署名翻译,归学术界卓有信誉的中华书局出版。完全尊重老先生的意见,对某些篇页将作适当删节。关于出版此书,知会哥伦比亚大学一节,目前已致函哥大校长。贺其治先生还告诉我,他曾建议请老先生为回忆录中文版的出版写个前言。我觉得这个主意很好。回忆录成书若干年后,出版中文版多卷本,由作者写个前言,或者对回忆录本身做些说明,或者抚今思昔,发一点感想,或者对祖国的统一,对海峡两岸的中国人说些话都是有意义的。不限内容,不拘形式，不计长短，一切均请老先生自己裁定。"

31 日 致函全国人大副委员长、西藏自治区人民政府副主席阿沛·阿旺晋美，介绍即将举行的学术年会的主题，并说："想请您指示或委托有关的同志，组织在西藏自治区或在其他地方工作的藏族同志撰写几篇文章，并出席讨论会。这对于开好全国性的史学讨论会和促进西藏自治区学术研究，都很有意义。"

8 月

2 日 《解放军报》头版发表中共中央书记处书记、中国社会科学院院长胡乔木写的批评日本文部省修改历史教科书① 的文章《警惕军国主义的逻辑》，提出要对一切企图复活军国主义的逆流加以毫不含糊的痛击。

3 日 《致郑成功收复台湾三百二十周年学术讨论会的信》在《人民日报》发表。

4 日 应中国电影评论学会和北京电影制片厂邀请，和首都学术界以及电影界知名人士一起观摩中日合拍的影片《一盘没有下完的棋》，并在座谈时指出："影片从历史的角度看，反映了那段历史的真实，历史的本质。历史的本质是什么？是日本军国主义侵略中国。影片对此没有掩饰，也没有夸张。影片里出现的日本军国主义者的形象，如用军刀剁掉况易山手指的尾崎大佐，枪杀况阿明的日本宪兵队，都揭示了法西斯的本质。历史的另一个本质，是中日两国人民之间没有什么利害冲突，其间虽有曲折，但终归要友好。目前上映这部影片很有现实意义。影片可以教育我们的群众，也教育日本人民。"《人民日报》8 日刊登《斗志诚坚共抗流——首都学术界、电影界知名人士座谈〈一盘没有下完的棋〉摘要》。

10 日 主持的中国史学会纪念抗日战争胜利 37 周年学术座谈会在近代史研究所召开。会议专门讨论日本修改教科书问题。在会上指出，教科书问题将会是一场长期的斗争，不能掉以轻心，要求近代史所中外关系研究室的张振鹍和邹念之密切关注教科书事件的事态发展。还说，什么时候我们要讲话，这要看时机，但是研究工作、资料的准备工作必须要积累，不能空口说白话。白寿彝、黎澍、尹达、刘思慕、夏鼐、陈庆华、瞿同祖、万峰、王振

---

① 1982 年 6 月 25 日，日本文部省对高中二、三年级和小学 1983 年度使用的教科书审定完毕。在审定过程中，日本文部省篡改历史教科书，引起中国、朝鲜和东南亚国家与人民的强烈不满，在日本国内也引起很大反响。

德、张振鹍等人也在会上发言,对日本文部省通过审定教科书篡改历史的行径予以揭露和抨击。这次学术座谈会受到了媒体的重视,当时的电视和报纸都进行报道。近代史所编的《学术动态》专门出一期介绍这次座谈会的情况。

14 日　《历史是伟大的教师——纪念抗日战争胜利三十七周年》在《光明日报》发表。这是首次特意写关于抗日战争的文章。文章概述日本侵华战争给中华民族造成的灾难,认为"中日两个国家、两国人民可以从历史这位伟大的教师学到很多的东西,而最主要的内容,却是中国民族如何觉醒起来,和日本应当在什么道路上前进的问题。"文章严厉批评日本文部省修改历史教科书的行径,认为其目的就是要"吹起复活军国主义的号角"。文章认为,在中日建交的历史条件下,中日友好应该成为两国关系的主流,说:"平等互利,睦邻友好,应当永远是中日两国关系、两国人民交往的旗帜。我们反对日本文部省篡改历史,日本有人暗示此举似乎是中国要唤起人民对日本的民族仇恨,这种看法是错误的。国家就像个人的关系一样,牢固的友谊要建筑在事实的基础上,我们反对掩饰军国主义侵略中国的事实,正是要维护中日两国关系、两国人民世世代代友好下去的旗帜。"

同日　《光明日报》编辑苏双碧来信,谈《历史是伟大的教师——纪念抗日战争胜利三十七周年》排版时删去几百字事,并说:"文章刊出后,今天评报栏上认为,尊作是近来批判日本文部省篡改历史最深刻的一篇,反映还好。"

29 日　参加人大常委会委员长叶剑英会见法国国民议会议长路易·梅尔马兹和夫人以及由议长率领的法国国民议会执行局代表团的活动。

31 日　与人大常委会副委员长彭冲、人大常委会委员郝德青、外交部副部长章文晋等,出席法国国民议会议长路易·梅尔马兹在法国驻华大使馆举行的答谢宴会。

本月　在《近代史研究》第 4 期发表《戊戌变法的评价问题》。文章针对故宫新发现的康有为条陈、论著原本所引起的关于评价戊戌变法的学术讨论,分析戊戌变法中的两个主要问题:一、百日维新中光绪皇帝执行的政策;二、康有为、改良派执行的政策。指出戊戌变法中,光绪皇帝载湉的政策"很多是洋务派的主张,少数是维新派的主张";康有为、改良派的政策"纲领上与洋务派对立,实行中关键的问题上与洋务派一致"。认为戊戌变法"是民族资产阶级上层发起的一次具有爱国性质的改良运动",反对把戊戌变法拔高为"一场革命"。

本月　从王府井大街东厂胡同 1 号搬家到木樨地部长楼 24 楼 508 室。

10 月

中共中央政治局委员① 胡乔木到东北访问，发现东北各省很少建有抗日战争纪念馆，回来后提出要建立抗日战争纪念馆，得到东北籍吕正操将军的支持。最初负责筹建具体工作的是北京市副市长白介夫，后来白介夫请刘大年一起筹备。

11 月

3 日　中央统战部向时任中共中央政治局委员的习仲勋报告拟建立孙中山研究会事，说："目前在台湾、海外都有研究孙中山的机构，我们有必要成立一个全国性学术团体。建议由中国社会科学院近代史研究所牵头筹备。"② 此前，中国国民党革命委员会准备在民革内部成立孙中山研究会，推进孙中山的思想、理论研究，加强同海内外爱国学者的联系，并提议聘请学术界一些人担任顾问或特约研究员。

10 日　参加由中国史学会举办的首都史学界纪念郭沫若诞辰 90 周年报告会。在报告中谈如何学习郭沫若的问题，说：我们怀念郭老，最重要的是学习他的精神。历史工作者首先应该学习郭老以马克思主义、历史唯物主义为指导，充满创造精神地研究中国历史；其次要学习郭老联系革命实际研究历史，合理地回答现实生活中提出的问题。"学习郭老，今天我们所要联系的实际，主要是加强社会主义前途教育，建设有中国特色的社会主义的问题。"《人民日报》次日刊登《首都史学界举行报告会　纪念郭沫若同志诞辰九十周年》。

11 日　中央书记处讨论并同意中央统战部关于筹建孙中山研究会的报告。

19 日　中央书记处关于筹建孙中山研究会的批示印发中国社会科学院党组。此后，梅益将筹备工作交给刘大年。刘大年接到批示后，在近代史研究所内分别同余绳武、钱宏、刘桂五、李宗一交换意见，并与王玉璞同梅益

① 1982 年 9 月 12 日，在中国共产党第十二届中央委员会第一次全体会议上，胡乔木当选为中共中央政治局委员。

② 王玉璞：《良师严师，教我做人做事——纪念刘大年同志诞辰 100 周年》，《中国历史评论》第 12 辑，第 20 页。

多次具体研商。

20日 参加以全国人大常委会副委员长朱学范为团长的中国人大代表团访问澳大利亚和新西兰,12月11日结束。任代表团副团长。团员有全国人大代表马宾、全国人大常委会委员那木拉、全国人大代表王炜钰。离京时,全国人大常委会副委员长阿沛·阿旺晋美、全国人大常委会副秘书长高登榜、外交部副部长韩叙等到机场送行。当日到达香港,港府派员迎接。

出发前思考"驳生产力的一个论据",以洋务运动为例,认为"中国的问题首先是摆脱殖民的统治,其中包括打倒洋务派那种帝国主义统治中国的代理人势力"。去北京机场的车上想到文化史,认为存在决定意识:"私有制最根本的存在就是生产资料私有阶级对立。所以对文化要做阶级分析。资本主义制度存在共产主义意识理论,就是因为存在工人阶级。这种分析很复杂,但并非不能进行。康谭① 哲学大杂烩看来谁也不属,但是还是能看出阶级本质,既不是封建的,也不是资产阶级的主义,二者都有的。"晚上,看电影,与新华社卢克朋谈世界经济出路,由资本主义"三高一低",即高物价、高利率、高失业、低生产率增长速度,想到世界大战后利用战争期间发展起来的技术、核能等科学发明来推动生产发展的时代现在已经过去,相关资本主义国家出现普遍下跌,进而想到"生产力与阶级斗争问题"是极为重要的问题,历史上从来都是由于阶级斗争、战争等来推动历史发展方向。

21日 与清华大学教授王炜钰观看香港建筑并进行交流,得知清华建筑系来香港的约200人,多数定居,少数新来,其中有老党员,也不想回去了,主要是待遇优厚。为"钱就是这些'党员'的一切"感到痛心。

22日 中国人大代表团到达悉尼。澳大利亚参议院议长哈罗德·扬和中国驻澳大利亚联邦大使林平到机场迎接。与马宾、王炜钰游海湾植物园。

23日 由哈罗德·扬和林平陪同,乘军用飞机从悉尼飞堪培拉。在北澳国立大学座谈会上,应该校远东史教授王赓武② 邀请致词。后参观澳大利亚首都建筑,并至总督府拜访总督尼尼安·斯蒂芬爵士。出席议会旁听会。出席包括参众两院首脑、议员和各界人士约250人的中国驻澳大利亚大使招待晚会,与澳大利亚高级人士接触,谈中苏关系。

24日 领队至维多利亚州供电局"洛阳"煤电等开发基地参观访问,参观后作告别讲话,随后抵墨尔本。朱学范等则由悉尼直接去维多利亚州

---

① "康谭"指康有为、谭嗣同。

② 王赓武时任澳大利亚国立大学远东历史系主任、太平洋研究院院长,兼澳中理事会主席、澳大利亚亚洲学会会长,1986年转任香港大学校长。

首府墨尔本。

25 日 会见澳大利亚外交部长、众院议长,后游览市容。至广播电台,朱学范和林平分别回答众议院议长提出的朝鲜和越南问题。众议院议长委托两位副议长主持晚宴,刘大年在宴会上发言。

26 日 参观新南威尔士州农业研究中心,了解猪、羊、牛饲养管理情况。在市长招待会讲话,受到好评。

27 日 参观新南威尔士州维路那农场,在庄舒尔磁家作客。了解并记录农场面积、雇工、工人工资、养牛量、农牧轮作、生产工具、动产与不动产产值、住房、经营管理、税收等方面情况。

28 日 在悉尼市游动物园。晚上,想起恩格斯所说的"请求鸭嘴兽原谅",记录:"此间最珍贵者为鸭嘴兽。正在产子。先打洞,然后把洞口堵塞,产子后出来。未见。从图上看,体积甚小。又一种鸟,名鹋鹋。如鸵鸟形,体大亦相近。特点是雌性产卵,雄性孵育。雌性产卵后就置之不理。鸭嘴兽就是一种哺乳动物,但产卵。(恩格斯为此在自然辩证法中承认错误,说明是胎生。)辩证法不承认有那种纯而又纯的事物,此两例即是。"认为,鸭嘴兽的存在说明,这个事物到那个事物之间要承认有一个过渡阶段,这个过渡阶段是不反映事物的本质的,反映事物的本质的是两头的状况;恩格斯说鸭嘴兽是禽和兽之间的一种中间状态,它是事物的一个发展阶段,但年轻时并没有认识到这个问题,所以说还要向鸭嘴兽道歉。并由此联想到对于马克思主义的著作要具体分析。

29 日 在悉尼参观中国音乐厅,游海湾。参观议会建筑及议员、议长办公室。晚上,在中国驻悉尼领事馆举行的答谢宴会上,与"中澳建交之父"澳大利亚前总理爱德华·高夫·惠特拉姆邻座,谈中澳建交过程。宴会后,团员与大使碰头,小结。

30 日 飞新西兰北部海边城奥克兰,中国驻新西兰大使秦力真、新西兰外交部人员和华侨等在机场迎接。飞新西兰首都惠灵顿,中国驻新西兰大使馆人员及华侨到首都机场欢迎、献花。晚上,使馆举行招待会。时值中国南极考察委员会主任武衡率队访问新西兰,曾经一同访问苏联的俩人再次见面。

本月 山东省社会科学院研究员孙祚民① 在《学术月刊》第 11 期发表《关于太平天国政权性质的讨论及其意义——与刘大年同志商榷》,表示不

---

① 孙祚民 1955 年就提出太平天国"新封建政权说",1979 年 5 月在南京太平天国史学术讨论会上再次提出天京政权的性质是新封建政权,引起学术界注意。

同意 1980 年《近代史研究》第 2 期刊发的刘大年文章《中国近代史研究的现状》中"对个别人主张太平天国政权是又一个封建政权的看法,不能接受"的批评。孙祚民认为,太平天国性质问题的讨论具有重要的意义,有助于"提高我们的马克思主义水平","树立实事求是的严肃科学的良好学风和文风","肃清极左流毒和封建主义影响";并批评说:"而那种明知不对,一味执拗,甚至不惜对马克思主义经典著作和史料,断章取义,任意解释,以及轻率下结论的做法,显然是极不妥当的。"

12 月

1 日　在新西兰首都惠灵顿参加 6 个节目。在新西兰议长哈里森主持的 54 人宴会上即席讲话。会见新西兰工党领袖罗林和社会信用党领袖比瑟姆。在威灵顿旅馆写《同马列谈话》提纲:"1. 研究社会主义前途问题,不能只从中国看,要从第二次世界大战后的世界历史全面看。第一次大战后只有俄,占世界六分之一。第二次战后大批国家改变所有制。光中国就占地球□分之一,人口 XX 之一。资本主义进一步腐朽。这是从未有过的大改变,也就是社会主义大前进。2. 一部分资本主义国家,恢复,发展,各有原因。3. '人民资本主义'(指工人可以有股份,福利国家,财产再分配)。在某些发达国家中,工人与资产阶级的状况确实不同于恩格斯《英国工人阶级状况》一书所讲的了。双方对立不表现在住房、近代设备等方面,而是资本家拥有它的'财富'。'美国式'说'一百家'或说'五百家'。澳大利亚'一百家'等等。他们掌握亿万财富,最大股份。国家权力,使资本主义制度不致改变。4. 剥削关系中心在他们拥有生产资料,后者失去生产资料。这一点没有变。5. 发达国家与不发达国家的贸易关系,等价交换,又是不等价的。前者因为拥有高技术劳动力,后者如中国国内产品必须大减价才能在国外市场交换。资产阶级仍要争夺市场,剥削落后国劳动者。他们一是本国剥削者,二是国际剥削者。6. 列宁说帝国主义是资本主义垂死阶段,从历史角度看,仍然是对的。垂死不等于马上死,那样未免看得简单了。历史是人的活动,但阶级,总有求自身存在,是垂死了。7. 现在的经济危机,失业。资本主义必须保持一定的失业后备军来取得廉价劳动。社会主义就不需要,而是要靠发展生产来解决。"晚上,记观感说:"下午 8 点一刻红霞满山。太阳东北出,西北落。中国所说'譬如北辰,居其所而众星共之'。此为北半球人所见真理。到了南半球就看不到北斗星了。条件变了,真理变成了谬误。明成祖诗耀其功劳使所谓'北斗南星'半属合理。"

2 日 拜会新西兰总督贝蒂、总理马尔登。后飞北部风景区罗托鲁阿。参观新西兰第二湖博物馆，观看"基维"——状如鹌鹑，长嘴，大如公鸡，雌大于雄，雄性孵化，要 75 天孵化期，与鸸鹋同。晚上，在"更籍"广东的越南难民所开"竹园酒家"就餐，与店主交谈。在旅馆观看毛利族表演。晚上，思考"历史规律与一桩历史事件的关系问题"，认为"抽象来自具体，一般来自个别；抽象高于具体，一般高于个别。这是科学的思维所能理解的。""一是弄清楚一件件具体的事，二是从中得出评价、概念。才是尽了历史研究之能事。"

3 日 游览罗托鲁阿塔拉威拉山，参观维克多乳制品工厂，了解工人与行政人员配备情况，农民提供牛奶情况等。下午参观锯木厂，了解工人及其机器操作情况。

4 日 参观罗托鲁阿地热区怀拉基地之地热发电中心。参观牧羊、牧牛牧场各一处。

5 日 离罗托鲁阿赴威坦益海湾考察，了解英国殖民新西兰历史。

6 日 乘车游海、钓鱼。下午，游果园等处，最后至森林保护园，看有数千年树龄的高梨乔木。晚上，思考何谓"生产劳动者"："此处狗是畜牧业中重要的劳动力——生产劳动者是讲人与人的关系，不是讲人与自然或其他的关系。所以任何头脑健全者也不会把狗列入到'生产者劳动'中。它们和车、犁等一样是生产工具。"

7 日 飞往奥克兰。游览奥克兰市一周，并在华侨欢迎会上讲话。出席新西兰议员举行的告别晚宴会。

8 日 访问奥克兰大学，与两个讲中国近代史的教师交流，了解教学材料来源情况。离开新西兰，飞抵巴布亚新几内亚首都莫尔兹比港，巴布亚新几内亚副议长前来机场迎接，了解该国经济政治情况。晚上，抵达香港。

9 日 中国人大代表团在广东省委第一书记任仲夷陪同下游香港海洋动物园。下午，在香港召开全团总结会，最后发言。

13 日 主持中国史学会二届四次常务理事会。周谷城、白寿彝、黎澍、谭其骧出席会议，李侃及中国史学会秘书处的工作人员列席会议。会议回顾近三年来史学工作的状况，着重讨论贯彻党的十二大精神，提高马克思主义理论水平，密切注意和关心社会主义现代化的现实，重视历史知识的普及工作，"积极参加地方志的纂修、编写工作，历史文物古迹的调查、保存、研究工作，以及历史档案的搜集整理工作"，开创历史学新局面，以及认真开好将于 1983 年 4 月举行的学术年会问题。会议批准秘书处 4 月 1 日发出的《关于召开中国史学界第三次代表大会筹备工作纪要》，责成筹备组抓紧做好召开代表大会的各项工作。会议决定,邀请台湾省的史学家 3 至 5 人出席 1983 年的学术年会和第三次代表大会。

27 日　主动提出不再担任近代史研究所所长职务,要求从行政一线退出。被中国社会科学院党组任命为名誉所长,从此连续任名誉所长直至 1999 年 12 月去世。同日,免去所长、党委书记职务,并不再担任中国社会科学院院务委员会委员。

本年　在家中设便宴招待日本友人早稻田大学教授安藤彦太郎,就如何看待"文化大革命",如何看待中国共产党所犯错误交换意见。

本年　与宓汝成合招中国近现代史方向研究生郑起东。

本年　中国史学会正式成为国际历史科学委员会的国家级会员。

1983 年（69 岁）

1 月

13 日　给华容县教育局教育志编写组回信,就编写 1882 年以来华容教育志提出建议。建议查阅"昔人和今人编写的中国近代教育史上"的相关记载,作为背景参考资料;指出华容县刘承孝等人的论著、诗文集中可能留有有关资料;认为岳阳办中学、兴师范与华容关系密切,建议到岳阳查询有关文献或找熟悉情况的人;建议向华容的老前辈何长工、张维桢具函请教,并愿代为询问。指出:"历史调查中,知悉情况者的回忆是很重要的,但必须与文献资料对堪核实,切忌一概轻易信以为真。这一点是需要特别加以注意的。否则不唯无益,而且滋生弊端,助长无稽之谈。"提供回忆:一、清末科举制度废除以前华容有功名的知识分子,以及科举制废除以后华容的书院制发展;二、华容第一批中等教育或出国留学的人;三、大约在 20 年代前期出现的高等小学;四、私塾与公立学校长期并行,以及私塾的衰微。

2 月

《学习郭老——在中国史学会纪念郭沫若同志诞辰九十周年学术报告会上的发言》在《近代史研究》第 1 期发表。

3 月

12 日　分别致函中共中央总书记胡耀邦、中共中央政治局委员胡乔木和中共中央书记处书记、中共中央宣传部部长邓力群等,邀请他们到中国史学会首次学术年会暨中国史学界第三次代表大会上讲话。在给胡耀邦的信中说,这次学术年会"是史学会恢复以来的第一次,也是建国以来的第一次","恳切希望您能够在会上作一次讲话";指出请他讲话是"提高党的干部的政治思想水平和文化水平,认真重视历史经验""建设社会主义精神文明,向广大群众,特别是向青年一代进行爱国主义教育""重视和加强历史教学,提高我国马克思主义历史研究的水平"的需要。在给胡乔木的信中简要介绍年会召开的时间与参会代表人数情况,同时希望胡乔木届时也"能到会讲话",并将邀请胡耀邦到会讲话的信的副本附呈审阅,说:"如果您不认为有何欠妥,望能费力促成之"。在给邓力群的信中说:"一、我给耀邦同志写了一封信,请他到会讲话。社会科学院春节茶话会上,向您讲过此事。现送上信的打印件,烦审阅后转耀邦同志,并请费力多替史学界同志讲几句话,使之见诸实现。""二、请您和乔木同志到会讲话。您讲话的题目和内容当然由您自己决定。乔木同志处我已另外写信,并寄去了给耀邦同志信件的副本。也请您设法促进。史学会重建以来的三年间,做了一些工作,但距最初的要求相去甚远。这次年会和代表会应当成为一个新的起点。同志们对此抱有很大的希望。"

12—14 日　参加中国社会科学院近代史研究所发起组织的《近代中美关系史》丛书编写工作座谈会,并在会上发言:在中国近代史上,中国与外国的关系具有重要的地位,离开了中外关系,中国近代史就无从写起。中外关系史的研究工作要有远大的目标,由中美关系史入手,扩及中国与其他国家的关系史,如中日、中俄、中英、中法等。在中美关系史的研究中,也可以先从中美关系史的各个专题开始,在此基础上写出一部系统完整的多卷本中美关系史。经过若干年的努力,写出一部近代中国对外关系史。在近代中外关系史的研究中,要有全局观点——近代中国是一个半殖民地半封建的国家。从全局看,当时的中外关系史在本质上就是帝国主义侵华史。当然,在具体问题上,应作具体分析,避免简单化。

会上同时成立《近代中美关系史》丛书编辑委员会,丁名楠任主任。

23 日　国际历史科学委员会秘书长、法兰西科学院院长、巴黎大学总校长、法国历史学家埃莱娜·阿维勒来函,谈及加强中国史学会秘书处同国际历史科学委员会秘书处之间的联系问题等。

4月

8日　确定由中国社会科学院世界历史研究所副所长张椿年负责同国际历史科学委员会联系。致函阿维勒,说明加强联系以及阿维勒访华、中国历史学家参加世界历史学家第16届代表大会的筹备工作等事,并说:"中国史学会最近就要举行第三次代表大会。新的理事会产生后的有关事项,将报告世界历史科学委员会总秘书处。"

11—16日　中国史学会首次学术年会暨中国史学界第三次代表大会在北京举行。会议分两个阶段进行,11日至14日举行首次学术年会,15日至16日举行第三次代表大会。11日,以中国史学会执行主席身份主持会议的开幕式。中国史学会主席团成员周谷城代表第二届理事会首先讲话。受胡耀邦、胡乔木委托,邓力群出席开幕式并作重要讲话。邓力群说:"我的岗位是做宣传工作,与大年同志协商,准备在这个会上从宣传工作的角度,向同志们呼吁一下,请求大家从不同的方面,采取不同的方法,向我们的人民进行爱国主义教育。这是我们从事社会主义精神文明建设的所有同志应该共同承担的责任。史学界有义务负起更重要的责任。""通过历史的研究、教学和写作等方式向我们人民进行爱国主义教育,史学界的同志能够发挥独特的、重大的作用。"邓力群希望广大史学工作者研究我国各个时代的重要的历史事件和历史人物,研究我国的历史文物和历史古迹,研究国内各民族的历史及其在历史上的相互关系、各民族对中华民族大家庭的形成所发挥的作用和作出的贡献等,并分别写出著作来,向人民进行爱国主义教育。

出席这次学术年会的史学工作者共220人,有10余位学者就自己提交的论文在大会上发言,另外还进行分组讨论。年会集中讨论马克思主义与历史科学、关于爱国主义教育、历史遗产与社会主义精神文明3个方面的问题。

向大会提交《中国马克思主义史学与中国社会主义》长篇论文,内容涉及马克思主义与历史科学和爱国主义教育问题。马克思主义与历史科学主要围绕三个方面展开。其一,关于马克思主义指导历史研究的问题。指出:"世界上一切解释人类社会历史的学说中,唯一真正致广大,尽精微,综罗百代的学说,是马克思的学说。"但历史研究要以马克思主义为指导,不能单纯地重复真理,而要研究目前这方面存在的问题,首先要分析西方关于马克思主义"过时"论的种种说法。在具体批驳一些"过时"论的说法之后指出，"马克思主义必须根据新的经验不断地丰富和发展自己"，但是这种发展"又必须是它的革命本质的继承，是革命本质的发扬光大"，因此"马克思主义的发展，有一个保持它的革命本质，或者按照恩格斯的说法，有一个保持它的固有'形式'的问题。"认为"全世界阶级消灭以前，马克思主义将始终保持旺盛的生命力"。其二，历史科学与现实的关系问题。指出："当前中国马克思主义历史研究的时代使命，集中起来说，就是与广阔的社会主义现实相接触、相联系，研究古今中外的历史，适应社会主义建设的需要，特别是根据历史学的特定性质，把阐述历史发展的客观规律、阐述社会主义、共产主义前途的研究放在中心位置上，解答这方面由新情况产生的新思想、新认识的问题。"列举从当前的现实需要出发应该加强的重要研究领域和重要课题：中国半殖民地半封建时期的历史、中华人民共和国的历史、中国从古迄今的社会发展史、中国经济史、中国文化史、世界共产主义运动史、世界发达资本主义国家史、马克思主义史学理论的研究等等。其三，马克思主义与史学方法问题。关于阶级斗争学说和阶级分析方法问题，认为，"阶级分析是分析私有制历史的唯一科学方法"；阶级划分、阶级斗争的思想是"和马克思主义经典著作中任何一个重要论点分不开的，是阐明科学社会主义根据的基本部分，是反映马克思主义的革命本质的东西"。

关于爱国主义教育，主要阐述文化史研究中如何阐发爱国主义思想的问题。指出：文化史作为观念形态的历史，必然有许多复杂的思想、理论问题。现在不少同志关心的爱国主义思想，就是这种复杂的思想、理论中与实际生活联系最为直接的问题。中国一向存在着爱国主义的传统。中国的近代，帝国主义疯狂侵略压迫，封建阶级、买办阶级投降卖国，中华民族危亡迫在眉睫，爱国主义问题空前突出了。旧中国的历史撰述，不少是有爱国主义内容的。少数人受到帝国主义和买办资产阶级思想宣传的毒害，丧失民族自尊心、自信心和爱国观念。中国民主革命、反帝反封建斗争的彻底胜利，历史进入社会主义，群众的爱国主义觉悟空前提高了。但是这不等于从此一劳永逸了。年轻的一代和年长的一代在逐渐更替。"四人帮"的破坏，使许多年轻人失去了接受正确的历史教育的机会。生活环境改变了，旧思想可能在新的条件下以不同的形式出现。国家在世界上消失之前，爱国问题不会消失。国家又是发展变化的。爱什么样的国，也必然要跟着历史发展而发展变化。目前这方面存在不少争论，例如怎样评价我们这个多民族国家历史上的民族英雄，能不能以民族定国籍，讲爱国是不是要倒回去爱历史上出现过的某些政权、某些国，等等。其中有些问题要深入讨论。强调：我们今天讲爱国主义,是讲各族人民共同组成、共同享有的、由历史发展所铸成的伟大的社会主义祖国。提出:中国文化史研究的任务,虽然不是要从文化思想领域探求中国进入社会主义的根据,但是我们必须从这里探求社会主义精神文明、无产阶级文化的历史根据。阐发爱国主义思想,是其中应有之义。

15 日开始举行的中国史学界第三次代表大会,通过了《中国史学会第二届理事会会务工作报告》和《中国史学会章程》,改选了领导机构。这次大会选举中国史学会第三届理事会理事 82 人,常务理事 18 人和主席团成员 5 人。常务理事是邓广铭、白寿彝、李侃、刘大年、吴泽、吴于廑、吴廷璆、余绳武、季羡林、金冲及、林甘泉、胡华、胡绳、夏鼐、梁寒冰、谭其骧、黎澍、戴逸。主席团成员是刘大年、吴于廑、林甘泉、胡绳、戴逸。

25 日　与全国人大常委会委员贝时璋、副秘书长邢亦民、外交部副部长韩叙等,出席全国人民代表大会常务委员会举行的欢迎由诺努马洛·索法拉议长率领的西萨摩亚议会代表团的宴会。

5 月

9 日　当选为第六届全国人民代表大会代表。《人民日报》11 日公示。

21—26 日　全国历史科学规划会议在长沙召开。主编的《中国近代史稿》列为国家计划的中国近现代史项目。一起列入国家计划项目的还有李新、李宗一主编的《中华民国史》,李新、陈铁健主编的《中国新民主主义革命史》,以及中华民国史研究室、中山大学历史系孙中山研究室和广东省社会科学院历史研究室合编的《孙中山全集》。

23—27 日　参加在北京举行的由郭沫若著作编辑委员会、历史研究所、文学研究所、考古研究所和全国文联联合召开的郭沫若研究学术座谈会。与周扬、李一氓、夏衍、王惠德、林默涵、夏鼐、梅益等出席开幕式和闭幕式。会议成立了中国郭沫若研究学会。

27 日　与马洪、刘国光、夏鼐、梅益、张友渔、温济泽、吕叔湘、季羡林、蒋一苇等,出席国务院学位委员会和北京市人民政府联合召开的博士和硕士学位授予大会。胡乔木在会上发表《走独立自主培养高级专门人才的道路》的讲话。

28 日　《人民日报》刊登《中国社会科学院今年开始招收博士研究生》,说:"为加速培养哲学社会科学专门人才,中国社会科学院研究生院决定今年开始招收攻读博士学位研究生。招生的学科包括中国哲学史、宗教学、逻辑学、社会学、语言学、世界经济等 14 个专业，共招 22 人。""马洪、于光远、宦乡、费孝通、任继愈、刘大年、钱俊瑞、赵凤歧等将担任指导教师。"

本月 中国社会科学院近代史研究所译《顾维钧回忆录》第 1 分册由中华书局出版。书中有一篇顾维钧亲笔签字的《附言》："由于我毕生致力于中国对外关系，如果我的回忆录能被译成中文，我将不胜欣慰和感激。翻译工作的确是一项艰巨的工作，但是我希望这对那些研究动乱年代的外交史的中国学人，是有所裨益的。"

在请人将书带给顾维钧时，在赠书的扉页上题"少川老先生：尊著由中国社会科学院近代史研究所译成出版。谨奉上一册。为寿。后学刘大年"。据顾菊珍后来说，顾老先生在纽约家中拿到此书后，非常高兴，对"为寿"二字，十分满意。

《顾维钧回忆录》计 600 万字，1994 年 6 月全部出齐，共 13 册。

本月 为岳阳地区苏维埃时期文化史资料汇编题祝辞："霜天岁月，大众心声。"

6 月

6 日 本日至 21 日，参加在北京召开的第六届全国人民代表大会第一次会议。

7 日 当选为第六届全国人民代表大会教育科学文化卫生委员会委员。

13 日 《郭沫若与哲学》在《人民日报》发表。文章说："郭老没有系统的哲学著作。但是他的著作可以说处处都和哲学分不开。""马克思主义的辩证唯物主义与历史唯物主义，是他的哲学思想的核心。""郭沫若在学术上所以远远超过前人和同时代一些最有才能的学者如王国维等人，首先是他在哲学思想上远远超越他们，站在科学的尖端。他所以成为中国马克思主义历史学的开创者，就是因为他最早把马克思主义哲学原理用来从事中国历史研究的实践，而且一举在榛芜纷挐的中国古代社会上取得了真正的突破。他的高明首先高明在哲学上，成就首先成就在哲学思想指导上。这是我们必须充分了解到的。郭沫若是业绩卓越、足以传之不朽的文学家、历史和考古学家，而首先是一位思想家、哲学家。古今中外的大历史家必定同时是思想家、哲学家，郭沫若就是其中之一。""自觉地接受和坚持马克思主义哲学的指导，努力在实践中融会贯通，这是郭老学术研究上的一条不是奥秘的最大奥秘。"文章对"郭沫若远高于王国维"作详尽陈述，认为"王国维关于殷周历史最重要的发现,见于他的《女字说》《殷卜辞中所见先公先王考》《殷周制度论》等考辩文字",但是"王著的发现是史料学上的",郭沫若的相关著作则通过史料"指出了历史的实质";王国维在甲骨文、金文研究方面"考辩发明的是字形、字义、人名、地名,某事某物的时间,若干具体制度如'先妣特祭'之类",郭沫若研究甲骨文的出发点则"是要从那些新出土的先民遗物中去观察古代社会的真实情形,'以破除后人的粉饰——阶级的粉饰'"。进而指出:"郭沫若、王国维在学术上达到的境界不同是来自哲学指导思想的不同。"文章说:"郭沫若的哲学思想,自然也不是某种纯而又纯、一成不变的东西。如果是那样,事情就会变得无血无肉,变得不可理解了。它与马克思主义哲学符合到什么程度,涉及的范围多广,影响多大,有什么特点等等,这一些,都只有由郭沫若哲学思想研究来作出回答。"

17 日　致函《天津社会科学》编辑肖恩元,说:"上个月寄去拙作《关于历史研究的指导思想问题》已收稿,曾希望连同旧稿一并退还。迄今未见赐复,不知是否收到了。最近又有改动,两个稿子一并作废。专此奉闻,请予原谅。"

18 日　当选为第六届全国人民代表大会常务委员会委员。

25 日　与全国人大常务委员会法制委员会副主任张友渔宴请来访的日本历史学家井上清。

26 日　撰写《〈历史小故事丛书选辑〉①序》。序言谈论青少年学习历史知识的重要性,指出了解历史,"才能充分认识自己从事某项专业的意义所在,把聪明才智贡献给祖国,贡献给人民"。认为编辑、出版《历史小故事丛书》责任重大,"它直接涉及到向我们祖国未来的主人提供怎样的知识,如何促进下一代蓬勃成长的问题",因此,"编辑、出版历史普及读物,应该是做时雨春风的工作"。

本月　《当前历史研究的时代使命问题》在《近代史研究》第 3 期发表。该文为《中国马克思主义史学与中国社会主义》之一部分。

7 月

20 日　致函《哲学研究》编辑部,寄去论文《领袖与群众》,并说:"社会

---

①　《历史小故事丛书选辑》分别由河南人民出版社、山东人民出版社和河北人民出版社于1983、1984 年出版发行,辑录从先秦、秦汉、三国两晋南北朝、隋唐、宋元、明清、鸦片战争到辛亥革命等历史时期的小故事,每册均有刘大年撰写的《与青少年朋友谈学历史——〈历史小故事丛书选辑〉序》。

科学院的刊物中,照我的感觉,《哲学研究》是办得好的。方向比较明确,有些确有研究的文章,繁琐哲学少,新题目、新面孔多。差不多每期总有一两篇文章,我是从头到尾读的。"

同日 致函邓力群,说:"一九八四年一月,是孙中山主持的国民党第一次代表大会六十周年。北京和外地几位历史研究者,给中央领导同志写信,建议举办纪念活动,托我转呈。我的想法是:一,开展对台、对外工作,这是一个适当题目。是否举行政治性纪念,请中央考虑决定。二,学术讨论会可以召开,必须认真准备。因为政治性强,涉及面广,应请社会科学院党组直接领导,并与中央统战部、对台工作等单位一起制订方案。中国史学会在上述单位的领导下出面举办讨论会,此事问过梅益同志,他表示赞同。"邓力群在该信上批示:"梅益、马洪①同志,我倾向第二个办法,可问问统战部,取得一致意见后,向中央再写一报告。"

8 月

3 日 会见应邀来访的日本学者久保田博子。

15 日 师力坤因患癌症入住北京肿瘤医院。

22 日 出席全国人大常委会为欢迎由莫里斯·恩塔霍巴里议长率领的卢旺达国民发展议会代表团举行的宴会。人大常委会副委员长荣毅仁在宴会上说,中国将继续加强同包括非洲各国在内的第三世界国家的团结和合作,反对霸权主义,维护世界和平,作出自己的努力和贡献。

27 日 陪同卢旺达国民发展议会代表团访问杭州。出席浙江省人大常委会主任李丰平主持的欢迎宴会。

本月 《关于历史研究的指导思想问题——评马克思主义"过时论"》在《世界历史》第 4 期发表。该文为《中国马克思主义史学与中国社会主义》之一部分。

9 月

4 日 出席全国人大副委员长黄华会见顾菊珍、钱家其的活动。

6 日 致函一落榜考生,鼓励其奋发有为,说:"一个人有无真才实学,试

---

① 梅益,时任中共中国社会科学院党组第一书记、中国社会科学院秘书长;马洪,时任中共中国社会科学院党组第二书记,中国社会科学院院长。

卷以及相关的头衔,本不足为凭。清代那么多状元,确有学问的寥寥无几。但是既然考试,也就得服从那种规矩。照我看,此番没有考取,应当认为是件好事。一帆风顺,缺少反面力量的激励,甚不利于奋发有为。柳宗元《敌戒》一文,讲这方面的道理很深刻,不妨一读。马克思指出只有不畏劳苦沿着陡峭山路攀登的人,才有希望到达光辉的顶点。这永远是我们的座右铭。"

同日　全国人大常务委员会法制委员会副主任张友渔来信,请选寄中国社会科学院出版的历史研究方面的资料给浙江省政府外事办公室主任王黎夫。

7日　师力坤最后一次谈话,反复讲对国事家事都满意、放心,没有遗憾,旋即昏迷。

10日　回复湖南老乡来信,说明所知道的关于其父亲曾在国民党中任职的情况。

15日　给厦门大学历史系教授黄松英回信,谈学术争论,说:"学术问题上的不同意见,常常对人是一种启发。问题是要善于汲取运用。事情既然已经过去了,正确的办法是向前看,实至总可名归。失之东隅,收之桑榆,时间不晚。"

16日　给张友渔回信,说:"黎夫同志讲读些历史书,我开了一个简单的书目,供他参考。现代人的著作,最好仍以读郭老、范老的书为主,兼及其他。社会科学院出的历史刊物如《历史研究》《近代史研究》等,可以从邮局订阅,但大部分的文章恐怕难以引起阅读的兴趣。"

19日　师力坤病逝。病危时,她对前来看望的中央美院领导说:"我们这些人都是在为党工作,政策一定要落实到具体人上,让他们体会到党的温暖。"

22日　举行师力坤遗体告别仪式。写《悼亡》诗:"一世途程逢盛业,十年风雪共重围。遗言家国无遗憾,白首惟余后死悲。"

23日　夫人师力坤骨灰安放八宝山革命公墓。

26日　写《遣怀》诗:"船山学术旧难跻,借尔高言觅径蹊。不拟孤山闲放鹤,鹁鸪恰恰向人啼。"又写"大道以歧路亡羊"[①]纸条,与诗一起压在书桌玻璃板下,直到去世。

本月　《论领袖与群众》在《哲学研究》第9期发表。这是学习《关于建国以来党的若干历史问题的决议》时对历史研究中如何正确看待领袖与群众关系问题所进行的思考。文章认为领袖与群众的关系,"显然不应当从个人性格、品质等方面,而只能从社会物质生活、特定的时代背景去寻求

---

① 《列子·说符》:"大道以多歧亡羊,学者以多方丧生。"比喻事物复杂多变,没有正确的方向就会误入歧途。

合理解释"，主张以历史唯物主义为指导，反对把领袖与群众对立起来的唯心论。文章通过分析大量古今中外的历史人物和历史事件，阐述 5 个基本观点："第一，历史上，一切处于革命地位的阶级，都需要有善于领导运动、指挥斗争的领袖和杰出代表人物，才能取得统治权，变革历史。无产阶级领袖的作用更加重要。他们的重要地位，是来自无产阶级的重要地位。""第二，个人的愿望、活动不能变革现实，广大群众的革命斗争才能改造历史。""第三，群众与领袖，没有领袖，从阶级、群众中可以产生领袖；没有阶级、群众，就不存在产生领袖的问题。""第四，领袖、先进代表人物的愿望，必须反映历史提出的任务。群众、阶级的动机，引起、促进领袖、先进人物的动机。""第五，领袖总是具有优秀的品质，他们的智慧、才能，往往表现高于群众。但那些智慧、才能，并非天生的，是他们经过同群众一起，进行艰苦斗争，经受各种锻炼，增长、丰富、提高起来的。群众是领袖的力量的唯一源泉，也是他们的才能、智慧的最后源泉。"由此强调：领袖和群众属于一个集合体；人民群众创造历史的决定作用，并不减少领袖的重要作用；反对个人迷信。

10 月

19 日　会见香港学者霍启昌。

31 日　《人民日报》刊登童超的《关于历史与现实的联系与区别》，介绍史学界就历史与现实的联系与区别的讨论情况。在《近代史研究》1981年第 4 期上的《历史与现实》的观点被作为文章主要观点的标题。文中说："刘大年在《历史与现实》一文中指出，为历史而历史，与现实无关的研究是没有的，区别只在于如何联系现实。""刘大年认为，现在的问题决不在于发明什么口号，重要的是，历史研究必须有中心，有基本目的。在今天，这个中心，这个目的，是要注重结合党提出的坚持社会主义等四项基本原则，阐述历史发展的客观规律，清除唯心主义对中国历史的歪曲，用科学历史知识武装人们的头脑，增强我们走社会主义道路的自觉性，把无产阶级解放事业推向前进。"

本月　以中国史学会主席团执行主席身份，与来北京访问的由苏中友协会长齐赫文斯基院士率领的苏中友协代表团会谈。与齐赫文斯基分别20 多年之后重逢，都主张要重新开始中苏双方正常的学术交流。

本月　《〈历史小故事丛书选辑〉序》在《读书》第 10 期发表。

11 月

1日 给范若愚①回信,说明"和缓"一词的出处,并认为"周总理改文,引经据典,足见其读书细心,见闻博雅"。

5日 《坚持史学领域批判历史唯心论的斗争》在《光明日报》发表。文章说:"历史遗产有精华,有糟粕,研究工作有唯物观点,有唯心观点。传播糟粕和唯心观点,都可以造成精神污染。历史研究中解决这个问题,要靠高举马克思主义的鲜明旗子,拿起学术批评这个锐利武器,坚持反对历史唯心主义。"

10日 给老同学回信,说:"我们这一代人生活在革命和变动的大时代。每个人的情况不同,在变动中有遭遇好的,有遭遇不好的。经过革命,社会、国家变好了。我们的子孙后代,也就可以享受革命带来的幸福了。遇事看大处、看远处,将大有益于身心健康。"

16日 在中央人民广播电台历史故事节目的讲话稿《谈学历史》在《光明日报》发表。文中说:"有些根本性的问题,我们不能只靠自然科学、技术知识提供指导,而需要由社会科学、历史事实来加以说明,指出方向。""我们熟悉了历史,就可以更深刻地认识社会主义是使落后的中国进到富强、昌盛中国的唯一道路,认识它最终将走上理想的共产主义社会美好境地。""了解历史,对于我们也可以说是温故而创新,创热爱社会主义祖国之新,创四个现代化之新。""学习历史,使人们可以用古往今来的社会生活、政治经济等各方面的知识充实自己的头脑。""现实生活的需要是广阔、灵活、多样的,历史知识对于满足人们现实生活的需要,也是广阔、灵活、多样的。"

29日 本日至12月2日,参加全国六届人大常委会第三次会议连续举行的5次全体会议,深入讨论加强社会主义精神文明建设、争取社会风气根本好转的问题。在发言中谈异化问题说:马克思讲异化是以私有制为前提、为根据的,是对私有制、对资本主义矛盾的批评、揭露。劳动异化根本不适用于分析共产主义初级阶段的社会主义,恰恰相反,私有制的消灭,社会主义、共产主义制度的诞生,正是使异化得以克服,能够消除。

---

① 范若愚曾任周恩来理论秘书、中共中央党校副校长。

12 月

3 日　《人民日报》头版刊登《六届人大常委会三次会议全会讨论加强精神文明建设争取社会风气根本好转问题》，报导全国六届人大常委会第三次会议上部分常委的发言。

17 日　杨秀峰夫人孙文淑寄杨秀峰 1935 年 5 月在北平师范大学所作的《历史动力学之检讨》的学术报告讲稿，问该遗稿"可否发表"，并说"如您认为可以发表，就请您看看还有什么需要修改之处？"接信后撰写《杨秀峰〈历史动力学之检讨〉重印记》一文。

26 日　前往毛主席纪念堂瞻仰毛泽东遗容，参观毛泽东、周恩来、刘少奇、朱德纪念室，观看纪录毛泽东、周恩来、刘少奇、朱德和其他老一辈无产阶级革命家领导中国人民进行艰苦卓绝革命斗争事迹的纪录片《光辉永存》。党和国家领导人胡耀邦、邓小平、赵紫阳、李先念、彭真等与首都各界人士 3000 多人参加这次纪念活动。

29 日　胡乔木视察卢沟桥地区的桥史资料陈列馆，就建立抗日战争纪念馆及该馆陈列内容发表重要讲话。胡乔木在同白介夫谈到建馆方针、史料征集、展品陈列时，明确说有问题可以找刘大年。邓颖超也曾派秘书到陈列馆，转达她与胡乔木相似的想法。桥史馆的领导抓住这一契机，马上写报告，通过有关领导送到中央相关部门批示。

本年冬　根据中央领导关于中国社会科学院牵头，筹备成立一个全国性的孙中山研究学术团体的批示，成立由中国社会科学院党组第一书记梅益任组长，中央统战部副部长李定、民革中央副主席吴茂荪、全国政协副秘书长杨拯民、中国史学会刘大年任副组长的筹备工作领导小组。在梅益主持下，刘大年实际承办筹建孙中山研究会的工作。

本年　中国社会科学院学位委员会各学科评议分组成员名单公布，与夏鼐、杨向奎等 22 人当选为历史学评议组成员。

1984 年（70 岁）

1 月

9 日　经中共中央批准,担任孙中山研究学会①副会长,胡绳任会长,民革中央副主席屈武和朱学范任顾问。孙中山研究学会理事会由 15 人组成:马璧、刘大年、李侃、李新、李泽厚、吴茂荪、陈锡祺、金冲及、金应熙、胡绳、贾亦斌、章开沅、蔡尚思、黎澍、戴逸。

16 日　上午,举行中国史学会主办的纪念中国国民党"一大"60 周年学术讨论会暨孙中山研究学会成立大会开幕式。邓颖超、王震、杨尚昆、周谷城、朱学范、杨静仁、钱昌照、王昆仑、梅益、平杰三、苏子蘅、吴茂荪、梁漱溟、吴于廑、李定、杨拯民以及全国各地专家学者 320 多人出席。中共中央政治局委员、全国政协主席邓颖超发表主题讲话。邓颖超在讲话中呼吁进行第三次国共合作,说:"过去,国共两党进行过两次合作。这两次合作,实现了北伐和抗日的大业,收回了台湾,有力地促进了我们民族的进步。今天,我们的伟大民族和国家,仍然面对着一个发愤图强,自立于世界民族之林,为人类作出较大贡献的问题。为什么不能像前两次一样,把民族大义放在第一位,以国家利益为重,消除因国共两党分裂而造成的炎黄子孙的隔绝状态,来共同建设我们的国家呢?"

下午,全国各地参加纪念中国国民党"一大"60 周年学术讨论会的专家、学者 60 多人,向大会提交论文 40 余篇,主要就以下问题展开学术讨论:实现第三次国共合作的可能性和现实性,第一次国共合作时期国民党内部的派别问题,第一次国共合作的倡导者。

晚上,与平杰三、李定、胡绳等以及参加纪念中国国民党"一大"60 周年学术讨论会暨孙中山研究学会成立大会的代表 120 多人,应邀出席中国国民党革命委员会中央委员会在人民大会堂台湾厅举行的茶话会,纪念中国国民党第一次全国代表大会 60 周年,祝贺孙中山研究学会成立。屈武主持茶话会并致词,呼吁海峡两岸的同行们在孙中山研究上进行交流。朱学范在讲话呼吁"在台湾政界的老同事、老朋友们""勿忘六十年前中国国民

---

①　孙中山研究学会 1986 年定名为中国孙中山研究会。

党第一次全国代表大会的精神，及早回到孙中山先生开辟的国共合作的道路上来，为祖国的和平统一大业立功而流芳百世"。

17 日　主持召开孙中山研究学会理事会第一次会议，主要议题是研究近两年的工作安排。理事们提出加强研究，出版专著、资料，建立同海外学者的联系等建议。在会上最后发言，建议在 1985 年 3 月孙中山逝世 60 周年的时候，举办一次国际学术讨论会，对几十年来国内外孙中山研究的状况进行调查研究："国内几十年来对孙中山研究成果不少，但缺乏系统深入的述评和总结；外国研究孙中山的也大有人在，著述颇多，但观点各异，评价不同，对此我们更缺乏系统全面的了解。为了进一步推动孙中山研究，同时也为了准备 1986 年孙中山诞辰 120 周年学术活动，需要对国内外孙中山研究的历史和现状进行较为系统周密的调查研究。因此，建议举办一个规模不大，邀请国内外确有研究者，分专题对五十年来孙中山的生平、业绩、思想、理论研究成果作出述评。文章要求有述有评、有对加强今后研究工作的建议。"这一动议，得到与会理事的一致赞同。会议休息时，章开沅说："我们讨论了一个多小时，都没有说到点子上，大年同志一下子就抓住了要害，我们怎么就没有想到呢？"会后，召开孙中山研究述评国际学术讨论会的建议经中国社会科学院党组同意报中央批准。

25 日　日本东京都立大学人文学院教授野泽丰来信，对夫人师力坤去世表示悼念之意，对文章收入《纪念辛亥革命七十周年学术讨论会论文集》并作了修改表示感谢。

28 日　撰写的《新春联》在《人民日报》发表："两个文明同建设无分甲乙；四项原则共坚持永传子孙。""雪花献瑞玉龙鳞甲飞大地；绿酒添欢家人父子舞丰年。""海宇尘嚣坚甲牧马立国之道；人寰春暖孺子为牛尽我所能。""岁月峥嵘应知花甲易屈指珍惜少壮；江山锦绣乐与赤子同存心服务人民。"

本月　日本京都日中学术交流恳谈会的有关联络人提出倡议，在三年半后的 1987 年 7 月，即卢沟桥事变 50 周年之际，邀请中国学者召开关于近代日中关系的学术讨论会。这种看法不久就得到"恳谈会"联络会议的承认。

本月　为会前出版的《中国国民党"一大"六十周年纪念论文集》撰写序言。说：60 年来，中国国民党第一次全国代表大会的重要历史地位和作用，并没有为时光所淹没。"伟大的革命先行者孙中山先生为代表的坚定的革命民主主义者，与五四运动以后不久登上历史舞台的中国无产阶级政党中国共产党，实行组织上、行动纲领上的合作，中国革命史上一个前所未有的巨大高潮,由此澎湃而起。""那次大会制定的方向,是中国能够走上民族独立、获致民主和繁荣的正确方向。""现在六十年过去了,实践证明,只有社会主义能够救中国,而国民党与共产党合作,又正是我们民族团结、奋起的一种有效形式。"

本月　《关于历史研究的指导思想问题——评马克思主义"过时论"》在《编创之友》第1期发表。文章末尾标明:摘自《世界历史》1983年第4期。

2月

23日　与全国人大代表朱德熙、全国人大常委会副秘书长阎明复、中联部副部长李淑铮、外交部副部长温业湛、北京市人大常委会副主任武光等参加全国人大常委会举行的欢迎由国民议会议长、民族统一进步党总书记埃米尔·姆沃罗哈率领的布隆迪国民议会和民族统一进步党代表团的宴会。宴会由彭冲副委员长受彭真委员长的委托主持。

26日　与人大常委会秘书长王汉斌、阎明复参加李先念主席在人民大会堂会见布隆迪国民议会和民族统一进步党代表团的活动。会见时,双方就国家建设、国际形势等问题进行了谈话。

与彭冲、李淑铮、对外经济贸易部副部长吕学俭等,参加胡耀邦在中南海会见布隆迪国民议会和民族统一进步党代表团的活动。会见时,胡耀邦说:"一个执政党就国内的任务而言,把经济搞上去,使国家兴旺发达就是最大的政治。""中国愿意在技术、设计等方面同布隆迪开展合作,并希望两国加强贸易关系,互通有无。"

27—28日　陪同布隆迪国民议会和民族统一进步党代表团在安徽合肥市进行访问,参观安徽省纺织印染总厂等地。

本月　《异化与历史》在《瞭望》周刊第8期发表。文章认为,胡乔木的文章《关于人道主义和异化问题》第一次把异化问题和历史研究的关系彻底讲清楚了。文章说:"近来关于异化问题的讨论中,一些文章的作者,或者肯定社会主义要发生异化;或者认为异化是被马克思改造成的'辩证唯物主义和历史唯物主义的基本范畴之一';或者简单明了,提出'人——非人(假人)——人'的公式,把人类历史概括为人性、人的异化和复归的历史。照这些论述,明白无疑地是认为人类历史前进的动力,是离开特定社会关系、社会条件的人性、人的本质和人的异化。"指出,这些论述应该称作"异化史观",其突出的特点是:"第一,它讲历史动力,但并不以人类全部历史为研究对象,而只是以社会主义制度的历史为对象,即所要研究解决的,不是人类社会的过去，而是人类社会的现在和未来。第二，它并不广泛搜罗史料，考证辩论，主要只是就马克思的著作考证辩论。这两个特点又是紧密地结合在一起的。"文章对"异化史观"的观点进行分析，指出其"根本违反马克思的学说，也根本违反我国现实生活的实际"。强调："历史不能从人性得到解释，相反地人性必须由历史来解释。用人性、人的异化解释历史，就像神学史观中用善和恶解释历史，儒家学说中用君子和小人解释历史一样，没有、也不可能说明任何问题，它只是换一个'高深'的方法，表示我们的认识确实经历了一场'复归'，从少壮又'复归'到了童年的某个时候。"

3 月

2 日　《人民日报》刊登《〈中国国民党"一大"六十周年纪念论文集〉出版》："中国史学会编辑的《中国国民党'一大'六十周年纪念论文集》，由中国社会科学出版社出版。该书共 16 万余字，收有陈锡祺、陈旭麓、张静如等写的 17 篇论文，刘大年著序。所收论文探讨了中国国民党第一次全国代表大会和第一次国共合作的史实，评述了其重大的历史贡献。对孙中山、廖仲恺、宋庆龄、邓演达、李大钊、毛泽东、瞿秋白等，书中均有专文评论。"

8 日　致函湖南华容县教育志编写组、黎元善，拒绝为《华容教育志》作序和题字，但表示"可以作点参谋、顾问工作"，并提相关建议说："人物志可以编写，但要分析，不能都从肯定的角度去写。其中如蔡元吉，便甚不足取。他深蒙李秀成佳爱，与其他少数人受守江浙重任，很快投降清军，反戈相向，博得清政府青睐，给予嘉奖。最后裹得大宗财物回到故土，成为全县第一号大地主，等等。其人其事作为农民战争中的一种现象，可以研究，但不应在志书上予以表彰。所有人物事迹，均需核实，信而有征。评述不虚美、不溢恶，要重视思想性，要有教育意义。切忌为写传而写传，把一些不值得讲的人和事，宣扬一番，给后人留下不良的东西。我希望看到你们的新成果。"

12 日　参加在中山公园中山堂举行的纪念孙中山逝世 59 周年活动。

19 日　致函美国加州大学洛杉矶分校应用语言学系系主任拉斯坎贝尔教授，感谢其对在美国留学的儿子刘醒吾在他母亲病逝期间的关心，商谈在北京见面事宜，并说："中美两国人民的友谊，传统悠久，意义伟大。这种友谊需要不断增进，永远发展下去。"

春　1982 年中国史学会加入国际史学会后，即着手准备参加 1985 年 8 月将在联邦德国斯图加特市举行的第 16 届国际历史科学大会。本年春，中国史学会开始筹组中国学者代表团,经酝酿,拟由刘大年担任团长,季羡林、莫阳为顾问。筹组的中国学者代表团有团员 20 人:丁伟志、丁建弘、田汝康、齐世荣、华庆昭、刘明翰、张广达、张芝联、张椿年、陈之骅、李侃、余绳武、林甘泉、金应熙、高望之、曹大鹏、黄其煦、鲍世修、潘人杰、蔡祖铭。其中,张椿年兼秘书长,曹大鹏兼副秘书长。中国学者代表团成员确定后,刘大年提出要切实准备好论文,出发前将论文结集出版,把论文集作为中国史学会送给国际历史科学大会的礼物。

4 月

1 日 致函岳阳楼大修办公室负责人,并应邀为大修后的岳阳楼题写楹联:"鲁肃兵轻,范公文远,万般气象观今日。滕王歌歇,黄鹤踪杳,十面湖山上此楼。"

9 日 致函中国国民党革命委员会中央委员、中国孙中山研究会理事马璧,说:"大作已转《团结报》。其中一篇,编辑同志谓定于最近一期发表,想必无误。"

14 日 全国人大法律委员会副主任委员、中国社会科学院顾问张友渔就筹建抗日战争纪念馆事来信,介绍北京市文物事业管理局顾问陈鼎文前去面谈,说:"去年十二月,乔木同志曾指示北京市建立抗日战争纪念馆。北京市政府指定文物局顾问陈鼎文同志同有关方面进行联系。因乔木同志谈话时一再提到如何进行,可多请您指导,他迫切需要向您汇报情况,并有些问题须向您请教,请您帮助。现特函介绍,务希接谈,并大力支持!"

20 日 陈鼎文来信,说:"谨把议后修订的给胡乔木同志的报告抄送给您,请核阅,并盼答复我们,我们是很企望您给以大力支援,义举共襄。"

22 日 致函胡乔木,赞同在卢沟桥畔宛平城修建抗日战争纪念馆,认为"办好卢沟桥抗日战争纪念馆是一件具体的事,但却是一件关系振奋民族精神的带有关键性的事。对这方面的投资,是对我们事业长远精神力量的投资。它将和物质建设投资一样,造福子孙后代。现在不办,后人甚至会责备我们。"

25 日 参加《历史研究》编辑部在政协礼堂举行的创刊 30 周年暨优秀论文发奖大会,并在会上发言。

本月 《异化与历史动力问题》在《哲学研究》第 4 期发表。该文是对《异化与历史》一文内容的拓展与深化,重点对"社会主义异化论"和"人性支配历史论"进行分析批判。文章说:"不管关于人性的议论多么悠久了,没有哪个严肃的历史学家至今还是赞成把抽象的人性或人的自然本性作为历史动力去看待。"并列举在哲学上反马克思主义的英国哲学家和历史学家科林伍德的相关论述说明历史事实不能由抽象的人性去作出有意义的解释。指出：马克思主义历史唯物主义"不是从人的本性、本质去观察、认识历史，而是抛开它们，转而从人类存在不可须臾离开的人的生产、社会联系来观察历史，发现它的前进动力的"。"'以人为中心'的历史唯物主义体系会是个什么样子，现在不得而知。但可以预先肯定，那必定是与马克思主义相对立的，必定是要为历史唯物主义所否定的东西。"强调："历史前进的动力，是生产力的发展，生产力与生产关系的矛盾，在阶级社会是表现这种矛盾的阶级斗争。"

本月　写《赠老友井上清先生》两首："（一）云雷论学许相知，一帜堂堂独树之。骨里人窥千尺铁，书中自理百团丝。回头讲座推元老，屈指西京数大师。我待观君再踊跃，光辉顶上几驱驰。""（二）等身著作鬓双斑，与世清泉照胆肝。党锢传中范孟博，儒林史上汉任安。昆仑历后谈高下，沧海量来认窄宽。一部马恩笑神会，寸心寰宇共波澜。"

5 月

3 日　参加中共中央政治局委员、中日友协名誉会长王震在人民大会堂会见并宴请井上清和夫人的活动。井上清和夫人于 4 月 17 日来华访问。

28 日　湖南省人大常委会办公厅来函，邀请列席 20 日召开的湖南省第六届人民代表大会第二次会议。

本月　应邀参加中央对外联络部副部长张致祥主持的 1964 年出席北京科学讨论会老朋友聚会。宴会上，井上清正式通报与刘大年协商过的京都准备举办卢沟桥事变 50 周年国际学术讨论会的计划，并说，为扩大影响，拟与东京合办，如经费不足，也要开成日中两国学者的讨论会。

6 月

6 日　胡乔木就修建抗日战争纪念馆事致信中共中央书记处书记、国务院副总理万里，要求中央部门牵头筹备，并在各方面予以大力支持。

15 日　就出席第十六届国际历史科学大会准备论文事，致函中华书局总编辑、中国史学会第三届理事会秘书长李侃和《历史研究》主编庞朴，说："您们二位要写的文章，我一直挂在心上。如果限于最近几年的成绩不好写,范围宜于放宽。现在时间很紧了,是否可以找个地方躲起来,突击一下,以便速奏厥功。事关代表团工作成败,应采取断然措施。如何之处,烦商酌决定。希望不久能拜读大作。"

同日　给湖南省岳阳市博物馆熊培庚回信,谈题岳阳楼楹联事,说:"前些天《湖南日报》文艺部同志来信,谓那两行字颇引起一些观览者的兴趣,并要我写点文字,再解说一下。因为没有时间,尚未作复。"

17 日　给《天津社会科学》编辑回信,说:"最近北京举行爱国主义历史读物授奖,《光明日报》将发表一版文章。我在会上有个发言,现改成一短稿,寄去看是否可作补白之用。"该稿是在中国史学会、中国出版工作者协会联合评选爱国主义优秀通俗历史读物会议的发言稿,认为这次评选"既强调了历史研究工作的方向,也重视了面向群众的形式"。发言稿以《方向和形式》为题发表在《天津社会科学》第 4 期上。文章说:"爱国主义思想建设,是社会主义精神文明建设的一个重要方面,重要部分。一些内容比较充实,适合这方面需要的作品、读物,理应受到客观的评价。这种评价,直接地是肯定作者在建设社会主义精神文明中所取得的成绩,从根本上说,也就是对于历史研究应当联系实际这个方向的强调和评价。""各种读物,根据读者对象不同,写法不一样。通俗读物,是与专门的学术著作相比较而言的。它们可以有区别,但没有不可逾越的界线,花过功夫的通俗读物,同时就是学术著作。"强调:"我主张不要看轻通俗读物。要向在这方面作出了成绩的同志学习。"

24 日　致函中国人民大学腾雷,介绍原北方大学一学生学习情况,希望能够书面证明其学历。

同日　给张书生回信,谈诗,说:"你多年从事翻译,介绍国外历史学情况,可谓成绩斐然。我自己首先从中获益不少,应当十分感谢。""诗中精神状态高尚,意兴娱悦,偶见牢骚,无伤大雅。可惜对于诗,我只是一个爱好者,无评论,就说不出所以然了。"

本月　《杨秀峰〈历史动力学说之检讨〉重印记》在《近代史研究》第 3 期发表。文章介绍杨秀峰《历史动力学说之检讨》的写作背景、主要内容和现实意义等。文章说:"五十年以后的今天,马克思主义历史学理论研究,在国内国外都有了长足的进展。与此同时,资产阶级历史哲学的牌号也日益翻新,如相对主义、存在主义、结构主义、'新马克思主义'等等,层出不穷。在世界范围内,历史学领域里,马克思主义与反马克思主义,历史唯物论与唯心论的斗争,和半个世纪以前一样激烈。"指出"要从新的实际情况出发,站在新的水平上去效法"杨秀峰加强历史学理论的研究。文章还评论杨秀峰投笔从戎后的革命生涯，认为他既是思想家，更是实践家，是一个全面成熟的革命者。

本月　负责编写和定稿的《中国近代史稿》第二、三册由人民出版社出版，署名为中国社会科学院近代史研究所。这两册为第二编"半殖民地半封建制度的形成。中国人民为反对列强的统治和瓜分中国而斗争（1864——1901 年）"，是原《中国史稿》第四册第二章内容的扩写。其中第二册共 6 章（即第一至第六章），为原《中国史稿》第四册第二章前 6 节内容的扩写；第三册共 3 章（即第七至九章），为原《中国史稿》第四册第二章后 3 节内容的扩写。《中国近代史稿》第二、三册除了在章下新设节并扩写、增加插图和图版之外，篇章的名称与《中国史稿》第四册对应的章节名称保持一致。《中国近代史稿》第二编原定为该书第二册，因篇幅较多，分成两册，作为第二、三册出版。参加第二、三册编写、提供部分初稿和查对资料、参加讨论的人员，有丁名楠、王明伦、龙盛运、刘仁达、吕良海、严敦杰、张振鹍、张海鹏、金宗英、俞旦初、钱宏、樊百川。按照计划，《中国近代史稿》第三编也分为两册，即还有《中国近代史稿》第四、五册，时间到 1919 年；但《中国近代史稿》只出了 3 册，时间到 1901 年截止，原计划编写的第四、五册最终没有能够定稿。

《中国近代史稿》第二、三册反映的是改革开放初期近代史学界特别是中国社会科学院近代史研究所的学术成果，具有鲜明的承前启后的特色。透过那些具有一定时代印痕的具体表述，可以看出，在主撰《中国史稿》第四册特别是主撰《中国近代史稿》第一至三册的过程中，刘大年对马克思主义史学理论与中国近代史研究有了比较成熟的看法：（1）历史运动的动力来自社会内部不同形式的矛盾对抗，那种矛盾对抗的状况随着不同社会结构的状况而异。帝国主义、封建统治势力与中国社会结构变异而来的两大对抗性矛盾，是随着近代中国社会结构变异而来的。近代中国历史的全部运动就是在这两大矛盾的基础上形成和发展起来的。（2）民族矛盾与阶级矛盾两个矛盾并存，民族斗争的形势影响或作用于阶级斗争、阶级关系的演变；反过来，后者也作用于前者。它们清楚地表现出历史运动的若干客观规律性。讲近代史，最终是要从说明两个矛盾的各自位置、它们相互关系、作用中所表现出来的客观规律性揭示历史规律。（3）事物要从运动中去认识。中国近代社会各阶级的不同地位、性格、作用以及它们的相互关系等，都是从事变态势中，从一定时间过程中表现出来的。（4）历史的运动是一个整体运动。社会生活中经济基础、上层建筑等部门功能各异，而它们又是、也只能是作为一个互相连结、彼此无法分割的体系，作为一个体系的整体存在和发生作用的。社会生产、经济生活是这个体系、整体的核心。人们对一定时间里的基础、上层建筑等必须摆在整体运动上去认识、去理解。

7 月

6—18 日　应中国史学会邀请，国际历史科学委员会秘书长阿维勒访华，与中国史学会负责人以及中国历史学家代表团部分成员，就中国代表团参加大会的有关事宜进行商谈，并做妥善安排。

10 日　作为全国人大专门委员会负责人，与全国人大常委会委员何英，全国人大专门委员会负责人张珍、雷洁琼、区棠亮，参加全国人大常委会副委员长王任重在人民大会堂同由第一副议长莱奥波尔多·托雷斯率领的西班牙众议院代表团举行的工作会谈。西班牙方面参加会谈的有西班牙众议院第二副议长安东尼奥·马丁内斯、第三副议长何塞普·维尔德·阿尔德阿、第四副议长何塞·米格尔·布拉澳·德拉古那，以及西班牙驻中国大使乌塞莱。这是中西两国 1973 年建交以来，中国人大常委会和西班牙议会领导人之间的首次会晤。托雷斯在会谈中详细了解了中国人大和中央政府与地方政府的组织机构以及它们之间的相互关系。双方还就共同关心的国际问题交换意见。

25 日　中国国民党革命委员会中央监察委员会常委、北京市政协委员尚传道来信，谈如何起草孙中山研究计划事，希望"赐予指导"，并说："请将您及贵所同仁诸先进的研究情况、计划及已有成果等，提示概要，如有现成印件，并序惠寄。"

26 日　安徽省临泉二中历史教师、县政协常委王国炳来信，谈拟研究匪患问题，说："我县地处豫皖边境，自民国以来，匪患特别严重。拉大杆者民国初年有白朗，十一年有老洋人，十五、六年有李老末、老王太、老德正，二十一年有赵洪善。这些人拉杆的规模都在万人以上，他们大多数是河南人，只有赵洪善是我县人，他们活动的范围西至陕西、甘肃，南到湖北，东到安徽、山东；自白朗到赵洪善前后约二十年。怎样看待这些大规模的农民运动呢？除白朗外，皆按传统看法呼之为'匪'。所有新民主主义革命史都未提及此事，我愿对这个问题作一些调查研究，填补这个历史空白。我打算趁很多知情人还在，进行广泛的调查，还准备查阅一些有关资料，但我又感到我一个人的力量有限，又缺乏搞科研的经验，故特向您求援，恳请您在百忙中给予指教。"

29 日　《湖南日报》刊登该报编辑蔡栋的《刘大年散记》。文章介绍因约稿而在湖南长沙与刘大年见面的情况，重点谈刘大年对学术争论、培养研究生和自学等方面的思想。

本月　作为湖南省选出的人民代表回长沙参加湖南省人民代表大会。会后回故乡，了解家乡的变化。后来村民在老家后山上立碑——"雪窝山，刘大年出生地"。

本月　1944 年在太行山上读到郭沫若《甲申三百年祭》后写的 3 首诗和 1962 年写的评郭沫若《替曹操翻案》的诗合并为《〈甲申三百年祭〉书后四首》在《诗刊》7 月号发表。

本月　作《紫禁城漫兴》："何止声名是帝乡，紫城今日添风光。苍海东回陈博物，昆仑西枕起华堂。衣冠万国来仙客，典礼千秋盖百王。试望天安门外路，旗林车水火之洋。"该诗发表在《紫禁城》当年第 5 期。

8 月

12 日　给尚传道回信，说："关于孙中山的研究，长时间是分散进行，缺少统一规划。你们抓一下这项工作很需要。我们已定于明年三月间在北京举行一次学术会议，题目叫'孙中山研究述评'。目的是搜集资料，了解情况。你们那里届时当会收到通知。社会科学院近代史研究所王玉璞同志是科研处负责人，我已经告诉他，有事请同他联系。作计划，出好题不容易，组织计划的实现更不容易。希望我们彼此密切协作，在这项工作中确实作出一些成绩。"

15 日　给安徽临泉二中历史教师王国炳回信，说："对于您打算做的调查工作，我很赞成。旧中国的匪患是半殖民地半封建社会一种复杂的社会现象。匪与军阀的社会基础本来不同，但它们并非不可相通。土匪最初只抱经济目的，势力一旦膨胀，便可以有政治野心。小则为匪，大则为阀。其中当然有大量破产农民，但他们总为生活所迫，被迫卷入，缺少反压迫斗争的意义。他们之中，自然又是可以发生分化的。所以要把事情看得复杂一点。社会历史调查工作，最要重视的是客观可靠性，并有文字可资考订。道听途说，以讹传讹，殊不足取。人力问题，与本地区有关单位协作，最为上策。"

同日　给湖南省岳阳市博物馆工作人员熊培庚回信，说："《岳阳地区文物志》已经见到，也粗略翻阅过。这个工作是值得做的。我不了解具体情况，如果有条件的话，不妨进一步考虑编辑当地人物志。内容主要介绍学术文化，同时也把有关的著作、文集搜集起来，备保藏展览之用。乡邦文献，古人所重。我们不是用旧的观点看待这件事,对于一个地区的文化发展建设,远不失为一种推进途径。"此外,还谈到资料查询及岳阳楼起源稿子推荐问题等。

18 日　给长沙国学专修学校同学周济回信,答复参加孙中山学会诸事。

9 月

3—4 日　作为中国地方志指导小组成员,参加中国地方志指导小组专门会议,讨论贯彻中共中央总书记胡耀邦、中央政治局委员胡乔木关于地方志工作的批示。

8 日　与全国人大常委会副委员长黄华、委员郝德青、宋一平以及外交部副部长钱其琛等,应邀出席意大利参议院议长弗朗切斯科·科西加在意大利驻华使馆举行的答谢宴会。

16 日　给《湖南日报》蔡栋回信,谈题岳阳楼楹联争鸣事,说:"我完全赞成争鸣,不过我还不准备参加。"

19 日　《十面湖山上此楼》在《湖南日报》发表。文章解释其题岳阳楼楹联中的"十面湖山上此楼"中的"十面"为何不用"四面",说"主观上无非是想表达自己的一点情感":"岳阳对我来说是桑梓之地。四十多年以前我曾去岳阳楼游览。那时国家民族不知何日才睹光明,湖光山色,景象萧瑟。现在祖国已经在伟大的社会主义道路上走过了光辉的三十多年。人们再登上此楼,面对着的是一个改造了旧世界的整个新世界。眼底心头,湖山何止'十面'?各人的心会有异,但美好的客观环境,一般总激发人们美好的情怀。"

21 日　《人民日报》刊登署名王能雄的"书讯",介绍刘大年主编的《中国近代史稿》。

10 月

10 日　致函中共湖南省华容县委,谈支援金窝大队办电事,说:"今年七月到家乡参观,一派欣欣向荣景象,同志们的工作成就显著,至感至慰。金窝大队生产单一,资金积累甚少。连年筹划办电,群众生产、生活受到不利影响。最近大队有人至北京,谈起此事,希望县里能给点支援或贷款,促成他们解决这个问题,不知有无可能?你们自然是很关心的,群众的心情我们也可以理解。听说秋来山区受旱不轻,这大概又要给你们增加一些新的工作。"

19 日　中国人民抗日战争纪念馆筹备委员会成立,由文化部部长朱穆之任主任,北京市常务副市长白介夫及解放军总政治部副主任刘汉任副主任。北京市政府专门抽调精干,成立基建指挥部,具体负责馆舍建设。

30 日　致函胡绳,送《论历史研究的对象》初稿请提意见,说:"我今天出发,去武汉参加一个学术讨论会。孙中山纪念馆的事,只有回来再谈了。送去一篇稿子,请予指教。全文太长,可着重看看 6 页以前,22 页以后。有问题的地方,希望在稿子上随手批答,就便退还。"

同日　给湖南国学专修学校同学石如回信,谈题岳阳楼楹联争论事,说:"对于随作小联,我自己没有什么要解释的。我国古代大作家也有些作品,长期存在争论。凡站得住的,就流传下来了,站不住的就淘汰了。何况小作,本不足以语此。前人说,'作者何必然,读者何必不然'。人们可以认为,反过来说也是一样。不过既然承认读者的'何必不然',其他的话也就成为蛇足了。"

31 日　中国社会科学院世界历史研究所副研究员许明龙自法国巴黎来信,谈《论历史研究的对象》在北京未能解决的几个注释问题,以及拜会国际历史学会秘书长阿维勒的情况,并随信寄资料卡片若干。

11 月

1—6 日　根据全国历史学规划小组建议,《近代史研究》《世界历史》《中国史研究》《江汉论坛》编辑部共同发起举办的第一届全国史学理论讨论会在武汉召开。在会上作《坚持实事求是,发扬勇敢精神》的发言。会议重点讨论历史与现实、历史发展的统一性与多样性问题。

3—9 日　由《中国近代文化史丛书》编委会、河南省社会科学院历史研究所和河南省历史学会联合举办的中国近代文化史学术讨论会在河南省郑州举行。出席会议并讲话。这是新中国成立以来举行的第一次近代文化史学术讨论会,来自全国各地的专家、学者 70 余人参加会议。会议期间,中共河南省委副书记、省委理论领导小组组长刘正威会见部分专家,省委理论领导小组副组长、省社联主席张树德出席会议并讲话。

12 日　给在法国巴黎访学的世界历史研究所许明龙回信,感谢他"跑图书馆,查资料",并谈及阿维勒访华诸事。

12 月

24 日　草拟马克思主义史学理论"十论书"提纲:"1. 论历史学理论研究;2. 论历史研究的指导思想问题;3. 论对象;4. 论规律;5. 论动力;6. 论主体;7. 论领袖与群众;8.(论历史发展阶段?);9. 论历史研究的时代使命问题;10. 论历史科学与世界观。"

27 日　出席中国史学会举办的《中国历史学年鉴》创办五周年茶话会,并为《中国历史学年鉴》题词:"众人之力,一年之鉴。"

29 日　中国社会科学院近代史研究所研究员王庆成来信谈太平天国研究问题,说:"前几年有人写文章,根据张德坚《贼情汇纂》中的那些话,说《天朝田亩制度》根本没有印过。我写信给作者,告诉他这个说法站不住脚,因为外国人得到过这本书。但这篇文章后来还是发表了,只是根据我告诉他的这个情况稍稍作了修改。"信中说明了《天朝田亩制度》在国外流行版本情况,并附上《太平天国的历史和思想》校样。王庆成著《太平天国的历史和思想》1985 年由中华书局出版。

1985 年（71 岁）

1 月

1 日　胡绳来信,说:"昨日(是去年了)偶读到光明日报编的《文摘报》第 169 期,其中摘有一篇关于孙中山之文。《前进》不知是什么刊物,竟有这样的文章,而《文摘报》竟认之为什么'新见解'!兹奉上请一阅。我认为,有必要对此文所发意见写一评论文章,当然不要只是简单地说它不对(更不要扣帽子),而要认真地讲一些马克思主义的基本道理(为什么对革命要作阶级分析,资产阶级领导的民主革命是不是只有资产阶级参加,为什么毛泽东说孙中山是伟大的革命先行者。当然要由中国的历史状况来说,也要说一点外国的例子)。发这种'新'见解其实有悖起码的马克思主义,也缺乏历史知识,所以要作比较详尽的解释。我想,近代史所当能找到一位同志写这样一篇文章。我希望你找一位同志写一下。"该信还对《论历史研究的对象》稿子提了意见,认为中心不够明确,尚须磨炼,并说:"大作似乎主要是在论阶级和阶级矛盾是阶级社会历史的'枢纽'。但，对此，文中似无确切的论证（而系从一般概念出发来论证），例如说'思想关系的根源，仍然在于物质关系，这应当用不着论证'——但这正是需要论证的。目前史学界似乎颇有点（当然是少数人）不大承认阶级分析方法的倾向（上述论孙中山之文即为一例），如论述此问题，似应针对为什么会发生这种倾向的认识原因。"

2 月

2 日　与朱学范、梅益共同致函全国人大常委会委员长彭真，说："去年，经中央书记处批准，成立了孙中山研究学会。学会理事会关于'在北京建立孙中山纪念馆、筹设孙中山研究基金和筹备孙中山诞辰 120 周年纪念活动'等项工作，也获得了中央的同意。在过去八、九个月中，我们首先就建立孙中山纪念馆问题进行了一些活动。现在草拟了两个文件，送上请翻阅。春节以前不知您能否安排一点时间同我们见一次面？"

4 日　与全国人大常委会副秘书长有林和中国社会科学院副院长汝信到机场，为离京前往日本出席 5 至 7 日在东京举行的亚洲议员人口和发展问题会议的全国人大常委会委员、中国人口学会会长许涤新一行送行。

7 日　彭真就建立孙中山纪念馆面谈事回信，说："春节前我在外地，谈话时间待回京后再约。"

16 日　当选为国务院学位委员会第二届学科评议组历史分组成员，并为评议组召集人之一。

同日　致函日本早稻田大学教授安藤彦太郎夫妇，谈孙中山研究述评国际学术讨论会诸事。

25 日　为解决近代史研究所研究员丁名楠住房问题，致函梅益。

3 月

12 日　参加在中山公园中山堂举行的孙中山逝世 60 周年纪念活动。

21—28 日　与胡绳一起主持在河北省涿县召开的纪念孙中山逝世 60 周年"孙中山研究述评"国际学术讨论会。参加会议的有研究孙中山的著名学者 49 人，其中来自国内的 33 人，日本、美国、澳大利亚、联邦德国、民主德国和香港地区的 16 人，收到论文 45 篇。这是一次纯学术性会议，省去了开幕式、闭幕式、请领导讲话等环节。胡绳致欢迎词后,刘大年直接致开会辞,就讨论会的目的和方法进行说明:"这次讨论会也可以说是一次调查研究的会,一次集思广益的会。目的是估量、评价以往研究的成就,提出推进今后研究工作的希望和设想。"提出在坚持"百家争鸣"方针下,就各位作者所介绍的情况,一些重要论点、思想及其根据等,以及就会后的研究工作如何开辟新局面,创造新水平交换意见,提出建议;规定每位发言者发言的时间,并用闹钟提醒大家注意时间。会议对近50年国内外孙中山研究的状况进行深入研讨,提出和讨论40多个题目,交流国内外研究孙中山的状况和今后应着重研究的课题,同时确定1986年纪念孙中山诞辰120周年国际学术讨论会的主题为"孙中山和他的时代"。会议的成果由孙中山研究学会编成《回顾与展望——国内外孙中山研究述评》一书,中华书局1986年出版。

1986年会议主题确定以后,提出主要应抓论文:一方面,哪些是孙中山研究必须有的题目,专门约稿;另一方面,广泛征集论文,然后请国内有关专家组成评议组,进行评选。

29日　回到北京后,邀请前来参加孙中山研究述评国际学术讨论会的卫藤沈吉和安藤彦太郎商谈。提议于1987年七七事变50周年时,在东京召开以日方为中心的国际会议,并反复强调要开成一个像1981年中国召开的辛亥革命70周年讨论会一样的学术讨论会。由于事关卢沟桥事变,而且要在东京召开,卫藤沈吉和安藤彦太郎请求回国后再研究一下。

4月

9—23日　应日中文化交流协会会长井上靖先生邀请,以中国学术代表团副团长身份访问日本。梅益担任团长。团员有中国社会科学院历史研究所所长林甘泉、中国社会科学院历史研究所研究员杨向奎、山东社会科学院研究员孙祚民等。

9日　中国学术代表团从北京起飞抵日本成田机场。日中文化交流协会常务理事白土吾夫至机场迎接。经济学家都留重人主持欢迎宴会。

10日　到皇宫外苑"千鸟苑"看樱花。到东京都涩谷区井上靖宅拜访,出门照相留念。参观陶器馆。拜访有泽广巳老先生,谈赠他中国社会科学院名誉博士过程问题。晚上,写观感。后来写《访日四题》诗描写参观情景说:"(一)似绛如潮夹岸斜,沿溪芳草隔人家。只多小鸟栏杆路,不似桃源洞口花。""(二)新苔树底踏成空,见说明朝又落红。遮断重桥三两日,一春幸不负东风。"

11 日　从东京至北海道札幌。与札幌历史学者在北海道大学座谈，并参加 20 余人的招待会。

12 日　参观北海道图书馆，看到嘉庆年间清政府给库页岛头人要其进贡的文书，以及 1938 年满铁版间宫林藏《东鞑纪行》所载清政府地方官接待日本人图画等件。之后，参观北海道野幌森林公园。

13 日　从北海道飞抵大阪。下午，赴神户，至移情阁孙文纪念馆[①]，馆长山口一郎至阁外相迎。为纪念馆题辞："中山先生，革命先行。纪念一馆，神户之滨。天下为公，大宇镌铭。中日友好，永垂子孙。专程谒访 1985 年 4 月中旬。"

14 日　从大阪出发至奈良，参观唐招提寺和奈良东大寺。唐招提寺御影堂内供奉着鉴真闭目含笑的木刻坐像，每年只在 6 月 6 日鉴真忌日才对外展示。为优待中国学术代表团特破例开放。御影堂有日本著名画家东山魁夷费时 10 年绘制的 68 幅屏障壁画，有"云影""涛声""黄山晓云""扬州薰风""桂林月宵"和"瑞光"等中日山水。御影堂前东侧有鉴真墓。东大寺是鉴真曾经设坛授戒的地方。晚上，接待井上靖夫妇来访。《访日四题》有《招提寺谒鉴真像观东山魁夷壁画》："（一）御影堂中御影形，丹青形外见精神。扶桑山色扬州柳，中有风声尔等听。""（二）志破万难终渡海，功隆千载是开山。眼前一卷东征传，合着香花顶礼看。"

15 日　中国学术代表团与日本学者清水茂、吉川幸次郎等在京都大学座谈。访问京都大学人文研究所的贝塚茂树等。京都日中学术交流恳谈会理事长井上清在"东华楼"举行晚宴会。刘大年在宴会上以"两个时期、两代人"为主题发表讲话，回顾结识井上清的过程，在京都受到 4 次招待的情况，1963 年与在座多位朋友结识的情况，认为"从民间到官方，经过两代人的努力，历史前进了"，"不要忘记老朋友"，"友好无穷尽，现在已是第三代，要永远继续下去"，"我们是历史唯物主义者。不承认领导人的作用不是历史唯物主义，不承认人民群众的作用，更不是历史唯物主义。让我们照唯物主义研究历史，也照历史唯物主义发展好友好关系、学术交流"。

16 日　参观京都风景名胜"二条城"德州将军官邸建筑、金阁寺、岚山风景区和嵯峨野风景区。下午，乘新干线前往横滨市神奈川县的箱根区，侍

---

① 移情阁孙文纪念馆于 1984 年 11 月正式成立，主要介绍孙中山的生平以及与神户人民的交流等，存有孙中山亲笔书写的珍贵书法和遗物等。

场裕子①来送,相隔 22 年彼此同时认出,介绍说在广播电台对中国听众讲日语。晚上在箱根小涌园写诗:"通消息者伊利智,嵯峨绿野对岚山。新歌十顷琵琶水,旧话廿年六甲山。去马来舟君不羡,西湖总是画中看。"载《访日四题》时改为:"(一)新歌十顷琵琶水,旧话廿年六甲山。去马来舟君不羡,西湖只在画中看。""(二)京都一霎再相逢,干线车飞疾似风。关情不说关山远,好音听我在长空。"

17 日　由箱根赴本州岛静冈县温泉城市热海。

18 日　参观日本国立民俗历史博物馆,看现代民俗和日本历史两部分,记录:"民俗中最突出的是神多。一切都有神。多神不定于一,也许是一个优点。民俗中与中日关系密切,尤其冲绳,完全中国文化。'泰山石敢当'遍地皆是。"与孙祚民至日本女子大学辛亥革命研究会,同久保田、野泽丰等 20 来人会见。

19 日　在日本、美国经商的黄江夏驾车陪同游新宿,并在家中招待午餐,介绍经商情况。下午,参观国会图书馆。晚上,日本人文社会科学交流协会举行欢迎中国学术代表团酒会。当晚,日本国家电视台介绍黄江夏如何从经营小店发展为大财东,并播放采访情况。

20 日　参观东洋文库,田中正俊教授特复制东洋文库所藏马嘎尔尼朝见乾隆图相赠,末署"学生田中正俊",以示自谦。再至辛亥革命研究会,讲人物研究和历史研究。晚餐时,日本电气通信大学教授藤井昇三介绍新发现的孙中山逝世 10 周年东京纪念会录像,刘大年观看后要求复制。

21 日　至东京大学东洋文化研究所开会。

22 日　访问东京大学校长、医学理论家森亘,谈加强中日学术交流。参观闹街浅草。晚上,在庐山饭店答谢日方。观看上百人参加的精彩表演,内容从日本投降、延安撤退、1947 年 7 月毛泽东主持小河会议到宣告中华人民共和国成立。

23 日　中国学术代表团启程回国。这次出访日本,还同当年孙中山的日本好友宫崎滔天的后代见面,接受他们热情赠送的家藏的一批孙中山书信手迹影印件,由此,决定编辑孙中山书信手迹选。

同日　应聘担任中国人民外交学会理事。

同日　白介夫主持召开会议,决定在中国人民抗日战争纪念馆筹委会下建立基建工程指挥部。在筹建抗日战争纪念馆时,刘大年主要负责在重大问题、方针政策方面的指导工作,如,展厅中国民党、共产党的关系到底怎

---

① 侍场裕子,即 1963 年访日时担任翻译的一濑裕子。

么处理？正面战场与敌后战场的关系怎么处理？飞虎队是否要进纪念馆？与蒋介石有关的事件怎么处理？这些内容要还是不要、详展还是略展？指导时，明确要注重国共力量，两个战场。

29 日 山东省社科院研究员孙祚民来信，说"对您的热情奖掖，不胜感激"，并随函附一药方。

5 月

11 日 藤井昇三邮寄"1935 年 3 月 12 日在东京举行的孙中山逝世十周年纪念会及晚餐会"电视片，并说："制作录像片的费用，由江田和雄先生负担。这是作为我和江田和雄先生送给您的礼物。这个《孙中山逝世十周年纪念会》的录像片，作为日中关系的资料，如果对刘先生等各位中国先生以及中国社会科学院近代史研究所有一些用处的话，将是非常的高兴。"

13 日 作《东京大学旧友集会相迎 感赋呈酬田中正俊教授》诗："南桃北李各争芳，又会赤门旧讲堂。银杏迎宾清湿露，心池过雨碧盈塘。范云结友尘埃少，刘向传经肺腑长。独有田中名教授，西河执礼我难当。"该诗后收入自编《诗钞》之《访日四题》。

20 日 给香港大学赵令扬教授回信，说决定参加为庆祝香港大学 75 周年校庆而举办的明清史学术讨论会，并可代表史学会在会上简致祝词。

6 月

4 日 分别致函藤井昇三和曹洞宗林泉寺寺主江田和雄，感谢馈赠"日本纪念孙中山逝世 10 周年录像片"。

10 日 出席六届全国人大常委会第 11 次会议，在分组审议《中华人民共和国草原法》草案时发言，主张在法律上提高畜牧业的地位，说："由于历史的原因，我国向来重视农业，轻视畜牧业。在制定《草原法》时，应强调对畜牧业的重视。"

29 日 在北京医院参加夏鼐的遗体告别仪式。

30 日 与朱学范、阎明复以及澳大利亚驻华大使德尼斯·阿尔高等，前往机场迎接由参议院议长道格拉斯·麦克莱兰率领的澳大利亚联邦议会代表团。该代表团应彭真的邀请抵达北京，对我国进行为期 10 天的友好访问。

同日 参加在中共中央党校举行的范若愚追悼会。

本月　《论历史研究的对象》在《历史研究》第 3 期发表。论文以马克思主义基本原理为指导,在综合分析古今中外众多史学理论流派对历史研究对象的认识的基础上,提出判别历史研究对象的根据必须是"时间上连续性的东西","全面、集中地体现人创造历史的东西"和"客观实在的东西";提出历史研究的对象是"与一定的生产力相联系的、以生产关系为中心的社会关系、社会联系及其运动、变迁";私有制时代历史研究的对象是"社会阶级、阶级斗争,它们相互关系的消长变迁,和以此为枢纽的全部社会关系的客观体系及其运动"。论文主张将历史视为一个整体运动,要求历史研究必须有宏大的视角,突出历史的主线,同时还要充分注意历史空间的延展性、时间的连续性和时空的交融性,明确反对历史研究的碎片化和唯心史观。

7 月

2 日　陪同彭真在人民大会堂会见由参议院议长道格拉斯·麦克莱兰率领的澳大利亚联邦议会代表团。

同日　给黄江夏回信,表示感谢并说明在北京见面联系方式。

同日　给山东社会科学院研究员孙祚民回信,谈服用中药后情况。

3 日　陪同胡耀邦会见澳大利亚议会代表团。

7 日　《华罗庚、夏鼐两同志回想录》在《光明日报》发表。该文后来以《华罗庚、夏鼐二同志追忆记》收入人民出版社 1987 年版《刘大年史学论文选集》之"附录"。文章回忆与华罗庚、夏鼐的交往,认为"华罗庚、夏鼐都是在旧时代受教育和在学术上崭然露头角的。但他们真正的发展和创造,是在社会主义的伟大时代里。社会主义事业的需要,使他们有了广阔的用武之地"。

14 日　山东社会科学院研究员孙祚民来信,再谈中药治病问题。

本月　中华书局出版《第十六届国际历史科学大会中国学者论文集》,辑录包括《论历史研究的对象》在内的 12 篇论文[①]。

为该书撰写序言,围绕大会最重要的一个课题,即"反对纳粹主义、法西斯主义和日本军国主义",谈自己的看法;指出"反法西斯战争的历史,与我们今天的生活密切相关。总结它的经验,维护世界和平,这是各方面人

---

① 　该论文集出版前,刘大年主持中国学者代表团逐篇讨论每个团员的文章,提出具体修改意见,个别文章因为在关键数据方面无法提供权威的出处而没有收入论文集。

士、也是历史研究者无可旁贷的职责。"分析抗日战争胜利的历史意义，认为"研究世界反法西斯战争，不充分估计到中国的地位，是不可取的"；还对参会情况和论文情况作简要说明。

本月　日本京都地区的日中近现代史研究人员数十人共同商讨，一致决定在日本举行卢沟桥事变 50 周年讨论会，届时将邀请中国及其他亚洲各国学者参加，以期办成一次从世界史角度讨论近代日中关系的大型学术讨论会，或者邀请 5 名以上中国学者召开日中学术讨论会。

8 月

10 日　致函中共中国社会科学院党组书记、中国社会科学院院长胡绳①，说："日本舆论界关于日本侵略中国，目前有左、右两种态度、两种观点，斗争相当激烈。最近应历史所邀请来访的广岛大学教授杨启樵（台湾出生）在社会科学院一次座谈会上发言，说中国到处都是小报、刊物，多达几千种，内容什么都有，就是没有刊载日本舆论界上述状况的文稿，令人无法理解。台湾这方面的报导也少，但比大陆多些。相反，倒是日本的左派揭露日本侵略军屠杀中国人民的种种暴行，谴责侵略者，大义凛然，替中国人讲话，等等。我觉得杨教授的讲话很能代表一种看法，建议主持前述座谈会的同志整出准确材料，向上面主管部门反映。"

23 日　率领中国学者代表团一行 18 人自北京启程赴联邦德国斯图加特，第一次以国际历史科学委员会团体会员身份出席第 16 届国际历史科学大会。出国前，确定代表团的基本任务和活动方针。基本任务是：宣传我国历史科学研究的成就，了解国际历史科学研究的情况。活动方针是：认真、谨慎、做好充分准备，贯彻中国和平友好和独立自主的外交方针，按中央规定的外事口径办事，处理好可能遇到的各种政治性问题，同时又要解放思想，积极主动地发挥作用，广泛结交朋友。代表团中莫阳等 3 位军队史学家，因出席第十届国际军事史学术讨论会而先期到达联邦德国，在大会开始后与代表团一起活动。

同日　澳大利亚参议会副议长法依夫来信，对访华期间的热情接待表示感谢，并希望下次能够在澳大利亚见面。

---

①　胡绳 1985 年 6 月 23 日至 1989 年 12 月 21 日任中共中国社会科学院党组书记，此后至 1998 年 3 月任中共中国社会科学院党组成员、党委委员；1985 年 6 月 23 日至 1998 年 2 月 28 日任中国社会科学院院长。

24 日　第 16 届国际历史科学大会组委会主席之一尼契克教授亲赴车站迎接中国学者代表团。中国学者代表团向大会正式提交 5 篇论文，即刘大年的《论历史研究的对象》、季羡林的《商人与佛教》、齐世荣的《论中国抗日战争在第二次世界大战中的地位和作用》、华庆昭的《关于中国抗日游击战争》和高王志的《中国历史上的犹太教和犹太人》。

25 日　来自 61 个国家和地区的 2200 余名历史学者参加的第 16 届国际历史科学大会正式开始。大会执行主席讲话后，斯图亚特市长曼弗雷德·隆美尔、符腾堡州州总理、联邦德国总统魏茨泽克先后讲话，前任主席波兰教授盖茨托尔和秘书长阿维勒也发表讲话。魏茨泽克总统说，80 年后，再次在德国举行的这样的盛会，世界著名历史学家汇聚一堂，感谢德国历史学家对德国历史研究的推进；谈及历史与政治的关系时说，德国的历史学比德国的历史在世界上能够更受到欢迎，历史不能教人怎么做，但可以教人怎么思考。盖茨托尔宣布中国和阿尔及利亚第一次正式参加这个大会，会场爆发出热烈的掌声。

作为中国代表团团长，在开幕式上致词，表示中国史学家将与各国的同仁们为共同繁荣国际历史科学而努力。大会结束后，与季羡林被邀出席一个只有执行局委员和组委会主席等到场的 30 多人的小型招待会。苏联代表团团长、科学院院士齐赫文斯基介绍认识他的夫人，称是老朋友，并对在开幕式上致词博得的热烈掌声表示祝贺。招待会主人、组织委员会主席、德国历史学家迈耶介绍与德国总统见面并谈话，齐赫文斯基主动上前翻译与魏茨泽克总统的谈话。招待会后，会见盖茨托尔，对他在任期间接纳中国史学会为团体会员表示谢意，并赠送礼物。

26 日　与季羡林、齐世荣、华庆昭在会上宣读论文摘要。了解各国到会情况。

27 日　因病卧床休息。中国学者代表团开始分散参加相关的分组学术会议。高王志的论文由课题主持人介绍要点。余绳武在"历史学家与保卫世界和平"圆桌会议上阐述中国历史学者保卫世界和平的决心。金应熙和张广达在课题讨论会上分别根据自己的论文《作为军事防御战和文化会聚线的中国古代长城》及《古代欧亚的内陆交通》的要点发言，阐明地理环境固然对人类交往有重要影响，但文化交流和会聚程度的终极原因还要到社会生产的发展中去寻找。陈之骅在"十月革命国际委员会讨论会"上发言，简要介绍中国对十月革命史及早期苏联史的研究情况。其他中国学者的论文在会上散发。

28 日　赴会场见阿维勒，谈名册等数事。中国学者代表团会见日本代表团。会议期间，代表团各成员分别会见以下国际史学界人士：国际历史科学委员会顾问埃德曼、秘书长阿维勒；该委员会卸任第一副主席、美国代表团团长克雷格；美国史学会执行主席甘蒙；苏联院士基姆、教授库苦什金、赫罗莫夫、古雪夫；美国教授伊格尔、西格尔；日本教授西川正雄；瑞士教授贝尔热；蒙古教授比拉；意大利教授皮舍勒、苏西尼、科拉蒂尼；法国人文研究中心副主任埃马尔等。交谈有关扩大交流、进行合作和比较研究等问题。

30 日　布置总结会。写《赠胡海燕[①]同志》诗："海燕凌波起，称名百鸟间。仓庚殊逊色，瞿裕岂能班。意有鹏程远，胸藏鹤顶丹。高风晴日里，绰绰上云端。"

31 日　从斯图加特出发，经曼海姆、科布伦茨，到特里尔城参观马克思出生地。途中记录本次会议了解到的国际历史科学大会发展概况、最新变化、组织机构等情况。在特里尔城马克思故居进门的留言簿上写"向伟大的无产阶级革命导师敬礼"。后来回忆这次参观写《特里尔游记》，其中有："历史只有一个中心：人——人们的生活和活动。生物学上人和社会历史中的人又统一又不一样。生物学上的人，至今有许多地方人自己还不认识自己。人脑究竟怎么运动的，这个谜底恐怕非短期所能揭开。现在人们想象人脑像一百万部电子计算机，运转迅速而复杂，但这也是一种想象。无论对自然和社会，人的认识永远不会完结。但人是怎样的一种动物以及他如何不能从人本身，而要从他们的社会关系、社会联系来认识这个世界唯一生长着思想花朵的动物，那么，马克思提出的理论和方法则又是凿开昏茫和无与伦比的。在他以前，尽管有过多种天才的假设和论说，但终究没有构成真正的科学体系。当我参观一周，准备离开马克思故居的时候，脑子里忽然涌现出了中国旧史书《鉴略》上开头的那几句话：粤自盘古，生于太荒。首出御世，肇开混茫。"

回斯图加特途中，针对与会者名单中有"中华民国"字样，给迈耶主席写信，说"中国代表团注意到了迈耶先生刚才的发言。大家都知道，世界上只有一个中国，——就是中华人民共和国。凡出现涉及两个中国的问题，我们不能不严肃地对待。希望迈耶教授按照刚才的发言，采取切实有效的办法，予以改正，这个问题就可以解决了。"

本月　《论历史学理论研究》在《近代史研究》第 4 期发表。文章指出：历史学理论研究是历史研究的一部分。"提高历史科学水平，不能缺少资料、史实的深入发掘，但把现象、表面的认识提高为本质的认识，把零散、矛

---

①　胡海燕为季羡林学生。

盾的认识提高为客观规律性的认识,只有依靠理论研究。理论水平的高低,反映历史学水平的高低;理论研究不断深化的过程,也就是整个历史研究不断前进、深化的过程。"文章论述历史学理论研究中关于生产力与生产关系理论的问题,认为历史学理论研究首先要遵循马克思主义的科学原理,进行创造性的研究;其次要用辩证法的观点看待历史的矛盾运动,看待生产力与生产关系的运动。文章论述历史学理论研究中关于生产力内容的问题,指出:"生产力与生产关系,统一在历史前进的同一过程里。丢掉其中一面,就不存在另一面。生产力、生产关系又各有自己固定的内容,只强调这个部分便会造成忽视那个部分。就像不重视生产关系变革、阶级斗争就不能全面说明历史怎样前进一样,不重视生产力的发展、技术革新和革命,也决不能全面说明历史怎样前进。以往我们了解生产力理论,恰恰严重忽视了基础技术、技术革命这个方面。"认为"马克思关于新科学技术改变生产力的性质,并且必然促使生产关系发生变更的理论,向我们指出:第一,与唯心论相反,唯物论的历史学理论研究,不是从人的头脑、即人的思想、精神等去寻求历史现象的解释。历史的发展变化,根源在于社会物质生活条件的变化。科学技术就是这种物质生活条件的组成因素。……历史学理论研究,一要反对、克服各种唯心论;二要与单纯的科学技术观点划清界限——而这种观点与唯心论是容易结下缘分的。第二,与为研究而研究相反,马克思主义的历史学理论研究要有助于回答现实性问题。……马克思主义历史学的理论研究不能成为好古家事业的一部分,从事这方面研究的人,应当是关心现实、对人类未来充满信心的人,和未来的变化有关的人"。文章最后强调历史学理论研究必须克服知识老化、重视知识更新,并指出知识增长和更新,有史料学方面的,有理论方面的。提出:"历史研究、特别是历史学理论研究,应该给自己提出这样的任务:用最新的科学成就和最现代化的手段,充实、发展马克思主义历史唯物主义,装备科学的世界观、历史观。克服知识老化,加速知识更新,才有利于实现这个任务。"文章后来以《历史学理论的建设问题》为题,修订后收入人民出版社 1987 年版《刘大年史学论文选集》中,强调"历史唯物主义不能代替历史学的专门理论",历史学理论建设"首先,当然是要重视具体问题的研究和这方面所取得的一切进展";"其次,要关心、了解社会科学中其他学科研究的状况,关心、了解现实社会";"再其次,中国历史学的传统,也应当知道和加以研究";"又其次,理论建设要重视知识更新"。

9 月

1 日　作为团长被破例邀请在第 16 届国际历史科学大会闭幕式上致辞，并向大会主席赠送若干中国近几年出版的历史学著作。致辞中说："中国历史学者作为国际历史科学委员会的成员出席大会，这还是第一次，对于今后国际历史科学委员会的工作，我们将努力作出自己的贡献。如各位所知，中国历史学以传统悠久著称，近半个世纪以来更有崭新的发展。人们对历史的认识和历史本身一样，在不断前进，我们深知必须广泛寻求知识，来推进自己的工作。我们国家奉行独立自主、对外开放的政策，我国历史学研究者永远珍视与各国同行们的友好情谊，并且寻求不断增进这种友好情谊。""把我们参加国际历史科学委员会活动的目的与希望用一句简短的话来表述，那就是：知识，友谊与和平。"

3 日　从斯图加特出发经多瑙河去慕尼黑，参观巴伐利亚国王的夏宫——宁芬堡宫、巴伐利亚艺术科学院、国王广场、大学城、西门子股份公司等处。

4 日　赴法兰克福。其间，台湾华侨陈辉谈西德的大学等方面情况。至法兰克福西罗特尔小镇，游莱茵河。随即返回法兰克福机场，结束在联邦德国的参观访问。

由法兰克福直飞北京。飞行途中，记述出席第 16 届国际历史科学大会的感受以及对马克思主义与历史科学问题的思考，记录对"马克斯·韦伯的历史哲学及其方法论""苏联从 60 年代开始提出两大任务"的思考。其中，重点罗列苏联史学研究围绕"提高马克思主义思想水平和提高历史科学学术水平两大任务"所取得的新发展，如"1979 年以后苏出现历史分支学科：(1) 历史心理学；(2) 历史社会学；(3) 历史人口学；(4) 计量史学；(5) 比较史学"，认为"我们停留在理论探讨上，苏联现在用已经形成的理论写书"。在记录苏联几种历史分支学科的发展情况后，提出："现实生活决定历史应该研究什么，回答现实生活中的问题。历史研究的范围不是一成不变的，随着时代实践发展变化而变化、发展。一个时代存在两种以上经济形态，不能用一组模式去证明。"

5 日　返抵北京。

16 日　因前列腺炎住协和医院手术。

19 日　与黎澍、李新、罗尔纲、瞿同祖、荣孟源、孙思白、余绳武、蔡美彪、丁名楠、严中平、戴逸、胡华、钱宏、王庆成、李宗一、丁守和、张振鹍、金冲及等 19 人组成近代史研究所第三届学术委员会。

同日　致函中国科学院院士、北京协和医学院教授张孝骞,寄《协和住院谨赠张孝骞老大夫》诗:"昨日采薪高枕眠,九旬惊是地行仙。半生屡订岐黄传,每帖精勘扁鹊篇。名相名医同只手,爱人爱国重双肩。秋前谁说龙槐老,古干添枝绿盎然。"10 月 18 日,张孝骞回信感谢赠诗。

28 日　请假出院,与胡绳陪同邓颖超在中南海西花厅会见井上清教授和夫人。邓颖超称赞井上清为促进中日两国历史学界的交流、发展中日两国人民的友谊作出了很大贡献,说井上清对中国的感情和友谊是深厚的、始终如一的。井上清教授说:"像我这样年纪的人,了解中国的过去,也了解日本的过去,我应该为日中友谊作出贡献。"①

同日　作《陈翰笙老前辈同志从事学术活动六十周年献词祝贺并请裁正》诗:"寿指百龄晋,学治花甲长。中西合今古,一代数当行。"

10 月

3 日　井上清在离开北京前夕来信表示感谢,并盛赞《论历史研究的对象问题》的观点,说:"收到有先生署名的《第十六届国际历史科学大会中国学者论文集》,非常感谢。卷头刊登的先生的长篇论文,我也拜读过了。我很赞同先生的观点,先生把马克思主义唯物史观作这样透彻的表述,确实是我近几年读过的文章中最杰出的一篇。这对我是很大的激励。最近在日本,过去曾自称为马克思主义的学者中也盛行着这样的谬论:研究阶级社会的历史应该把民族的特殊性放在第一位,而反对阶级分析,不要阶级观点。虽然行不通,但这样轻视阶级分析的观点很流行。先生的论文,对于我同这些谬论作斗争,犹如得到了百万援军。回国以后一定再次认真拜读、理解。"

井上清在北京期间正式提出在日本京都举行"卢沟桥事变 50 周年讨论会",得到赞同。至此,1987 年京都日中国际学术讨论会敲定。向井上清谈及在东京开会的打算,得到井上清的支持。

5 日　曾在冀南工作 5 年、新中国成立后在山西从事文艺工作的离休

---

①　据王玉璞 2015 年回忆:"'文革'后,井上清继续多次访华,几经争取,得到我党和国家领导人的会见。大年同志多次感慨地说:'不要忘记老朋友,我们困难的时候人家帮助过我们,现在人家有困难,我们也应该帮助他们,这些是靠得住的朋友,今后为中国说话的还是这些朋友。'1985 年 9 月 28 日,时任中共中央政治局委员、全国政协主席的邓颖超在中南海西花厅会见井上清和夫人。井上如见故人,显得异常激动。我看大年同志也得到很大的慰藉。"

干部唐仁均来信,送其"文革"期间编著的约 100 万字的《民国战争史话》一书,并说:"我认为研究历史应着重得出其规律,个别史实的澄清自然重要,但若陷入细节考证而昧于大势,似非上策。"

11 月

27 日 湖南省华容县东山乡先江村季洪烈来信,谈其子在京读书情况,望"于万忙之暇,督其勤学成材",并附诗一首,"希予斧正"。

12 月

5 日 胡海燕博士自哥廷根来信,问询身体状况,并寄在联邦德国斯图加特和特里尔开会及参观时照片。

13 日 给中国文字改革委员会秘书长叶籁士回信,谈国内外有关《田中奏折》真伪学术争论问题。

16 日 致函中国史学会第三届理事会秘书长李侃、主席团成员戴逸等,要求请假,说"主要原因是我想集中一点时间,把已经出过三册,还剩下两册的《近代史稿》尽快做个了结。明年孙中山学术讨论会,一些具体工作不能都推到胡绳同志那里去,我还需要花些时间";并对第三届理事会急待处理的问题作交代:"一、提交国外的三十位中国历史学家的名单,是重要学术评价问题,应认真讨论。现有稿件从传《春秋》,生卒年都不知道的左丘明开始,却没有作《春秋》的孔子,恐怕不妥当。对各篇稿子仔细讨论,斟酌一下,也有必要。草率从事了,国内国外都会引起争论,史学会难免其咎。二、明年的换届会需要有个方案,时间很紧了,现在就应着手准备。本届常务理事会至今没有举行过一次会议,就上述两项内容也要开一次常务理事会作出决定。"

19 日 定稿《参加第十六届国际历史科学大会中国学者代表团工作总结》。其中提出 5 点意见:1. 认真分析研究从大会带回的学术资料,并通过刊物、讲座、教学、报告把其中的优秀成果向我国史学界作介绍。2. 根据我国史学工作的需要和可能的条件,积极参加国际历史科学委员会的活动。3. 要重视对内与其他学科的协作,对外与各国史学界的交流。4. 对于国外当前流行的各种史学理论和方法,首先要了解,然后进行分析研究,去其糟粕,取其可资借鉴的地方,按照我国实际情况和学术研究发展的规律,提出自己的看法。5. 此次大会的实践表明,外语能力是我国史学界必须下大力提高的一个方面。

同日　李侃在 16 日"请假"信上批示道："请戴逸同志阅后送甘泉、胡绳同志过目，吴于老①处，是否抄复送阅，请戴逸、玉璞同志定夺。"并给中国史学会副秘书长王玉璞等写信："玉璞并戴逸、大年同志：手示敬悉，展诵之后，有如下想法，提供酌裁。信中所示各点，均当尽力办理。除十分必要，史学会日常事项，都可不来打扰，因此大年同志也不必'正式请假'。事实上有些重要的事情，还是要过问的。关于提交国外的三十位中国历史家的名单和传记，我记得已删去左丘明，不过似乎未将孔子列入。现在想来，实觉不妥。可否把孔丘补上，至于去掉哪位也颇费周折。倘可通融，可否就向外国主持者商量，中国提供三十一位。开会讨论似也颇难。可否把已写的汉文稿复制发给各位常务理事，指定时间修改退还。当然对名单也可以提出意见(好像已经征求过意见)。明年的换届会，新年过后，即先由秘书处考虑一个初步意见，由戴、林、李、王等同您商量后，再找胡绳同志谈一次，同时请示定夺。"1986 年 1 月 9 日，胡绳在李侃信上批示道："同意李侃同志的意见，关于换届会，大年同志仍应参加讨论。"

30 日　给胡海燕博士回信，并用毛笔书写赠诗寄去。

本年　招收中国近代政治史方向博士生姜涛、李长莉。为近代史研究所首次招收博士研究生。

1986 年（72 岁）

1 月

5 日　致函井上清，告知近代史研究所副研究员尚明轩访日时准备拜访之事，并谈及在联邦德国特里尔瞻仰马克思故居之感触等。

8 日　张蓬舟来信并邮寄《近五十年中国与日本(1932—1982)》一二卷。

11 日　参加六届全国人大常委会第 14 次会议分组会，讨论关于召开第六届全国人民代表大会第四次会议的决定草案和《中华人民共和国渔业法草案》。与张承先、马万祺、雷洁琼 3 位委员共同建议把"普及义务教育

---

① 吴于老，即吴于廑。

法"列入六届全国人大第四次会议议程,并写入全国人大常委会关于召开六届全国人大第四次会议的决定(草案)中。

16 日 复旦大学历史系教授姜义华来信,感谢对新著《章太炎思想研究》所提意见,并详细汇报科研工作情况。

28 日 就 1986 年《中国历史学年鉴》在关于中国学者代表团参加第 16 届国际历史科学大会的报道中,刊发的应邀在大会闭幕式上讲话的节录,致函《中国历史学年鉴》主编李侃,并寄照片一张。

30 日 姜国芬来信,说姜国仁纪念册即将付印,希望能"赐予简短的文字,以光编辑",并随信附上部分姜国仁日记。

31 日 杨向奎送《中国古代社会与古代思想研究》上、下册和《绛史斋学术文集》一册,并对提出有关章太炎年谱中的问题作详细解答。

2 月

1 日 应聘担任中国社会科学院文献情报中心顾问。

同日 给张蓬舟回信,鼓励他"一鼓作气",早日将《近五十年中国与日本》"全书杀青"。

13 日 给姜国芬回信,告知写成回忆姜国仁文章,可找《湖南日报》蔡栋提意见。

21 日 中国社会科学院科研局向各所科研处发出《关于协助新华社拍摄我院著名社会科学家照片的通知》,位列历史组名单。

24 日 姜国芬回信谈《一位平凡中见伟大的女性——忆姜国仁》的处理事宜,拟收录《姜国仁同志纪念集》为序,压缩字数后在《湖南日报》发表,并转叙湖南党史特约写稿员指出的文章中几处与历史事实稍有出入的地方。

29 日 对熊培庚来信谈出版《岳阳楼》一书提出推荐和修改意见。

3 月

4 日 就姜国芬信中所提姜国仁纪念文章的处理事宜回信答复。

同日 中国人民大学教授、中共党史系主任胡华来信,说 4 月中旬中国人民大学拟联合中国社会科学院近代史研究所、全国党史研究会组织一个"何干之同志学术纪念会",以纪念何干之诞生 80 周年,"望您同现任所领导余绳武诸同志打一个招呼,届时并望您出席讲话"。

12 日　参加在中山公园中山堂举行的纪念孙中山逝世 61 周年纪念活动。

16 日　《一位平凡中见伟大的女性——忆姜国仁》在《湖南日报》发表。文章回忆与姜国仁的交往,说:"姜国仁同志的一生主要是在中等学校从事教育工作。""她在这平凡工作中贯穿着一种伟大的精神。她的一生,是把全部心血献给中等教育和语文教学的一生。她半个多世纪如一日,培养出一批又一批学生,对革命和社会主义建设事业卓有贡献。她从不计较名誉、地位,也不知什么是个人得失。论工作能力,论显赫的社会关系,她一样也不缺少。"并写赞语说:"贤亦姜老,煦煦其仁,粉笔黑板,岁岁长征。少疆场百战英雄之赫赫,无刑场血火烈士之峥峥,而种桃栽李,以芳惠四邻。有砖有瓦,是橛是楹,崇楼桀阁,藉此经营。百年大计功不计,人看四两我千斤。何谓利动?何谓权争?涅不缁,磨不磷,昆岗无价,尧舜无名。爱国爱党,赤子之心,乐世乐道,盘石忠诚。追求真理,献此一生,堂堂正正,共产党人。"

19 日　第六届全国人民代表大会常务委员会第 15 次会议通过 6 个对外友好小组主席副主席和小组成员名单。当选为全国人民代表大会中国——澳大利亚友好小组主席,副主席为伍觉天、陶大镛,成员有刘渡舟、汪润生、姜培录和胡德华。

21 日　会见以卫藤沈吉为团长的日本中国近现代史研究者访华团,该团于 19 日至 29 日在华进行学术访问。会见时,着重强调 1987 年在东京召开国际学术讨论会的深刻意义,并郑重提出,这次会议既不谴责任何人,也不赞美任何人,要开成一个完全彻底的、纯粹的学术会议;内容可不局限于卢沟桥事件,应包括整个近代日中关系史,可选其中任意题目,并希望报告人选自己最熟悉的题目,其意义在于召开东京日中关系国际学术讨论会要有中国学者参加。这就打消了东京日中人文社会科学协会的一些顾虑。此后,东京成立由 50 名关心近代日中关系的学者组成的筹备委员会。经商定,1987 年卢沟桥事变 50 周年东京日中研讨会由亚细亚、庆应、早稻田大学三家共同主办。

本月　参加湖南省人民代表大会。在长沙特地到医院看望姜国仁。

4 月

6 日　张岂之、章开沅、魏宏运、戴逸联名来信,为上海华东师范大学教授陈旭麓申请博士生导师未获通过事,建议国务院学位委员会历史学科评议组复议。戴逸另外单独来信谈复议程序是否妥善。

11 日　为陈旭麓博士生导师资格复议事，致函国务院学位委员会办公室负责人，说："送上张岂之等四位评议组成员函乙件，请分发历史学科组各同志，准备在第三次评议组会上讨论。"致函国务院学位委员会历史学科评议组另一召集人吴泽，说："转去张岂之等四同志复印函乙件，请阅察。原信已就近选送国务院学位委员会办公室负责同志，请办公室分发历史学科组成员，在下一次评议会上讨论。未悉尊见，我们会面时再商，如何？"

17 日　陈旭麓来信，谈应邀参加 8 月间参加纪念孙中山论文评选和博士生导师资格评审事。

21 日　中国社会科学院近代史研究所研究员、副所长王庆成就庆祝罗尔纲从事学术工作 60 周年事来信，说："遵嘱写了几页素材性的材料，供参考利用。您的文章盼在五月初完成。""胡绳同志复示，他赞成编庆祝专刊的办法，但他自己因事忙写不了。""我还想再努力，争取他谈几点，然后也由我来写出素材性的材料，供他参考利用。我今天同时给他再写一封信，请您帮助说一说。""附上罗尔纲的著述目录一份。"

28 日　给蔡栋回信，说："承约为'故园情'撰稿，不能说不动情。无奈手头现在积压的事情成堆，对故园也唯有动情而已。日后稍有空闲，或者能写点什么，但这不能算预约，言而无信是不好的。"

同日　江西大学历史系洪永珊来信谈"著译录"资料整理情况，并说"拜读先生关于'对象'一文，得到很多启发"。

5 月

6 日　参加在安徽歙县召开的由近代史研究编辑部、世界历史编辑部、中国史研究编辑部和安徽史学编辑部共同发起全国史学理论讨论会，并在会上作《欲登高，必自卑》的报告。在报告中提出推进我国史学理论研究的 3 条意见：一、制定长远一点的规划或设想，切实办好历史学理论讨论会。二、重点翻译、介绍一批国外历史学理论书籍，准确了解外界。中国马克思主义历史学理论研究中，要了解、熟悉国外不同流派的学说、观点，包括(一) 应用马克思主义历史唯物主义研究，有新鲜内容的；(二) 非马克思主义观点，但在具体问题研究上有科学成果或研究方法上有合理因素可以汲取的；(三) 坚持历史唯心论，反对历史唯物论，但流传广泛，影响显著，我们需要了解的。三、出版一个专门的马克思主义旗帜鲜明的历史学理论刊物。强调说："与中国社会主义事业需要有一个大前进的同时，中国马克思主义历史学也需要有一个前进。这在很大程度上取决于理论研究的前进。"

9日 作《歙县史学理论讨论会写陈诸同志》诗:"名堂北监四方来,仆仆黄山脚下埃。云树送迎人笑语,看谁绝顶负薪回。"

18日 为周斌由人民日报社调回中国社会科学院日本所工作事致函胡绳。

20日 给湘潭大学成晓军回信,说:"来稿见到,即转给《近代史研究》了。我的印象是还应当更具体,深入一些。前人所说的'窄而深'是学术研究必由的门径。"

21日 致函中共中央文献研究室《文献与研究》主编刘武生,说:"《百家争鸣方针侧闻记》两份,请金冲及、龚育之两位同志和编辑部同志提意见。引用材料倘有不准确的地方,烦代为改正。最后处理办法,望在电话上告诉我。《决议》注释本一册,卡片三张和调查记录一件一并奉还。"

23日 给洪永珊回信,说:"我请求:一、不必在你们的《译者录》里收进我的材料。因为东西少,意思不大。二、倘若一定要列我个名字,来信说看过拙作《论对象》一文,那么,举出这个篇目,或者再概述一两句,也很简单明了。《论对象》全文载中华书局:《第十六届国际历史科学大会中国学者论文集》。其他写上姓名、籍贯、年龄和现任近代史研究所名誉所长就齐全了。不必要的内容都罗列上,一者,讨人厌烦;再者,会把青年人弄得头昏脑胀,没有精力去探本求源,认真钻研马克思主义理论,联系实际,独立思考,研究问题。后面这一点,十分值得重视。"

6月

10日 作《次韵酬张书生同志感怀》诗:"译业半屋胜耕桑,纲目殊方辨紫阳。当日对虹胸中赤,至今摘藻鬓无苍。文章种贵趋时笔,风景人观大野光。试看又陵天演在,百年重抵几台郎。"

19日 德国柏林自由大学东亚研究所教授罗梅君来信,说:"您寄来的《中国学者论文集》已收到了,谢谢您。这本书,特别是您写的文章,对现在中国马克思主义历史学是一个很好的介绍,对我了解今天的历史学状况很有帮助。我打算在此后写一篇关于中国历史学现状的文章。"信中称"由于学院人事安排上有困难我不能参加"纪念孙中山诞辰120周年国际学术讨论会,"很可惜"。随信寄《翦伯赞和中国马克思主义历史科学的发展》的复印件一份和在德国季刊中关于1985年大会发表的介绍。

20日 给中国社会科学院近代史研究所副研究员刘明逵回信,对所收到的《中国工人阶级历史状况》进行充分肯定,说:"研究工作是老老实实的工作,谁肯下功夫,谁就必将终有所获。你长期埋头苦干,锲而不舍,他非所求,终于有成,又证明了这一点。中国工人阶级是极需要研究而又缺少基础的一个题目。原始资料缺如,难度很大,使一些研究者望而却步。《状况》我粗略翻了一下,资料充实,编得仔细认真。以往有些资料书,不分精细,挨一点边,连篇累牍,罗列在一起,不免浪费篇幅,览者茫然。《状况》条目清楚,详加选择,可以说是编资料书的一种好的样子。"还提到:"孙中山的言论、活动中有不少涉及工人阶级,不知利用得如何,我没有查对,可加以注意。"

22 日　　罗尔纲来信,谈将"您为北京太平天国史研究会专集"写的文章作为"现已发排的"《太平天国史》第一篇序事,盛赞文中"说太平天国历史'也像整个历史长河中的所有重大事件不知有多少细节真相,人们永远不会了解了。任何研究者不可能也不应该提出这样的任务:恢复事件原来的样子。但是经过不断深入的科学研究,历史的基本面貌,事件的性质和意义,总是越来越为人们所认识清楚的'"等观点,并对改序后的一些文字和史实处理提出具体意见。

对罗尔纲信回复说:"拙稿遵嘱加了几句关于作'序'的话,如何处理,悉听尊便。稿中提到的胡绳同志的提纲,昨天我找他核对过,此事不误。如果您不认为有何不妥,即维持原稿的样子。其他均照签注改正了,请再核阅,有何问题,便中随时示知。"

28 日　　陈旭麓来信,说:"得悉国务院学位委员会历史学评审组这次对博士点审议的情况,我的申请虽因遭到异议而被否决,但您的秉公执言,已深深拜领。"①

7 月

7 日　　罗尔纲回信,对新著《太平天国史》的体裁创新详加说明。

18 日　　吉林大学副校长林沄来信,说:"我恳望您能允许我在 7 月 30 日—8 月 7 日间得到一次拜访您的机会。就十月上旬将在我校举行的纪念

---

① 据王玉璞 2015 年回忆:"1986 年 6 月,国务院学位委员会历史学科评议组在京西宾馆开会,正好那天我去向大年同志汇报工作,顺便问起了讨论结果。大年同志很不高兴地说:'该说的话我们都说了,可是国家教委派来的人就是不同意,也不讲理由。我们评的是学术水平,陈旭麓确实是个有学问的人,尽管我不赞成他的某些学术观点,但他确实是一个有研究的人,陈旭麓不能做博导,我看近代史学界也没有几个人可以做博导了。按学术水平,我们认为够资格,学位委员会评的就是学术水平。教委不同意,又不讲理由。'说到这里,大年同志轻轻摇摇头,无奈又不无遗憾地说:'没有办法。'"

吕振羽同志史学研讨会一事,给予指点和帮助。"

22 日   在参加"庐山之夏"文化艺术博览会期间,给中央对外宣传小组组长朱穆之写《庐山之夏即事》诗:"今古江西胜会峙,穆公席上演新辞。庐山一序烦谁赋,对客挥毫两少儿。"

25 日   给荣孟源遗著《史料与历史科学》撰写序言。关于荣孟源遗著的价值,指出:"《史料与历史科学》出版,直接有助于中国近代史研究,同时,在史料学与历史科学的论述上,记载了现在学术界的一种观点,一种认识。"关于荣孟源个人经历,说:"荣孟源同志参加革命和应用马克思主义研究历史都比较早,但经历的挫折相当多,而且绵延时间格外长久。""1957年反右运动中又受到错误对待。其时我主持近代史所日常工作,是直接责任者。"指出荣孟源的全部学术工作贯穿着一种精神:"拒绝在困难面前低头,坚韧顽强,为人民事业执著奋斗的精神。"肯定荣孟源"对党的事业怀有坚定信心,始终认定马克思主义是科学真理"的可贵品质。序言还回忆与荣孟源多次谈论荣遗著《史通校注》的情景,两人都觉得"中国马克思主义的历史研究,一要掌握历史唯物主义,二要通晓自己的传统,并且把这两者很好结合起来"。

本月   脚趾碰伤,逐渐发展为脉管炎。

本月   作《与古耕老等九位人大常委同志同游陶渊明祠,留此》① 诗:"联袂快游靖节祠,驱车不为赋归辞。桃源何需讼公事,三尺章程要主持。"

本月   《"百家争鸣"方针侧闻记》在《文献和研究》第 4 期发表。文章回忆 1953 年陈伯达在中国科学院召开的中共中央中国历史问题研究委员会第一次会议上的相关讲话等内容,说明"百家争鸣"方针是毛泽东针对历史学问题提出来的。

8 月

2 日   从庐山回北京。不久参加京西宾馆孙中山学术论文评选会。

10 日   京西宾馆孙中山学术论文评选会结束。

同日   继续被中国社会科学院研究生院聘请为博士生导师。

19 日   致函吕振羽夫人江明,并转"吉林大学负责同志",说:"日前吉林大学副校长同志来函,适我外出,未复为歉。遵嘱为吕振羽同志学术讨论

---

①   古耕老,即古耕虞(1905—2000),曾被誉为"猪鬃大王",新中国成立后历任全国人大常委会委员及其财经委副主任等职。陶渊明祠又名陶靖节祠,在江西省九江县。

会写了一个发言稿，送上请阅正。有无可取，如何处理，悉听自便。"

本月　《〈历史研究〉的创刊与"百家争鸣"方针的提出》在《历史研究》第 4 期发表。该文是对《"百家争鸣"方针侧闻记》的补充修订，认为毛泽东对创办历史刊物提出"百家争鸣"方针，是《历史研究》的光荣。

9 月

4 日　田汝康来信，说："拜读过大作《论历史研究的对象》一文，精湛深入，获益不浅。今年我将去西欧访问，西德海德尔堡国际文化研究所要我谈谈我们对西方史学者的看法。我准备将大作重点介绍一下。不知这篇文章是否有外文译稿，若有当乞赐寄一份。以免领会不深，结果使介绍走样，这样很不好。"

5 日　致函广东社会科学院黄彦，谈孙中山致犬养毅书事，说："一九八一年《孙中山选集》五三六页致犬养毅书，注为'据广东社会科学院所藏原件照片'。我想知道：一九五六年《选集》收有这封信，但未注明来历，这次增注，也说系据'照片'，原件下落有无可考？我尤其希望确切了解。此信在《选集》第一次发表以前，是否在台湾或其他任何地方以任何形式公布过？烦就研究、接触所及，近日赐复，至为感谢。"

8 日　黄彦就孙中山致犬养毅书原件问题作详细回复。

12 日　就《孙中山书信手迹选》编辑细节问题，致函国家文物局中国文物研究所盛永华，并附与黄彦来往书信。

同日　河南省社会科学院院长、研究员胡思庸来信谈学术争论问题，说："一月前见报载黎澍同志大作，因自己水平太差，不能理解。仓促之间，草成《历史的创造与历史的动力》一文，欲以向黎澍同志请教，更想请您审正。此文不合时宜，恐发表为难，想尽快发表更难，未知您肯于俯允相助否？"

本月　主编的中华人民共和国第一本《孙中山书信手迹选》由文物出版社出版。收集 1896—1924 年间孙中山的亲笔书信 74 件，其中文字和手迹或过去从未刊行过，或文字发表过、手迹没有刊行的占 76%，手迹刊行过、散见于国内外出版物上流传未广的占 19%，旧中国刊行过的只占 5%；所选书信的收信人来自各个阶层，信的内容丰富，涉及许多历史事件和人物。

编辑过程中，经商广东省社会科学院，请该院研究人员王杰来京，协助搜集资料，编制初选目录，对一些资料进行考证。

为该书撰写序言和后记。在序言中说明编辑该书的意义以及该书的特色,肯定该书的学术价值。认为所选书信足以使人对于孙中山这位杰出人物产生鲜明的印象;指出孙中山作为伟大的爱国主义者、民主主义者,一生关怀祖国和人民的命运,对革命前途始终充满着必胜的信心;他总是善于辨认历史潮流、勇敢地跟着时代前进,另一方面,又有明显的局限性,不理解广大群众斗争的力量,对帝国主义,尤其是对日本一些侵略分子长期抱有不切实际的幻想;孙中山这些亲笔书信还可以有助于我们了解他的文化背景、风度、性格等,有助于了解其社会关系、社会联系和时代背景。在"后记"中指出:"《孙中山书信手迹选》是靠集体力量完成的。"并对为编辑此书贡献了力量和热心的单位和个人表达谢意。

撰写《孙中山书信手迹选编就有述》诗4首:"(一) 生平寰辙重双鱼,况是神来手自书。南海圣人太狂语,六朝真脉岂无余。""(二) 赤热肺肝此内藏,匹夫天下共兴亡。洪王役后大声起,掷汝春雷字几行。""(三) 倒满师俄腕底挥,浩然气魄里程碑。亚东病客劳人指,一日闻风起奋飞。""(四) 见闻三世校春秋,踪迹追寻第五楼。欲问先生何处之,昆仑足畔大江头。"

10 月

5 日　《人民日报》(海外版)刊登接受该报记者王志光访问的文章《珍贵的献礼——访〈孙中山书信手迹选〉主编刘大年》。文章介绍编辑《孙中山书信手迹选》的缘起、意义,该书的学术价值、文物价值,以及近几年来国内外对孙中山的研究和资料整理取得的成绩。

5—8 日　长春举办纪念吕振羽史学研讨会,在会上作《开拓者的启示》书面发言。说:"吕振羽同志是中国马克思主义历史学最早的开拓者之一。""郭沫若、吕振羽最先应用历史唯物主义观点,对先秦以前的文献、近代发现的甲骨钟鼎等文字记录和有关实物加以研究,在人们面前忽然呈现出一个崭新天地:中国古代社会,最早是生产力极其低下的无阶级剥削压迫的原始共产主义世界。商代或殷周之际已经产生阶级、国家,进至奴隶与奴隶主对立的时代。过去长期不被理解的东西,现在可以理解了,一向视为无稽的记载,现在得到解释了。"认为,吕振羽的《史前期中国社会研究》和《殷周时代的中国社会》"和郭著《中国古代社会研究》以及其他先辈的有关著作一样,为应用马克思主义研究中国历史开辟了道路,间接指出了中国历史发展的社会主义前途"。

7 日　中国社会科学院副院长赵复三来信,说:"读了您准备在苏联科学院孙中山讨论会上的发言,很得启迪,照顾周到,分寸也好。""早晨和椿年同志商量,星期六早晨碰一下头,主要是介绍一下我们院近年与苏联科学院的交道,以便在与苏方谈到时应对。"

9 日 日本京都大学名誉教授、京都日中学术交流恳谈会负责人井上清来信,对其长子去世后发来唁电表示感谢;同时说明日本东京大学教授、东京日中人文学术交流协会负责人卫藤沈吉生病后,东京举办七七事变 50 周年史学讨论会的筹备工作受到了一定的挫折,尽管如此,京都日中学术交流恳谈会仍坚信自己有能力,在低限度范围内邀请若干名中国学者来日参加学术讨论会。

10 日 《孙中山与中华民国》定稿。文章分析 4 个方面的问题。第一,孙中山与"中华民国"缘起。认为孙中山是共和主义完整、激进纲领的倡导者,是民主共和制度的坚持者,是使中华民国见诸实现的全面实践者;批评"孙中山与武昌起义无关,不能认为他起了领导作用""武昌起义到中华民国建立,是立宪派而不是革命党人起领导作用,没有立宪派就不能推翻清政府""孙中山提出革命纲领,发动武装起义,业绩并不大于其他革命党人"等观点。第二,孙中山所要建立的中华民国的阶级性质。认为孙中山所要建立的中华民国是资产阶级民主共和国,"辛亥革命是所谓'全民革命',因而革命所创立的共和国是没有阶级性的"的论点是不能成立的。第三,中华民国政权状况的考察。认为中华民国的历史极其复杂,"中华民国"的政权,显著地存在三种不同的情形:"头一种情形,孙中山直接领导、主持的中华民国南京临时政府到广东非常政府";"再一种情形,袁世凯以下北洋军阀的各个政权";"又一种情形,蒋介石、国民党掌权的南京——重庆——南京政权"。指出:"中华民国有它的历史地位,中国始终没有建立起一个资产阶级民主共和国。资产阶级的历史使命给自己提出了这个任务,它的先天软弱性又根本没有力量来实现这个任务。"第四,中华民国期间共产党领导的政权的地位。认为中华民国期间,共产党领导的政权"使资产阶级民主共和国的任务在那些地区得到了彻底实现"。而在实现这个任务的过程中,自然地形成了土地革命、抗日战争和解放战争三个不同的阶段。文章还对判定抗日根据地社会的新民主主义性质的争论进行分析,同意杨献珍《略论抗日根据地的社会性质问题》中提出的"社会性质是随着政权性质之改变而改变"的观点,但提出"政权与社会性质的关系,不能脱离一定的背景、条件去分析、认识",认为"新民主主义政权的性质,取决于无产阶级的领导"。

11 日 赵复三讲解率团出访苏联有关注意事项,提出注意"大三角"微妙情况,一切取决于大前提;学术交流不能孤立;凡有提出问题,均称代表个人开会。

下午,主持顾维钧照片展览会。

12 日　率中国访苏代表团从北京飞往莫斯科,出席在莫斯科举行的由苏联科学院远东研究所、东方学研究所和苏联汉学家协会联合举办的"纪念孙中山诞辰 120 周年学术讨论会"。代表团成员有中华书局总编辑、中国孙中山研究学会理事李侃,中国社会科学院世界历史研究所所长张椿年等。下午,抵达莫斯科,苏联科学院主席团成员齐赫文斯基和苏联科学院远东研究所所长米哈伊尔·季塔连科等人前来迎接。这次会议只邀请中国代表参加。来自中国的还有出席另一会议的陈之华等 2 人,共 5 人。这是苏共总书记戈尔巴乔夫 7 月 28 日在苏联远东符拉迪沃斯托克(海参崴)就苏联的亚洲政策和中苏关系发表讲话后中苏关系开始改善的具体行动①。

13 日　中国访苏代表团到达苏联科学院远东研究所大楼,先与齐赫文斯基、季塔连科碰头,送《孙中山书信手迹选》。

参加纪念孙中山诞辰 120 周年学术讨论会的有中国驻苏联大使馆公使李凤林以及中苏两国 100 多位专家学者。齐赫文斯基致开幕词并作主题报告,指出:孙中山是"炽热的爱国者",他把毕生的精力都奉献给了使中国从封建主义和帝国主义势力的统治下以及从半殖民地的状况中解放出来的事业;列宁对孙中山的革命活动给予高度评价,称他为"充满高尚气度和英雄主义的民主革命家"。

在会上发言说:孙中山是无产阶级革命导师列宁给予充分评价的唯一中国革命人物。中国学者愿意了解近几十年来苏联出版的孙中山研究著作、研究资料,并希望看到新成果、新进展。还介绍即将在广东举行的纪念孙中山诞辰 120 周年国际学术讨论会筹备情况。在谈到讨论会的主题"孙中山及其时代"时,指出孙中山的时代特征是资产阶级民主革命从兴起到失败,"通过对孙中山的研究,我们可以从这一个方面,去具体地了解他的斗争环境,时代特征,从中探索中国近代历史带有普遍性、规律性的东西";认为"人物研究是历史研究的一部分,它们不可分割,系统论等现代科学,指出了整体观念的重要性","把孙中山和他的时代联系起来研究,符合于从整体观念看待历史。换一个说法,我们主张把历史研究的整体观念,建立

---

① 戈尔巴乔夫这次讲话中关于中苏关系的要点是:苏联准备在任何时候任何级别上同中国最认真地讨论关于创造睦邻气氛的补充措施问题,希望在不久的将来苏中边界能成为和平与友好的地区;苏联愿以黑龙江主航道为界划分中苏边界的正式走向;苏联正同蒙古领导人一起研究关于相当大一部分苏军撤出蒙古的问题;1989 年底以前苏联将从阿富汗撤回 6 个团;理解和尊重中国的现代化目标。

在历史唯物主义这种整体的科学历史观和方法论的基础上面"。最后强调：
"我们把参加这次孙中山学术讨论会,看作一个学习、交流研究心得的机会,
看作一个交流友谊的机会。孙中山和列宁一道,为架设中苏两国人民友谊
的桥梁,做了巨大的工作。历史把它记载下来了。科学的历史研究,是要不
虚美,不讳过,实事求是,帮助人们客观地认识历史,发挥本门学科的思想力
量。"发言中提到的系统论理论方法受到后面作报告的三四名苏联学者的
赞同。发言的内容后来发表在苏联关于这次讨论会的会刊上。

休会期间,刚出会场,苏联电视记者就提出两个问题:一是这次会议对
今后中苏学术交流会有何影响? 二是广东孙中山纪念会会情况如何? 均予
简单回答。远东研究所招待午餐时,餐厅布置有"龙"等欢迎字。

晚上,中国访苏代表团开会谈感受,一致认为:会议的主题是政治,各
报告直接与海参崴讲话后中苏关系有关;礼遇招待规格可以;对我们的反映
不错。

14 日 季塔连科提出介绍一些书,如杨献珍、薛暮桥等著作,让苏联翻
译,以及准备出一本中国学术词典供汉学研究之用,还提出邀请胡绳正式访
问苏联等。刘大年介绍胡绳的《从鸦片战争到五四运动》,其他问题提请他
们与相关机构写信联系。

两天学术讨论会共有 15 人作专题发言。会议最后由齐赫文斯基作总
结,赞扬中国人。会议期间,齐赫文斯基还提出要翻译刘大年的论文,并说
可以选。刘大年要求选没有争论的。

会后,中国代表团在远东研究所科研处处长兼苏联中国关系处处长岗
查罗夫陪同下参观列宁山、有王明墓的"名人墓地"以及市容。晚上,与岗
查罗夫、李侃等 4 人谈论政治问题直到深夜 12 点。

15 日 由苏联科学院东方学研究所缅希科夫等 2 人陪同抵达列宁格
勒参观访问。瞻仰保卫列宁格勒英雄城英雄纪念碑,献花致敬;参观天文
台、普希金公园和冬宫等地。

16 日 至东方学研究所,与叶菲莫夫学生、副所长克察诺夫等交谈。
参观冬宫。

17 日 改住部长级房子三套间,享受中国人大常委委员待遇。上午,
到东方学研究所座谈,该所迫切希望得到中方的资料和进行人员交往,希望
建立直接联系,制定交流计划等。华裔高级研究员郭肇唐,因不久前去中国
时受到杨尚昆宴请,交来有签名的著作二本,要求转交一本给杨尚昆。下
午,到苏联科学院历史学部会谈,世界史所长乌达利措娃、苏联史所长赫罗
莫夫、苏联史学会副主席楚巴勒扬等史学界最高人士全部出席。齐赫文斯

基致辞,先欢迎,然后介绍苏联科学院改组等情况。刘大年代表中方致答辞,祝贺他们开了一个重要的会。会谈中,针对苏方再次提出的制定交流计划等,答以"两条腿走路",能办的先办。会谈结束告别后,齐赫文斯基接电话说最高苏维埃副主席托勒库诺夫邀请见面,问意见如何。以日程安排已满推托不成后,说晚上再决定。回到旅馆与公使李凤林通电话,得知使馆已经知道此事,并主张去,由大使李则望陪同。晚上,在克里姆林大会堂看芭蕾舞。

同日　《人民日报》刊登《苏联举办科学讨论会纪念孙中山诞辰一百二十周年》,报道学术讨论会情况,介绍齐赫文斯基和刘大年的发言要点。

18日　赴高尔克村参观列宁养病及逝世时的住处。与1953年访苏时对比,斯大林的痕迹已经基本看不到了。

19日　参观克里姆林宫。随后参观教堂,瞻仰列宁墓。

20日　至苏联科学院拜访主管社会科学的副院长费多谢耶夫,然后以全国人大常委委员身份,同中国驻苏联大使李则望一起到克里姆林宫与托勒库诺夫见面。托勒库诺夫见面后表现很热情,讲述他访问中国的观感,赞扬中国建设成就,并提双方交换常委会代表团互访。托勒库诺夫说他访问中国时,与彭真达成原则协议,今后双方交换常委会代表团的互访,此事他已报告党与国家领导,并在联盟、民族两院会上报告、讨论,得到一致同意;今后凡有中国人大代表至莫斯科,他们都准备见面。刘大年回答说:中国人大常委会制定法律的任务繁重,中苏两国议会类型接近,苏联有些立法经验我们需要知道,加强交流,双方都有好处。关于双方交换常委会代表团互访的事,回国后向领导汇报;但是中国人大代表访苏都见面恐怕难以实行,因为中国人大代表有2900多人,光常委会成员就150人,如果都会见,肯定不现实。托勒库诺夫说,这是苏方的打算,中国人大代表不会每个人都来的。会谈后一起照相。临别托勒库诺夫还赠送一部《莫斯科》画册。

中国访苏代表团结束在苏活动,启程回国。

22日　给复旦大学田汝康教授回信,谈《论历史研究的对象》缩编英译稿事,说:"《对象》一文,去年赴斯图加特时,曾备有约五千字的缩编英译稿。现在事隔一年,抛掷何处,再也寻检不出。我所提到的西方论著,有些就是从你们的翻译介绍中摘取出来的,你再'反馈'回去,不至走样,可以确信。西方讲历史哲学的书,不乏精粹之作,如不久前出版的恩斯特·卡西尔《人论》,柯林伍德《历史的观念》等便是。我希望多读一些,多了解一些。对马克思主义理论、对中国传统、对西方非马克思主义著作,都必须正确对待，我们才能前进。"

31 日 给全国人大常委会委员长彭真写访苏书面报告，主要介绍 20 日与托勒库诺夫在克里姆林宫见面情况，并说："我这次去苏联是参加学术会议，名片上也没有印人大常委的职务（我在递给托勒库诺夫名片时说明名片上未载明人大常委职务的上述原因，在场的苏联远东研究所所长马上说：我们对你很熟悉，你瞒不过我们），不曾想到会与苏方最高苏维埃接触，因此事先也没有请示，考虑这方面要如何因应，看来也是一条经验，今后值得注意。苏联是抓住一切机会作姿态，作宣传。开会期间，塔斯社、莫斯科电台记者分别来采访，我在会上的讲话，《真理报》《消息报》均有报导，电视台转播录音录相。学术界头面人物在不同场合会见。我们的住房、生活费标准也相当高。齐赫文斯基多次出面接待，亲至机场迎送。托勒库诺夫邀请会见，出于同一背景。"

同日 国际历史科学委员会秘书长阿维勒来信谈第 17 届国际历史科学大会的有关事情，信中说："鉴于你们的声誉和你们优异的工作质量，CISH 执行局成员将在 1990 年马德里举行的第 17 届 CISH 会议上推荐你们与 SHARMA 先生（印度）合作担任亚洲封建主义编年部门（中世纪）的负责人。入选的最后决定权掌握在 1987 年召开的 CISH 大会手中。但我们希望你们现在就确认同意承担此任务，并着手寻找研究此问题的优秀专家（可以提出独创见解的报告人、合作报告人和联系人）。"

接到信后，和阿维勒商定，以中国为主，和日本、印度共同筹办 1990 年第 17 届国际历史科学大会东西方封建主义比较专题讨论会；在 1989 年在北京召开一次国际史学理事会，以此进一步推动中外史学的交流。第一件事，中国做到了。原拟担任会议的组委会主任，后改由金冲及带队出席。金冲及和日本、印度学者共同主持断代史方面的亚洲封建主义讨论会，这是国际史学会 90 多年的历史中第一次完全由亚洲学者筹备和主持的会议。第二件事，因为"六·四"政治风波而未能实现。

本月 《孙中山书信手迹选》线装本出版。

11 月

5 日 《开拓者的启示——在吕振羽学术思想讨论会上的书面发言》在《光明日报》发表。

6—10 日 由中国孙中山研究会主办的纪念孙中山诞辰 120 周年国际学术讨论会先后在广东省广州市和孙中山的故乡中山市翠亨村举行。出席会议的有中国大陆学者 93 人,澳大利亚、加拿大、朝鲜、法国、民主德国、日本、菲律宾、苏联、美国学者 38 人,中国香港地区学者 8 人。

主持在中山大学举行的开幕式并致开幕词。开幕词主要介绍讨论会的主题,强调讨论要遵循“百家争鸣,各抒己见”的原则。孙中山的孙女孙穗芳女士特由海外前来参加,并在开幕式上致贺词。胡绳在开幕式上作题为《孙中山的社会主义思想》的学术报告。

这次讨论会在筹备期间,曾收到中国学者的论文近 200 篇,从中评选并提交这次讨论会的论文 72 篇;外国学者论文 32 篇,香港学者论文 5 篇,共计 109 篇。会议以“孙中山及其时代”为主题,主要讨论:孙中山与近代中国社会,孙中山与亚洲民族解放运动,孙中山与国际关系,孙中山与海外华侨,孙中山的革命活动与革命组织,孙中山革命思想的形成与发展,孙中山的经济和财政思想,孙中山与海军,孙中山的文化教育思想,孙中山与若干人物和政治派别的关系,关于孙中山史事考订。向大会递交论文《孙中山与中华民国》。提交此次会议的全部论文,经中国孙中山研究会编成《孙中山和他的时代——孙中山研究国际学术讨论会文集》上、中、下三册,由中华书局于 1989 年 10 月出版。该文集上册还辑录刘大年的《孙中山研究国际学术讨论会开幕词》。

9 日　《人民日报》海外版刊登张广然文章《具有研读珍赏价值的史料文本——推荐〈孙中山书信手迹选〉》一文,并刊《孙中山书信手迹选编就有述》诗四首。

10 日　《关于〈孙中山书信手迹选〉的出版》一文在《光明日报》发表。该文是为《孙中山书信手迹选》所作的序言,发表时略有删节。

同日　《人民日报》刊登《在银幕上弘扬孙中山先生的伟大精神——孙中山题材影片座谈会发言摘要》,附孙中山临终前照片,注明:“孙中山临终前的这幅照片在纪录片《革命先行者孙中山》(何钟辛编导)中首次披露于银幕。它是经日本神户华侨总会珍藏多年,由史学家刘大年同志提供的。”

12 日　北京中医药大学教授刘渡舟寄洗足药方一张。

22—25 日　六届全国人大常委会第 18 次会议举行联组会议,座谈学习中共中央关于社会主义精神文明建设指导方针的决议。在会上发言说:“决议第三部分讲要‘用共同理想动员和团结全国各族人民’,共同理想必须建立在一定的价值观念基础上,加强马克思主义的社会科学研究,是增强爱国主义和共产主义这种价值观念的决定性环节。”会议的部分发言以《人大常委举行联组学习会〈决议〉为人大工作指明方向》刊登在 26 日《人民日报》头版。

12 月

1 日　给胡思庸回信，谈所寄稿子处理事，说："尊著九月间收到，而且一直放在案头。""我一向主张马克思主义的社会科学研究，在追求革命真知。既求知，就不能墨守旧闻，食古不化。反之，也不能赶时髦，看风色行情著文立说。不管别家如何，只要自家了然于怀，成竹在胸，就当秉孟子所说'虽千万人吾往矣'。一些读者嘲笑厌恶的东西，也许恰恰为另一些读者顶礼崇信。不这样，大概就不叫社会科学了，加上马克思主义词句异否，情形都会如此。尊稿已转其他同志。照说应该能够发表。可惜我们——当然也不止我们，许多事情并非以'应该'为准。最好就近处理，不必远求他方。我们不是进到所谓信息时代了吗？没有必要藏之名山，然后传诸后人。"

17 日　胡思庸回信，谈稿子已在《中州学刊》发表，并略有增删，说"随函寄上，仍祈哂正"。

18 日　应聘担任中国人民对外友好协会理事。

22 日　致函刘渡舟，感谢"一再赐助"。

27 日　《太平天国史学一大家》在《近代史研究》第 6 期发表。该文后来又载中华书局 1987 年 7 月版北京太平天国历史研究会编《太平天国学刊》第 5 辑和中华书局 1991 年 9 月版罗尔纲著《太平天国史》（四卷本）中。

文章说，新中国成立前，罗尔纲作为胡适的助手，思想上有相对大的压力，新中国成立后，"他才得到了研究太平天国最适合的环境和条件，使自己的学术研究，达到和超过了开拓太平天国研究同时代人的境地"。文章对罗著《太平天国史纲》进行评述，认为其精心结撰的新著《太平天国史》"发挥一己心得，汇聚众人成果。它不止在著者的研究工作中是带总结性的，在新中国的太平天国研究中，也可以认为是带总结性的"。指出"关于太平天国史料和史实考证，在罗尔纲同志的研究成就中最为引人注目"；"与史实、史料考证并行，是他大量搜集和系统地编纂太平天国资料"。文章还评论罗尔纲的为人治学，认为他"谦逊虚心，一贯保持着书生、学者本色"；"他不自满，不矫饰，勤奋敏捷，乐于帮助别人"。

年底　为了开好 1987 年为纪念七七事变 50 周年举行的以"近代史上的日中关系"为主题的日中学术讨论会，中国历史学家组织访日学术代表团。代表团由 8 人组成，另外 7 人是：首都师范大学校长齐世荣、武汉大学副校长吴于廑、中共党史研究室副主任郑惠、近代史研究所中外关系史研究一室主任张振鹍、人民大学历史系教授王汝丰、近代史所科研处处长王玉璞和中国社会科学院外事局李薇。刘大年任代表团团长,吴于廑任顾问,王玉璞任秘书长,李薇任副秘书长。

代表团组成后,确定"既要谈历史,又要搞好中日关系"的论文组织基本原则;确定王汝丰撰写《抗日战争的起点——卢沟桥事变》,张振鹍撰写《近代日本对华关系的特点》,吴于廑撰写《从世界历史看中日文化交流两千年——纪念"七七"事变 50 周年》,郑惠撰写《战后中日关系的演变》,齐世荣撰写《中国抗日战争与国际关系》。

次年写成《抗日战争与中国历史》,明确抗日战争中的一些重要问题:一、抗日战争是中国近代历史的关键性篇章。二、抗日战争是中国近代史上第一次完全胜利的反侵略战争;日本是用最大的力量来侵略、征服中国的,中国是主要靠自己的力量战胜日本帝国主义的。三、抗日战争取得完全胜利的最根本原因是中国内部形成了新的团结,中华民族空前觉醒了。国共合作结成抗日民族统一战线,中国共产党成了人民力量的坚强组织者和鼓舞者,"日本侵略者现在的对手,是一个由中国共产党发挥伟大作用,以国共合作为中心觉醒了的中华民族,是全中国的人民"。四、国内各派政治势力大变化。"整个战争期间,国民党、共产党、中间势力以及它们相互之间,无时无刻不在变化之中。"认为蒋介石国民党政权有两面作用或双重性格,即一面"在国内来说是爱国的和带着革命性的,在国际上说是站在反法西斯阵线一边的",又一面"是坚持大地主大资产阶级统治的,是反民主、反人民和带着反革命性的"。"武汉失守以前,它抗战是积极的。尽管那是不肯动员人民参加的片面抗战,也比不抵抗主义进步,是在为保卫祖国而战。政治上,它这时主要是拒绝改变国民党一党专政,但提供了若干改革的诺言。共产党和其他政治派别对那些诺言履行的可能性也予以相当希望。蒋介石国民党这时在政治和实力地位上都是向上的,得到发展的。可以认为,由于这些情况,在蒋介石国民党全部二十二年统治中,那时它达到了值得称赞的最高度。"战争进入相持阶段以后,国民党的态度迅速逆转,"政治地位从高空下落"。共产党在抗日战争中完全成熟起来了,表现在"反对教条主义、关门主义,坚持统一战线中的独立自主和党的革命理论的完善与系统化"。认为"共产党在抗战中完全成熟起来,又领导抗日战争取得了胜利的结局"。关于抗日战争的领导权问题,提出"到底谁领导了或谁没有领导抗日战争,应该集中到一些经过历史检验了的实质性问题上去认识"。指出"中国共产党的变化——由小到大,飞跃发展";"中间阶级、中间势力的变化——活动分子人数从少到多,经过分化,政治上由中间走向靠左"。国内各派政治势力及其相互关系的重大变化,说明抗日战争并行着两个过程、两种演变："一种是日本侵略势力从进攻到失败的演变；一种是中国内部人民力量由小变大，统治者的势力由升高到衰落的演变"。五、抗战胜利准备了新中国与旧中国的决战，加速中国走进社会主义。

《抗日战争与中国历史》从中国近代史的整体运动中来全面认识抗日战争史，对于将抗日战争史与中国共产党历史和中国革命史等学科区别开来具有重要学术意义。该文对国民党在抗日战争中的历史地位和作用作了在当时看已经是很高的评价，体现了求真求实、勇于创新的学术勇气。该文也是将学术研究的主要方向转向抗日战争史研究的重要起点。文章的主要观点在其后来的学术研究中得到进一步完善和深化。

1987 年（73 岁）

1 月

15—16 日 出席六届全国人大常委会第 19 次会议，审议关于加强法制教育、维护安定团结的决定草案。与潘焱、程思远表示同意这次常委会通过这个决定，认为，我国公民有不少人对遵守《宪法》的观念不牢固，有法不依的现象很突出，因此，需要通过这个决定，使全国人民明确知道，任何人都要把《宪法》作为自己活动的根本准则，对违宪的行为都要追究。《人民日报》17 日头版以《加强法制教育　维护安定团结　人大常委普遍赞成通过决定草案　认为散布反对四项基本原则的言论是违反〈宪法〉的》为题刊登会议的部分发言。

17 日 参加中国社会科学院召开的座谈会，就坚持四项基本原则、反对资产阶级自由化问题发表意见。指出："资产阶级自由化思想的流传，同有些人宣扬马克思主义过时有关。我们社会科学工作者有责任站出来，从理论的高度上，结合实际，回答这个问题。只要资本主义还存在，就必然会有资产阶级对马克思主义的否定。我们要看到，反对资产阶级自由化是一项长期的任务。"该发言与胡绳、贺麟、任继愈、唐弢的发言以《十多位社会科学家谈反对资产阶级自由化　宣传马克思主义要理直气壮》为题刊登在次日《人民日报》头版。

22 日 中华书局总编辑、《大百科全书·清史（下）》副主编李侃来信，谈"辛亥革命"条目撰写事，说："最近《大百科全书》要求清、近代部分，在八月底定稿。原来请您撰写'辛亥革命'条目，听说您已委托杨天石同志写个初稿，不知进展怎样。编委们仍然希望您能写这个条目，如您同意，请再抓紧一下，请在七月以前把稿子写出来才好，因为现在编委已向大百科签订了协议书，届时非交卷不可。如您实在太忙，不能撰写，我想请金冲及同志写这个条目。(他也是副主编)"

2 月

18 日　中共中央文献研究室副主任、《大百科全书》(历史卷) 副主编金冲及来信，谈中国社会科学院近代史研究所副研究员杨天石所撰写《大百科全书》"辛亥革命"条目的修改意见。

27 日　中国社会科学院历史研究所刘起钎来信，以"《尚书》工作主要部分还只完成 2/3"为由，请求转一封信给中国社会科学院院长胡绳，批准其缓办退休。说："您过去是我的领导，我从南京调来即经由您手，我想仰仗您对旧日同志的关怀，和您对《尚书》工作的重视(包括您对顾先生工作的关怀)，恳请您也代为说说当日把我调来助理顾先生整理《尚书》之不易"，"现在《尚书》整理未完成"，"顾先生一生未竟之业，现在不应再度使之'未竟'，仍应继续支持完成，请他批准我缓办退休"。

本月　《孙中山与中华民国》发表在《近代史研究》第 1 期。

本月　《瞭望》第 8、9 期载《历史学家刘大年谈——"全盘西化"的由来和为什么行不通》。表达主要观点有：一、现代化绝不等同于西方化。"现代化指的是现代化的科学技术并以此应用于社会生产"，"西方化指的是把中国变为一个资本主义国家"。"前人在采用现代化生产手段、摆脱国家落后贫穷的问题上，没有以死相争的，而对于西方资本主义制度，态度就根本不一样了。"二、从历史上看，三种不同的阶级势力，对西方化的问题持有三种不同的态度。第一种势力封建统治者的态度非常明确，"可以采用外国的科学技术，但坚决排斥西方资本主义的社会制度"。第二种势力"带有资本主义倾向的改革家、资产阶级革命家、资产阶级和小资产阶级言论家"主张学习西方，"不但要学习西方科学技术，也学西方政治制度"。但"变法维新""排满革命""全盘西化"的不同经历说明："殖民地半殖民地的中国，想要向压在它头上的帝国主义老家——西方去寻求富国裕民的真理，此路绝对不通。"第三种势力中国的无产阶级、马克思主义者对西方抱的是分析、批判态度，"他们学习西方，是学习西方代表无产阶级利益的、指出社会发展最新阶段的学说，即把资本主义制度改变为社会主义制度的科学社会主义学说"。三、社会主义道路是历史的选择。四、全盘西化"无历史根据,也无社会根据"。五,西方资本主义国家,同样有先进的东西可以学。"马克思主义的伟大,就在于它善于批判地汲取各种理论、学说、思想、文化中一切合理成分,形成完整的科学体系,并在总结历史和当前社会实践的成果中,成为开放的、生动活泼的、始终能引导人们去正确行动的指南。"

3 月

8 日　《人民日报》刊登《近代"全盘西化"说三例》。在《瞭望》周刊第 8 期答该刊记者说时谈到胡适的"全盘西化"观点被引用,并由此指出:历史证明,"全盘西化"是行不通的。

同日　为中国历史学家代表团赴日参加七七事变 50 周年中日学术讨论会撰写论文诸事致函吴于廑,并随寄会议纪要。

9 日　阿维勒来信,询问中国史学会是否参加 1990 年召开的国际历史科学大会下一届会议的组织工作,并请尽快予以答复。

16 日　主持召开在京的中国访日学术代表团团员第一次会议,讨论出访方针和论文写作等问题。在会上说:"关于方针,首先要肯定这是一次学术讨论会,但抗日战争本身就是政治性的,双方各自立说,日本侵略中国的战争性质、台湾是中国领土不可分割的一部分这两个大原则不能变,原则问题不能有丝毫含糊。当然不能开成谴责的会,日本的文章也不能为侵略战争辩护。从历史研究的角度,各自讲对那场战争的看法。"关于论文,强调:"不是对学术界讲话,不是专家之间的争论,不是只讲行话,这些文章对中日两国人民,对两国的年青一代要起教育作用。不是随便拿一个自己有兴趣的问题去讲,要有选择,要比较客观地讲,把几篇文章摆在一起,能够看出那场战争的来龙去脉。""文章要求有史有论,史论结合,要有事实,但考证性的不行,要讲出道理,通过史实讲出观点。"

26 日　吴于廑回信表示正在办理赴日参会相关手续,但论文初稿要推迟交稿。

本月　荣孟源的《史料与历史科学》由人民出版社出版。在序言中坦言:"(荣孟源)1957 年反右派运动中又受到错误对待。其时我主持近代史所日常工作,是直接责任者。"

本月　《史学理论》杂志正式出版。《"欲登高,必自卑"——1986 年 5 月 6 日在歙县历史学理论讨论会上的发言》发表在创刊号上。该杂志办到 1989 年,1990 年停刊。

4 月

4 日　李侃给金冲及写信，谈转告"《大百科》辛亥革命条"修改意见。此后，刘大年将杨天石撰写的 3 万字"《大百科》辛亥革命条"交给张海鹏修改，张海鹏压缩为 1 万余字。《大百科》采纳的署名是刘大年、杨天石、张海鹏。

6 日　为即将出版的《刘大年史学论文选集》写"弁言"，介绍论文编辑情况。其中说：（一）收进这本选集的论文共 28 篇，附录 4 篇。论文中，7 篇采自《中国近代史问题》和《赤门谈史录》，其他散见于报刊和有关的文集上。论文加附录，写于"文化大革命"以前的不足 1/4，写于 1979 年以后的多于 3/4。（二）28 篇论文分为 4 类，1 至 6 讲历史学理论；7 至 17 讲中国近代史；18 至 21 讲亚洲史、中国古代史及其他；22 至 28 评述当代史学研究和有关人物。选集从指导思想问题开始，也想落脚到指导思想问题上，把《郭沫若与哲学》放在最后面。（三）论文从头改写过的有《历史前进的动力问题》和《历史学理论的建设问题》。另有若干篇或题目略有变动，或发表时删节的部分予以恢复，或更易了个别词句。其他一律维持原状。各篇篇首注有原刊载的报刊、时间，一看就知道写作的环境条件。

"弁言"还针对学术界对其 1979 年以后写的一些文章的截然不同的评价作说明："这表明我们的学术界百家争鸣，思想活跃。至于我自己，只不过是按照现有的认识去说话。不求鸣高，不问时尚，不作违心之论，枉己殉人。这本集子开头曾经想用'阙文'二字作为书名。孔子讲过一句话：'吾犹及史之阙文也。'书名叫什么，无关紧要。叙述历史，要以直言为绳墨，要讲实实在在的话。我没有认为自己做得很好，但总在抱定这个宗旨，黾勉以求。叙述中涉及到现在的不少人和事。在学言学，就史论史。不敢躲避'迂以为直'之嫌，也与当前对某些人物的政治评价无关。一并说明，免生歧解。"

10 日　给《天津社会科学》王琳回信，表示能否写稿"还是不开空头支票为好"，并说："学术理论研究中的某些倾向，与资产阶级自由化鼓吹'全盘西化'等，必须加以区别，不能混同。但也应该看到他们之间，并没有不可逾越的鸿沟，在一定条件下，彼此会互相影响，不利于青年走正确的方向。"

17 日　《历史研究》主编徐宗勉来信，说："大稿《说合力》已收到。我认为，此稿很有意义，决定在本刊这一期（第四期）发表，务望俯允。这期轮到田居俭同志主持发稿，稿子 7 月中旬送工厂。您如要改动，可通知田。我深感史学界对马克思主义历史理论的学习与研究很不够，很想做些推动工作，正苦于稿源缺乏，您的赐稿是对本刊的支持，谨致谢意。望您今后多赐稿，帮助我们办好《历史研究》。"

24 日　鉴于 1986 年 11 月在广东举行的孙中山研究国际学术讨论会上有学者对《孙中山和中华民国》一文中论述政权与社会性质的观点提出质疑，撰写《〈孙中山和中华民国〉补述》。文章说明论述抗日根据地的性质时提起杨献珍文章的缘由，并增加毛泽东 1941 年 5 月在《关于打退第二次反共高潮的总结》中论述陕甘宁边区和华北华中各抗日根据地的社会性质问题的原话，认为毛泽东对各根据地的政治、经济和文化的分析很有权威性。

5 月

5 日　被中国社会科学院聘请为中国社会科学院第三届学位委员会委员、中国社会科学院学位委员会第二届学科评议组历史学评议分组成员。

10 日　日本东京外国语大学教师臼井佐知子来信，感谢在北京所受到的盛情接待。

11 日　本日至 12 日，在国务院第一招待所主持在京的中国访日学术代表团成员开会，逐篇、逐段地讨论、修改代表团成员提供的 6 篇论文，包括《抗日战争与中国历史》。对每一篇文章都提出从原则认识到具体文字的修改意见。在讨论《中国抗日战争与国际关系》时，肯定"文章写的不错，观点明确"，同时强调指出："中国的抗日战争在第二次世界大战中的地位和作用，一直被欧美学者所忽视，我们必须阐明中国的抗日战争是第二次世界大战的重要组成部分，是影响二战全局的重要部分，要深入分析，理直气壮地讲。"在讨论《近代日本对华关系的特点》时，说："文章写的踏实，讲特点也可以，但是必要作大的调整，主要问题是缺少一个纲，要回答日本统治阶级中存在的几个问题，比如大东亚战争肯定论。说日本的特点，要和其他列强作比较，日本侵略中国的时间比西方列强晚，但是侵占中国的土地最多，给中国造成的损失最重，失败的也最彻底。把这些特点放在近代中日关系的大背景下，提出几个问题，加以分析，最后得出结论。"在讨论《抗日战争的起点——卢沟桥事变》时，针对文中提到日军在卢沟桥开了第一枪，说："这个问题日本学者有不同意见，从本质上看，是日本军队强行驻扎在北平近郊，并且进行军事演习。在这个时候，这个地方谁打第一枪并不重要，这不是问题的实质。因此，可以回避不提，以免引起不必要的争论。"在讨论《战后中日关系的演变》时，认为文章现实性比较强，但还是要写出历史感,并对这篇文章的框架结构、文字表述乃至如何开头、怎样结尾提具体建议。

12日　辽宁省社会科学院卞直甫来信为《社会科学辑刊》约稿,说:"最近看到您与《瞭望》周刊记者的谈话'全盘西化的来由和在中国行不通'一文,有理有据,很有说服力。我刊准备发一批在史学方向批评资产阶级自由化或'全盘西化'的文章,很希望先生能为我刊撰文,深知先生工作很忙,不胜冒昧,请多谅解。"

20日　胡思庸指导的河南大学历史系硕士生郭双林来信,请求指导毕业论文。

同日　成晓军来信,谈修改被推荐至《近代史研究》的《马克思主义阶级分析方法》一文事,并提请担任拟编写的《中国近代文化史辞典》主编。

25日　美国纽约市立大学教授唐德刚来信,说失去与胡绳在纽约见面机会,称刘醒吾之信未能找到,盼再联系。

6月

11日　致函全国人大常委会副委员长、教科文卫委员会主任周谷城和全国人大教科文卫委员会副主任张承先,谈制定档案法事,说:"制定档案法是大家久已盼望的。现在经过反复调查研究,提出了这个草案,很不容易。档案保护之所以重要,是由于它具有特定的社会功能,而这种功能只有在充分利用中才能发挥出来。目前草案中规定的保护部分比较具体,这是完全必要的。对开放利用虽也作了规定,但似欠充分。恰恰在后面这一点上,是学术界普遍关心的。我建议教科文卫委员会约请有关专家,包括历史研究者,举行座谈,提出修改建议,使之更臻完善。如其不然通过了,那时大家意见颇多,批评教科文卫对此未加重视,颇难解释。"

15日　应聘担任湖南省华容县志编纂委员会特别顾问。

26日　以中国史学会主席团执行主席身份在北京出席由中国史学会和北京市历史学会联合主办的纪念七七事变50周年学术讨论会,并在开幕式上作《抗日战争与中国历史》的报告。全国人大常委会副委员长周谷城主持开幕式并致词。300多人参加开幕式。下午和次日的学术讨论会,有全国10个省市的76名代表参加,提交论文36篇,主要讨论3个方面的问题:七七事变的历史考察,卢沟桥事变与抗日民族统一战线,卢沟桥事变与抗日战争的历史意义。

同日　致函人民出版社,希望《抗日战争与中国历史》能补进即将出版的《刘大年史学论文选集》中。

29 日　20 世纪 50 年代曾在中共中央宣传部科学处工作的山东省社会科学院陈远来信，说："山东社会科学院和山东美术出版社协作编写《中华英杰画传系列集》，由山东美术出版社出版。社科院和美术出版社要聘请您为科学顾问，并让我写信给您联系。"

7 月

5 日　率中国历史学家代表团一行 8 人赴日出席先后在京都和东京举行的七七事变 50 周年中日学术讨论会。代表团在出发前，请外交部亚洲司负责人介绍日本情况及近期中日关系。该负责人说，针对"光华寮"问题①，中央已经决定，调集国内研究国际法的专家研究"三权分立"，准备写一篇大文章批判"三权分立"。

下午，到达大阪。时任日本一群众团体关于光华寮问题顾问的井上清率领小野信尔、狭间直树、吉田富夫、森时彦等在机场迎接。中国驻大阪总领馆也派人迎接，并同车去京都。从大阪往京都的旅程中向井上清了解光华寮情况。在京都的午餐会上，继续讨论光华寮问题。当时，中日两国争论激烈。日本政府以实行"三权分立"为由，表示不能干涉此事。中国主流媒体则批判日本政府借口"三权分立"姑息法院的判决。交谈中，井上清认为：中国对日本批"三权分立"是抓错了题目。日本的"三权分立"是日本进步人士几十年艰苦奋斗取得的胜利成果，来之不易。"日本政府不是不想干预法律，是'三权分立'对它的制约，它不能干预。""按国际法，中日两国建立了正式外交关系，在日本的一切中国财产，包括光华寮，自然都属于中华人民共和国所有。现在，日本法院把它判给台湾，违背了中日建交声明，违背了国际法，仅凭这一点中国就可以提出和日本断交。当然，事态还没有那么严重，但是道理在这里，你们抓住这一点，才是问题的要害。""'三权分立'在日本对政府的限制作用，对我们多么重要，中国朋友还不理解。有了'三

---

①　"光华寮"是一栋位于日本京都市的 5 层公寓。原为二战时京都大学为中国留学生租赁的学生宿舍，1961 年由台湾当局"驻日大使馆"以"中华民国"名义进行房产登记。1967年台湾当局向京都地方法院提起诉讼，要求爱国华侨和学生退出宿舍。1977 年京都地方法院在第一审中判台湾当局败诉，但 1986 年又将光华寮改判为台湾当局所有。1987 年 2月，大阪高等法院二审判决，承认台湾当局的所有权。1987 年 5 月，邓小平同志对当时的日本公明党书记长矢野表示：光华寮诉讼不是单纯的民事诉讼，而是涉及"两个中国"的重要问题。2007 年日本最高法院认定台湾当局在光华寮问题上不具有诉讼权。

权分立',我们这些人才能不顾日本政府的错误主张,有活动的余地。有了'三权分立',我们才可能主办日中'七七'事变讨论会。否则,我们这些人还不知道在什么地方。"刘大年阐述中方代表团观点,即不打算在会上先提光华寮问题,只要日方不论及此事,中方就不谈。

入住宾馆后,马上召集王玉璞、李薇到房间开会,说:"今天井上谈的情况很重要,我们的决策不符合日本情况,要马上给胡绳院长写报告,反映井上谈的意见。"于是复述井上清谈话的主要内容,并由李薇补充,王玉璞作记录。之后,由王玉璞整理成报告初稿,再亲自逐段逐句审阅、修改初稿,最后定稿签名,由李薇将报告发给胡绳。①

同日 《人民日报》刊登在纪念七七事变 50 周年学术讨论会上的发言摘要《抗日战争与中国历史》。

6 日 与《朝日新闻》记者谈话:一、介绍中国历史学家代表团的情况和文章内容,说明中国历史学家代表团是应京都日中学术交流恳谈会和东京一些学界朋友的邀请来参加纪念七七事变 50 年学术讨论会的,性质是民间的、学术的,目的是总结历史的经验教训,加强两国人民之间的相互了解和友好交流。二、纪念七七事变自然要谈到这次战争的性质。那场战争,在日本方面是日本军几次发动的一场侵略中国的非正义的战争,在中国方面是进行的自卫的反侵略的正义的战争。但是这样举世公认的事实,日本却有一小部分人力图加以否认,翻案。意大利、德意志联邦共和国都没有这样的事情。日本是一个有勇敢精神的民族,应当正视历史,有批判过去错误的勇气。对于抗日战争那段不幸的历史,我们一贯采取向前看的态度,而不是要去算老账,但这不等于可以容忍少数人任意歪曲篡改那段历史。因为它不止涉及如何看待过去,也直接涉及现在、未来,涉及中日两国睦邻友好前途。为了中日两国人民的根本利益,有必要讲清楚这个问题。三、今年不只是七七事变 50 年,又是中日邦交正常化的 15 年。中日关系正常化,《中日友好条约》签订,这是中日关系史上值得大书特书的重大事件。从历史的角度来看,在今后长远的中日关系中睦邻友好将是历史的主流。但是也必须指出,中日关系中也存在消极现象。有些问题处理得不好,就会使两国关系发生重大的波折。目前大家关心的光华寮就是这样的问题。大阪高等法院裁判的错误是显而易见的,因为它违反了中日联合声明、《中日友好条约》

---

① 据王玉璞 2015 年回忆:"胡绳同志立刻将大年这个报告报送了中央。据说,当时在北戴河的七位政治局委员圈阅了。此后,我们主流媒体上谈中日问题时,再没有出现过批'三权分立'的文章……看来和大年同志反映的情况有关。"

的实质,是明显地制造两个中国或一中一台。日本方面一些人士为法院现在的错误判决辩护,其中一条理由,是说日本奉行三权分立原则,因此政府不能干涉法院判决。三权分立制度,在历史上起过重要进步作用,在今天的日本恐怕也是重要的。但三权分立不等于日本同时存在三个政府的分立。不管用什么形式,只要实际上造成两个中国或者一中一台,那可预料,中日友好关系就要发生倒退,甚至《中日友好条约》会变成一纸空文。四、这次学术讨论会将会是一次很有水平的讨论会。开好这次在京都和东京的讨论会,对两国历史学家是一次很好的学术交流,对增进两国人民的彼此了解也会很有益处。可以相信后来人比前代变得更聪明,更理智,比今天一些人要高明些。但是把今天经过研究、了解到的历史告诉他们,仍然是我们的责任。五、向为这次会议成功举办作出贡献的有关单位和朋友致以亲切的问候。

晚上,京都日中学术交流恳谈会举行共 47 人的宴会。

同日　参与筹建的中国人民抗日战争纪念馆举行落成典礼。中共中央政治局委员、书记处书记万里,中共中央政治局委员王震为抗战馆落成揭幕。中共中央政治局委员、中央军委副主席杨尚昆发表讲话。中共中央政治局委员胡乔木,中共中央政治局委员、书记处书记胡启立,中共中央政治局候补委员秦基伟等出席典礼。中国人民抗日战争纪念馆建成后,很快成为我国的一个重要的爱国主义教育基地,并在加强我国抗日战争史料的收集和抗日战争史料的研究方面起了重要作用,同时还成为一个重要的对外教育的窗口,促进了对日交流与对台、港、澳的统战工作等。

7 日　七七事变 50 周年中日学术讨论会在京都大学人文科学所举行。在会上做讲演,阐述纪念七七事变对中日两国人民的重要意义,强调爱护中日两国睦邻友好的关系等,说:"七七事变是中国历史、日本历史和中日关系史上的一件大事,也是世界近代历史上的一件大事。纪念七七事变,对中日两国人民都有重要意义。回顾那段历史,使大家感到今天中日两国睦邻友好的关系来之不易,应当十二分珍贵,爱护,并使它不断发展下去。……中国历史学家代表团是抱着学习、追求知识和日本学术界交流友谊来参加这次讨论会的,也是为转达中国人民对日本人民的友好感情来参加这次讨论会的。在各位的关照下,我相信我们的目的一定能够实现。"向会议提交论文《抗日战争与中国历史》。

8 日　出席在京都大学人文科学所举行的讨论会。晚上,主持小型答谢宴会,日方出席共 10 人,肯定这是一次成功的学术讨论会,具有重要的现实意义,并希望京都日中学术交流恳谈会将好的传统坚持下去。

9 日　拜访井上清,第三次至井上清家。中国历史学家代表团在井上清等陪同下由京都至东京。卫藤沈吉在盛宣怀①后人所开餐馆"留园"设宴欢迎中国历史学家代表团,盛老板穿着长袍与大家见面。

同日　日本《朝日新闻》发表《卢沟桥事件 50 周年日中学术讨论会——访刘大年》。

10 日　七七事变 50 周年中日学术讨论会在东京庆应大学举行。到会 140 人,气氛相当热烈。

11 日　出席在庆应大学举行的讨论会。会议最后由远山茂树发言,明确指出:"这次会议把卢沟桥开始的战争性质明确了,这就是日本方面进行的侵略战争,中国方面进行的抗日民族解放战争。"并对会议的成果作总结说:"通过会议,日中双方的研究人员得以在一些共同问题上加深了相互间的了解,互相交流了宝贵的资料,并沟通了各自学术界的信息。我认为,研究人员个人之间的接触与对话,为推动今后的学术交流、学术发展迈出了奠定基础的第一步。"刘大年走上去同远山茂树握手,说他作了一个很好的总结②。

散会后,远山茂树、井上清和中国代表团集体合影。傍晚,刘大年在庆应大学校园里递给井上清一张纸片,上面用圆珠笔写着"京都创始,东京集成。先后接力,成此盛举"。这是讨论会结束后向与会日本学者告别时说的话。井上清看完,深有体会,提议在三四句之间加进"日中协同"四个字,以便更全面地体现这次日中学术讨论会的实况。

晚上,日本全国电视新闻节目在黄金时间播发刘大年和井上清关于这次讨论会的谈话,约 4 分钟。

12 日　接待日本共同社记者福原采访。开始在日本进行为时一周的访问活动。

同日　《人民日报》刊登记者李守贞《探讨抗日战争意义　展望中日关系未来"七七"五十周年中日学术讨论会闭幕》,说:"以中国社会科学院近代史研究所名誉所长刘大年为团长的中国历史学家访日代表团一行 8 人参

---

①　盛宣怀(1844—1916),清末官员,洋务派代表人物。

②　据王玉璞 2015 年回忆:"京都、东京讨论会进展顺利,在日本侵略中国这一基调上认识一致。大年认为,这是讨论会成功之处。但是闭幕词讲什么,当时不了解,他是做了最坏的准备。7 月 11 日下午最后一次会议前,他把李薇和我叫到一起说,今天下午的闭幕词讲什么,现在不知道,但是要做准备。如果讲话主要内容我们可以接受,我就不讲话了,如果讲了不好的话,我要反驳。而且是在闭幕词一讲完,不等会议主持人讲话,我立即站起来发言,你们要注意会场动态。我同李薇说,开会时我们坐在大年两边,你全神贯注听闭幕词,同时注意大年的动作,只要他一站起来,你立即跟着站起来,迅速地翻译大年同志的发言。大年是有备而来。这充分展现了他政治上的坚定和高超的外交斗争艺术。令人高兴的是,远山茂树教授的讲话简要明确。"

加了这次讨论会，日本著名学者井上清、卫藤沈吉等 300 多人围绕着日本侵略中国和中国进行抗日战争，从政治、经济、军事、文化等方面进行了学术讨论。""日本著名历史学家井上清在发言中指出，尽管日本军队大举进攻中国，但是中华民族的抗日决心丝毫没有动摇，反而越战越强，终于取得了全面胜利。井上强调说：'这是殖民地和半殖民地民族依靠自己的力量，在世界史上第一次战胜强大的帝国主义，获得解放。这是具有世界意义的事件。'井上批评说，在二次世界大战结束前日中关系明明是侵略和被侵略的关系，但是现在日本却有一部分政治家和学者否认日本进行了侵略，甚至采取歪曲事实，美化日本侵略的态度。井上最后强调，今后日本研究日中近代关系史，应该本着日中两国政府发表的联合声明的精神进行。""中国学者刘大年在发言中详细地论述了中国人民主要依靠自己的力量彻底战胜日本帝国主义的斗争经过。他指出，这场战争促使中国人民空前的觉醒和团结，并为中国共产党领导中国人民战胜旧中国，加速走向社会主义提供了条件。""中日两国学者在发言中还强调，中日两国人民有 2000 多年的友好历史。日本帝国主义侵略中国，是 2000 年历史中最大的不幸。尽管两国人民难以忘记战争的苦难和创伤，但是应该面向未来，珍惜友好，为创造更美好的明天携手前进。"

13 日 应邀在早稻田大学发表演讲。演讲内容以《历史与展望》为题在《史学理论》第 4 期发表。说："我们越是为了争取好的未来，就越有必要客观地对待历史，还历史以本来面目。""深刻地研究过去，认识过去，正是为了更好地了解现实，改造现实。"提出以"历史的和现实的基础""当前时代潮流的所向""历史总要在矛盾斗争中前进""全面了解经济和政治、基础与上层建筑的关系"等作为重要出发点进行"历史学上的展望"。认为"中国与日本的未来关系，用一句话来说，睦邻友好将是历史的主流"，指出"日本极少数人仍旧做着军国主义迷梦"，光华寮问题"涉及背离中日友好关系的基本原则"，我们"对未来要有所警惕"。

14 日 日本宋庆龄基金会副理事长仁木富美子来信，说："前二天能在东京见到您，我感到非常高兴，这次会议，对我们日本方面来讲，将是非常有益的。前天我给您的东西中，有一盒是幻灯片，名为'探访日本军国主义侵华遗址'，七七纪念大会上，我们上映了，其他地方也都放了。现在一共有三十部同样的复制片，在全国各地巡回放映。我想将此作为我们日本教职员工会妇女部，借七七学术讨论会之机，赠送给中国近代史研究所的礼物，请收下。"

15 日 游富士山至五合园，在五合目餐厅作《游富士山至五合园》诗："置身富士腰，略窥富士面。下视云里峰，半经脚底践。"后来收录自编《诗钞》时,第三句句首"下"字改为"回"。

17日 致函日本横滨大学教授今井清一,说:"我和我的同事们已经完成了在贵国的访问,明天就要启程回国了。我们对卢沟桥事变50周年学术讨论会一致给予高度评价,认为是一次成功的会议,一次有相当学术水平的会议,一次圆满的讨论会。远山茂树先生对讨论会做了很好的总结发言。他的讲话,说出了与会中日学者共同的心声。这次讨论会京都创始,东京集成,先后接力,成此盛举。我们相信,它对今后中日两国的学术交流,对加深两国人民的相互理解和友好情谊,必将产生良好的影响。今井先生和其他朋友对这次讨论会贡献卓越,我们深表敬意。中日学术交流来日方长,愿我们共同继续奋斗。"

18日 季羡林来信,说:"经国家教委批准,中山大学准备为陈寅恪先生举行纪念活动(国际学术讨论会),在安排执行主席团名单时,我推荐了你。想你不会拒绝。在中国史学界陈先生有特殊建树。在《历史研究》初创刊时,他也发表过文章。你是中国史学会执行主席,又是《历史研究》老主编,没有你的名字,这个执行主席团不能算是理想的。我还想到,能否通过中国史学会向社会科学院或其他有关机构申请一点经济资助?因为开一个国际会议,太寒酸了不好。请你考虑一下。"

31日 卫藤沈吉在《朝日季刊》撰文评论这次七七事变50周年中日学术讨论会,尽管极力强调它的学术性,但还是承认这次讨论会开得好,取得了积极的成果。

8月

上旬 在北京设宴招待日本历史学家卫藤沈吉等,庆祝中日学术讨论会的成功。

10日 湘潭大学历史文献研究室唐兆梅来信,寄《曾国藩奏稿》第一册。

本月 《说"合力"》在《历史研究》第4期发表。文章反对"合力"推动历史前进说①,认为恩格斯在致约·布洛赫函里讲"合力","并没有给这

---

① 中国社会科学院近代史研究所助理研究员、中国人民大学毕业研究生吴廷嘉在《学习与思考》1984年第6期发表《历史发展合力论浅探》,提出"历史合力论是史学研究的重要原则""上层建筑和经济基础的交互作用是历史合力论的重要研究内容""对历史事件和人物应作立体研究"等观点,认为历史合力论的运用范围比阶级斗争理论广泛,"历史上的阶级斗争乃是在历史合力的制约下进行的"。

种主张提供依据"。文章说："'动力'与'合力'，一个讲的定性问题，一个讲的定量问题。现在我们要解决的，是动力的性质如何，不在数量如何。""事物的性质与数量不能分开，但混淆不得。""'合力'说的主张者对两者不加区别，用'合力'来代替历史前进的动力，使自己陷入一连串矛盾，无法解脱。""'合力'说的误解，一是用子系统的内容代替整体系统；二是用非决定性的内容代替决定性的；三是用精神的代替物质的。"文章强调："历史前进的动力，是生产力的发展，生产力与生产关系的矛盾，在阶级社会是表现为这种矛盾的阶级斗争。"这篇文章引起学者争鸣与讨论。

本月　中国历史学家访日代表团向中国社会科学院递交《关于中国历史学家代表团出访日本的报告》。报告分析这次会议的收获说："这是一次民间的学术活动，但受到了日本官方、尤其是舆论界的相当重视。""这次讨论会引人注意的焦点是日本侵华战争的性质问题。"分析会议成功的原因说："1. 以七七为开端的日本全面侵华战争，给中国人民的生命财产造成惨重的损失，也给日本人民带来重大损失，凡有良知的人无不加以谴责。""2. 当前中日关系在政治上的大气候对我有利。""3. 参加讨论会的人中，日本学术界有影响的进步人士占优势。""4. 日本学术界有影响的日共党员同被日共开除的'反党'分子，在多年分离之后，在这次讨论会上携手合作。"谈体会说："1. 讨论会取得的结果证明，中国社会科学院重视这次讨论会，决定派团出席是完全正确的。""中国社会科学院是对日本学术界做工作的一个重要渠道，官方的、民间的工作都要做，今后应继续注意加强民间学术交往的工作。""2. 我代表团组成以后，利用有限的时间，努力做了学术方面的准备工作。但在看过日本方面的一些论文以后，感到我们对抗日战争的研究相当薄弱。""对抗日战争的研究，无论从它在我国历史上占据的地位，还是从发展中日正常关系，警惕军国主义、侵略势力再起，都是应该长期注意的课题，应该用一种战略的眼光对待这一问题。建议中国社会科学院考虑，如何集中力量，把这项研究工作很快认真抓起来。""3. 讨论会结束后，社会科学院利用同学术振兴会的协议项目，安排代表团继续在日本访问一周，也是完全必要的。这一周参观访问不仅使我们对日本防卫研究所、外交史料馆收藏的有关中国的档案有所了解，而且通过同东京大学、早稻田大学、东京辛亥革命研究会一些学者的接触，进一步扩大了讨论会的成果，较为具体地了解了对讨论会的各种反映，使我们有可能较为切实估量和分析讨论会的成果。"

9 月

1 日　《北京周报》日文版第 25 卷第 35 期载在早稻田大学的演讲《歴史と展望》。

5 日　《古槐——我印象中的张孝骞大夫》在《光明日报》发表。文章从 1985 年 9 月给张孝骞的赠诗说起,认为张孝老"在医学上的高度成就,来自他从青年时代起,一贯以极大毅力热切求知,专心致志"。回忆 1972 年张孝老尚未恢复正常上班时在家里接待病人的情景,说:"不管处在怎样的景况下,从容而平静舒畅,认病不认人,这里面不止有一位临床医生的职业道德,显然有更丰富得多的东西。"还说:"张孝老去世了,他在医学上的杰出贡献和思想精神上的高尚境界,使自己保持着绿色盎然,就像古槐新枝一样。"

10 月

8 日　给河北省邢台地委党史办公室冀南革命根据地史料编写委员会工作人员刘洪莹回信,回答相关问题说:(一) 文稿上讲"七七事变"提法不准确,我觉得有相当道理。但把"事变"改成"抗战"也可能产生另外的不确切。文稿已转给《近代史研究》编者,请他们考虑能否发表,供参考讨论。(二) 1939 年冬至 1946 年初我在冀南工作,是冀南抗战史料编纂委员会成员之一。延安刊行过抗日根据地史料若干册。如果我没有记错,其中有《冀南抗日根据地史料》一册。(三) 北方大学 1946 年初成立,为解放区最早的大学之一。校址设在邢台。旧城南门外教会医院和火车站西面"新兵营"均为校舍。(四) 苗培时 1941、1942 年短期间和 1946 年春夏,确实在冀南和邢台活动过,但非新华社记者。

16 日　中国社会科学院历史研究所所长林甘泉来信,谈对《侯外庐与马克思主义历史学》一文的两点意见。

18 日　给郭双林回信,说:"五月间惠函得悉,新作似未见到。""你的老师胡思庸同志为人治学,纯正严谨,可学的东西正复不少。冰寒于水,方合常规。不过我希望凡作为学生的人,都不要为常规所拘限。马克思主义和马克思主义历史学处在新的发展阶段。有志青年应以开辟新局,担当大任自相期许。这当然是说立足于科学去真正发展科学,不是指随便的什么'突破'之类。"

同日　给唐兆梅回信,说:"《曾国藩奏稿》未曾见到,也许尚在邮递途中。研究工作有各种层次,整理资料是其中一个重要层次。望奋力不懈,循序追求,以期尽揽胜景。又你校历史系成晓军同志问我能否担任某词书主编工作,目前我手中杂事正多,找不到时间再做别的什么。"

同日　致函陈远,说:"大函及聘书见到,不胜惶恐。《中华英烈画传系列集》当然是一件很有意义的工作,可惜我什么力也出不上,'顾问'之名未免太过滥竽。聘书只好放在这里了,祝你们计划实现,鸿图做得比大展更多更好些。"

同日　就范文澜生平事,给北京图书馆《文献》编辑部回信,提供相关线索。

29 日　季羡林来信,说:"陈寅恪先生纪念学术讨论会定明年五月举行,通知想已收到。你同社会科学院谈的结果如何? 最好能以中国史学会的名义加以资助。现年已将届,社科院能不能在今年年内拨一点钱出来?"

本月　《抗日战争与中国历史》发表在《近代史研究》第 5 期。该文后收录进日本原书房 1988 年 9 月发行的《日中战争与日中关系》中。

11 月

2 日　台湾省领导人蒋经国作出开放岛内民众赴大陆探亲的决定,从此,两岸人员往来与经济文化交流迅速发展。刘大年主张通过孙中山研究学会的建立以加强与台湾学术界联系交流的愿望终于得以实现。

11 日　致函李长莉,谈博士论文《洋务知识分子研究》,认为论文目录很不错,提具体意见说:"(一) 第五章缺少了这个问题的一面,即只讲了那些知识分子前进的一面,没有讲他们落后的一面,令人难于了解全貌。(二)最后需要有一节或相当一部分上升为理论论述,联系到前人对这方面的研究 (不限于洋务派知识分子) 加以评论,充分展开,阐述历史唯物论,使全文表现出理论特色,打破就事论事格局。这与前面一些章节的叙述当然应有联系,不是前后脱节,彼此无关的。因此在前面的研究叙述中就要注意到这个问题,而后可以收水到渠成之效。"强调,要写出一部真正有科学性、创造性的优秀博士论文,材料与理论"两者的准备都要比较充分,不可畸形"。

中旬　全国人大代表访问西班牙、葡萄牙代表团组成,担任副团长,廖汉生任团长,团员有熊复等。这是中西、中葡建交以来,中国全国人大代表团第一次访问西、葡两个国家。西班牙和葡萄牙驻华大使分别设宴为代表团送行。其间,西班牙驻华大使谈佛朗哥评价,表现出一种偏袒的观点。

21日　中国人大代表团自北京飞伦敦,中间停加沙、苏黎世。

22日　飞机抵达苏黎世,中国驻瑞士大使馆参赞前来迎接。参赞谈西藏在外流民问题。休息1小时后又起飞,经法国上空飞抵伦敦,中国驻英国大使冀朝铸以及参赞等多人前来迎接。在伦敦暂歇。

23日　到伦敦海格特拜谒马克思墓①。当日吟诗一首:"特城拜过桑弧地,海格来焚一瓣香。园里青山园外辙,指人依旧认门墙。"后陆续作成《谒马克思墓四绝句》:"特城拜过桑弧地,海格来焚一瓣香。园里长岗园外辙,引人开眼认门墙。""古貌新碑七尺高,碑前花淡草萧萧。襟青头白亚东客,何得无情过塔桥。""精语最闻恩格斯,乾坤双凿大宗师。高门四下春天树,想见当年演说时。""海底沉沙海上浮,野风吹送楚人咻。我吟老杜神来笔,不废江河万古流。"

24日　由英国伦敦飞抵西班牙首都马德里,开始对西班牙的友好访问。

25日　与西班牙参议院外委会举行会谈。参观画展:独臂塞万提斯肖像;世界三大名画之一的"宫娥图";反拿破仑起义和群众受镇压等情景画。

26日　会见西班牙首相费利佩·冈萨雷斯·马克斯和国王胡安·卡洛斯一世。议会接待委员会陪同游市容,观看塞万提斯广场、东方宫前东方广场和马德里东门太阳门。

27日　由马德里飞往西班牙飞地和自由港加那利群岛。由机场至特内里弗市,中途在一天体物理研究所停留,了解天体物理研究情况。问在此研究天体物理有何特殊有利条件。所长回答说:"研究天体物理最大障碍是地球上的氧气层难于穿透,不利于观察,必须找氧气稀薄的地方。世界上只有两个这样的地方,一为美国夏威夷群岛,一为加那利群岛。"又问所长:"从天文学上看地球适合人类生存的时间还有多长?"回答说:"主要解决一个先决问题:地球存在的年龄有多长?现在已发现的与地球类似的星体已百万计。它们中有的已经消失,有的正在衰老,有的新生不久,它们年龄一般是一百四十亿年。地球已经存(在)70亿年,刚为它的生存时间的一半。"

28日　在特内里弗市和首府拉斯帕尔马斯游览。晚上,市长宴请,看文化节目。

29日　同人大常委会委员熊复参观当地市容,并乘车观看海边风景。熊复一路讲"凡是"问题的来源等,认为现在历史学界是历史心理学代替历史唯物论,说:"你是旗子,我看过你的百家争鸣文章,合乎事实,你应写篇

① 该墓为1963年英国共产党呼吁集资重修。

《历史心理学还是历史唯物论》的文章。"看了当地表演后,熊复又说法国人就认为法国有如何抵制美国文化渗透,保持法国民族文化,反对美国的问题等。车上,使馆研究室主任、译员许某谈佛朗哥坟墓及其与西班牙政局有关的事情。由此想到:"个人在历史上的作用此为一重要例证,应与马克思写的《西班牙》一书中讲费尔南德加以比较论述。历史唯物主义并不否认个人的作用,但(一)他是代表一种社会力量,并非单纯的人。(二)必须合乎时代潮流。"

30 日　　抵达里斯本机场。葡萄牙第一副议长曼努埃尔·阿基亚尔女士至机场迎接,举行简单仪式。晚上,中国驻葡萄牙大使馆举行宴会。

12 月

1 日　　参观葡萄牙国王离宫佩纳宫。至"欧洲大陆西南角"游览,从海角回里斯本,路过海滨旅游胜地卡斯卡伊斯市①,停留并午餐。下午,与葡萄牙领导人会见,团长廖汉生同对方就葡议会审议和批准中葡关于澳门问题联合声明问题交换意见。

2 日　　拜访议会。议长率领议会各有关人员至大门口迎接,进门时卫队持枪敬礼,进门后有约 20 人的仪仗队排列表演。中国人大代表团与葡萄牙议长、议会各党派主要成员举行座谈会。议长在致词时特别宣布议会将在本月 11 日讨论通过《中华人民共和国政府和葡萄牙共和国政府关于澳门问题的联合声明》。参加座谈会的葡议会各党派主要成员都表示对解决澳门问题的积极、友好态度。

3 日　　从里斯本出发,乘车赴葡萄牙第二大城市"酒都"波尔图参观。车上与葡共议员、议会外委会主席团成员安东尼奥·莫塔谈话,了解葡共经费主要来源以及工人阶级情况。莫塔说技术科学应用于生产,使工人阶级内部发生矛盾,情况复杂变化。以前要多人共同做的工作,现在一个人管理仪器就可以,其余工人失业,拿锤子的工人由白领代替了。听完后,表示:这是前进中的矛盾,要具体分析。此外,与陪同代表团访问的葡萄牙议会公共关系局局长皮雷斯先生和第一副议长曼努埃尔·阿基亚尔女士交流,了解《明实录》中的葡萄牙被称为"佛朗机"或"蒲都利加"的原因,并记下谈话记录:"十五世纪一个重要教派 Francisco（佛郎机）可能来源之。'佛郎西斯可'创始者为西班牙人,葡萄牙信此教,去中国的教士自称佛郎西斯

---

① 卡斯卡伊斯市在第二次世界大战时为欧洲著名"间谍中心"。

可,《明史》上中国人误认为即国名,又称'蒲都利家'。此为议会(公共)关系局长所言。第一副议长云,印度人最早称葡萄牙为佛郎西斯科,这也证明'佛郎机'来自'佛郎西斯可'教派。里斯本北部城市 200 余公里(车行三小时)波尔图为葡第二大城市,以制造、纺织、航海、酿酒著名。没有葡萄牙以前先有波尔图。'波尔图'的意义即'港口',葡萄牙即'波尔图'语音之转。'波'即'蒲','图'即'萄',省去'尔'加'牙'音,即为葡萄牙。所以'葡萄牙',最初来源于葡语中港口。中国文献中的'佛郎机'则来源于佛朗西斯可教派。此足资语音学家、地理学家考证。"抵达波尔图后,了解旅馆替客人开门、开电梯的童工的收入、工资情况等。

4 日　返回里斯本。路上突然想起 1982 年访问澳大利亚时,澳一地点叫"洛阳",为华侨聚居地,说他们的祖先来自洛阳。思考:"肯定不是河南洛阳,因为那里离海远,未闻有群众外出。至于华人所云来自洛阳,当时定有思索。福建有洛阳桥与宋代蔡襄有关。王士祯《池北偶谈》记有福建洛阳故事一则。应查《偶谈》,在《散记》中记入。"此外,就葡萄牙 1974 年的"尉官运动""红色革命"进行交流。下午,在里斯本市内参观山顶古堡等。晚上,中国驻葡萄牙大使举行答谢宴会。

5 日　结束在葡萄牙的访问任务。从葡萄牙里斯本飞往意大利罗马。全国人大常委会副委员长王任重率另一代表团访问非洲回国,至此会合。中国驻意大利大使馆商定两个代表团在意大利的参观行程。

6 日　两个中国人大代表团乘车赴佛罗伦萨参观。参观画廊,观看文艺复兴时期大师拉斐尔、米开朗基罗等的宗教画、肖像画原画,观看画廊下面小广场的巨型大卫像,参观教堂。

7 日　参观罗马城。在华侨餐馆,由王任重提议在宴会上发表简短讲话,被赞"精彩"。后参观梵蒂冈教堂、英雄高地及其群像、英烈祭坛、威尼斯广场、斗兽场、凯撒大帝凯旋门遗址、少女泉群雕,并路过古罗马几处遗址。

8 日　两个人大代表团一起由罗马直飞北京。途中,记录参观梵蒂冈后的感想:"教皇在宗教方面是最高教神领袖,上帝在人间的代表者;梵蒂冈作为一个国家来说,教皇又是国家元首,他是人又是神,奇特的混合物。梵蒂冈既是宗教大国,又是经济势力不小的实体。世界天主教徒,名义上都是它的臣民。实际它是国际金融大国,许多国家的大银行、大财团都有它的资本股份。各地开设公司,各地教会财产都是花园或土地,但它的财产究竟有多少绝对保密,从不公开。所以梵蒂冈的实力,可以是精神的影响——信徒中虽然并不都相信那些骗人神话,但也确有虔诚信徒,而更重要的还在它是一支不可忽视的国际金融资本实力。"还分析梵蒂冈国家的行政机构以及神职人员的等级制度和选举制度等,认为"此中大有唯物论的道理。头脑在天上,基础在地上,在人间,而且是双重的。教皇、神界的森严,天堂幻想反映了人间剥削压迫的等级地狱般实际生活的存在,教皇的精神权威,也不能离开梵蒂冈的物质财富存在。这可以做很好的论述分析。"

9 日　抵达北京机场。回国后,葡萄牙驻华大使说,中国人大代表团这次访葡,不只是一般友好性的访问,而是一次成功的工作访问,对于推动葡议会批准关于澳门问题的联合声明,起了良好的积极的作用。

11 日　葡萄牙议会通过《中华人民共和国政府和葡萄牙共和国政府关于澳门问题的联合声明》。

26 日　李长莉来信谈博士毕业分配问题,说:"就我个人来说,从志趣和以后的研究方向看,到文化史室去较适合,文化史可说是一'新兴学科'(据说此室还是您提议建的),研究前景较为广阔,我也有志于此,希望以后能在这一新学科里有所建树。"

本月　应聘担任中南地区辛亥革命史研究会顾问。

本月　《〈孙中山和中华民国〉补述》在《近代史研究》第 6 期发表。

本月　《刘大年史学论文选集》由人民出版社出版。全书 458 千字,以史学理论、中国近代史、史学史等方面的文章为主。

1988 年（74 岁）

1 月

6 日　就英国伦敦政治经济学院教授、国际历史学会副主席巴克尔 1987 年 12 月 16 日来信如何回复事,致函张椿年。在巴克尔来信上批道:"内容很有意思。应该答复。"

16 日　全国人大常委会副委员长廖汉生在六届全国人大常委会第 24 次会议全体会上报告全国人大代表团访问西班牙和葡萄牙的情况时说,访问达到了增进相互了解、加深友谊、促进同这两个国家议会间友好关系发展的目的,取得了圆满成功。

同日　季羡林来信,说:"陈寅恪先生纪念大会今年五月召开。中国史学会准备资助的钱,社科院去年已经答应,现在已经是 1988 年的第一季度,时间不多了。请你同社科院领导同志,包括胡绳同志在内,联系一下,尽快拨付中山大学校长办公室胡守为副校长。我们现在办事情非常困难。"

25日　《从京都到东京——记卢沟桥事变50周年中日学术讨论会》在《中共党史研究》创刊号发表。文章指出：中日学者一致认为卢沟桥事变50周年中日学术讨论会是一次成功的讨论会，"从京都到东京，两个会场，一个声音"，都强调明确日本对华侵略战争的性质在当前的日本有特殊重要的意义。从日本报纸、电视等舆论媒介对这次学术讨论会的报道可以看出，这次讨论会所强调的基本认识，已经传播到群众中去了，而且会继续传播下去。文章说："两国现在和今后相处中，难免出现这样那样的矛盾、曲折。而那些矛盾、曲折又将与如何看待抗日战争的历史有联系。"认为："不能把发动和进行中日战争，简单地描绘成不过是军阀猖獗横行，军人干政；少数人责无旁贷，负有全责的首相和其他当权者都仿佛一尊尊和平女神。"强调："研究那段历史，重要的是要了解和说明：是什么社会势力，什么阶级矛盾和斗争，把那些不同的政客、军人、党派集团共同推上了侵略中国的血与火交织的道路。""从那些人物共同的社会基础，即从他们的阶级状况、社会关系、矛盾斗争去进行分析，正是说明日本发动那场侵略战争的性质的最后依据。"

28日　在湖南省第七届人民代表大会上，作为中央机关在湖南应选代表候选人，当选为出席第七届全国人民代表大会代表。

2月

4日　山东大学项观奇教授来信，被认为"在坚持着一种倾向，是一个有力的代表"，说"这是很不容易的，但也是很光荣的"。

15日　《侯外庐与马克思主义历史学》在《历史研究》第1期发表。论文重点分析侯外庐历史研究的特点：1.突出基本理论，重视理论探讨；2.经济基础与社会思想的"完整平行"研究，即把社会史与思想史放在同等的地位上研究；3.创新与"决疑"；4.以马克思主义理论为基础，自成一个学派。关于后一个特点，指出："坚信自己追求的事业的正义性、先进性，他不像某些人轻易地改变自己的思想信仰，而去趋附于看上去似乎更有前途的思潮，从而博得读者的喝彩。这是侯外庐创首一个学派、治学活动的立脚点，也是他一生奋斗，取得成就的立脚点。"还说："这些特点中的若干问题，学术界争论分歧，看法相去甚远。我们接收哪些，不能囫囵吞枣，需要分析。"并结合侯外庐的自我批评，强调"学术公器，唯百家争鸣，乃能有进"。指出：郭、范、侯、翦、吕"五老"离世，"这大概宣告了中国最早一代马克思主义历史研究者活动的终结"。"他们是应当受到我们尊敬的。世界历史潮流不断发展前进。马克思主义历史学必须跟上时代步伐，不断发展前进。这要求我们做好许多工作。了解先驱者们的成就，吸收他们留下的遗产，是那些工作中的一个部分。"

29 日 以全国人大中澳友好小组主席身份，陪同全国人大常委会副委员长彭冲会见由澳中友好小组主席霍利斯率领的澳大利亚联邦议会澳中友好小组代表团，并在宴会上发言，说："两国议会先后成立了友好小组，这是两国议会之间发展关系的一件有意义的事情。"该代表团是应全国人大中澳友好小组邀请来访的。

3 月

1 日 在人民大会堂同澳大利亚联邦议会澳中友好小组举行座谈，向澳中友好小组主席霍利斯及来访的澳大利亚参众议员介绍近年来中国经济发展和体制改革等情况，并回答他们提出的有关物价改革等问题。

4 日 在人民大会堂参加纪念周恩来诞辰 90 周年学术讨论会开幕式。出席开幕式的有首都各界人士和来自全国各地理论界、史学界及有关部门的代表 500 余人。

9 日 李长莉来信，表示愿意辅助老师完成《中国近代史稿》的后续两册，并对中国社会科学院近代史研究所研究员吴廷嘉的"合力说"提出自己的看法。

10 日 山东大学教授、中国义和团研究会副会长路遥来信，谈访日讲"义和团运动的研究与调查"之感受，认为"开展中国近代社会史研究，似乎亦可作为第二个突破点"；并说："义和团研究至今仍是中国近代史研究的最薄弱一环，多年来未能引起广泛史学工作的兴趣。""今年 7 月 28 日—8 月 1 日，敝会将在黑河市（瑷珲）召开学术讨论会，主要是讨论如何筹备1990 年义和团九十周年国际学术讨论会事，深望你能莅会指导，以便有所遵循。"

12 日 致函姜涛，谈博士论文中国近代人口史写作问题。指出：一、论文目的，"应是从历史学的角度研究近代中国人口"。二、论文的实质内容，"集中起来，一共两部分。第一部分摸清近代人口历史状况。所谓'摸清'包括目前我们知道的有哪些和尚不知道的有哪些。第二部分，近代人口历史状况与近代历史运动、变迁的关系。前一部分难度已经不小，后一部分困难可能更大。但只要对前者的状况确实有所了解，对后者就应该能够做些论述。上次谈话中我强调了要有这一部分,但只着重说了讲人口变化是否影响历史运动,而没有强调如何或怎样影响历史运动。'是否'影响自然应当讲,但重点应摆在'如何'或'怎样'上。只有在这方面根据确凿事实讲出一些道理,论文才有意思。这应该是文章的精魄所在,也是表现全文思想性、理论性的部分。"三、写法必须是"研究式"的,不是"教科书式"的。"别人出题目,自己做文章那种科举考试办法,在研究工作中是行不通的。我的这些想法如果束缚你的思想,那就糟了。最后究竟如何,请照你自己的思路下决心。关键在于研究深度、认识水平。"并说"又此信可以给李长莉同志一阅",最后"再次重申":"在学术问题上你们要坚持独立思考。对于我写的什么,你们可以同意,更可以尖锐反驳。学术讨论中,得力的反驳推进科学。泛泛的赞同未必能增加新的价值。所谓得力的反驳,指有理有据,哪怕一支一节,只要能收到辩诡纠谬之效。至于自己还根本没有弄懂的东西,就大发议论,反驳别人,当然不在此数。学术问题一是一,二是二,不管是对于谁人。"

14 日　《人民日报》公布《中华人民共和国第七届全国人民代表大会代表名单(共 2970 名)》。名列湖南省全国人大代表。

16 日　会见日本庆应大学教授山田辰雄。

18 日　姜涛回信,谈博士论文和《说"合力"》。关于博士论文,说:"关键是理论的指导。如无理论的高屋建瓴式的驾驭,这些素材充其量也只是一盘散沙,或者被以前的那些研究者牵着鼻子走。正如您说过的,同样的材料,用在不同的地方,其所起的作用,往往是很不相同的。只要把立足点真正确立在'如何'或'怎样'上,我想,总是可以理出一个较为满意的线索来。"关于《说"合力"》,说:"作为一家之言,'合力'论自有其存在价值。但我并不赞成此说,因为它并没有提供人们什么新的东西。所谓'合力',没有质的规定性,是个模糊不清、捉摸不定的东西。""所谓'合力',亦只能是组成社会的人们之间相互作用的表现。了解所谓'合力'的关键仍然在于剖析人们的相互关系,而阶级斗争理论正是理清人们的错综复杂的看来迷离混沌的各种社会关系的一条指导性线索。""'合力'创造了历史,可是我们为了解开这个'合力',却又必须回到阶级斗争理论和阶级分析的方法。"

25 日　本日至 4 月 13 日,出席第七届全国人民代表大会第一次会议。

28 日　当选为第七届全国人民代表大会教育科学文化卫生委员会委员。

4 月

4 日 全国人大常委会委员、中国科学院院士、两弹一星功勋奖章获得者任新民来信，送安徽团第一组收到的北京童增提出的"要求日本受害赔偿"的建议，说"希望得到你的指导和支持"，以便向大会"建议"。

8 日 当选为第七届全国人民代表大会常务委员会委员。

13 日 中国社会科学院历史研究所研究员步近智寄送侯外庐著《宋明理学史》下卷一本，并问其爱人张安奇担任责任编辑的《侯外庐史学论文选集》上、下二卷是否收到。

20 日 澳大利亚联邦议会澳中友好小组库克和霍利斯来信致谢，并说："代表团成员一致认为，他们对贵国的访问是极为成功的。访问期间，我们之间的意见交换和会谈增进了全国人民代表大会和澳大利亚议会之间的了解，加强了我们两国之间的友好关系。"

本月 《谒马克思墓四绝句》发表在《求是》第 7 期。

5 月

5 日 赵复三回信称感谢鼓励，并说："盼望能够多得到您的指点，您的文章是我很爱读的，只是近年来您似惜墨如金，为后学说是件憾事。"

26—28 日 参加中山大学主办的"纪念陈寅恪教授国际学术讨论会"，并在会上致词《一个历史学家的地位》。致词中主张从宏观、整体上了解陈寅恪的研究工作成就，勾画出粗的线条、轮廓，便于与前代人相比较，也与同时代人比较；认为陈寅恪的主导思想倾向是"与传统文化并行的自由思想或自由主义；理性的客观性或客观主义；民族思想或爱国主义"，陈寅恪是中国近代历史学上一位重要的代表人物；指出陈寅恪由不了解社会主义到毅然接受社会主义，是"社会生活不停顿地演变与他积极的主体能动性相结合的结果"。致词还说："如何进一步解决好中国传统与西方文化的关系，陈氏提供的经验、范例是十分值得重视的，其中另外一些东西又显得是旧时代的遗物。""陈寅恪先生怀抱高尚的志向，多才多艺，秉有大学问家的风范，但我们不应凭这些就给以过分的称誉。""评论陈寅恪在历史学上的地位，不论看法有何出入，一个前提已经肯定了，那就是我们尊敬这位近代杰出的有代表性的爱国主义历史学家，希望从他那里总结出新的东西，推进学术研究，丰富人们对历史的认识。"

6月

14日　林甘泉来信，谈《刘大年史学论文选集》，说："书中许多篇章，我认为对于今天史学界的思想状况和理论状况来说，很有针对性，也可以说有指导意义。中国马克思主义史学在前进道路上诚然有许多曲折和失误，但马克思主义使历史研究真正成为科学，这是真理。如今在有些人眼里，马克思主义不但不应说是指导思想，甚至连与西方各色各样历史理论平起平坐的资格都够不上。但我相信，未来还是属于马克思主义，历史学也是如此。尊著出版，就坚持马克思主义理论指导这一点来说，就足以使许多同志得到鼓舞。当然，我想不以为然者也肯定是大有人在的。"

20日　日本创价大学文学部教授池田温来信，谈参加中山大学陈寅恪教授纪念国际讨论会感触，并寄照片，说："近来中国开放风气日增，于学界自由讨论活泼，同庆之至，尚祈学术诸般继续发展，以贡献人类文化。"

29日　《一个历史学家的地位——纪念陈寅恪先生学术讨论会致词》在《光明日报》发表。

同日　胡思庸收到《刘大年史学论文选集》，来信谈读后感，说"如闻空谷足音，精神为之一振"。

本月　《历史研究》第3期发表吴廷嘉《"合力"辩——兼与刘大年同志商榷》。文章认为：1.历史合力论是唯物史观要求的基本史学研究方法，"不只是适用于探讨历史发展的动力问题，它适用于历史研究的全过程和所有的研究领域，适用于对一切历史事件、历史人物和历史运动的分析研究之中"。2.历史动力是一个复杂的整体结构，阶级斗争只是其中一个部分、一个层次；"历史合力论分析了历史动力理论各部分之间的联系层次和作用方式，更加具体地阐明了阶级斗争在动力理论中的地位，指明了阶级斗争动力说的适用范围"。文章还指出刘大年对历史合力论的分析的三个"失误"：1."刘大年同志把历史合力论人为地限定于历史动力问题的框架内，并误以为历史合力论与阶级斗争动力论相互对立和排斥"。2.刘大年认为"历史合力论有陷入唯心史观泥潭之虞"。3.刘大年忽视了"分析动力问题的结构与层次联系"。

7月

5日　参加由中国人民抗日战争纪念馆主办的抗日战争史首届学术

研讨会,并在会上讲话,强烈呼吁"集中力量写出一部水平较高的、内容充实的抗日战争史和一套完整资料"。主张著作要充分汲取中国、日本和世界各地研究这段历史的成果,在科学上具有权威性代表性;资料书则要求依据档案等原始材料,反映历史的主要过程。强调一部新水平的书,一部较为扼要完整的资料,可以推进科学研究工作,更可以满足现实生活中的需要。

参加研讨会的有来自中国社会科学院、中国军事科学院、中央档案馆、中共党史征集委员会、全国政协、中央党校、中央文献研究室、国家文物局、中国军事博物馆、中国革命博物馆、国防大学、北京大学、中国人民大学等学术研究单位的将近 80 名专家、教授以及胡乔木、孙轶青等知名人士和北京市副市长何鲁丽等。胡乔木在会上讲话说,抗日战争已经过去 50 多年了,但仍然有一些人,首先是日本国内有些人继承了过去侵略战争的思想传统,一直在企图为日本的侵略战争翻案,妄想通过美化、歪曲历史,把其侵略性抹煞掉;强调,我们要为中日两国人民的友好而奋斗,必须要正确地对待这一段历史。在学术研讨会上,专家、教授们先后发言,陈述国内外对中国人民抗日战争史的研究情况,认为进一步研究抗日战争史仍有不可忽视的实际意义。这次研讨会还介绍了近十年来国内研究抗战史的成果,并在会场展览了国内外关于抗战史的 500 多种著作。

23 日 姜义华收到《刘大年史学论文选集》后来信致谢,说"前辈筚路蓝缕之功,对于后学永远是个鞭策"。

27 日 中国史学会第三届理事会第二次会议在北京京西宾馆举行,讨论中国史学界第四次代表大会如何开法。全体代表参加了预备会议,选举大会主席团和秘书长。在预备会议上,大家对上届理事会的工作给予了肯定的评价。

当选为大会主席团成员。就史学界第四次代表大会选举事致函戴逸、李侃等,以"干部年轻化为各项事业前进所必需"等理由提出辞职。

28 日 虽然强烈要求不再把他"列入理事候选名单里",但在中国史学界第四次代表大会全体代表举行的预备会议上,代表们仍坚持选举他为第四届中国史学会理事会理事。

29—30 日 中国史学界第四次代表大会正式开幕。与会代表就当时史学界所关心的"在新的历史时期如何加强与改进历史科学研究工作"主题,先后有 19 人发言。

第一个在会上发言,提出对当前流行的"历史无用论"要分析。指出,历史学与经济学、法学等"研究的对象、任务不同",但"它们与现实生活密切相关,并无二致"。从根本上说,人们需要历史,"是为了现在,是为了知道自己从哪里来的和怎样来的,是为了从现在到将来的发展"。"历史学研究的事实是过去的,它提供给人们的认识,则应当是与现实生活相关,是为了解答社会实践中某些重大问题的。这是历史学的性质和任务的突出特点。"针对改革开放后出现的一些问题,如物价上涨快、财富分配不公、贪腐成风、理想文化萎缩等,指出:"全面了解过去,才能全面了解现状,得出正确的看法。"关于如何认识社会主义初级阶段,指出:社会主义"由以前的历史阶段孕育而来,也孕育着今后新的发展阶段"。还说:"回顾近代、现代历史,回顾中华民族的宝贵传统,我们有充分理由满怀信心,在实现全民族当前的任务中,有所作为,取得成就。"认为世界史研究可以作出卓有成效的工作,"来回答、解释社会主义现实生活中人们关心的问题"。

在代表大会上,全体代表一致通过修改后的《中国史学会章程》。新章程规定代表大会改为每5年举行一次,理事会不设常务理事和主席团,改设会长和副会长。在第四届理事会第一次全体会议上,选举戴逸为会长。

在大会的闭幕会上,就怎样看待马克思主义在历史学上的作用问题发表讲话,提出"鄙弃抱残守缺,勇敢坚持真理"。说:"抱残守缺与科学无缘,直接违反马克思主义。鄙弃抱残守缺,要求我们加强把马克思主义作为研究对象的观念,不止研究、分析它的个别论点,也研究、分析它的重要观点和原理。""人对世界至今仍所知有限。马克思或其他任何人绝对没有把真理说完。……马克思主义著作上即使很重要的论点,也并非铁板钉钉,不再松动了。""我们的研究一要毫不顾惜地放弃确实过时了的论点,二要用新的基本事实检验马克思主义创始人著作的结论,把它们只作为出发点,而不是作为终结点。马克思主义的科学性,取决于它的科学性,而不取决于它是否是各种学派中的一派。""与此同时,也要求我们加强勇于依据事实,明辨学术是非,捍卫真理的观念。""勇敢捍卫真理,辨明真理和伪理,只有依靠深入的科学研究和依靠充分发扬学术民主。"强调:"一切科学都要前进。凡复古主义、保守主义,到头来无不归于没落、消失;凡有生命力的东西总要伴随着人们的生产实践和社会实践的发展而发展。我是相信未来的,历史是属于马克思主义的,历史学也是这样。"

8月

2日　西北大学教授、校长张岂之来信,说:"这次在京参加史学会见到您，并承您赠送大作，十分感谢。""外老①的《宋明理学史》下卷已出版，我已请历史所同志派人将此书送给您。书中如有不当，请大年同志不客气地指出，以便修订。外老虽已弃世而去，但我作为他的学生和助手，有责任和义务使外老的《宋明理学史》修订得更好一些。"

12 日 应新西兰、澳大利亚两国议会的邀请，以孙起孟副委员长为团长，刘大年与符浩、钱敏为团员的中国全国人大代表团一行 7 人，从北京飞往澳大利亚墨尔本，开始对新西兰、澳大利亚两国进行友好访问。

13 日 中国人大代表团由墨尔本飞抵悉尼，中国驻悉尼总领事李锡麟与自堪培拉赶来的中国驻澳大利亚大使张再前往机场迎接。出席悉尼华人举行的招待会，了解华人基本情况，特别是留学生情况，包括公费或自费、每周消费、打工、英语补习学校以及因生存困难而出现的问题等。

14 日 参观所住哈伊特旅馆附近海湾公园。张再来谈情况，开吹风会。

15 日 由悉尼飞新西兰首都惠灵顿。中国驻新西兰大使倪政建与华侨代表等多人前来机场迎接。

16 日 拜会新西兰议长伯克，然后参观山上花园，游览市容。会见新西兰代总理帕尔默。当日，对惠灵顿出租车司机的工作与生活状况进行详细调研。②

17 日 分别会见新西兰外长马歇尔、外长助理怀尔德、反对党领袖博格尔、议长伯克。在伯克代表新西兰议会设午宴欢迎中国人大代表团席间与曾任历史教员的议员交流，了解新西兰高校历史学教学内容和历史学学生的就业情况。稍歇即至议会旁听辩论，之后离惠灵顿市赴南达尼丁市参观访问。85 岁的华人华侨领袖徐百朋等 20 多人前来尼丁机场迎接。

18 日 参观达尼丁市赖特森羊毛公司羊毛拍卖行，听拍卖行经理介绍羊毛出口、新中两国羊毛贸易以及羊毛加工情况。参观奥塔哥大学，了解该校专业优势、校园建筑及中国留学生情况。参观凯德伯里食品公司，了解食品加工工序。至市政厅拜访市长，会见时，有几个华侨领袖在座。

19 日 自达尼丁飞往新西兰南岛东岸城市克赖斯特彻奇③，参观林肯农学院，观看农牧场牧羊狗收羊群，并与留学生交流，讨论国内物价与西方

---

① "外老"即侯外庐。

② 本月 15—17 日，在北戴河召开的中共中央政治局第十次全体会议讨论并原则通过《关于价格、工资改革的初步方案》。

③ 克赖斯特彻奇，即基督城 Christ Church。

物价的差异。至市政区,会见市长,参观市政委员会议室,市长介绍市政委员会议市民旁听情况。工党议员奥斯汀和国民党议员伯德招待晚宴。晚上思考:西方食物生产过剩,而中国粮食生产人均占有量很低;认为不从生产上克服物质短缺,就不能从根本上解决消费、物价问题。"以前片面在生产关系上打主意,以为消灭一切所谓'小生产',一切平均,生产力就上去了,历史证明此路不通。现在反过来了,但实际仍是往生产关系上打主意,以为公有的程度越小,私有的程度越高就越好了。现在经济学界提出改变公有制形式——实际不是形式而涉及到取消或变相取消社会主义公有制。从一些议论看来是资本主义被越说越好,社会主义被越说越坏。以前讲'兴无灭资',现在没有人讲'兴资灭社',实际上在许多人心目中,中国走社会主义道路走坏了,走错了。中国的前途出路在资本主义——不是挂社会主义招牌的资本主义,是名实相符的资本主义。如果行得通,我看没有理由不赞成,但中国行得通吗?"

20 日 参观克赖斯特彻奇市容,了解不同房屋的价格。与华人一起喝茶,了解小业主、工人、失业者的收入和生活等情况,以及华人、毛利族和白人之间的关系。

结束在新西兰的访问,奥斯汀到机场送行。孙起孟与符浩等3人飞抵堪培拉参加澳大利亚联邦议会新大厦启用仪式。刘大年与钱敏等4人飞抵悉尼。

21 日 澳大利亚新南威尔斯州副议长麦克利夫妇、霍利斯来音乐厅港口陪同游览悉尼港,并在游艇上招待午餐。就餐时代表中方作简短发言。下午,观看文化宫,至海滩散步。晚上,澳大利亚外交部前驻河内使馆馆员斯通霍斯陪同吃饭,谈柬埔寨问题,与之辩论。

记录与新南威尔斯州住房部长和州两院议员游港和谈话情况:"(一)澳议员副议长工资高,但买不起海楼房中的一个套间,要30—50万,他们没有那么多收入。(二)海港山边有总理、总督别墅,但只能在任职期内使用,议员很少去。他们很少乘游艇游港。非政府出钱陪客者机会很少。(三)现任外长海登在商店购物顺手牵羊,拿了一件小商品,被商店监控发现,在报纸披露后被群起而攻。推荐海登为下任总督的总理霍克,亦因此遭受责难。一场风波现虽平息,但海登形象因而受损。李锡麟亦云此事如发生在青少年身上,一辈子记下档案,找工作就业都影响。资本主义私有道德足见重视。"

22 日 与钱敏等4人参观华人投资的普林电子线路板公司,中国广州电子七所20人在该公司实习。由李锡麟陪同拜访新南威尔斯州州议会,参加新南威尔斯州住房部长主持的有州参众两院各 4 名议员的会谈,在会谈时讲话。参观股票交易所。晚上,与斯通霍斯交谈,谈与 6 年前相比,澳大利亚的变化,说:"(一) 你们有许多新的建设。新议会大厦就是其中代表的建设事项之一。澳大利亚人民最近有了新的成就。(二) 双方关系很好,感情密切。双方经济合作增加了一些项目,为悉尼所见。彼此接连有高级代表团互访,了解增多。(三) 两国议员友好小组建立,彼此互访,增进互相的了解,一句话,与 6 年前相比,我们的友谊大为加强了。中澳两国人民的友谊是建立在共同利益基础上的。这个共同利益有经济合作,也有政治观点的一致或者相近。"

23 日　与从堪培拉赶来的孙起孟、符浩在机场会合,一起飞赴昆士兰州首府布里斯班。在布里斯班市参观博览会,观看其中的中国馆、澳大利亚馆和昆士兰州馆。昆州议会秘书长招待晚宴。记录:"下午参观博览会,澳会馆设备最现代化。先乘单轨车游行。然后观澳历史发展顺序。其中土人生活表演、洞天雷雨、蛇虫出没,活灵活现。中国馆全景电影亦不错。漓景不知何以狭窄异常,殊杀风景。最末为'红高粱歌'亦无意思。⋯⋯"

24 日　离开布里斯班,经悉尼赴堪培拉。澳联邦议会澳中友好小组主席、资源部部长库克参议员设晚宴欢迎并致辞。受孙起孟团长委托,在欢迎会上讲话,感谢盛情款待,并说明两大访问任务,即"祝贺澳大利亚二百周年,参加贵国新议会大厦启用典礼",以及进行友好访问;强调"中澳友好是建立在共同利益基础上的。这个基础不仅是经济的,也有政治上在一些重大问题上的一致或者接近。我们的友好合作前途广阔,不可限量";感谢"库克先生和澳大利亚小组各位朋友在增进中澳双方议员友好活动中做了很好的工作";希望"我们共同努力,不断培植中澳友谊这个美丽的花朵,让它鲜艳持久地盛开下去"。宴会期间,送书给库克和自由党议员法依夫。

同日　蔡尚思收到《刘大年史学论文选集》,来信谈感想,说:"您自认'不求鸣高,不问时尚,不作违心之论,枉己殉人',我觉得这是最为可贵可喜之处。关于章太炎、梁漱溟等人的评论,都很正确。同时也已满足了读者和刊物编者关于您'个人经历,治学意见'等的要求。"并寄赠横排新版《中国思想研究法》。

25 日　到澳大利亚新议会,分别会见霍克总理、鲍恩副总理、西贝拉参议长、蔡尔德众议长等政府和议会领导人,还同澳议会外交、国防和贸易联委员会主席戈登·比尔尼及该委员会部分成员举行工作会谈。拜会议长夫人。

26 日　由堪培拉飞维多利亚州首府墨尔本,州两院议长设午宴欢迎。

前往维多利亚州督府会见州总督。出席 100 多名华人举行欢迎晚宴会。

27 日 中国人大代表团由墨尔本飞悉尼。结束全部访问行程后,由悉尼飞广州,同行还有居正之子居浩然夫人徐萱。

9 月

2 日 吴茂荪夫人、中国国民党革命委员会中央常委王枫来信,说:"听您说即将为茂荪写纪念文,我十分感谢! 特剪下八月六日《团结报》刊载平杰三统战部原领导写的《深切怀念吴茂荪同志》一文供您参考。"

7 日 项观奇自德国来信,谈代为送书未果和读《刘大年史学论文选集》的感想,以及请求"写封简单的推荐信"以助其申请洪堡基金从事"亚细亚生产方式研究"。关于《刘大年史学论文选集》,说:"这是一面旗帜,一面红旗,它代表着中国史学界的马克思主义倾向,它在当代中国史学史上必有其光荣地位。我以为你在这个时候拿出这部著作是很合时宜的。因为现下这种观点、这种倾向的著作太少了,并且不占上风。唯其如此,我才喜欢和支持你的大作。甘泉同志说的对,未来的历史是属于马克思主义的,未来的历史学也是属于马克思主义的,这是一种立场上、信念上、理论上坚定的表示,是不畏困难的表示。"

9 日 汝信来信,说:"重庆出版社为支持学术著作出版,成立了一个基金会,请一些自然科学和社会科学界的著名学者担任评议员,他们想请您参加,特介绍赵文林同志前来拜访,请予接待。"

该基金会成立后以 100 万元支持 90 部学术著作,由钱伟长担任基金会指导委员会主任,刘大年任历史学指导委员会委员,其他委员有数学的王梓坤、医学的郎景和等。

21 日 张书生来信,谈读《刘大年史学论文选集》感想,说:"1980 年在北戴河休假时曾读到您对范老著作的介绍,当时觉得很快意,此前两年拙诗中'史坛百战仗宗师,郭范而还仰大旗'之所本也。后来,在报纸上读过您写吕振羽同志之文,其中谈到顾颉刚先生对马列主义有'交臂失之'之憾,我认为谈到了点子上,的确是科学地论证了当代一位学者。现在结合着看您论述王国维与郭沫若之异同,论述华罗庚、夏鼐、荣孟源等同志之作,都像毛主席所说的那样,'无哗众取宠之心,有实事求是之意'。从前在毛主席时代,宣传马列主义,有些人很容易未经深刻研究而说了过头话。现在,没有了这把'无专'保护伞,马列主义只能在斗争中求发展,这也是新历史时期的新历史任务,不能做温室里的花朵了。"

23 日 井上清收到《刘大年史学论文选集》后来信，说："对贵著作中的前六篇文章——'有关历史理论的诸论文'等，本人深表同感。近年来，日本在坚持马克思主义的历史唯物论，并将其具体应用于史学研究方面已不太被重视。值此之际，先生的理论集册成书，能够得以拜读，对我真是莫大的鼓励。"

本月 日本东京原书房发行井上清、卫藤沈吉主编的《日中战争与日中关系——卢沟桥事件 50 周年日中学术讨论会记录》。

10 月

10 日 给湖南省华容县政协文史资料委员会符哲文回信，说："大作《勤学》①《乡谈》浏览过，《勤学》内容较充实，业经稍加删削，转给了《近代史研究》编辑部。过些时候，如无回音，请直接去函询问。《乡谈》显得单薄。写成一篇简短文字，加以报导，或可为乡邦文献存此一斑。"

23 日 同中国社会科学院近代史研究所、世界历史研究所、历史研究所三所所长一起宴请来华访问的苏联科学院院士、历史学部学术秘书齐赫文斯基博士。

同日 张书生写长信，谈国学、诗词、轶闻等。

27 日 致函米哈伊尔·季塔连科教授，说："与齐赫文斯基院士相见，得悉近况佳胜。奉上《刘大年史学论文选集》一部，它的出版是和前年在莫斯科晤谈时，你们的好意提议分不开的。《侯外庐与马克思主义历史学》《一个历史学家的地位》两文，发表于今年春夏间，与论文集里面第四组文章，属于同一类别。同时附去，籍供参阅。"

11 月

7—8 日 在七届全国人大常委会第四次会议连续举行大会发言。针对加强精神文明建设，发言说："过去，我们曾经相信过'精神万能'，今天，又有些人觉得'精神无能'而'金钱万能'，这两种极端倾向都不符合人类发展的历史。一个没有信仰和精神支柱的社会本身就不可能作为社会存在下去。我们不能因为现在要发展商品经济，就把这些看作是'假、大、空'，我们理论工作者，应该有自己鲜明的观点。"

---

① 《勤学》即后来发表在《近代史研究》1989 年第 2 期的《罗喜闻与湖南留法勤工俭学》。

8 日　七届全国人大第四次会议结束后,孙起孟来信,说:"听了您的发言,觉得既是正确的,又有现实意义。我打算在应邀参加的周建人诞辰一百周年纪念会上讲些意见,容发言成稿后送请指教。"

10 日　《求是》编辑李明三来信,说:"看到您在人大常委会四次会议上关于精神、金钱与社会发展的发言的报道,觉得很好,切中时弊。确实,现在不重视精神文明,不正确对待历史,缺乏精神支柱的现象太严重了。所以,想请您在身体允许的情况下能把发言整理出来,给我们发表,以引起人们的重视。"

27 日　湖南师范大学林增平教授来信,谈压缩《辛亥革命与反满问题》以收入"应巴蜀书社之约"着手编辑的中国史专题讨论丛书《辛亥革命》一书事。

29—30 日　参加由中国社会科学院历史所和中国史学会在京联合举办的纪念侯外庐逝世一周年学术讨论会,并在会上讲话。

12 月

12 日　赵复三来信谈读《刘大年史学论文选集》感触,说:"把书捧到手,首先读的是《历史研究的对象问题》,这是一篇在国际历史科学大会上能真正代表中国的声音的'宏文'。有时常感到,近年来关于史学理论的深入讨论似较少,(也许只是自己读的太少),您的选集中有 1/3 篇幅专谈史学理论,使我感到像是空谷中一枚重磅炮弹带来的震撼,十分高兴。您在《郭沫若与哲学》一文中说,郭老在学术上远超前人和同时代一些最有才能的学者,首先是他在哲学思想上远远超越他们。我深深服膺此意,也常对年轻一点的同志说,一个人毕生从事学术工作,最后能有多少成就,首先取决于在哲学上理论上达到什么高度。"

15 日　中国社会科学院历史研究所中国思想史室卢钟锋来信,说:"您在纪念侯外庐同志学术讨论会上的讲话,与会者反映极佳。我们拟将您已发表的大作和此讲话一并收入《纪念侯外庐文集》一书。"

19 日　就博士论文写作事致函李长莉,其中说:"偶尔见到张树声、邵作舟的资料,可以考虑是否纳入你的论文里面。"

28 日　出席七届全国人大常委会第五次会议,审议《进出口商品检验法》草案和《传染病防治法》草案,认为制定这两个法律草案很有必要,希望尽快通过,并建议应把艾滋病、性病列为甲类传染病,重点加以预治。

同日　项观奇来信谈及战后德国、英国、法国等国的史学研究方法,如社会学方法、比较方法、结构分析方法以及传统的考证方法。

本月　《鄙弃抱残守缺　勇敢坚持真理——在史学界第四次代表大会上的讲话》在《世界历史》第 6 期发表，并收入《中国历史学年鉴》1988 年号。文章分三个部分，以"信息与讨论"一、二、三为标题。其中第二、三部分在史学界第四次代表大会的头一天和闭幕会上讲过，第一部分有讲稿但会上没有讲。"信息与讨论一"讨论专门的、学术性的历史书出版困难问题。针对"学术著作出版不了，而形形色色的色情下流读物却一路绿灯，充满书肆"的现象，指出："绝对没有根据可以认为，既然按照商品经济的规律办事，那么，一切都要在'利'的天平上权衡一切事物的价值，就都要由金钱作为检验标准，计算'含金量'。""金钱就是一切，金钱主宰或代替一切的社会是无法生存下去的。"提出在讨论如何认识社会主义商品经济与社会主义精神文明建设的关系问题时，"历史研究者有责任关心我国社会主义的精神文明建设。我们要不懈地努力来促进这种建设"。

1989 年（75 岁）

1 月

6 日　致函博士生姜涛，鼓励克服困难，嘱咐"论文应该坚持下去。事业不论大小，困难无往而不在。勇于迎接者可期有成，望而却步者必无所就。坚持下去，定有成绩可观。"并就论文写作提出建议，还建议"学习延长半年"。

本月　《吴茂荪与孙中山研究会》在《近代史研究》第 1 期发表。文章指出吴茂荪是创议建立一个研究孙中山的群众性团体的"参与和设计者之一"；认为吴茂荪关于如何筹建孙中山研究学会的具体主张"为大家所充分采纳"；通过分析小册子《重庆的喜剧——国民党第六次全国代表大会的内情》说明吴茂荪"在当时的政治活动中已经崭露头角了"。

2 月

1 日　日本神户华侨历史博物馆馆长陈德仁来信，就编著《孙中山先生大亚洲主义资料集》时采用《孙中山先生书信手迹选》中所录 1923 年孙中山先生去信犬养毅之手迹事,请决定是否准允录用。14日,复函说:"拙编《孙中山书信手迹选》所收1923年孙中山致犬养毅函手迹,完全同意你们复制录用。请根据需要,自行处置。"20日,陈德仁回信致谢,并称所编资料集"所载史料繁多,而有附注(安井先生),可能成为研究孙中山先生之一宝贵史料的。一俟出版,首先寄呈先生教正为是。"还说:"日本近状可谓大事重重,然世界也不在例外。唯望我祖国早日政经安定,中日文化经济交流更进一步。"

7日 《中葡新关系十年》在《人民日报》发表。文章说:"中葡两国政府1979年2月8日在巴黎签署建交联合公报。这是中葡关系的新起点。"对10年来两国间政府与民间的往来进行概述,指出解决历史遗留的澳门问题是"中葡两国关系史上的头等大事";对塑造葡萄牙文化思想、价值观念的诗人卡蒙斯进行评述;回顾1987年作为中国人大代表团的一员访问葡萄牙的情景,说明中国《明实录》上称葡萄牙为"佛郎机"或"蒲都利加"的缘由。最后说:"巴黎协定开辟的中葡新关系,就要跨进第二个10年了。过去10年政治、经济、文化等领域的合作,给双方带来了实在的利益和荣誉,各自有充分理由感到满意。澳门问题联合声明签署以来,澳门社会稳定,经济形势很好,事实证明那是一个好的声明,反映了人心之所向。'天时不如地利,地利不如人和'。人和即友谊与合作。坚持这一条,日后必将给双方带来新的利益,新的荣誉。我们热烈地迎接中葡新关系第二个10年的光临。"

14—18日 日本当局屡次在国会为日本侵略中国的战争辩解。

14日和22日,中国外交部发言人两次发表谈话指出:那场给中国和亚洲人民带来深重灾难的侵略战争和战争的责任是历史事实,谁也不可能改变。对那段不幸历史,我们不能容忍有人加以歪曲或否认。任何模糊战争性质,推卸战争责任的言行都是违背中日联合声明和中日和平友好条约原则和精神的,也必将伤害中国和亚洲其他战争受害国人民的感情。归根到底对日本自身也是十分不利的。在这个重大原则问题上,日本当局理应采取尊重历史事实的正确态度。

19日 着手查阅资料、草拟发言稿,准备在次日人大常委会上反击日本政要对侵略战争的辩解行径。

20日 在七届全国人大常委会第六次会议全体会议上发言,指名批评日本在任首相竹下登:"日本当局为什么在侵华战争性质问题上倒退?这个问题,是正在举行的日本国会里提出的,我觉得我们也有必要来讲一讲。""2月14日到2月18日,日本首相竹下登和内阁法制局长在回答在野党质询中,接二连三,为裕仁天皇开脱战争责任,为日本侵略中国的战争辩解。法制局长说,不论从国内法还是从国际法看,裕仁天皇都没有战争责任。竹下登说:'上次大战是不是侵略战争应由后世历史学家做评价。'当在野党再一次质询说:'前首相中曾根曾承认上次战争是侵略,竹下首相对此有何见解'时,竹下登回答说:关于侵略战争有各种学说,以哪一种学说为准,难以确定。然后又重复一遍,'上次战争是不是侵略战争,应由后世历史学家来评价。'""日本当局这种一而再,再而三地为侵略战争辩解,是发生在世界舆论密切关注这个问题的时候。英国舆论界和新西兰外交界人士等严厉谴责日本军国主义所犯的战争罪过。南朝鲜、日本国内不少的舆论也发表了批评文章。共同社报道,2 月 24 日日本将有一百个场所举行反天皇集会。中国人民经历了八年艰苦的抗日民族解放战争,牺牲人数多达 2000 万以上,财产损失约 1000 亿美元。我们关心这个问题是理所当然的。""关于裕仁天皇是否负有战争责任,这在中国人看来本来不成其为问题,因此学术界也很少提出来谈论。如果一定要说他在法律上不负任何责任,这是欺人之谈,没有人会信以为真。整个战争期间各次御前会议和当事人的记录,历历可查。每逢关键时刻,总要由御前会议作出决定。单凭这一点,就足以充分说明到底有无战争责任了。""关于战争的性质是否是侵略战争要由后世历史家来评价的问题,不知竹下先生所说的'后世'有没有特定的界线或特殊含义? 日本国内大部分的历史学者以及世界各地的历史家对那场战争的性质早就作出了一致的评价。这样的事实多得无法列举,我只举出日本刚刚出版的一部有分量的书为例。这部书叫作《日中战争与日中关系——卢沟桥事变 50 周年日中学术讨论会记录》。编著者是京都大学名誉教授井上清、东京大学名誉教授与亚细亚大学校长卫藤沈吉。书里面收入中日双方学者的论文近 20 篇。日本方面提供论文的篇数居多。讨论会最后由日本学术界享有声誉的历史家远山茂树教授作总结。他说:'这次讨论会对以七七事变为开端的中日全面战争的意义更加明确了。这个意义的核心是,日本发动了全面侵华战争。那场战争以中国取得民族解放战争的胜利和日本的彻底失败而告结束。对于这一点,讨论会没有任何的暧昧。'又说:认识日本侵略中国,不是从七七事变开始,要上溯到 1931 年、1872 年。'从教科书事件看,日本需要对那场战争的性质进行再认识。只有这样,才有利于探讨从 1945 年至今天的中日关系。'日本的报纸、电台等舆论媒介对这次会议有不少报道。竹下登先生坚持主张对战争的性质要由后世历史学家来评价。卢沟桥事变 50 周年中日学术讨论会的全部纪录和日本著名学者所作的讨论总结,就是对战争性质所作的评价。从时间上看,那

场战争已经过去 40 多年。当代历史家已经是它的后世,或'准后世'了,还
要等到哪个'后世'去评价呢? 事实是再明显不过的,那就是,第一,开脱战
争责任毫无意义,反而表现出提出这种开脱是缺少正视事实的勇气。第二,
日本对中国进行的战争是日本军国主义侵略中国的战争,这个性质是谁也
改变不了的。""日本的中学历史教科书,经过反复斗争,有的已经把'侵略'
写进去了,改变了原来所谓的'进入'说法。中曾根前首相正式明确认为,
那场战争的性质是侵略战争。国际间的交往需要言而有信。中日友好是两
国人民的根本利益所在。中日友好关系的维持和发展,需要多栽花,不栽
刺。中国是礼仪之邦,中日两国间订有和平友好条约。日本当局接二连三
表示,日本在第二次世界大战中的行为未必能说是侵略战争。在战争性质
问题上往后倒退,这究竟是为了什么?"

21 日 《日本当局为何在侵华战争性质问题上倒退? ——历史学家刘
大年二十日在人大常委会会议上的发言》在《人民日报》头版发表。《人民
日报》同日头版还发表记者何平的《侵华历史不容歪曲 战争罪责岂能开
脱 人大常委谴责日本当局翻案》,介绍刘大年的发言内容,并指出:"刘大
年的发言引起了广大委员的共鸣。大家争相发言,对日本当局肆意歪曲历
史的错误行径表示愤慨。他们指出,日本侵华战争是日本军国主义者发动
的侵略战争,这场战争的性质是举世公认的,是任何人也改变不了的。委员
们指出,发展中日友好是两国人民的根本利益所在,是两国人民的共同愿
望。但是,为侵华战争性质进行辩解和为战争罪责进行开脱,只能有损于中
日两国人民的根本利益,也是违背两国人民共同愿望的。委员们希望,日本
政府能够正视历史,珍惜来之不易的中日两国和平友好的局面,顺应历史的
潮流,为进一步发展、维护中日两国的友好关系作出努力。"

同日 日本媒体对刘大年在人大常委会上的发言进行报道。共同社
播发记者伊藤正自北京发出的报道,标题是《〈人民日报〉在头版刊登刘的
讲话 天皇的责任问题在扩大》。其中说:"中国对天皇的战争责任问题的
反应是极力克制的。但对于日本国内重新兴起崇拜天皇的热潮逐步提高了
警惕。可以说,刘大年的批评表明中国国内由于首相的发言而一举暴露出
不信任和不满。"时事社发出评论:说竹下首相在国会答辩说是否为侵略战
争,应由后世历史学家作出评价,对此,中国和韩国等国家提出了强烈的批
评。"原国土长官奥野在去年 5 月因为讲'日中战争是偶然发生的'而辞职。
不难想象,这次发生问题后,首相对奥野辞职会记忆犹新。"《读卖新闻》夕
刊登载黑字大标题的消息"中国人大常委会批判首相有关战争责任问题的
发言"。《朝日新闻》报道称,根据香港发回的消息,说刘大年在发言时手里

拿着《日中战争与日中关系》这本书。

苏联媒体也进行报道。塔斯社俄文电讯称，塔斯社政治观察家阿斯科尔德·比留科夫在长篇评论里说，"轴心国发动了反对人类的侵略战争，这是一个历史事实。联合国对这个事实所作的评价已载入联合国大会所批准的国际法原则的纽伦堡和东京国际法庭材料"。刘大年的发言指出，"日本国内大部分历史学者以及世界各地的历史学家，早就对那场战争（日本侵略战争）作出了一致的评价"。"日本当权人物不承认对这一历史事实的固定评价的企图使人们怀疑他们能否从过去的历史中吸取教训。他们给自己忠于和平政策的保证的诚实性投下了让人怀疑的阴影。"

同日　88 岁的中国文联副主席、中国曲艺家协会主席陶钝来信，表示"拥护您""痛斥日本帝国主义余孽掩饰侵华罪行之谬论"，"我们还有亿万抗日军民和死难烈士的家属作您发言的证人"。

22 日　法国《世界报》发表文章《北京批评竹下登的讲话》。文中说，批评是一个中国历史学家发出的，"竹下登被指责为违背了好些同意中国的说法的日本历史学家作出的结论，这种结论是：战争是以日本入侵中国为开端的。这些说法是很难反驳的。"

同日　日本驻华大使中岛敏次郎奉命约见中国外交部副外长刘述卿，说，竹下首相对他在国会答辩中未能充分表述自己的真意感到遗憾。竹下首相对过去那场战争曾做过明确表态，至今没有任何变化。竹下首相的认识是：（一）日本过去通过战争给近邻各国人民造成了重大损失。对日本上述行为，国际上认为是侵略并进行了严厉批判，这是事实，日本要充分认识这一事实。（二）日本政府对过去行为的认识曾在 1972 年日中联合声明中表述过。这一认识至今毫无变化。（日本）对中国侵略的事实是不能否认的。（三）日本作为和平国家，为了不使这样的事情重演，将为世界和平与稳定作出贡献。

同日　当年冀南行署党总支书记，后任西北大学党委书记的法学家和教育家吴大羽来信，说："从广播中得知，你对日本当局开脱裕仁战争罪责和为日本帝国主义发动的侵略战争辩解，在七届人大常委会第六次会议上的发言中，作出了严厉的驳斥。我听到后非常高兴，我愿举起双手拥护你的发言！我相信全国人民，特别遭受过日本帝国主义铁蹄蹂躏、一度变成为敌占区的人民，也会和我一样，也许比我会更进一步地拥护你的发言。""为防止将来再萌发战争，我想到，也希望，你能发起、号召、组织一些历史学家，编写一部完整的《日本帝国主义侵略中国战争及其罪行史》和《日本帝国主义对中国的侵略史》；并进一步发起、联络、呼吁、组织国际上的一些历史学家，编写一部完整的《第二次世界大战及德意日法西斯罪行史》。"

23 日　南京汽车附件六厂财务科、团支部戚汉英来信,说:"从 2 月 21 日《工人日报》第一版上看到您就日本当局竭力为日本侵华战争诡辩一事所作的批判性发言,我与我的同事们都感到莫大的振奋! 并且我们相信有血性的中国公民都会由您的发言而引起由衷的共鸣!"来信还详细谈论日本侵华历史及其认识。

24 日　日本宇野宗祐外相在会见钱其琛外长时,代表日本政府表示,对竹下首相在国会中关于过去战争问题的答辩未能表达真意表示遗憾;并说竹下过去曾就战争性质问题做过明确表示,至今没有任何变化。

27 日　美国纽约《中报》发表社论,批评日本当局自欺而不足以欺人。社论说:"刘大年以日本新近出版的《日中战争与日中关系——卢沟桥事件 50 周年日中学术讨论会记录》为例,说明包括编者京都大学名誉教授井上清与东京大学名誉教授兼亚细亚大学校长卫藤沈吉在内之多位日本学者,无不以日本侵略为定论"。社论并引述了远山茂树教授在讨论会上所作的总结发言。

28 日　《中国青年报》刊登刘扬的文章《访刘大年》。介绍刘大年抗日战争时期的经历以及从事历史研究和学术组织工作情况,在人大常委会上发言的背景和经过,与山田一郎的"友谊",生活和家庭情况等。

在《访刘大年》文旁边,有一简讯《竹下承认日本过去的侵略事实》:"据新华社东京 27 日电　日本首相竹下登今天上午在国会答辩中纠正了他以前不符合历史事实的观点,承认无法否认日本在第二次世界大战中的侵略事实。据共同社报道,竹下在答辩中承认,日本在过去的战争中给近邻各国的人们带来过严重损害,日本是无法否认这种行为的侵略事实的。"

本月　在近代史研究所主持博士研究生李长莉博士论文答辩会,答辩委员为李侃、龚书铎、钱宏、耿云志。李长莉博士论文题目为《洋务知识分子研究》,顺利通过答辩,获得中国近代史博士学位。

3 月

6 日　50 年前在冀西办事处工作的战友白汀,看到《人民日报》上"严厉谴责竹下登的讲话",从成都来信相认。

8 日　吉林大学经济研究所孔经纬寄其著作《简明中国经济史》《东北经济史》《中国资本主义纲要》。

16 日　应中国国际文化书院陈翰笙院长聘请,任该院院务委员。

同日 看到《人民日报》上刊登的发言，日本神户学院大学教授中村哲夫来信，说"日本天皇病了以后，政治环境不好，所以很多日本知识人也同意您的发言"。

同日 日本庆应大学山田辰雄教授收到新春贺年片后回信，谈拟于 9 月访华，以及任新生"已经决定做我们庆应大学大学院的研究生"诸事。

本月 《怀念黎澍同志》在《近代史研究》第 2 期发表。文章回忆与黎澍的工作关系，肯定其"学术造诣和贡献"。认为黎澍"作事认真，思路灵活"，接办《历史研究》后使刊物"耳目一新"，"往后几年一直保持较好的水平"；"对待青年热心，重视人才"；"力求掌握、熟悉马克思主义文献"，"写文章常常有新看法，重视理论观点"；"勇于探索，不断革新自己的观点"。文章还谈对"人民群众是历史创造者"的争论的看法："第一，历史是人或人们创造的，这不能算做对问题的回答。""第二，现在争论的双方，都并非无懈可击。""第三，人民群众是否历史的创造者，这样争来争去，答案就只能直接归结为是或否，机械而单一。其实事实比这远为复杂。把问题改换为人民群众如何或怎样创造了历史，讨论就会掘进一层，增加深度和广度。'如何'或'怎样'的问题解决了，'是否'的问题也就切实解决了。""第四，不少研究者不赞成黎文论点，而又不能有力地驳倒它，说明了这样一个事实：以前大家讲人民群众是历史创造者，是把它看作一个科学定论的。至于为什么，却很少认真思考。""这个事实，正好指出了黎文新观点的意义。"

4 月

1 日 《马克思主义与中国传统文化》在《求是》第 7 期发表。文章说："马克思主义产生于西方，它一旦与中国内在根据相结合以后，就成了中国文化的重要组成部分。在中国历史学里面，它再也不是'外来异物'，而是与中国文化熔铸为一体了。"认为思想文化是整个历史的一部分，历史发展、丰富了，民族文化也必然跟着前进、丰富。"只要不割断历史，我们就会承认孔子、孙中山、与中国传统文化结合了的马克思主义，是中国不同历史时代的文化主流。"针对崇儒尊孔、新儒学和儒学第三次复兴的声浪，以及主张全盘西化等情况，指出：在中西文化及其关系上，要坚持批判地继承传统文化和批判地对待西方文化，要实事求是。认为马克思主义"过去是、现在仍然是最先进的科学社会历史学说"，"马克思主义与传统文化相结合，中国文化就会像以往在东方文化中保有高度繁荣和显耀地位一样，今后也将继续保有它的高度繁荣和显耀地位"。文章对孔学的一些评论后来在

《评近代经学》中得到进一步的展发。

3 日　给白汀回信叙旧,说:"我总觉得此生并未虚度。我和你,还有我们同样经历的人,只要现在晚节未改,初衷尚存,便算无负于时代,也不愧对后人。或许这叫自我感觉良好,但是如果连自己感觉都不良好了,那又怎么说得过去呢!"

同日　写成《二十世纪的标志》前三部分,9000 多字。文章针对国际历史科学大会 1990 年马德里讨论会"和平时期的进步,战争时期的退化:20 世纪的标志性模式"这一专题而写。不同意将"和平——进步,战争——退化"作为 20 世纪的标志,也不同意将美国的强盛作为 20 世纪的标志。从"社会主义社会是 20 世纪的最大新事物""社会主义崛起,铸造了 20 世纪的一个世界,两个重心""社会主义存在,表明 20 世纪进入了整个文明史上一个崭新的过渡时期"几个方面说明 20 世纪的标志是:"20 世纪:社会主义的黎明!"文章还准备写一个部分作为结尾,因后来北京局势的变化而终止。

13 日　白汀来信叙旧,说:"我们都还活在人间,而且各有不同的坎坷经历(还是五十年代我就在报上见到过对你不公平的批评),可我们都未虚度年华,今天虽然都已白发苍苍,心里都永远未感到衰老,因为我们的心永远是和祖国、人民联系在一起的。"

25 日　田中正俊在其中译本著作《战争·科学·人》的《自序》中说:"谨以本书献给抗日民族解放战争的英勇战士,我们的老师刘大年先生;同时,作为一个日本人的我,虽尽力通过个人的亲身经历将日本军国主义的所作所为在本书中予以揭露,但由于认识和思想上的局限在所难免,尚请刘先生及各位予以指正。"

27 日　出席在中国社会科学院报告厅召开的中国现代文化学会成立大会,并在会上讲话。学会由丁守和、徐宗勉、耿云志发起,挂靠近代史研究所。丁守和任会长。

本月　应河南省教育委员会聘请,任河南省第四批新增博士学位授予单位论证组委员。

本月　中共中央顾问委员会常委胡乔木访问美国,其间,伊利诺伊州的华裔教授吴天威见到胡乔木,向他说明在美国有日军暴行调查委员会这个学术团体,还有自己的刊物,并跟他分析对日政策问题,表示生活在美国的华人学者对中国政府有看法,建议中国学者也要成立一个学会,办一个刊物,发出声音。

5 月

7 日 致函湖南省华容县志编委会工作人员刘传贵，寄《华容县志序》稿。

8 日 会见并设便宴招待来北京参加中国社会科学院举办的纪念五四运动 70 周年学术讨论会的日本学者野泽丰、小野信尔、狭间直树、森时彦等。

7 月

10 日 辽宁师范大学历史系韩一德教授寄田中正俊《战争·科学·人》一书的译稿，并请求为该书作序。

8 月

4 日 给辽宁师范大学历史系韩一德教授回信，并附寄所托序言。序言以《固守真理者》为题，指出：第二次世界大战结束至今，日本出版的关于中日战争的回忆录、研究著作，有两种互相对立的思想观点，一种是篡改史事、颠倒是非，否认、掩饰那场战争是日本全面侵略中国的战争，极力淡化军国主义，即"皇国史观"或"文部省史观"；另一种是站在日本民主先进者的立场上，正视事实，不隐不讳，指出日本发动的是一场全面侵略中国的战争，中国抗日战争的胜利是民族解放战争的胜利。认为田中正俊著《战争·科学·人》的主旨是"关怀民族，固守真理"。结合纽约《中报》对中国社会科学界改革开始不久"乱成一锅粥"的报道分析，指出："在中国，在社会科学研究中，我们主张要坚持的真理，是指马克思主义指导与社会主义道路。它们是基本的价值观念，就像确认中日战争在日本是侵略的一方是基本的价值观念一样。"最后评价田中正俊说："书的情节告诉我们，这位历史研究家、教育家是一个主张自己民族也主张别的民族同样要自尊自信的人，是一位在为人师表上高自位置的人，一位敢于顶住强权，固守科学真理的人。"

19 日 参加在八宝山革命公墓礼堂举行的梁寒冰① 遗体告别仪式。

---

① 梁寒冰曾担任中国社会科学院历史研究所分党组书记、副所长、顾问以及中国史学会秘书长等职务。

同日 致函辽宁师范大学历史系韩一德教授,告知田中正俊教授著作序言拟在《近代史研究》上发表。

20日 国务院经济技术社会发展研究中心顾问马宾来信,说:"现我在研究我国今后四十年国民经济发展战略规划和经济体制改革总体设计。为此,要以考察基本国情为基础,其中包括人口问题,自然资源,生态环境,经济状况,还有国际环境和历史背景。希望你为我介绍若干近代史论著和文献资料目录,学习一点中国近代史,对我也是社会主义教育所必需。"30日,给马宾回信,介绍几种近代史方面的出版物,并寄尚未公开发表的姜涛博士论文《近代中国人口研究》书稿。

27日 韩一德回信,说田中正俊收到序后"回函表示得到先生的序文,是他意外的喜悦和特殊的光荣并感谢对他个人的评价"。

30日 胡乔木就国内成立日本侵华暴行研究会事来信,说:"美国南伊利诺大学华裔教授吴天威,多次提议要成立日本侵华暴行研究会,这是一件好事,赞成的人(尤其海外华人)很多,成立的类似组织也不少。今年四月我和赵复三访美时,吴偕齐锡生教授专程到华盛顿商谈此事,希望由国内正式发起组织作为中心。我曾与赵说此事最好由你出面牵头,请近代史所推出几位热心的同志负责进行,建立一个民间性的团体,以便与海外各方联系,同时在国内选几个重点题目调查,分别成书。回国后一直未能与你联系,赵亦匆匆出国。吴又来信,请考虑可否挑起这个担子,并望与胡绳同志一商。兹托秘书徐永军同志前来,希接谈。"

本月 《说地方志的文化功能——〈华容县志〉序》在《中国地方志》第4期发表。文章肯定成绩说:"县志记述完备,纲举目张,反映出了这块土地上四十年来的变迁和当前现实。其中汲收了旧志的有益成分,又是一部与旧志迥然不同的合格的新型地方志。""物质生产,科学技术,经济生活,得到全面具体的叙述。现代自然科学知识,头一次进入了地方文化的总体建筑。"文章还指出地方志编辑中的不足之处说:"许多关于新方志的要求或评价中,强调国情调查,提供科学决策依据和经济建设咨询,进行历史教育等等,都正确。比较之下,从文化建设功能来看待的似乎尚少。"强调说:"未来的中国应该是包括人的现代化在内的社会全面现代化的中国。发展教育,革新民族文化思想观念,跟上世界现代科学文化潮流,这是需要全民族共同思考、努力的绝大题目。地方志书在现代文化建设上有优势,又有局限性,要求过高和估计过低同样地缺少根据。它是一块阵地,一个新起点。关心中国现代文化研究、建设的人,我想都有理由关心这块阵地,珍惜这个起点。"

本月　接受《人民中国》记者沈兴大采访，《〈30 分钟对谈〉刘大年：一个中国历史学家的日本观》发表在《人民中国》（日文版）第 8 期。访谈回答三个问题，即"日本当局为何在侵华战争性质问题上出尔反尔？""军费增加意味着什么？""中国为什么反对日本政界人士参拜靖国神社？"并介绍"为民族生存投笔从戎"的经历和与日本友人"白云主任"的友谊、几次访问日本的情况。表达观点有："从日本历史的演变来看，它是每一次社会制度的更替，差不多都是自上而下的改良，旧势力的相当一部分常常在新社会中生存、保持下来。""日本当年说是无条件投降，实际上是有条件投降；这个条件，就是保留天皇制。""现在日本右翼势力起来，恐怕还有一个原因，就是经济实力发展，大国意识越来越表现得强烈。""日本极右势力今天提出'打倒雅尔塔体制'，其真正的含义恐怕是要恢复日本的旧势力，恢复它在第二次世界大战前的地位吧。""日本的广大国民和许多有识之士是一直反对军国主义反对天皇制的。""我们是反对当权者去参拜靖国神社，因为他们并不是要参拜国民的亲人，而是去参拜包括东条英机那样的大战犯在内的军国主义者，作为政治家，他们这样做，就是为日本侵略的历史辩解，为战犯开脱罪责，舍不得割断与军国主义的联系。""日本民族是一个很有特点的民族，一个优秀的民族，一个富于创造性的民族。"

本月　接受华容县委党史办郭清彬、严文田拜访后，郭清彬撰写的《著名史学家刘大年谈党史工作》发表在《湖南党史月刊》第 8 期。文章回忆刘大年审阅《华容风雷》的情况，记录其重要观点，如："历史资料浩如烟海，任何人也难说自己网罗无遗，毫厘无误。别人对自己提出的某些论点、事件、人物、资料等提出商榷、修改意见，不但是有益的，而且是必不可少的。只有这样，才能去粗取精、去伪存真。""党史研究，就是要认真总结党的历史经验，记叙老一辈革命者的光辉业绩，告诉后辈人，社会主义新中国是怎样诞生的，它应该而且必定前进到何处去。因此，党史学家首先是思想家、哲学家，要用马克思主义为指导，以直言为绳墨，写出党的光辉历史。另外，还要注意文史兼通。"

9 月

13 日　在近代史研究所会见来华访问的日本亚细亚大学校长卫藤沈吉、庆应大学教授山田辰雄，谈 1991 年夏威夷辛亥革命国际学术讨论会筹备情况。

本月　和北京市政协主席白介夫应胡乔木约去谈话。经协商，准备成立一个高规格的抗日战争研究机构,由胡乔木担任会长,全国政协副主席吕正操担任秘书长,成立 10 人主席团,成员从元帅、大将至少是中将中遴选。还准备成立基金会,以便有条件支持日军罪行调查工作。将胡乔木的意见以及准备做的一些事情告诉近代史所副所长张海鹏,希望张海鹏安排时间帮助做些筹备工作。张海鹏答应,并仿照邓小平担任会长的宋庆龄基金会章程,起草章程,还就学会理事、会长、副会长、主席团成员等人事安排提出建议。

10 月

17—20 日 第二届中国抗日战争史学术研讨会在北京卢沟桥中国人民抗日战争纪念馆举行。出席会议的有来自全国各地的抗战老战士和抗战的知名人士、专门研究中国抗日战争史的史学专家,以及在京的日本和苏联的访问学者等。会上,成立专门研究抗日战争史的学术研究机构——北京市抗日战争史研究会,刘大年任名誉会长,白介夫任会长,朱穆之任顾问。

21 日 《人民日报》刊登记者黄智敏、马鹤青的《抗战史研讨会代表就日本教科书案错误判决发表声明　日本侵华历史不容篡改》,报道参加第二届中国抗日战争史学术研讨会的 50 名代表 20 日发表声明事,说:"代表们在发表的题为《历史不容篡改》的声明中说,日本侵略军从 1937 年 7 月 7 日在卢沟桥发动对中国的全面侵略战争,本来早已载入世界史册,也载入日本史册。东京地方法院在判决中,竟肯定文部省要求修改教科书中某些历史事实'不能算违法'。这是极不公正的。这份声明严正指出,日本军国主义在中国的侵略暴行,事实俱在,证据确凿。有人蓄意歪曲或篡改这个历史,或者干脆把它抹掉,那是荒唐之举,东京地方法院为日本侵略集团开脱罪责是绝对不能容忍的。"

22 日 王汝丰来信,谈卢沟桥第二届中国抗日战争史学术研讨会情况,说:已与郭景兴、刘建业趁开会的机会和北京出版社落实"关于编辑出版日中学术讨论会会论文集一事","出版社正列入今年出版计划,并决定以高质量出版(纸张、印刷、装帧等),要求书稿于今年 11 月底全部交齐,争取在明年第一季度出书",并已将此告知郑惠;"井上清、今井清一、江口圭一先生都给这届讨论会来了信","井上清先生在信中还提出了自己的学术观点,要求转达与会学者"。此外,还谈自己为这次研讨会提供论文的情况,一篇是关于卢沟桥事变后中共北平地下党领导的地下斗争问题,另一篇用"迟到的信息"为题介绍在日本召开的七七事变 50 周年中日学术讨论会情况，并随信寄《迟到的信息》打印稿。

29 日 致函胡乔木，寄去《见说四首》。

11 月

8 日 胡乔木来信，说："暴行调查事，请先与介夫同志商议，分别依托社科院近代史所和抗战纪念馆作组织上的准备，包括指定专门负责人（将来专职但不脱产），拟出初步重点调查计划，经费收支匡算，经常参与合作单位人员，基金会日常工作和管理办法（会计账目收据奖状等）等项。秘书长人选正在从抗日名将中物色，不必着急，上次说主席团或董事会名称名单亦请商定草案，以便说话时易于作出决定。请酌。"信中还认为《见说四首》"很好"，"第四首人字出韵"，但是，怎么改，"没有想好"。

12 日 致函中国社会科学院外国文学研究所名誉所长冯至，谈《见说四首》之"人字韵"等事，说："第四首八庚韵插进去一个十一真的'人'字，违反诗家规矩，未知能否从前人论述中找到相关的解释。早年听一位不算三家村圣人的老秀才言，近体诗用异韵，看用在诗的哪个部位，分别叫作'孤雁入群，孤雁横参，孤雁出群'，不知此说出自何处，或者仅仅是前人的口耳相传。"

21 日 《见说四首》在《人民日报》发表。诗前说："亚洲一些国家和地区经济增长，据说得力于奉行孔学。到底是孔学可以指导现代化还是要把现代生活拉回到孔学思想里面去，没有本领参加讨论，打油数首存疑。文字粗鄙，不足以当方家一噱。"

诗为："（一）见说亚洲起五龙，星韩台港九州东。云中变化神藏尾，世上飞腾画点瞳。已令叶公魂魄散，又传青海子孙逢。问渠哪得灵如许，端在圣人教化功。""（二）敢怪先师竟不仁，束脩到手薄乡亲。颜回陋巷无心问，宰我泥墙厌耳闻。痛哭湘军空泪涕，叩头袁氏等埃尘。莫非深造乘桴去，跨海飘洋学后人。""（三）称仁述义浩如烟，只有周公梦不传。自昔百家皆罢黜，至今阙里尚歌弦。骑牛老子徒前辈，托钵瞿昙枉后贤。独少中华龙起陆，烦谁对此解茫然。""（四）一钱一果互相争，现代微言未许轻。泰斗为文呼祸本，青天传语又时行。新儒有道推君子，老店无缘拜圣人。我自沙滩楼下过，可怜德赛两先生。"

关于此诗，李一氓给蔡尚思的一封信中曾略有评论："尚思同志：你发表在《文汇报》的有关孔子的谈话，我读了一遍。早些时候刘大年同志在《人民日报》发表了几首诗，属于同类性质。在这个问题上，假如说，要坚持马克思主义,反对非马克思主义,自当以两位的著作为首。深惭见闻谫陋,不知道什么地方还有类似态度鲜明之作。"

24日　冯至回信谈"人字韵"问题,并对发表的《见说四首》大加赞赏。说:"关于夏世钦《槐轩论诗法》中'盖首句出韵,名为孤雁入群;末句出韵,名为孤雁出群'句,是我从《汉语成语词典》(河南人民出版社出版)查出来的。至于'孤雁横参'可能是词典引用省略了。您找到《论诗法》原书否?""《见说四首》写得很好,我读后觉得很痛快。现在思想界的确相当混乱,不是'崇外'就是'泥古',需要澄清。"

12月

1日　罗尔纲寄送《困学丛书十种》以及《困学集》,并在信中重点介绍前书中的《天地会文献录》《太平天国的游击性运动战》和《八法对笔迹的鉴定》3篇文章。

5日　致函冯至,谈如何查资料最终解决"人字韵"问题,说:"夏世钦的著作有《槐轩千家诗注解》,找遍全城,没能觅见《槐轩论诗法》。中间烦任继愈同志代请北图专家查找,也无踪影。幸得继愈启示,翻看《千家诗注解》,终于把事情弄清楚了。"

11日　《北京日报》载胡昭衡的《孔子的不惑》,该文以《见说四首》结尾。

12日　致函胡乔木,汇报筹备抗日战争史研究会和基金会的有关情况,说:"最近同白介夫同志和其他同志一起,草拟出了给中央的报告等三个文字稿,并设想了一下主席团、基金会的两个名单草案,一并送上,请予以查阅修改。基金会名单中香港何人参加尚须斟酌。理事会的名单我们想可以广泛一些,不必经中央批准,待下回再提出。介夫同志精力充沛,情况熟悉,是承担研究会实际工作的最适合人选。因此我有个想法,秘书长不妨有两位,吕老参加主席团兼秘书长,介夫同时也任秘书长,便于活动,开展工作。我作理事会成员就行了,不需要其他名义,实事求是。研究会明年一月成立,看来太仓促了,预定在二月间比较从容一点。往下的工作,是否等中央批准报告以后,您找有关同志谈一次,然后进行。"

15日　郑惠来信,谈作为《对谈录》序言的《天壤公言录》"写得很好",并说:"对您准备在《近代史研究》上发表巴黎华人来信的处理方式,我有一点不成熟的意见,即是否可以不用摘录的办法,而是全文发表,以表示对这封信的重视。最近我读到上海文汇月刊上的一篇关于北美华人情况的文章,才知道关于日本侵华的赔偿问题,在海外华人中引起了多么深切的关注! 而我们国内却显得过于冷漠。我们对此似应有足够的注意。随信寄上这篇文章的有关段落的复印件一份,供您参考。"

16 日 《说历史的选择》在《求是》第 24 期发表。文章针对充斥报纸书刊的各种意识形态领域怀疑、否定马克思主义,怀疑、否定社会主义道路的议论,指出:"在半殖民地半封建社会里的反帝反封建斗争,就是近代中国历史的主线。""马克思主义的近代史研究,就是要根据事实讲清楚中国走上社会主义道路的来龙去脉。""半殖民地半封建的社会里,就有资本主义。半封建的那一半就是资本主义。""中国人选择资本主义道路,从维新运动到 1949 年以前,经历了 50 年以上,从鸦片战争以后的摸索阶段算起,共经历了 110 年。历史的结论是'资本主义救中国'这条道路走不通。""中国近代历史告诉我们的是:第一,社会主义道路是三四代先进的中国人,沿着资本主义道路苦斗,处处碰壁,国家处境每况愈下,民族灾难日益深重,他们被迫总结经验教训,然后改弦易辙,作出选择的。……第二,是中国共产党领导选择的。……第三,是大多数中国人在共产党领导或影响下,在激烈的反帝反封建斗争中空前提高了觉悟,群起参加选择的。""近代历史为我们提供了两个基本认识:一个是中国走上社会主义道路,不取决于任何人的主观愿望,它是近代中国历史舞台上各个社会阶级、各种社会势力之间长期反复斗争的结果。……共产党的愿望因为符合中国历史发展的趋势,才得到了实现。再一个认识,民主革命胜利以后转变为社会主义,是历史选择的继续。没有什么力量可以阻止或改变这个选择和这个继续。""这两个认识,都关系到正确看待今天的现实生活,关系到对一些现实问题的确切回答。""历史给中国选择了社会主义道路,但并没有规定它就像'周道如砥,其直如矢',不会发生凹凸曲折,所以,社会主义制度需要不断地完善。""社会主义制度,在今天不过是人类历史新时期的黎明。某些景物迷蒙混杂,乍隐乍现,陌生的人难免要睁大眼睛费力去辨认。但是,既然黎明到来了,时光就不会倒退回去,重度午夜的黑暗。"

30 日 北京机床齿轮厂陈安生读到《求是》上发表的《说历史的选择》后,来信说:"现在,我们既要清除斯大林模式遗留给我们的沉重负担,也要反击国际垄断资本的'和平演变'的阴谋。这是第二次历史选择,比第一次更复杂。"

本月 《田家英与学术界》收入中央文献出版社出版的《毛泽东和他的秘书田家英》一书中。文章回忆"西柏坡讨论中美关系史""一起编写《中国史稿》近现代部分""在李秀成评价问题上的主张""参加筹备近现代史学术讨论会"等往事,认为田家英"才华出众,有很强的思想能力",其优秀杰出除了个人的才能禀赋外,主要"取决于他的志向理想、坚强意志、不断追求新的境界";"他尽管在学术上没有留下很多著述,却是一位值得千百度寻找的人物"。

本月　《固守真理者——〈战争·科学·人〉中译本序》在《近代史研究》第 6 期发表。《固守真理者——〈战争·科学·人〉序》在《辽宁师范大学学报》(社会科学版) 第 6 期发表。

1990 年（76 岁）

1 月

25 日　致函井上清,谈胡绳邀请访问和参加 8 月中国社会科学院近代史研究所为庆祝建所40周年拟举行的"近代中国与世界"学术讨论会等事。

2 月

13 日　井上清回信,答应来京参加中国社会科学院近代史研究所建所40 周年学术讨论会。

19 日　再次就成立抗日战争史研究会事致函胡乔木,询问有关情况。

20 日　胡乔木就成立抗日战争史研究会事回信,说:"(一) 成立抗日战争史研究会和基金会的建议不能由我个人提出,似只能由社会科学院党组提出。此事原则上是否可行,请先与郁文、胡绳同志一商。(由于目前国内外形势,研究会、基金会这类组织中央现在能否同意亦是问题) 如获同意,再考虑报告如何写法。现在的稿子似乎冗长了一些。调查日军暴行一事在国际上已有多人进行,中国自应积极进行。而为了调查所以需要征集基金,这个道理似乎看不清楚。(二)我由于健康状况对有关事项现已积极不起来,谈话写信现都很感吃力,故坚决不想再在研究会尤其基金会中列名或实际参与。希望胡绳同志能任会长并在实际上起牵头作用,他以社科院院长和政协副主席身份发起名正言顺。此外,我现在认为基金会名单也不需要那么多的人,如果实际上能成立的话。这里说的都是大实话。自己提出倡议自己打退堂鼓确是很难堪,但实际如此,别无良策。万望鉴原。"

3 月

5 日　被中国人民对外友好协会聘请为理事。

同日　《人民日报》刊登《编写一部全面系统的抗日战争史》。这是为《中日学者对谈录》中文版写的序言《天壤公言录》第三部分的摘要。

10 日　分别致函吕正操、胡绳、郁文，继续推动建立抗日战争史学会。

19 日　台湾"中央研究院"近代史研究所研究员王树槐来信，称因事不能参加中国社会科学院近代史研究所主办的"近代中国与世界"国际学术讨论会。

4 月

《天壤公言录——〈中日学者对谈录〉序》在《近代史研究》第 2 期发表。序言第一部分介绍中文本《中日学者对谈录——卢沟桥事变 50 周年中日学术讨论会文集》的编辑情况和 1987 年学术讨论会相关内容。第二部分以 1989 年 2 月在全国人大常委会发言中引述日文本《日中战争与日中关系——卢沟桥事变 50 周年日中学术讨论会记录》基本论点后国内外的众多反响说明《日中战争与日中关系》的基本论点"不是少数历史学者一家或几家之言，不是少数人的私言，乃是世界各国众人之言，是天下之公言"，说"《对谈录》从科学研究来宣讲天下的公言，这正是它的价值所在"。第三部分重提"主张集中力量写出一部比现有水平再高一些的抗日战争史的著作，同时编一部基本的资料书"的建议。序言引用侨居法国的陈庆怡来信，说明写出一本全面的抗日战争史的重要性和紧迫性。关于如何编写全面的抗日战争史书，指出："抗日战争的内容异常丰富，在中国近代历史上占有特殊重要性。我们的研究要有具体题目，而又必须从更加广阔的范围来看待这个工作，不能把眼光局限在某个具体项目上。""第一，抗日战争是中国近代历史的一个根本转折。""第二，抗日战争是全民族的战争，它的胜利是中华民族空前觉醒下取得的。""第三，抗日战争不仅在中国历史上有极大重要性，在日本历史上也有极大重要性。""第四，抗日战争是第二次世界大战的重要组成部分。""抗日战争的所有这些方面，在不同程度上与当前的社会生活保持着这样那样的联系。全面深入研究它们，更多地了解这段未久的过去，我们将能更好地辨认历史前进方向，正确地分析、看待现在和未来。"序言末尾还附录陈庆怡来信摘要。

5 月

20 日　给湖南省岳阳市市志办工作人员何培金回信,谢绝给《岳阳楼志》作序,说"志书和任何其他的书一样,其价值如何,只取决于本身的质量,而不取决于别人写的序言、推荐之类",并对如何编写高质量的志书提出详细建议。

28 日　给某考生写信,说"与其把这次考试看作某种失败,不如把它认真看作是对自己的督促、提醒,乃至比作悬梁刺股之类,更加有益"。

29 日　湖南华容老家大弟刘子藩来信介绍家乡情况,并望"再回家一转","看看华容改革的现状"。

本月　《七十年与四十年——〈日本侵华七十年史〉序》在《真理的追求》第 5 期发表。序言认为《日本侵华七十年史》"大量史实经过考核,基本论点确然不可移易。它是近年来国内中外关系研究的一项新成果"。指出:"中国抗日战争胜利,中国遭受日本侵略的整个篇章翻过去 40 多年了,为什么我们对这段历史的系统研究,拖了又拖,迟之又久,到今天才作出了现有规模的清理? 回顾一下,主要原因恐怕是在中国大环境的特点里头。"这个大环境就是"新制度代替旧制度,整个意识形态面临着许多新的矛盾、新的问题要去研究、辩论"。"时间过去越久,在人们的心目中就越发觉得时过境迁,那些历史陈账简直没有多少意义了。雅乐不昌,郑声大扬;正理睡觉,歪理咆哮。"序言说:"后面的 40 年里,旧的中日关系已经结束。日本的情况有显著变化了的,也有变化甚微的。军国主义、霸权主义的梦魇继续盘踞在少数人的头脑中。"并对日本出现的"输出日本文化"问题进行分析,提出需要辨认。强调:"历史这条长河在浩浩荡荡前进中,到处充满着变幻不定。第二次世界大战结束以来,世界正在发生又一次剧变。我们要明辨、掌握历史长河行进的方向,也要注视今天的剧变。"

6 月

3 日　参加全国政协举办的纪念鸦片战争 150 周年座谈会,并在会上发言。发言阐述两个问题:一、我们提倡爱国主义,是出于什么理由? 指出:"在中国,只有坚持进步斗争的与人民根本利益相一致的爱国主义,没有其他什么爱国主义。"二、中国收回香港主权是宣布了什么样的历史信息? 指出:"收回香港主权,最后是社会主义道路改变了中国的孱弱地位所决定的。事实证明，中国找到了自己前进的走向。"

《太阳照在新中国的上空——在鸦片战争 150 周年座谈会上的发言》在 6 月 5 日《光明日报》发表。

4 日　《人民日报》头版刊登记者袁建达、李德金报道《全国政协在京举行各界人士座谈会　纪念鸦片战争一百五十周年　方毅受李先念委托致词　谷牧主持会议　胡绳作长篇讲话　会议号召发扬爱国主义精神　建设现代化社会主义强国》。报道说："全国人大常委、中国社会科学院近代史名誉所长刘大年发言说，现在，我们讲爱国主义，它的内容是内在地与社会主义相统一的。如果说，中国人民在鸦片战争和以后的爱国斗争，是正义的和合乎历史前进需要的，那么，现在的爱国主义就是它的继承和高度发展了。这应当就是我们为什么主张爱国主义的道理。他说，在中国，只有坚持进步斗争的与人民根本利益相一致的爱国主义，没有其他什么爱国主义。行动相反，前途结局就一定相反。某些人反对社会主义，又自称是爱国。他们显然知道自己处境狼狈，也为他们的前途、命运担忧。刘大年说，中国近代历史的每条线索、每件大事都是向人们指出这样一个认识：旧中国进到社会主义新中国，体现了世界历史发展的长远趋势。社会主义新中国是值得热爱的。它起步艰难，但前途美好。太阳照在社会主义新中国的上空！"

10 日　甘肃农业大学农机系大学生冯乐权来信，称自己崇尚马克思主义哲学，希望得到指导。

7 月

4 日　致函中共中央宣传部副部长、文化部代理部长贺敬之，说："我的家乡湖南华容县是老革命根据地之一。位置偏僻，文化落后。县里同志想建立一个小型图书馆，总因经费欠缺，经久未能实现。不知文化部在这方面有无优惠办法可供援引，加以资助？华容图书馆负责人陈晓泉同志前往晋谒请示。倘能由有关同志给予指点，使事情赖此一举办成，不胜感谢之至。"

本月　黑龙江人民出版社出版韩一德译、田中正俊著《战争·科学·人》。

8 月

11 日　中国社会科学院近代史研究所研究员佘绳武来信，谈对《中国近代化的道路与世界的关系》文稿的一些意见。建议把"近代世界不是别

的,就是近代工业生产社会,近代资本主义制度。它的特点,就是通常我们
所说的近代化"改为"近代世界的基本特点就是工业化,也就是通常我们所
说的近代化";把"近代中国与世界,已经过去 40 年了"改为"旧中国与世界
的那种关系,已经结束 40 年了"。认为:"第 11 页批评费正清的西方主线
论,似乎不够有力。费正清把马克思主义说成西方思想文化的一部分,这一
论点必须反驳,否则就难以驳倒他的'冲击——回应论'。反之,中国在马
克思主义指引下走上社会主义道路,倒像是为费正清的论点提供了新的论
据。我认为'西方'二字并非地理概念,而是专指资本主义社会形态(包括
思想文化),否则,日本位于远东,何以公认它是一个'西方国家'呢? 马克
思主义学说是西方文明(即资本主义文明)的对立物,所以费正清把马克思
主义说成西方思想,是不能成立的。"

17 日　中国社会科学院近代史研究所举行范文澜铜像揭幕仪式及近
代史所成立 40 周年纪念会。与胡绳一起,为坐落在近代史研究所院内的范
文澜铜像揭幕。中国社会科学院领导丁伟志、汝信、刘启林,著名史学家金
冲及、蔡美彪、陈高华等出席揭幕仪式。

20 日　到北京光华饭店拜访日本友人井上清,谈及"六四"政治风波。
说:"今天回头看天安门事件,比当时看得更清楚了,问题的发生,有它的根
源,有国际反共潮流的影响,也有我们自己的失误,但是说到底,正如小平同
志说的,问题出在党内。'六四'之前我曾在一次会议上说过这样的意见,我
认为,这次事件有敌我矛盾,但多数是人民内部矛盾。人民群众对我们工作
中的失误不满,对这几年削弱党的领导不满,对党内的腐败现象不满,两类
矛盾交织在一起,处理起来有相当的难度。当时我讲,中国共产党领导中
国人民取得革命斗争的胜利,对我们的民族作出了伟大的贡献,然后又领
导人民搞了四十年的社会主义,虽然犯过错误,但是决没有理由由此失去
人心,使那么多人要来反对共产党。那么多人去游行,多数不是要推翻共
产党。"井上清认为:"社会科学院是专门研究理论的,在理论上应该有所突
破。""马克思主义的观点应该全面地讲述生产力和生产关系的关系,既要讲
生产力对生产关系的推动作用,又要讲生产关系对生产力的反作用。我觉
得现在中国是唯生产力论,只强调生产,只要生产能上去就行,生产关系如
何不大注意,人民的思想如何也不大注意。特别是现实生活中的生产力和
生产关系的关系解释不清楚,走一步看一步,必然造成混乱。""对马克思毛
泽东的理论不能简单化,应该发展,这不光是中国马克思主义者的任务,而
且是全世界马克思主义者的任务。""我认为马克思主义、毛泽东思想是正确
的。搞社会主义也是正确的,但是对社会主义的理解上,认识上以至于在做

法上可能有错误。""有错误,纠正了,最有前途的还是社会主义。"

晚上,陪同胡绳会见并宴请井上清。井上清说:"我作为一个热爱中国的旁观者,作为一个旁观的日本学者,我希望中国尽快摆脱困难,继续发展。""在座的各位先生都身负重任,困难比我要多些。我现在是无所事事,因此我比各位幸福一些。从另一个角度讲,我生活在日本这个资本主义国家里,碰到许多问题,在这个意义上,我又没有各位幸福。"刘大年说:"有一次我问狭间① 先生,井上清先生身体好吗?现在做什么事情?狭间说,身体还可以,专门反天皇制。可见你不是无所事事。"井上清说:"1945 年我写了一篇批评天皇制的文章,到 1947 年成为一本书,因为我最早反对天皇制,在日本也似乎成了反天皇制的专家,一有这方面的事情就来找我。尽管日本政府不时要找我的麻烦,但是我一直没有停止过反对天皇制。这一辈子大概也就是这样了。"

21 日 井上清及夫人专程到近代史研究所祝贺建所 40 周年,在范文澜铜像前行三鞠躬礼,并赠送京都著名手工艺品"西阵织"。与余绳武、王庆成、张友坤、张海鹏等接谈。井上清说:"近代史研究所对于我太重要了,我来到近代史所就像回到了老家,我与中国的关系是从近代史所开始的。1960 年我第一次访问中国,代表中国科学院接待我的是刘大年先生,从那时起,30 年来,我同刘大年先生、同近代史研究所保持着密切的联系。"井上清还表示,百年后会把自己的藏书赠送近代史研究所。

22 日 陪同井上清到北戴河,并在火车上交谈。井上清回答关于海部俊树对于日本侵略中国问题上的看法的问题,说:"日本并没有放弃做政治大国的打算。前几任首相根本不承认侵略中国、朝鲜和东南亚国家这个历史事实,因此,这些国家对日本反感,日本在世界上的形象也不好。海部同样也不承认侵略,但说法婉转一些,在做法上也有所变化。例如,他和外相不去参拜靖国神社,其他阁员照样去。""我研究了日本政府战前和现任领导人的讲话,除了把支那改为中国以外,其他都同三十年代日本领导人的讲话本质一样,比如'善邻友好''睦邻好友'等。现在的中国同三十年代不一样了,但是日本还是一样的,要警惕,历史在重演。"

刘大年说:"近代史所几位同志写了一本《日本侵华七十年史》,我写了一篇序言,题名为《七十年与四十年》,也讲到了历史重演这个意思。日本有一个右派杂志《宝石》,它发表文章,谈日本称霸世界要从现在起十年里

---

① 狭间,即狭间直树,日本京都大学名誉教授,京都产业大学教授,著名的中国近现代史学者。

决定。称霸必须具备四个条件：即经济、金融、军事、价值观念。前三条已经具备了，只差第四条了。我在序言中批评了这篇文章的论点。有的朋友觉得，《宝石》不是一个权威的刊物，不值得点名批评。这件事，我拿不准，想请教井上先生。"井上清回答说："《宝石》是个右派杂志，不是一个严肃的学术刊物，什么文章都登。但是它的发行量大，在群众中传播较广，有相当的影响，正因为它不是一个严肃的刊物，所以它敢讲别的杂志不敢讲的话，还是值得评论的。中曾根时代，日本完成了成为经济大国的任务，提出要重视文化宣传，成立了由梅棹忠夫（大阪民族学博物馆馆长）、梅原猛（国际日本文化研究中心理事长）为领导人的国际日本文化研究中心，本部设在大阪，任务是宣传日本文化，宣传日本的价值观，宣传日本文化是世界上最优秀的文化。这也是日本要做政治大国的一种准备。"

27日　在北戴河金山宾馆接待井上清。上午，井上清谈对日本明治天皇教育敕语的认识，谈对东欧、苏联形势的看法，认为"中国有自己独特的情况，与苏联、东欧不同"，认为"六四"政治风波"给我们很重要的教训是如何解决好党与人民群众的关系，解决党内腐败问题"，并说："现在，党和人民一体，就不怕和平演变。这是我这个老人对中国的唯一希望。"刘大年说："这是真正的老朋友发自肺腑的话，我们应当努力去解决这个问题。我们在意识形态领域里看到一些现象很不满意，又自愧无力解决，内心里也是很焦急的。我的研究计划里要写一部中国近代史，已经出了三册，还应该再写两本，我把它放下了。我感到这些书别人也可以写。最近十年来，我写的文章主要是讲要坚持马克思主义。有的朋友对我讲，一部书写不完很可惜。我认为，如果在宣传马克思主义方面做的少更可惜。我宁可不写那部书，还是要写我认识到的、应该讲的那些马克思主义的道理。总结到一条，中国还是要走社会主义道路。马克思主义是科学，不是宗教。如果有人一定要把马克思主义比作宗教，那我就像个和尚，一辈子就念这一本经了。我同井上先生是三十年的老朋友了，从你过去发表的著作、文章和今天的谈话，我认为井上先生也是念马克思主义这本经，坚持社会主义这条路的，我们信念上是一致的。"

下午，井上清谈日共对苏联、东欧变化的认识，他本人对社会主义初级阶段的疑问，以及对明仁天皇访华和新天皇继位诸事的看法。

29日　刘公武儿子刘晓来信，称华容县政协为其父亲编写了一部书，拟由中国文史出版社出版，书名暂定为"我们都是爱国者"，希望能够为该书题词。

31日　本日至9月3日，为纪念近代史研究所建所40周年，在北京举办"近代中国与世界"国际学术讨论会。日本、美国、法国、加拿大以及中国大陆、台湾和香港地区的学者 80 余人出席,提交论文 70 多篇。这是近代史研究所第一次独自举办国际学术讨论会,也是台湾学者第一次出席大陆的学术会议。出席会议的台湾学者有台湾"中央研究院"近代史研究所前所长吕实强、研究员张朋园和副研究员林满红。中国社会科学院副院长丁伟志出席会议。

任大会组织委员会主任,在开幕式上作《中国近代化的道路与世界的关系》主题演讲。指出:近代世界的基本特点是"工业化",即"通常所说的近代化"。"适应世界潮流,走向近代化,是中国社会发展的必然趋势。""中国社会生活的深刻、急剧演变,处处显示出近代工业生产的影响。所谓中国是否有能力自立于世界民族之林,如何来自立于世界民族之林的问题,其核心,就是中国社会能否走向近代化,在当今世界上自立自荣的问题。""近代中国联系的世界不是一个,而是两个,一个资本主义,一个社会主义,它们彼此对立。近代世界格局的这种基本特点,规定了中国如何才能走上近代化道路的基本特点。"还对几年来美国学术界在中国近代史研究中两条对立主线的争论进行了较详细的评述。认为,"西方主线决定论看到了列强侵入中国的基本事实,看到了那种侵入造成的中国社会生活变化和激烈的矛盾斗争",但它"没有办法合理解释""西方与中国关系的实质";中国主线论"显得过于看轻了外部世界的作用,对于外部势力渗入到中国社会内部结构里面发生的毒害影响估计不足",但它强调"中国近代历史的演变和方向""最后是由中国内部力量所决定的","符合历史运动的本质"。此外,还肯定西方某些人士对中国民族性格、民族文化特点的认识、观察相当深入。强调"中国将在现有道路上使自己与世界的最新发展密切接触,来推进国家的现代化事业"。该讲话后来收入近代史所科研处编辑的、1992 年 4 月成都出版社出版的《走向近代世界的中国》论文集。

同日　晚上,与出席"近代中国与世界"国际学术讨论会的卫藤沈吉商谈 1991 年 8 月在夏威夷举行纪念辛亥革命 80 周年国际学术讨论会事,王玉璞和李薇在场。首先,提出讨论会的两个原则:"第一,讨论历史问题,不要把现实问题弄到会上去。""第二,要照顾到会议发起者的意图和其他学者的设想。"根据原则提出两个主题:"一是孙中山与辛亥革命。""二是中国近代文化传统与改革。"卫藤沈吉表示完全同意这两个原则和两个主题,并说坚持谈历史,不谈现实,在计划书文字上要有明确的表达。其次,商谈讨论会组委会主席问题。提议设双主席,由卫藤沈吉和美国一知名教授分别担任,并表示中方一定支持卫藤沈吉的工作,组织中国学者代表团做好论文撰写工作,尽力做好需要办的各项工作。第三,明确讨论要保证不出现两个中国的问题。强调,中国大陆和台湾学者都要出席夏威夷会议,所有会议的文件、资料中都不能出现两个中国。卫藤沈吉表示,由组委会主席给秘书处下达指示,遵照执行。并商定具体文字表述是"中国大陆,中国台湾"。第四,商谈讨论会的名称、主题。同意卫藤沈吉提出的具体方案:讨论会名称为"纪念辛亥革命80周年国际学术讨论会",主题是"孙中山与中国革命"。在这个主题下,就1840年至1949年中国的历史进行广泛讨论。最后,提议再邀请几位学者开会征求他们的意见,卫藤沈吉表示赞成。

同日　与郑惠主编、中国人民抗日战争纪念馆编的《中日学者对谈录——卢沟桥事变50周年中日学术讨论会文集》由北京出版社出版。此书是在1988年9月日本东京原书房出版,井上清、卫藤沈吉主编的日文本《中日战争与日中关系——卢沟桥事变50周年日中学术讨论会记录》基础上编译而成。全书收录中日学者的19篇论文[①]和远山茂树的"纪念卢沟桥事变50周年日中学术讨论会闭幕词",附录卫藤沈吉的《日中学术讨论会筹备者序》和井上清的《京都讨论会回顾》以及《执笔者介绍》。除序言外,还有副主编郑惠撰写的后记。

本月　被"纪念中国近代史开端150周年国际学术研讨会"聘为筹备委员会顾问。

本月　第一届近百年中日关系史国际研讨会在香港举行。

9 月

1 日　邀请美国易劳逸、加拿大陈志让、日本山田辰雄和中村哲夫、近代史研究所所长王庆成、中国社会科学院外事局局长张文阁一起开会,讨论筹备1991年8月在夏威夷举行纪念辛亥革命80周年国际学术讨论会事。首先通报与卫藤沈吉磋商的几个问题,并说除了组委会主席外,其他问题均取得共识。与会学者赞成卫藤沈吉担任主席,但要不要再找一位美国学者任主席,大家意见不一致。卫藤沈吉表示要和夏威夷大学主办方商议以后再定。会议还就中国大陆、台湾一些大学、研究机构如何称呼,避开两个中国的问题商定具体办法。至于是否还需要再开一次筹备会议,根据工作进展情况由卫藤沈吉决定。这次筹备会议充分肯定卫藤沈吉的工作成就,确认由卫藤沈吉担任组委会主席,并对敏感问题作出具体规定。

---

① 19篇论文中,中国参会学者6篇,日本学者13篇。

22 日　给冯乐权回信，建议"多读马克思主义理论书，并联系实际加以思考"，推荐一些马克思主义创始人的著作。

本月　给刘晓回信，并为刘公武纪念册题词："桑梓风流　湖湘文献"。

10 月

13 日　徐净武、韩辛茹来信，说原北方大学在京校友正在编写一本关于北方大学的书，"现在稿件大体上齐备，想请您写点文字，短文题词均可"。

15 日　经过多方努力，中国社会科学院终于同意上报成立抗日战争研究会，但明确表示拿不出任何经费，因此，再次与白介夫致函胡乔木，请他担任抗日战争史学会的名誉会长，并请转信至国务院总理李鹏，请求财政支持。"乔木同志并转李鹏同志"的信由近代史所副所长张海鹏起草，刘大年作修订。信中说："关于成立一个民间的抗日战争史研究学会来推动抗日战争研究的事，我们和有关同志讨论了几次。大家认为现在应该赶紧行动起来，实在不可以再拖延下去了。乔木同志答应担任研究会名誉会长，大家很受鼓舞。我们争取在今年年底建立学会组织，开始工作。明年计划做两件事：一、开一个'九一八'60 周年国际学术讨论会；二、出一个刊物，发表成果，推动研究。学会开办和经常费用我们去设法募集，明年开讨论会与办刊物，马上需要一笔钱，想提请李鹏总理批准，由财政部拨人民币七十万元，给予补助（不久前许立群同志主持的《真理的追求》就是由财政部拨给三十万元得以办成的）。二十万元开讨论会，五十万元维持刊物出版。"海外华人出有专门刊物，开展日军侵华罪行调查。他们多次来信，对我们没有组织起来与他们联系协作，表示不满。今年八月在香港举行的一次中日关系国际讨论会中，台湾学者提出，1992 年两岸共同召开卢沟桥事变五十五周年学术讨论会，经费由他们申请蒋经国交流基金解决。这是对我们的挑战。凡此种种，都要求我们把抗战史的研究认真开展起来，愈快愈好。我们这些当初投身抗日战场的青年，今已白发苍苍。回顾那段历史，深感自己应该抓紧时间，尽一份责任。"信前附给胡乔木的短信说："办刊物（《抗日战争研究》）的费用社会科学院无法解决。我和介夫同志对您和李鹏同志写了一封信，现送上。如无不妥，请加几句话转给李鹏同志，多少有一点钱以后，酝酿了两年的研究会就终于可以活动起来了。由您担任名誉会长，我们觉得同时也设名誉理事，这样，学会可以更有影响些。名单草案见另纸，请考虑，加以增减。已与介夫同志达成协议，我遵命暂居会长名义，介夫担任执行会长兼基金会会长。理事待与学术界协商产生。学会名叫'抗日战争研究学会'，刊物就叫《抗日战争研究》。明年下半年发刊。争取今年十二月把研究会成立起来，并筹备明年的讨论会。"

25—30日   在七届全国人大常委会第17次会议上，强调"还是应该制定廉政法"。提案《还是应该制定廉政法》载入本次会议《简报》中。提案说："内务司法委员会的报告中，对于代表们提出的制定廉政法的议案，认为目前不必制定这个法律。我觉得这个问题值得再加考虑。……我们确实应该把克服腐败、加强廉政建设，看作是关系到党和国家生死存亡的大问题。因此，廉政法不是一个只涉及局部问题的法，而是一个关系国家全局的大法。我们的国家要稳定，要长治久安，我以为基本上要靠两条。一条，经济建设搞上去；一条，切实防止腐败。有了这两条我们就不怕外部敌对势力搞和平演变，不怕有人搞资产阶级自由化。少数人要掀起动乱，也不会得到群众支持，他们陷入孤立，掀不起大的风浪。"

29日   日本京都大学教授伊原泽周来信，对参加中国社会科学院近代史研究所举办的"近代中国与世界"国际学术讨论会所受到的招待表示感谢，并寄送著作《近代中国之革命与日本》一册及纪念照片一张。

11月

1日   李鹏收到刘大年与白介夫写的要求解决成立抗日战争史研究学会和创办《抗日战争研究》经费的信后，批转交国务院副秘书长刘仲藜处理。刘仲藜在国务院第八会议室主持有民政部社团司司长、财政部文教司副司长、中国社会科学院科研局学术秘书高德和近代史研究所副所长张海鹏以及国务院办公厅会议处工作人员参加的会议。张海鹏在会上陈述成立抗战史学会、创办《抗日战争研究》刊物以及召开九一八事变国际学术讨论会的理由。与会人员质疑成立此会的必要性，认为有叠床架屋之嫌。会上刘仲藜表示要将讨论结果向李鹏总理汇报。

8日   湖南省湘潭师范学院杨鹏程来信，说湖南省志办发起编纂《湖湘文化大辞典》，邀请了一批湘籍学者为学术顾问，"编委会委托我给您寄来聘书"，"望您拨冗指教"。

16日   关于拨款资助成立抗日战争史研究学会和创办《抗日战争研究》刊物事，李鹏批示"原则同意处理意见"。

26日   为尽快编辑出版《回忆北方大学》，主编韩辛茹再次来信约稿。后来，所写《北方大学记》为该书第一篇回忆录。

本月   《中国近代化的道路与世界的关系》在《求是》第22期发表。

本年　被国务院批准为中国社会科学院享受政府特殊津贴的人员,为23 人之一。

1991 年（77 岁）

1 月

18 日　张岂之来信,说不能参加中国抗日战争史学会成立大会,但同意参加在美国夏威夷召开的"孙中山与中国革命"国际学术会议。

23 日　中国抗日战争史学会成立大会在人民大会堂举行。刘大年、周谷城、胡绳、杨成武、王忍之、程思远、邓力群、侯镜如、段苏权、姜思毅、高存信、白介夫等,和全国 25 个省、市、自治区以及军事院校的学者、代表近 200 人出席大会。胡乔木向大会发来贺信,讲述抗日战争的历史意义以及研究抗日战争史的重要意义,说"希望我们抗战史学会今后多发挥组织促进作用,推动我国抗日战争史的研究"。吕正操从广州打来电话,祝贺抗日战争史学会的成立。刘大年主持大会开幕式,说:"中国抗日战争史学会是一个民间性质的、全国性的学术团体,学会的主要目的,是借此促进中国抗日战争史研究工作的繁荣,并通过学会的工作,联络港澳台同胞和海外华人,促进祖国统一大业。"胡绳、周谷城就中国抗日战争史的地位及成立学会的意义发表讲话。中共中央党史领导小组副组长邓力群、中共中央宣传部部长王忍之在讲话中着重强调抗日战争史学会在对人民教育宣传上的作用。成立大会宣布中国抗日战争史学会的组织机构,刘大年任会长,胡乔木任名誉会长,白介夫任执行会长,全国知名的史学专家,从事抗日战争史研究的学者和工作者近百人任理事。学会聘请萧克、杨成武、吕正操、杨得志、郭化若、张震、邓力群、胡绳、周谷城、程思远、郑洞国、侯镜如、张国基为名誉顾问。刘大年、丁守和、马齐彬、王淇、王庆成、白介夫、刘建业、齐世荣、李侃、张海鹏、何理、罗焕章、金冲及、戴逸等人组成中国抗日战争史学会学术委员会,刘大年任学术委员会召集人。中国抗日战争史学会办事机构,设于北京中国人民抗日战争纪念馆内。

下午,中国抗日战争史学会开始进行学术讨论。聂荣臻元帅听到成立大会的汇报后,向出席成立大会的代表说:"你们办了一件好事。"聂帅还向参加成立大会的代表们表示感谢。刘大年在学术大会上作《做什么,怎么做?》的发言,对中国抗日战争史学会的行动纲领作具体阐述。发言首先从抗日战争史研究的现实意义、研究任务的艰巨性和时间的紧迫感三个方面强调成立一个专门学会的必要;其次,指出"学会要做的首先是在学术思想领导或指导上发挥某种作用","认识我们中华民族这个伟大民族","认识抗日战争在中国近代历史上的独特重要地位",并坚持"百家争鸣"的方针,"承担某些学术活动的协调组织工作","例如召开年会、举办专题学术讨论会、组织调查、出版文献等","办一个抗日战争研究的专门刊物","集中力量写一部反映中国和世界各地现有研究成果,在科学上具有权威性、代表性的著作";最后,强调要"尊重历史,遵循科学";"不务虚名,多干实事"。学术会议一直持续到 25 日。

大会决定于当年 9 月与辽宁、吉林、黑龙江三省社会科学院联合在沈阳举办九一八事变 60 周年国际学术讨论会,委托中国社科院近代史所编辑学术刊物《抗日战争研究》。会后,由中国抗日战争史学会学术委员会组成《抗日战争研究》编辑委员会,刘大年任编委会召集人,张海鹏为主编,曾景忠为副主编。

同日　郭维城将军看到晚报载中国抗日战争史学会成立事,来信庆贺,并说:"我们曾组织了一个'张学良及东北军史研究会'(我任名誉理事长),已出了一本《东北军史》,特附上供一阅。""我们是否可以用团体或个人名义参加中国抗日战争史学会? 以便为中国抗日战争史作出微薄的贡献?"

24 日　《人民日报》刊登《中国抗日战争史学会成立》。文章说:"学会欢迎港、澳、台湾和海外华人学者参加学会的研究和各项活动。""在成立大会上,周谷城、胡绳、程思远、杨成武、邓力群、段苏权等发了言。他们在发言中认为,抗日战争是世界反法西斯斗争的重要组成部分,是中国近代史上反对外来侵略第一次取得胜利的伟大民族解放战争,也是中国近代史的重要转折。"

2 月

6 日　给成晓军回信,解释没有题写书名的原因。

19 日　任继愈来信,寄上海人民出版社给的特种书购书卡一张。

3 月

月初　苏联远东研究所研究员贝列罗莫夫约薛衔天会面，谈出版俄文版《刘大年史学论文选集》事，希望薛衔天迅速联系刘大年，让尽快写一小传。不久，又让薛转告，再补写《致苏联读者》，收入俄译本《刘大年史学论文选集》。

6 日　回家乡华容，见到年过古稀的弟弟和年过六旬的妹妹、阔别多年的乡亲，兴致勃勃地参观村里的自来水和小果园，登上青年时代读书的雪窝山顶。在雪窝山顶，把村里给他立的碑掀掉。

7 日　应岳阳市地方志编委会聘请，担任《岳阳市志》顾问。

9 日　认为评价中国社会科学院近代史研究所副所长张海鹏的成绩时，放在首位的应该是"张海鹏同志在学术研究工作中一贯表现出了他对历史研究要以马克思主义为指导的深刻认识，具有很强的社会责任感"。

27 日　台湾"中央研究院"近代史研究所研究员张玉法来信，说"因前此已决定参加十月在武汉举行之辛亥革命八十年之会"，不能分身参加九一八事变 60 周年学术讨论会。

4 月

12 日　《人民日报》头版刊登记者张书政的《道路已经指明》。其中有：著名史学家刘大年代表会间接受记者采访时说："走社会主义道路来发展中国是历史的大前进。但是，并不是所有的人都这样认为。近年来，国内外有些人散布许多否定社会主义的谬论，什么社会主义早产论、空想论、失败论，以及社会主义和资本主义的趋同论，等等。这些错误的观点，不仅受到理论上的批判，而且受到我国人民伟大实践的批判。难道像我们这样的经济落后和经济发展不平衡的大国，建国后的前 30 年经济以 7% 左右的速度发展，改革开放后 10 年经济以 9% 的速度发展，成为世界上经济发展速度最快的国家，这样的事实还不足以说明社会主义制度的优越性吗？"刘大年代表说："世界银行提供的数字表明，50 至 70 年代末，除日本以外的其他工业化国家的总产值一般增加 5 倍，而中国则为 15 倍以上。台湾出版的《海峡两岸》杂志，今年 2 月号上刊载台湾大学颜元叔教授写的《向建设中国的亿万同胞致敬》一文，那上面虽然没有'社会主义'一词，但是，我建议不抱成见的人们去认真一读，看看海峡对岸的同胞是怎样称赞中国大陆 40 年来所发生的变化,是何等的伟大、了不起。"

21 日　薛衔天来信谈苏联翻译史学论文选事。

22 日　接受中国科学院院史文物资料征集委员会办公室的采访。《关于思想改造运动——刘大年先生访谈录》发表在《院史资料与研究》1992年第 1 期。

25 日　与胡乔木面谈有关《抗日战争研究》创刊具体事宜。

26 日　致函胡乔木,商讨《抗日战争研究》创刊号的编排、发刊词,以及请邓小平、聂荣臻等题词诸问题。给胡乔木的信中说:"昨天面陈的三件事,再简述如左:一、《抗日战争研究》请您写的文章,应该是发刊辞。文章稍短无妨,希望六月上旬见到稿子。二、请小平同志、聂帅为刊物题辞的信烦为转达。三、拙稿一件,请您翻翻,予以指教。"给邓小平和聂荣臻的信中说:"学术界在胡乔木同志倡导下,成立了一个民间的抗日战争史学会,并决定出版名为《抗日战争研究》的刊物,推动学术研究。大家非常希望您能够给《抗日战争研究》题辞,以鼓舞学术界和对群众进行爱国主义教育。刊物六月上旬发稿,题辞要在五月间收到。"随后收到聂荣臻题辞。

29 日　分别给薛衔天和苏联科学院院士贝列罗莫夫①写信,并寄去写好的《致苏联读者信》。《致苏联读者信》除了讲苏联要用俄文翻译《刘大年史学论文选集》的由来,还提到中苏源远流长的文化学术交流,特别论述了文化学术交流的特殊性及其意义,其中说:"历史运动、客观世界是可以认识的,不同国家、民族间的观念、情感是能够沟通的。问题在于不能像《桃花源记》上鸡犬之声相闻,老死不相往来那样。我们应该打开门窗,让空气流通,来实现认识历史、认识世界和沟通各民族人民的观念、情感。"

5 月

3 日　胡乔木回复《抗日战争研究》创刊事信,说:"两信已转。大作已阅,没有意见,现退还。发刊词能否写,尚不可必。如交不出稿,即用大作代发刊词亦好。"

9 日　中国抗日战争史学会学术委员会召开如何办好《抗日战争研究》的座谈会。发言说:抗日战争史学会的任务与刊物分不开。刊物主要内容应体现学会的性质,要在学术上发挥作用。思想认识问题要靠刊物来体现。刊物要起导向作用,提出问题、展开讨论、反映导向、促进认识。学术认识提

---

①　贝列罗莫夫,汉学家,中文名是嵇辽拉。他是早期中国共产党人嵇直的儿子。

高了，就会影响宣传、教育部门。刊物性质是学术刊物，是综合刊物。整个刊物都要争鸣，不是只有一个栏目争鸣。

丁守和、王桧林、何理、李侃、刘建业、白介夫、王淇、罗焕章、王庆成等也先后发言。

20 日 《致苏联读者》带到莫斯科，贝列罗莫夫、H. 费奥克季斯托依和薛衔天 3 人很快将全文译出。贝列罗莫夫告诉薛衔天，尽管经费紧张，纸张涨价，但这本书是重点书，会印得很好，不久即可印出，并让薛转告。

24 日 薛衔天来信告知《致苏联读者》翻译及论文选集出版事。

27 日 日本早稻田大学教授安藤彦太郎来信，谈本年参加国际学术交流活动以及儿子考上东京大学准备研究新疆维吾尔族等少数民族的历史诸事。

本月 《北方大学记》在《近代史研究》第 3 期发表。文章在回忆北方大学时与当时的苏东剧变联系起来，说："和历史上的许多大动荡、大转折一样，东欧国家的改变方向，决不是由人们单一的要求和愿望造成的，那是由大不相同、极其复杂的要求和愿望造成的。换句话说，它是不同性质的矛盾斗争、不同人群的要求混战的结果。一部分人表达了改变社会主义方向的要求和愿望。其他人或者没有明确目标，随大流；或者表示反对，但受到压制，退回来沉默旁观。随大流、沉默旁观，客观上是消极支持。然而人们抱着一定的要求和愿望是一回事，那些愿望实现了没有、实现了多少又是一回事。""在那些事变参与者中，至少对于相当一部分人来说，他们走进了历史的误区，他们本来希望从此'过着天堂般的生活'，结果得到的却是要把一些人'送进地狱'的现实。阴差阳错，事与愿违，这是给历史唯物论添的又一条注脚。历史运动不能与人的愿望无关，又从来不是照那些愿望去展开、收场落幕的。它只遵循自己的客观法则运行演变。"

本月 作《胡绳同志持赠诗存次集中 梦回故寓韵抒感呈览》诗："披索题朱襟未斜，兴高看遍满城花。骚坛最是须强手，天阁由来领众家。大泽龙吟飞似箭，长郊蛙鼓乱如麻。几人腰脚同公健，犹自穿云上太华。"

6 月

1 日 参加国家教委举办的首都教育、理论界贯彻落实江泽民主席关于加强近现代史和国情教育指示的座谈会。国家领导人王震、李铁映、胡乔木、孙起孟、雷洁琼，知名人士邓力群、陶大镛等，以及有关部委和群众团体的负责人 200 人出席座谈会。

4 日 致函胡乔木，谈《抗日战争研究》发刊词事，说："《致中国抗日战争史学会成立大会的信》在成立大会上宣读过，现送上，请再过目。两个办法：（一）不用信的形式，以中间三段为基础，略加充实，成一简短发刊词；（二）即用原信，注明代发刊词。当然希望您选择前一办法。但决不要大费事，以免劳累，几百字就可以了。刊物本月中旬发稿，祈酌定示复。"

7 日 孙云英[①] 来信，谈在冀南进行游记战争的经历，送抗日战争回忆录《风雨春秋》，说"希望你再开抗日战争史学会的时候吸收我参加"。

7 月

25 日 给孙云英回信，说："抗日战争在中国近代历史上占有特殊重要的位置，值得有志于此的同志下工夫研究。抗日战争研究会成立未久，要靠大家协助来做好工作。《抗日战争研究》刊物定于九月间创刊，那上面反映的情况当能引起思考一些问题，到时不妨查阅一二。""冀南是我的第二故乡，回想起来，当年打游记的往事历历如在目前。《风雨春秋》上一定有我知道的人和事，当捧读仔细也。"

8 月

14 日 湖南岳阳师专姚曙光来信，谈为其主编的《世纪脉络——从中共"一大"到"十五大"》一书题书名并当顾问事。

20 日 《湖南省志·著述志》编写组刘恩达来信，求简历及著述情况。

29 日 本日至 9 月 4 日，由日本东京大学的卫藤沈吉担任主席的"孙中山与中国革命"——纪念辛亥革命 80 周年学术会议，在美国檀香山东西方中心召开。原定为中国学术代表团团长，但临行前忽然患病，未能成行，由金冲及代团长。论文《孙中山对中国国情的认识》在会上分发。该文后来作为序言收入卫藤沈吉主编、东京大学出版社 1994 年出版的英文版《中国共和革命》。

文章首次将中国近代历史的基本问题概括为两个，对近代化问题的认识进一步深化。文章说："所谓'国情'，就是中国社会最基本的实际情况和现实生活中最迫切的需要。20 世纪初期的中国，最基本的实际情况、最尖

---

① 孙云英，河北巨鹿人，抗日战争期间在冀南工作，1949 年南下后一直在湖南工作，中共八大代表，1984 年从湖南省委宣传部第一副部长任上离休。

锐的社会矛盾,一是民族不独立,要求在外国侵略压迫下解放出来,一是社会生产落后,要求工业化近代化。两个问题内容不一样,又密切联系在一起。""三民主义中的民族主义与民权主义是给现实中国对症下药,民生主义则是鉴于欧洲资本主义社会弊病积重难返,想要作一番未雨绸缪。这些都是从中国国情出发的,都是反映了孙中山对中国国情的基本认识。""用现代人的眼光看,孙中山对当时中国国情的论述和分析,也许未必深刻而全面,然而在当时,还没有哪一个中国人对国情和对革命的认识能达到孙中山那样的高度。""孙中山对中国国情和对中国革命认识的高明之处,至少有两点是很明显的。第一,跟随时代前进,把认识国情与革命实践联系起来。他站在时代前列,用发展变化的观点来观察中国问题,而不是离开时代前进的步伐,静止地认识中国。第二,注视世界潮流,把对中国问题的观察与世界潮流联系起来。不是孤立地了解中国,而是要使中国迈开大步走向世界,走向近代化。对于孙中山革命的一生,似乎可以这样说:站立在中国大地上,与时俱进,辨别世界前途的轨迹,走自己的路。"

9 月

13 日 给姚曙光回信,谢绝题写书名,说:"我对党史并无多少研究,为你们的撰著题写书名,实不适宜。论著的价值首在内容如何,不在其他。"

17—20 日 在沈阳主持由中国抗日战争史学会与中国社会科学院近代史研究所、辽宁、吉林、黑龙江三省社会科学院等联合主办的纪念九一八事变 60 周年国际学术讨论会。这是中国抗日战争史学会成立后联合学术机构举办的第一次学术会议,来自中国大陆、台湾、香港地区及日本、美国、加拿大、德国、苏联、朝鲜等国家的学者 110 多人与会。

在会上致开幕词,宣布会议讨论的主题是抗日战争与中国历史,说:"整个抗日战争时期的历史,完全可以把它看作一部断代史。中日双方的势态、战争本身以及与之有关的政治、经济、国际关系,都应该加以研究讨论,概莫能外。但是从抗日战争的全局看,在我们的研究工作中,至少有两条可以认为是根本性的,这两条是:第一,如何认识中华民族这个近代积弱而又伟大的民族;第二,如何认识抗日战争在中国历史上的重要地位,它与往前往后中国历史的关系。研究抗日战争,归根到底无非是要解决这些根本性的认识问题。本次讨论会的主题就是从这个设想提出来的。"开幕词全文在当年《抗日战争研究》第 2 期发表。

胡乔木向会议提交书面发言。井上清在发言中说,我们一定要把当年日本军国主义者侵略中国的真实情况告诉日中两国人民,告诉两国的子孙后代。吕正操、杨成武、胡绳、戴逸、齐赫文斯基等也在会上讲话。

会议围绕"抗日战争与中国历史"主题进行广泛的讨论,涉及抗日战争史的宏观研究、九一八事变、九一八事变前后的中外关系、九一八事变后的局部抗战、抗日救亡运动、华北事变、九一八事变后国民政府对日政策的演变及内部分化、抗日战争时期的国统区、敌后抗日根据地、沦陷区和侵华日军的暴行罪行、抗日战争时期中外关系、九一八事变和抗日战争的经验教训等方面。

为这次会议提交论文《抗日战争与中华民族的统一》。讲 4 个方面问题:

一、抗日战争以前的中国是一个统一的国家吗? 认为"抗日战争以前中华民族或中国国家是分裂的,不统一的","1927 至 1936 年,国民党南京政府统治的十年,中国是双重内战的十年","帝国主义封建势力残酷统治压榨下的城市与农村之间、农村内部之间的分裂、对立,更加令人触目惊心";认为"民族统一与国家统一并非一回事","中国近代史的大部分时间里反帝反封建两种斗争并存,就说明没有国家统一与民族统一并存";强调:"抗日战争开始,中国各派武装力量统一编入对日作战序列,投入前线作战;国民党政府被各方接受为唯一的中央政府;原来混乱黑暗的农村有些地方很快变成了先进的抗日根据地。中国国家统一,中国民族统一同时得到了实现。这是中国社会生活、历史进程出现的一个大变化,大突破。就中国本身来说,抗日战争和中国近代历史上一切对外战争、包括中日甲午战争的最大区别,就是民族统一与否这个区别。抗日战争开始实现的民族统一,从往后的发展演变来看,也正是中国民族运动、民族复兴的新起点。"

二、中国民族统一的力量来自何方? 认为这个动力是来自中国阶级关系大转变,来自中国民族的觉醒,"中国阶级关系的大转变,中国民族觉悟的提高,使全国的抗日战争开始了,全民族的统一于是也就实现了"。

三、抗日战争中国共两党的斗争何以没有导致民族分裂? 认为:"中华民族在抗日战争中统一了,国民党与共产党的对立斗争并没有结束。它们之间这时的矛盾主要表现在政治领域和思想意识领域,主要不表现在武装对峙上。中国抗战的阵营能够坚持和运转,这是关键的一环。""中国民族这时是在两个矛盾中运动进行的。一个民族矛盾,一个国内阶级矛盾,两个矛盾并立。中国受到日本全面武装进攻的那个外部条件一天不改变,国内阶级矛盾就一天要受到那个条件制约不会改变。国共双方一面争论对抗,一面又遵守着基本的共同规则。""蒋介石主观上是抗日、反共并重,甚至反共重于抗日。……结果他实行的还是抗日第一,反共第二。民族矛盾第一,阶级矛盾第二,这是社会历史形成的客观法则。为什么国共斗争没有导致抗战分裂,就是他们都要受这个规则的制约。他们作为有爱国心的炎黄子孙,共同遵守了这个规则。”

四、中华民族新的统一与抗日战争的关系问题。认为“抗日战争引起了中国社会力量一系列显著变化”,即“中国共产党的力量由小变大,由弱变强了”,“国民党蒋政权的力量由强转弱,独裁统治行不通了”,“中间势力兴起”。强调:“民族解放,民主改革,争取抗日胜利以后中国民族统一,它们结合在同一个过程里,‘三位一体’。不同势力之间的斗争显得格外激烈复杂,引起的社会关系、政治力量之间的变动格外显著。这就是抗日战争在中国近代历史上具有特殊重要性的所在。”

会议期间,来自美国的吴天威、朱永德等,来自香港的杜学魁以及来自台湾的张玉法、陈三井、蒋永敬等与中国社会科学院近代史所副所长张海鹏等座谈,吴天威希望中国抗日战争史学会等发起在北京召开第二届近百年中日关系史国际研讨会,张海鹏原则上接受了。事后汇报,得到赞同,刘大年与白介夫都认为这件事值得做。

17 日　中国社会科学院近代史研究所中外关系史第二室黄纪莲来信,说“您给苏联汉学家嵇辽拉① 教授的信已于 10 月 9 日送出”。

24 日　自编《诗钞》。开篇《钞稿记》说:“钞存旧体诗六十首,最早的作于一九三九年,最晚的作于一九九一年。游富士山等两首五言短句放在前面,以下依时间顺序排列,环境感兴,一览可知。六十二首中一多半在报刊上发表过,这次钞录,改动了几首个别的字,其它仍旧。致臧克家、冯至同志谈简体字和诗韵的信,附在各诗后面,算是一点小资料。附注是发表时有的,不曾发表的没有加注。”

本月　由中国抗日战争史学会主办、中国社会科学院近代史研究所编辑的《抗日战争研究》学术季刊创刊。创刊号扉页是聂荣臻的题辞:“研究抗日战争史,加强爱国主义教育”。发刊词是经胡乔木同意,由胡乔木为中国抗日战争史学会成立大会所发贺信修改的。首篇文章是刘大年在抗日战争史学会成立大会上的讲话《做什么,怎么做?》。此外,有“九一八事变研究”的专题论文,人物研究、重大事件研究、有关政策研究及研究述评方面的论文,还有外刊介绍、读史札记、学术信息等栏目。《致读者》对刊物宗旨、方针、目标、内容等方面作了说明,并欢迎海内外学者赐稿。刊物主编为

---

①　嵇辽拉是苏联科学院院士贝列罗莫夫的中文名。

张海鹏。

10 月

1 日　开始享受中华人民共和国国务院颁发的政府特殊津贴。

7 日　致函苏联科学院院士贝列罗莫夫,说:"先从薛衔天同志处,后从来信得知,您和尼克苏教授是小书《选集》的译者。书的内容有限,需要克服的困难太多。两位辛苦了,请接受我的慰问。据说现在出版这类书困难不少,未知是否如此?倘若不久仍能够印出来,请在小序末尾加上这样一句话:'贝列罗莫夫与尼克苏两位教授翻译这本书付出了可贵的劳动,我向他们两位谨致谢意。'中苏学者互访虽然受到名额分配限制,但双方交流的机会还是很多的。您下次来华,我们当可面叙。"

9 日　出席在北京国家奥林匹克体育中心体育馆隆重举行的纪念辛亥革命 80 周年大会。

15—19 日　中国史学会和湖北省社科联联合主办的纪念辛亥革命 80 周年暨"辛亥革命与近代中国"国际学术讨论会在武昌举行。来自中国大陆、香港、台湾地区以及美国、日本、德国、南朝鲜(韩国)等国学者 110 人出席。湖北省省长郭树言、民革中央副主席贾亦斌、中顾委委员韩宁夫、102 岁的辛亥首义老人喻育之等出席大会。会议讨论的主题是"辛亥革命与近代中国",大会提供论文 101 篇。

担任会议组织委员会主任,在开幕式上作《辛亥革命与历史前进观点》的报告,联系中国辛亥革命和苏联十月革命以来的历史及当前遇到的严重困难,指出:"坚持科学历史观点,头一条就是要坚持历史前进、世界历史由一种制度到另一种制度、由低级到高级发展的观点。""历史前进观点帮助人们如何瞻仰未来,也帮助人们如何观察现实生活中与历史有关的问题,答难辨惑。由于历史前进是曲折的多变的,我们答难辨惑必须实事求是,坚持科学分析,指出历史进程中的主流与支流、本质的东西与非本质的东西、短期的潮流与长远的行程等等,使它在人们面前呈显出本来面目。"

17 日　《辛亥革命与历史前进观点》在《湖北日报》发表。

21 日　上午,以全国人大常委会委员、中国—澳大利亚友好小组主席身份在人民大会堂同以小组主席伯恩斯参议员为团长的澳大利亚议会澳中小组代表团举行工作会谈。

25—30 日　在七届全国人大第 22 次会议上作有关思想工作的发言,受到与会者的热烈欢迎。讲了两个问题。其一,认为人大是立法机构,不是讲思想理论的讲堂，不是管思想理论的机关单位，但人大有很多委员会，如教科文卫委员会，是离不开思想理论的。因此，主张人大常委会也应该关心思想工作。说在这方面，我们是有传统的。在全国三届人大，周总理的报告就不单讲了一般的政治思想工作问题，还讲了哲学问题。周总理对周谷城的"无冲突境界说"作了评价，说这是个哲学问题，思想理论中的最高层次问题，关于这个问题，毛主席有过不同意见等。其二，指出改革开放以后，整个社会科学的前沿出现了各种各样的思想理论，其中有不少诋毁、歪曲马克思主义，鼓吹形形色色的资产阶级社会学说，指责中国社会主义，成为我国社会不安定的意识形态基础。认为造成这种现象的主要原因是我们对带有指导性的思想理论讲得太少，这方面的工作没做好。强调社会生活、哲学、经济、文学、历史等方面的理论工作者，不要忘掉社会责任，一定要坚持科学态度，坚持马克思主义指导和社会主义道路。

29 日　苏联科学院院士贝列罗莫夫回信，谈俄文版选集编辑出版事，说："苏联科学出版社的主任说：您的'选集'将要在 1992 年第一季度出版，我们一定要努力促进。我要向您说明一点：本书的翻译者应为刘永安和费阿克陀娃。本人是主编并写了俄文本的序言。您给苏联读者写的序言由尼克苏译成俄文。您在来信上说，要我在您的序言末尾加上一句话，我准备按上面的说明来加这句话。"

本月　《孙中山对中国国情的认识》发表在《真理的追求》第 10 期。

11 月

18 日　致函北京大学张岱年教授，引荐刘起釪的《尚书》研究著作①，说："顾颉刚先生代表的'古史辨'学派，虽然实际考辨的是'古书'，而非'古史'，但它是中国马克思主义历史学形成以前一个并不反对唯物论的对中国历史学最有贡献的学派，乃属毫无疑义。它的成绩我们应当加以发扬。社会主义是尊重文化也重视传统的。社会主义的文化无所不包，作为封建文化支柱的经学，尤其不能不引起人们的注意。我们需要研究它，科学地解释它，刘起釪同志的《尚书》研究的意义，我想主要也就在这里吧！刘著我喜欢读，但要评论，就恐怕隔靴搔痒，远不实在。倘能得大笔月旦一二，引起

---

①　本月 9 日，刘起釪来信，寄《古史续辨》及《著述简目》，并恳请为《古史续辨》写一篇专评。16 日，又来信告知北京大学教授张岱年通信地址，并称"已将拙著寄往请教，并当于数日之后专诚往访面论之"。

更多读者的兴趣,亦一学界佳话。"26 日,张岱年回信,称赞刘起釪所著《尚书学史》《古史续辨》等,并说"为《古史续辨》写了一篇简评,拟送《光明日报·图书评论》发表"。12 月 19 日,《光明日报》刊登张岱年为刘起釪写的书评。

28 日 为纠正《文献和研究》1986 年第 6 期《"百家争鸣"方针侧闻记》文章中的一些史实错误,致函《党的文献》编辑部,说:"1986 年《文献和研究》上所载的我写的一篇稿子,有需要更正的地方,兹如实纪出,连同'中国历史问题研究委员会第一次会议记录'复印件一并送上。更正文字最好能够刊出。"

12 月

10 日 首次拟定《评近代经学》的写作提纲,题目为"近代经学概述"。

26 日 苏联解体,作《感事》一首:"半天风雪恶连霄,大国吹从地面消。侯览仓皇除党会,谯周匍匐拜星条。飞扬未觉龙蛇远,开辟犹闻海宇摇。他日列城王气动,镰刀锤子复旌旄。"

28 日 为给刘明逵的中国工人运动史研究成果争取出版资助,分别致函全国人大常委会副委员长、中华全国总工会主席倪志福和中国社会科学院副院长郁文,说:"刘同志的工作是值得支持的。我们宣传四个坚持,要从原则上讲,也需要从各个领域加以阐述。指出它的历史根据,是一个重要的领域。刘同志所做的工人运动史的工作,就是属于这个方面的。我看过工运史资料已经出版的部分,内容详实,纲举目张,是一部好书。我想应该设法让它如数出版。如无困难,希望您能够批转有关的同志研究,给予适当资助。这是一种很好的提倡与鼓励,是能够产生积极影响。"郁文在信上批道:"该书出版很有重要价值,建议申请院出版基金资助,同时可与党校出版社商量,请他们也尽力支持这一项目,据了解,去年他们盈利甚多。"后中国社会科学院拨出 8 万元用于资助出版刘明逵主编的《中国工人阶级历史状况》一书。1998 年广东人民出版社出版刘明逵、唐玉良主编的《中国工人运动史》6 卷;2001 年中共中央党校出版社出版刘明逵、唐玉良主编的《中国近代工人阶级和工人运动》资料集 14 册,1000 万字。

1992 年（78 岁）

2 月

4 日　春节，美国纽约市立大学教授唐德刚及夫人吴昭文来信，说"客秋在京承教获益无穷"，"抗日战争史学会在先生领导下，必成将来世界史中之显学"。

20 日　胡绳寄《一夕》诗修改稿。

4 月

28 日　湖南大学邹声扬教授来信汇报托人查询近代经学家苏舆简况事。

5 月

3 日　给邹声扬回信，就查询苏舆简况事致谢。

本月　《抗日战争与中华民族的统一》在《抗日战争研究》第 2 期发表。

6 月

1 日　中国大百科全书出版社总编辑梅益来信，说："《中国历史大百科全书》样书从上海寄来，全书三卷由我社总编室许丽君同志亲自送上，请收。这三卷由于经专家学者亲自撰写，历时十年，阁下也主持一部分工作，谨向您致谢，并望能答应我几天前向您提出的请求，在浏览后写一评介文章，借您的名望，以引起学术界和读者对这部书的关注。"

4 日　湖南华容学子、中南财经大学经济法专业学生罗志宏来信请求"点拨"。

29 日　在出席全国人大常委会审议国务院关于 1991 年国家决算报告的会议时发言，说："财政赤字和潜在的通货膨胀，要引起我们高度重视。对新开工的项目，要严格控制，防止通货膨胀带来冲击。"

7 月

20 日　《中国工人阶级历史状况》第二册出版后,刘明逵来信对支持其科研工作表示感谢,说:"这部书能有这样的局面,是和您的鼓舞与支持分不开的。第一册出版时,您给我写了长达四页的信,肯定这部书的价值,鼓励我一定坚持编完。稍后,出版社因出版界不景气,要我为他们筹措出版资助,这是一个天大的困难,您又帮助向社科院领导提出申请,这样,这部书的出版才得了救。为了表示对您的谢意,我和参加编这部书的十多位同志,都表示一定努力把这部书按时编好。我这次赴美探亲,也未忘自己的工作,我用了大部分时间,在美国两所最著名的大学(史斯坦福大学和柏克莱大学)图书馆看书,查材料,并复印了一万余页有关工运史资料,这对我主持编写的两部书很有价值,不论在体系和内容方面,可能会有新的突破。"

28 日　日本东京大学教师岸本美绪来信,谈 8 月将访华事。

8 月

15 日　刘明逵来信,说:"向社科院申请《中国工人阶级历史状况》出版资助,已正式予以批准。您给郁文同志写的推荐信起了决定性的作用。郁文同志收到您的信后,当即转请几位院领导研究处理。汝信副院长在您信上签了建议申请院出版社基金资助的意见后,科研局很快就通知近代史所寄份正式报告,所领导就资助数额再三考虑院的承担能力,在报告上提出了八万元的数额,现如数批准,并拨给了中央党校出版社。""我作为这部书的负责人,一定要坚持范老和您给近代史所树立的好学风,并以此影响本书的编者。决不能像有些人组织一个班子编书,自己挂个主编头衔,却不作名实相符的工作。"

本月　刘传贵来信,说:"今县委政府承省市指示,要举办何长工诞辰百周年纪念,计划出版诗联书盈纪念册,并希置纪念馆。家乡的同志们想请前辈赐副楹联,最好是请老先生自撰自书,或指明由我们请谁代书。"

10 月

为中国社会科学院近代史研究所编、中国社会科学出版社出版的《日本侵华七十年史》作序:《七十年与四十年》。序言说:"中国抗日战争胜利,中国遭受日本侵略的整个篇章翻过去 40 多年了，为什么我们对这段历史的系统研究，拖了又拖，迟之又久，到今天才作出了现有规模的清理？回顾一下，主要原因恐怕是在中国大环境的特点里头。""究竟应当怎样认识、对待旧中国那段历史？事实是，中华民族抵抗日本侵略的斗争和中国整个民主革命取得了光荣胜利，外国侵略留下的民族耻辱，造成的中国社会灾难与落后，并没有也不可能自行抵消，不复存在。昨天严重压抑、损害中国的外部势力，有的今天又想卷土重来，像幽灵一样在中国的某些地方晃荡踯躅，伺机而动。我们健忘或者重视与否，将决定它们存在时间的短长。""后面的 40 年里，旧的中日关系已经结束。日本的情况有显著变化了的，也有变化甚微的。帝国主义、霸权主义的梦魇继续盘踞在少数人的头脑中，没有变化。多次发生的历史教科书等问题是这样，近来某些人公开鼓吹日本重新称霸世界更是这样。""鼓吹日本重新称霸世界，不过是把前面偏重于替历史辩护，改变成为今天的从现实地位出发提出主张了。"序言特别对"输出日本文化"问题进行分析，最后强调："讨论中日关系历史与现实的联系，需要看到中国、看到日本，也看到周围的世界。历史这条长河在浩浩荡荡前进中，到处充满着变幻不定。第二次世界大战结束以来，世界正在发生又一次剧变。我们要明辨、掌握历史长河行进的方向，也要注视今天的局变。"

11 月

30 日　刘起釪来信谈其被日本、台湾、香港邀请讲学以及"《尚书学史》被台湾偷偷翻印"诸事。

本月　出席中共中央办公厅和国务院办公厅联合举办的郭沫若诞辰 100 周年学术讨论会。

在会上作"继承以往　开拓未来"的发言，说："中国社会发展史的研究是从郭沫若开始的。郭老的学术研究成果值得继承和发扬的不止一端，他关于中国社会发展史的研究，是我们应当特别加以重视的，需要继承和发扬。"发言指出："郭沫若全部中国古代社会的研究，集中起来，不是别的，正是关于中国社会发展阶段的广泛研究，是一部中国早期社会发展史。在郭沫若以前，许多人如章太炎、梁启超、夏曾佑、刘师培等，先后主张用近代观点研究中国历史，阐发进化论。但是他们谁也没有想到要研究社会发展史，没有想到要从不同的社会发展阶段来认识中国的过去，观察现在和未来。《中国古代社会研究》第一次刷新了中国历史的面目。""中国古代社会发展史研究的意义是双重的。头一重，它使我们认识了中国的过去。……又一重,它为人们认识中国现状和将要走向哪里去,提供了历史发展观的基础知识。历史唯物主义指明,人类社会是由低级到高级发展,大体上由原始社会向奴隶制、封建制、资本主义、社会主义前进的——尽管这种前进不会是单线的,一成不变的。""我们要继承以往,继续研究中华民族与其他民族发展的共性问题,更要开拓未来,研究中国社会发展史的个性或特殊性问题。"

发言分析中国社会发展史的个性或特殊性的几个明显的现象:"第一,中国有文字可考的历史可以上溯到近4000年。远古的情形我们了解得很少,至少从奴隶社会往后,中国的社会发展是自成一个类型的。""第二,历史上,中国与欧洲各国长久分立的状况不同,大部分时间里是一个统一的国家。短期分裂,然后又归于统一。""第三,中国内部各民族地区的发展很不平衡。长时间里汉族居住地区保持发展的领先地位。""第四,与俄国十月革命的历史条件不同,中国的社会主义制度是建立在中国近代历史发展的特定根据之上的。"

发言谈到苏联解体问题时说:"有人会要说,苏联已经瓦解了,成为过去了,再拿俄国十月革命作为世界历史发展的阶段来看,还有什么意义呢?对这个问题的回答是:要具体分析俄国十月革命和苏联的历史。俄国是一个欧洲大国,由它带头一举突破世界资本主义体系,绝非偶然,表明世界历史上存在走向社会主义的强大潮流。苏联瓦解是社会主义的一个挫折,但它并不能否定俄国社会主义革命是人类社会发展的一个大跃进。""不能因为苏联不行了,就推论出社会主义革命不是人类历史的一个大飞跃,就推论出社会主义制度没有先进性了。"

发言提出要用历史唯物主义的哲学指导我们研究中国社会发展的特殊性,并从中得出新的认识。说:"一个进步的社会,同时也可以建成退化的社会,反过来也是一样。先进变落后,世界历史处在经常的发展变动中。我们讲中国的社会主义前途,要从世界历史上社会经济形态有序更替的大趋势、大方向来认识,更要从中国自己的社会发展行程、特定的内外环境条件来认识。"最后强调:"在纪念郭沫若的时候,我想说,中国社会发展史、中国社会发展的特殊性的研究,应当是在新的基础上引起学术界的兴趣的项目之一。"

国务院总理李鹏在会议上讲话。

12 月

19 日　誊写"近代经学概述"提纲。

本年　俄罗斯科学院远东研究所研究员稽辽拉等主编、刘永安和费奥克斯托沃依翻译的俄文版《刘大年史学论文选》由俄罗斯东方文献出版社在莫斯科出版。在该书翻译过程中，正值苏联社会发生急剧变化，出版时，苏联已经解体，俄罗斯则刚刚成立。全书 209 页，收入 7 篇论文，即《评辛亥革命与反满问题》《孙中山——伟大的爱国主义者与民主主义者》《孙中山与中华民国》《亚洲历史怎样评价？》《中国"全盘西化"说的历史答问》《侯外庐与马克思主义历史科学》和《一个历史学家的地位》。

本年　招收中国近现代史方向博士研究生杜语。

本年　在《史学理论》基础上，中国社会科学院世界历史研究所、近代史研究所和历史研究所合办《史学理论研究》季刊，由中国社会科学院世界历史研究所负责出版。

1993 年（79 岁）

1 月

4—7 日　由中国抗日战争史学会、中国社会科学院近代史研究所、美国日本侵华研究学会、美国伊利诺州立大学联合举办的第二届近百年中日关系史国际研讨会在北京举行。中外学者 90 人出席，收到论文 70 篇。

任会议组织委员会主任委员，致开幕词，说明近百年中日关系史是"指近代开关以来至 1945 年日本投降期间的历史"，指出："近百年间中日关系的一系列大事，不但直接作用于中日两国间的历史演变，它们还影响到近代国际关系的局势，造成了远东国际关系一个又一个热点。""前事不忘，后事之师。对近百年的中日关系，我们检讨得越是彻底，认识得越是深刻，就越是能够知道两国今天应该怎样相处，如何更好地推进中日两国关系的发展。"提出："我们要在充分的史料基础上，从政治、军事、经济、文化、国际关系各方面展开研究，总结出近百年中日关系史的规律性的认识，大大增进我们的知识，提高学术水平。"

中国社会科学院副院长汝信出席开幕式并发表讲话。美国的吴天威、香港的杜学魁在会上指出，只有把历史上中日关系的是非弄清，中日两国才能世世代代友好下去。张海鹏担任会议秘书长。

本月　《继承以往　开拓未来——在郭沫若诞辰 100 周年纪念学术讨

论会上的发言》在《近代史研究》第 1 期发表。

2 月

19 日　胡绳来信谈诗，说："送上诗笺二页，请指教。(均想在报端刊登)，尤其是七律，近日作，盼予吝正。此诗首二句用'汉苑''未央宫'有些是吕后隐喻之意，不知合适否？ 其余句子亦多有不雅驯处。如蒙修改，不甚感谢。"

3 月

5 日　罗梅君来信，说："您大概还记得原来东德洪堡大学汉学家、中国历史教研室主任费路教授。""为了帮助这位有造诣并且和中国有真挚情感的学者，我请求中国朋友能够给以支持。如果您认为合适的话，请您以社会科学院、史学会或以您个人的名义写封信表述以下的内容：1. 对费路的专业水平和为人的评价；2. 中国史学界和他的合作关系；3. 希望有关方面能重新考虑让他留任教授职位，为中德两国的学术交流贡献力量。"

本月　《抗日战争研究》第 1 期发表云南大学马列主义教研部张巨成的《抗日战争前中国是不统一的吗？——与刘大年先生商榷》。文章认为："1928 年起，国民政府基本上实现了中国统一。说抗日战争以前中国是不统一的，不符合事实。"

5 月

8 日　给日本东京一家图书发行公司工作的华人荫飞回信，说："承盛情介绍台湾出的《中国抗日图志》，准备去查阅，希望有所收获。诚如大札所云：为使中日两国人民世代友好下去，很有必要加强中日两国的交往史、特别是加强近代史的研究。我们出版《抗日战争研究》，这是主要任务之一。抗日战争涉及的面很广。日本有关的出版物，如档案资料、重要的回忆录、新的专著等，均为研究者所必需。我们希望与日本同行和热心人士合作，使这项工作取得进展。有些书这里找不到时，即函达，请予鼎力相助。"

10 日　给中南财经大学罗志宏回信，说："你学的是经济法律专业，这方面我说不出什么意见。法律是上层建筑的重要部分，政治性很强，应该多加关心。讲到个人的才能，要承认人的天赋有高下，但相差也不会太远。一个人的强弱高下,最后不取决于天赋,而取决于坚强的意志。意志坚强者总有如愿之日,薄弱者多半怨天尤人,碌碌一生。学问没有秘诀,谁立大志,下苦功,不为身边次要的事羁绊束缚,谁就有可能达到一定的境界。来信要我点拨,别人点拨只能有些启发作用,关键在于自己的实践。法国人说得对:天才就是勤奋。希望你珍惜现在的机会,勤奋攀登,以砥于卓然有成,在我们国家的现代化事业中贡献自己的才能。"

同日　给湖南一报考研究生的小学教师回信,鼓励"坚持初衷,再接再厉,在既有基础上攀登下去,铮铮树立于学术研究之林"。

26 日　河南省洛阳市涧西区机电部第四设计研究院堵德健自北京来信,谈其父亲保存有一部约 12 万字的"抗战史话",说:"这份'史话'内容翔实,通俗易懂,可能对当前的青少年爱国主义教育有一定意义,对你们学会来说也不失为一份参考资料。如你们有兴趣参阅或出版请直接与我父亲联系。"

6 月

上旬　"近代经学概述"初稿写完,只剩 3 处注释待查。

10 日　湖南省华容老家亲戚来信,讲述家庭困难事。

本月　《第二届近百年中日关系史国际研讨会开幕词》在《抗日战争研究》第 2 期发表。

7 月

1、2 日　修改"近代经学概述",对今、古文分歧的两个关键地方再作修订,即"古文是否刘歆伪造","孔子是否托古改制"。认为,"抓住这两个问题,近代经学的全部争论就容易解说清楚了"。

4 日　胡绳寄小册子和《光明日报》一份,报上有其诗作,说"有八句已据您的指教改过"。

30 日　给张书生回信,谈《剑桥晚清史》,说:"《剑桥晚清史》可以说是西方讲这个题目的一部有代表性的著作。它上面的某些论点自然不是我们所能够同意的。余绳武的《对〈剑桥晚清史〉部分章节的评论》(《近代史研究》1990 年第 6 期) 做过深入分析。但此书反映了欧美日本研究中国近代历史的成果和动向,有一些新的材料,叙述也比较完整。要了解西方学术界至今如何看待近代中外关系和近代中国历史,展开交流,这是一部必定要注意的书。主编者费正清晚年关于中国的看法颇有变化,80年代他出版的《伟大的中国革命》,认为中国人民经过曲折以后,现在民族复兴在望了,中国实行马克思主义是必要的,中国的社会主义是可取的。这些都应当给予客观评价。《晚清史》的翻译出版是有意义的,值得受到嘉奖。"

8月

20日　日本神户孙中山纪念馆名誉馆长山口一郎来信,为第二届近百年中日关系史国际研讨会期间所受接待致谢,并谈月底将到北京"造访"。

同日　日本京都大学教授伊原泽周来信,称将陪伴山口一郎赴北京报告1995年在日本举办"第三届近百年中日关系史研讨会"的问题。

本月　被《中山墨宝》编辑委员会聘请为顾问。

9月

15日　安藤彦太郎夫妇来信,为在中国受到的"热情而周到的接待"致谢。

本月　浙江人民出版社出版姜涛著《中国近代人口史》,为该书写了序言。序言先在《近代史研究》第4期发表。《序言》评论《中国近代人口史》说:"第一,这部书在相当程度上填补了中国近代史上人口研究的空缺。""第二,它给中国近代人口研究作了扎实的基础工作。""本书所分篇论述的人口数量,人口分布与人口迁移,以及人口结构三个大问题,都属于这项研究的最基本的方面。""第三,书上对近代人口与历史的关系问题进行了初步探索。"《序言》还说:"《中国近代人口史》讲的是过去的事,那么,它与现实生活是否就毫无联系呢?当然绝非如此。它强调提出了这样一个问题:我们应该如何从历史演变来全面认识我国人口增长的现实和未来所包含的严重意义。""从这个意义上我想说,《中国近代人口史》讲的是过去的事,但更重要的是讲的现实生活中的事。"

本月　在北京木樨地家中接待近藤邦康。

10月

5日　《华容县志》主编刘传贵寄《华容县志》一册,并致谢意。

10日　南开大学日本研究中心教授吴廷璆来信,说:"早稻田大学社会科学研究所依田憙家教授年来申请为南开大学史学博士,顷经国家教委初步批准于十二月中旬举行论文答辩。我校学位委员会已商定拟敦聘您为答辩委员会委员并主持答辩。兹由我所教师专程送上依田教授论文,请惠于审查,届时来津主持依田论文答辩。"

11 日 吴天威来信,谈在北京与张海鹏会谈后,"借悉日本方面筹办第三届中日关系会受阻,根据山口一郎及伊原泽周两先生在京与先生等之会谈纪要,嘱弟与台北有关学人联系,期能如期举办,免使此一关系近百年中日关系史之学术会议中途而辍"。信中谈在台湾开会讨论情况,说:"与会同仁虽对台北主办第三届近百年中日关系史会议抱定决心,惟对经费之筹措不免困难","遂决定由弟商函先生致书山口一郎,建议日本方面资助第三届会议两万美元(只为日本方面主办会议预算五分之一),并为协办单位共成盛举","先生本与山口一郎先生数十年之交,并以在日本学术界之崇高威望,赐予照办致使第三届会议能顺利召开,裨益学术之推进,吾辈后学实感激无涯矣"。

11 月

12—15 日 参加在北京举行的中国史学界第五次代表大会,并发表讲话:当前全国人民掀起了学习《邓小平文选》第三卷的热潮,史学工作者也同样不能例外,小平同志所说的两个文明一起抓,两手硬,即已经很好地说明了新时期历史科学的任务就在于它肩负着弘扬民族文化,提高人民的文化素质,促进精神文明建设,宣扬爱国主义的历史重任。那种社会上流行的"历史无用论"的说法是毫无根据的。

12 月

5 日 致函井上清祝贺 80 华诞,说:"几十年来,您为中日友好殚精竭虑,矢志不移,业绩昭著,我国人知者,无不感佩。您修史论道,识见卓越,秉笔直书,还历史以本来面目,与往昔品德高尚名垂竹帛史家相比,何止犹有遗风。您学术博大,著作宏富,在当今学林,自是一代宗师。您的大作,多种译成中文,流传于我国学子荟萃的高等学府以至偏远农村的文化设施间。它将作为一种珍贵物,在中日文化世代交流中保留其地位和价值。回顾三十三年前,我们相识在北京,虽历经沧桑,但神交不改。每次聚首,谈学论世,各罄所怀。相知愈深,相交愈笃,历久弥坚,窃有荣焉。老当益壮,白首初心,是所望于故人。"

24 日　参加中国史学会、中国社会科学院近代史研究所联合举行的纪念范文澜诞辰 100 周年学术座谈会,并发表"光大范文澜的科学业绩"的讲话。讲话说:"范文澜同志是中国第一代马克思主义历史学大师之一。""他大部分时间在书斋里进行战斗,但也不止于在书斋里进行战斗。""光大范文澜同志的科学成就,首先当然是要重视他如何应用马克思主义研究历史。""第二,范文澜同志强调研究近代史,深刻认识近代中国,在今天,这仍然是一个重要的课题。""第三,论述范文澜同志的学术成就,还要说到他的经学研究。""试图用马克思主义观点讲经学,范文澜最早。""弘扬范文澜同志的科学成就,还应该重视他扶植后学的业绩。"

这次讲话还对"人民群众是否历史的创造者"的争论发表看法,说:"单就人民群众是否历史的创造者,这样来进行争论,答案就只能归结为是或否,机械而单一。其实事实比这远为复杂。把问题改换为人民群众如何或怎样创造了历史,讨论就会掘进一层,增加深度和广度。'如何'或'怎样'的问题解决了,'是否'的问题也就切实解决了。"讲话还强调"中国近代史的基调或主旋律"是反帝反封建,对美化帝国主义、封建势力的观点进行批评,说:"中国近代史研究,要还历史以本来面貌,保持它的基调或主旋律,唯一可行的途径,就是坚持历史唯物主义。"

25 日　近藤邦康来信就北京面晤事致谢,说"已向佐伯有一、古岛和雄等通知先生的话","打算继续研究毛泽东的思想,明年写出一本书"。

1994 年（80 岁）

1 月

上旬　再次对"近代经学概述"进行修订。

31 日　思考如何对近代经学作总评价,在笔记中写道:第一,否定的——解除思想束缚。(一) 维护封建统治制的体系,中心是封建的纲常伦理、"名教"。(二) 烦琐主义、神学、迷信……宣传思想封闭的。(三) 历史唯心主义的方法论、世界观。复古主义,保守主义。第二,保留的——了解我们的民族文化。这一类,无用的会淘汰,人们不留在记忆里了。有用的会保留,流传下去。(一) 历史记录。(二) 文化知识。(三) 今文、古文的优缺点,简单评价。第三,改造、发展的——认识前途,强调思想开放。(一) 在中国历史起过稳定作用的思想观点,如"大一统",辨夷夏……夷夏观念中的文化观念,以文化别夷夏。(二) 反映社会理想的如"大同"、三世进化观等。(三)可以经过实证,变为科学方法论、世界观的。这一类最值得人们研究。如"实事求是",认识论,《易传》辩证法。改造就要加进新的理论——要重视现实,重视研究自然。

本月 《历史要分析——谈〈胡乔木文集〉第 2 卷阐述的历史方法论》在《中共党史研究》第 1 期发表,该文收入当代中国出版社 1994 年 9 月出版的《回忆胡乔木》。

该文是在纪念胡乔木同志逝世一周年座谈会上的发言。文章说:"胡乔木在《文集》第二卷里反复讲,'历史要分析'。他说,看待历史不能简单化。把历史简单化,就会不合事实。历史唯物主义要求非常仔细地、具体地分析具体情况,不是像贴标签那样。随便贴标签不是历史唯物主义,是把历史唯物主义简单化、庸俗化。"文章列举了胡乔木对"文化大革命"、毛泽东思想、中国 20 年左倾、对社会主义新认识等问题的认识,指出:"胡乔木对这些重要复杂、难度很大的问题,一一提到历史上加以分析,不少地方精辟独到,发往昔之所未发,言他人之所难言。实事求是,大道在前,人们很难指以为非。"文章最后针对当时反马克思主义的一些理论,指出:"马克思主义存在、发展的历史,明显地表现为两种状况:一种是世界科学历史发展上的马克思主义,另一种是社会主义国家与政权相结合,成了官方哲学的马克思主义。这两张状况,不是指马克思主义与非马克思主义的界线,而是指它所处的社会环境、在思想领域里以怎样的面貌出现。""政权的权威,一方面可以推进马克思主义的研究、传播;另一方面,由于各种现实矛盾,又往往把自己的意志加诸科学理论之上,而以马克思主义的名义出现,鱼龙混杂。这不能不给科学思想体系的阐发、运用带来困难。""马克思主义诞生在前,社会主义政权出现在后,而不是相反,先有政权,后有马克思主义学说。马克思主义在原来成为官方哲学的地方地位改变了,不等于它作为世界科学发展史上一门独立科学的地位改变了。""如何看待马克思主义存在、发展的过程,我想还是本文题目上讲的那句话:历史要分析,要用历史唯物主义去分析。"

2 月

本月 《郭沫若关于〈历史研究〉的六封信》在《历史研究》第 1 期发表。

文章所举 6 封信都写于 1954 年,其中 3 封写给刘大年的,2 封写给刘大年和尹达,1 封写给陈寅恪。这些信反映郭沫若热情关怀《历史研究》的情形,反映《历史研究》创办初期的一些情况。

本月 《光大范文澜的科学业绩》在《近代史研究》第 1 期发表。

3 月

21 日 根据白寿彝的意见,北京师范大学史学研究所吴怀祺和瞿林东前来木樨地住处访问,希望就当时我国史学界发展的状况、存在的问题以及中国史学发展的前景等问题谈谈看法,访谈内容拟发表在《史学史研究》"人物志"栏目。

访谈时,说:"史学史的研究,实际是史学理论的研究。史学是史学家对历史的看法,史学史是对史学家的看法的认识,是对史学家的思想的认识。用我们的观点去分析他们的认识,来提高我们的认识。历史研究不仅是'还原',但第一步是要'还原'的。我们从'还原'中间抽出一些东西来,讲出为什么要研究历史的道理来。"

访谈围绕 20 世纪谈 3 方面问题:一、历史科学研究要注重研究 20 世纪的历史。分析两次世界大战及战后形成的格局,社会主义制度的出现及苏东剧变,中国在 20 世纪的变化,社会生产力、科学技术的空前发展,生态破坏、人口增长等问题。指出:"二十世纪的历史要着重地加以研究,找出历史运动的规律来。"二、关于历史规律的问题。认为人类历史是按规律运动的是历史唯物主义的基本观点;认识历史运动的规律,要把自然运动的规律和社会运动的规律区别开来;古代的中国没有讲客观规律的,就是有,也是很模糊;不能把现象当作规律,类比也不能叫作规律;历史是有规律可寻的,但历史又是不可预测的,不可预测并不能说历史没有规律;凡是有规律的东西总是有重复性,规律又具有客观性;要研究一个国家的内部生产方式生活方式和阶级的运动,最重要的是一个国家内部的阶级关系的运动,它的运动的趋势;历史研究要探索人和人的社会关系的运动及演变,通过这种社会关系的运动、消长、变迁,可以看出历史的重复性;有些事看得出规律,有些事看不出明显的规律,有许多东西是处在中间的状态,但从客观性、重复性来看,还是要研究历史的发展规律。三、从 20 世纪看历史规律。认为社会主义制度是有优越性的;社会主义和资本主义是对立的,是相互排斥,又相互吸收的;历史是在前进,也有停顿、倒退,但总的趋势是在前进,在发展。

访谈过程中,反复强调要再斟酌,声明可能要交"白卷"。未经本人修改的访谈录音整理稿在去世后的 2003 年才以《面向新世纪，漫谈历史规律问题》为题在《史学史研究》第 3 期发表。

5 月

中旬 日本内阁成员永野茂门否定日本侵华战争性质的谈话①公开发表后，告诉张海鹏要撰文批驳。《抗日战争研究》杂志社请该刊编委撰写《驳永野茂门》的笔谈。在笔谈中指出，对永野茂门的谬论必须加以驳斥，"日本军国主义过去发动的侵华战争使中华民族遭受了空前深重的灾难。南京大屠杀是日本军国主义犯下的严重罪行之一。国际社会、中国、日本和世界公正的历史学家对日本侵华战争的侵略性质和南京大屠杀的历史事实早有定论。永野的谬论受到了国际社会的强烈批判，这是理所当然的。""中日两国的历史学家是能够正确对待历史的。正确对待历史是中日两国发展友好关系的重要基础。"编委戴逸、齐世荣、丁守和、张海鹏也撰写笔谈，笔谈内容刊登在《抗日战争研究》第 2 期。

29 日 就博士论文通商口岸问题致函博士生杜语，指出论文的关键、结构和难点等，强调创新应是建立在扎实的科学研究基础之上。说："上面说的大都是泛泛之谈，隔靴搔痒，可能不着边际。你必须根据自己掌握的事实，加以分析，独立判断，讲自己的见解。对我说的那一些，有几分可取就取几分；了无可取，就彻底干净抛弃之，毫不犹豫。在这里，来不得半点虚假、客气，千万千万。我自己的经验，写一点东西，总要反复推翻前面的想法，然后才能落在纸上。自己认识问题尚且如此，怎么能够想象看了你的提纲讲的一些泛泛之言，就能一概站得住脚！事情可能相反，讲得越具体，情况越会糟糕。总之，科学研究要解除思想束缚，坚持科学态度。谁有研究，谁就有发言权。问题是这种发言权，是要建立在踏实的科学研究基础上的，而不是信手抓来一点什么，就自以为实现了所谓突破之类。当然，别人讲的对自己有启发的意见，必须充分注意，充分汲收。这就在自己的思想水平、认识能力了。'启予者商也'，孔子还重视从他的学生那里得到启发呢！"

本月 在白介夫组织下，中国社会科学院近代史研究所与中共中央党校、国防大学、军事科学院、南京大学等单位的部分专家，在怀柔宽沟北京

---

① 5 月 3 日，日本联合内阁法务相永野茂门在接受记者采访时，就日本侵华战争的性质与南京大屠杀等问题发表座谈时说："把那场战争说成是侵略战争是错误的。说发动那场战争的目的是侵略，那是不对的。当时日本真心是解放殖民地，建立大东亚共荣圈。我认为所谓南京大屠杀是捏造出来的。"

市委招待所召开会议,根据刘大年提出的修改大纲①,讨论修改中共中央党校、国防大学、军事科学院、南京大学等单位集体撰写的抗日战争史初稿的问题。此后,根据这次会议结果,以中国抗日战争史学会的名义,分工修改,重新写作后来定名为《中国复兴枢纽——抗日战争的八年》的著作。

8 月

17 日 岳阳市文化局来信,请为岳阳市《文化志》题词。

24 日 中共北京市委宣传部召开座谈会,讨论准备纪念抗日战争50周年的问题。应邀于北京房山十渡撰写《抗日战争的历史意义与民族精神》。

关于抗日战争的伟大历史意义,说:"八年抗战是近代中国历史的一个根本转折。这个根本转折,一是近百年间,中国抵抗外国侵略的战争无不遭受失败,抗日战争第一次取得了反侵略战争的全面胜利;二是八年抗战决定性地改变了中国内部政治力量的对比。"认为,"那些低估蒋介石、国民党在抗战中的重要地位和作用的说法,是不正确、不全面的";那些低估"以中国共产党为核心的人民力量的兴起"这个基本条件的说法"同样是不正确、不全面的"。指出:"抗日战争中,客观上存在着两个过程,两种演变。一个过程、一种演变是日本的力量由强变弱,由军事胜利推进到最后彻底失败;又一个过程、一种演变,是共产党与国民党的力量朝相反方向行走,人民力量空前强大起来。这两个过程、两种演变是紧密相连的。前一个演变关系中国亡国不亡国的问题,后一个演变关系今后将是新中国还是旧中国的问题。"认为,用一句话回答抗日战争胜利的伟大历史意义,"那就是,抗日战争是中国复兴的枢纽,抗战胜利准备了新中国与旧中国的决战,加速了新中国走进社会主义。也就是说,中国走向社会主义的前途,是出自历史的选择。它不以人的意志为转移,谁也阻挡不了"。

关于抗日战争所体现的中国民族精神,说:"中国军民面对汹涌而来、猖狂不可一世的日本军国主义的野蛮进攻,奋起抵抗,前仆后继,可歌可泣,这首先就是依靠他们敢于竖起自己的一条脊梁。无疑地,这正是抗日战争所体现的民族精神。"认为:"我们的现实斗争的目标、环境条件与50年前

---

① 稍早前,刘大年与张海鹏商量过修改这部书稿的问题,并要张海鹏从近代史研究所选拔几位研究者,增加研究的力量。新的编修人员确定后,指导重新讨论并拟定了一个修改大纲。

根本不同了,无论从哪方面看,都不能认为抗日战争所表现的那种伟大民族精神、爱国主义可以丢掉,可以轻视了。"强调:在面对霸权主义威胁干涉,有可能丧失民族尊严、国家权益的时候;在受到日本军国主义潜在势力的挑战,须当回应的时候;在外来势力的政治蛊惑、物质引诱下,可能自辱于炎黄子孙的时候,以及在其他情况下,发生人格问题的时候;在所有这些时候,我们需要坚持一条:竖起自己的脊梁,保持民族光荣。

本月 《哲学研究》第 8 期发表中国社科院哲学所王生平的《跳出"国学"研究国学——兼评〈论天和人的关系〉》,阅后在该文上作多处充分肯定的批注,认为文章"难能可贵之至",感觉"必须提出中国近代文化!"之后,委托人转告王生平,约去面谈,鼓励多写这样的文章。

10 月

13 日 林甘泉来信,说:"白寿彝先生八十五华诞,北师大史学所出了一本纪念文集,约我写文章,并说白先生希望我对史学界的状况发表点意见。我遵嘱写了一篇《走向 21 世纪的中国史学》,因涉及对史学发展的一些看法,现将拙作复印寄呈左右,敬请指正。现在马克思主义在史学界很不吃香,衷心希望您能多发表点意见,给中青年史学工作者和我们这一辈人多做些指导。"

22 日 出席《历史研究》创刊 40 周年座谈会。

11 月

2 日 湖南省岳阳市政协文史委刘美炎来信,问:"1992 年 6 月本会副主席、原华容县委书记胡编庆等人去京请您为《岳阳百年大事记》一书题词时,蒙您关心赐《刘大年传》复印稿一份,但无作者署名,今特请赐教,刊用此稿时应如何署名?"

15 日 胡绳寄 7 日《光明日报》,上有《巴蜀行》诗数首,说"请指正"。

本月 《抗日战争的历史意义与民族精神》在《抗日战争研究》第 4 期发表。

1995 年（81 岁）

1 月

本月　第三届近百年中日关系史国际研讨会在台北顺利召开。

2 月

11 日　为《中国抗日战争史丛书》作总序。指出："中国抗日战争是在中国共产党倡导的抗日民族统一战线的旗帜下，以国共合作为基础，各阶级、各族人民团结起来进行的中华民族的解放战争。""抗日战争一是民族战争，二又是人民战争。""从全民族战争这方面看，蒋介石、国民党在抗战中的重要地位和作用，应当得到客观的、全面的理解。""从民族战争与人民战争相结合这方面看，人民力量存在和发展这个基本条件的极大重要性，更加应该得到客观的全面的理解。"序言从中国近代史上的两个基本问题论述抗日战争的伟大历史意义，认为"抗日战争是中国近代历史的一个根本转折"。指出："抗战胜利准备了新中国与旧中国的决战。""新中国代替旧中国，第一，中华民族巍然独立了；第二，国家近代化的前途畅通了。中国于是开始了自己的复兴。用一句话来说：中国复兴枢纽——这就是抗日战争的八年，这就是抗日战争胜利的伟大历史意义。"序言分析中国抗日战争取胜的原因。认为决定抗日战争胜利的力量"是我们全民族的奋起，就是以共产党为中心的人民力量满负荷的发挥，砥柱中流"。指出："中国是世界反法西斯主要战场之一。有中国这个主要战场，才有东方反法西斯的胜利。""中国是靠自己的力量抗日作战到底的。国际形势的大框架、总格局，使中国抗日战争胜利的结局来自与盟国共同对日作战，这丝毫没有改变中国依靠自己的力量取得胜利的地位。""中华民族空前觉醒，中国人民力量兴起壮大，是中国抗日战争胜利之本。中国由衰败向复兴转换，就是靠的这个本。"序言最后强调："增进对抗日战争中体现的中华民族凝聚力、爱国精神传统的认识，增进对中国人民敢于反抗强敌、顶天立地的气概的认识，也必将增进人们对现代化旅程胜利前途和应当如何有所作为的认识。抗日战争胜利是中华民族的光荣，是中国人民的光荣。历史总会这样那样作用于现实，无论现在、将来，我们有充分理由珍惜这个光荣，发扬这个光荣。"

3 月

1 日 《人民日报》刊登《抗日战争是中国复兴的枢纽》，介绍《近代史研究》1994 年第 4 期《抗日战争的历史意义与民族精神》一文的内容。

10 日 给张振鹍打电话，邀请协助修改《中国复兴枢纽——抗日战争的八年》书稿。

4 月

11 日 《人民日报》刊登《〈中国抗日战争史丛书〉将出版》。文章说："在中国人民抗日战争胜利 50 周年之际，一套反映目前我国抗日战争史研究水平的大型学术丛书——《中国抗日战争史丛书》即将出版，《中国复兴枢纽》等首批 18 卷已经付梓，不久将与读者见面。《中国抗日战争史丛书》为胡乔木同志生前倡导编撰，由著名历史学家刘大年任丛书编委会主任。全书共 28 卷，1300 多万字，从各个侧面反映八年抗战时期中国的政治、经济、社会、文化、教育、外交、军事等方面的情况。"

5 月

15 日 与白介夫联名致函江泽民，就如何纪念抗日战争胜利 50 周年提出想法和建议，建议"在我国为纪念抗战胜利 50 周年安排的各种活动中，增加两个节目：由全国人大常委会通过一项法律，规定每年 8 月 15 日为抗战胜利纪念日；今年 8 月 15 日那天，泽民同志到卢沟桥和抗战纪念馆去视察，哪怕十分钟也好。"

16 日 接受《人民日报》记者采访时指出，中国在抗日战争中承受巨大牺牲。

21 日 《北京日报》刊登易俭如、李秀清文章《著名历史学家刘大年谈抗战：巨大的牺牲　伟大的贡献》。文章说："刘大年说，中国是世界反法西斯战争的东方主要战场，有了中国抗日战争的胜利，才有了东方反法西斯战场的胜利。世界反法西斯斗争是一个整体，同盟国间的支持是相互的，双向的，哪国的胜利也不是单独取得的，中国也得到了同盟国的有力支持。对此中国人民是不会忘记的。但是应该指出，中国主要靠自己的力量取得胜利，靠全民族奋起抗战,靠以共产党为中心的人民力量的满负荷的淋漓竭诚的发挥。""刘大年说,在艰苦的八年抗战中,中国人民有两种突出的精神:一个是在敌人面前勇敢地挺起脊梁,甘于为民族的利益牺牲一切,乃至自己的宝贵生命;另一个是对自己民族的独立、对中国社会发展的光明前途,始终充满着自信。"

22日 就《刘大年存当代学人手札》事,张海鹏来信谈一些技术性处理问题,并送手札清样及北方大学工学院史料。

6月

6日 由北京市历史学会和国家教委高等学校社会科学发展研究中心举办的"中国近现代史研究的历史观和方法论学术研讨会"在北京召开。北京市各高校、研究所和新闻单位的一些专家学者约50余人参加会议。这次研讨会主要是针对80年代后期到90年代中期近代史学术界出席的一些具体问题而举办的,如,要不要坚持马克思主义的唯物史观?是否要回到陈寅恪,回到乾嘉汉学、乾嘉考据学?如何看待为殖民主义辩护?如何看待对义和团和太平天国运动的否定?

到会作《马克思主义是史学研究最根本的方法》的发言,说:"我想讲关于近现代史的历史观、方法论还是要讲马克思主义。但是马克思主义不是神学,而是科学体系。""在现实生活中马克思主义也碰到了几个问题","尽管如此,马克思主义的基本观点、立场和方法仍然是颠扑不破的真理。"列举"经济基础决定上层建筑""马克思主义关于生产力、生产关系的学说""马克思主义关于阶级和阶级斗争的学说""人民群众的革命运动是历史发展的火车头"等观点和学说,认为都还没有过时,也推翻不了。

23日 参加由《中国文化报》社、《中国社会科学》杂志社和广西师范大学出版社在北京联合举办的《抗日战争史丛书》出版专家座谈会。

7月

3日 吉林省历史学会就该会名誉会长佟冬90寿辰及从事教育、社会科学事业70周年在长春举行庆祝活动事来信约题词。

同日 出席中日友协和日本国际交流基金联合主办的中日关系研讨会。《人民日报》次日刊登《中日有关人士在京聚会探讨继续发展中日关系问题》进行报道。报道说:"据新华社北京7月3日电(记者冯秀菊)长期从事中日友好的各界人士、专家和学者今天汇集一堂，共同探讨如何继续发展中日关系问题，并一致认为，正确对待历史、吸取历史教训是中日关系中一个十分重要的问题。全国政协副主席钱正英，对外友协会长齐怀远，中日友协会长孙平化，社会科学院近代史所名誉所长刘大年以及日本国际交流基金顾问、原日本驻华大使鹿取泰卫，日中友协副会长清水正夫等出席了中日关系研讨会。"这次研讨会由孙平化主持，代表中方学者发言的是张海鹏，代表日方学者发言的是京都大学教授竹内实。前一日，孙平化会长在钓鱼台宾馆宴请日中友协、国际交流基金顾问清水正夫、鹿取泰卫一行，与张海鹏作陪。

5 日　中国史学会五届二次理事会在北京召开纪念抗日战争暨世界反法西斯战争胜利 50 周年学术研讨会。到会作《民族的胜利，人民的胜利》的即席发言，指出："抗日战争的胜利是民族的胜利，人民的胜利。"

发言讲 4 方面内容。一、关于抗日战争的性质。指出："抗日战争一开始就叫作抗日民族解放战争。""中国属于反抗侵略的正义的一方，日本属于施加侵略的非正义的一方。"用日本裕仁天皇胞弟三笠宫崇仁在战争期间所写的《作为日本人对中国事变的内心反省》来强调日本侵略中国的性质，反驳日本政界一些人为侵华战争辩护的言论。二、争取民族解放战争的胜利是国民党、共产党和全国人民共同取得的。指出："抗日战争时期中国存在两个矛盾，一为民族矛盾，二为阶级矛盾。国民党与共产党的地位、作用，同这两个矛盾的性质与相互关系直接联系。""保住统一战线的基础国共合作，推动民主革命进程，是共产党领导人民群众取得的。"三、抗日战争是中国近代历史的一个根本转折。指出："用一句话来说，中国复兴枢纽——这就是抗日战争的八年，这就是抗日战争胜利的伟大历史意义。"四、竖起中华民族脊梁。指出："中国抗日战争，(一) 太平洋战争以前是第二次世界大战中东方反法西斯的唯一战场；(二) 太平洋战争以后是东方反法西斯的主战场；(三) 中国是靠自己的力量作战到底，取得胜利的。其中前四年半单独对日作战的特殊重要性，尤其应当引起重视。""中国抗日胜利与世界反法西斯战争获胜的关系，是同盟国对敌人共同获胜的关系。"认为抗日战争表现的民族精神是："头一个方面，是民族自尊，民族自信，在强敌面前竖起脊梁的精神。""又一个方面，是要求实现独立、民主、现代化的新中国与追求未来理想社会的精神。""总之，面对强敌，永远竖起一条脊梁，不怕牺牲，为全民族的光荣和后世的光荣理想而奋斗，这就是抗日战争所表现的伟大民族精神。"

9 日　罗尔纲来函为 80 寿题词："九如之颂　松柏长春"。

15日　致函吉林省社会科学院名誉院长、省社科联名誉主席佟冬,祝贺"九秩荣庆",说:"回想四十年前,我们一起参加中共中央历史研究工作委员会第一次会议,郭吴范吕翦侯诸老聚首一堂,极当时之盛。方今国运既振,新学日繁,马克思主义更需有人研究宣讲。尚祈强饭加餐,寿指百龄而前,当为后学所望也。赞曰:仁人之貌,长者之肠。延安握笔,东北驻缰。浊流是黜,大道是扬。前贤绳墨,后学津梁。云天在望,珍摄为祷。"

20日　李侃来信祝贺80大寿,说:"对您数十年如一日,始终坚持历史唯物主义的立场观点和方法,研究中国近代史,深感钦佩。并且坚信,在今后您也将一如既往,把近代中国历史的研究在科学道路上,引向深入和发展。我个人还有一个愿望,就是老一代马克思主义史学家们所开创和奠定的马克思主义的史学基础,无论如何不要在我们这一代被毁坏、被中断和改途。我作为您的一个挂名学生,很愿意追随您之后为此稍尽绵薄。"

下旬　出京"逃寿"。22日在天津蓟县,23日在河北遵化清东陵。这期间继续进行《抗日战争时代》一书的写作。

25日　中国史学会和中国社会科学院近代史研究所联合举行庆祝刘大年80华诞座谈会,中国社会科学院近代史研究所所长张海鹏、中国社会科学院副院长汝信、中国史学会会长戴逸,著名学者龚书铎、余绳武、金冲及、王庆成、张椿年、王汝丰以及学生代表姜涛先后发言,中国社会科学院院长胡绳请人代致祝贺,白寿彝、李侃、蔡美彪作书面发言。首都社会科学界领导和专家学者于光远、郁文、逢先知、白介夫、丁伟志、何理、郑惠、林甘泉、李学勤、廖学盛、任式楠、齐世荣、汪敬虞、吴承明、宋德金、孙思白、丁守和、耿云志、杨天石等史学工作者120多人出席。《近代史研究》第5期发表系列祝贺文章,并刊出对座谈会的详细报道。

本月　与白介夫主编,何理、罗焕章、张振鹍任副主编,近代史研究所与中共中央党校、国防大学、军事科学院、南京大学的研究人员参加撰写、修订的《中国复兴枢纽——抗日战争的八年》一书由北京出版社出版。这是《中国抗日战争史丛书》中最早出版的一本。为该书撰写前言《理论与事实》。由于书稿尚未完稿,为了赶出版,该书只印200册应时。此后,继续抓紧组织该书的修改工作。

本月　由胡乔木生前倡导,由中国抗日战争史学会和中国人民抗日战争纪念馆共同协作完成《中国抗日战争史丛书》渐次出版。刘大年任该丛书编委会主任。这套丛书共收有19种28卷,1300多万字,反映八年抗战时期中国的政治、经济、社会、文化、教育、外交、军事等方面的情况,它们是:《中国复兴枢纽——抗日战争的八年》《中国抗战军事史》《抗战时期的国共关系》《抗战时期的经济》《抗战时期的文化教育》《抗战时期的西南大后方》《抗战时期的陕甘宁边区》《中国抗日根据地发展史》《抗战英烈录》《中国抗日战争大事记》《少数民族与抗日战争》《海外侨胞与抗日战争》《日本人民的反战斗争》《日军侵华暴行实录》(1—4)《南京大屠杀》《侵华日军的毒气战》《抗日战争时期重要资料统计集》《日本对华北经济的掠夺和统制》《中国抗日战争史地图集》。

本月　北京师范大学白寿彝教授来信祝贺 80 大寿，说："特备函致意，谨祝您健康长寿，年愈高，德愈邵，学愈进。在跨世纪之交的过程中，您将仍然是中国史学界的骄傲。"

8 月

9 日　致函《刘大年论著目录》编写者张显菊，说："说明中加一项，文字如下：'六，论文序号 15、33 两篇，作者认为观点是错误的，但篇目仍应保留，以符合实事求是。'"论文序号为 15 的文章是《驳一个荒谬的建议——批判荣孟源反马克思主义的历史学观点》，论文序号为 33 的文章是《吴晗的反革命面目》。

14 日　与外交部发言人沈国放以及台湾郝柏村、蒋纬国，就抗日战争问题，接受香港电视台采访。

15 日　《民族的胜利，人民的胜利》在《人民日报》发表。

同日　国家主席江泽民及中央政治局领导、参加过抗战的老同志、党外人士、少先队员一起参观中国人民抗日战争纪念馆，江泽民在抗战纪念馆发表讲话。

同日　日本首相村山富市就历史问题发表村山谈话①。经村山富市提议，日本国会通过一笔拨款，用于资助历史研究事业，其中用于资助日中历史研究的有 36 亿日元，由日本外务省掌握。日本外务省希望与中国共同研究。中国外交部经过衡量，在与中国社会科学院商量后，中方同意协助日方

---

① 村山谈话说："今天，日本成为和平富裕的国家，因此我们会常常忘记这和平之可贵与来之不易。我们应该把战争的残酷告诉给年轻一代，以免重演过去的错误。我们要同近邻各国人民携起手来，进一步巩固亚太地区及至世界的和平。为此，重要的是同这些国家建立起基于深刻理解与相互依赖的关系。日本政府将本着这种想法，开展在近代史上日本同近邻亚洲各国的关系的研究，并扩大同该地区的交流这两个方面的和平友好事业。同时，关于我国现在致力于解决的战后处理问题，进一步加强我国与这些国家之间的信赖关系。"

研究历史,并且以中国社会科学院作为对日的窗口。

30日 由中共中央党史研究室、中国社会科学院联合举办的全国纪念抗日战争胜利50周年学术讨论会在人民大会堂举行开幕式。江泽民等党和国家领导人接见与会学者。作为唯一的历史学家代表,在开幕式上作《抗日战争的几个问题》的学术报告,讲4方面内容:"民族运动的潮流不可阻挡","日本军国主义的失败从卢沟桥开始","两个战场是决定抗日战争的面貌和结局的关键","马克思主义广泛传播从思想理论上准备了旧中国走向新中国"。发言后,中央军委副主席刘华清亲自前来握手称赞,连说:"你讲得真好!你讲得真好!"下午,大会开始就会议主题"抗日战争的胜利与中华民族的振兴"举行学术讨论会。讨论会持续到9月2日。8月31日,《人民日报》头版刊登《高举爱国主义旗帜 实现中华民族振兴 纪念抗日战争胜利五十周年学术讨论会举行 江泽民李鹏胡锦涛会见与会代表 刘华清作重要讲话》。文章说:"著名史学家刘大年在开幕式上就抗日战争史研究的若干问题发了言。"

本月 刘潞和崔永华编辑的《刘大年存当代学人手札》由中国社会科学院近代史研究所刊行,作为刘大年80诞辰的贺礼。辑录80多位当代学人183封手札。书信的写作时间,从1946年到1992年,其中大部分写于1966年"文革"以前。该书还刊有从1953年到1987年的照片14帧,来往函件影印32件。刘潞、崔永华为该书写《编辑说明》,张海鹏为该书写《跋》。

本月 《重庆抗战丛书》由重庆出版社出版,为该书撰写序言。序言说:"抗日战争所以需要研究,理由不止一端。最根本的原因是这段历史在中国近代史上占有特殊重要的地位。""研究这段历史,我们不仅看到了中华民族遭受的深伤巨痛,累累血污,也看到了它的倔强挺立高大的灵魂;不仅看到了旧中国如何死死拖住历史前进的后腿不放,也看到了历史如何促使人们觉醒,加速把旧中国变为一个新中国。""《重庆抗战丛书》一系列研究专题和资料,涉及不少领域,具有特色。人们应该可以从中找到所需要的东西,去认识抗日战争特定的历史地位,以及它怎样为后来新中国的降临做了准备。"

9月

3日 首都各界在人民大会堂举行纪念抗日战争暨世界反法西斯战争胜利50周年大会。江泽民在大会发表讲话,回顾日本侵略中国的历史以及

侵华战争给中国人民造成的灾难和损失,对抗日战争的历史地位、抗日战争
胜利的意义进行阐述,对抗日战争中中国共产党地位的变化进行说明;讲话
还谈到台湾问题,谴责制造民族分裂和破坏祖国和平统一大业的势力;谈到
中日关系,认为"保持中日长期和平友好关系,不仅符合两国人民的根本利
益,也是维护亚洲和世界和平与稳定的需要","能否认真反省二战时期的
侵略罪行,关系到日本的国际形象,也关系到日本今后走什么样的道路。正
确对待和深刻反省日本军国主义的侵略历史,是建立和发展中日关系的重
要政治基础之一,歪曲历史将有害于中日两国发展长期睦邻友好关系"。次
日,《人民日报》头版刊登江泽民《在首都各界纪念抗日战争暨世界反法西
斯战争胜利五十周年大会上的讲话》。

　　11 日　《抗日战争的几个问题——在纪念抗日战争胜利 50 周年学术
讨论会上的报告》在《光明日报》发表。

　　26 日　致函日本东京大学名誉教授、亚细亚大学校长卫藤沈吉,说:
"得知您正在编纂《环历至古稀》的著作,理当弛文祝贺。唯目前手头冗事
急待处理,祝贺文稿至早需在十一月底寄出,不知是否有误尊著出版时间。"

10 月

　　10 日　郭沫若之女、郭沫若纪念馆馆长郭平英因收到《刘大年存当代
学人手札》而来信致谢,并寄送《郭沫若对联集》。

12 月

　　12 日　金冲及送中共中央文献出版社出版的抗日战争图录并借台
湾出版的图录,来信谈 1996 年 11 月纪念孙中山诞辰 130 周年学术讨论
会事。

　　21 日　近代史研究所副研究员闻黎明就补写和改写《中国复兴枢
纽——抗日战争的八年》中的"文学艺术部分"和"民主运动部分"等来信。

1996 年（82 岁）

1 月

17 日　给远在墨西哥的外孙女崔丹丹写信，其中说："张大夫还跟我侃了一阵，说我'应该休息了'，我说手头还有点事，做完以后就可以见马克思了。他连说'不是这个意思！……！'手头的事①写了万把字，有进展。但全部写完大概还要这么多字，恐怕再要两个月，才能见分晓。急也无用，只好尽力而为之。"28 日，在同一信纸上给崔丹丹写信，其中说："我现在可真一切尚好。最不满意的是工作进展慢，比蚂蚁爬还慢。好在天天能坚持，希望四月底有个结局。这是指预拟的《抗日战争时代》，至于原先的《枢纽》，有人在努力，也许能够过得去。你不必操心。"嘱咐"顽强！安全！警惕！"2 月 7 日，继续给崔丹丹写信，说："知足者常乐，我没有什么不知足的。唯一的问题就是工作进展慢，一月上旬到现在整整一个月，总共落实的只有三千字，一天一百字。急也没用，只好如此。不用说反复思考常常改变看法了，一些用词也往往不确切——比如上次给你写信说'比蚂蚁爬还慢'、'堂·吉珂德是交流线索'就是这种情况。"4 月 14 日，接着给崔丹丹写信，谈《照唯物论思考》完稿诸事，说："前文说的'希望这个月底有结果的稿子'，三天前终于完稿了，两万多字，潞、永②帮着打字的，没有他们帮忙，还没有这么快。现在已经送给少数人看，征求意见。不管怎么，也不准备大动干戈了。自己觉得还过得去，比最初的设想好一点。下一步整理其他各篇，写个短的'题记'，书名叫《抗日战争时代》，中央文献出版社已同意出版。""从美国开始，到日本结束③，心愿也就算了结了。""四月十日，国家教委在昌平开一个有关近代史的会，又打电话又写信，希望我去。我答应了。头一天我去协和看病，一位几次给我看过病有教授头衔的湖南人女大夫，一见面就说你不应该看内科，应该看急诊。她问过病情以后，我说还要防感冒的药等，然后她几乎就没有句好话：'你是累的！''还开什么会！''我是你

---

① "手头的事"即撰写论文《照唯物论思考》。
② "潞"即女儿刘潞，"永"即女婿崔永华。
③ "从美国开始，到日本结束"指从撰著美国侵华史开始，到研究抗日战争结束。

的奴隶,不是大夫!'最后一句话是'回去写你的书去吧!'这就是我近来身体、工作的情况。稿子写完以后,现在轻松了许多。不必担心!"此信连同 1 月开始断断续续写的一起寄出。

21 日　就翦伯赞百年诞辰纪念文集事,翦伯赞学生田珏来信约稿,说:"写序、写回忆文章、写学术文章,或作修改都可以,请刘老择便而行。"

2 月

9 日　张海鹏来信,说:"去年十二月院要报增刊刊出我关于近代史研究目前动向的一篇报告,是送中央领导人看的。现送呈复印件一份,请指正。""由北京市历史学会和国家教委社科中心主持的座谈会去年六月开过以后,反映还好。现准备在今年四月十日左右还开一次,以'五四运动和二十世纪中国历史发展道路'为题。当然还是要针对一些不良倾向。他们还是希望您在会上作一个总的发言。"

中旬　胡绳来信,谈治疗情况,并附《遣怀》诗初稿①。19 日,即春节,给胡绳回信,说:"除夕读新诗,精神旺盛,足征健康完全恢复。《遣怀》一首,反复体味,感触实深。其寻求心志宁静之意,跃然纸上,充分令人理解。唯总觉消极多而积极少,未见尽抒吾人素抱。不知者,尚或可借为口实。我主张第三句重造,二、四相应各易一、二字,情境当可一变。此系指意向,词字自可选择天然凑泊者。"改后的诗为:"生死比邻隔一墙,人间桑海不寻常。衰颜未敢笼双袖,图乐余年看小康。"22 日,胡绳回信,谈写《遣怀》诗时的真实感受,说:"去年夏天甘冒风险作了手术,稍有意外,即可有不同之结果,居然离开孤寂之病房,宣告无恙而人置身于熙熙攘攘之间。'生死比邻'、'人间重到'盖实感也。不过没有能用典雅之语言耳。'于世无多补'也嫌说得粗鲁,然而是大实话。本世纪末以前能看到'小康',对此颇有信心,故也不算消极。小康以后究竟如何,不敢预言,反正是一定看不到的了。"23 日,致函胡绳,谈修改《遣怀》诗事,说:"昨日手奉短笺,旋即意识到不合《遣怀》主旨。意本求静,反变为动,殊无谓也。现思得一折中办法,并原作录写如下:生死比邻隔一墙,人间沧海不寻常。衰颜世许笼双袖,赢得余年看小康。'世许'兼有盛世所许、客观所许之义。所谓消极性即不复存在。第四句'赢得'亦由此显得更有来历,提供推敲,看能否有助于磬发所怀。节

---

①　胡绳《遣怀》诗定稿是:"生死比邻隔一墙,人间重到亦寻常。自知于世无多补,赢得余年看小康。"

日宾朋踵至,电视上热火朝天。此际说诗,或亦闹中取静之一法。疑义相与析,不过是附带的。"

3月

9日　在人民日报社从事香港台湾方面宣传报道的记者张连兴来信,请求为其编著的《香港二十八总督》作序。

4月

4日　张连兴就序言事来信,说:"遵照您的意见,完全按改样重排了一遍,送上清样一份,望审阅。"

16日　中共中央文献出版社社长王玉璞给中共中央文献研究室主任逢先知、副主任金冲及写信,送《照唯物论思考》请阅改,说《抗日战争时代》已经基本完稿。

22日　作《田家英同志小莽苍苍斋法书选集观后占二绝句》:"(一)早岁才华未易攀,廿年相许辨经还。柏坡长忆案头字,灯火阑珊王静安。""(二)一页翻过三十霜,瀛台回首小沧桑。桓桓合与彭元帅,浩气同存永福堂。"

27日　《人民日报》刊登《马克思主义是史学研究的指导思想》,介绍发表在《高校理论战线》1995年第8期的论文,说:"刘大年在《马克思主义是史学研究最根本的方法》一文中指出:马克思主义的基本观点、立场和方法仍然是颠扑不破的真理。"

5月

15日　《抗日战争时代》完稿,在木樨地住处赋《完稿自述》诗两首:"(一)大族栽来千岁果,论时抒罢九回肠。一枝短杖连扶出,楼外河边看绿杨。""(二)列国春秋重见闻,膏育难变假成真。太行风雪平原暑,我是山川路上人。"

18日　应湖南师范大学历史系周秋光教授请求,为拟撰的湖湘史学家传记丛书之《刘大年传》制作录音,由刘潞、崔永华协助,从上午10点一直讲到下午1点30分钟。

19日　继续为拟撰的《刘大年传》作补充录音。

20 日　给崔丹丹写信，谈到《抗日战争时代》结稿和湖南师范大学历史系为其写传诸事。

25 日　王芸生儿子王芝琛来信，请求"替我父 95 周年诞辰题几句词"。

29 日　出席《抗日战争研究》编辑部举行的学术讨论会，就抗日战争研究成果进行评论。在京抗日战争史专家白介夫、王桧林、丁守和、张振鹍、张注洪、罗焕章、何理、徐焰、章百家等出席会议。在会前散发长篇学术论文《照唯物论思考》。

本月　《照唯物论思考》在《抗日战争研究》第 2 期发表。文章论述如何进一步推进抗日战争史的研究，提高它的科学性。首先强调"抗日战争的历史和整部中国历史一样必须成为科学的客观研究的对象。我们必须把抗日战争的研究建立在坚实的科学基础上，提高它的科学性"。为此，必须照唯物论思考问题。其次，从对"蒋介石何以转变抗日的问题""共产党斗争对蒋转变的作用问题""蒋坚持'攘外必先安内'的目的问题""正面、敌后两个战场的地位问题"等的具体分析中，阐述"辩证法的核心是承认事物矛盾的普遍性。事物只存在于一定的矛盾运动中"，"唯物论新方法的功能，就是引导人们去认识事物的本质，而又分辨出它的界限在哪里"等马克思主义史学思想。再次，从"关于民族矛盾与阶级矛盾""关于民族解放与民主革命两个任务""关于国民党、共产党两个领导中心并存"三方面分析中国抗日战争的格局。最后，对唯物史观的内核进行诠释，指出："马克思主义的历史唯物主义，就是建筑在对社会整体运动的认识上的。它从社会整体或整个体系的主体部分、即生产力与生产关系的矛盾统一运动出发，去认识、解释社会历史的种种现象，不同于用思想的意识的活动，用虚幻的超自然的精神力量的活动，最后解释自然和社会的种种现象。"

6 月

1 日　中国社会科学院美国研究所研究员、副所长陶文钊来信，谈拟以《中美关系史（1911—1950）》申报中国社会科学院优秀成果奖以及"关于缅甸战役部分书稿已改完"诸事。

12 日　陶文钊来信对推荐意见表示感谢，并决定用该意见敦促重庆出版社重印《中美关系史（1911—1950）》。

21 日　致函中共中央文献出版社社长王玉璞，谈修改《抗日战争时代》中的《完稿自述》第一首诗及诗的排版要求。

7 月

5 日　李侃病中来信,谈如何深入研究中国近代史问题,说"近年在近代史方面奇谈怪论甚多,其实都可以讨论"。

7 日　穿中山装在北京参加七七卢沟桥事变纪念活动。

8 日　为闻黎明应日本庆应大学教授山田辰雄邀请访日事,分别致函山田辰雄和东京大学东洋文化研究所滨下武志、京都大学人文科学研究所狭间直树。

23 日　给崔丹丹写信,说:"差不多天天想给你写信,天天没有动手。一是正在看 30 多万字的集体的抗日战争最后改稿。原来以为很容易,看一遍就行,实际不是那么回事,几乎每一页都有要改动的地方。一个多月过去了,才看了近 10 万字。这是我现在的一个大负担,但也必须坚持下去。二是不断看到一些新书,总想先了解一下。随手翻一下,几天就过去了,实际现在也用不上。三是最近又做了几首诗,虽然又做了几首诗,虽然主要是晚上睡不着时想出来的,有时白天也要翻翻有关资料。这样一来,一两个月的时间就溜掉了。当然也有出去参加什么会,如七七纪念会,外贸部'商报'座谈香港回归会,明天要去社科院参加一个学术会等。似乎哪一项都'应该',时间也就这样'应该'完了。"

24 日　参加中国社会科学院建设有中国特色社会主义理论中心和近代史研究所联合召开的学术座谈会。会议围绕中国近代史研究中的殖民主义问题、近代中国的发展道路问题、中国近代史研究中的指导思想问题,展开讨论。在会上作《中国近代历史运动的主题》的发言,指出中国近代史的主题是民族运动,说:"110 年的历史运动是什么? 我以为基本的运动是民族运动。中国近代民族运动的内容有两项,一是要求民族独立,二是要求近代化。""中国近代的历史运动,归结起来是一个民族运动。整个民族运动的过程,也就是中国要求改变社会落后,实现近代化的过程。""中国民族运动中的这两个问题,或者没有完全过去,或者完全没有过去。""从中国的历史来看,从现在来看,近代史研究中所反映的这样那样的问题是什么? 是近代史上的民族独立问题和近代化问题在今天的继续进行。"发言对当时存在的"殖民史观"进行理论批判,全文在《近代史研究》第 6 期发表。

27 日　作《香港回归祝词》:"浩荡征旗上驷车,珠还合浦锦添花。难忘豪杰偏荷戟,尚记将军剩有牙。铜柱北回通岭越,金瓯南望共星霞。乾坤此笔凭谁主,大族人民大作家。"

8 月

16 日　致函负责《中国复兴枢纽——抗日战争的八年》统稿的张振鹍，就修改情况和处理意见进行沟通。说："书稿第一段经济部分改完，送回。你看，改很细，费了大劲。我随看随改，不知前后是否连贯。经济部分有些技术性问题需要起稿人处理，其他部分也有要再查对资料的。"关于改动情况，说："全稿改动的地方：（1）不准确、缺乏固有内容的提法，性质模糊、不鲜明的用语。（2）修改评论，加上评论，删去评论。（3）改论证写法为叙述，'正如'一类的论证改为叙述事实。（4）删去不必要的《毛选》引文、相关的注脚，有些必须照用的评论也不保留引文形式，适当变通。（5）增添少量必要的资料，改正错误的或用处不当的资料，删去过于烦琐的细节、括弧、注释等。（6）文字不顺或过于僵硬者、重复者，以及括弧、使用、人名出现等技术问题。所有这些改动都为着：1. 使观点鲜明、准确一些；2. 区别于论文、党史、专史写法，最后让这本书成为接近于提供历史基本知识的读物，便于读者接受。"还谈到"第二段经济部分""关于改动几个名词的理由""处理意见"和交稿问题，最后说"希望九月底能看到你改过的全稿，我再花个把月校对一遍"。

26 日　张振鹍来信，谈《中国复兴枢纽——抗日战争的八年》第二大段统稿情况，并附上原打印件。

本月　《抗日战争时代》由中央文献出版社出版。该书收录从 1987 年下半年到 1996 年上半年所写有关抗日战争研究的论文，其中部分论文是首次公开发表。全书共 13 篇论文，并附有《抗日战争大事记》。该书的题记说："抗日战争时代的鲜明特色或特点，一为我们民族空前觉醒；二为人民力量兴起壮大。他们两者相汇合，突出表现出了当时的社会面貌和格局，它们一起最后决定了抗日战争的全胜格局，给中国社会历史重新走上独立发展道路创造了实际可能性。"题记还重点讲爱国主义问题，说："在抗日战争中把全中国人的意志集中起来战胜了民族强大敌人的爱国主义，现在和今后，将会在新的环境下，汲取新的因素，继续放射出它的光辉。"书后有《完稿自述》绝句二首，并附上诗的手迹，最后附"1995 年 8 月与外孙女崔丹丹在河北蓟县"的照片。

9 月

4—25 日　国家教委高等学校社会科学发展研究中心、北京市委教育工委、北京市教委和北京市历史学会,在宣武门的北京市教工委礼堂联合举办"中国近代(1840—1949)重大历史是非问题系列讲座",8 位中国近现代史专家作学术报告,参加听讲的有北京各高校主管宣传教育工作的校领导、校宣传部长、社科部主任、中国革命史教研室主任等 200 人。在会上作《方法论问题》的报告,由龚书铎主持。讲完之后,《人民日报》《求是》杂志都想发,都给龚书铎打电话。于是,这篇讲稿以不同的题目和篇幅在《近代史研究》《人民日报》和《求是》等报刊上发表。这次报告讲 7 方面问题,即"近代科学与近代方法论""中国近代史上两个基本问题""社会性质""阶级分析""革命与改良""中国当代与近代""勇敢坚持真理,勇敢追求真理"。强调:"马克思主义历史唯物主义是迄今为止唯一足以成为一个科学思想体系的。""科学研究只追求对事物的客观认识,与'境外'境内是否接轨全不相干,就像中国革命、中国历史走自己的路,与'境外'态度如何,毫不相干一样。"

10 月

1 日　日本亚细亚大学前校长卫藤沈吉就第四届近百年中日关系史国际研讨会事来信,并说"最近日中关系的冷却并不是好现象,日本一些粗率胡来之辈在钓鱼岛的行动,实在令人遗憾"。

6 日　张振鹍来信,谈《中国复兴枢纽——抗日战争的八年》最后一批统稿情况,并附上稿件。

23 日　在近代史研究所会见在美国定居的台湾历史学家吴相湘,相谈甚欢。张海鹏所长、耿云志副所长在座。

25 日　参加在人民大会堂浙江厅举行的陈翰笙百岁华诞暨从事学术活动 75 周年双喜临门座谈会,在会上作《陈翰笙老前辈百岁荣寿祝词》的发言,发言收入中国社会科学出版社 1998 年出版的《陈翰笙百岁华诞集》。发言以"革命前辈,学者宗师"为线索概述陈翰笙加入第三国际、开创中国农村调查等活动和贡献,并赋祝词 4 首:"(一)上寿高名出比邻,木樨地段钓河滨。孙崎老与陈翰老,廿四楼中拜两人。"[1]"(二)当初风雨日沉沦,抖擞苏俄道上尘。不为恩仇只为国,大旗戴拥宋夫人。""(三)桓宽盐铁问谁真,中国农村一派新。几辈名家立门户,论宗共认开山人。""(四)鸿词博学贵精神,议到先生始信真。我蛀遗经充著作,多惭名誉傍斯人。"

---

[1] 孙崎老即孙越崎,中国能源工业的奠基者之一。

30 日　《翦伯赞——革新派先贤祠中的一员》写就，寄给田珏。文章认为，中国马克思主义历史学革新派的先贤是"五六十年代人们所说的以郭沫若为首的'五老'"，"他们的科学成就，给予后人的启迪，现在灼然犹新，其中一些精确的东西，未来也将不朽"，并指出"翦伯赞的早期著作《历史哲学教程》，实际是介绍马克思主义的历史唯物主义"，"是结合中国历史来讲唯物论基本观点的"。文章分析说，马克思主义思想理论"是一个不同于以往种种历史学说的严密的科学思想体系"，第一次对人们认识历史必须解决的关键性问题"以明确、清晰的语言极其深刻地作出了回答"，"遵循这个体系，我们就有了可能对历史这个十分复杂，并且充满矛盾，但毕竟是有客观规律可寻的统一过程来进行研究，也就是把它作为一门科学来研究"，并指出："中国马克思主义历史学开创者做了他们所能做的事。根据新的认识，不断丰富与推进中国马克思主义历史学的前进是后来者的任务"。文章回顾翦伯赞在 50 年代末、60 年代前期为坚持马克思主义历史学的科学性所进行的斗争，指出，"翦著反复强调的是在分析任何社会问题时，马克思主义理论的绝对要求，是要把问题提到一定历史范围来看待"，"不要简单化、公式化，要从历史发展的观点认识历史"。关于"翦的论著中把阶级分析与历史主义连在一起提出"后掀起的论争，认为："从马克思主义看来，我以为指出阶级分析与历史主义相一致又相区别，而且两者并非总是要关联在一起相提并论的，容易说清楚问题。"文章回忆与翦伯赞的长时间交往，指出："他热情忠厚，而又刚直不阿，是一位真正的马克思主义历史学老一辈学者。""翦老坚持马克思主义科学，遵守中国传统史学美德，并以自己的生命为代价，把两者结合起来，这是中国历史学上一种新的典范。"

11 月

3—8 日　为纪念孙中山先生诞辰 130 周年，中国孙中山研究会与广东省社会科学联合会共同举办的"孙中山与中国近代史"国际学术讨论会在中山市翠亨村举行。来自美国、澳大利亚、加拿大、日本、韩国、俄罗斯、越南等国家和台、港、澳地区近 50 名学者，以及中国大陆 130 多位学者与会；收到论文 150 多篇。孙中山研究会会长、中国社会科学院院长胡绳出席并致开幕词，张海鹏作总结发言。在为期 4 天的讨论中，与会者围绕孙中山与中国近代政治化、中国近代经济化、中国近代军事化、文化近代化等专题进行广泛而深入的讨论。

在会上作《关于研究孙中山与中国近代史问题》的发言，说："中国近代 110 年的历史,基本问题是两个:一是民族不独立,要求在外国侵略压迫下解放出来;一是社会生产落后,要求工业化、近代化。两个问题内容不一样,不能互相代替,但又息息相关,不能分离。孙中山的全部革命活动和斗争,都是围绕着这两大矛盾展开和抱着争取解决这两个问题的宗旨去进行的。""中国近代历史上存在着一个特殊的矛盾现象:在民族遭受压迫和民族工业出现上存在着虽不相等却是明显的两个走向、两条路线。一条是急剧的下降线,半殖民地半封建统治秩序不断加深,中国最后被推到了接近亡国的险境。一条是曲折而微弱的上升线,上一个世纪六七十年代中国近代工业出现,本世纪初短暂地显现出一个小小的浪潮,尽管也只限于轻工业。""了解中国近代史上的特殊状况,了解民族压迫与近代工业同时存在的下降与上升两条线、两个走向的矛盾运动,也就可以对中国近代历史有更完整、更丰富、更深刻的了解。照我想,研究中国近代史上有无或有了多少工业化、近代化,意义大致在这里,研究孙中山与中国近代化问题,意义也大致在这里。"

13 日　《关于研究孙中山与中国近代化问题》在《文汇报》发表。

同日　《文汇报》编辑施宣圆来信,谈文章发表事,并寄在中山开会时照片 2 张。

本月　12 日下午、15 日、21 日晨,思考"孔学的核心问题";17 日晨、18 日晨,思考"孔学的历史"。21 日晨稿纸还写有"为人要有大局,为学更应有大局——国家的大局、民族的大局。坚持真理与大局一致"。

12 月

15 日　继续思考"孔学的历史"。

21 日　就《方法论问题》发表事,致函《近代史研究》编辑部,谈论文节选事,说:"节选费了不少工夫。头尾和两处小标题略有改动,请以此稿为准。'主题'问题在全文中并未论及,故应删去。冯友兰人名书名实以载明为好。从刊物的性质来看,对这类学术问题过多避忌,反而容易资人疑义。何况本选是节选。如果仍决定删去人名书名,可改为'一部受人注目的中国哲学史著作',以免过于含混,显得类似无头告示一类。"

本月　为社会科学文献出版社出版张友坤、钱进主编的《张学良年谱》(上下册)题写书名。

1997 年（83 岁）

1 月

5 日 林甘泉收到《抗日战争时代》和《刘大年存当代学人手札》后来信致谢，并谈对《陈寅恪最后的二十年》一书的看法。

11 日 《当前近代史研究中的几个理论问题》在《人民日报》发表。内容提要为："科学研究没有思想理论指导，就会成为盲目的、原始的，前人早就指出过这一点。马克思主义是我们进行科学研究的指导思想。"

20 日 被吉林大学吕振羽纪念室管理委员会聘请为名誉顾问。

22 日 即将退休的《抗日战争研究》执行主编曾景忠来信，谈联系《抗日战争时代》书评写作事，并感谢对《抗日战争研究》的关心和指导。

29 日 中国社会科学院历史研究所研究员刘起釪来信拜年。

本月 山东人民出版社出版《走什么路》，收录《方法论问题》《马克思主义是史学研究最根本的方法》《抗日战争研究的几个问题》①3 篇文章；《近代史研究的方法论问题》在《求是》第 2 期上发表；《方法论问题》在《近代史研究》第 1 期发表。

2 月

17 日 致函负责《中国复兴枢纽——抗日战争的八年》统稿的张振鹍，说"书稿第二大段和闻黎明同志新添部分改完送回"，并详述修改情况。

同日 抗大同学、何长工表侄、空军离休干部何定一来信，谈眼疾治疗和儿子工作问题等。

25 日 出席在人民大会堂举行的邓小平追悼会。

本月 给在香港大学中文系攻读硕士学位的金以林题字："客观世界的运动没有穷尽，人的认识也不可能有穷尽。对科学的权威必须尊信，对时兴的权威必须分析。走自己的路，去追求自己想要达到的境界。"

本月 作《候胡绳同志次春节前近作韵》2 首："（一）真伪群经战不休，

---

① 《抗日战争研究的几个问题》即《照唯物论思考》。

问谁扬铎足千秋。如今班马来新笔，莫怪轻松也白头。""（二）岁月壶中长亦休，何须盘古共春秋。洪荒我辈逢开国，出峡长江看后头。"①

本月　《近代史研究》编辑部来信请求"为百期专刊题词留墨"。

3 月

23 日　张书生寄送《读〈刘大年存当代学人手札〉》诗一首："有心发覆尽阳谋，门户千年一旦勾。文史哲经纷改造，声光化电始绸缪。强梁超海窥中国，朋友交流遍五洲。多少学人遵号令，齐心建国永无尤。"

27 日　张振鹍来信，送《中国复兴枢纽》书稿的目录、地图目录以及"细菌战"稿请审阅，还就与该书稿出版有关具体事宜提出建议。

31 日　为张连兴《香港廿八总督》一书送审稿所作"序言"完稿。序言说："1997 年 7 月 1 日，我国恢复行使香港主权，中华民族的百年耻辱，即将湔雪。香港就要进入一个全新的历史时期。"序言分析香港总督的作用，说："张连兴同志的《香港二十八总督》一书从一个崭新的角度和视点，来阐述百年来香港的历史，迄今尚属仅见。"序言分析近代以来的中国历史，说："香港回归可以从各方面去认识。但是归根到底，我以为不外乎几个大字：社会主义，改革开放。"

本月　中国社科院派遣副秘书长何秉孟、近代史研究所所长张海鹏等人访问日中友好会馆，就中国社科院中日历史研究中心协助日中友好会馆日中历史研究中心研究 19 世纪 70 年代至 20 世纪 40 年代的中日关系一事达成协议。

4 月

11 日　致函《文汇报》编辑施宣圆，寄陈翰笙百岁寿辰集会祝词。

17 日　北京师范大学史学研究所陈其泰教授就研究范文澜事来信，希望采访并复印保存的范文澜信件。

本月　为《近代史研究》创刊 100 期题词："民族生存，要知古今。不能盲瞽，尤惧陆沉。"

为《山东社会科学》创刊 10 周年题词："众人同德，十年有成。"

为纪念《中国社会科学院研究生院学报》题词："走自己的路，走科学思

---

① 胡绳原诗为："人生谁不赋归休，临老相争能几秋。故国新生双眼豁，教人一步一回头。"

想理论指引的路。"

5 月

10 — 13 日 为写一部名为《大路》的抗日战争回忆录，在长子刘衡山、近代史研究所办公室副主任刘宝林陪同下，自费专程返太行山，重游山西、河北等曾经工作、战斗过的地方，访查核实自己的经历和记忆。走访河北涉县赤岸村原八路军 129 师总部所在地将军岭、山西左权县麻田镇八路军总部纪念馆和石暴村黄家住宅、山西潞城高庄教堂原北方大学历史研究室会议室、河北正定王士珍旧宅原华北大学历史研究室住室等处。在麻田八路军总部纪念馆题辞"民族之光"。在石暴村，巧遇 55 年前老房东的后人，并与之亲切交谈。

27 日 《陈翰笙老前辈百岁荣寿祝辞》在《文汇报》之《学林》发表。《文汇报》编辑施宣圆来信告知发表事，并望继续赐稿。

6 月

4 日 就筹备抗日战争爆发 60 周年国际学术讨论会，致函前国家主席杨尚昆，望"能出席开幕式，并发表简短讲话"。

9 日 参加在中国社会科学院学术报告厅举行的迎接香港回归学术报告会，并在会上讲话。其间，中央电视台采访，就香港问题发言。

12 日 张书生遗孀杨淑田来信，谈为张书生的诗集写序或题词事。

14 日 中国社会科学院哲学研究所研究员陈克明寄其新著《群经要义》，并询问范文澜全集何时编辑发行。

19 日 《香港回归与中国现实》在《人民日报》发表。文章回顾中国 150 多年来的历史，说："现在，中国马上就要恢复对香港行使主权了，这个一反以往，最终结束英国在亚洲殖民统治的变化，是怎么发生的呢？新中国代替旧中国，故国新生，社会主义与改革开放改变了中国，百年衰败的中华民族大踏步走上了复兴的道路。对于这个现实，中国人民自己没有争议，世界上有争议的似乎也不甚多。"

25 日 在近代史研究所举行的迎香港回归暨《近代史研究》创刊百期座谈会上发言。这次座谈会由近代史研究所所长张海鹏主持，刘存宽、苏双碧、龚书铎、张国辉、丁守和、王桧林、李文海、杨天石等出席。

本月 北京出版社出版修订的《中国复兴枢纽——抗日战争的八年》，

并注明是第 1 版。这部书按照"反映抗日战争历史的主要过程,表达这段历史的基本内容,对各种事情的看法不要有大的偏颇"这一要求,或者说,既要"合乎事实,反映历史本质","成一家之言","又要让人窥见抗日战争八年的全貌,又要让读者容易了解其中的要领,不至于在广泛的事件中感到茫然",围绕 5 个关系展开叙述①。该书按照民族矛盾与阶级矛盾的地位、作用的演变,将 8 年抗战史划分为 3 个历史时期,每一个时期的各阶级状况,全国政治、军事、经济诸方面的情况,以及国际环境、中国外交等,都置于一个统一运动的整体历史之中。书的最后还专门介绍整个抗战期间的中国文化,包括文学艺术、学术思想理论等内容。这样处理就是将 8 年抗战史当作一个包括社会生活中许多方面的整体运动来看待。从编排体例来说,该书抛弃了传统史著中那种编、章、节、目模式,除引言外,直接分 3 个时期,即"抗日战争前期 1937 年 7 月—1938 年""抗日战争中期 1939 年—1943 年""抗日战争后期 1944 年—1945 年 8 月"。每个时期下面不分章节,而是根据内容需要用数字标明顺序,即"一、二、三……"再下是"(一)(二)(三)……"这种体例与全书以叙事纪实为依归的风格一致。对于抗战时期的文学艺术、学术思想理论,没有一一照年代顺序分阶段来讲,而是将它们独立出来,以"抗日战争时期的中国文化"为标题做综合概述。

　　为该书撰写引言。在引言中,就抗日战争性质,抗日战争始于何时,文学艺术,文化思想理论和《中国复兴枢纽》的理论与事实等问题作说明。

　　《中国复兴枢纽——抗日战争的八年》出版后,成为不少院校硕士生、博士生入学考试的重要参考书之一。此后,张海鹏提议将该书翻译成日文在日本出版,翻译工作纳入中国社会科学院中日历史研究中心课题。张海鹏请日中友好会馆日中历史研究中心代为筹划。日中友好会馆日中历史研究中心委托广岛大学曾田三郎教授等翻译,其间,丸田孝志数次来北京核查注释和资料等。2002 年,《中国复兴枢纽——抗日战争的八年》以《中国复兴之枢纽——中国抗日战争史》为书名在日本出版发行,成为日本国内第一部以中国抗战史为书名出版的书。

---

① 5 个关系即"一、民族矛盾与阶级矛盾,后者服从前者";"二、民族战争与人民战争,后者加强了前者";"三、两个战场并存及其运动决定抗日战争的进程和面貌";"四、抗日战争是第二次世界大战的一部分,中国战场的格局是自己决定的,胜利是靠自己取得的";"五、抗战时期的文化思想:统一与矛盾,后者服从前者;新与旧,前者最后起作用"。

7 月

4—6 日 中国社会科学院近代史研究所与中国抗日战争史学会、中国史学会、北京市社会科学联合会、中国人民抗日战争纪念馆共同举办的纪念七七事变 60 周年国际学术讨论会在中国人民抗日战争纪念馆召开。海峡两岸和香港、澳门特区以及日本、美国、韩国、澳大利亚、加拿大等国家 100 多名学者参加会议。以中国抗日战争史学会会长及讨论会组委会主任身份，在开幕式上作《伟大的转折》的主题报告，报告全文在《抗日战争研究》第 3 期发表。

报告阐述抗日战争的伟大历史意义，论证中华民族、中国人民从抗日战争中体现的性格和基本特点，即"一、在大敌当前，民族存亡的决定关头，中华民族是一定可以觉醒起来、团结起来的。""二、人民大众是中国反抗外国侵略的力量源泉和最终支柱。""三、爱国，维护民族利益，是含有新的时代内容的道德规范、价值观念准则。""四、中国人是有能力在历史转折关头，汲收世界先进思想，结合中国实际去从事革新自己民族命运的斗争的。"报告还说明抗日战争研究的方法论，说："我们要反对宗派主义，排除门户之见，要同一切严肃的、根据事实、言之成理的不同方法论、历史观的研究者讨论问题，汲取他们的成就，听取他们的批评，改正和丰富自己的认识，去真正实现提高科学水平的目的。"

9 日 出席中国社会科学院授予日本著名历史学家井上清名誉博士学位仪式并讲话。经中国社会科学院研究员张海鹏、张椿年等提议，国务院学位委员会批准，中国社会科学院正式授予东京大学名誉教授井上清名誉博士学位。中国社会科学院举行了简朴的授予仪式，中国社会科学院党委书记王忍之主持授予仪式并讲话。张香山、张海鹏等出席仪式。

8 月

13 日 在中国人民大学举行的成仿吾诞辰 100 周年纪念会上作《理论界老前辈成仿吾同志》的发言。认为，成仿吾除了是公认的文学家、教育家之外，还"同时是理论家，是马克思主义唯物论的宣传者"。发言说："马克思主义唯物论是科学真理，唯物论的阐发、宣传，与中国民族解放、民主革命胜利的道路联系在一起。思想理论战线的先辈各自在这里贡献了自己的心血，各有值得纪念的地方。成仿吾在这方面同样是贡献了心血，是值得纪念的先辈之一。""成仿吾同志早岁矢志革命,备历艰苦,襟怀坦荡,顾全大局,对同志、对后进关怀热情。"

14 日 人民出版社张连兴来信,说《香港二十八总督》送吉林出版局后,已经国家新闻出版署和港澳办审阅,港澳办对书稿的一些"文字提法"提了具体的修改意见,其中序言有两处改动,请最后审阅定稿。该书最后没有在吉林出版,改由北京朝华出版社于 2007 年 6 月出版。

28 日 接受周秋光教授硕士生黄仁国访谈。本日、30 日和 9 月 1 日,共 3 天。回顾自己学习和革命经历、学术历程和学术组织工作等,阐述历史学研究必须坚持以马克思主义为指导。题写"非则言非,是则言是。声闻过情,昔人所耻"。

本月 《近代史研究》创刊 100 期纪念号刊出胡绳、王忍之、刘大年、罗尔纲、陈锡祺、陈诗启祝贺词。《革新派先贤祠中的一员》在该期发表。

9 月

11 日 杨向奎回信就"《春秋》是否出于孔子"作出详细解答,从 4 个方面阐述自己的意见,即:(一) 中国史学源流(从神、巫到史);(二) 所谓《春秋》;(三) 孔子修《春秋》;(四) 三传问题。

22 日 日本大阪外国语大学西村成雄回日本后就在北京所受到接待和关怀来信致谢。

本月 《当代党建》第 9 期发表伍国用的《领导干部应当读点历史——访著名历史学家刘大年教授》。

10 月

本月初 与何定一在北京见面。

7 日 为湖南华容何长工纪念馆题词:"古邑新编德业名隆洞庭水,会师制敌功勋世重井冈山。"并注:"朱毛井冈山会师,何是最早联系人。"题词寄刘传贵。

8 日 参加人民日报社和《求是》杂志社举行的首都社科学术界专家学者座谈会,交流学习十五大精神体会。发言说:"邓小平理论的核心是对社会主义本质的认识,并由此出发,确认中国现在处于并将长期处于社会主义初级阶段。""它把我们从传统的对社会主义历史时代认识的束缚中解放出来";"提供了认识国际社会主义何以发生巨大曲折的普遍有效的思想观点"；"它是革命的，又是科学的"。"社会主义初级阶段理论可以归结到一点：中国社会主义是在黎明，世界社会主义是在黎明。"发言稿《邓小平理论与社会主义黎明》在当月 10 日《人民日报》发表。座谈会发言以《学习邓小平社会主义初级阶段理论的几点体会》为题摘登在当年《求是》第 20 期。

中共中央宣传部常务副部长刘云山出席座谈会并讲话。

11、12 日　11 日晚 12 日晨思考"孔学主旨问题"。

28 日　给《文汇报》编辑施宣圆回信，说："遵嘱凑了几百字，填满稿纸格子而已。没有胜语，想用'信息盈十面，声名播五洲'表示祝贺。有无可取，我就不问了。"

30 日　胡乔木女儿胡木英来信说"十分感谢您老热情、认真地向我们介绍您与胡乔木的交往"，并寄所拍照片若干。

11 月

14—23 日　由日中关系史国际研讨会运营委员会举办的第四届日中关系史国际学术讨论会在日本举行。中国抗日战争史学会组成以张海鹏为团长，白介夫、何秉孟为顾问的代表团赴日参加会议。此前，东京大学名誉教授、亚细亚大学前校长卫藤沈吉来京请求，刘大年同意担任日中关系史国际研讨会运营委员会顾问。

16 日　给《中国石油报》编辑部发去"文史咀华"专版创刊题词："科学技术门类繁多，任何人都不可能、也不需要把它们都掌握起来。如果有一门知识是大家都应该有所了解的，那就是人文社会科学、文明祖国的历史文化。一个人的行动要受灵魂支配，人文社会科学就是支配我们了解过去，辨认祖国的现状、前途命运，自觉地在社会主义道路上胜利前进的灵魂。我是说，应该有所了解，不是认为大家要像石油开采与提炼那样，深层地钻下去，然后又炼制出种种高型号的产品。假使有人对此有兴趣，学而不厌，当然一样值得赞许。编辑部开辟人文社会科学专版，很有眼光。我相信它会受到读者的欢迎，编者和读者将从中各有所获。"

25 日　致函《人民日报》理论部，说："中国出版工作协会与《光明日报》将于十二月一日举行'毛泽东与廿四史'学术座谈会，纪念毛泽东同志诞辰一〇四周年。举办者要我参加会议。毛评廿四史确有不少新的内容，又是江泽民同志访美送给克林顿的礼品，应当宣传介绍。我写了一篇稿子，送给你们参考。"

12 月

1 日 参加中国出版工作者协会与《人民日报》联合举办的毛泽东评点二十四史研讨会，并在会上作《毛泽东评〈二十四史〉》的发言。认为："毛泽东评点《二十四史》涉及中国传统文化、历史的内容广泛。我想它的中心是两个：一、唯物主义的历史观；二、现实性。"发言内容在 12 月 20 日《人民日报》发表，《光明日报》12 月 26 日刊登发言摘要《透过历史洞察现实》。

11 日 参加在北京卢沟桥畔的中国人民抗日战争纪念馆举行的由中国抗日战争史学会等单位联合举办的纪念南京大屠杀惨案 60 周年座谈会。国内数十名抗日战争史专家、学者在发言中一致控诉日本帝国主义的侵华罪行，驳斥日本国内右翼势力否定南京大屠杀和侵华罪行的企图，并告诫国人勿忘国耻，振兴中华。

14 日 何定一来信叙旧，信中说："每次见面你总给我很多思想上的启发和帮助，不断地纠正我一些不正确的看法。""我们在下面听到的只是社会如何腐败，听你的谈话后知道中央很多工作人员是十分廉政的。"

17 日 刘起釪寄新著《日本的尚书学与其文献》，并对张书生去世表示哀伤。

中旬 到胡绳成方街新住所探叙，商定为庆贺胡绳生日写诗一首。胡绳赠 1943 年在重庆编就、1996 年 12 月由中国社会科学出版社出版的《夜读散记》。

28 日 为《中国石油报》"文史咀华"专版创刊题词在《中国石油报》上发表，该报记者姜斯雄寄报样两份，并来信说："近日拟来府上当面致谢，同时希望采写您的专访，以配发您为我们的题词。《中国石油报》影响有限，但文史咀华是'特区'，事在人为，作为有高度自主权的主持人，我将努力办出影响和成绩。请求您的支持。"

31 日 致函胡绳，说："七言八句草出，送上博生日一晒。小序中述评一段，粗笔大意，不敢谓分两不可易移，自觉无推崇过当，而反有列举不足，话未说透者。他日慧眼里手详论近代人著作，必能分别确切言之。凡不妥处，望即示告，当作修订。"

本月 撰文《山长水又远，佳景在前头》，祝贺俄罗斯科学院院士齐赫文斯基 80 寿辰。

文章回忆与齐赫文斯基的交往，说："同所有人一样，我们都生活在一定的历史条件下和一定的客观环境里。我们都从事学术研究，历史进程中

的曲折,难免造成学术研究中人们思想观点上的某些曲折。六七十年代我
同齐赫文院士之间的争论,彼此凡越过客观事实,从而加上的'帽子'、推论
的话,都属于此类。今天看来,那段曲折的历史已经成为遥远的过去。""分
别二十多年以后我们重又相逢,彼此都觉得有话可说,坦率相对。比较一致
的看法,大致是认为一要讲辩证法,二要讲唯物论,那就是承认一切事物都
是处在矛盾运动之中,历史的步伐终归是要向前行进的。我们都主张双方
正常的学术交流需要重新开始。"

　　文章说:"我与齐赫文这位汉学家所以称为长时间交往的朋友,当然是
由于我们在学术研究上有共同的话题,这个话题,就是如何认识中国近代历
史,以及相关的种种问题的讨论与交流。"指出对齐赫文斯基关于中国近代
史研究的代表作的印象,说:"(一) 选题、观点在俄国、苏联汉学研究中,或
者当初是新的,或者现在也是极有见地的。著者采取历史唯物论的科学方
法论来进行研究。他利用一切机会收集资料,校正自己的看法。""(二) 视
野开阔,国际形势的叙述占有重要地位。""(三) 对历史时代的划分提出创
见。""(四) 康有为研究有中译本流传,孙中山研究存在争论,都表明了它们
的国际影响。"认为,"一个学问家的成就,因素不止一端,关键在善于接受
时代潮流的正面赐予"。

1998 年（84 岁）

1 月

　　1 日　作《贺胡绳同志八十荣寿》诗一首:"相看春草发池塘,多少话头
一瓣香。夜读危时新学问,苏醒换代大文章。子昂怀古天边阔,伏胜摩编日
照长。庭下双槐高百尺,明朝绿盖介眉堂。"

　　14 日　致函《百年潮》杂志主编杨天石,送刘潞《刘大年忆郭沫若》稿。

　　同日　修订《贺胡绳同志八十荣寿》文。修改稿说:"胡绳同志的业绩,
首在他的等身著作。在这方面,我有几点看法:第一,他的著作的重要意义
和鲜明特点,是紧跟历史前进步伐的现实,对现实生活中存在的实际问题,
及时地从学术上作出论述和解答。不论自成体系的专门著作或单篇文章,
它们大都具有很强的思想力量,把学术性和现实性放在科学基础上很好地
或比较好地统一起来了。第二,那些著作,使他在思想理论领域中站在引人

瞩目的、独特的位置上。……他不属于老一辈马克思主义研究者,在同辈中则显著地为执牛耳者。……胡绳同志著作的思想力量最终来自哲学指导的力量。而他讲哲学的著作又是同历史相结合的。第三,他自青年时代开始应用马克思主义广泛地研究讨论中国传统文化、历史与现实,述事论人,平静从容,道理有深度,语言无高声。思想开放,与时俱进。至今长达六十年以上,一以贯之。这种情形,是屈指可数的。第四,我和他看待中国近代史的基本观点相同。有人间接、直接把我和胡绳同志的看法联系在一起加以批驳,认为同属一类。这当然不无根据。但即使同属一类,也不等于就在同一个水平上。我对中国近代历史的若干看法很受胡绳同志著作的启发,虽然不是照抄不误。平时我常有机会向他请教,或者共同讨论,得到他的不少帮助和指教。"

28 日　春节,胡绳回信,说:"荣赠诗,反复吟诵,觉得很好。长序经增补后,推崇过甚,愧不敢当,但所述几点却是我所力求做到而并未能做到的。我也想作一诗回赠,但至今还做不出来,只是偷了孔老夫子的话戏作自寿铭一则,另纸录来。"另纸"八十自寿铭录奉大年老兄一粲"为:"吾十有五而志于学,三十而立,四十而惑。惑而不解,垂三十载。七十八十,粗知天命。廿一世纪,试窥门庭。九十无望,呜乎尚飨。"

2 月

19 日　作《李琦画展观后》诗:"彭总挥军毛发动,邓师设计神采飞。疑从纸背来雷电,似读青史勘是非。"

25 日　中国社会科学院中日历史研究中心正式成立,中国社会科学院党委书记、副院长王忍之为主任,中国社会科学院秘书长郭永才、中国社会科学院副秘书长何秉孟、中国社会科学院近代史研究所所长张海鹏为副主任。刘大年被提名为 10 人专家委员会的召集人。在此以前,日方在日中友好会馆成立了以隅谷三喜男为座长的日中历史研究评议委员会,由日本外务省主管。中国社会科学院和外交部联合向国务院写报告,经国务院批准,中国社会科学院成立中日历史研究中心,协助日本学术界研究日中关系历史,在中国国内开展近代日本侵略中国历史的研究。

本月　《湖南党史》第 2 期发表中国社会科学院近代史研究所研究员姜涛的《毕生心血汇史坛——记马克思主义史学家刘大年》。文章介绍刘大年求学、献身革命和从事历史研究的经历,介绍其史学成果、学术思想、学术组织工作和社会活动等,指出"刘大年的学识、人品皆称一代楷模"。

3 月

5 日　在木樨地住处会见由张海鹏陪同前来的俄罗斯科学院院士齐赫文斯基。

31 日　齐赫文斯基自俄罗斯莫斯科来信，对在京受到的热情接待表示感谢，对祝寿文章《山长水又远，佳景在前头》所表达的友好精神表示赞赏，并说："读完之后感到实在尴尬，因为您在大作中对于我在俄罗斯的伟大友邦——中国的历史和文化研究中所作的十分微薄的贡献给了我难以承受的高度评价。假如我还有些时间继续从事我的研究工作，我将竭尽全力，哪怕稍许接近您在献给我的八十寿庆大作中所作的评价。"

本月　《山长水又远，佳景在前头》在《读书》第 3 期发表。

本月　《近代史研究》第 2 期发表薛衔天的《喜见涓滴入长渠——〈刘大年史学论文选集〉译俄记述》。文章介绍出版俄文版《刘大年史学论文选集》的曲折过程，说："这本书终于印了出来，真不知道远东所的有关学者们作出了怎样的努力！也正是他们的努力，使中苏两国源远流长的文化交流的长渠中又增加了一滴水！"

本月　《作品与争鸣》第 2 期刊登湖南作家协会副主席张扬写的《刘大年先生的"版权观"》。这是张扬受赠《刘大年存当代学人手札》后写的，文章回忆刘大年对写信者的版权或著作权、隐私权等问题的看法。

4 月

15 日　参加翦伯赞诞辰 100 周年纪念会。

本月　《百年潮》第 4 期发表刘潞的《刘大年忆郭沫若》。文章以信件为线索，回忆新中国成立后"在思想改造运动中""建立三个历史所""创办《历史研究》""中国科学院设立学部""制定科学发展远景规划""编写《中国史稿》"等重大事件，还回忆"郭老对人的关怀"，并强调："父亲经常讲，他是在郭沫若、范文澜等老一辈马克思主义史学家领导下工作、影响下治学的。"

5 月

20 日　《中华读书报》发表《杜维明谈现代性中的传统》，引起注意。

28 日　在中方努力下，中日历史研究中心第一次专家委员会会议召开,研究中日历史研究中心当年的工作,提出当年的《中日历史研究课题指南》。会议期间,中日双方正式签署了《备忘录》,中方协助日中友好会馆开展日中历史研究的工作开始全面启动。

应中国社会科学院中日历史研究中心聘请,担任该中心专家委员会委员暨召集人。

6月

1日　对现代性中的传统问题进行思考,记笔记:一、现代性与传统的关系——有没有不变的传统——历史是变的,传统也就是变的。有没有脱离传统——即国情、国家历史文化的现代性? 二、中国传统文化中处于支配地位的是什么? 或主流——西汉至五四运动——孔学或儒学。三、孔学的核心问题——尊王攘夷——仁、礼即政治的纲领、道德、制度。四、关于“道”的问题——阴阳之谓“道”——认识论——唯物论(非历史唯物论)辩证法。近代儒学传统的衰落——近代经学、托古改制、三民主义、马克思主义,它们熔铸在中国近代历史里,不可分割。五、现代性中传统的地位——它们在现代生活中发生作用的主要内容:1.民族独立、国家统一。2.批判继承的道德。3.认识论——唯物论辩证法。4.夷与非夷的文化观——文化问题上的开放思想——这和上面几项是相联系的。这一些是基本内容。

3日　早晨,在《刘大年史学论文选集》扉页上题词:“居里夫人电影台词　辞别旧日,迎接新春。抛弃谬误,拥抱真理。”

12日　因听说朋友们要出版张书生诗集,写《翻译家、诗人张书生》,以示怀念。文章简要回顾与张书生的交往,抄录并略改1986年6月10日写的《次韵酬张书生同志感怀》诗:“译丛半屋胜耕桑,纲目他山辨紫阳。当日对虹胸有赤,至今摛藻鬓无苍。文章种贵趋时笔,风景人观大野光。试看右陵天演在,百年重抵几台郎?”并对该诗写作背景及诗中典故作说明。

20日　《人民日报》刊登《刘大年在〈马克思主义是史学研究最根本的方法〉一文中认为:马克思主义仍然是历史研究的指导思想》。文中说:“我想讲关于近现代史的历史观、方法论还是要讲马克思主义。但是马克思主义不是神学,而是科学体系。”“马克思主义的基本观点、立场和方法仍然是颠扑不破的真理。”“我们要对马克思主义学说进行具体分析。”“马克思主义带给这个世界的改造运动,是前所未有的。历史发展的最基本规律是不平衡,有高有低,以前英国是日不落之国,第二次大战使英国落下去了。资本主义发展有高潮与低潮,社会主义发展也是如此。到现在为止,社会主义还是黎明，不是充分发展的高潮，高潮还在后面。所以，马克思主义的思想体系是科学的，仍然是我们研究历史的指导思想。"

23 日　中国社会科学院近代史所文化史研究室主任李长莉来信问老师安并寄新书《近代中国社会文化变迁录》第一卷。

26 日　致函何定一，说："我现在所有的社会活动都不参加了，想争取最后的时间写一本回忆抗日战争的小书。目的不是讲个人，是讲我看到的中国人在那场伟大的民族解放战争中是怎样走过来的，讲他们坚韧奋发的民族精神。""我在撰写的过程中，有些当时的人名、地名总也回忆不起来，翻出你前几年写给我的一封信，那上面有些内容和我的回忆有关，而且说得很准确。那封信署的是'十二月十四日'，没有年份。你如果还能记得起年份，请告诉我一下。看起来这些都很烦琐，为了求得真实，有时是必要的。""八年抗战是中国复兴的枢纽。我们这一辈子没有白过，我们尽了爱国的中国人的责任。我们受到了民族解放战争那个伟大时代的洗礼，也为那个时代贡献了大海中的一点一滴。我们不必与别人争光荣，也不值得与别人比高低。我们现在身边的某些事肯定不都是公平的，回头想一下，当初我们选择到延安参加抗战这条路，本来是豁出了性命的，其他又算得了什么。我们在自然规律支配下，很快都要最后作结论了，这个结论中将有一句关键的话：我们走的是一条正确的大路，光明的大路。这是可以自慰的。"

本月　《史学理论研究》第 2 期发表姜涛的《马克思主义史学家刘大年》。文章认为："刘大年从事历史研究工作，得益于两个先决条件：一是坚实的'国学'基础，一是高度的马克思主义理论修养。"指出：刘大年不属于以往的书斋型学者，"是革命的一个参加者"，"是一个马克思主义的学习者、宣传者"。这篇文章和前述《毕生心血汇史坛——记马克思主义史学家刘大年》，是国内最早比较全面准确地介绍和研究刘大年史学思想的文章。

7 月

4 日　《百年潮》杂志主编杨天石来信，寄发表刘潞文章的《百年潮》样刊。

8 日　《瞭望》周刊编辑陈四益来信约稿，说："我们打算在新世纪到来倒计时五百天的时候，出版一本专辑，内容是回顾 20 世纪，迎接新的世纪。其中有一部分内容是历史学家谈世纪之交，希望能以历史学家的眼光看：一、20 世纪在中国历史长河中占据什么样的位置。二、20 世纪中国解决了什么问题，还留下了什么问题。三、您对新的世纪有什么期望？希望您能就这三个方面或其中一两个方面为我们写一点什么。因为是新闻周刊,无法展开来说,提纲挈领,千字即好。"

16—17日　参加中国抗日战争史学会会员代表会,并发表讲话,强调抗战史研究任重道远,要求学会在今后将学术研究放在第一位来抓,每一位会员应以高度严谨的科学态度从事研究工作。会上,再次当选为新一届中国抗日战争史学会会长。

本月　《历史学的变迁》在《北京大学学报》(哲学社会科学版)第4期发表。文章说:"历史学的变迁反映历史的变迁。中国马克思主义历史学来自中国近代历史的变迁。马克思主义作为一种思想方法论出现在西方,中国马克思主义历史学扎根成长的深厚土壤则只是中国的。它已经成为中国近代、当代主流文化不可分割的一部分。""翦伯赞在中国马克思主义历史学上的贡献,与他们那一代人基本相同;同时,也有表现突出的地方。""基本相同,是说他们都以中国历史为根据,从无可辩驳的事实出发,讲解马克思主义原理,论证了马克思主义创始人发现的人类社会发展的规律性过程,大致也是中国社会历史发展的过程。""基本相同,也是说他们经过不同角度的研究,共同勾划出了今天我们所了解的中国历史的一个轮廓。"指出:翦伯赞的突出贡献是指"他在50年代末、60年代前期为坚持马克思主义历史学的科学性所进行的斗争","那是一次有代表性的双重意义的抗争","一是思想理论上坚持马克思主义科学,反对破坏马克思主义科学的抗争;二是政治上坚持实事求是,抵制'左'的错误路线的抗争","它表面上只是个人或少数人支持的行动,实际上它反映的是相当范围众多人的认识、愿望和要求"。

文章还重点谈论如何看待马克思主义前景的问题。说:"我想应该牢记,马克思主义是建立在近代社会生产力基础之上的,是资本主义生产力与生产关系存在、资本主义制度存在的产物。资本主义这个人类历史上的特殊阶段没有走完它的行程,马克思主义这个伟大的认识科学,就依然是人们认识社会、认识社会历史走向的科学思想体系。""资本主义必然为更高阶段的社会所代替的马克思主义原理,人所共知。在这方面,我们需要找到新的观察事物的角度,更新知识。如果跟以往那样,只从资本主义内部对抗的一面,主要地只凭尚未充分现代化的资本主义的情况去论述这个问题,就难免令人感到陈旧,就容易被人用高度发达了的、采用最新科学技术手段装备起来的现代资本主义的种种变化来加以否定。因此,对于马克思主义前景怎样的问题,我们必须从资本主义生产力与生产关系的全面内容,根据当代资本主义最新的现实来进行探讨,得出认识。"文章列举当年美国费索出版公司印刷新版《共产党宣言》及相关评论,指出:"在美国,人们也并不相信资本主义会永远存在下去。"文章列举当年《华盛顿邮报》刊载的《卡尔·马克思无形的手》的相关言论,指出其中心"是在说明高度现代化了的资本主义社会如何出现了或存在着社会主义的成分或者人们希望出现这种成分,是说明人们如何认为出现和存在或者希望出现这种成分是必要的和合理的,乃至不可避免的"。并指出:"由此可见,高度发展了的用最新科学技术装备起来的现代资本主义不是证明马克思主义的陈旧过时,相反,它是证明马克思主义揭示的资本主义最终必定要通向社会主义;并且越是现代化,将越发加速这个过程。"

文章认为"马克思主义科学地位没有改变,中国历史学要以马克思主义为指导也应该不会改变",指出目前我们的历史研究中主要问题是理论不足,呼吁"我们要抛弃宗派主义、教条主义,我们要联系实际,敢于和善于坚持马克思主义思想体系"。

8 月

10 日　在 6 月 1 日关于"现代性中的传统问题"笔记上写道:"注意:唯物论、历史唯物论不能混为二而一。唯物论早有,历史唯物论是马克思主义才有。""这五条实际是两项内容:——四讲背景,五是讲传统与现在。所以不能五项平列,重点在后面。否则就失去中心。"

17 日　《这一百年——中国由百年衰败到奋起复兴》在《瞭望》周刊第 33 期发表。文章指出:"中国进入 20 世纪,摆在它面前的基本问题是两个:一是民族不独立,要求在外国侵略压迫下解放出来;二是社会生产落后,要求工业化、现代化。两个问题内容不一样,又息息相关。"文章围绕这两个基本问题回顾百年历史,说:"20 世纪是中国由百年衰败转变为奋起复兴的世纪,是中国由殖民地、半殖民地半封建的旧中国转变为重新独立发展的新中国的世纪,最终是有中国特色的社会主义在改革开放道路上前进的世纪。说来也巧,这个转变的时间恰恰是在本世纪一分为二的分界线上。"并指出:"中国今天的道路既然是百年历史的选择,那它就会源泉混混,不舍昼夜,来者如斯夫!"

9 月

19 日　《人民日报》刊登《理论不足是目前历史研究中的主要问题》,介绍《北京大学学报》(哲学社会科学版)1998 年第 4 期《历史学的变迁》的观点。

10月

8 日 何定一来信,谈儿子情况,并望保重身体。

17 日 给何定一回信致谢,并谈近期工作情况。

本月 出席中国社会科学院近代史研究所主持的与所内中青年研究人员的见面会,发表谈话。引《论语·泰伯》中"士不可以不弘毅,任重而道远"及王安石《游褒禅山记》相关言论,勉励中青年研究人员:一是要做到"弘",即宽宏大量,要有所成就,首先要有气量,要从宏观的角度看问题,不能只注意鼻子底下的细小的事;二是要做到"毅",即有顽强的毅力,百折不挠,不在困难和失败面前怯懦退缩。强调:古往今来,真正有成就的知识分子,都是具有"弘"和"毅"的。并指出历史研究要"通古今之变",要关注现实,特别是要关注当代资本主义社会。

11月

5—8 日 中国社会科学院中日历史研究中心第二次专家委员会会议在北京召开。专家们对全部申请书进行认真审读、讨论和评议,最后投票表决通过23项。初步确定给予共计103万元人民币的资助。为了确保此后中日历史研究课题各方面的工作在规范的管理下正常运作,中日历史研究中心制订《中国社会科学院中日历史研究中心课题管理条例》。在条例中,突出对课题结项鉴定方面的管理,以使受资助课题转化为高质量的学术成果。会上还提出1999年度《课题指南》。

9 日 根据3月中方与日中友好会馆签署的《备忘录》中关于中国社会科学院中日历史研究中心与日中友好会馆历史研究评议委员会定期互访的协议,中国社会科学院中日历史研究中心专家委员会代表团12人离京赴日本东京访问。任代表团团长,郭永才为代表团顾问。这是中国社会科学院中日历史研究中心专家委员会首次组团出访。

同日 致函昭和天皇的胞弟三笠宫崇仁亲王,说:"三四年前,读到《读卖杂志》上的尊著《作为日本人对中国事件的内心反省》及答记者问,至今印象犹新。先生以宏达坦荡襟怀,对待近代中日关系的历史,对待中日战争,我认为这是真正反映了日本民族的优异本色与勇敢精神,体现了日本众多国民的良知,是足以受到日本严肃的学术界公允评价而载诸竹帛的。当先生以若杉参谋名义在中国战场广泛考察的时候,我作为中国共产党领导下的一名县团级工作人员,在河北平原上抗日游击战争队伍中服务。《内心反省》叙述的中国人民的苦难生活,共产党军队与人民血肉相连的关系等,几乎就像是我亲身经历的事实那样真切。更有意外者,从答记者问中得知,我们竟然还有共同的熟人,那就是溥仪先生。溥仪大赦释放后,曾在全国政协担任文史专员,我一度兼管过那项工作。在此以前和以后,我跟他也有所接触,略知其后事。""中日两国需要在不断增进的友好关系中进入廿一世纪。先生老成硕望,加以影响推进之,两国人民之福也。拙作《抗日战争时代》几处引用《内心反省》及答记者问文字,奉上一册请教。"

10 日　中国社会科学院中日历史研究中心专家委员会代表团与日中友好会馆负责人和历史研究评议会部分成员分别举行会谈。郭永才、张海鹏向日方通报中国社会科学院中日历史研究中心当年的工作情况和中日历史研究课题申请与评议的情况。会谈中,刘大年作《评议与选择》的发言,着重阐述中日双方的专家委员会、历史研究评议会在评议、选择历史研究课题时要达成的共识,即:首先"要抓重点",重点是对抗日战争的研究;其次"要尊重历史事实",基本历史事实就是"日本军国主义发动侵略战争"。指出:"我们对于近代中日关系史的研究者和中日历史研究课题的申请者的唯一要求就是——必须尊重历史事实。在这个基础上,用什么历史观、什么方法论研究、解释历史都可以,结论不同也没有关系。"发言还对"日本言论界和出版物上,极力否认日本对中国的战争是日本军国主义侵略中国的战争的种种说法"提出批评和警示,并说:"我们应该推进中日关系史的研究,让它在一个新的起点上进入 21 世纪。"日中友好会馆会长后藤田正晴在发言中说:"历史事实只有一个,但对它的认识和评价却是不同的。不同的立场、角度,评论历史的结论也是不同的。对中日历史的评论也可以从不同的角度来进行,但日本对中国的侵略却是一个历史事实。这也就是中日双方历史学家坐到一起来的必要之处。正因为如此,中日双方对历史要取得一个共识,这也是双方今后努力的方向。"会谈结束后,刘大年把写给三笠宫崇仁亲王的信托后藤田正晴会长转交。

同日　在东京造访半个世纪前将自己从死亡线上救回的原日本反战同盟成员、八路军前方总部医院医生佐藤猛夫。两位老人回忆起 55 年前那次不平凡的经历,述说着那场给中日两国人民带来深重灾难的战争,无不感慨万千。两位老人这次感人的会面,成为中日友好的一段佳话①。

---

① 这次访日前,刘大年抱着最后的希望,托日中友好会馆帮助查找,经日中友好会馆工作人员的多方努力,终于在东京日本共产党经营的代代木医院找到了年近九旬的前院长佐藤猛夫。

11 日　继续在日本会见老朋友、结识新朋友,与日方各有关单位和个人建立更为广泛的友谊与联系,为今后的协助与交流打基础。其间,在京都拜访京都大学名誉教授井上清。

13 日　后藤田正晴回信,谈其"面谒三笠宫殿下"经过,说:"关于先生委托我将惠书与大著交与殿下之事,我已于 11 月 13 日午前 11 时过后,面谒三笠宫殿下,亲手将惠书与大著转交三笠宫殿下面陈。""对刘先生的厚意,三笠宫殿下非常高兴,殿下说:'刘大年先生的大著我一定仔细拜读,先生处请代为多多致意。'为此,特先驰书先生。"信是日中历史中心评议委员会座长、老资格的日本经济学家隅谷三喜男亲自转交的。这一来一往,成为此次代表团日本之行的一个高潮。

14 日　访问日本防卫厅防卫研究所,与其战史部部长适川等举行会谈。在会上指出:这次访日是执行两国外交部的协议,为协助日中友好会馆进行历史研究而来的。在史料问题上,我们把目光投向贵所,有三个具体目标:一是《战史丛书》;二是贵所公开出版过的图书目录;三是我方研究人员来此研究时,请予照顾。这是具体目标,长期目标以后再讨论。

16 日　结束在日本的访问行程。这次出访,代表团认为,中国社会科学院中日历史研究中心在今后的工作中应注意做好以下几个方面的工作:(1)日中友好会馆对我是十分友好的,对我院的协助工作是予以积极地支持与配合的,今后要进一步加强与会馆以及会馆负责人的联系和友谊。(2)要充分利用好日方提供的这笔中日历史研究课题资助经费,通过中日历史研究中心进行组织,主动做一些我们自己想要做的工作。例如,编写《近代中日关系史事日志》《中国人民抗日战争全书》;翻译我国学者撰写的有关抗日战争的著作和资料;资助有关的学术刊物;采访在世的当事人,通过录音录像抢救、整理口碑史料,等等。(3)加强人才培养,抓好抗日战争史研究科研队伍的建设工作。

30 日　张海鹏来信,说:"院里决定,要为若干老同志写传记,主要介绍学术经历和思想。院科研局要我写您的传记,我不能推托。我以您从前写过的传记为基础,加以扩展,共得一万七千字,稍稍超过了要求。有些东西写不进去,也只好如此了。特送请您过目,有些不清楚、不准确之处,请您删改。"并说拟定了采访提纲,望能面谈。

本月　《与博士生谈写论文》在《中国文化研究》冬之卷发表。编者按:"这是刘大年先生与他的学生杜语谈写博士论文的一封信。信中涉及研究方法的一些问题。现征得作者的同意,发表出来,供读者参考。"

12月

1 日 由中国社会科学院近代史研究所刘明逵和中华全国总工会中国工运研究所唐玉良主编的《中国工人运动史（一八四〇至一九四九）》1—6 册由广东人民出版社出版。为该书写书评。《我读〈中国工人运动史〉》之《焚膏油以继晷 恒兀兀以穷年》，载《中国图书评论》1999 年第 6 期。

书评说：关于中国工人阶级独特的地位和历史作用，以往的一些文献和论著主要是讲工人阶级革命的彻底性和在民主革命中的任务，现在如果只是简单地重复原有的正确道理，就显得缺少了点什么。"新中国代替旧中国，是民族不独立与近代工业同时存在的下降与上升两条线矛盾运动的终点，同时，也是中国由衰败走向复兴的起点。把工人阶级的地位、作用放在中国近代历史这个大脉络、大变迁过程里看待，显然就丰富多了。"书评还肯定《中国工人运动史》的编著者是下了功夫的。

17 日 致函佐藤猛夫，谈"看望钱信忠部长"事，并欢迎其来华访问。

20 日 高莽①转送从俄罗斯带来的俄罗斯科学院远东研究所纪念齐赫文斯基 80 寿辰纪念文集，其中收录《山长水又远，佳景在前头》。

22 日 作《后藤田正晴会长先生》四言诗："东京拜会，识荆嫌晚。中日关系，贵照肝胆。以史为鉴，前途璀璨。友好之车，尚赖推挽。谨贺新春，福寿双添。"

23 日 《寄〈百年潮〉》诗在《文汇报》发表："百年世界，沧桑变更，潮流汹涌，走向分明。退去地冷，涨来天青，淘弃陈腐，拥抱革新。鉴彰昨日，律验如今，学由以立，国由以兴。历历贤哲，巍巍人民，各位其位，各能其能。匪光何亮，不龙何灵，泰山为重，鸿毛为轻。夜必当旦，屈必当伸，浩然之气，大族之魂。爱巢翡翠，望掣海鲸，鹿本非马，渭岂容泾。写实要实，写真要真，此事难全，难在力争。"

同日 致函曾任《人民日报》副总编辑陈浚，询问 1965 年《回答日本历史学者的问题》在《人民日报》上发表后毛泽东对该文评价的内容。

30 日 致函曾任《人民日报》理论部主任的沙英，询问 1965 年《回答日本历史学者的问题》在《人民日报》上发表后，陈浚传达毛泽东对该文评

---

① 高莽（1926—），中国社会科学院荣誉学部委员，中国社会科学院外国文学研究所研究员，中俄友好协会顾问，中国作家协会、中国美术家协会、中国翻译工作者协会会员，俄罗斯科学院远东研究所荣誉博士，俄罗斯作家协会名誉会员，俄罗斯美术研究院荣誉院士。

价的场合。

本月 参加张海鹏主持的、中国社会科学院近代史研究所与中国社会科学杂志社联合主办的"黎澍同志逝世十周年暨《黎澍自选集》出版座谈会",在会上发言。发言回忆与黎澍交往、共事的情况;认为黎澍在学术上有两个特点,一是写文章讲新意,二是有独立的文风;指出"黎澍的文章能够引起讨论,不仅对学术界,对黎澍本人也是好事"。于光远、李锐、温济泽等出席这次座谈会。

本年 在木樨地住处与周秋光教授就《刘大年传》写作事面谈,并留影。

1999 年（85 岁）

1 月

14 日 致函佐藤猛夫,谈中国社会科学院中日历史研究中心确定邀请佐藤和夫人及助手各一员来中国访问一周之事。

同日 《中国社会科学院通讯》发表《刘大年贺胡绳八十寿的文、诗与胡绳的答信》。

22 日 根据中共中央政治局委员、中国社会科学院院长李铁映提议,经中国社会科学院院务会议决定,中国社会科学院向为哲学社会科学事业发展作出突出贡献的 80 岁以上的原哲学社会科学部委员、1—3 级研究员每人发放生活补助费 1 万元。与胡绳、骆耕漠、陈翰笙、于光远、张政烺、杨向奎、瞿同祖、徐梵澄、卞之琳、林里夫、杨继康、贾芝、巫宝三、刘肖然、戈宝权共 16 人获得补助费。

27 日 陈浚回信,谈毛泽东看过《回答日本历史学者的问题》文章后的评论事,说:"事隔几十年,已想不起主席看过文章所作评论","由于当时主席十分关心《人民日报》的理论宣传,看过大作并有过评论是肯定的。大作发表后不久,总编辑吴冷西同志曾经向我传达过毛主席的评论,也是完全可以肯定的。因为有的老同志还记得我曾在编委会和理论部传达过这件事。如沙英同志为此还曾偕一编辑专程拜访了您并转告了这个重要情况,也向中宣部林涧青同志讲过。只是他现在也想不起当时主席讲的原话。"

年初 应邀为丁守和与马勇主编、辽海出版社出版的《五四图史》题词:

"德赛两先生不朽！"

2 月

1 日 与顾菊珍在北京见面。

3 月

上旬 已故中国科学院近代史研究所特约研究员张国淦的女儿张传玲到木樨地住处拜访。

4 月

5 日 李侃寄辽宁人民出版社出版的新著《中国近代史论丛稿》，说："几年不见，听说您精神饱满，仍在精心治学。老当益壮，可敬可佩！在我卧病期间，您曾亲临舍下，惜未晤面，至今犹感遗憾。""此生有幸，与你相识几十年，往事历历，如在目前。""您已年逾八旬，在中国史学界，可谓硕果仅存之人，恳请多加保重！"

26 日 参加北京师范大学举行的祝贺白寿彝从事学术活动 70 周年暨多卷本《中国通史》全部出版大会。

5 月

2 日 邀请八路军老战士佐藤猛夫一家来京访问，在北京会见佐藤猛夫及其夫人、女儿。会见时，张海鹏在座。陪同佐藤猛夫老上级、新中国成立后的老卫生部部长钱信忠一起在和平门烤鸭店吃饭、叙旧。这时，久已不说中国话的佐藤猛夫，突然说起中国话来。

28 日 对近代经学的"核心立纲"进行思考。

同日 顾菊珍来信，说："今年 1 月 29 日嘉定博物馆的顾维钧生平陈列开幕，可惜您未能来参加，但我们知道而且衷心感激您的远见，在 80 年代初建议将他的口述回忆录译成中文，由此将父亲一生的工作介绍给外交学者。"随信附上 2 月 1 日在北京照的两张照片。

6月

2日　经俄罗斯科学院年度会议选举通过,当选为俄罗斯科学院外籍院士。同时当选的还有金属材料专家马福康。

3日　俄罗斯历史工作者全国委员会主席、院士齐赫文斯基和俄罗斯科学院远东研究所所长、俄罗斯科学院通讯院士季塔连科来函祝贺当选为俄罗斯科学院历史专业外籍院士,说:"今年6月2日纪念俄罗斯科学院成立275周年大会,一致选举您为俄罗斯科学院历史专业外籍院士。鉴于您对世界历史科学发展所做的卓越贡献,特授予院士荣誉称号。您关于中国近代史著作在我国广为人知,其中许多被译成俄文,促进了中国知识在俄罗斯的传播。此事意义重大,衷心向您表示祝贺,并祝您身体健康,未来取得更多成就。"

9日　为齐赫文斯基院士和季塔连科通讯院士来函祝贺当选为俄罗斯科学院历史专业外籍院士事,给齐赫文斯基、季塔连科回信表示感谢,说:"我把俄罗斯科学院这个有重要意义的决定,看作是对自己的鼓励和鞭策,今后当一如既往,为增进彼此间的学术交流,为增进我们两国人民的相互了解和友谊竭尽绵薄。"

10日　中国社会科学院研究生院方克立教授来信,寄研究西学东源说的文章和关于现代新儒学问题的论著,说:"有人转告我您要看晚辈1997年后发表的一篇正面论西学东源的文章。我没有发表过这种题目的文章,有一篇题为《应该重视李约瑟的真知灼见》的短文涉及一点这方面的内容,不知是否指这一篇?现送上请指教。八十年代以来我的工作涉及到关于现代新儒学的问题,陆续发表的文章,在1997年结集出了一本书。此外近两年还发表过几篇相关文章,一并送上请指正。"

15日　对《春秋》的作用进行思考。

20日　张传玲来信,再请为《张国淦文集》作序,说:"昨日收到侄女张嘉佩传真,知杜春和已将他写的《张国淦文集》的传记交张海鹏所长并由近代史研究所的两位研究员看过,并提意见,现等张所长审阅后即可定稿。于是我计划八月初赴京,将稿件交燕山出版社并签订合同。估计明年年初即可出版。我仍希望您肯为先父的文集写序。我请了先父学生方志学家史念海教授写一篇序。您是先父老上司,如再有您的文章或长或短,定会增光不少。"为《张国淦文集》作序,最后由张海鹏完成。

7 月

2 日　根据中国史学会第六届理事会第四次会议决定①，应聘担任中国史学会名誉理事。

6 日　中国社会科学院通讯刊登中国社会科学院近代史研究所姜涛、刘红的文章《对世界历史科学发展做出卓越贡献者——刘大年》。文章就刘大年当选为俄罗斯科学院外籍院士事简介其学术人生，并说："他在学术问题上强调实事求是的态度。他说：学术研究的功能在于寻求知识，增加人对世界事物的认识。谈到治学感受，他说："研究学问和从事革命事业中的任何其他工作一样，要取得相当成绩，环境当然有关，但关键在人的追求、奋斗。"这是他的肺腑之言，也正是他学术生涯的生动写照。"

9 日　参加在北京师范大学英东学术会堂举行的庆祝中国史学会成立50 周年座谈会，并在会上发言，说："把历史真正作为一门科学研究的对象去研究，这是我们的根本任务，过去是，现在是，今后还是。""把历史作为科学来研究，这个事情做起来非常难。但如果不这样，历史学就不成为一门科学，就不成为一门真正吸引人，能够启发人，能够使人认识过去、展望未来的一门学问。前一代人完成了他们应该做的事，希望现在、未来的同志们在这方面取得更好的成就。"

中旬　在《参考消息》上看到《伦勃朗自画像之谜》，随手写《题小照》和《小照漫题》各一首。《题小照》②："早岁从戎荷短毂，中年乙部伐雄王。凡人亦许不知老，敢笑多愁伦勃朗。"《小照漫题》："入世沙场驰怒马，中间乙部伐雄王。凡人亦许不知老，敢笑多愁伦勃朗。"并注："欧洲文艺复兴时代荷兰大画家伦勃朗，年轻至年迈创作大量自画像。画中青年踌躇满志，中年知足自得，老年则愁容满面也。"

27 日　在中国史学会成立50 周年座谈会上讲话的录音稿由中国史学会秘书处郝贵远寄来，郝贵远并附函请修改补充。

---

① 中国史学会第六届理事会第四次会议决定，聘请陈翰笙、季羡林、白寿彝、吴泽、蔡尚思、胡绳、刘大年 7 位老一辈史学家为中国史学会名誉理事。

② 《题小照》载侯艺兵编《世纪学人百年影像》，山东画报出版社 2001 年版。

8月

4日 《可敬的日本友人——山田一郎》在《百年潮》第8期发表。文章介绍1943年在太行山得到山田一郎救治的情形,介绍山田加入中国共产党后又成为野坂参三助手的经历,认为山田从一名饱受军国主义教育的军医转变为信仰科学共产主义学说的共产党员,一是在实际工作上锻炼,二是接受新的思想理论启迪;介绍山田一郎回国组织"八四友会",一直站在进步群众反对日本军国主义的前列的经历,认为"他和他的同志们,是日本法西斯给自己播种下的否定自己的充满活力的种子";介绍55后在日本的重逢,说"这尽管只是个人的交往,它的背景是反映抗日战争复杂的状况,以及由抗日战争演变而来的现实生活的一角"。

9月

10日 顾菊珍寄嘉定庆祝顾维钧111周年诞辰纪念相册,并来信对推动翻译13册《顾维钧回忆录》以及由此使其父亲在大陆的影响日增等表示感谢,信中还谈及开拍的电影《我的1919》。

19日 一位年过七旬的曾经参加过抗日战争的山东人宁国华在太行写长信,介绍山东的抗日历史,称"计划将那些为我中华民族存亡,抛头颅,洒热血,为保卫山东,为国捐躯的死难烈士,树碑立传",并求寄《中国抗日战争史学会》章程。

24日 在中国社会科学院主办的"中国社会科学50周年学术报告会"上作报告,阐述马克思主义指导和中国人文社会科学的历史使命问题。该报告后来以《马克思主义哲学社会科学的历史使命》为题作为2000年版《刘大年集》的代前言。

报告开宗明义地说:"我是主张马克思主义对哲学社会科学研究的指导作用的。"分析五四以后逐渐形成的马克思主义社会科学研究者群体的显著特点,说:"第一,研究者们都相当年轻。""第二,国家多难,他们都是满腔热忱的爱国者,各自在不同条件下参加爱国斗争,最终都走上了革命的道路。""第三,他们是在物质生活匮乏,政治上遭受歧视、压迫的环境下去追求真理的。""第四,创造性研究,直接间接联系现实,是他们著作的特色。"从中国近代社会基本问题、主要矛盾出发,联系马克思主义的社会科学研究实际,指出:"要求科学性与革命性相统一,这是中国马克思主义社会科学研

究的力量、作用和最大意义所在。"从中国近代与当代的关系出发,分析 20
世纪末的国际形势以及广大青年知识分子应如何有所作为等问题,鼓励青
年学子继承老一辈马克思主义研究者开拓的"更新科学文化知识与善于解
说国家命运前途相统一"的传统,"从新的社会实践中汲取智慧,处理自己
面临的问题,取得远超过老一辈马克思主义研究者的成就"。重点分析马克
思主义为什么还能够成为社会科学研究的指导思想的问题,引用 1998 年
《华盛顿邮报》刊载的《卡尔·马克思的手》,说明资本主义世界的现实,指
出:"各种不同形式所表现出的资本主义制度下生产力与生产关系之间无
法解决的矛盾,依然是当今资本主义世界的根本的现实。只要这个现实是
客观存在,马克思主义就不会过时。"强调:"今天马克思主义哲学社会科学
的历史使命,应当就是全面研究现代资本主义,加上全面研究现代社会主
义,来攀登上一个全新的制高点,回答人们期望得到回答的当代社会生活中
一些重要的问题。"

10 月

26 日   在中国社会科学院主办的"中国社会科学 50 周年学术报告会"
上的报告摘要《马克思主义社会科学研究要回答当代社会重要问题》在《中
国社会科学院通讯》发表。

本月   赴钓鱼台国宾馆拜访参加中华人民共和国 50 周年庆典的齐赫
文斯基。给齐赫文斯基等送去一个大花篮,并以花篮为背景合影。双方热
烈交谈,都希望两国史学工作者在今后加强富有成效的合作。临别时还约
定去莫斯科领取俄罗斯科学院外籍院士证书时再在莫斯科相聚。

本月   为华容博物馆撰联:"古邑新篇德业名隆洞庭水,会师制敌功勋
世重井冈山。"

11 月

13 日   多日高烧不退,住进协和医院。在经多方检查,仍无法查明病
因时对家人说:"如果确诊是不治之症,就不必治了。不要浪费国家的钱
财,即使能延缓生命,但是已经失去了工作能力,那样活着还有什么意思。"

15 日   经在中国人民抗日战争纪念馆召开的中国抗日战争史研究会
会员代表大会选举,当选为研究会名誉会长。

22 日   上午,断断续续地对守护的儿女说:"已经 80 多岁的人了,已经

死过一万次了。1942 年从太行山下来,看到白茫茫一片乌烟瘴气,当时就想,这都是白骨堆起来的,这里就是马革裹尸的地方。""如果是癌,一不手术、二不化疗。人到最后都要有一个痛苦的过程,除非脑溢血,挨过这个痛苦也就解脱了。""医生不可能把所有的病都治好,都能治好这个地球就装不下了。"

　　下午,作口头遗嘱:"一、这里的条件很好,有人照顾,有人关心,赶上了好时候。在山上(指太行山),眼见到了两个肺结核临死前极为痛苦的状况。一个是王少华手下的神枪手,他住在医院的西屋,三天三夜咽不了气,最后是在他中指上刺了一下才咽气。一个是无药可治,到最后医生护士也都不管了,隔一阵就哀叫,直到最后听不见。能活到现在就是很幸运了。毛、周死前都很痛苦。毛已经不能说话,还用手敲三下床,似在说三木武夫要来华。二、一辈子作了个爱国的中国人。感到最自豪的是当过一年零半个月的正规八路军战士,以后就不是正规的,在地方上,县团级。在国家民族危亡的时候不是个旁观者。三、像周谷城一样,咽气以后不遗体告别、不开追悼会、不通知任何亲友、不留骨灰。只你们兄弟几个和单位办事之人。如果能登个报,让人家知道知道也行。四、一辈子哪能没犯过错误。'文化革命'中那么多大罪,自己也确实犯过错误,写的东西都留下来了,该骂就让人家骂去。五、经学这个事情做完了,也还是别人没有谈过的,也就没什么心事了。《论文集》不选已选过的,还要写篇井上清的,否则山田和齐赫文显得过重,不好。六、没有财产。去年给的院士费一万块,用丹丹的名字存着,给刘作为。你们两家情况都还不错,刘定情况不太好,帮他让刘作为上个大学。书全部交给华容县图书馆,刘潞说要留下几本,一点也不要留,本来就没多少。七、华容说有个烈士陵园,说给块地方,将来送到华容,湖南人嘛。八、没有书面遗嘱,就是口头遗嘱了。"

　　28 日　在病榻上口述《讲座元老　西京大师》,抒发对老友井上清教授的尊敬之情。评价井上清学术研究说:"第一,著作严谨,理论鲜明,基本事实都有确凿证据,没有泛泛之论。""第二,坚持真理,铁骨铮铮。"列举井上清以史实证明钓鱼岛是属于中国的和坚持认为日本的天皇制对日本的民主化不利,说明他"不屈服于政治上、学术上任何压力"。对井上清"文化大革命"中访问过中国之事辩护,认为"我们不好凭这一件事,就对人简单地加以否定"。

　　入院前,曾多次谈到应该为井上清写篇文章,因为忙,一直没有做这件事情。入院后,在高烧不退的情况下,完成这一夙愿。

　　29 日　张友坤来医院探望。女儿俯身说:"爸爸,张友坤看你来了。"本来对周围的人和事几乎无反应,听见这句话后竟然清醒地说:"现在说张友坤的问题!"接着,就断断续续口授:"……是民族大义,还是个人行为……"

本月 入院后,在诊疗的间隙,继续修改《评近代经学》,作最后的定稿。

12 月

1 日 在病榻上为张友坤主编的《张学良世纪风采》口述序言,说:"张友坤所编的不是一部评价历史人物的书,但是所收不同时期珍贵稀有的照片,最宜了解历史人物,有文字所不能表达的效果,值得一读。"这时已处于浅度昏迷状态,几百字的序言,从 11 月 29 日开始,艰难地、断断续续地,但又是字斟句酌地口述了 3 天。这是一生作的最后一篇序。不久,即进入完全昏迷状态,送进抢救室。

5 日 身上插着鼻饲管、导尿管、输液管,突然从昏睡中醒来,要找在人民日报社工作的刘衡山。当刘衡山赶到医院后,第一句话就问:"俄国有什么情况吗?叶利钦有什么情况吗?"见儿子回答不上来,叹了口气,十分失望。十几天后,叶利钦来到北京时,刘大年已住进高危病房,完全不省人事了。

6 日 中国史学会会长金冲及到医院看望。

月初 近代史研究所所长张海鹏来医院探望,反问:"你来干什么?还不回去抓工作!"委托张海鹏接受编辑《刘大年集》,示意把张所写刘大年论文作为附录收入其中。

14 日 白介夫到医院看望。

15 日 中共中央政治局委员、中国社会科学院院长李铁映在中国社会科学院副院长李慎明、秘书长郭永才陪同下到医院看望。李铁映提出要不惜一切代价全力抢救。

28 日 上午 10 时 50 分,因循环系统衰竭,停止呼吸,享年 85 岁。关于后事,其儿女们决定:一、照老人遗嘱办。二、送遗体不麻烦院所领导同志,只请办事的同志帮忙就可以了。送别遗体的具体安排:1. 在协和整容穿衣。覆盖党旗。各院所领导同志坚持要送,这里送别就可以了。但不举行仪式,不送花圈、挽联。2. 子女送一花篮,摆在协和这里,送遗体到八宝山时同时带上。3. 在八宝山定一间小的遗体告别室,花篮一起带去,家属在此作最后送别。

31 日 在中国社会科学院近代史研究所举行的"1949 年的中国"国际

学术讨论会开幕式上,近代史研究所所长张海鹏宣布刘大年逝世的消息,全体与会者起立默哀。在京参加会议的山口一郎、山田辰雄、近藤邦康、中村哲夫、水野明、上田贵子、伊原泽周等日本学者发来哀悼函,并于会后随张海鹏到刘大年木樨地原宅吊唁。哀悼函中说:"中日邦交尚未树立的1963年,先生为中国学术访问团秘书长初次莅日,与日本学术界奠定了深厚的友情。此后,在中日两国及海外诸地召开的中日学术国际交流会,多为先生奔劳尽力的结果,并于1979年秋,在东京大学讲学三个月。这种热心于国际学术交流的精神,令人感佩千万!""先生的突然逝世,不但失去了中国近代史研究的巨人,而且也为中日国际学术交流上的极大损失。"

本月　7万余字的绝笔《评近代经学》在《明清论丛》第一辑发表。

《评近代经学》全文连注释约7.5万余字,分引言、正文和结束语三个部分。引言说:"中国近代社会历史的基本问题、主要矛盾斗争,一是民族丧失独立,要求从帝国主义侵略压迫下解放出来;二是社会生产落后,要求实现工业化、现代化。近代经学从传统文化深层解读出了近代社会历史的这种症结。""近代经学用大字书写在人们面前的两个词是:'民族思想''复古主义'。""前一条与认识中华民族悠久绵延的历史、反对外来侵略相关联;后一条不认为中国社会是发展前进的,肯定小农生产、血缘关系、封闭社会的准则是永久适用不变的准则。"引言评论江苏人民出版社1998年出版的美国学者艾尔曼的《经学、政治和宗族——中华帝国晚期常州今文学派研究》一书,对艾尔曼的治学也有肯定,但是对他的一些关键的说法提出批评。

正文分四部分:一、今文经学传播,思想解放萌芽(鸦片战争前夕);二、今文经学古文经学同时衰落,认识停滞(太平天国农民战争及其以后);三、今文经学与古文经学并起,学术斗争与政治斗争相结合(维新运动到资产阶级革命运动兴起);四、穷途末路,二千年儒学统治的终结(辛亥革命至五四运动)。其中第三部分分两场斗争:(一)第一场斗争,今文学挑战,古文学反攻;(二)第二场斗争,古文学派挑战,今文学派退出政治争论。正文各部分先简介该时段的主要学者及其著作,再评述经学研究的思想主张,最后根据情况谈主要问题。

结束语讲4条。第一条从中国近代社会历史看,"近代经学与当时的政治斗争,从正反两个方面瓜葛相连"。近代经学的"封建性与民族性密切相关,二者难以分割","排除封建文化里面的民族性内容,对于今文学、古文学各自暂时与历史进步运动发生联系的事实就无法解释"。"近代经学在很大程度上所作的是破除旧思想桎梏的工作",其自我揭发、自我否定,"同时也就取得了自我存在的价值"。第二条从时代环境看,"近代经学所以出现这种新旧相夹杂的现象，犹如照相，那是把传统的东西与西方传入的东西重叠地摄在一张底片上"，"它从一个侧面反映出了近代中国过渡社会的特点"。第三条从斗争情况看，近代今文学与古文学的共同性格是："一面是现实精神，一面是复古主义，自我封闭。"第四条从中国传统哲学看，"马克思主义与中国传统文化中古典的朴素的唯物辩证法的思想是可以沟通的"。最后总结说："马克思主义与中国传统文化相结合，是中国文化的自我更新，是中国文化现阶段的重要发展。孔子学说统治成为过去，近代经学结束，是历史朝前演进的必然，是合理的和不可避免的。为什么五四运动以后，西方各种牌号的新思想、新学说蜂拥进入中国，又都像昙花一现，转眼过去，唯有马克思主义终于落地生根，开花结果了？这四条就是回答。"

《评近代经学》以马克思主义为指导将儒学作为一种科学研究的对象进行考察，分析近代经学与政治斗争的联系，揭示儒学为中国传统封建制度服务的实质，肯定儒学中与马克思主义相通的积极成分，探究其对现实有益的成分，并从思想文化史的角度把马克思主义史学理论研究与对中国近代历史特别是其中的辛亥革命史和抗日战争史的研究完美地融合在一起。因此，"经学这个事情做完了，也还是别人没有谈过的，也就没什么心事了"。

谱　余

2000 年

1 月 12 日　刘大年遗体告别仪式在八宝山革命公墓举行,闻讯赶来的生前好友和亲属在《在太行山上》乐曲声中,送刘大年远行。20 日,《人民日报》刊登《刘大年同志逝世》讣告,其中说:"刘大年自 1949 年发表《美国侵华史》以来,在中国近代史研究领域,发表了大量论文,主持了数部近代史著作的编写,不仅对于近代史研究所,而且对于中国近代史研究学科的创建、发展和繁荣,起到了不可替代的作用。他在七届全国人大常委会第六次会议上,就日本当局在侵华战争性质问题上的倒退作了义正词严的发言,曾吸引国内外舆论界广泛注意。他的逝世,是中国史学界的重大损失。"同日,《光明日报》刊登《刘大年同志逝世》讣告,全文 541 字。本月,《抗日战争研究》第 1 期发表署名"中国社会科学院近代史研究所刘大年名誉所长治丧委员会"的《沉痛悼念刘大年同志》,刘大年的《"忠信应难敌,坚贞谅不移"——记抗战中冀南的"四·二九"》,以及张海鹏的《战士型的学者　学者型的战士——追念刘大年先生的抗日战争史研究》。得知刘大年逝世的噩耗后,俄罗斯科学院远东所以全体成员的名义,向中国社会科学院近代史研究所所长张海鹏致唁电。唁电说:"亲爱的同事们,朋友们! 我们,俄罗斯中国学的学者们,同你们一样,对著名中国学者,俄罗斯科学院外籍院士,我们的同行、老朋友刘大年教授的逝世感到悲痛。刘大年教授的著作在我国享有很高的知名度,许多已被翻译成俄文。所有的俄罗斯中国学学者对刘大年教授的著作十分熟悉,我们中的许多人,他们个人与刘大年教授相识,并珍惜同这位中国杰出历史学家的交往的机会。我们高度评价刘大年教授对中国历史研究事业的贡献,并深信他的著作必将在今后为加强我们两个民族之间的友谊,发展俄中两国学者之间未来的科学合作提供服务。刘大年教授的音容笑貌将永远留在我们心中。"

2 月 15 日　俄罗斯科学院正式批准马福康、刘大年为外籍院士。16 日,晚上,专程来京的两名俄罗斯科学院主席团成员在俄罗斯驻华大使馆举行简单而隆重的仪式,代表俄科学院院长奥西波夫向马福康和刘大年颁发了印有俄科院徽章的外籍院士褐色证书。张海鹏代为接受了外籍院士证书。

3月23日　《人民日报》刊登"去年十二月二十八日,我国著名历史学家刘大年逝世。本版刊发刘大年生前的一幅照片,以表达尊敬和怀念。"

4月7日　《光明日报》发表《与同志们交流——刘大年先生在中国社会科学院成立五十周年学术报告会上的讲话》。13日,《人民日报》刊登《现代化不能摆脱传统文化的根基》:"刘大年在遗著《评近代经学》(《明清论丛》第1辑)一文中认为,中国近代社会历史的基本问题、主要矛盾斗争,一是民族丧失独立,要求从帝国主义侵略压迫下解放出来;二是社会生产落后,要求实现工业化、现代化。近代经学从传统文化深层解读出了近代社会历史的这种症结。作者指出,每个民族走向现代化,都不能摆脱传统文化的根基。同样地,不彻底清理与批判古老的、主要是反映停滞社会生活的传统,便无所谓发展创新,更谈不到现代化。今天中国的现代化不是在脱离传统文化、与周边环境条件绝缘的状态中进行的,它必定要碰到辨认传统文化的根基与彻底清理、批判其中阻碍发展更新的废弃物的问题。"

5月9日　《人民日报》刊登中国社会科学院近代史研究所所长张海鹏撰写的《一个战士、学者对中国历史学的贡献——追怀马克思主义历史家刘大年》一文。中旬,刘大年及其夫人师力坤的骨灰被安葬在华容县烈士陵园的将军墓区。墓碑的正面刻着:"中共党员、八路军战士刘大年、师力坤合墓　中共华容县委员会　华容县人民政府　二〇〇〇年五月立",上面还刻有:"辞别旧日,迎接新春。抛弃谬误,拥抱真理。历史学家、中国科学院学部委员、俄罗斯科学院外籍院士刘大年"。墓碑的背面刻着:"一生征途逢盛世,十年风雨共重围。遗言家国无憾事,白发唯余后死悲。这是父亲给母亲的挽诗,也是父亲晚年生活的写照。"22日,湖南省岳阳市人民政府为刘大年首次赠书颁发荣誉证书:"衷心感谢著名历史学家刘大年教授给我市捐赠图书,造福家乡,惠泽万世。"刘大年的捐书分两次进行,第一次捐书3023册,除大陆出版的外,还有部分是香港、台湾和日本出版的;2001年6月,再次捐书613册。两次捐书都放置在岳阳市图书馆三楼的特藏书库,摆满整整两排长长的书架。特藏书库门边挂有刘大年的简介。

8月　遗著《我亲历的抗日战争与研究》由中央文献出版社出版。该书的上篇以"亲历抗战"为题辑录了已经写成的十余篇回忆文章,包括《黄鹤楼下的"七·七"事变》《沉寂与变动》《"有志青年到延安去"》《洪流》《入伍》《东征》《"七·七"二周年,砖壁一小时》《太行山气象》《冀南平原的"四·二九"》《山田一郎》,还有已在《近代史研究》1991年第3期发表过的《北方大学记》,加上《自序》,共12篇文章。这些文章以优美的文笔,鲜明的主题,描述抗日战争时期社会生活的方方面面,社会阶级、阶层的各种人物,政治思想、力量的急剧变化，既有宏大的场景，也有微小的细节，真实地再现了抗日战争时代的种种情事。该书还附有刘潞写的《关于"亲历抗战"》，对没有能够写完的回忆录篇目作了说明："这部回忆录原拟名为《大路》，写二十几个篇目，除了收入本书的，还有大旗人物、讨石斗争、地头草檄、百团大战前线、'九·一八' 10 周年、'囚笼'、与三笠宫笔下对照、赤岸·麻田·石暴、再下平原、烈士·先贤·民族之光等 10 篇。遗憾的是，父亲因为赶写《评近代经学》，过度劳累，一病不起，再也不可能完成这部他晚年最想写成的著作了。""在父亲抗战回忆录目录手稿上，还留有许多他为提醒自己写下的小字，像'在反清灭洋发源地做绅士工作''身在楼（想必是指敌人的炮楼）下行，眼观楼上灯，走路必过路，天天跑敌情''宣传队员的牺牲'等等。可以想见，在父亲的笔下，这些会是多么生动的故事。可惜，它们同样也成为永远的遗憾。"该书的下篇以"抗战研究"为题辑录了 26 篇文章，包括临终前定稿的《〈张学良世纪风采〉序》以及刘潞的《"〈张学良世纪风采〉序"整理后记》。

11 月　为纪念刘大年逝世一周年，《近代史研究》第 6 期发表一组文章，作者有任继愈、汪敬虞、金冲及、李文海、李侃、龚书铎、王庆成、张海鹏、丁守和、苏双碧、曾业英、姜涛、齐赫文斯基、野泽丰、刘潞。

12 月 21 日　中共中央政治局委员、中国社会科学院院长李铁映题词：刘大年同志是一位马克思主义近代历史学家，我们应很好地向他学习。

12 月　《刘大年集》由中国社会科学出版社出版，这是中国社会科学院出版的该院老专家文集的第一批论著之一。该书的编选是在刘大年指导下，由女儿刘潞协助完成的。全书以刘大年的最后一次报告即中国社会科学院庆祝新中国社会科学 50 年大会上的讲话《马克思主义哲学社会科学的历史使命》为代前言，分六部分：第一部分是"引论"，所辑文章是中国近代史宏观思考的；第二部分为"历史关键（上）"，所辑文章是孙中山和辛亥革命研究；第三部分是"历史关键（下）"，所辑文章是抗日战争研究及与此相关的思想理论问题；第四部分是"思想文化（上）"，所辑文章是对中国近代传统文化尤其是马克思主义与中国传统文化相结合的评论，其中大量评论我国第一代马克思主义历史学家的学术功绩；第五部分是"思想文化（下）"，只收录《评近代经学》一篇；第六部分称"外录"，所收文章涉及几位外国学者和朋友。这部文集除少数文章是在 70、80 年代发表的外，绝大多数是 90 年代的新作品，反映了新时期的思考。中国社会科学院近代史研究所所长张海鹏受刘大年生前委托，负责《刘大年集》的编辑工作，为该书撰写《编辑前言》，编辑《作者著述要目》和《作者生平年表》，并将作于 1998

年底的长文《战士型的学者　学者型的战士——记刘大年的学术生涯》作为附录置于书末。

2006 年

9 月　中央文献出版社出版王玉璞、朱薇编辑的《刘大年来往书信选》上下册。收入刘大年 1946 年至 1999 年部分来往书信 487 封,其中包括来函 309 封,发函 158 份,因为工作关系存放在刘大年出的他人信函 20 封。

2007 年

3 月 13 日　由中国史学会和中国社会科学院近代史研究所联合主办的《刘大年来往书信选》出版座谈会在近代史研究所举行。会后,《史学史研究》第 2 期发表一组纪念文章。

7 月　《评近代经学》由日本汲古书院出版日文版,日本著名的历史学家安藤彦太郎、小池敏明、斋藤泰治、竹中宪一翻译,书名译为《近代中国儒学思想史》。

2009 年

12 月　岳麓书社出版周秋光、黄仁国合著的《刘大年传》。

2010 年

2 月 2 日　由中国史学会和中国社会科学院近代史研究所联合举办的"学者与战士——刘大年先生逝世十周年追思会"在中国社会科学院近代史研究所举行。

2014 年

6 月 3—5 日　由中国社会科学院近代史研究所和曲阜师范大学联合主办的"马克思主义史学理论与刘大年史学思想"学术研讨会在山东省曲阜市召开。会后,《近代史研究》2015 年第 1 期发表一组"纪念马克思主义史学家刘大年先生诞辰一百周年"文章。

2015 年

7 月 湖北人民出版社出版刘潞、刘衡山编辑的《大路——刘大年的学术人生》和张海鹏、黄仁国编辑的《刘大年诗集》。这两部书是作为《刘大年全集》的单行本先行出版的。《刘大年全集》共 16 卷。

8 月 3 日 由中国社会科学院学部主席团、中国社会科学院历史学部、中国社会科学院近代史研究所和湖北人民出版社共同主办的纪念刘大年先生诞辰 100 周年学术座谈会在中国社会科学院院部举行。中国社会科学院院长、党组书记、学部主席团主席王伟光出席开幕式并作《学会用马克思主义指导史学研究》的讲话。王伟光指出，刘大年先生的爱国情怀、以天下为己任的责任感及战士般的激情，一直贯穿着他的整个人生历程，他被誉为战士型的学者。刘大年先生在新中国成立前就进入史学工作岗位，作为我国马克思主义史学的开拓者和奠基人之一，他在史学领域奋力开拓和辛勤耕耘半个多世纪，为马克思主义历史学在中国的发展，为新中国历史学科的创建与发展，作出了杰出的贡献。刘大年先生是优秀的史学学术领导者和组织者，长期担任近代史研究所实际负责人、所长、名誉所长。新中国成立初期，百废待兴，作为新中国史学界第一代领导人之一，他协助中国科学院院长郭沫若，参与筹建中国社会科学院前身——中国科学院哲学社会科学部，参与组建中国科学院三个历史研究所，筹办《历史研究》杂志，参与制定哲学社会科学发展规划，为新中国历史学的创建和发展奠定了基础。改革开放后，他长期担任史学界的领导和组织工作，以其出色的领导和组织才能，主持中国史学会的工作，创建中国孙中山研究学会及中国抗日战争史学会，创办《近代史研究》《抗日战争研究》杂志。他主持举办一系列大型国际学术会议，在国内外史学界产生了广泛影响。自新中国成立以来，他参与或率领中国历史学代表团出访多个国家，结交各国史学同行，开展国际学术交流，为中国史学走向世界开辟了道路。刘大年先生是著名的马克思主义史学家。他真诚服膺马克思主义唯物史观，以追求真理的态度，执着不懈地探索史学诸问题，在探讨历史研究的指导思想、历史研究的对象、历史前进的动力、历史发展的规律、中国近代史发展的主线，以及在时代变动下史学研究如何突破等重要理论问题上，都提出过独到和富有新意的见解，引起学界的高度重视，引领了史学发展的潮流。他是我国哲学社会科学领域首批学部委员之一，是视野广阔、在多个领域作出开拓性研究成果的史学大家。他以强烈的现实关怀探索历史重要问题，以求真求实的态度从事学术研究。

他在新中国成立前撰写的《美国侵华简史》，是最早研究近代中美关系的论著，出版后多次修订重印，翻译成各种外文文本，产生了广泛的社会影响。他主持编写《中国史稿》第四册和《中国近代史稿》（1—3 册），力求构建新的中国近代史学科体系。他在 20 世纪 60 年代撰写的《论康熙》和在 90 年代撰写的《评近代经学》，横跨 30 年的研究时空，但都以其深厚学养和宏阔视野，深得学界的敬佩与好评。他对辛亥革命和孙中山的研究，突破了教条主义的束缚，力求客观评价其历史地位。他在晚年又致力于抗日战争研究，组织撰写《中国复兴枢纽——抗日战争的八年》，强调共产党领导抗日战争的核心地位，提出抗战是中国复兴枢纽的核心观点，以及共产党与国民党共同抗战、正面战场与敌后战场相互配合等突破性观点，成为抗日战争史研究的开拓创新之作。他的学术论著和学术观点，不仅在国内学界，也在海外学界引起高度的重视和好评。刘大年先生从参与创建近代史研究所直至去世，长达半个世纪一直在近代史研究所工作，是近代史研究所的奠基人之一和长期的卓越领导者。他殚精竭虑，为近代史研究所的发展筹思谋划；他提倡严肃认真的科学研究，为组织领导近代史研究所的研究工作克尽领导职责；他在工作中以宽阔的胸襟和包容的态度对待同志，关怀鼓励青年人的成长，提倡培育严谨求实的学风。在刘大年先生等老一辈学者的共同努力下，近代史研究所在国内外学界形成了长久的学术权威地位和广泛的学术影响力。我们要学习和继承刘大年先生等老一辈学者的社会责任感、时代敏锐性、学术创新意识、严谨求实学风，在新的时代环境下，作出无愧于我们这个时代的应有贡献。

参 考 文 献①

一、著 作

1. 罗尔纲：《忠王李秀成自传原稿笺证》，开明书店 1951 年版。

2. 华罗庚、张钰哲、张钰哲：《学习苏联先进科学——中国科学院访苏代表团报告专刊》，中国科学出版社 1954 年版。

3. 尚钺：《中国资本主义关系发生及演变的初步研究》，三联书店 1956 年版。

4. 尚钺：《明清社会经济形态的研究》，上海人民出版社 1957 年版。

5. 里海、陈辉编：《中国科学院（1949—1956）》，科学出版社 1957 年版。

6. 中国科学院哲学社会科学部学术资料研究室编：《苏联历史研究机构、历史刊物一览》，内部参考资料，1962 年编印。

7. 1964 年北京科学讨论会秘书处编：《一九六四年北京科学讨论会》，1964 年北京科学讨论会秘书处 1964 年印。

8. [苏] 齐赫文斯基主编：《中国近代史》（上）（下），生活·读书·新知三联书店 1974 年版。

9. 中国史学会《中国历史年鉴》编辑部编：《中国历史年鉴》（1981 年），人民出版社 1981 年版。

10. 龚济民、方仁念：《郭沫若年谱》，天津人民出版社 1982 年版。

11. 张维华：《〈明史〉欧洲四国传注释》，上海古籍出版社 1982 年版。

12. 中共中央文献研究室编：《三中全会以来——重要文献选编》（上），人民出版社 1982 年版。

13. 中共邢台地委党史资料征集小组编：《冀南革命斗争史料》第 2 辑，中共邢台地委党史资料征集小组 1982 年编印。

14. 中华书局编辑部编：《纪念辛亥革命七十周年学术讨论会论文集》（上）（中）（下），中华书局 1983 年版。

15. 《尚钺史学论文选集》，人民出版社 1984 年版。

16. 《竺可桢日记》第三册，科学出版社 1984 年版。

17. 《历史小故事丛书选辑》，河北、河南、山东人民出版社 1984 年版。

---

① 本参考文献只列入部分书目，通过"超星读秀""超星电子书"查阅的未列，不含谱主刘大年的论著或编著，不列期刊文章，中国科学院院文物资料征集委员会办公室编辑的《院史资料与研究》也未列入。

18. 李达:《抗日战争中的八路军一二九师》,人民出版社 1985 年版。

19. 中国史学会编:《第十六届国际历史科学大会中国学者论文集》,中华书局 1985 年版。

20. 姜义华:《章太炎思想研究》,上海人民出版社 1985 年版。

21. 宫明编:《中国近代史研究述评选》,中国人民大学出版社 1986 年版。

22. 孙中山研究学会编:《回顾与展望——国内外孙中山研究述评》,中华书局 1986 年版。

23. 陶懋炳:《中国古代史学史略》,湖南人民出版社 1987 年版。

24. 荣孟源:《史料和历史科学》,人民出版社 1987 年版。

25. 冯英、杨力主编,河北省中共党史研究会编:《回忆杨秀峰》,河北教育出版社 1987 年版。

26. 熊培庚:《岳阳天下楼》,湖南人民出版社 1987 年版。

27. 冀南革命根据地史编审委员会编:《冀南党史资料》第 3 辑,冀南革命根据地史编审委员会 1988 年编印。

28.《吕正操回忆录》,解放军出版社 1988 年版。

29. 郭清彬、严文田主编:《华容风雷》,华中理工大学出版社 1989 年版。

30. 董边、谭德山:《毛泽东和他的秘书田家英》,中央文献出版社 1989 年版。

31. 周朝民、庄辉明、李向平编:《中国史学四十年》,广西人民出版社 1989 年版。

32. 孙中山研究学会编:《孙中山和他的时代——孙中山研究国际学术讨论会文集》(上),中华书局 1989 年版。

33. 吴东之主编:《中国外交史(中华民国时期 1911—1949 年)》,河南人民出版社 1990 年版。

34. [日] 田中正俊:《战争·科学·人》,韩一德译,黑龙江人民出版社 1990 年版。

35. 韩辛茹主编,北方大学校友会、长治市地方志办公室编:《回忆北方大学》,山西黎城县印刷厂 1991 年印。

36. 中共中央党史研究室:《中国共产党历史》(上卷),人民出版社 1991 年版。

37. 河北省文化厅文化志编辑办公室编:《晋冀鲁豫革命文化史料:冀南地区史料之二》,河北新闻出版局 1991 年版。

38.《董必武年谱》编写组:《董必武年谱》,中央文献出版社 1991 年版。

39. 樊洪业主编:《中国科学院史事汇要》(预印本),中国科学院科技政策与管理科学研究所院史研究室 1991 年印。

40. 牛军:《从延安走向世界——中国共产党对外关系的起源》,福建人民出版社 1992 年版。

41. 叶桂生、谢保成:《郭沫若的史学生涯》,社会科学文献出版社 1992 年版。

42.《陆定一文集》,人民出版社 1992 年版。

43.《胡乔木文集》第一卷,人民出版社1992年版。

44. 中国社会科学院近代史所编著:《日本侵华七十年史》,中国社会科学出版社1992年版。

45. 季鸿生:《中美关系五十年》,百家出版社1993年版。

46. 顾潮编著:《顾颉刚年谱》,中国社会科学出版社1993年版。

47. 冀南革命斗争史编审委员会编:《冀南革命斗争史大事记(1921—1949)》,河北人民出版社1993年版。

48. 冀南军区战史编辑委员会编:《晋冀鲁豫军区冀南军区战史》,蓝天出版社1993年版。

49. 李真真:《中国科学院史事汇要1950年》,中国科学院院史文物资料征集委员会办公室1994年印。

50. 李真真编:《中国科学院史料汇编1950年》,中国科学院院史文物资料征集委员会办公室1994年印。

51. 王忠俊编:《中国科学院史事汇要1951年》,中国科学院院史文物资料征集委员会办公室1994年印。

52. 王忠俊:《中国科学院史料汇编1951年》,中国科学院院史文物资料征集委员会办公室1994年印。

53. 薛攀皋、季楚卿编:《中国科学院史料汇编1952年》,中国科学院院史文物资料征集委员会办公室1994年印。

54. 刘中海、郑惠、程中原编:《回忆胡乔木》,当代中国出版社1994年版。

55. 谈天民主编:《北方大学工学院史料》,北京理工大学出版社1995年版。

56. 陆键东:《陈寅恪的最后二十年》,三联书店1995年版。

57. 萧栋梁、余应彬:《湖南抗日战争史》,湖南教育出版社1995年版。

58. 田酉如:《中国抗日根据地发展史》,北京出版社1995年版。

59. 宋金寿主编:《抗战时期的陕甘宁边区》,北京出版社1995年版。

60. 郭德宏主编:《抗日战争史研究述评》,中共党史出版社1995年版。

61. 王忠俊:《中国科学院史事汇要1955年》,中国科学院院史文物资料征集委员会办公室1995年印。

62. 王忠俊编:《中国科学院史事汇编1955年》,中国科学院院史文物资料征集委员会办公室1995年印。

63. 中国人民大学高等教育研究室、校史编写组编:《中国人民大学人物传》(第二卷),中国人民大学印刷厂1995年印。

64.《北京理工大学校史丛书》编审小组编:《北方大学工学院史料》,北京理工大学出版社1995年版。

65. 董边、镡德山、曾自编:《毛泽东和他的秘书田家英》,中央文献出版社1996

年版。

66. 冀南革命斗争史编审委员会编:《冀南革命斗争史(1925—1949)》,中央编译出版社 1996 年版。

67. 刘崇文、陈绍畴主编,中共中央文献研究室编:《刘少奇年谱(1898—1969)》(下卷),中央文献出版社 1996 年版。

68. 薛攀皋、季楚卿:《中国科学院史事汇要 1953 年》,中国科学院院史文物资料征集委员会办公室 1996 年印。

69. 薛攀皋、季楚卿编:《中国科学院史事汇编 1953 年》,中国科学院院史文物资料征集委员会办公室 1996 年印。

70. 中国人民大学高等教育研究室、校史编写组编:《血与火的洗礼——从陕北公学到华北大学回忆录》(第二卷),中国人民大学印刷厂 1997 年印。

71. 沙健孙、龚书铎主编:《走什么路》,山东人民出版社 1997 年版。

72. 马立诚、凌志军:《交锋》,今日中国出版社 1998 年版。

73.《翦伯赞纪念文集》编委会编:《翦伯赞纪念文集》,人民教育出版社 1998 年版。

74. 张传玺:《翦伯赞传》,北京大学出版社 1998 年版。

75.《胡绳全书》(第三卷上下),人民出版社 1998 年版。

76. 张椿年、陆国俊主编:《陈翰笙百岁华诞集》,中国社会科学出版社 1998 年版。

77. 谢显益:《中国外交史》(中华人民共和国时期 1949—1979),河南人民出版社 1998 年版。

78. 樊洪业主编:《中国科学院编年史(1949—1999)》,上海科技教育出版社 1999 年版。

79. 曾业英主编:《五十年的中国近代史研究》,上海书店出版社 2000 年版。

80. 陈其泰:《范文澜学术思想评传》,北京图书馆出版社 2000 年版。

81. 刘志琴:《思想者不老》,天津古籍出版社 2001 年版。

82.《胡绳全书》(第七卷),人民出版社 2003 年版。

83. 董郁奎:《新史学宗师——范文澜传》,杭州出版社 2004 年版。

84. 中国史学会秘书处编:《中国史学会五十年》,海燕出版社 2004 年版。

85. 牛润珍:《关于历史学理论的学术论辩》,百花洲文艺出版社 2004 年版。

86. 张海鹏、龚云:《中国近代史研究》,福建人民出版社 2005 年版。

87. 张海鹏:《东厂谈史录——中国近代史研究的评论与思考》,广东人民出版社 2005 年版。

88. 王玉璞、朱薇:《刘大年来往书信选》(上)(下),中央文献出版社 2006 年版。

89. 张剑平:《新中国史学五十年》,学苑出版社 2006 年版。

90. 中共中央文献研究室编:《周恩来年谱》(上)(中)(下),中央文献出版社 2007 年版。

91. 张海鹏主编：《中国历史学 30 年（1978—2008）》，中国社会科学出版社 2008 年版。

92. 周秋光、黄仁国：《刘大年传》，岳麓书社 2009 年版。

93. 杨胜群、闫建琪主编，中共中央文献研究室编：《邓小平年谱》（上）（中）（下），中央文献出版社 2009 年版。

94. 何明主编：《中国科学院第一批学部委员》，中国大百科全书出版社 2010 年版。

95. 中国社会科学院院史研究室：《中国社会科学院编年简史（1977—2007）》，社会科学文献出版社 2010 年版。

96.《竺可桢全集》之《日记七集》（第 12 卷）、《日记八集》（第 13 卷），上海科技教育出版社 2010 年版。

97. 中国社会科学院近代史研究所编：《中国社会科学院近代史研究所大事记（1950—2010）》（征求意见稿），近代史研究所大事记编写组 2010 年版。

98. 宋振能编著：《中国科学院院史拾零》，科学出版社 2011 年版。

99.《夏鼐日记》（卷一至卷十），华东师范大学出版社 2011 年版。

100. 中共中央文献研究室编：《毛泽东年谱（1893—1949）》（修订本）（上）（中）（下），中央文献出版社 2013 年版。

101. 中共中央文献研究室编：《毛泽东年谱（1949—1976）》（修订本）（1—6 卷），中央文献出版社 2013 年版。

102. 王晴佳：《西方的史学观念：从古希腊到现在》，北京师范大学出版社 2013 年版。

103. 王学典主编：《20 世纪中国史学编年（1950—2000）》（上）（下），商务印书馆 2014 年版。

104. 陈启能主编：《中国哲学社会科学发展历程回忆》，中国社会科学出版社 2014 年版。

105. 中共中央文献研究室编：《陈云年谱》（修订本）（上）（中）（下），中央文献出版社 2015 年版。

106. 张海鹏、黄仁国编：《刘大年诗集》，湖北人民出版社 2015 年版。

107. 刘潞、刘衡山编：《大路：刘大年的学术人生》，湖北人民出版社 2015 年版。

108.《胡乔木传》编写组：《胡乔木传》（上）（下），人民出版社 2015 年版。

109. 张广智：《西方史学史》（第三版），复旦大学出版社 2015 年版。

110. 王育济主编：《中国历史评论》第十二辑，上海文艺出版社 2016 年版。

111. 张海鹏主编：《刘大年全集》，湖北人民出版社 2016 年版。

二、报　纸

1.《人民日报》

2.《参考消息》

3.《光明日报》

4.《文汇报》

5.《中国教育报》

6.《中国青年报》

7.《湖南日报》

三、网　站

8. 中国科学院

9. 中国社会科学院

10. 中国社会科学网

11. 近代中国研究

12. 中国人大网

13. 中国人民抗日战争纪念馆

14. 中国知网

15. 超星读秀

16. 超星电子书

后　记

2014年，在参与《刘大年全集》编辑过程中，经中国社会科学院近代史研究所副研究员赵庆云提议，我利用全集编辑组成员的资料，将所承担的《刘大年全集》中的10万字年谱扩充为33万字左右的稿子，之后，中国史学会会长、中国社会科学院学部委员、近代史研究所前所长张海鹏，以及近代史研究所姜涛研究员和李长莉研究员热情推荐，评审后获得国家社科基金后期资助。提交结项成果时，内容大为扩充，主要是获取了许多新的资料，包括新增谱主工作日记和出访日记，部分谱主抗日战争时期和中国科学院时期资料，近期有关谱主的研究成果等。在成果指定为人民出版社出版后，又增加了参考文献、后记等。

本书是集体智慧的结晶。首先，从1996年接触谱主资料开始，我的导师湖南师范大学历史文化学院周秋光教授长期精心指引、修改相关内容并提供多种资料。本书的最初申报稿，大量引用了周秋光老师主撰、我参与写作的《刘大年传》的相关内容。其次，中共中央文献出版社原社长王玉璞先生及中共中央文献研究室副研究员朱薇为年谱的编写提供了大量的指导和帮助。王玉璞先生和朱薇编著的《刘大年来往书信选》(下) 所附《刘大年年表》奠定了本书写作的基础。本书申报初稿大量引用了朱薇刚整理出来的刘大年未刊来往书信。朱薇多次来信来电转达王玉璞先生有关年谱编写的详细指导性意见。王玉璞先生强调以《毛泽东年谱》为参考版本，以学术性、资料性、可读性为编辑原则，并赠自费购买的《陈云年谱》及其他书籍，还发来数万字的未刊回忆文章。此外，也是非常重要的，本书修改过程中得到了多位专家的悉心指导。2015年初，我将申报初稿压缩为13万字左右的简版，该简版得到张海鹏先生的全批全改，张海鹏先生还提出详细的完善规范意见。在这个简版基础上，根据张海鹏先生等的修改意见，以及国家社科基金评审专家的反馈意见，我开始扩充年谱。2015年下半年，张海鹏先生和赵庆云提供了他们刚整理出来的谱主日记。这年11月初，我将增补修订的打印手稿分别寄给张海鹏、王玉璞、姜涛、李长莉、赵庆云、朱薇，近代史研究所张振鹍研究员，以及谱主刘大年先生的女儿刘潞研究员、女婿崔永华教授，请求他们审阅。12月26日，在近代史研究所举行"刘大年年谱审读会"，张海鹏、王玉璞、张振鹍、姜涛、李长莉、赵庆云、朱薇出席会议，刘潞、崔永华因不在北京而于会前提交了审阅意见。与会专家大多仔细全批全改了稿子，修正了很多错误和不当之处，提出了很多建设性的意见，还提供了一些新的资料。朱薇主动帮我记录会议发言的重要内容。会议结束后，张海鹏先生说："为一部未刊书稿开一天会，近代史研究所还从来没有过。"可见，与会专家都是尽心尽力地希望进一步提升稿子的质量。回曲阜后，还接到姜涛老师的邮件。姜老师自 2009 年起即对我进行长期不间断的学术指引，这次除了提出完善意见外，还多有鼓励，并明确主张在各位专家已经通改的基础上小改。这样，到 2016 年 3 月，稿子修改完成，增补近万字新内容，删除近 2 万字冗杂的内容。书稿定为人民出版社出版后，张海鹏先生答应为年谱写序，姜涛老师就如何进一步完善提出指导性意见，赵庆云发来刚整理的近代史所存 1960 年井上清访华档案资料及其未刊文稿。人民出版社公共事业编辑部主任王萍博士，热情、认真、细心，经验丰富，提出新的修订意见，并严格为出版把关。总之，最终呈现在读者面前的书本，凝聚了众多专家学者的才智和心力。

本书采用了大量谱主的第一手资料，如日记、笔记、来往书信、回忆录、读书卡片及批注、未刊文稿、诗稿、题辞等，利用了大量的档案文献，特别是谱主在冀南工作时冀南地区的档案文献以及中国科学院的档案文献，参考了《人民日报》《光明日报》等媒体以及学术刊物的相关新闻报道、学术争鸣、学术评价等，罗列了迄今为止能够找到的谱主的论著，汲取了史学界多年来的研究成果及访谈回忆资料，比较全面地反映了谱主一生从求学到投身抗日民族解放战争、从事教育行政管理工作、学术研究、学术组织管理、社会活动、政治生活、对外交流、为人为学等方面的轨迹，并涉及与谱主相关的众多人物和事件。在编纂过程中，坚持求真求实、宁缺毋滥等原则，在考证方面花了很大工夫，订正了以往公开出版物中不少史实错误或不准确之处，厘清了许多重要史实；也对谱主第一手材料，如日记、回忆等，作了力所能及的考订，特别是对于其中所涉及的人名、地点、事件等，作了便于理解的处理。

尽管站在了巨人的肩膀上，由于年谱涉及的时间较长，谱主经历的事件很多，谱主的社会联系广泛，加上我自己的能力有限，该书仍有许多明显的不足之处。首先是内容不够均衡，资料多的年份详细，资料少的年份简略。这主要是受谱主原始资料的局限以及一些档案材料一时难以收集或者目前无法收集，而访谈资料多半因难以精确到具体时间而不便采用。其次，谱主大量原始资料整理较晚，尽管进行过艰苦的考订、印证，仍有一些史事和人物难于找到佐证材料，但又不忍割舍，只能参照相关原始记录作简要处理。此外,由于篇幅过大,尽管数易其稿,在文字表述、条目处理方面,仍然可能存在一些问题。这些问题显然不是短期内能够解决的。学术研究的不断掘进,除了需要长期的坚守之外,也需要相应的机缘。希望以后仍有机会进一步完善相关内容。

这部书能够出版发行,除了要深深感谢前面提及的专家之外,还要感谢我先后工作的湖南科技大学管理学院和曲阜师范大学历史文化学院的领导以及众多为此默默奉献的人。湖南科技大学管理学院的廖和平、陆自荣等长期支持我的科研工作,在我调离湖南后还常常问寒问暖,倍加关怀。曲阜师范大学历史文化学院的尹明法、成积春等在我调入后多方奔波协调,使我正式上班后拥有良好的生活和工作环境。历史文化学院在 2014 年 6 月与中国社会科学院近代史研究所联合举办了"马克思主义史学理论与刘大年史学思想"学术研讨会,这是国内在近代史所之外首次举办刘大年史学思想研讨会,在学术界产生了良好的影响。来到曲阜后,我爱人陈绍群承担了全部家务,负责了新房装修等繁杂事务,使我能够全身心地投入工作。最后,刘潞老师曾安排我与大年先生访谈,使我能够亲聆大师的指教;大年先生去世后,又让我拍摄了大量的大年先生遗稿及相关资料。这些珍贵的访谈和资料都是本书的重要基础。

以上这些,是对本书成书过程中的一些事情的说明,并借此对为本书作出过贡献的专家学者及相关人员表示诚挚的感谢!

黄仁国

2016 年 11 月 9 日

责任编辑:王　萍
封面设计:毛　淳　徐　晖

图书在版编目(CIP)数据

刘大年年谱/黄仁国 编著. —北京:人民出版社,2017.2
ISBN 978－7－01－017150－0

Ⅰ.①刘…　Ⅱ.①黄…　Ⅲ.①刘大年(1915—1999)-年谱
　Ⅳ.①K825.81

中国版本图书馆 CIP 数据核字(2016)第 306993 号

刘大年年谱

LIU DANIAN NIANPU

黄仁国　编著

人民出版社 出版发行
(100706　北京市东城区隆福寺街 99 号)

北京中科印刷有限公司印刷　新华书店经销

2017 年 2 月第 1 版　2017 年 2 月北京第 1 次印刷
开本:710 毫米×1000 毫米 1/16　印张:34.75
字数:640 千字

ISBN 978－7－01－017150－0　定价:88.00 元

邮购地址 100706　北京市东城区隆福寺街 99 号
人民东方图书销售中心　电话 (010)65250042　65289539